현대한어

现代汉语

周一民 저 — 장흥석 역

다산출판사

《现代汉语》

作者：周一民

저자서문

이 책 ≪현대한어≫는 중어중문학 전공의 필수 교재이고, 또한 고등교육 검정시험의 사용서, 석사생의 입학시험 참고서로도 사용할 수 있는 것으로서, 북경사범대학 출판사가 출판하였다.

내가 ≪현대한어≫ 이 과목을 가르친 지 이미 30년이 되었으며, 30년의 교학 경험은 나로 하여금 이 과목이 중어중문학 전공에 없어서는 안 될 기본적이고 핵심적인 교육 과정임을 알게 되었다. 중국 언어의 입문 기초를 공부하고 연구하며, 몇 대 학자의 수정 증보를 거쳐 ≪현대한어≫ 과목은 이미 상당히 완전하고 성숙한 과정이 되었고, 그 풍부한 지식 함량과 거대한 실용가치는 대학 문과의 어떤 다른 기초 과정과 서로 비교해도 전혀 손색이 없다고 깊이 인식하였다. 한 개인으로서 이런 한 권의 교재를 집필하는 기회를 잡게 되어 여러 모로 힘든 가운데에서도 최선을 다하여 집필하였다. 그러나 본격적으로 집필을 시작한 후에야 한 개인이 단독으로 이런 한 권의 교재를 집필하기가 여전히 쉽지 않고, 교재는 과학성과 실용성을 주의해야 하며, 또 교학 양측의 수요를 고려해야 하고, 아울러 다른 과학 임무보다 수월하지 않다는 것을, 나는 또 한 번 교재를 집필하는 어려움 속에서 깊게 체득하였다. 원래 단번에 이룰 수 있는 일로 여겼지만, 여러 가지 사정으로 차일피일 미루어지다가 일이 많고 바쁜 강의와 업무 가운데 이 교재의 집필을 마침내 완성할 수 있었다. 정신과 체력의 제한으로 문법과 수사 부분은 원래 교재의 기초 위에 일부를 수정하고 보충하였다.

집필 과정에서 나는 다른 대학교의 신판 교재와 관련 논저를 참고하였고, 적지 않은 것을 흡수하여 본보기로 삼았다. 이 책에서 본 학과 일부의 새로운 연구 성과를 힘써 반영하였으며, 자신의 특색 또한 두드러지게 하였고, 과학성 · 실용성을 결합하여 교학과 학생을 위하여 봉사하고자 더욱 좋게 하였다.

桂英, 吴春仙, 童肇勤, 许晨晖, 潘彩凤, 张旖, 周南 등의 동료가 이 책이 출판되도록 많은 도움을 준 것에 감사하며, 또한 책임 편집자 赵月华가 다방면으로 애써 주시고 도움 주신 것에 진심으로 감사드린다.

집필 시간이 촉박하고, 본인 수준이 한계가 있어 책 속에 반드시 적지 않은 단점과 잘못이 있을 수 있으니, 많은 독자가 조언해 주기를 바란다.

周一民

북경사범대학에서

역자서문

현대한어는 중국의 각종 고등교육기관 문과의 중문과에 일반적으로 개설되어 있는 필수 전공과목으로서 현대한어의 기초지식은 물론이거니와 기초이론과 기초 기능까지 다루고 있는 기초수업이다. 각 대학은 현대한어의 내용을 바탕으로 하여 각 개별 분야를 전문화하여 개설된 심화과목들이 있다. 게다가 대학원생을 위한 과목에까지도 확장되어 서로 밀접한 관련을 가지고 있다. 최근 들어 현대한어 연구의 새로운 성과가 끊임없이 나타나고 있으며, 현대한어 교재 자체도 시대의 수요에 적응하게 하기 위하여 여러 번 수정을 거쳤다. 각 대학에서는 교재를 보통 스스로 편집하여 이용하거나 다른 대학에서 편집하여 쓴 것을 사용하기도 한다.

학교마다 교과과정과 교육내용의 차이로 인해 한국 학생들은 한국에서 또는 중국 각 대학의 중문과에서 심도 있는 학습을 할 때, 그리고 중국어를 배우고 연구할 때도 종종 여러 가지 어려움에 직면하곤 한다. 많은 학생들이 현대한어 기초 교과목에서 체계적이고 심화된 훈련을 받지 못하기 때문에, 어떤 이들은 대학원 과정에서 어쩔 수 없이 다시 수업을 보충해야만 한다.

이 현대한어는 북경사범대학의 교재로서 역자의 지도교수님께서 직접 집필하셨다. 은사님께서 학부에서 수업하시는 모습을 보고 이 책을 번역하기로 마음먹었다. 이 책을 번역한다면 한국 각 대학 중문과 학생이나 중국어를 깊이 있게 공부하려는 일반인, 중국 현지에서 수학하려는 유학생들에게 회화나 강독의 일반적 학습 단계에서 좀 더 체계적인 현대한어 공부를 위해 많은 도움을 줄 수 있으리라고 생각하였다.

책은 서론 이외에 음성, 문자, 어휘, 문법, 수사 모두 다섯 장으로 이루어져 현대 한어를 계통별로 나누어 일반적이고 평이하게 서술하였고, 부록으로는 한어병음방안을 소개하였다. 각 장절마다 배운 내용을 복습하고 실제에 응용할 수 있게 하기 위해서 연습문제를 만들어, 배운 내용을 한번 더 점검하고 넘어가도록 구성하였다. 학습자는 좋은 학습 효과를 얻기 위해서 매 장절이 끝나면 연습문제를 풀고 꼭 다시 한 번 생각해 보고 넘어간다면 좋을 것이다.

교재를 번역하는 과정에서 많은 논저와 교재를 참고했지만, 교재 중에는 분명 부족한 부분이나 적합하지 않은 부분이 있을 것이다. 많은 독자들의 충고와 도움을 기대한다.

현대한어를 번역하면서 여러 어려움이 있었지만, 책을 출판할 수 있도록 도와주시고 여러 귀찮은 일을 도맡아서 처리해 주신 다산출판사 강희일 사장님과 편집을 맡아주신 양선용 편집장님, 그리고 이 책이 나오기까지 도와주신 모든 분들께 감사의 말씀을 전하고 싶다.

장 홍 석

차 례

현대한어

서론

제 1 절　현대 한어 도입

제 2 절　현대 한민족 공통어와 방언

제 3 절　현대 한어의 특징과 규범화

현대한어 **서론**

제1절 현대 한어 도입

1. 언어와 언어학

언어는 사람이 하는 말로서 사람의 발음기관에서 발음하는 것이고 일정한 의미를 나타내는 말소리 부호이다. 언어는 사람이 정보를 전달하여 교제하는 수단이기도 하고, 또한 사유의 수단이기도 하다. 언어는 사유를 나타내고 생각을 직접적으로 실현한다. 언어는 사람이 다른 동물과 구별되는 본질적인 특징 중의 하나이다. 인류는 함께 노동하면서 언어를 창조하였고 언어를 사용하여 생활의 지식과 경험을 교류하였으며, 서로의 행동과 관계를 협조하고, 자연과 투쟁하는 능력을 크게 강화시켰고 사회역사의 발전을 촉진시켰다. 인류사회가 일정한 단계까지 발전하자 사람들은 볼 수 있는 부호를 절실히 필요로 하여 구두 언어를 기록하였다. 이렇게 인류는 문자를 창조하였는데, 문자는 언어를 기록하는 쓰기부호인 것이다. 문자가 있어 서면어가 생겼으며 사람들은 곧 지식과 경험을 기록하였다. 언어는 다시는 시간과 공간의 제한을 받지 않았고, 그것이 지닌 사상, 지식, 경험과 함께 매우 먼 곳으로 보낼 수 있게 되었으며, 대대로 유전되고 있다. 인류의 언어와 문자의 역사를 보면 구어는 일차적인 것으로 서면어가 생기고 발전하는 기초이다. 서면어가 형성된 후에는 반대로 또 구어의 발전과 규범에 대하여 일정한 영향을 끼치는 작용을 하였다. 구두 언어와 서면어는 언어의 두 가지 형식으로, 서로 영향을 미치고 촉진시키는 역할을 하였고, 인류에게 가장 중요하고 상용하는 교제 도구가 되었다.

언어부호는 제약성을 가지고 있는데, 그 형식과 의미의 대응은 사회집단이 약속하고 사용하면서 점차적으로 확정된 것이다. 언어부호는 계통성을 가지고 있고 하층구조는 상층구조의 구성성분이며 각 층은 모두 자신의 조합규칙이 있다. 언어는 또 생성하는 성질을 가지고 있어, 그것은 새로운 단어와 무궁한 문장을 구성하는 기능을 가지고 있고, 사람들이 자유롭게 생각을 표현하도록 제공한다. 언어부호는 또 지칭할 수 있는 성질을 가지고 있는데, 그것은 현실세계의 일을 지칭하며 서술하기도 하고 사이버 세계의 일을 지칭하고 서술하기도 한다. 그것은 사람들에게 요약하고, 상상하고, 예측하는 능력을 부여하고 사람들로 하여금 능히 추상적인 언어 측면에서 사고하고 대화하게 한다. 언어는 본질적으로 말해서 일종의 사회현상으로 그것은 사회 발전에 따라 발전하고, 하나의 도구로서 사회 전체의 성원을 위해서 일하며 사회의 경제 건설과 문화 교육 사업을 위해서 일한다. 사회의 역사 문화, 사회생활의 여러 분야는 언어 속에 모두 남아 인쇄되며 기록된다. 한 사람이 만약 장기적으로 사회를 이탈한다면 그의 언어능력은 쇠퇴하고 심지어 상실될 것이다.

언어는 인류생활에서 분리될 수 없는 한 부분이다. 언어와 우리 생활의 관계는 이처럼 밀접하여 우리들은 그것을 태어나면서 가지고 있는 일종의 능력으로 보지만 그것의 존재를 지나치게 주의하지는 않는다. 사람들은 언어를 도구로 각 부문에 대하여 과학적인 연구를 하지만 언어 자체가 과학적인 연구의 중요한 대상임을 자주 소홀히 하였다. 언어학은 언어를 연구하는 과학이다. 언어는 일종의 도구로 상부구조가 아니기 때문에 언어학은 하나의 자연과학에 가까운 사회과학이다. 세계상의 언어는 5,000가지 정도로, 사용인원이 백만을 넘는 것은 140여 종이다. 이처럼 언어의 수량은 비록 많지만 언어학자가 연구를 거쳐 그들의 구조를 발견한 것은 서로 비슷한 성질이 있어, 대체로 고립어, 교착어, 굴절어, 종합어의 네 가지 유형으로 나뉜다. 유사성이 비교적 많은 언어는 늘 하나의 공통된 원시 모어가 발전한 것으로 친족관계의 언어이다. 언어학자는 언어의 보계(谱系)에 근거해 세계 언어를 인도유럽어계, 중국티베트어족, 우랄어족, 알타이어족, 말레이폴리네시아어족, 이베리아카프카스어족, 드라비다어족, 오스트로네시아어족, 오스트로아시아어족의 9개 어족으로 나누었다. 중국 국경 안에 56개 민족은 약 80종의 언어를 사용하는데, 중국티베트, 알타이, 인도유럽, 오스트로네시아, 오스트로아시아 5개 어족에 나누어 속한다. 언어 보편이론과 일반규칙의 언어학을 연구하는 것을 보통 언어학 혹은 이론언어학이라고 하고, 구체적인 언어를 연구하는 언어학은 즉 구체적인 언어로 대상을 연구하는 것인데, 예를 들어 한어 언어학, 영어 언어학 등이다. 언어학 내부에는 많은 분과가 있는데, 전통적인 분류는 언어의 세 가지 요소에 따라 음성학, 어휘학, 문법학으로 나누는 것이고, 이외에도 수사학이 있다. 현대 언어학은 연구의 수요에 근거하여 또 음계학, 형태학, 통사학, 의미학, 화용학 등으로 세분한다. 언어학은 거시적인 각도 및 다른 학과와의 교류로부터 또 응용언어학, 심리언어학, 사회언어학, 인류언어학, 계산언어학 등으로 나뉜다. 인류는 모어로부터 먼저 언어를 학습하기 시작하였고 제2언어를 접하고 자신의 모어에 대하여 더욱 깊은 이해를 하게 되었다. 이 때문에 사람들은 최소한 언어학을 배워서 언어에 대하여 이성적으로 인식할 필요가 있다. 언어학 지식을 배우는 것은 우리들이 제2언어를 터득하는 것을 도와줄 뿐만 아니라, 더욱 중요한 것은 자신이 가장 잘 아는 언어에 대하여 분석하고 연구하여 그 속의 오묘함과 규칙을 탐색할 수 있다는 것이다.

2. 한어와 한어 언어 문자학

언어는 사회의 산물이고, 또한 민족의 상징이다. 중국에서 절대 다수의 인구는 한어를 사용하고, 한어는 한족의 교제언어이며, 또한 중국 각 민족 사이의 교제언어이다. 한어는 세계에서 사용하는 인구가 가장 많은 언어이고, 또한 세계에서 역사가 가장 깊고, 가장 발달한 언어 중의 하나이다. 한어는 중화민족의 발전 진보와 중국문화의 전파에 큰 역할을 하고 있을 뿐만 아니라, 세계에서도 매우 중요한 영향을 미치고 있다.

보계가 분류한 관점에서 보면, 한어는 중국티베트어족에 속하고, 중국티베트어족 중에서 가장 중요한 언어이다. 한어와 어원이 같은 관계가 있는 친족 언어는 장면(藏缅)을 포함하여 장동(壮侗), 묘요(苗瑶) 3개 어파〔语族〕이다.

장면어파는 주로 중국의 서남, 서북 지역과 미얀마, 부탄, 시킴, 네팔, 인도 등의 국경 내에 분포하며, 모두 4개의 어군〔语支〕으로 나뉜다. ① 티베트어군〔藏语支〕: 티베트어, 강어(羌语), 푸미어, 가융어(嘉戎语), 문파어(门巴语) 등으로, 서장 자치구와 청해, 사천, 감숙, 운남 등 성의 일부 지역에 분포한다. ② 이어군〔彝语支〕: 이어(彝语), 리수어, 하니어, 납서어(纳西语), 라후어, 백어(白语) 등으로, 주로 사천, 귀주, 운남 등의 성에 분포한다. ③ 경파어군 : 징퍼어, 두룽어, 낙파어(珞巴语) 등으로 주로 운남성에 분포한다. ④ 미얀마어군 : 미얀마어, 자이와어, 아창어 등으로 주로 미얀마와 중국 운남성에 분포한다.

장동어파는 주로 중국의 중남, 서남 지역과 태국, 미얀마, 베트남, 라오스 등의 국경 내에 분포하며, 3개의 어파로 나누어진다. ① 장태(壮泰)어군 : 장어(壮语),

포의어(布依语), 태어(傣语) 등, 광서, 운남 귀주 등의 성에 분포한다. ② 동수(侗水)어군 : 동어(侗语), 수어(水语), 무로어(仫佬语), 모난어(毛难语) 등, 주로 귀주, 광서, 호남 등의 성에 분포한다. ③ 여(黎)어군 : 그중에 여어(黎语)는 해남성에 분포하고, 흘로어(仡佬语)는 귀주, 광서, 운남 등의 성지에 분포하고, 국외 분포로는 타이어, 라오스어 등이 있다.

묘요어파는 주로 중국 서남, 중남 지역과 베트남, 라오스, 태국, 미얀마 등 중국에 근접한 지역에 붙어 있으며 2개의 어군으로 나누어진다. ① 묘어군 : 묘어가 속하며 주로 중국 귀주, 운남, 호남, 광서 사천 등의 성지에 분포한다. ② 요어군 : 요어가 속하며 주로 중국 광서, 호남, 운남, 광동, 귀주와 강서 등의 성지에 분포한다.

중국티베트어족에서의 일부 언어는 어파나 어군이 결정되지 않은 것도 있다. 중국티베트어족의 언어는 구조상 공통된 특징이 있다. 첫째, 개별적인 언어나 방언 이외에(예를 들어 장어 안다방언), 중국티베트어의 각 음절은 모두 고정된 성조가 있다. 둘째, 단음절어와 단음절 형태소가 매우 큰 비율을 차지한다. 셋째, 어순과 허사는 문법 의미를 표현하는 주요한 수단이다. 넷째, 대다수 언어는 상당히 많은 사물의 단위를 나타내는 양사가 있다. 언어학자는 중국티베트어족의 언어는 공통된 원시 중국티베트어에서 변천하여 온 것이며, 중국티베트어 간에 서로 비교하고 깊이 연구하여 원시 중국티베트어의 면모를 재구성할 수 있고, 아울러 언어 분화의 원인을 나타낼 수 있으며, 한어의 매우 많은 언어현상에 대해서도 과학적인 해석을 할 수 있다고 한다. 중국티베트어 중에서 한어는 3000여 년 이전의 갑골문이 있고, 티베트어는 기원전 6세기의 비문이 있다. 고대 당항(党项) 강족에는 11세기의 서하 문자가 있고, 국외에도 일부 고대 문헌이 있는데, 고대 문헌은 중국티베트어를 연구하는 역사에 있어 매우 귀중한 자료이다.

한어는 예로부터 지금까지 매우 큰 변화가 발생하였는데, 이 한어의 역사는 4개의 시기로 나뉜다. 은상(殷商) 갑골문자 기록이 있던 연대로부터 기원전 3세기의 한대(汉代)까지는 상고 한어이다. 기원전 3세기에서 기원전 13세기의 송대(宋代)까지는 중고 한어라 한다. 기원전 13세기에서 20세기 초까지는 근대 한어라 한다. 1919년 5·4운동 이래로 현재까지는 현대 한어라 한다. 그러나 언어의 발전과 변화는 점진적으로 변하는 하나의 과정으로 우리들이 지적하는 한계는 다만 상징적인 표기를 가지고 있을 뿐이다.

한어는 동방의 문명 고국의 언어로 세계문화에 휘황찬란한 공헌을 하였다. 예를 들어 한어의 "茶"란 말은 찻잎의 수출에 따라 16세기 유럽에 흘러들어가 많은 국가들이 이를 차용하였다. 중국 서북 비단길로부터 찻잎을 수입하던 유럽 국가는 한어 북방 방언 "茶"의 역음을 채택하였는데, 예를 들어 러시아어 "Чай ", 이태리어 "cia"이다. 남방 하문에서 해상 비단길을 통하여 찻잎을 수입한 유럽 국가는 민방언 "茶"[te^{35}]의 독음을 채택하였는데, 예를 들어 영어는 "tea"이고, 프랑스어는 "thé", 독일어는 "Tee"이다. 영어의 kunfu "功夫", yin yang "阴阳", kowtow "磕头", typhoon "台风" 등의 단어는 모두 한어에서 빌려 쓴 것으로 한어가 영향을 미친 산물이다.

한어는 주로 동아시아, 동남아 이웃 나라의 언어에 중대한 영향을 끼쳤다. 일본, 조선, 베트남은 역사상 모두 일찍이 한어와 한자를 사용한 적이 있는데, 이런 국가의 역사문헌은 대부분 고대 한어로 쓰여졌다. 오늘날에 이르러 이런 언어의 한어 어휘는 아직 기본 어휘의 대부분을 차지하고 있다. 일본어 문자 중에서 규정한 상용한자는 1,945개이고, 한국은 고유명사에 아직 한자를 사용하는 습관을 가지고 있다.

한어는 외국인 언어와의 접촉 중에 대량의 외래 성분을 흡수하였다. 예를 들면 "葡萄, 石榴, 苜蓿, 菠箩, 狮子, 玻璃"는 한대 서역으로부터 차입한 말이고, "佛, 菩萨, 罗汉, 阎罗, 魔, 僧, 尼, 和尚, 塔"는 인도에서 차입한 불교용어이다. "胡同, 站, 蘑菇"는 몽고어에서 차입한 것이다. 중국과 일본은 모두 한자를 사용하고 근현대에 중국은 일본에서 대량의 차형어(借形词)를 유입하였는데, 예를 들어, "哲学, 经验, 方针, 主观, 干部, 体操, 反应, 纤维, 批评, 战线" 등이다. 러시아, 영국, 프랑스 등의 인구어에서 "苏维埃, 布尔什维克, 布拉吉, 拖拉机, 扑克, 雷达, 霓虹灯, 啤酒, 卡车, 沙丁鱼, 沙龙, 香槟, 模特儿" 등의 말을 차용하였다. "过去是……现在是……将来是", "进行了并正在进行着" 등의 서구화 문법 격식을 차입하였고, "为……而骄傲", "很高兴见到你", "祝你好运" 등의 외국어의 습관적인 표현 용어가 나타났다. 특히 20세기 1980년대 이래로 중국이 개혁 · 개방 정책을 실행하고 국외의 선진 과학기술을 끌어들이면서 외래어의 영향은 매우 두드러져, 서방의 언어성분을 대량으로 받아들였다. 영어자모의 예를 들면 "VCD, WTO, IT, NBA"가 한어에 들어왔고, "卡拉OK, 的士, 麦当劳, 肯德基, 酒吧, T恤衫, 迪斯科" 등의 외래어가 이미 현재 생활에서 상용어가 되었다. 한어는 지금 영어로부터 온 충격과 도전을 받고 작은 일이 아닌 큰 변화가 발생하고 있다. 이러한 변화도 한어가 일종의 매우 강한 적응성과 포용성을 가진 강대한 언어임을 설명하고 있다.

중국경제의 신속한 발전에 따라서 중국은 독립자주적인 평화외교노선을 일관되게 유지하여, 국제지위가 끊임없이 제고되고, 한어의 세계상 지위도 나날이 제고되고 있다. 1973년 연합국은 한어를 법정언어라고 열거하였는데, 한어, 영어, 프랑스어, 러시아어, 스페인어, 아랍어인 6가지 언어가 똑같이 연합국 언어이다. 중국이 개혁 개방한 이래로 점점 더 많은 외국인들이 한어를 배울 것을 요구하고, 세계에 나타난 "한어 붐"도 줄곧 높아지고 있다. 한어는 중국의 이웃나라에선 이미 영어를 넘어선 제1외국어가 되었다. 전문가들은 본래 점유인구가 우세한 한어는 21세기에 세계에서 두루 쓰이는 언어가 될 가능성이 매우 높다고 예언하였다. 이 예언은 중국인들의 조국 언어에 대한 열정과 자부심을 불러일으켰고, 또한 한어 종사자가 더욱 노력하여 한어를 가르치고 연구하는 일을 하고, 한어가 세계에 널리 퍼지도록 촉진할 것을 격려하였다.

일찍이 춘추전국시대에 제자백가의 저서 중에 언어 문자에 관한 논술이 매우 많이 발표되었다. 중국의 진정한 언어 문자 연구는 진한(秦汉)시기로부터 시작한 것으로 ≪이아(尔雅)≫, ≪방언(方言)≫, ≪설문해자(说文解字)≫, ≪석명(释名)≫ 등 이러한 전문 저서는 훈고와 문자연구의 시작으로, 전통 언어 문자학 중에서 매우 중요한 지위를 차지하고 있다. 음운 연구는 위진남북조(魏晋南北朝) 이후에 점차적으로 발전하기 시작하였다. 수조(隋朝) 육법언(陆法言) 등이 편찬한 운서 ≪절운(切韵)≫, ≪당운(唐韵)≫, ≪광운(广韵)≫은 중고 시기의 한어 음성 계통을 기록하였고, 세밀하게 음성을 분석한 "등운학(等韵学)"의 탄생 및 고음(상고음)의 연구를 위하여 기초를 다졌다. 한어 전통 언어 문자학의 세 학문 문자학, 음운학, 훈고학은 청대에 전성기에 이르렀고, 전례 없는 성취를 얻었다. 원대(元代)에 이미 시작한 허자(虛字) 연구는 청대(清代)에 이르러 유기(刘淇)의 ≪조자변략(助字辨略)≫, 왕인지(王引之)의 ≪경전석사(经传释词)≫가 나왔고, 실제로 문법학 허사 연구의 전문서가 이미 출현하였다. 다만 현대 과학적 의의로서 언어학 연구는 1898년 마건충(马建忠)의 ≪마씨문통(马氏文通)≫이 세상에 나온 것으로부터 시작된 것이다.

중국 전통 언어 문자학은 빛나는 성취를 거두고, 우리에게 귀한 학술적인 유산을 남기므로 우리는 마땅히 잘 계승하고 발양해야 한다. 전통 한어 연구에서 연구

대상은 고대 한어의 문헌언어로, 즉 문언문을 기록하였기 때문에 한자는 줄곧 중심적 지위를 차지하고 있다. 20세기 초에 이르러 서방 언어학의 영향 아래, 사람들은 비로소 점차 언어와 문자의 연구는 분리해야 하고, 연구의 중점을 현대 한어로 전이해야 한다고 인식하였다. 한어 문자학은 과학언어학 이론의 지도 아래 구체적인 언어학 연구로, 고대 한어, 근대 한어, 현대 한어와 한어사가 연구대상인데, 고금 한자와 한자사도 그것의 연구대상이다. 그중에 현대 한어와 현대 한자의 연구는 연구대상이 더욱 정밀하고 복잡하며 마침 발전하고 변화하고 있기 때문에, 또한 현실 사회와 긴밀하게 연계되고, 응용성이 강하며, 국내외 연구자의 관심을 받고, 연구인 수가 가장 많으며, 성과가 끊임없이 나타나고 있다.

3. 현대 한어의 함의

현대 한어는 광의적으로 이해하면 현대의 한어이다. 여기서 현대 시간의 상한은 1919년 5·4운동 시기이다. 그때부터 현재까지 현대 한어 자체도 끊임없이 변화가 일어나고 있다. 현대 한어 연구자는 현대 한어 연구의 발전과 변화를 필요로 하나 여전히 더욱더 많이 현대 한어를 정태(静态)의 계통으로 연구하고, 당대 한어의 언어현상을 중점적으로 고찰한다. 중국은 국토의 면적이 넓고 방언이 많아, 한어의 발전은 불균등하다. 중국 내에서 각지의 한어 및 해외의 중국인이 말하는 한어(혹 화어)는 음성, 어휘, 문법 분야에서 큰 차이가 존재하지만 그것들은 모두 현대의 한어로 현대 한어 과학의 연구대상이다.

현대 한어는 협의적으로 이해하면 현대 한민족 공통어의 약칭으로, 다시 말해 국가에서 보편적으로 사용하는 표준어이다. 현대 한민족 공통어는 바로 "북경 음성을 표준음으로 하여 북방어를 기초방언으로 전형적인 현대 백화문 저서를 문법 규범으로 하는 표준어"이다. 표준어만이 현대 한어 대표로서의 자격이 있고, ≪중화인민공화국어언문자법(中华人民共和国语言文字法)≫에서 "국가에서 두루 쓰이는 언어 문자는 표준어와 규범 한자이다."라고 규정하고 있다.

표준어는 북경 음성을 표준음으로 한다. 음성의 표준을 확정하는 데에는 반드시 하나의 구체적 지점의 음성을 표준으로 해야 한다. 이른바 사람이 규합한 남북의 음성을 함께 고려하여 표준으로 한 것은 보편적으로 사용될 수 없다고 역사는 증명한다. 북경음을 표준음으로 하는 것은 우선 북경 음성 계통을 표준으로 하는데,

북경 음계 범위에 속하지 않는 북경 사투리 발음을 따를 필요가 없다. 일종의 살아 있는 음성을 표준으로 삼는 것도 음성의 실제적인 변화를 근거로 하여 수시로 음성 규범을 수정할 수 있고, 표준어로 하여금 튼튼한 구어 기초를 가지게 한다.

표준어는 북방어를 기초 방언으로 한다. 북방 방언이 차지하는 지역은 가장 넓고, 사용 인구도 가장 많고, 내부에는 매우 높은 일치성을 가지고 있다. 어휘 요구량이 크고 유동성이 강하며 어휘규범은 적응면이 더욱 넓은 것을 취해야 하고, 더욱 크게 영향을 미치는 방언을 기초로 한다. 북방 방언은 역사적으로 관화(官话)라 하며, 전국에 보급되는 동시에 또 근대 백화문학 작품의 방언기초로서, 그 어휘는 백화문학이 이미 유전되어 오래됨에 따라 대중 속에서 광범위한 영향을 끼치고 있다.

표준어는 전형적인 현대 백화문 저서를 문법 규범으로 한다. 대표적인 현대 백화문 저서는 광범위한 대표성을 가지고, 광대한 대중들의 열렬한 환영을 받으며, 큰 영향을 미치는 작품을 가리킨다. 그것들은 명인의 명저에 나오거나 여러 작가들이 편집하고 반복하여 퇴고하며 수정하여 이루어진 것이다. 상술한 작품일지라도 문법규범으로 여길 수 있는 것은 대다수 사람들을 위하여 인가를 받은 일반적인 용례일 뿐이고, 개별적인 방언 문법현상이나 착오가 있는 용례는 포함하지 않는다. 백화문 저서는 이미 매우 긴 역사를 가지고 있고, "현대"는 5·4운동 이후의 작품을 가리킨다. 다만 비교적 이른 현대 백화문 저서 중의 용례는 오늘날 이미 시대에 뒤떨어진 것으로서 쓰이지 않고, 그것들도 규범으로 볼 수 없다.

현대 한어 기초 과목이 강의하는 현대 한어는 주로 현대 한민족의 공통어, 즉 표준어로 표준어의 현상과 규칙을 설명하기 위해서 때로 방언의 사실을 들어 비교 분석한다. 표준어의 지식, 이론과 분석방법을 배우고, 현대 한어의 기본 구조와 특징을 이해하며, 나아가 한어 방언을 학습하고 연구하기 위해서 기초를 다진다.

사고와 연습

1 언어란 무엇인가? 언어와 문자는 동일한 것인가?
2 구어와 서면어 양자는 어떤 관계인가?
3 언어부호는 어떤 성질을 가지고 있는가? 언어는 본질적으로 말해서 무슨 현상인가?
4 세계상의 언어는 어떤 어족으로 나누어져 있는가? 중국의 어족은 어떤 어족으로 나누어져 있는가? 한어는 어떤 어족에 속하는가?
5 언어학은 무엇인가? 언어학은 어떻게 분류되는가?
6 한어는 어떤 언어인가? 한어와 동원(同源)관계인 것으로는 어떤 어파가 있는가? 중국티베트어족의 언어는 어떤 특징이 있는가?
7 한어의 역사는 모두 몇 시기로 나눌 수 있는가?
8 한어는 세계 언어에 대하여 어떠한 영향을 주었나? 한어는 왜 매우 강한 적응성과 포용성을 가진 언어라고 하는가?
9 어떤 사람은 "21세기는 한어의 시대이다."라고 하는데, 당신의 견해를 말해 보라.
10 전통적인 한어 문자학은 어떤 세 학문으로 나누는가? 오늘의 한어 문자학은 어떤 학과목인가?
11 현대 한어가 가지고 있는 함의는 무엇인가?
12 무엇이 현대 한민족 공통어인가? 현대 한민족 공통어의 정의를 해석하라.

제2절 현대 한민족 공통어와 방언

1. 공통어와 방언

공통어는 하나의 사회 전체 구성원이 통용하는 언어이다. 방언은 일부 지역 사람들이 사용하는 언어로서 공통어의 지방 계열이나 변형체이다.

민족 공통어는 방언의 기초에서 형성되는 것이고, 공통어의 형성은 정치, 경제와 집중하여 나눌 수 없는 것이다. 민족 공통어의 기초적인 방언을 기초 방언이라 일컫는데, 한 방언이 기초 방언이 되는 것은 정치, 문화 및 인구 등의 조건에 달려 있다. 민족 공통어는 방언의 기초에서 형성되고 동시에 또한 다른 방언 중에서 유용한 성분을 섭취하여 자신을 풍부하게 한다.

공통어와 방언 사이의 관계는 부자(父子)관계가 아니고, 방언은 공통어에서 직접 분화해 나온 것도 아닌 것으로 방언은 공통어 형성 전에 이미 존재한다. 공통어와 방언 사이의 관계는 평등한 관계도 아니어서 방언은 공통어의 초보적 형식으로 공통어에 종속되고, 아울러 지방 사람들을 위해 사용된다. 공통어와 방언은 결코 서로 배척하는 것이 아니고 의존하는 것으로서 그들이 사용되는 범위와 장소가 다르며 각자 서로 다른 역할을 하고 있다.

방언의 이러한 현상은 예로부터 있던 것이다. 중국은 주조(周朝) 이전의 기록이 정확한 역사가 없는데, 황제 때에 중원에는 만국이 있고, 하(夏) 때에는 3천이 있었고, 주초에는 8백 제후에게 분봉하였다고 전한다. 소위 "국(国)"이라 하는 것은 씨족이나 부락으로 상상하기 어렵지 않고, 각 씨족이나 부락 모두 자신의 언어나 방언이 있었다. 선진양한(先秦两汉)의 문헌과 제자백가의 작품은 당시에 방언이 존재한다고 설명할 뿐만 아니라 이미 일종의 공통의 교제어인 "아언(雅言)"이 있었고, ≪논어 · 술이(论语 · 述而)≫ 중에 "子所雅言, 诗, 书, 执礼, 皆雅言也(공자가 아언(표준어)으로 한 것은, 시경, 서경, 예식을 집행한 것으로, 모두 아언이었다.)"라고 쓰여 있다. 공자가 말하는 아언은 시경, 서경 및 예의를 행할 때 쓰는 언어라는 뜻이다. 아언도 당시의 서면어이다. ≪맹자(孟子)≫ 중 맹자는 일찍이 초인 허행(许行)을 "南蛮鴃舌之人(남만의 때까치 울음소리를 내는 사람들)"이라고 풍자하였는데, 허행의 남방 방언을 맹자가 알아듣지 못하고, 듣자하니 새가 우는 것과 비슷하다고 한 것이다. ≪예기(礼记)≫ 중에는 "五方之民, 言语不通, 嗜欲不同(각지의 백성들이 언어가 통하지 않고 기호도 같지 않다.)"라는 말도 있다.

서한말 양웅(扬雄)이 쓴 ≪유헌사자절대어석별국방언(輶轩使者绝代语释别国方言)≫은 ≪방언(方言)≫이라 약칭하고, 책에 "통어(通语)"를 써서 방언을 해석하였는데, 예를 들어 "秦曰娥, 宋魏之间谓之嬴……赵魏燕代之间曰姝, 或谓之姅, 自关而西秦晋之故都曰妍. 好, 其通语也(秦에서는 娥, 宋 · 魏 사이에서는 嬴, 赵 · 魏 · 燕 · 代 사이에서는 姝 혹은 姅, 함곡관 이서 秦의 고도와 晋의 고도에서는 妍이라 하는데, 모두 '좋다'는 뜻으로서 서로 통하는 말이다.)"라며 당시에 각 지역의 사람들이 모두 이해하는 "통어", 즉 당시의 공통어가 존재하고 있었다고 설명한다.

원대(元代)의 공통어는 “천하통어(天下通语)”라 하고, 주덕청(周德清)은 ≪중원음운(中原音韵)≫에서 “天下通语, 则天下尽通, 后世易晓. 若为市语方言, 则虽便捷一时, 称快一地, 要无以明天下后世(천하의 通语라면 천하 어디에서나 모두 통하고 후세에 쉽게 이해될 수 있다. 만약 속어나 방언이 되면 한 시기에 편리하게 이용되고 한 지역에서 시원하게 소통될 수 있겠으나 천하 후세에까지 분명할 수는 없다.)”라고 하였다.

명청의 공통어는 “관화(官话)”로 다시 말해서 현대 한민족 공통어의 전신이다. 신해혁명 후에 특히 5·4운동 이후, “官话”는 점차 “국어(国语)”로 대체되었다.

신중국 성립 후 1955년 현대 한어 규범 문제 학술회의는 현대 한민족 공통어의 보급을 위해 충분한 준비를 하였다. 1956년 국무원 ≪표준어 보급에 관한 지시(关于推广普通话的指示)≫는 정식으로 “표준어”의 명칭을 채택하였다. 1982년 ≪중화인민공화국헌법(中华人民共和国宪法)≫은 “국가가 전국에 보급하여 통용하는 표준어”를 규정하였다. 표준어는 곧 중국 현 단계 한민족의 공통어이다.

2. 현대 한민족 공통어의 형성

고대 한어의 서면어는 바로 우리들이 중등학교 어문 교재에서 배운 적이 있는 “문언문”으로, 이 서면어는 최초로 구어를 기록하였다. 선진 저서 중에 일부 인물의 언행을 기록한 것이 있는데, 예를 들면 ≪논어(论语)≫는 공자의 말 “三人行, 必有我师焉”(세 사람이 길을 가는데, 반드시 나의 스승이 있다.), “有朋自远方来, 不亦乐乎?(친구가 있어 먼 곳에서 오니 또한 기쁘지 아니한가?)”는 당시 문언과 구어는 그래도 매우 가깝다고 추측한다. 언어의 발전과 변화에 따라서 문언과 구어의 거리는 점차 멀어지고, 점차로 구어를 이탈한 서면어가 되었다. 당오대(唐五代) 시대에 이르러, 새롭게 당시 구어를 반영한 서면어가 나타났는데 이것이 바로 “백화(白话)”이다. 조기(早期)의 백화는 주로 선종어록(禅宗语录), 돈황변문(敦煌变文)과 백화시에 나타났다. 선종어록은 스님이 불경을 해설한 기록으로 ≪조당집(祖堂集)≫, ≪오등회원(五灯会元)≫을 예로 든다. 감숙(甘肃) 돈황에서 출토된 “변문”은 당대의 속문학 공연의 각본이다. 백화시에서 비교적 유명한 작가는 당대의 왕범지(王梵志), 한산(寒山), 습득(拾得)이 있는데, 그들의 시는 매우 구어화되었다. 왕범지의 시를 예로 들면 다음과 같다.

城外土馒头，馅草在城里．一人吃一个，莫嫌没滋味.(≪城外土馒头≫)
(성 밖에는 흙 만두(묘지)가 있고, 성 안에는 팥고물이 있네.
사람마다 한 개씩 먹이노니, 맛이 없다고 싫어하지 마오.)
他人骑大马，我独跨驴子．回顾担紫汉，心下较些子.(≪他人骑大马≫)
(다른 사람들은 멋진 말 타는데, 나만 홀로 나귀에 앉아 있네.
고개 돌려 땔나무 짐꾼 보니, 마음이 조금 좋아지네.)

이러한 언어는 오늘날 우리가 말하는 말과 이미 매우 가깝다. 백화문학은 또 송대의 화본, 원대의 잡극, 명청의 희곡과 소설을 거쳐 점차 크게 발전하였다. 이 문학 작품은 주로 백화로 쓰여져 있는데, 다시 말하면 북방 방언으로 쓰여져 있다. 예를 들어 ≪수호전(水浒传)≫, ≪금병매(金瓶梅)≫, ≪성세인연(醒世姻缘)≫ 등은 산동 방언으로 쓰여졌고, ≪홍루몽(红楼梦)≫, ≪아녀영웅전(儿女英雄传)≫은 북방 방언으로 쓰여졌다. 그들은 북방어가 아닌 지역에 유전되어, 그곳의 문인 학사도 백화문으로 글 쓰는 것을 익히게 되자, 백화는 문학작품, 통속적인 간행물 중의 문언을 대체하여 광범위하게 응용된 서면어가 되었다. 백화는 곧 현대 한민족 공통어인 서면어의 유래이다.

중국 역대 각 왕조의 수도는 대다수 북방에 지어졌다. 수도는 정치, 경제, 문화의 중심으로서 그 소재지의 방언은 영향력이 크고 소통면이 넓은 관방어가 되어, 점차 공통어로 발전한 것이다. 수도의 이전이 공통어의 기초인 방언의 변화를 형성할지라도 중국 역사상의 수도는 기본적으로 모두 북방 방언 지역 내에 있었기 때문에 북방어는 한어 공통어의 기초로서 줄곧 굳건했다. 북경은 예로부터 연도(燕都), 계성(蓟城), 유주(幽州)를 거쳐 북방 요충지가 되었다. 요대(辽代)는 북경을 제2의 수도로 정하였고, 수도는 오경의 하나인 남경이었다. 금대(金代)에는 북경을 중도(中都)로 세워, 금대 중도인 북경이 전국 정치 중심의 시작이었다. 원명청 3대는 명초에 금릉을 도읍으로 삼은 것을 제외하고는 북경을 도읍으로 삼았다. 북경어의 지위는 나날이 중요해지고, 그 영향력은 점차로 커졌다. 원대 이후에는 북경어가 관부의 통용어로 전국에 널리 퍼져, 이민족이나 외국인이 한어를 학습하면 북경어 또한 배워야 했다. 당시 조선인이 편저한 회화교재인 ≪노걸대(老乞大)≫, ≪박통사(朴通事)≫의 내용은 원대 대도시의 구어를 사용하여 만들었다. 명대에 "관화(官话)"에 대한 기재가 있었는데, 예를 들어 하량준(何良俊)의 ≪사우재총설(四友斋丛说)≫에 "雅宜(王宠)不喜作乡语，每发口必官话(아의는 고향말을 즐겨하지 않고 매번 입만 열면 꼭 관화(북방 관화)를 말했다.)"와 장위(张位)의 ≪문기집(问奇集)≫에 "大约江以北入声多作平声，……江南多患齿音不清，然此亦官话中乡音耳.(대개 양자강 이북에서는 입성을 주로 평성으로 발음하고, ……강남에서는 치음이 소리가 없어 걱정이 많았는데, 이 역시 관화 중 사투리일 뿐이다.)" 등이다. 당시의 "관화"는 관리사회에서 사용하고, 통용범위가 방언 사투리보다 넓은 것을 제외하고는, 비교적 고상하고 우아한 뜻을 내재하고 있었다. 청대 유정섭(俞正燮)의 ≪계사존고(癸巳存稿)≫ 9권 "관화"에서는 "雍正六年，奉旨以福建广东人多不谙官话，著地方官训导，廷臣议以八年为限. 举人生员贡监童生不谙官话者不准送试，福建省城四门设立正音书馆……令州县与士民及教官实心教导，保荐时列入政绩.(옹정 6년, '복건 · 광동인들이 대부분 관화를 알지 못하므로 지방관에게 훈도케 하고 정신에게 의논케 하여, 8년을 기한으로 해서 거인, 생원, 공감, 동생 중 관화를 알지 못하는 자는 시험에 보내지 못하게 하고, 복건성의 4개 성문에 정음서관을 설립하며, 주현으로 하여금 사민과 교관들과 함께 성실한 마음으로 교도케 하여 천거 시 정적(인사고과)에 열입하게 하라'는 명이 내렸다.)"라고 말했다. 청 정부는 관화를 보급하려는 일을 매우 중시하고 아울러 구체적인 조치와 규정이 있었음을 알 수 있다. 청대 소설 ≪관장현형기(官场现形记)≫ 제26회 중에 한 사람이 대필 사조를 썼는데, 말을 하면 전부 토박이 말씨이기 때문에 동가(东家)는 그가 "上不得台盘(연회석상에 올라가지 못하다.)" "思想辞他馆，打发他回去，已非一日了(명칭에는 이미 고정되어 있는 합당한 것이 없고 사람들이 약속하여 命名하는 것이다. 약속이 정해져 습관이 되면 그것을 합당하다고 하고, 약속과 다르면 합당하지 않다고 한다.)"라고 느꼈다. 이것은 당시 관화가 이미 상당히 보급되었고, 관화를 할 줄 모르는 사조는 환영을 받지 못했다는 것을 설명한다. 역사적으로 보면, "관화"의 본원은 북경이지만 당시에는 결코 명확한 기준과 규범이 없었다. 사람들은 습관적으로 북방 방언을 관화라고도 하였는데, 예를 들어 동북 관화, 서남 관화, 서북 관화, 하강 관화 등이 그것이다. 이것은 그들의 통화면이 넓고, 북경어와 서로 가까운 이유 때문이다. 심지어 남방도 이른바 소흥(绍兴) 관화, 광동 관화가 있었는데, 이러한 관화는 지방 말씨를 가지고 있고, 실제로 북경어에 근접한 결과이다. 그다지 표준적이지 않은 관화는 또 남청(蓝青) 관화라 통칭하였는데, "남청"은 순순하지 않다는 뜻이다. 관화는 한어가 각 방언 지역에 보급되는 과정으로, 다시 말해서 현대 한민족 공통어 구어가 점차 형성되는 과정이다. 즉, 관화는 현대 한민족 공통어 구어의 기원이다.

1919년 5·4운동을 지표로 청말에서 중화인민공화국 초년의 30년간 중국 대지에서 신문화운동 구성 부분에 속하는 "국어운동(国语运动)"과 "백화문운동(白话文运动)"이 흥기하였다. 청말 "절음자운동(切音字运动)", 즉 한어병음운동을 시작할 때는 한어 민족 공통어의 음성 표준과 언어 통일 문제를 제기하였다. 중화민국에 들어선 후 당시의 교육부는 각 성 대표가 참가하는 독음 통일회를 열어, "국어"란 명칭을 채택하여 "관화"를 대신 가리키고 "북경음을 위주로 하여 남북을 함께 고려한다."는 원칙에 따라서 자음을 심사하여 결정하였다. 1918년 백화문운동은 이미 열렬하게 전개되어 백화로 문장을 쓰고 신문을 내는 것은 이미 그 세력을 막을 수 없는 대세가 되어, 철저하게 문언문의 통치 지위를 동요시켰다. 국어연구회의 1천여 명 회원은 당국에 청원하여 국어 주음자모를 공포하였다. 5·4운동의 폭발은 백화문운동과 국어운동으로 하여금 "双潮合一(두 조류가 하나로 합쳐진다.)"되게 하여 현대 한어 서면어와 구어가 전례 없이 가까워졌다. 국어는 사회적으로 특별히 초중등 어문 교학에 점차로 보급되었다. 1920년 국어가 전파되는 중에 또 "경국지쟁"(경음과 국음)의 변론이 시작되어 3년 동안 지속되었고 최종적으로 절대 다수가 모두 역사 발전 사실, 즉 "중국 언어의 마음"(刘复语)은 마땅히 "京语" 자체에 건립해야만 한다는 것에 동의하였다. 1924년 국어통일 준비 위원회는 ≪국음자전(国音字典)≫ 증수를 토론할 때, "아름다운 북경 억양을 표준음으로 결정한다", "무릇 글자 음은 대개 북경 보통 독법을 기준으로 한다"고 주장하였다. 백화문운동과 국어운동의 추진 때문에 현대 한민족 공통어가 5·4운동 시기에 이미 형성되었다고 해야 할 것이다.

신중국 성립 후에 현대 한민족 공통어는 새로운 형세 아래 공고함을 드높이고 발전을 계속하였다. 현대 한어는 책, 신문, 정기 간행물의 정식 용어가 되었고, 인민 군중들은 민족 공통어 통일과 규범화, 학습 통일의 공통어에 대하여 더욱 강렬한 바람이 생겼다. 1955년 10월 교육부 중국 문자 개혁 위원회는 전국 문자 개혁 회의를 열고 중국 과학원은 현대 한어 규범 문자 학술회의를 열어 한자 간화, 표준어의 확충, 현대 한어 규범화 및 제정과 ≪한어병음방안≫ 보급 등의 일을 토론하였다. 현대 한어 규범 문제 학술회의에서 현대 한민족 공통어를 표준어라고 하고 현대 한어 규범의 총원칙을 확립하였다. 교육부 부장 장해약(张奚若)은 전국 문자 개혁 회의에서 현대 한민족 공통어의 정의를 제기하였다. 1956년 2월 6일 국무원은 전국에 ≪关于推广普通话的指示(보통어 보급에 관한 지시)≫를 반포하였는데, 이

≪指示≫는 명확히 "한어 통일의 기초는 이미 존재하는데, 이것은 북경 억양을 표준음으로 하고 북방어를 기초 방언으로 하여 전형적인 현대 백화문 저서를 문법규범으로 하는 표준어"라고 제기하고 규정하였다.

3. 현대 한어 방언 개설

중국은 국토의 면적이 넓고, 인구가 많으며, 현대 한어의 방언은 매우 복잡하고, 그 차이도 상당히 크다. 북방인과 광동인, 복건인은 근본적으로 통화할 방법이 없는데, 예를 들어 북경어와 광동어의 음성 차이는 90% 이상에 달하였다. 한어 방언 사이의 차이는 심지어 유럽 어떤 국가 사이의 차이보다 더 크나, 한어 방언은 하나의 공통어 표준어에 종속하고, 서로 다른 음성 계통 사이에도 엄정한 대응 규칙이 존재하고 있기 때문에 차이가 더 클지라도 그들은 여전히 한어 내부 방언의 차이에 속한다. 한어 방언은 거시적인 관점으로 보면 북방 방언이 대부분의 중국, 대략 4분의 3의 면적을 차지하고 있다. 북방 방언 내부의 일치성은 비교적 강하고 표준어와의 차이는 가장 작다. 남방 방언은 동남 모퉁이를 점거하였는데, 대략 4분의 1의 면적을 차지하고 있다. 그중에 민(闽), 월(粤) 방언이 표준어와의 차이가 가장 크고, 오(吴) 방언이 그 다음으로 큰데, 객가(客家), 감(赣), 상(湘) 방언이 표준어와의 차이가 민, 월, 오 방언보다 작다. 방언 사이의 차이는 주로 역사 발전의 불평등 때문에 야기된 것이고, 이는 인구 분포, 이민 천도, 지리 환경, 이족 접촉도 차이를 형성하는 주요 원인이다. 방언 사이에는 대단히 복잡하게 얽혀 있는 연관이 있기 때문에 각 방언의 특징은 "같으면서 차이가 있고, 차이가 있으면서 같음이 있다."라고 말할 수 있다.

한어 방언 지역을 나누는 문제는 학술계에서 서로 다른 견해가 존재하는데, 전통적인 관점은 7대 방언으로 나누어지는, 즉 북방 방언, 오 방언, 상 방언, 감 방언, 객가 방언, 민 방언, 월 방언이다.

(1) 북방(北方) 방언

북방 방언은 북방어나 관화 방언이라고도 한다. 북방 방언은 현대 한민족 공통어의 기초 방언으로 북경어를 대표로 한다. 북방 방언은 전국 26개 성과 시에 분포하여 사용 인구가 한족 총인구의 약 70% 이상을 차지한다. 북방 방언의 분포 범위는 넓고, 사용 인구가 많아, 어떤 방언일지라도 이것과 서로 비교할 방법이 없다. 동북의 흑룡강에서 서남의 운남까지 직선거리가 수천 킬로미터에 이르지만 두 지역의 통화는 기본적으로 어려움이 없다. 방언 내부의 일치성이 이처럼 강한 것은 세계에서도 드물다. 다른 일면으로는 북방 방언은 지역이 광대하고 내부 차이도 상당히 복잡하다. 전통적으로 북방 방언을 4개의 방언으로 나눈다.

① 화북, 동북 방언은 북경과 천진 두 시, 하북, 하남, 산동, 요녕, 길림, 흑룡강성 및 내몽고 자치구의 일부분에 분포한다. 북경 관화, 기로(冀鲁) 관화, 교료(胶辽) 관화, 동북 관화, 중원 관화로 세분하기도 하는 학자도 있다.

② 서북 방언은 산서, 섬서, 감숙 등의 성과 청해성의 일부 지역, 영하(宁夏), 내몽고 자치구의 일부 지역에 분포하고, 신강 우루무치 자치구 내에 한족이 사용하는 언어도 서북 방언이다. 산서 말은 진어라고도 하는데, 그것은 고대 입성의 특징을 유지하고 있는 특징 때문에 한어 일대 방언이라 해야 한다고 여기는 학자도 있다. 서북 방언의 영하, 감숙, 신강 일대의 방언을 난은(兰银) 관화라고 하는 학자도 있다.

③ 서남 방언은 사천, 운남, 귀주 등의 3성 및 호북 대부분 지역(동남각 함녕 지역 제외), 광서 자치구 서북부, 호남 서북 일부 지역 등에 분포한다. 북방 방언 중에 3분의 1에 가까운 사람이 서남 관화를 말하고 있다. 사용 인구가 많지만 내부 일치성은 매우 강하다.

④ 강회 방언은 안휘와 강소 두 성의 장강 이북과 회화 이남 지역(서주, 방부(蚌埠) 일대의 화북, 동북 방언 제외), 진강 서쪽과 구강 동쪽의 장강 남쪽 기슭의 연강 일대에 분포한다.

북방 방언의 공통점 : ① 고대 전유성 성모는 현재는 무성음으로 읽고, 폐쇄음과 폐찰음 평성 유기이고, 측성 무기이다. ② 비자음 운모는 -n, -ŋ 두 개만 있다(-m 병입 -n). ③ 전유성 상성은 거성으로 분류하고, 거성은 음양을 나누지 않고, 성조 종류가 적다. ④ 대다수 지역은 입성이 없고, 입성이 있는 지역은 어떤 것은 폐쇄음 운미가 있고, 어떤 것은 없다. ⑤ 3인칭 단수는 "他"를 쓴다. ⑥ 가축, 가금의 성별을 나타내는 형태소는 앞에 있는데, 예를 들면 "公猪, 母鸡"이다. ⑦ 수여 의미의 이중 빈어문에서 사람을 가리키는 빈어는 사물을 나타내는 빈어의 앞에 있다.

(2) 오(吴) 방언

상해, 강소성 장강 이남과 진강 동쪽 지역(진강은 포함되지 않음), 남통의 일부 지역, 절강성의 대부분 지역, 강서 동북부, 안휘의 남부와 복건의 서북 일부 지역에 분포한다. 상해어를 대표로 한다. 사용 인구는 한족 총인구의 8.4%이다. 그중에 안휘(安徽) 휘주 지역의 휘어(徽语)는 어떤 학자는 독립적인 큰 방언이어야 한다고 여긴다. 항주 지역의 오어(吴语)는 농후한 한어 색채를 가지고 있고, 이것은 역사상 항주가 일찍이 남송의 수도였던 것과 관련이 있다.

오 방언의 특징 : ① 전체 고대 전유성 성모를 보류하고 있다. ② 대다수 지점이 tʂ, tʂʻ, ʂ와 ts, tsʻ, s를 나누지 않는다. ③ 대다수 지점은 단모음이 풍부하고 복모음이 모자란다. ④ 비음 운미는 한 -ŋ만 있고, -m, -n은 없다. ⑤ 고대 입성을 보류하고, 입성 운미는 후폐쇄음 운미 -ʔ와 합쳐졌다. ⑥ "头" 접미사가 상당히 발달하였다. ⑦ 3인칭 단수는 다수 지점에서 "渠" 혹은 "伊"라고 말한다. ⑧ 빈어가 앞에 위치하는 주서술어서술어문이 우위를 점하는데, 예를 들면 "我吃过晚饭了"는 자주 "我晚饭吃过了"라고 한다. ⑨ 이중 빈어 서술어문 "我给你一本书"는 자주 "我拨本书侬" 혹은 "我书拨本侬"이라고 한다.

(3) 상(湘) 방언

호남성 대부분의 지역(서북 제외), 광서 북부에 분포하고 장사어(长沙话)를 대표로 한다. 상 방언 내부에는 아직 신상어(新湘语)와 노상어(老湘语)의 차이가 존재한다. 신상어는 장사 등의 대도시에서 유행하고, 북방 방언의 영향을 비교적 크게 받는다. 사용 인구수는 한족 총인구수의 5%를 차지한다.

상 방언의 특징 : ① 고대 유성음 성모는 현재 폐쇄음과 폐찰음을 만날 때, 유성음 혹은 유성음 무성화를 보류하든지 평측을 관여하지 않고, 일률적으로 모두 무기음으로 읽는다. ② f-, xu-는 대부분 섞어서 읽고, 다수 상황은 f-로 읽는다. ③ n-, l- 홍음(洪音)은 나누지 않고 세음(细音)은 나눈다. ④ 대부분 tʂ, tʂʻ, ʂ는 없고, 계자(系字)에 비쳐 병음하여 ts, tsʻ, s로 읽고, 병음하여 입을 다물고 tɕ, tɕʻ, ɕ로 읽는다. ⑤ 비음 운미는 일반적으로 -n이 많고 -ŋ이 적다. ⑥ 매우 많은 곳은 입성이 있으나 폐쇄음 운미가 없다. ⑦ "子" 접미사가 상당히 발달하였다. ⑧ 빈어는 "得"와 보어 사이에 삽입할 수 있어, 예를 들면 "他一餐吃得两斤米完"이다.

(4) 감(赣) 방언

강서성 대부분의 지역(동북 장강지대 연안과 남부 제외), 호남 동부 및 서남부, 호북 동남부, 안휘 서남부에 분포한다. 남창어를 대표로 하고, 사용 인구수는 한족 총인구수의 2.4%를 차지한다.

감 방언의 특징 : ① 고대 유성 폐쇄음과 유성 폐찰음이 평측이든 간에 모두 유기 무성음으로 읽는다. ② 고대 泥, 来 두 모(母)는 홍음을 나누지 않고 세음은 나누어 니(泥)는 ȵ-으로 읽고, 래(来)는 l-로 읽는다. ③ 입성을 보류하였으나 각지의 정도는 다르다. ④ 3인칭 대명사는 "渠"라 한다. ⑤ "吃饭, 喝茶, 抽烟"은 "吃饭, 吃茶, 吃烟"이라 말한다. ⑥ "坐着说话"는 "坐到话事"라 한다.

(5) 객가(客家) 방언

광동, 복건, 대만, 강서, 광서, 해남, 호남, 사천 등의 성에 분포하고, 그중에 광동 동부와 북부, 복건 서부, 강서 남부와 광서 동남부에 주로 분포한다. 광동 매현어(梅县语)를 대표로 한다. 객가인은 역사상 동진에서 시작하여 중원에서 선후 다섯 차례 남방으로 대천도하였다. 객가인은 비록 분산되어 거주하였으나 객가 방언은 여전히 스스로 계통적이고, 내부 차이는 그다지 크지 않다. 사천 객가인과 광동 객가인은 수없이 많은 산과 내를 사이에 두고 서로 멀리 떨어져 있었어도, 서로 이야기를 나눌 수 있다. 사용 인구수는 한족 총인구수의 3.6%를 차지한다. 객가 방언도 화교를 따라 해외 일부 국가의 화인 집거지에 전파되었다.

객가 방언의 특징 : ① 고대 유성 폐쇄음과 유성 폐찰음이 평측이든 간에 모두 유기 무성음으로 읽는다. ② tʂ, tʂ', ʂ와 ts, ts', s는 대부분 나누지 않는다. ③ 일부분 상용하는 "轻唇音" 자는 객가 방언에서 "重唇音"으로 읽는다. ④ 비음 성모가 풍부하여, m-, n- 외에도 ŋ-, ȵ-가 있다. ⑤ 운모 중 촬구호가 없다. ⑥ 입성 폐쇄음 운미 -p, -t, -k는 대다수 보류되어 왔다. ⑦ "佫"는 표준어 "者"에 해당하는데, 예를 들면 "大佫", "肥佫"이다. ⑧ 반복 의문문은 중첩을 써서 앞 글자에 변음을 더하는데, 예를 들면 "绳子猛猛?"(绳子长不长?) "咱过节治治鸡?"(咱们过节杀不杀鸡?)이다.

(6) 민(闽) 방언

복건, 대만, 해남성의 대부분 지역, 광동 동부의 조산 지역, 뇌주 반도 지역, 절강 남부 온주 지역의 일부분, 광서 소수 지역에 분포하고, 사용 인구수는 한족 총인구수의 5.7%를 차지한다. 민동, 보선(莆仙), 민남, 경뢰, 민북, 민중 등 6개 방언 구역으로 나눈다. 민동 방언은 복주어를 대표로 하고, 보선 방언은 보전어를 대표로 하며, 민남 방언은 하문어를 대표로 하고, 경뢰 방언은 해구어를 대표로 하며, 민북 방언은 복구어를 대표로 하고, 민중 방언은 영안어를 대표로 한다. 해외 화교와 화교 후예 중에도 적지 않은 사람이 민 방언을 사용한다.

민 방언의 특징 : ① f- 성모가 없고, 고대 "경순(轻唇)" 성모는 어떤 것은 쌍순 폐쇄음(즉, 이른바 소위 경순 귀중순)으로 읽고, 어떤 것은 마찰음(h 혹은 x)으로 읽는다. ② 고대 知, 彻, 澄 성모의 글자는 t-, t'-로 읽는데, 즉 소위 "舌上"은 "舌头"로 돌아간다. ③ 고대 유성 폐쇄음 및 유성 폐찰음은 무기 무성음으로 많이 변한다. ④ 고대 三, 四 등의 글자는 북경음 tɕ, tɕ', ɕ 성모로 읽고, 민 방언 구역은 대부분 k, k', x로 읽는 것을 본다. ⑤ 폐찰음과 마찰음은 다만 한 세트가 있어, ts, ts', s와 tʂ, tʂ', ʂ로 나누지 않는다. ⑥ 운모 중에 다른 정도로 고대 비음 운미와 폐찰음 운미를 보류하였다. ⑦ 입성이 있고, 성조는 6개에서 8개에 이른다. ⑧ 일부 상용어는 당 이전의 화법을 보류하였는데, 예를 들면 "箸, 卵, 喙" 등이다. ⑨ "有", "无"로 동사 혹은 형용사를 가진 문장이 있는데, 예를 들면 하문어의 "者久伊有来我无去"(最近他来过我没去过(최근에 그는 온 적이 있지만 나는 가본 적이 없다))이다.

(7) 월(粤) 방언

광동 중부, 서남부와 광서 동부, 남부, 홍콩, 마카오 특별 행정 지역에 분포하는 주민은 대부분 월 방언을 말하는데, 광주어로 대표한다. 월 방언은 광동어라고도 하는데, 현지에선 "白话"라고 한다. 사용 인구수는 한족 총인구수의 5%를 차지한다. 월 방언의 내부 차이점은 크지 않고 월해(광부), 사읍, 고양, 완보, 향산, 귀남 등 6개 방언편으로 나뉜다. 미국으로 조기에 이민한 화교는 사읍으로부터 간 사람이 가장 많고, 매우 많은 미주 화교 후예는 여전히 사읍어를 할 줄 안다.

월 방언의 특징 : ① 고대 미명 두 성모자 합류는 m-으로 읽는다. ② 고대 비(非), 부(敷), 봉(奉) 모자와 효갑(晓匣) 모(母) 합구자는 나누지 않고 모두 f-로 읽

는데, 예를 들면 "分", "昏" 모두 fən[55]로 읽는다. ③ 고대 견모자(의(疑)모 제외)는 일률적으로 k, k', h 성모로 읽는다. ④ 고대 계(溪)모 일부 글자는 f-성모로 읽거나 h-성모로 읽는데, 예를 들면 "科"는 fɔ[55]로 읽는다. ⑤ 대부분 지역은 -m, -n, -ŋ 세 비음 운미와 -p, -t, -k 세 폐쇄음 운미가 있다. ⑥ 성조는 일반적으로 9개이다. ⑦ 다른 방언이 없는 약간의 방언 단어가 있는데, 예를 들면 "乜野, 睇, 点解" 등이다. ⑧ 부사어 후치 현상은 보편적으로, 예를 들면 "我行先"(我先走), "食多一碗饭添"(再多吃一碗饭)이다. ⑨ 이중 빈어 서술어문은 표준어와 상반되어, 예를 들면 "畀本书我"이다.

한어 7대 방언 지역에서 또 주위 방언과 아주 다르고, 대방언에 둘러싸인 약간의 "방언도(方言岛)"가 있다. 예를 들면 해남도 가장 남단의 애현(崖县), 한낱 아주 작은 애성진(崖城镇)에 있고, 민, 월 및 북방 방언에 나누어 속하는 세 가지 말이 있다. 하나는 민남 방언 계통의 해남 민어이다. 둘째는 월 방언 계통의 "매화(迈话)"이고, 셋째는 북방 방언 계통의 "군어(军话)"이다. 그중에 "매화", "군어"는 모두 사용 인원수가 많지 않은 "방언도"이다. 다시 예를 들면 사천 화양 양수정의 객가어로, 서남 방언에 둘러싸인 방언도이다.

사고와 연습

1. 공통어란 무엇인가? 방언어란 무엇인가? 공통어와 방언은 무슨 관계인가?
2. 한어는 역사상 몇 가지 공통어가 나타난 적이 있는가?
3. 현대 한민족 공통어의 두 기원은 무엇인가?
4. 현대 한민족 공통어는 어떻게 형성되었는지 약술하라.
5. 현대 한어는 어떤 방언이 있고, 각 방언은 무슨 말로 대표하는가? 그들 각자의 특징은 무엇인가?
6. 난주어, 방부(蚌埠)어, 항주어, 건구(建甌)어, 해구(海口)어는 각각 어떤 방언에 속하는가?
7. 방언도 현상이 무엇인지 예를 들어 설명하라.

제3절 현대 한어의 특징과 규범화

1. 현대 한어의 특징

우리가 현대 한어를 배우고 연구하려면, 현대 한어의 특징을 고찰하고 총괄하는 데 주의해야 하는데, 이런 특징은 현대 한어의 본질을 반영하고, 현대 한어의 언어 사실을 진지하게 조사하여, 그중에서 규칙을 개괄하고 얻어낸 것으로서 외국어나 이민족 언어와 대비하여 취득한 것이다. 현대 한어는 아래와 같이 비교적 뚜렷한 특징이 있다.

(1) 음성 방면

현대 한어 음절의 특징은 매우 뚜렷하고, 음절이 가지런하며, 음절의 한계 또한 분명하고, 고른음〔乐音〕이 두드러지며, 음악성이 매우 강하다. 구체적으로 말해서 아래와 같은 표현이 있다.

① 복자음이 없다. 음절의 시작이든 끝이든 현대 한어는 모두 영어처럼 2개나 3개의 자음이 함께 연철되는 현상이 없다. 자음은 늘 모음을 두드러지게 하고 모음과 병합한 위치에 놓여서, 모음을 부각시켰다. 이 때문에 음절의 구조는 매우 가지런하고, 길이는 비교적 일치하며, 경계가 상당히 뚜렷하다.

② 모음이 우위를 차지한다. 현대 한어의 한 음절은 하나의 단모음 혹은 복모음으로만 구성되기도 한다. 개별적으로 한두 개의 음절을 제외하고는 자음은 단독으로 음절을 이룰 수 없고, 한 음절 안에 최소한 하나의 모음을 가지고 있어야 한다. 이렇게 한어의 음절은 소리가 비교적 높고 크며 고른음 성분이 비교적 크다.

③ 성조 역할이 크다. 현대 한어의 성조는 매우 강한 구별 역할을 가지고 있어, 심지어 성모와 운모를 초과하여, 매우 많은 음소를 절약하였다. 표준어 사성의 분포는 합리적이고, 고저와 오르내리는 네 상태를 나타낸다. 성조는 한어에 음악의 미를 부여하는데, 이는 마치 음악 선율 같다.

④ 유성음 수량이 적다. 현대 한어는 4개의 차(次)유성 성모가 있는 것을 제외하고는 전유성 성모가 없다. 이는 표준어 성모의 발음을 간단하고 맑고 간결하며 힘 들이지 않게 하고, 기류의 강약을 이용해 음위(音位)를 구별하여 모음의 울림음

작용을 더욱 두드러지게 한다.

(2) 어휘 방면

단음절 형태소가 절대 우위를 차지하고 그것으로 구성된 단음절어와 쌍음절어도 우위를 차지하는데, 이것은 한어의 단어 형태를 비교적 짧게 하고, 형태소의 역할을 부각시킨다.

① 형태소는 단음절 위주이다. 한어 형태소는 대다수 단일한 음절과 대응하고, 어떤 것은 단음절어를 구성하고 어떤 것은 쌍음절이나 다음절어를 구성한다. 형태소는 고대 한어에서 일찍이 단어로서, 특정한 조건에서도 독립적으로 사용할 수 있다. 일부 상용하는 형태소는 조어 능력이 매우 강하여, 형태소의 한어 중의 지위는 매우 중요하다.

② 복합 조어법이 우위를 차지한다. 표준어에서 특히 서면어 속에 있고 접사의 수량이 많다. 조어는 대부분 복합 조어에 의해 합성어를 이룬다. 주로 연합, 수식, 동빈, 보충, 주서술어 등 5개의 구조이다.

③ 쌍음절어가 우위를 점한다. 고대 한어는 현대 한어로 변천하는 과정에서, 단어의 쌍음화가 주요 추세이다. 예를 들어 "目→眼睛", "民 → 人民"이고, 구어가 글말로 바뀐 것은 예를 들어 "种 → 种植", "嚼 → 咀嚼"이다. 구가 단어로 축약된 것은 예를 들어 "安全检查 → 安检", "人民警察 → 民警"이다. 외래어의 선별은 예를 들면 "大哥大 → 手机", "麦克风 → 话筒"으로 모두 쌍음절 형식을 선택하였다. 현대 한어 사전의 단어는 대다수 쌍음절어이다. 쌍음절이 우위를 차지하는 상황에서 삼음절어도 발전하였다.

④ 사자어가 풍부하다. 한어의 성어는 대부분 사자 격식을 취한다. 성어를 제외하고 현대 한어에는 대량의 사자어가 있다. 어떤 것은 고정 형식으로 예를 들어 "不～不～", "非～不～" 등이다. 또 어떤 것은 습관적인 조합으로 예를 들어 "勤劳勇敢", "斗志昂扬" 등이다.

(3) 문법 방면

한어 문법 구조는 직접적으로 조합하는 것을 위주로 하고, 판별은 통사적 의미 분석을 주로 한다. 단어의 형태 변화를 주요 문법 형식으로 하지 않는 것이 한어가 인구어와 구별되는 가장 큰 특징이다. 이런 특징을 기본으로 하여 우리들은 한어를 직접 조립형 언어 혹은 분석형 언어라 부르기도 한다.

① 한어의 단어는 다수 인구어처럼 풍부한 형태 변화를 결코 가지고 있지 않다. 소위 형태 변화란 단어의 형식 변화를 가리킨다. 예를 들어 영어 "book"의 복수는 "books"이다. 한어 "一本书", "两本书" 속의 "书"는 변화가 없다. 한어의 엄격한 의미적인 형태 변화는 많지 않은데, 이것은 영어 등의 인구어와 좀 더 대비하여 얻어 낼 수 있는 결론이다. 또 예를 들면 영어의 "go, goes, going, went, gone"은 같은 단어의 다른 변화 형식으로, 이러한 변화 형식은 다른 문법적 의미를 나타낸다. 한어는 확실히 이런 문법 변화가 부족하다. "我昨天去图书馆", "他今天去图书馆", "你明天去图书馆"의 "去"는 어떤 변화도 없다. 한어 단어와 단어의 조합은 직접적으로 단어와 단어 조합의 변화 형식을 쓰지 않고 통사 관계에만 부합하고 의미상 어울릴 수 있으면 직접적으로 구와 문장을 조합하고 구성한다. 당연히 우리들은 한어는 형태 변화가 적을 뿐 결코 전혀 없다고 말하지는 않는다. 한어의 많은 동사, 형용사, 양사는 모두 중첩 변화가 있고 소수 단음절 명사도 중첩할 수 있다. 예를 들면 "讨论 → 讨论讨论", "红 → 红红的", "个 → 个个", "人 → 人人" 등이다.

② 한어는 어순과 허사가 중요한 통사수단이다. 어순이 다르면 단어와 단어의 문법 구조 관계도 상응하여 변화가 생긴다. 예를 들면 "远大理想 → 理想远大", "经济繁荣 → 繁荣经济"이다. 단어의 위치가 바뀌면 문법 의미에도 변화가 생길 것이다. 예를 들면 "我拉他"의 "我"는 동작을 행한 사람이고 "他"는 동작을 받아들이는 사람이다. "他拉我"는 마침 상반된다. 허사는 다른 문법 관계를 나타내기도 하는데, 예를 들어 "工厂的幼儿园", "工厂和幼儿园"에서 전자는 수식 관계이고 후자는 연합 관계이다. 허사는 다른 문법 의미를 나타내기도 하는데, 예를 들어 "吃了"는 "吃"의 동작이 이미 완성된 것을 나타내고 "吃过"는 "吃"의 동작이 일찍이 발생한 적이 있음을 나타낸다.

③ 한어 통사 구조는 의미의 종류, 의미 특징 분석을 기초로 하며, 조합 선택이 엄격하다. 예를 들어 "喜欢干净"과 "打扫干净"의 구조가 다른 것은 "喜欢"과 "打扫"의 의미가 다르기 때문이다. "玩来了"와 "走来了"는 구조가 다르고 "玩"과 "走"의 의미 특징도 다르다. 한어는 "吃大碗"이라 할 수 있지만 "*吃筷子"라 할 수 없다. "充满节日气氛"이라 할 수 있지만 "*充满气氛" 혹은 "*布满节日气氛"이라 할 수 없다.

④ 풍부한 양사와 어기사를 가지고 있는 것도 현대 한어의 두드러진 특징이다. 명사 앞에 수사를 붙이는데 일반적으로 양사로 단위를 표시하고 매우 많은 명사는 모두 전용 양사를 가지고 있다. 예를 들면 "一张纸", "一匹马"이다. 동사도 양사로 동량을 표시하는데, 예를 들면 "去一次", "看一回"이다. 어기사는 문장의 어기를 나타낼 뿐만 아니라 문장의 뜻을 나타내는 데도 참여한다. 예를 들면 "他是大学生", "他是大学生吗?"인데, 앞 문장은 긍정의 진술을 나타내고 뒷 문장은 아직 모르는 것에 대한 질문을 나타낸다.

현대 한어 특징의 인식에 대하여 우리들은 현대 한어를 학습하고 연구하는 과정에서 끊임없이 탐색하고, 전진할 필요가 있다. 영원히 한 수준에 머무르지 않으며, 영원히 끝이 없을 것이다.

2. 현대 한어 규범화

(1) 현대 한어 규범화의 표준

이른바 규범화는 명확히 일치하는 표준을 수립하는 것으로서, 아울러 이러한 표준을 활용하여 엇갈림과 불일치를 제거한다. 현대 한어 규범화는 음성, 어휘, 문법 및 문자 방면으로 규범의 표준을 확립하고 규범을 확충하고 보급하여 광대한 대중에게 자각적으로 규범을 준수하게 하고 언어 문자가 사회주의 현대화 건설에서 그 역할을 더욱 잘 발휘하게 한다.

만약 일정한 규범이 없다고 상상하면, 사람들이 언어 문자 활용 중에 각자가 다 자기 주장대로 함으로써, 분명히 혼란하고 참을 수 없는 국면을 초래하며, 심각하게 언어 문자의 교제 기능에 영향을 끼칠 것이다. 또 만약 이러한 규범이 명확하지 않으면 과학 기술의 발전, 문화 교육의 보급 및 제고에 불리한 영향을 가져다 줄 것이다. 현대 한어는 지금 이미 국제 통용 언어로서, 만일 명확한 규범 표준이 없다면 이 또한 국제 왕래 중에 언어의 대역과 외국인의 한어 학습에 어려움을 가져올 것이다. 언어 문자는 가장 중요한 정보 저장 장치로서 우리들은 이미 정보화 시대에 접어들었고, 한어 정보 처리의 속도와 정확성은 언어 문자의 규범화와 표준화에 달려 있어, 언어 문자의 규범화와 표준화는 중국 정보 산업의 발전과 전체 사회주의 현대화 건설에 이르기까지 중요한 영향을 미칠 것이다. 그리고 시대가 언어 문자 규범화에 대하여 새롭고 더욱 높은 요구를 하였다.

현대 한어 규범화의 표준은 일찍이 1956년 ≪关于推广普通话的指示(표준어 보급에 관한 지시)≫에서 이미 명확히 하였는데, 표준어는 음성 방면에서 북경 음성을 표준음으로 하고, 어휘 방면에서는 북방어를 기초 방언으로 하며, 문법 방면에서는 전형적인 현대 백화문 저서를 문법 규범으로 한다.

표준어는 북경 음성을 표준음으로 하기 때문에 이론적으로 말해서 무릇 북경 음성에 부합하지 않는 발음은 규범에 맞지 않는다는 것이다. 하지만 이것은 북경 음성 계통으로 말하거나 북경어 속의 발음이 모두 표준적이라고 하는 것은 결코 아니다. 북경 음성 내부에도 실제적으로 약간의 불일치가 있는데, 여러 가지 원인이 초래한 이독어 현상 및 방음〔土音〕 성분이 마침 이러한 예로, 따라서 표준어 심음 위원회는 ≪표준어이독어심음표(普通话异读词审音表)≫로 표준어의 독음을 규범화하였다. 풍부한 경성과 얼화(儿化)를 가지고 있는 것은 북경 음성의 중요한 특징으로, 이 때문에 타지방 사람들이 배우기 어렵다. 표준어는 완전히 흡수해 버릴 필요가 없고, 어떤 것은 흡수하고 어떤 것은 흡수하지 않는데, 이것은 충분히 조사하고 연구한 후 취사선택한다.

표준어의 어휘는 북방어를 기초로 하고 북방어 어휘는 무릇 지역, 사용인구 또는 역사적으로 보아도 모두 가장 보편성을 지니고 있다. “以北方话为基础(북방어를 기초로 하다)”는 역시 다른 뜻을 포함하는데, 절대로 북방어 속의 모든 단어가 표준어에 속한다는 것을 말하는 것이 아니며, 북방어 이외의 단어는 완전히 표준어에 들어갈 수 없다는 것이다. 즉, 북방어 중에 사용범위가 아주 좁고 지나치게 토속적인 말은 표준어로 받아들이면 안 된다. 어휘를 풍부하게 하기 위하여, 표준어는 또 고어, 방언, 외래어와 신생어 중에 필요한 말을 흡수해야 한다. 어휘 규범은 보편성, 필요성, 명확성 이 세 원칙으로부터 전부 고찰해야 한다. 보편성 원칙은 어떠한 개별 방언이나 개별 상황 아래에서나 사용하는 말은 버리고 많은 대중을 위해서 보편적으로 사용하는 말을 채택한다는 것이다. 필요성 원칙은 새로운 구성원은 반드시 어떤 표현 수요를 만족시키는 것을 조건으로 여기는 것을 흡수한다는 것이다. 만약 특수한 표현 기능이 없는 것은 버려야 한다. 명확성 원칙은 그 의미가 명확하고, 쉽게 사람들이 이해하고 받아들이는 말을 선택해야 한다는 것이다.

표준어는 전형적인 현대 백화문 저서를 규범으로 하는데, 백화문 저서는 서면어와 구어가 하나로 융합되어, 서면형식으로 나타내고, 규범으로서 편리할 뿐만 아니라 명확하다. 현대 백화문 저서가 활용한 것은 현대 한어로, 이것은 고대 한어, 근대 한어와 경계를 분명히 그었다. "典范(전형)"은 대표성을 가지고 있고 널리 영향을 끼치는 작품을 가리킨다. 구체적으로 말해서, 현대 언어 대가의 작품과 단체 반복과 퇴고를 거친 문장은 전형적이다. 이런 저서 중의 일반적 용례를 규범으로 하는데, 문법 논리상 결점이 있는 특수한 용례와 방언 문법의 특징을 가지고 있는 용례는 배제할 필요가 있다. 문법 규범화는 전형적인 백화문 저서 중의 일반적인 용례를 분석하고 연구해야 하고 그중에 문법 규범을 총괄하여 사람들에게 학습과 참고로 제공한다. 동시에 언어 활용 중에 문법 규범에 부합하지 않는, 즉 문법 규범에 위배되는 현상은 교정한다고 지적해야 한다.

현대 한어 규범화의 표준은 하나의 총체적인 원칙으로 구체적인 내용은 또 향상된 해석과 완전함을 필요로 한다. 규범은 또 문서, 표준, 공구서 등등에 구체적으로 드러내어 규범화의 이행을 지도한다.

현대 한어 규범화에서 우리들의 언어는 사회의 발전에 따라서 끊임없이 발전하고, 새로 생긴 언어 현상이 속출하며, 규범은 한 번 고생으로 영원히 편해지지 않는 것이며, 한번 정해지면 고치지 않는 것이 아니어서, 예전에 있던 규범은 지났기 때문에 수정할 필요의 가능성이 있고, 새로운 규범은 수요에 근거하여 또 만들어야 한다는 것을 인식해야만 한다. 언어는 발전 과정에서 혼란과 잘못된 현상을 초래할 것이지만, 규범화에서 도태한 것은 마침 이런 혼란되고 잘못된 것과 조금의 의의도 없는 불일치 현상이므로, 이 때문에 규범화는 언어의 발전을 방해하지 않을 뿐만 아니라 반대로 언어의 건강한 발전을 촉진시킬 것이다. 규범화는 다만 언어에서 쓸모없는 것은 없애 버리고 차이가 있는 일체 언어형식은 어휘 방면이든 문법 방면이든 기본 의미 방면이든 수사 색채 방면이든 모두 보존해야만 한다. 규범화는 작가의 개인 풍격을 속박하지 않는 것이고 언어의 생동화, 개성화의 전제이며, 충분히 언어 창조성을 발휘한다는 것의 보증이다. 규범화는 또한 방언을 철저히 금지하려는 것이 아니고 방언이 일정한 장소에서 사용하는 것을 허락하는 것이다. 규범화는 작품에서 방언을 남용하는 것을 반대하지만, 표현에 유리하고 특수 표현 효과가 있는 방언 성분을 채택하는 것을 결코 반대하지는 않는다.

(2) 현대 한어 규범화의 실천

중국 정부는 역대로 충분히 언어 문자의 규범화와 표준화를 중시하였다. 1951년

6월 6일 ≪人民日报≫는 사설≪正确使用祖国的语言，为语言的纯洁和健康而斗争(정확히 조국의 언어를 사용하고, 언어의 순결과 건강을 위하여 투쟁한다)≫을 발표하고, 아울러 여숙상(吕叔湘), 주덕희(朱德熙) 선생의 ≪어법수사강화(语法修辞讲话)≫를 연재하였다. 1955년 10월 교육부와 중국 문자 개혁 위원회는 연합하여 "전국문자개혁회의(全国文字改革会议)"를 개최하였고, 이어서 중국과학원은 "현대한어규범문제학술회의(现代汉语规范问题学术会议)"를 개최하였다. 1958년 1월 주은래(周恩来) 총리는 정치협상회의(政协) 전국 위원회가 거행한 회의에서 ≪当前文字改革的任务(당면한 문자 개혁의 임무)≫란 제목으로 발표를 하였는데, "당면한 문자 개혁의 임무는 한자를 간소화하고 표준어를 널리 보급하며 한어 병음 방안을 제정하고 널리 시행하는 것이다."라는 내용이었다. 그 후 30여 년 동안 중국 언어 문자 업무는 정확한 방침의 인도 아래, 이 3대 임무를 완성하는 과정에서 두드러진 성적을 거두었다.

1985년 12월에 국무원은 중국 문자 개혁 위원회를 국가 언어 문자 사무 위원회로 개명하기로 결정하고 그 업무의 범위와 행정 기능을 확대하였다. 1986년 1월 국가 교육 위원회와 국가 언어 문자 사무 위원회는 연합하여 전국 언어 문자 사무 회의를 열어 신시기 언어 문자 업무의 방침과 당면한 임무를 규정하였다. 신시기 언어 문자 업무의 방침은 국가가 언어 문자 업무에 관한 정책과 법령을 관철하고 집행하며, 언어 문자 규범화와 표준화를 촉진하고, 문자 개혁 업무를 추진하여 언어 문자로 사회주의 현대화 건설에서의 역할을 더욱 잘 발휘하도록 하는 것이다. 당면한 언어 문자 업무의 주요 임무는 "현대 한어 규범화 업무를 잘하고, 표준어를 힘써 널리 전파하고 적극적으로 보급하며, 현행 한자를 연구하고 정리하며, 각 관련 표준을 제정하고, 나아가 ≪한어병음방안≫을 보급하고, 그것의 실제 사용 중의 문제를 연구하고 해결하며, 한자 정보 처리 문제를 연구하고 관련성과를 감정하는 데 참여한다. 언어 문자의 기초 연구와 응용 연구를 강화하고 사회 조사와 사회 자문 서비스를 잘한다."이다.

2001년 1월 1일 ≪中华人民共和国国家通用语言文字法≫이 정식 시행되었는데, 이것은 중국 첫 번째 언어 문자 방면의 전문 법률로 제1장 총칙 제3조는 "국가는 표준어를 널리 보급하고 규범 문자를 널리 시행한다."라고 명확히 규정하였다. 국가 통용 언어 문자법의 공포 시행은 중국의 통용 언어 문자의 사용이 장차 전면적으로 법제의 궤도로 갈 것임을 명시하는 것이었다. 법률 형식으로 표준어와 규범

한자는 국가 통용 언어 문자로서의 지위를 확정하여 지역과 민족 사이의 교류에 유리하고, 문화와 교육을 보급하고, 과학기술을 발전시키며, 현대 경제와 사회 발전의 수요에 적응하는 데 유리해졌다. 국가 통용 언어 문자의 규범화와 표준화 실현에 유리하고, 일의 효율성을 향상시키는 데도 유리하다. 조국의 통일과 민족 단결, 사회의 진보를 촉진하고, 사회주의 물질문명 건설과 정신문명 건설에 대하여도 중요한 의의를 가지고 있다.

≪中华人民共和国宪法≫은 명확히 “국가는 전국 통용의 표준어를 널리 보급한다.”라고 규정하고 있다. 일찍이 20세기 1950년대 국가는 “힘써 제창하고 중점적으로 시행하고, 점차 보급한다.”는, 즉 표준어를 널리 보급하려는 업무의 방침을 명확히 규정하였다. 그러나 개혁 개방 이후 표준어를 널리 보급하는 형세 발전의 필요에 근거하여 이 방침은 “힘껏 보급하고, 적극적으로 보급하고, 점차 제고한다.”로 조정하고, 업무의 중심을 보급과 제고에 두었다. 1950년 이래로 중국의 표준어 보급 업무는 매우 좋은 성적을 거두었고, 표준어의 영향은 점점 더 커졌으며, 유통 범위도 점차로 커졌다. 한어 방언의 틈을 뛰어 넘고 각 민족의 교제를 소통시키는 언어로서 표준어는 이미 중화민족 대가정의 공통어가 되었다. ≪국가통용어언문자법(国家通用语言文字法)≫은 입법 형식으로 표준어는 국가 통용 언어라고 확정하고, 표준어 보급 업무의 전개에 더욱 유리한 조건을 창조하였다.

1986년 언어 문자 업무 회의에서 20세기 내에 표준어는 각급 각 학교의 교학 언어가 되게 하고, 각급 각 기관의 근무 언어가 되게 하며, 방송 · 영화 · 텔레비전 · 화극의 선전 언어가 되게 하고, 서로 다른 방언 지역의 사람이 공공장소에서 교류하는 교제 언어가 되도록 하겠다고 제기하였다. 이 목표는 전국 대부분 지역에서 이미 기본적으로 실현되었고, 완전하고 철저히 실현되는 것은 중국인들이 지속적으로 노력하는 데에 달려 있다고 할 수 있다. 표준어를 널리 보급하기 위해서는 우선 표준어를 장악하고 그 다음에 표준어를 사용하기를 요구한다. 각급 각 학교와 대중과 접촉면이 비교적 넓은 사회 부문에 그 중점이 있다. 이를 위하여, 국가언어위원회(国家言语委员会)는 ≪표준어수준시험등급표준(普通话水平测试等级标准)≫을 제정하여 표준어 수준을 세 등급으로 나누고, 각 등급에선 갑, 을 두 등급으로 나누었다. 1994년 국가교육위원회(国家教育委员会), 광전부(广电部)와 국가언어위원회연합(国家言语委员会联合)은 문서를 발행하고, 아울러 교육 및 라디오 방송과 TV 방송 계통에서 시험을 치르는 일을 시작했다. 2003년 교육부, 국가어위는 새로운 ≪표준어수준시험요강(普通话水平测试大纲)≫을 반포했다. 표준어 수준 시험은 표준어를 보급, 제고하는 중요한 조치로서 표준어 수준 시험 업무의 전개에 따라 중국의 표준어를 보급하는 일은 장차 하나의 새로운 단계를 넘어, 더욱 큰 성과를 취득할 것이다.

규범 한자는 정리하고 간화한 글자와, 정리하고 간화하지 않은 글자를 가리킨다. 현행의 규범 한자는 신중국 성립 후에 정부가 매우 큰 힘을 투입하여 한자의 정리와 간소화 작업을 하였고, 일부 이체자를 도태시켰으며, 동시에 대중이 장기간 사회 실행에서 창조한 수두자(手头字, 민간에서 흔히 쓰이는 글꼴), 속자를 정리하여 형성한 것이다. 규범 한자의 가장 큰 특징은 한자 간소화와 이체자를 정리한 것으로, 이것은 문자가 자체적으로 발전 변화하는 중에 간단함을 요구하는 추세를 반영하였다. 규범 한자는 문맹 퇴치와 교육 보급 방면에서 중대한 역할을 발휘하였다. 현재 규범 한자는 이미 전국적으로 보급되어, 현재 사회에서 사용하는 글자의 주류가 되었고, 아울러 이미 국제 사회의 승인을 얻었다.

국가는 규범 한자를 보급하기 위해 매우 많은 일을 하였고, 약간의 규범 기준을 형성하였다. 즉, ≪간화자총표(简化字总表)≫를 발표하였고, 이체자를 정리하고 인쇄 자형을 규범하였으며, 지명 벽자를 갱신하고 부분 계량 단위 명칭용 글자를 통일하여 ≪현대한어상용자표(现代汉语常用字表)≫와 ≪현대한어통용자표(现代汉语通用字表)≫를 공포하였다. 국가가 규범 한자를 보급하고자 하는 중점은 학교 교육의 교학용 글자, 기관 공무용 글자, 뉴스와 출판 · 방송 · 영화와 텔레비전 등의 매체용 글자, 공공장소의 상표 · 선전 표어 · 광고 등의 사용 글자이다.

이런 사회에서 사용하는 글자의 성질은 그들이 하나의 공통된 표준을 필요로 함을 결정하였고, 사람들의 실제 활용을 규범하였다. 현재 사회에서 사용하는 글자가 규범적이지 않은 현상은 아래와 같이 네 가지 표현이 있다. 오자를 쓰고, 규범적이지 않은 간체자를 사용하며, 이미 도태된 이체자를 사용하고, 번체자를 남용하는 것이다. 이 현상의 존재는 경제 건설과 문화교육 사업에 손실과 장애를 조성한다. 정보화 시대에 들어선 후 규범 한자의 보급은 이전의 어떤 때보다도 더욱 중요하고 절박함을 나타낸다.

3. 현대 한어 수업의 내용과 학습 방법

현대 한어는 고등학교 중국 언어 문학 전공의 핵심 기초 과정이다. 이 과정은 국가 언어 문자 정책 법규를 지침으로, 이론을 실제에 연계하는 원칙을 관철하고, 계통적으로 현대 한민족 공통어 표준어를 포괄하는 각 요소, 현대 한어의 기록 공구인 현행 한자와 현대 한어 수사에 내재하는 기초 이론과 기본 지식을 강의하여, 학생이 현대 한어를 관찰하고 이해하고 분석하고 활용하는 능력을 제고하는 것을 배양하고, 진일보 언어 전문주제 수업을 배우기 위해, 미래 어문교학, 어문 편집과 어문 연구 일에 종사하기 위해 견실한 기초를 다진다. 과정은 서론, 음성, 문자, 어휘, 문법, 수사의 순서에 따라 여섯 부분의 내용을 배치한다. 교학 내용의 간단한 소개는 아래와 같다.

서론은 무엇이 언어이고 언어학이며, 한어의 지위와 현재 상황, 한어 문자학의 연구 내용, 현대 한어의 두 가지 함의, 현대 한민족 공통어의 형성, 현대 한어 방언, 현대 한어의 특징, 현대 한어의 규범화, 현대 한어 수업의 내용과 학습 방법을 개괄하고 소개한다.

음성 부분에선 현대 음성학의 원리를 활용하고, ≪한어병음방안(汉语拼音方案)≫을 둘러싸고 계통적으로 표준어 음성 계통의 성모, 운모, 성조, 변조, 경성과 얼화, 음절 구조, 어조, 음성 규범화 등의 지식을 강의하여 학생들로 하여금 표준어 음성을 기록 분석하는 방법 및 병음, 주음, 낭독의 기교를 장악하게 하고, 학생들이 표준적인 표준어를 말하고 표준어를 가르칠 수 있는 능력을 배양한다.

문자에선 한자의 성질과 역할, 한자의 구조와 형체 변천, 한자의 정리와 규범화를 강의하고, 학생들이 한자의 구조, 한자를 간소화하는 방법을 분석하고 정확하게 한자를 사용할 수 있게 한다.

어휘 부분에서는 형태소와 단어, 한어의 조어법, 단어 의미의 구성, 의미소〔义素〕 분석, 동의어와 반의어, 현대 한어 어휘의 구성, 어휘의 발전 변화, 어휘의 규범화 등 지식을 강의하여 학생들이 정확하게 단어의 구조를 분석할 수 있게 하고, 단어 의미의 구성을 분석하고, 동의어를 분석 식별하고, 정확하게 단어의 뜻을 해석하고, 각 어휘의 특징과 분류를 장악하고 나아가 자신의 어휘를 풍부하게 하고 단어를 쓰는 능력을 향상시킬 수 있게 한다.

문법 부분에선 문법의 정의와 속뜻, 품사의 분류, 각 실사와 허사의 성질과 용법,

구의 구조와 기능, 문장 성분, 특수 구문, 복문, 문법 실수의 유형을 강의하고, 학생들로 하여금 단어 성질 판정, 층차 분석, 문장 성분 분석, 복문 분석, 병문을 고치는 방법과 기교를 장악하게 하고, 학생들이 언어의 정오를 식별하고 통사 의미 분석을 하는 능력을 배양하게 한다.

수사 부분에선 수사의 정의와 원칙, 단어의 선용과 연마, 문형의 선용, 상용 수사격, 수사격의 종합 활용을 강의하고, 학생들이 각 수사 현상을 식별하고 수사 효과의 분석을 진행하게 하여, 학생들이 수사 예술의 감상과 실제 활용하는 능력을 제고하게 한다.

현대 한어의 여섯 부분의 내용은 서로 결부되어 있기도 하고 매우 큰 독립성을 가지고 있기도 하다. 학습 과정의 각 부문 사이에 내재하는 관계를 주의해야 하고, 하나를 보고 열을 알아야 한다. 동시에 또 그것을 전문의 학문으로 삼아, 각 부분의 특징을 주의해야 하고 쉬운 것에서부터 힘든 것으로 공부해야 한다.

현대 한어를 공부함에 있어 우선 현대 한어는 간단하고 배우기 쉽다고 보이나, 실제로는 넓고 매우 깊은 학문이다. 한 사람의 중국학생으로서 현대 한어는 우리들의 모국어로, 우리들의 듣기 · 말하기와 작문은 모두 상당한 수준에 다다랐을지라도, 필경 계통적으로 이론 지식을 학습한 적이 없다면, 모국어에 대한 인식은 대부분 감성 인식 단계에만 머물러 있고, 이성 인식 단계까지는 상승하지 않았을 것이다. 현대 한어는 현재 세계에서 사용 인구가 가장 많은 언어로서, 많고 난잡하고 변덕스러운 현대 생활을 반영하고 있고, 또 몇 천 년의 역사 문화를 침적하고 있다. 어떤 개인이 장악하고 있는 관련 지식은 늘 제한적인 것이므로 모두 끊임없이 학습하여 제고될 필요가 있고, 하물며 대학 기초 과목으로서는 학습하는 동시에 연구의 경계에 진입해야 하고, 교과서의 이론이 정확히 언어 사실을 해석하였는지 생각해야 하고, 배운 적이 있는 이론을 활용하여 현실 생활 중의 언어 현상을 분석해야 한다. 기초로 보이는 문제도 실제로는 결코 간단하지 않은데, 예를 들면 단어란 무엇이고, 문장이란 무엇인지, 완벽한 정의를 한다는 것은 매우 어렵다. 현대 한어의 대단히 많은 현상으로 현재 아직 사람들은 만족스러운 해석을 얻지 못했다. 따라서 진정으로 현대 한어 어떤 영역의 학문연구를 철저히 하고, 심지어 한 사람이 일평생의 정력을 쏟아 부을 필요가 있다. 현대 한어를 학습함에 있어 향학열을 가지고 있어야 하고, 자신의 흥미를 배양해야 한다. 흥미는 배양을 필요로 하는 것으로, 진리를 추구하는 과학 탐색 자체는 무궁한 즐거움으로 충만하였고, 일단 뚫고 들어가면 무미건조함을 느끼지 못할 것이며 즐거워서 피곤하지도 않을 것이다.

현대 한어 학습은 실제적이어야 한다. 많은 연습을 거쳐, 언어 사실을 많이 접촉해야 한다. 언어 사실은 풍부하고 다채로우며, 변화무쌍하고 특히 자신의 분석 능력을 배양하고, 실제 문제를 해결하는 데 주의하여야만 진정으로 책에서 배운 이론과 분석 방법을 장악할 수 있다. 현대 한어를 배우는 데 또한 세심해야 하고, 유심히 각종 언어 현상을 관찰해야 하며, 붓을 많이 들어 부지런히 필기하고 카드를 기록한다. 문제를 보는 각도를 변환하는 데 주의하고, 문제를 발견하는 데 뛰어나야 하며, 연습한다면 예리한 안목으로 언어 사실에 대한 고도의 민감함을 유지한다. 현대 한어의 매우 많은 현상은 주지하다시피 습관이 되어, 깊고 세밀하게 고찰해야만 새로운 규칙을 발견할 수 있고 새로운 인식이 생길 수 있다. 현대 한어 학습은 자각적으로 변증법적 유물주의 관점을 활용해 언어 현상을 관찰하고 분석해야 한다. 일반적인 것과 특수한 것을 구분해야 하고, 특별한 예문 때문에 일반적인 규칙을 부정할 수 없고, 일반적인 규칙 때문에 특례에 대하여 보고도 못 본 척할 수도 없다. 특례의 출현은 늘 특수한 조건이 있어, 특수한 조건을 찾고, 특례도 순환하는 규칙이 있다. 공통성과 개성에 주의해야 하고, 언어 현상 자체는 개성 현상을 거쳐 공통성을 찾고, 공통성의 전제 아래 구체적 현상의 개성, 구체적인 문제를 찾아 구체적으로 분석한다. 형식과 의미가 서로 결합하는 것을 강조하고, 진지하게 형식을 고찰하며, 각 세부 절과 각각의 변화에 주의하여 대응하는 의미를 찾아야 한다. 의미상 차이가 있는 현상에 대하여 반드시 형식상의 검증을 찾아야 한다. 미시적 관점과 거시적 관점을 서로 결합하여 언어 사실을 연구해야 하고, 세밀해야 하고, 아주 가늘게 세심하며, 또 전체적 관점을 갖고 전부 고려해야 한다. 사실과 이론을 서로 결합하여 언어 사실은 이론을 낳는 기초이고, 정확한 이론은 반드시 사실의 검증을 거칠 수 있음을 고수해야 한다. 이론이 없는 지도는 매우 많은 언어 사실을 발견할 수 없고 해석할 수 없다. 정태와 동태를 서로 결합하는 데 주의하여 정태 관찰은 연구의 기점이고, 관찰할 수 있는 사실을 먼저 분명히 하여야 하고, 이 기초에서 지나온 세월의 변화를 연구해야 하고, 한 현상이 다른 현상과의 연계를 고찰해야만 한다. 묘사와 해석을 서로 결합하는 것을 고수해야 하는데, 언어 사실에 대하여 우선 분명히 묘사하고, 사실을 확실히 하는 기초에서 나아가 이유를 해석하고 언어 현상이 낳은 이유를 찾아야 한다.

현대 한어는 우리의 절대 다수 급우가 졸업 후에 종사하는 일과 관계가 가장 밀접하고 실용성이 가장 강하다. 그것의 연구 대상과 교재는 우리들의 일상 생활 중에 있고, 수시로 들을 수 있고 볼 수 있으며 곳곳에서 유심히 연구할 수 있다. 우리들은 진지하게 현대 한어 수업을 철저히 연구하여, 조국 언어의 순결과 건강을 위하여 투쟁하고 조국 언어학의 창조와 발전을 위하여 해야만 하는 공헌을 한다.

사고와 연습

1. 현대 한어는 음성, 어휘, 문법상 어떤 특징을 가지고 있는가?
2. 규범화는 무엇인가? 현대 한어 규범화는 무엇인가?
3. 현대 한어는 왜 규범화와 표준화를 실행해야만 하는가?
4. 현대 한어 규범화의 표준은 무엇인가? 이 표준을 어떻게 처리해야 하는가?
5. 현대 한어 규범화는 어떤 불필요한 고려를 없애야 하는가?
6. 20세기 1950년대 문자 개혁의 3대 임무는 무엇인가?
7. 신시기 언어 문자 업무의 방침과 임무는 무엇인가?
8. ≪國家通用語言文字法≫이 규정한 통용 언어 문자는 무엇인가? 어떤 의미가 있는가?
9. 국가가 표준어를 보급하고 제고하는 방면에 어떤 중대한 조치가 있는가?
10. 규범 한자는 무엇인가? 국가 규범 한자를 보급하는 중점은 무엇인가? 현재 사회에서 사용하는 글자가 규범적이지 않은 현상에는 어떤 표현이 있는가?

CHAPTER 01

음성

CHAPTER

01 음성

제 1 절 음성 개설

1. 음성과 음성학

음성은 언어의 소리이다. 언어는 교제 도구로서 부호 계통으로 반드시 일정한 물질 형식에 의존해야만 한다. 현재 있는 구어와 서면어로 말하면 언어는 소리에 의탁하고 또한 문자에 의탁한다. 우리들은 문자가 다만 언어를 기록하는 보조 도구일 뿐이라고 알고 있다. 음성이야말로 언어의 가장 근본적인 물질 재료로서 언어의 물질 겉껍질이다. 이 물질은 바로 소리로, 진동의 공기층이고 육안으로는 보이지 않지만 그것은 확실히 존재한다. 마르크스와 엥겔스는 물질은 일차적이고, 정신은 이차적이란 관점을 논증할 때 다음과 같이 말하였다.

精神从一开始就很倒霉，注定要受物质的"纠缠"，物质在这里表现为震动着的空气层，声音．简言之，即语言.(≪德意志意识形态≫)

(정신은 시작하면서 매우 불운하여, 확실히 물질의 "방해"를 받는데, 물질은 여기에서 진동하고 있는 공기층, 소리로 표현된다. 간단히 말해서 언어이다.)

음성은 일종의 소리로, 사람의 발음 기관에서 나오는 일정한 의미를 대표하는 소리이다. 음성을 연구하는 과학은 음성학이다. 음성학은 언어학의 한 부문인데, 역시 매우 중요한 일 부문이다. 언어학에서 음성 연구는 기초이며, 또 가장 앞서 나아가고, 많은 언어 연구의 새로운 각도와 방법은 모두 음성학에서 발단한 것이다. 마침 언어학처럼 음성학 자체도 여러 부문으로 나누어져 있는데, 예를 들어 보통 음성학, 인류 음성을 연구하는 일반 이론이 있다. 또한 어떤 언어의 음성을 연구 대상으로 하는 것도 있는데, 예를 들어 한어 음성학, 영어 음성학이 있다. 음성학은 똑같이 공시와 통시의 서로 다른 각도에서 연구하게 되어, 묘사 음성학과 역사 음성학으로 나누었다. 또 서로 다른 음성학은 서로 다른 방면에서 음성을 연구하는 것이다. 즉, 생리 방면에서 발음 기관의 구조와 운동을 연구하는 것은 발음 음성학이다. 음향학 측정 기구를 활용해 음향학 각도에서 연구를 진행하는 것은 음향학 음성학인데, 언어 음향학이라고 하기도 한다. 심리적인 각도로부터 소리가 사람의 귀에서 대뇌에까지 전달하는 과정을 연구하는 것은 청각 음성학이다. 예컨대 어도의(语图仪), 주파수 스펙트럼의(频谱仪), 전자 컴퓨터 등의 실험 도구를 활용하여 음성에 대한 연구를 진행하는 것은 음성학 또는 실험 음성학이라 한다. 언어의 음위(phoneme) 계통을 연구하는 음성학을 음계학(音系学) 또는 음위학(音位学)이라 한다.

현대 한어 수업의 음성 부분에서 강의하는 것은 표준어의 음성 계통으로 다시 말해서 북경 음성 계통이다. 우리는 음성학의 일부 기본원리에 근거하여 북경 음계의 각 구성 부분을 해설해야 하고, 학우들이 ≪汉语拼音方案≫을 진정으로 장악하고 깊이 이해하게 훈련시키며, 서로 관련 있는 국제음표를 습득하게 하여, 원래 있던 기초에서 신속하게 자신의 표준어 수준을 향상시킨다.

현대 한어 음성을 잘 배우면, 외국어를 배우거나 고대 한어 음운학을 배우고 방언학을 배우기 위해서도 기초를 다질 수 있어, 우리들은 언어학을 전문적으로 연구하는 데 뜻을 두고 있는 학우가 여기로부터 언어학 연구의 큰 문으로 들어가기를 희망한다.

2. 음성의 성질

(1) 음성의 물리성질

물리적인 각도로 보면, 음성은 일종의 음파이다. 음파가 생기는 원인은 물체의 진동 때문으로, 물체는 그것 주위의 공기나 기타 매개물을 진동시켜 일종의 밀도가 서로 뒤섞인 음파를 형성할 것이다. 예를 들어 징을 치면, 울림판은 먼저 좌측으로 굽고, 좌측의 공기는 눌려서 빽빽해진다. 다시 우측으로 굽으면, 좌측의 공기는 희박해진다. 이처럼 밀도가 서로 뒤섞인 소리파는 우리의 귀에 전해지고, 귓속의 고막도 공기의 진동을 따라서 신경 계통 중에서 청각을 관장하는 부분을 자극하였으며, 그리하여 우리들이 듣는 소리가 되었다. 음파는 육안으로 보이지 않지만 우리는 육안으로 볼 수 있는 수파와 좀 비교하고 대조할 수 있는데, 수파의 파릉(波凌)은 음파의 밀부(密部)와 같고, 수파의 파곡은 음파의 소부(疏部)와 같다. 수파는 전파 방향과 수직인 일종의 횡파이고, 음파는 전파 방향과 평행인 일종의 종파이다.

어떤 소리도 네 가지 음향학 특징을 가지고 있는데, "소리 4요소"라고 약칭한다. 즉 음높이(音高), 음세기(音强), 음길이(音长), 음색(音色)으로, 음성도 예외가 아니어서 이 네 요소로부터 분석을 시작해야 한다.

① **음높이(音高)** : 음의 높낮이를 가리키는데, 발음체 진동의 빠르고 늦은 것을 결정한다. 발음체가 일정한 시간에 진동하는 횟수를 주파수라 하기 때문에, 음높이는 발음체 진동의 주파수를 결정한다고 말하기도 한다. 주파수의 단위는 Hz로, H로 약칭하기도 하고, 초당 횟수를 대표한다. 20～20,000Hz 사이의 음파는 사람 귀가 감지할 수 있고, 20Hz보다 낮은 음파는 차음(次声)이라 하고, 20,000Hz를 초과하는 음파는 초음이라 한다.

인류 음성의 음높이는 성대의 길이 · 긴장도 · 두께에 의해 결정되고, 남성의 성대는 길고 두껍고 느슨하여, 아동과 여성보다 8도쯤 낮다. 동일한 사람이 변화음을 높이려면, 성대를 힘껏 당기거나 약간 느슨하게 해야 한다. 음높이는 한어 음성을 분석할 때 매우 중요하여 한어의 성조(자조)는 주로 음높이가 같지 않은 것이 형성하는 것이다. 표준어의 음평, 양평, 상성, 거성 네 소리의 주요 조형 특징은 고, 승, 저, 강이다. 우리들은 현악기의 포르타멘토로 표준어의 성조를 모방한다.

② **음세기(音强)** : 음의 강약을 가리키며, 발음체 진동의 진폭 크기로 결정된다. 즉 진동의 폭을 진폭이라고 한다. 다시 말해서 음세기는 발음체 진동의 진폭에 의해 결정된다. 사람이 발음할 때의 음세기는 주로 성문 아래 기류 압력의 변화가 통제하는 것으로, 기류 압력이 크면 성대 진동 폭이 크고, 기류압력이 작으면 성대 진폭이 작다. 음세기와 울림도를 함께 말하지 않는 것에 주의하고, 음세기와 울림도, 이 둘은 연계가 있으나 울림도는 결코 음세기가 아니다. 음세기는 음파 자체의 강약이고, 객관적으로 존재하는 물리 현상이다. 울림도는 사람 귀의 음파 감각에 대한 강약으로, 객관적으로 주관상의 반영이 존재하고 있고, 물리 현상과 생리 현상의 종합이다. 사람 귀는 서로 다른 빈도 소리의 감도도 서로 달라, 예를 들어 동일한 조건에서 모음 "ɑ, o"는 "i, ü"보다 울려야 한다. 음세기의 단위는 데시벨(db : decibel)이다. 사람의 청각은 140데시벨 이내로, 음세기가 더 커지면 고막이 아프다고 느낄 것이고, 고막을 손상시킬 것이다.

음세기는 많은 언어 중에서 의미 구별의 역할을 하고 있다. 영어에서 단어의 액센트가 다르면, 단어의 뜻도 아마 다를 것이다. 예를 들면

object ['ɔbdʒikt](물체) — object [ɔb'dʒikt](반대)

commune ['kəmjuːn](공사) — commune [kə'mjuːn](교담)

instinct ['instiŋkt](본능) — instinct [in'stiŋkt](충만한)

러시아어 중의 예문은 다음과 같다.

зáмок(작은 도시) — замóк(자물쇠)

мýка(고통) — мукá(밀가루)

일어 중의 예문은 다음과 같다.

あさ(조) — あさ(마)

あめ(비) — あめ(사탕과자)

한어는 실제로도 단어 액센트가 있다.

地道(좋다, 정종의) — 地道(지하통로)

大爷(백부) — 大爷(편한 것만 좋아하고 일하기를 싫어한다, 오만한 남자)

그 밖에 문자 어조 중의 액센트도 중요한 역할을 하는데, 아래 문장의 화용 함의는 다르다.

① '我昨天去香山了.　　② 我'昨天去香山了.

③ 我昨天'去香山了.　　④ 我昨天去'香山了.

③ 음길이(音长) : 음길이는 음의 길이를 가리키며, 발음체 진동 시간의 길이에 의해 결정된다. 진동 시간이 길면 음길이는 길고, 진동 시간이 짧으면 음길이는 짧다. 음길이는 많은 언어 중에서 모두 의미를 구별하는 역할을 가지고 있다.

예를 들면

영어 : it [it](그것) — eat [i ː t](먹다)

sit [sit](앉다) — seat [si ː t](자리)

프랑스어 : bête [bɛt](짐승) — bette [bɛ ː t](단음식)

독일어 : Stadt [ʃtat](도시) — Staat [ʃta ː t](국가)

Bett [bɛt](침대) — Beet [be ː t](화단)

일본어 : おばさん(고모) — おばあさん(할머니)

한어 광동어도 길고 짧은 모음의 차이가 있는데, 예를 들면 다음과 같다.

鸡 [kai⁵⁵] — 街 [ka : i⁵⁵]

林 [lam¹¹] — 蓝 [la : m¹¹]

한어 표준어 경성 음절에서 음의 길이는 중요한 역할을 한다. 예를 들면 "东西"와 "东·西" 이 두 단어의 총길이는 비슷하다고 연구되었는데, 두 번째 "东"은 첫 번째 "东"의 음길이보다 길다.

4 음색(音色) : 음의 특색을 가리킨다. 소리의 품질이라고도 하여 음질, 음품(音品)이라고도 한다. 음색은 음파 진동 형식의 같지 않음에 의해 결정된다. 음색에 영향을 미치는 요소는 매우 많은데, 아래 몇 가지로 귀결할 수 있다.

① 발음체가 다르다. 예를 들어 사람마다 성대가 달라 소리를 내는 음색이 서로 다른 경우다. 악기로 예를 들면, 바이올린과 피아노의 음색도 서로 다르다. 다만 이것으로 결코 다른 뜻을 구분할 수는 없다.

② 발음방법이 다르다. 똑같은 바이올린도 손가락으로 줄을 튕기는 것과 활로 줄을 켜는 것이 음색이 다르다. 표준어 발음 중에 자음을 발음할 때 유기와 무기, 유성과 무성 모두 발음 방법의 문제이다.

③ 공명기의 형상이 다르다. 비파와 월금은 형상이 다르고, 타는 소리도 다르다. 사람이 발음하는 공명기는 바로 구강, 비강, 인강이다. 발음기관의 운동은 공명기의 형상을 변화시켜 서로 다른 음색을 만들었다.

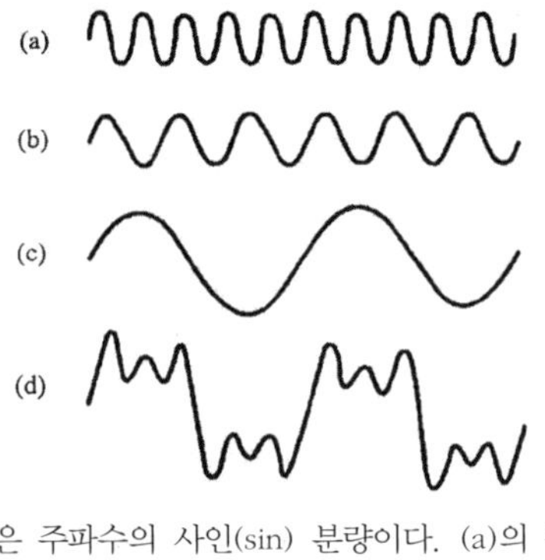

(a)(b)는 (c)와 같지 않은 주파수의 사인(sin) 분량이다. (a)의 주파수는 (c)의 5배이고, (b)의 주파수는 (c)의 3배이고, (d)는 (a)(b)와 (c)의 사인 총합이다.

[그림 1-1] 복합파의 구성

음성 중에 음소 하나하나가 다른 것은 예를 들면 ɑ, o, e 이고, 예를 들어 b, p, m, f는 주로 음색이 다르다. 음색은 의심할 것 없이 의미를 구별하는 가장 중요한 요소로 사용된다.

이상의 분석은 발음의 각도에서 본 것이다. 실험 음성학에서 우리는 기진기로 소리의 파형을 나타낼 수 있는데, 소리는 파형에 근거하여 고른음과 소음 두 부류로 나뉜다. 고른음은 규칙 있게 떨리는 음파이고, 소음은 일종의 규칙 없이 떨리는 음파이다. 우리가 평상시 듣는 음은 아주 적게는 단순음으로, 음차(소리굽쇠)처럼 발음하는 것이다. 다수는 복합음이고, 복합음은 몇 개의 단순음으로 합성하여 그 중에서 주파수가 가장 낮은 한 음을 기본음이라 하고, 기본음의 주파수는 기빈(基频)이라 하며, 다른 음은 배음 혹은 해빈(谐频)이라 한다. 고른음의 음파 구성은 상술한 특징을 가지고 있고, 그것의 해빈은 공교롭게도 기본 주파수의 정배수이므로 조화롭다. 음성 중의 모음은 모두 고른음이고, 자음은 대다수가 소음이고, 개별적으로 고른음도 있다. 사람이 내는 음성은 최초의 성대파이고, 성대파는 구강을 거친 후에 구강·비강의 공명 때문에 그 기본음은 변하지 않으나 비슷한 음이나 같은 음은 강화되었다. 모음의 음색은 주로 이 강화된 비슷한 음이나 같은 음으로 이루어진 봉이 결정하는 것이다. 실험 음성학은 그것을 공진봉(Formant)이라 한다. 공진봉은 어도의(语图仪)에서 만들어진 어도에서 넓고 세로로 된 강으로 나타낸다. 일반적으로 머리에 두 공진봉(F1, F2)을 써서 모음의 음색을 결정하게 된다. 자음은 어도에서 충직조(冲直条), 난문(乱纹)이나 넓은 횡강(横杠)으로 나타낸다. 종합하여 말하면 실험 음성학에서 우리는 어도, 주파수 스펙트럼에 근거하여 음색을 해석하게 된다.

(2) 음성의 생리 성질

음성은 사람의 발음 기관에서 나오는 것으로 발음 기관 및 그 활동은 음성의 생리 성질을 결정한다. 음성을 연구할 때, 반드시 발음 기관에 대하여 좀 더 이해하여야 한다. 사람의 발음 기관은 흡사 하나의 악기와 같은데, 그것은 동력 부분, 발음체 부분과 공명기 부분으로 되어 있다. 동력 부분은 폐와 기관이 있고, 발음체 부분은 후두와 성대이고, 공명기 부분은 구강과 비강으로, 아래에서 각각 소개한다.

① **폐와 기관** : 폐는 가슴 속에 있는 두 개의 탄력 있는 주머니로, 폐의 아래는 탄력 있는 횡경막이 지탱하고 있다. 공기를 흡입할 때, 횡경막은 아래로 내려가고, 늑골은 높아지며, 가슴의 용량은 증가하고, 폐는 부풀어 오른다. 밖의 공기도 자연적으로 유입된다. 숨을 내쉴 때 횡경막은 상승하고, 늑골은 내려가며, 가슴이 축소하면, 폐도 곧 축소하고, 폐 속의 공기는 빠져나가 기관지, 기관을 거쳐 후두에 이른다. 폐와 기관의 역할은 호흡이고, 호흡한 기류는 음성의 동력 근원이다. 내쉰 기류로 조성한 음은 호기음(呼气音)이라 하고, 흡입한 기류로 조성한 음을 흡기음(吸气音)이라 한다. 일반 언어 속의 음성은 늘 호기음을 주로 한다. 개별 언어로는 아프리카의 어떤 언어 속에 적지 않은 흡기음이 있는 것과 같이, 한어 민방언의 해구어 속에도 [ɓ], [ɗ]가 있다. 예를 들어 "波"[ɓo^{23}], "纸" [ɗoi^{23}]이다. 북경사람은 다만 애석함 · 부러움을 나타내거나 닭 · 고양이를 달랠 때 이런 소리를 내어 음성 계통 중에 있지는 않으나, 음성의 음세기는 발음 기관의 각도로 보면 성문 아래의 압력이 조성한 것으로, 다시 말해서 기류를 내뱉는 압력이 조성한 것이다.

② **후두와 성대** : 후두는 흡사 하나의 작은 성냥갑 같아, 갑상 연골, 환상 연골과 두 개의 소상 연골로 이루어져 있고, 위로는 인두와 통하고, 아래로는 기관과 통한다. 성대는 후두 중간에 있고, 그것의 위에는 또 두 가성대가 있고, 성대는 둘로 나뉘어져 매우 작고 얇으며, 모두 대략 작은 손톱만한 크기이며, 진동하면 나부끼는 깃발과 같다. 성대의 전단은 갑상 연골에 부착되어 있고, 후단은 각각 두 소상 연골과 이어져 있다. 성대와 연골의 주위는 모두 근육이다. 근육(환갑근(环甲肌)과 갑표근(甲杓肌))의 운동은 성대의 긴장도를 변화시켜 성대의 진동 주파수의 변화를 야기한다. 성대의 중간은 음성문이고, 소상 연골의 중간은 기성문이다. 성문은 완전히 닫혀 기침하기 전의 상태로, 즉 후폐쇄음 [ʔ]이다. 호흡할 때 성문은 크게 열린다. 귓속말을 할 때는 기성문(气声门)만 열린다. 또 발음할 때는 음성문만 열린다.

③ **구강과 비강** : 이는 발음의 공명기 부분이다. 음성과의 관계가 가장 밀접하다. 먼저 구강 상부로부터 시작하여 앞에서 뒤로 차례로 말하면 윗입술, 윗니, 윗잇몸, 경구개, 연구개와 작은 혀이다. 구강 아래는 아랫입술, 아랫니와 혀이다. 혀는 또 혀끝, 혓바닥과 혀뿌리로 나뉜다. 혀끝과 혓바닥 사이는 혀의 가장자리인데, 표준어에는 혀 가장자리 음이 없다. 영어, 한어 광동어 중에는 있다. 예를 들어 영어의 [tʃ], [dʒ], [ʃ], [ʒ]로, 예를 들어 short[ʃɔ：t], usually[ju：ʒuəlɪ]이다. 광주어의 [tʃ, tʃ‘, ʃ]은 북경어의 z, c, s, zh, ch, sh와 부분 j, q, x 글자에 해당한다.

구강의 뒤는 인두이다. 비강과 구강의 개문은 연구개와 작은 혀에 있다. 연구개와 작은 혀가 상승하면 비강은 막히고, 이때 소리 낸 것이 구음이다. 연구개와 작은 혀가 내려가면 구강의 일부 부위는 막히고 기류는 다만 비강으로 숨 쉬어 나가는데, 이렇게 소리 내는 음을 비음이라 한다. 구강과 비강도 동시에 열리고, 이렇게 소리 내는 음은 비화음이라 한다. 한어 상해어와 불어는 모두 이러한 음을 가지고 있는데, 예를 들어 상해어 "强"음 [tɕʻiã^{35}]이다. 북경어에는 얼화 이후에도 이러한 음이 있다. 예를 들어 "小方儿"[ɕiau^{214}fãr^{55}]이다. 구강의 각 부위 명칭은 모두 기억해야 하는데, 무조건 기억할 필요는 없고 번호대로 자리에 앉힐 수 있으면 되고, 거울에 비추어 자신의 발음 부위를 숙지하면 된다.

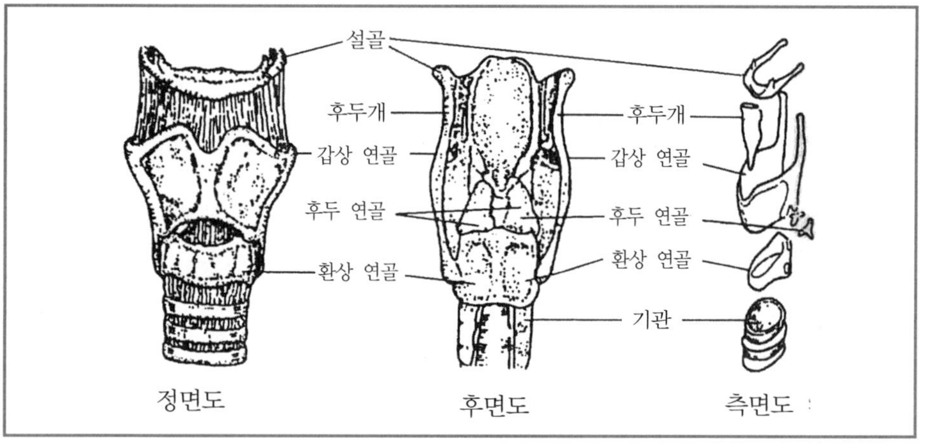

[그림 1-2] 목구멍의 구조

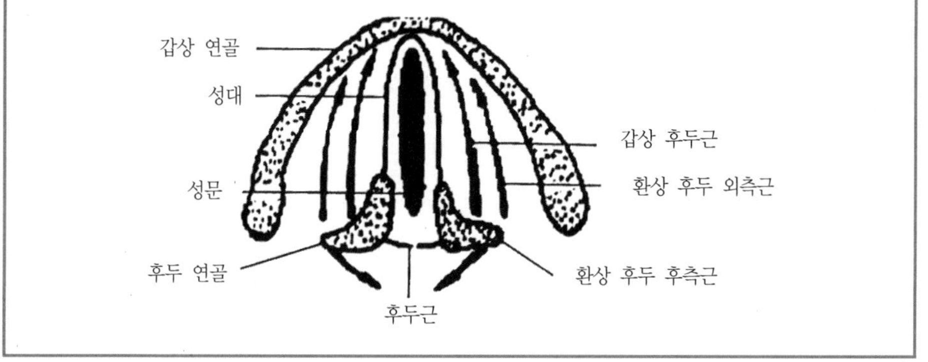

[그림 1-3] 성문 및 후근 단면 해부도

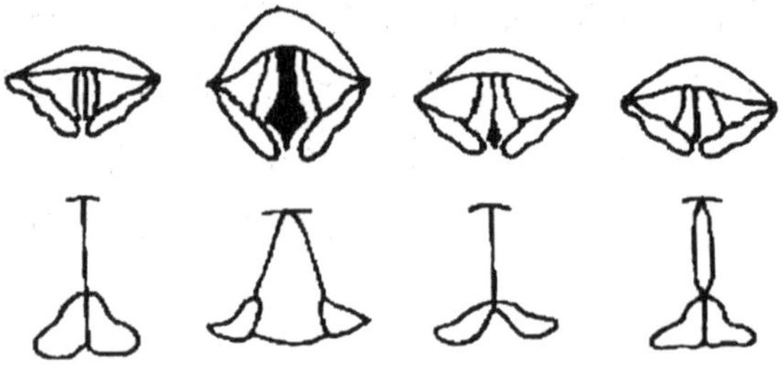

[그림 1-4] 성대 발음 활동 해부도

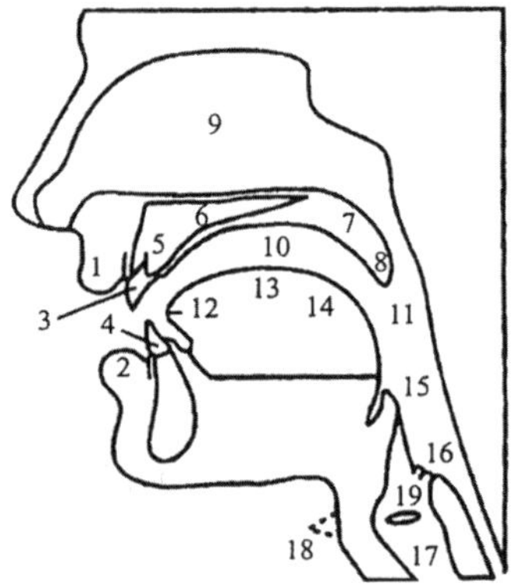

[그림 1-5] 발음 기관도

(3) 음성의 사회 성질

① 음성과 뜻의 결합으로 본다.

언어의 각종 뜻은 음성에 의존해 나타내는데, 어떠한 음성 형식이 어떠한 뜻을 나타내는 것은 개인이 결정하는 것이 아니고, 사회 전체 구성원이 오랜 세월에 걸쳐 사용함으로써 생긴 것이다. 기원전 3세기, 중국의 순자는 "名无固宜, 约之以命, 约定俗成谓之宜.(명칭이란 고정된 마땅함이 없고, 약속에 따라서 명령된 것이고, 약속이 정해져서 풍습이 이루어진 것을 당연한 것이라 이른다.)"(≪荀子 · 正名≫)를 말한 적이 있다. 책을 왜 "书"라 하고 다른 것으로 부르지 않는지는, 한족 사회 집단이 이렇게

규정한 것이기 때문이다. 똑같은 개념으로 영어로는 book이라 하고, 러시아어로는 книга, 불어로는 livre, 일어로는 ほん라 한다. 하나의 언어에서 동일한 음성 형식은 다른 의미를 나타내기도 한다. 예를 들면 gōngshì는 "공식, 공세, 공시, 공사(工事), 공사(公事), 궁실"을 나타낸다. 동일한 의미는 다른 음성 형식으로 나타낼 수 있는데, 예를 들면 "老鼠 → 耗子", "盘尼西林 → 青霉素"가 있다.

② 음성의 계통성으로 본다.

각 언어나 방언은 모두 자신의 음성 계통을 가지고 있다. 똑같은 두 음은 한 언어 속에서 아주 뚜렷하게 구별되는데, 다른 언어에선 소홀히 하고 따지지 않아도 된다. n, l은 표준어에서는 다른 음성 단위에 나뉘어 속한다. 많은 방언 중에서, 예를 들어 남경어에서는 동일한 음성 단위에 속한다. 그것들은 표준어에서는 의미를 구별하는 역할이 있으나, 남경어에서는 그것들을 서로 대체해도 의미에 영향을 끼치지 않아, "南", "兰"은 동음이고, "年", "连"도 동음이다. 이것은 물리 성질과 생리 성질로 해석할 방법이 없는 것으로, 음성의 사회 성질은 음위학, 음계학의 이론적 기초이다.

3. 음성의 기본 개념

(1) 음소(모음과 자음)

음소는 가장 작은 음성 단위이다. 그것은 음색의 각도로 나눈 것이다. 예를 들면 "康" kāng이란 음절은 k, ɑ, ng 세 음소로 이루어진 것이다.

음소는 모음과 자음 두 부류로 나뉜다. 기류가 구강 혹은 인두에서 장애를 받아 형성한 음을 자음(辅音) 또는 자음(子音)이라고 한다. 표준어에서 b, p, m, f, d, t, n, l 등은 모두 자음이다.

기류가 성대를 진동하고, 구강 혹은 인두에서 장애를 받지 않고 형성한 음은 모음이라고 한다. 표준어에서 ɑ, o, e, i, u, ü 등은 모두 모음이다.

모음과 자음의 주요 차이는 아래 표와 같이 나타낸다.

	장애	긴장	강약	유성음	울림소리
모음	−	−	−	+	+
자음	+	+	+	−/+	−

(2) 음절

음절은 음성의 기본 구조 단위로, 또 자연적으로 느끼는 가장 작은 음성 마디이다. 각 음절을 발음하면, 발음 기관의 근육은 좀 긴장하고, 표순어의 음절은 모두 시작 음량이 강하고, 끝의 음량이 약하다. 한 음절의 음량은 모두 강하다가 약해진다. 예를 들면 "开" kāi에서, k는 강하고 i는 약하다.

이렇게 우리는 왜 "阿姨"가 "癌"로 듣게 되지 않고, "西安"이 "鲜"으로 듣게 되지 않으며, 늘 그들의 구성 음소는 같다고 하는지 이해할 것이다. 한어에서 하나의 음절은 최소 하나의 음소가 있고, 최대 4개의 음소가 있다. 일반적으로 하나의 한자는 바로 한 음절이다.

(3) 성모, 운모, 성조

한어 전통 분석 방법에 따라서, 늘 한 음절을 성모와 운모 두 부분으로 나누고, 그 위에 전체 음절을 통하는 성조를 추가한다.

성모는 한 음절을 시작하는 자음을 가리킨다. 예를 들어 "红" hóng은 성모가 h이다. 어떤 음절은 자음으로 시작하지 않아, 습관적으로 영성모라고 한다. 예를 들어 "鹅" é이다. 성모와 자음은 결코 서로 동등하지 않다. 성모는 자음으로 충당할 수 있으나 한 자음은 성모로 쓰이지 않는데, 바로 ng로 이것은 운미로만 쓰인다.

운모는 음절에서 성모 뒤의 부분을 가리킨다. 예를 들어 "红" hóng의 운모는 ong이다. 운모와 모음도 서로 동등하지 않다. 운모는 단모음 · 복모음으로 구성되어 있고, 모음과 자음이 함께 구성된 것도 있다. 예를 들어 "大" dà, "到" dào, "但" dàn, "荡" dàng이다.

성조는 음절의 높낮이, 오르내림, 곡직, 길이의 변화를 가리킨다. 예를 들면 "妈, 麻, 马, 骂"이다.

(4) 한어 병음 방안과 국제 음표

① 기음 부호(记音符号)

음성을 공부하고 연구하는 것은, 하나의 부호로 음을 기록할 수 없고, 기음 부호가 있고 나서 해명한 음성을 상세하고 정확하게 기록할 수 있기 때문이었다. 중국의 문자는 병음 문자가 아니고, 고대 위진남북조시대 이전에는 주로 독약(读若)과 직음(直音)의 방법을 채택하였다. 예를 들면 다음과 같다.

鄦, 读若许. 诞音但.

동한 말년, 범문 불경의 도래에 따라 중국 역사상 첫 번째 병음 방법인 반절법이 생겼다. 반절법은 두 한자로 병음하는데, 윗 글자는 소리를 정하고, 아래 글자는 운을 정한다. 예를 들면 다음과 같다.

东, 德红切. d＋ong=dong

반절 사용의 시간은 상당히 길어, 반절자에 대한 선택도 나날이 깊이 생각해야 했다. 그리고 시간의 추이에 따라, 고서상의 반절은 현재의 음에 근거하여 이미 정확하게 독음을 나눌 수 없고, 음운학의 지식을 구비해야만 이해할 수 있어, 반절은 점차 전문적인 학문이 되었다.

민국 초년 중국에는 새로운 병음 도구인 주음자모가 생겼다. 주음자모는 1913년 독음 통일회(读音统一会)에서 심의하여 1918년에 공포하였다. 1920년부터 초등학교에서 채택하여, 1930년에는 주음부호라 고쳐 부르고, 1957년까지 계속 사용하였다. 주음자모에는 모두 39개 자모가 있는데, 그것들은 고대 한자로부터 선택하였다. 예를 들면 ㄅ가 곧 고대 "包"자이고, ㄆ는 攴이다. 주음자모는 전부 아래와 같다.

ㄅ ㄆ ㄇ ㄈ ㄉ ㄊ ㄋ ㄌ
ㄍ ㄎ ㄫ ㄏ ㄐ ㄑ ㄬ ㄒ
ㄓ ㄔ ㄕ ㄖ ㄗ ㄘ ㄙ
ㄚ ㄛ ㄜ ㄝ ㄞ ㄟ ㄠ ㄡ
ㄢ ㄣ ㄤ ㄥ ㄦ ㄧ ㄨ ㄩ

② 한어 병음 방안

현재 우리가 사용하는 한어 병음 방안은 힘들여 획득한 것이다.

고대에는 중서 문화의 교류에 따라서 서양 문자로 한어 음역을 쓰는 현상이 발생하였다. 체계적으로 라틴 자모를 이용하여 한어를 "拼音字母"를 사용하여 표기한 첫 번째 사람은 천주교 예수회인 Matteo Ricci이다. Matteo는 이탈리아 사람으로 명 만력 연간 중국에 와서, 1605년 ≪서자기적(西字奇迹)≫을 쓴 적이 있다. 이후에도 일부 외국인이 라틴 자모로 한어를 바꾸어 썼다. 유명한 것으로서 예를 들면 명말 Nicolas Trigault의 ≪서유이목자(西儒耳目资)≫, 청말 Thomas F. Wade의 ≪어언자이집(语言自迩集)≫ 등이 있다.

19세기 말 중국은 반식민지·반봉건 사회로 몰락했다. 많은 지식인은 애국사상으로 혹사를 당하고, 문자 개혁 운동을 시작하였다. 첫 번째 한자 개혁 방안을 제기한 사람은 노당장(卢戆章)으로, 그는 10년의 연구를 거쳐, 1892년에 "양자합절성음(两字合切成音)"의 하문어 병음 문자 방안을 세우고, 자모는 라틴 자모와 그것의 변형체를 채택하여 교과서 ≪일목요연초계(一目了然初阶)≫를 출판하였다. 그 후로 왕조(王照)의 ≪관화합성자모(官话合声字母)≫가 북방에 유행하였고, 또 많은 인사가 무수한 방안을 내놓았는데, 그중에 한자 필화식, 속기 부호식, 라틴 자모식이 있다. 신중국 성립 전에 영향이 가장 큰 라틴 자모 방안은 "国罗"와 "北拉"이다. "国罗"는 国语罗马字의 약칭으로 전현동(钱玄同), 여진희(黎锦熙), 조원임(赵元任) 등의 학자가 설계한 것으로, 1926년 채택되어, 1928년 공포되었다. "北拉"는 北方话拉丁化新文字의 약칭이다. 일부 중국 공산당원과 소련 한학자들이 함께 먼저 소련 화교들에게 널리 보급하였고, 제정에 참가한 사람들로는 구추백(瞿秋白), 오옥장(吴玉章), 임백거(林伯渠), 소삼(萧三) 등이 뜻을 같이하였다. 이는 1931년 블라디보스토크에서 통과하여 1933~34년 상해에 전해졌고, 또 연안 등 항일 근거지에 보급되었다. 신중국 성립 후에, 광대한 대중들의 문자 개혁 열정은 극도로 높아져, 1955년에 다 함께 1,200개 한어 병음 초안을 제기하였다. 한어 병음 방안은 1956년 초안을 세우고 1957년 국무원을 통과하여 1958년 2월 1회 전국인민대표대회 5차 회의에서 승인되었다. 한어 병음 방안은 많은 중외 학자와 애국지사의 지혜의 결정이다. 한어 병음 방안의 용도는 주로 다음과 같다.

① 한자의 발음을 표시한다.

한자는 표의 체계의 문자로 구별성이 강하고 조형에 이론 근거가 있는 등의 장점이 있을지라도, 한자의 수량이 많고 배우기나 기억하기 어려운 것 또한 사실이다. 역사상의 독약, 직음, 반절 등 주음방법 자체는 일정량의 한자를 인식하는 기초에서야 진행할 수 있었다. 주음자모는 5·4운동 이전에 생겨, 한자의 주음부호로서 한자 독음의 통일에 공적이 있으나, 그것은 음소자모가 아니라 음성을 분석하고 음리를 설명하는 데 불편하고, 쓰기가 불편하며, 발음 표시도 충분히 정확하지 않기 때문에 한어 병음 방안에 의한 대체는 필연적이었다. 역사적인 실행이 증명하는데, 한어 병음 방안은 가장 좋은 방안이고, 한자의 이상적인 주음도구이다.

한어 병음에 사용되는 것은 국제적으로 통용되는 라틴 자모로, 국제 교류에 유리하고 외국인이 한어를 배우는 데 유리하다.

② 표준어를 널리 보급하는 도구로 쓰인다.

표준어를 널리 보급하는 일에서 한어 병음은 중요한 역할을 하고 있다. 입과 귀를 통하거나 한자를 이용하여 표준어를 학습하는 것은 효율이 매우 낮고 너무 어렵다. 한어 병음을 배우는 과정은 바로 표준어 음성 계통을 배우는 과정으로, 병음을 잘 익혔으면 성모 · 운모 · 성조와 음절의 정확한 독음에 대한 기초를 다진 것이므로 한어 병음을 이용하여 표준어 인쇄물을 유창하게 읽을 수 있다. 한어 병음은 간단하고 배우기 쉬워, 한어 병음 도구로 혼자서도 표준어를 배우고, 반복 연습하여 능수능란해질 수 있다.

이외에도 한어 병음은 아직 한자 순서 배열, 컴퓨터 한자 입력, 초등학교 "注音识字, 提前读写(발음을 표시하여 글자를 알고, 미리 읽고 쓰자)" 교학개혁 및 어문 실용 기술 등 다방면에 걸쳐 여러 용도를 가지고 있다.

한어 병음 방안은 모두 자모표, 성모표, 운모표(6조 주석), 성조 부호, 격음 부호 등 다섯 부분으로 나눈다.

3 국제 음성 기호

국제 음성 기호는 국제음성학회가 입안한 하나의 음성학 부호이다. 국제 음성 기호의 원래 뜻은 "国际语音字母(International Phonetic Alphabet)"로 요약하여 IPA이고, 이 국제 통행의 음성 자모는 1888년에 탄생하였다. 1886년 유럽의 일부 유명한 음성학자들이 런던에서 "语音教师协会"를 설립하였다. 그중에 매우 많은 유명한 언어학자가 있었는데, 예를 들어 덴마크의 Jespersen, 영국의 Sweet와 James, 러시아의 Lev Vladimirovich Sherba 등이다. 이 국제 음성 기호는 최초로 프랑스인 Paolo Paso가 Sweet가 제기한 방안에 근거하여 설계한 것으로 몇 번의 수정을 거쳐 1888년에 공포되었다. 1897년 협회는 "国际语音学会"로 개칭하였으며, 국제음성기호표는 협회의 여러 번의 수정과 보충을 거친 뒤, 현재 통용되는 것은 1979년에 수정한 방안이다. 국제 음성 기호의 부호는 완전하여, 세계 어떤 언어나 방언을 기록할 수 있다. 그것은 "一音一符, 一符一音(하나의 음에 하나의 기호, 하나의 기호에 하나의 음)"의 원칙을 준수하고 표음도 세밀하고 명확하다. 그것은 세계 대다수 사람들이 익히 아는 라틴 자모를 기초로, 바꾸고 조합하고 자형을 도치하는 것을 통하여 필획을 증가하고, 다른 언어의 자모를 차용하고, 따로 부호 등의 수단을 사용하여 자음 72개, 모음 23개를 만들었다. 각국 음성 학자는 실제 수요에 따라서 첨삭과 수정을 하여도 된다. 우리는 음성을 연구하고, 소수 민족과 한어 방언을 조사할 때 모두 이것을 사용한다.

국제 음성 기호로 음성을 기록하는 데 있어, 만약 표음의 정확함에 착안하여 최대한 다른 부호를 사용하여 같지 않은 음소의 차이를 반영하면, 이 음성 기록 방법은 엄식기음(严式记音)이라고 한다. 만약 표음의 체계성에 착안하여, 발음이 서로 가깝고 뜻을 구별할 수 없으며 서로 보충하는 위치에 놓인 음소(音素)를 한 음위(音位)로 귀납하면, 이 기음 방법은 관식기음(宽式记音)이라 한다. 이른바 관엄(宽严)은 상대적으로 실제 수요에 근거하여 융통성 있게 파악할 수 있다.

사고와 연습

1. 음성은 무엇인가? 음성은 자연계의 다른 소리와 어떤 차이가 있는가?
2. 음성의 네 요소는 무엇인가? 그들은 각각 무엇으로 결정되는가? 표준어에서 어떤 작용을 하는가?
3. 소리의 음색은 몇 방면으로 결정되는가?
4. 발음 기관 시의도를 그리고, 그 위에 발음 기관 각 부위의 명칭을 표시하라.
5. 왜 음성은 사회 성질을 가지고 있다고 말하는가?
6. 음소란 무엇인가? 음절은 무엇인가? 양자 사이의 관계에 대해 말해 보라.
7. 모음은 무엇이고 자음은 무엇이며, 양자 사이에는 어떤 관계가 있는지 예를 들어 설명하라.
8. 성모는 무엇이고, 운모는 무엇이며, 성조는 무엇인지 예를 들어 설명하라.
9. 성모와 자음은 같은 것인가? 운모와 모음은 같은 것인가? 이것들 사이에는 무슨 관계가 있는가?
10. 한어 병음 방안을 베껴 적어라.
11. 한어 병음 방안은 어떤 용도가 있는가?
12. 국제 음성 기호란 무엇인가?

〔부록 ≪한어병음방안≫, 본서 p.640을 보라.〕

제 2 절 성모

우리는 한 언어의 음성을 분석하는 데 있어 일반적으로 모두 먼저 음절로 나누고, 다시 음소를 분석한다. 자음 음소, 모음 음소 및 그것들의 구조 규칙을 분석한다. 영어를 예로 들면 한 단어가 몇 개의 음절로 나누어질 수도 있는데, 모음과 자음의 상황에 근거하여 개음절, 폐음절, r음절 등으로 나눈다. 한어의 음절 구성은 간단하고 규칙이 있다. 중국 고대 음운학의 전통에 따라서 한 음절을 성모 · 운모 · 성조 이 세 부분으로 나누고, 중국 현대 한어 음성학은 이 분석 방법을 계승하였다. 한어뿐만 아니라, 전체 중국 티베트어족의 언어가 모두 이 성운조(声韵调) 분석법에 적합하다. 예를 들어 장어(藏语) 라사말 [khaŋ^{55} pa^{55}](집), 무명(武鸣) 장어 [taŋ^{24} ŋon^{31}](태양)이다. 우리는 성운조 분석을 함과 동시에, 음소 분석도 해야 한다.

성모(initial consonants)는 한 음절이 시작하는 자음이다. 표준어에 22개의 자음 음소가 있고, "ng"만 성모로 쓰일 수 없어서 표준어에 21개의 자음 성모가 있다고 말한다. 하지만 표준어의 성모는 여전히 22개인데, 영성모가 하나 더 있기 때문이다. 영성모의 설치는 계통성 · 엄밀성의 고려에서 나온 것으로, 발음학의 근거도 있다.

1. 성모의 발음 부위

자음을 발음할 때 기류가 장애를 받는 위치를 발음 부위라고 한다. 발음 부위에 따라서 표준어의 자음 성모는 아래 7가지로 나눈다.

① **양순음** : 양순음은 b [p], p [p‘], m [m]이 있고, 두 입술이 발음할 때의 장애를 형성한다.

② **순치음** : 순치음은 f [f]만으로, 윗니와 아랫입술이 형성한 장애이다. 양순음과 순치음은 순음이라 총칭한다.

③ **설첨전음** : 설첨전음에는 z [ts], c [ts‘], s [s]가 있고, 혀끝과 이의 뒷면으로 장애를 형성한다. 윗니 뒷면이나 아랫니 뒷면이 실제로 모두 된다.

④ **설첨중음** : 설첨중음에는 d [t], t [t‘], n [n], l [l]이 있고, 혀끝을 윗잇몸의 가장

자리에 접촉하여 장애를 구성한 것이다.

⑤ **설첨후음** : 설첨후음은 zh [tʂ], ch [tʂʻ], sh [ʂ], r [ʐ]이 있고, 혀끝과 경구개 앞쪽으로 장애를 형성한다.

⑥ **설면음** : 설면음은 j [tɕ], q [tɕʻ], x [ɕ]이고, 설면 앞쪽과 경구개 앞쪽으로 장애를 형성한다.

⑦ **설근음** : 설근음은 g [k], k [kʻ], h [x]가 있고, 설면 뒤쪽과 연구개가 장애를 형성한다. 설면후음이라고도 한다. 표준어의 자음 ng [ŋ]도 설근음인데, 이것은 운미로 쓰이고, 성모로 쓰이지는 않는다.

표준어 성모의 발음 부위 중 표준어 성모의 설첨음이 가장 풍부한 것을 볼 수 있는데, 모두 세 부류 11개가 있다. 성모 중의 설근음은 실제 설면후음으로, 이 때문에 표준어의 성모는 모두 설면 이전에 있다.

발음 부위 중에 두 상하의 부위 위아래 입술, 윗니 아랫입술, 혀끝과 이 뒷면, 잇몸, 경구개, 혓바닥과 경구개, 혓바닥 뒤와 연구개는 모두 비교적 가깝다. 한어 병음 방안 성모표의 세로줄은 실제로 발음 부위에 따라 배열한 것으로 모두 6조이고, 첫 번째는 두 부위로 모두 입술음이고, 이하 순서대로 설첨중, 설근, 설면, 설첨후와 설첨전이다.

b	p	m	f	
d	t	n		l
g	k	(ng)	h	
j	q		x	
zh	ch		sh	r
z	c		s	

2. 성모의 발음 방법

자음을 발음할 때 발음 기관의 구체적인 활동 방식과 상황은 발음 방법이라고 불린다. 발음 방법은 구체적으로 또 장애의 방식, 성대 진동 여부, 기류의 강약, 이 세 방면으로 나눈다.

(1) 장애의 방식

자음을 발음할 때, 발음 기관에서 장애 기류가 흘러나오는 발음 과정은 이론상 세 단계로 나눈다. 장애의 형성 단계, 즉 발음 부위가 장애를 형성하고, 발음할 준비가 다 된다. 장애의 지속 단계, 즉 발음 기관이 장애 형성을 유지할 때의 긴장 상태로, 장애 기류가 나온다. 장애의 해제 단계, 즉 발음 기관이 긴장 상태에서 원래의 상태로 회복되고, 기류가 흘러나오게 한다. 장애 형성과 해제의 서로 다른 방식에 근거해 표준어의 자음 성모는 폐쇄음, 마찰음, 폐찰음, 비음, 변음의 5가지로 나눈다.

① **폐쇄음** : 폐쇄음은 폭발음, 폭파음이라고도 부른다. 발음할 때 두 발음 부위는 막혀, 연구개는 위와 뒤로 이동하고, 비강의 출로를 막는다. 그런 후에 갑자기 발음 부위를 열고, 기류가 뚫고 나오게 한다. 폐쇄음이 본음을 낼 때, 지속할 수 없고 한 번 발음하면 끝난다. 폐쇄음은 어도의에서 만든 어도 중 충직조 형상으로 나타낸다. 표준어 폐쇄음 성모는 b, p, d, t, g, k의 6개가 있다.

② **마찰음** : 마찰음은 "摩擦音"이라고도 부른다. 발음할 때, 두 발음 부위가 가깝고, 한 틈을 남긴다. 연구개가 위와 뒤로 이동하고, 비강의 출로를 막는다. 기류가 두 부위의 틈새로 비집고 나오게 하여, 마찰시키며 내는 소리이다. 기류가 끊임없이 내보내진다면, 마찰음의 발음은 지속된다. 마찰음은 어도의에서 만든 어도에서 난문 형상으로 나타낸다. 표준어의 마찰음 성모는 f, h, x, sh, r, s의 6개이다.

③ **폐찰음** : 폐찰음을 발음할 때, 두 발음 부위는 막힌다. 연구개는 위와 뒤로 이동하고, 비강의 출로를 막는다. 그런 후에 기류가 막혀진 부위의 한 틈으로 세차게 들어가 비집고 나와, 마찰시키며 내는 소리이다. 폐찰음은 두 동작으로 분해하는데, 즉 하나의 폐쇄음과 마찰음의 결합이다. 그러나 폐찰음은 결코 두 음소, 즉 복자음이 아니고 한 음소이다. 표준어의 폐찰음 성모는 j, q, zh, ch, z, c의 6개가 있다. 폐찰음의 국제 음성 기호는 두 자모를 사용하는 [tɕ, tɕ‘, tʂ, tʂ‘, ts, ts‘]으로, 이 선폐후찰(先塞后擦)의 과정을 나타내기 위해서이나 우리의 청각은 이것을 한 음소로 느끼게 된다. 중국 티베트어족 형제 민족 언어나 영어 등의 외국어 중에서 존재하고 있는 복자음은 순수하게 두 개 이상의 자음 음소로, 예를 들면 귀주 폐절대(毕节大) 남산 묘어[plaŋ^{43}](胃) 중의 [pl]이다. 현대 한어에서는 완전히 없어졌다. 상고 한어 중에 복자음이 있는지 없는지는 학술계에서 아직 논쟁이 되고 있다.

④ **비음** : 비음을 발음할 때, 두 발음 부위는 완전히 막힌다. 연구개는 아래로 내리고, 비강 통로가 열리면, 기류를 비강 통로로 통과시킴과 동시에 성대를 진동시켜 소리를 형성한다. 표준어의 비음 성모는 m, n 두 개다. ng도 비자음이나 성모로 쓰이지 않는다.

⑤ **변음** : 변음을 발음할 때, 두 발음 부위(혀끝과 윗잇몸)는 완전히 닫히고, 혀 양쪽과 구강 좌우 양벽은 일정한 틈이 남아 있다. 연구개는 위와 뒤로 이동하고, 구강 후벽을 차단하여 비강 통로를 가로막는다. 기류는 혀의 양쪽을 통과함과 동시에 성대를 진동하며 소리를 낸다. 표준어 변음 성모는 l 하나뿐이다.

(2) 성대 떨림 여부

발음할 때 성대가 진동하는지에 따라서 표준어의 성모는 무성음(清音)과 유성음(浊音) 두 부류로 나뉜다. 간단히 말해 유성음은 음을 가지고 있는 것이고, 무성음은 음을 가지고 있지 않은 것이다.

① **무성음(清音)** : 무성 자음이라고도 한다. 발음할 때 성대는 진동하지 않고, 고른음이 아니고 소음으로, 발음 부위가 마찰하는 아주 작은 소리만이 있다. 성모 중 대다수 폐쇄음, 마찰음, 폐찰음은 모두 무성음이다. b, p, f, d, t, g, k, h, j, q, x, zh, ch, sh, z, c, s까지 모두 17개이다. 이 음들은 발음할 때 성대가 진동하지 않기 때문에 본음을 발음할 때 울리지 않는다. 우리가 성모를 일컬을 때 쓴 것은 호독음(呼读音)으로 실제로 모음을 합쳤다.

② **유성음(浊音)** : 유성 자음이라고도 한다. 발음할 때 성대가 진동하고 고른음이다. 표준어의 유성음 성모는 l, m, n, r의 4개이다. 성모의 ng도 유성 자음으로 쓰이지 않는다.

유성과 무성은 중국 고대 음운학의 용어이다. 오늘날 표준어의 유성 자음은 음운학에서 모두 차유성음에 속한다. 음운학에 "全浊(전탁)", "次浊(차탁)", "全清(전청)", "次清(차청)"의 화법이 있다. "全浊"은 유성음의 폐쇄음, 마찰음, 폐찰음을 가리킨다. "次浊"은 비음, 변음, 반모음을 가리킨다. "全清"은 무기음 유성음이 아닌 폐쇄음, 마찰음, 폐찰음을 가리킨다. "次清"은 유기음 무성음인 폐쇄음, 폐찰음을 가리킨다. r은 표준어에서 유성 마찰음이나 이 음은 중고(中古) 시기에 비음으로, 이 때문에 유래로 말해도 차탁(次浊)이다. 전탁 성모는 표준어에서 이미 완전히 없어져 존재하지 않아, 오(吴) 방언 중 오히려 전부 보존되고 있다. 오 방언 중 "拜", "败"의 성모가 다르고, "冻", "洞"의 성모도 다르다. 영어 자음은 유성과 무성이 대립하는데, 예를 들어 b는 유성음, p는 무성음이다. 한어 병음 방안은 b, p를 써서 유기음과 무기음의 차이를 나타낸다.

(3) 기류의 세기

발음할 때 기류를 내보내는 세기에 따라서 표준어 성모 중의 폐쇄음과 폐찰음을 유기음(送气音)과 무기음(不送气音)의 두 부류로 나눈다.

① **무기음** : 발음할 때 구강이 내보낸 기류가 비교적 약하다. 무기음은 b, d, g, j, zh, z의 6개가 있다.

② **유기음** : 발음할 때 구강이 내보낸 기류가 비교적 강하다. 유기음은 p, t, k, q, ch, c의 6개가 있다.

표준어 성모의 폐쇄음과 폐찰음은 유성과 무성의 대립이 없으나 무기음과 유기음의 대립이 있다. 발음할 때 손바닥이나 한 장의 얇은 종이를 입 앞에 놓고 먼저 무기음을 내고, 다시 유기음을 내면 분명히 그 차이를 느낄 수 있다. 국제 음성 기호에서 대립하는 성모는 모두 같은 부위의 무성음이기 때문에 자모는 같다. 표준어의 유기 성모 기류는 비교적 강하여 국제 음성 기호는 만약 엄식을 쓰면 자모 우측에 h를 써서 나타내야 하는데, 예를 들면 [p^h]다. 또한 습관적으로 간편하기 위해 일반적으로 반 쉼표를 오른쪽 위에 써서 유기를 나타내는데, 예를 들면 [p']이다.

앞에서 말한 바와 같이 한어 병음 방안의 가로줄은 발음 부위의 6조에 따라 배열한 것으로, 만약 우리가 조금 더 정리하면, 세로줄이 실제로 나타내는 것은 발음 방법이고, 그중에 유기음과 무기음, 마찰음 중에서의 무성음, 유성음은 점선을 써서 구분한다.

b	p	m	f	
d	t	n		l
g	k	(ng)	h	
j	q		x	
zh	ch		sh	r
z	c		s	

3. 성모 발음의 묘사

성모의 발음을 묘사하는 데는 발음 부위와 발음 방법을 결합할 필요가 있고, 모두 4가지 조건이다. 순서는 발음 부위, 유기와 무기, 유성과 무성, 장애의 방식이다. 마찰음, 비음, 변음은 유기와 무기의 문제가 없기 때문에 한 가지 조건이 줄었다. 4가지(혹은 3가지) 조건을 나열한다면 하나의 자음 성모의 발음은 확정되었다. 자음 성모의 발음 조건을 아래와 같이 묘사한다.

① **b** [p] **양순 · 무기 · 무성 · 폐쇄음**

음을 낼 때, 입술을 다물어 기류를 방해하며 닫힌다. 연구개가 올라가 비강 통로를 막는다. 성대가 떨리지 않는다. 그런 후에 입술을 갑자기 열어 기류를 튀어나오게 하여 폭발하며 장애를 해제하고 내는 소리이다. 예를 들어 "辨别"의 성모이다.

② **p** [p'] **양순 · 유기 · 무성 · 폐쇄음**

발음 상황은 b [p]와 대체적으로 서로 같고, 차이는 다만 입술을 열 때 두드러지게 기류를 돌파시켜 유기음을 형성한다. 예를 들어 "批判"의 성모이다.

③ **m** [m] **양순 · 유성 · 비음**

음을 낼 때, 입술을 다물어 기류를 방해하며 닫힌다. 연구개가 내려가고 비강의 통로를 연다. 기류는 성대를 진동하며 비강으로 통과한다. 예를 들면 "美满"의 성모이다.

④ **f** [f] **순치 · 무성 · 마찰음**

발음할 때 아랫입술을 가볍게 윗니에 접촉하여 좁은 구멍을 만든다. 연구개가 상승하고 비강의 통로를 막는다. 성대는 진동하지 않고 기류가 입술과 치아 사이에서 비집고 나와 마찰시키며 내는 소리이다. 예를 들면 "反复"의 성모이다.

⑤ d [t] 설첨 · 무기 · 무성 · 폐쇄음

발음할 때 혀끝을 윗잇몸에 대어 기류를 막는다. 연구개는 상승하여 비강 통로를 막는다. 성대는 진동하지 않고, 그런 후에 혀끝을 갑자기 윗잇몸에서 떼어 기류를 튀어나오게 하여 폭발하듯 음을 낸다. 예를 들면 "达到"의 성모이다.

⑥ t [t‘] 설첨중 · 유기 · 무성 · 폐쇄음

발음 상황은 d [t]와 대체적으로 서로 같고, 차이는 다만 혀끝을 윗잇몸에서 뗄 때 강렬한 기류가 흘러나와 유기음을 낸다. 예를 들어 "团体"의 성모이다.

⑦ n [n] 설첨중 · 유성 · 비음

발음할 때 혀끝을 윗잇몸에 두어 기류를 방해하여 막는다. 연구개는 내려가고, 비강 통로를 연다. 기류가 성대를 진동하고 비강으로 통과한다. 예를 들면 "男女"의 성모이다.

⑧ l [l] 설첨중 · 유성 · 변음

발음할 때 혀끝을 윗잇몸에 대지만 결코 기류 통로를 완전히 막지는 않는다. 연구개가 상승하면, 비강 통로를 막는다. 기류는 성대를 진동하고 혀의 양옆으로 통과한다. 예를 들면 "力量"의 성모이다.

⑨ g [k] 설근 · 유기 · 무성 · 폐쇄음

발음할 때 혀뿌리가 들어올려져 연구개를 막고, 기류를 방해하며 막는다. 연구개가 상승하여 비강 통로를 막는다. 성대가 진동하지 않게 한 후 혀뿌리를 갑자기 연구개에서 떼어 기류가 튀어나오듯 음을 낸다. 예를 들면 "改革"의 성모이다.

⑩ k [k‘] 설근 · 유기 · 무성 · 폐쇄음

발음 상황은 g [k]와 대체적으로 서로 같고, 차이는 다만 혀뿌리를 연구개에서 뗄 때 강렬한 기류가 흘러나와 유기음을 형성한다. 예를 들면 "刻苦"의 성모이다.

⑪ h [x] 설근 · 무성 · 마찰음

발음할 때 혀뿌리와 연구개는 가까워진다. 연구개를 위로 올려, 비강 통로를 막는다. 성대는 떨리지 않고 기류가 혀뿌리와 연구개 사이로 비집고 나오게 하며 마찰하여 음을 낸다. 예를 들어 "缓和"의 성모이다.

⑫ j [tɕ] 설면 · 무기 · 무성 · 폐찰음

발음할 때 혀는 앞으로 들어올려 앞 경구개를 막고, 기류를 방해하며 막는다. 연구개를 위로 올려 비강 통로를 막는다. 성대를 진동하지 않게 한 후 혀의 앞부분을 조금 경구개의 앞에서 떼어 기류로 하여금 마찰하며 나오게 하여 처음엔 막혔다가 후에 마찰하는 폐찰음을 낸다. 예를 들면 "解决"의 성모이다.

⑬ q [tɕʻ] 설면 · 유기 · 무성 · 폐찰음

발음 상황은 j [tɕ]와 대체적으로 서로 같고, 차이는 다만 혀의 앞부분을 경구개에서 뗄 때 강렬한 기류가 흘러나와 유기음을 낸다. 예를 들면 "请求"의 성모이다.

⑭ x [ɕ] 설면 · 무성 · 마찰음

발음할 때 혀의 앞부분은 앞 연구개에 접근한다. 연구개가 상승하여 비강 통로를 막는다. 성대는 떨리지 않고 기류는 혀 앞부분과 앞 경구개 사이에서 비집고 나와 마찰하며 소리를 낸다. 예를 들어 "学习"의 성모이다.

⑮ zh [tʂ] 설첨후 · 무기 · 무성 · 폐찰음

발음할 때 혀끝은 솟아올라 경구개 앞부분을 막고, 기류를 방해하며 막는다. 연구개가 상승하여 비강 통로를 막는다. 성대는 진동하지 않고, 이후 혀끝은 약간 앞 경구개를 떠나 기류로 하여금 마찰하며 나오게 함으로써 먼저 막고 후에 마찰하는 폐찰음을 형성한다. 예를 들면 "主张"의 성모이다.

⑯ ch [tʂʻ] 설첨후 · 유기 · 무성 · 폐찰음

발음 상황은 zh [tʂ]와 대체적으로 서로 같은데, 차이는 다만 혀끝이 앞 연구개를 떠날 때 강렬한 기류가 흘러나와 유기음을 형성한다. 예를 들면 "长处"의 성모이다.

⑰ sh [ʂ] 설첨후 · 무성 · 마찰음

발음할 때 혀끝이 솟아올라 앞 경구개와 가까워진다. 연구개는 상승하여 비강 통로를 막는다. 성대는 진동하지 않고 기류는 혀끝과 앞 경구개 사이로 비집고 나와 마찰하며 소리를 낸다. 예를 들면 "事实"의 성모이다.

⑱ r [ʐ] 설첨후 · 유성 · 마찰음

발음 상황은 sh [ʂ]와 대체적으로 서로 같고, 차이는 다만 sh [ʂ]를 발음할 때는

성대가 진동하지 않지만 r [ʐ]를 발음할 때는 성대가 진동한다. 예를 들면 "仍然"의 성모이다.

⑲ z [ts] 설첨전 · 무기 · 무성 · 폐찰음

발음할 때 혀를 앞니의 뒤쪽에 대어, 기류를 방해하며 막는다. 연구개는 위로 올려 비강 통로를 막는다. 성대가 진동하지 않고 그런 후에 혀를 조금 앞니 뒤쪽에서 떼어 기류가 마찰하며 나오게 하여 먼저 막고 나중에 마찰하는 폐찰음을 형성한다. 예를 들면 "在座"의 성모이다.

⑳ c [ts‘] 설첨전 · 유기 · 무성 · 폐찰음

발음 상황은 zh [tʂ]와 대체적으로 서로 같고, 차이는 혀끝을 앞니 뒤쪽에서 뗄 때 강렬한 기류가 흘러나와 유기음을 형성한다. 예를 들면 "层次"의 성모이다.

㉑ s [s] 설첨전 · 무성 · 마찰음

발음할 때, 혀를 펴서 앞니 뒤에 대고, 연구개는 위로 올려 비강 통로를 막는다. 성대는 진동하지 않고 기류가 혀와 앞니 뒤 사이에서 비집고 나오게 하여 마찰하며 소리를 낸다. 예를 들면 "思索"의 성모이다.

㉒ ng [ŋ] 설근 · 유성 · 비음

발음할 때 혀 뒤쪽을 수축시키고 혀뿌리를 연구개의 뒷부분에 닿게 올려서 기류를 방해하여 막는다. 연구개는 내려와 비강 통로를 연다. 기류는 성대를 진동하고 비강으로 통과한다. 예를 들면 "长城"의 비음이다.

4. 성모의 본음, 호독음과 자모의 명칭음

표준어의 자음 성모는 대다수 무성음이고 성대가 떨리지 않고 발음은 울리지 않는다. 자음 성모 자체의 발음은 본음이라 하고, 이 본음은 음소를 결합하여 한 음절로 만들어서 쓰는데, 교육과 부르는 데에 편리하지 않다. 한어 병음 방안은 성모표 중의 각 성모 아래 주음부호로 성모의 호독음을 주해하였다. 호독음은 본음에 하나의 울리는 모음을 더하여 구성한다. 그 구성 상황은 아래와 같다.

- b, p, m, f+o, 호독은 bo, po, mo, fo이다.
- d, t, n, l, g, k, (ng), h+e, 호독은 de, te, ne, le, ge, ke, (nge), he이다.

- j, q, x+i, 호독은 ji, qi, xi이다.
- zh, ch, sh, r+i [ʅ], 호독은 zhi, chi, shi, ri이다.
- z, c, s+i [ɿ], 호독은 zi, ci, si이다.

호독음은 부르는 것에 사용하고 음소를 결합하여 한 음절로 만들어서 쓰는 것에는 사용하지 않는다. 한어 병음 교육 중에 비록 음소를 결합하여 한 음절로 만들어 서 쓸 때도 부르는 데 사용하여, 예를 들어 bo+ɑ→bɑ인데, 실제적으로 병음하여 사용하는 것은 본음이고, o는 결코 병음하여 들어가지 않게 되었다. 다른 성모가 병음할 때의 상황도 같다.

한어 병음 방안 자모표 중의 자음 자모는 또 명칭음이 있는데, 명칭음의 설계는 부르는 것이 우렁차게 하기 위한 것으로 자모표를 기억하는 데 편리하다. 명칭음의 구성은 일반적으로 자음 자모의 뒤에 있는데, 소수는 앞에 ê를 더하고 있고, 또한 뒤에 ɑ, i, ie, iou를 더하고 앞에 ɑ를 더한 것이 있다. 명칭음으로 작곡한 한어 병음 자모가는 한어 병음 방안을 전파하는 데 촉진제 역할을 했다. 자모가는 아래와 같다.

- 한어 병음 자모가

1 = C 4/4

3 • 2 3 1 | 5 6 5 —| 6•5 3 5 | 2 3 2 — |

ɑ bê cê dê e êf gê hɑ i jie kê êl êm nê

5 3 5 0 | i 5 6 0 | 5 6 3 — | 2 3 1 — |

o pê qiu ɑr ês tê u vê wɑ xi yɑ zê

우리는 성모의 본음, 호독음과 자모의 명칭음이 서로 다름에 주의해야 한다.

5. 영성모

표준어는 21개 자음 성모 이외에 또 하나의 영성모가 있다. 영성모 음절은 모음으로 시작하는 음절이다. 영성모의 국제 음성 기호는 [Ø]로 표시한다. 영성모의 설치는 첫째, 하나의 빈자리를 차지하여 통시적 음성 연구와 방언 비교 연구를 하는 데 편리하게 하기 위해서이다. 둘째는 실제 발음으로 말하면 영성모는 0일 필요가 없는 것이고, 모음으로 시작한 음절 앞에 자주 하나의 마찰하는 반모음이나 후폐쇄음 성분을 가지고 있다. 영성모는 실제로 아래 몇 가지 유형으로 나뉜다.

① i나 i로 시작하는 영성모 음절로, 실제 발음할 때 처음에 하나의 반모음 [j]가 있어, 예를 들어 "衣"자로 엄식표음은 [ji]로 표기한다. 한어 병음 방안의 i 음절과 "i"로 시작하는 음절을 y로 시작하는 것은, 마침 이 음의 원리에 근거하여 설계한 것이다.

② u나 u로 시작하는 영성모 음절로, 실제 발음할 때 시작은 반모음 [w] 혹은 [ʋ]가 있는데, 예를 들면 "屋"와 "外"이고, 엄식표음은 [wu], [ʋai]로 표기한다. 한어 병음 방안 중의 w는 바로 이 원리에 근거하여 설계한 것이다.

③ ü 혹은 ü로 시작하는 영성모 음절로, 실제로 발음할 때 시작은 반모음 [ɥ]가 있는데, 예를 들면 "鱼"로 엄식표음으로는 [ɥy]로 표기한다. 한어 병음 방안은 yu를 빌려 써서 표시한다.

④ i, u, ü 이외의 모음으로 시작하는 영성모 음절로, 실제 발음할 때 시작은 탁찰음 [ɣ] 혹은 후폐찰음 [ʔ]이 있고, 예를 들면 "啊"의 엄식표음은 [ɣA] 혹은 [ʔA]로 표기한다. 한어 병음 방안은 직접 모음으로 시작하고, 자모로 나타내지 않았다.

한어 병음 방안에서 무릇 i, u, ü로 시작하는 음절은 실제로 모두 y, w로 시작한 것이다. 초등학교 어문 교육에서는 교육을 편리하게 하기 위해서 y, w도 성모라고 한다. 이것들로 시작하는 것은 실제 영성모 음절로, y, w는 결코 진짜 성모가 아니고 습관적으로 "算声母"라 부른다.

6. 표준어 성모와 방언 성모의 비교

언어는 끊임없이 변화하는 것으로 음성의 변화 표현은 상당히 분명하다. 현대 한어 방언 음성의 복잡함은 마침 음성 발전의 불균형이 조성한 것이다. 현존하는 고대 운서 기록에 근거하여 당말(唐末)에 수온(守温)이라는 스님은 30자모를 창제하였는데, 이 자모가 바로 성모로 당시에는 음표가 없어서 한자로 대표하였다. 송조(宋朝)에 이르러서는 36자모로 늘려 정정하였다. "牙舌唇齿喉(아설순치후)" 5음으로 나누고 따로 반설, 반치 각 1음이 있다. 36자모가 통용되는 의음(拟音)은 아래와 같다.

발음방법 발음부위		전청	차청	전탁	차탁
순음	중순	帮[p]	滂[p‘]	並[b]	明[m]
	경순	非[f]	敷[f‘]	奉[v]	微[ɱ]
설음	설두	端[t]	透[t‘]	定[d]	泥[n]
	설상	知[ȶ]	彻[ȶ‘]	澄[ȡ]	娘[ȵ]
치음	치두	精[ts] 心[s]	清[ts‘]	从[dz] 邪[z]	
	정치	照[tɕ] 审[ɕ]	穿[tɕ‘]	床[dʑ] 禅[ʑ]	
아음		见[k]	溪[k‘]	群[g]	疑[ŋ]
후음		影[Ø]			
		晓[x]		匣[ɣ]	
					喻[j]
반설음					来[l]
반치음					日[ȵʑ]

우리는 오늘날 모두 36자모와 현대 한어 각 방언의 대응 관계를 찾을 수 있다. 여기에 기초하여 방언 간에 비교를 할 수 있고, 빈번하고 복잡한 방언 음성의 전후 관계를 분명히 한다. 가지런한 대응 관계 현상에 대하여 유추하는 방법을 채택하여, 표준어 음성을 배울 때 하나하나 철저히 고칠 수 있고, 적은 노력으로 많은 성과를 올릴 수 있는 효과를 거둔다.

① 설첨후음 [tʂ, tʂ‘, ʂ, ʐ]과 설첨전음 [ts, ts‘, s]

표준어에는 두 설첨폐찰음 [tʂ, tʂ‘, ʂ, ʐ]와 [ts, ts‘, s]가 있다. 그중에 설첨후찰음 [tʂ, tʂ‘, ʂ, ʐ]는 비교적 특수하고, 전국 다른 방언에서는 그다지 많이 보이지 않는다. 오 방언 · 월 방언 · 북방어의 서남 방언 모두 설첨후음이 없고, 오 방언 · 서남 방언은 설첨전음만 있으며, 월 방언은 설엽음 [tʃ, tʃ‘, ʃ]만 있을 뿐이다. 예를 들어 성도(成都)어 중에 "走"와 "肘"의 성모는 모두 [ts]이고, "思"와 "诗"의 성모는 모두 [s]이다. 민 방언 중에 중고지조(中古知组)와 단조(端组)는 나누어지지 않아, 예전에는 설상음(舌上音) 현상이 없음을 반영했다. 또 다른 방면 조조(照组)는 정조(精组)와 합류하였다. 표준어 설첨후음은 민 방언에서 각각 [t, t‘]와 [ts, ts‘, s]로 읽었다. 예를 들어 하문어 "直"의 성모는 [t]이고, "虫"의 성모는 [t']이다. 감(赣) 방언 · 객가(客家) 방언도 이런 상황이 있다. 이외에도 강서 · 호남 · 호북의 개별 지방에서 지조(知组)도 [t, t']로 읽었을 뿐만 아니라, 조조(照组)도 [t, t']로 읽는다. 예를 들어 강서 임천(临川)에서 "知"는 [ti]로 읽고 "池"는 [t'i]로 읽는다. 호남 쌍봉(双峰)에서 "诸"는 [ty]로 읽고, "昌"은 [t'aŋ]으로 읽는다. 호북 숭양(崇阳)에서 "遮"는 [ta]로 읽고, "车"는 [t'a]로 읽는다. 즉 설첨후음의 북방어에서 [tʂ, tʂ', ʂ, ʐ]와 [ts, ts', s] 이 두 성모를 나누고 합치는 상황은 표준어와 완전히 서로 같지 않다. 동북 · 천진과 서안 등 적지 않은 곳에서 표준어의 일부 설첨후음으로 읽는 글자를 설첨전음으로 읽고 표준어의 일부 설첨전음으로 읽는 글자를 설첨후음으로 읽는다. 예를 들어 장춘어(长春话) "水"는 [suei]로 읽고, "资"는 [tʂʅ]라고 읽는다. 서북 방언의 섬서 · 감숙 및 신강 지구의 어떤 방언에서 지조(知照) 두 조(표준어의 [tʂ, tʂ', ʂ]에 해당한다)는 합구운(合口韵) 앞에서 순치음 [pf, pf', f]로 읽는데, 예를 들면 서안어 "猪"는 [pfu]로 읽고, "书"는 [fu]로 읽는다.

중고 일모자 표준어는 [ʐ]로 읽는데, 한어의 많은 방언에서 영성모로 읽고, 또한 일부 지역에서는 [n] 혹은 [l]로 읽는다. 예를 들어 통화(通化) "肉"는 [iou]로 읽는다. 한구(汉口)에서 "然"은 [lan] 혹은 [nan]으로 읽는다. 양주(扬州)에서 "如"는 [lu]로 읽는다.

[tʂ, tʂ', ʂ]와 [ts, ts', s]를 구별하는 데 성부(声旁) 유추의 방법을 채택할 수 있고, [ts, ts', s] 성모의 글자를 기억해 두어야 한다. [ua, uai, uɑŋ] 세 운모는 [ts, ts', s]와 서로 합치지 않고 그들과 서로 합치는 것은 [tʂ, tʂ', ʂ]뿐일 수 있음에 주의해야 한다.

② 설면음 [tɕ, tɕ', ɕ]

중고 한어의 아후음(见, 溪, 群, 疑, 晓, 匣)은 전고모음 앞에서 표준어는 이미 설면음 [tɕ, tɕ', ɕ]로 바뀌었고, 동남에 위치한 민 · 감 · 객가 등의 방언은 오히려 설근음의 독법을 보류하였는데, 예를 들면 광주어 "奇"는 [kei]로 읽고, 복주어 "技"는 [ki]로 읽고, 건구(建瓯)어 "寄"는 [kyɛ]로 읽는다. 이 방언은 제치호나 찰구호와 서로 합치는 설근음을 설면음으로 바꿈과 동시에 본 방언에 이미 있는 폐찰음과 서로 구별된다. 예를 들면 광동 사람이 [tɕ, tɕ', ɕ]를 말할 때 자주 설엽음 [tʃ, tʃ', ʃ]로 대체하는데, 듣기에는 비슷하나 사실 정확하지 않다.

③ [n]과 [l]의 구분

표준어에서 비음 [n](中古泥母)과 변음 [l](中古来母)은 매우 분명히 나누어져 있고, 북방어 중의 화북 · 동북 방언, 오 방언 · 객가 방언 · 월 방언에서도 매우 분명히 나누어져 있다. 그런데 [n], [l]을 섞어 읽는 현상은 전국 다른 방언에서 비교적 보편적인 것으로, 대략 전국방언 지역의 반을 차지한다. 북방어 서남 방언의 대부분 및 강회 방언 · 서북 방언의 일부분은 모두 이런 현상이 존재한다. 남방 상 · 감 · 민 등의 방언도 [n], [l]을 섞어 읽는 큰 지역이 있다. 민 방언의 민남어 일부분은 아직 [d, n, l]을 모두 [d]로 읽는 현상이 존재하고 있다. 예를 들면 하문어 "南"은 [dam]으로 읽고 "年"은 [dian]으로 읽는다. [n, l]을 섞어 읽는 방언에서의 상황은 또 다르다. 어떤 것은 모두 [n]으로 읽고 어떤 것은 모두 [l]로 읽는다. 또 어떤 것은 [n], [l] 두 개가 가능하다. 즉 어떤 것은 일정한 조건(제촬 두 호 앞)에서 나누고, 일정한 조건(개합 두 호 앞)에서는 섞는다.

④ [f]와 [xu]의 구분

표준어와 북방어의 화북 방언 · 서북 방언 및 오 방언은 대부분 [f]와 [xu]를 나눌 수 있고, 북방어의 강회 방언 · 서남 방언, 남방 상 · 감 · 객가 · 민 · 월 등의 방언은 대체로 [f], [xu]를 섞어 읽는 현상이 존재한다. 이 방언에서 민 방언은 [f] 성모가 없고, 非 · 敷 · 奉 모자는 일반적으로 대부분 [xu]([hu])로 읽으며, 다른 방언의 [x]는 [u]와 서로 배척하여 [xu]는 모두 [fu] 혹은 [f]로 읽는다.

⑤ 전탁성모의 소실

중고 並 · 定 · 澄 · 从 · 崇 · 船 · 群 · 匣 · 邪 · 禅 등의 전탁성모는 표준어 중에 이미 무성 성모로 바뀌었다. 하지만 오 방언과 일부 상 방언에서는 아직 완전하게 보존하고 있는데, 예를 들면 소주어 중에 "拜" · "败"가 차이가 있고, "冻" · "洞"이 차이가 있다. 이런 유성음 성모는 표준어에서 성조의 다름을 조건으로 평성이 상응하는 유기 무성 성모로 바뀌고, 측성이 상응하는 무기 무성 성모로 바뀐다. 오 방언과 상 방언 구역의 사람들은 표준어를 학습할 때, 유성 성모 음을 내는 것을 피해야 한다. 어떤 방언은 아직 유래가 분명하지 않은 유성 성모가 있는데, 예를 들어 민 방언의 [m, n, ŋ]과 상대되는 [b, d, g]가 있는데, 즉 하문어와 조주(潮州)어 "马"는 모두 [be]로 읽고, 하문어 "文"은 [bun]으로 읽으며, 하문어와 조주어 "鹅"는 모두 [go]로 읽는다.

6 영성모

표준어의 일부 영성모로 읽는 글자는 방언에서 성모가 있는 글자로 읽는다. 운모가 [i, u, y]가 아니거나 [i, u, y]로 시작하지 않는 영성모 글자로, 어떤 방언은 [n] 성모를 더하는데 예를 들면 천진어의 "爱"가 있고, 어떤 방언은 [ŋ] 성모를 더하는데 예를 들어 서안어 · 광주어의 "额"이다. 운모가 [u]이거나 [u]로 시작하는 영성모 음절은 어떤 방언은 [m] 성모로 읽는데, 예를 들면 광주어 · 옥림어(玉林话)의 "文"이다.

7 유기 성모와 무기 성모의 상호 호응

표준어의 폐쇄음과 폐찰음 성모 중에, 유기와 무기는 계통적으로 서로 어울린다. 하지만 어떤 방언 중에 유기 성모와 무기 성모의 분배는 오히려 표준어와 완전히 서로 같지는 않다. 감 방언 · 객가 방언 중에 유기 성모는 표준어보다 많은데, 예를 들면 남창어 "代"는 [t'ai]로 읽는다. 상 방언은 오히려 마침 서로 반대로, 유기 성모가 표준어보다 적어 예를 들면 남창어 "皮"는 [pi]로 읽는다. 이런 방언 지역의 사람은 표준어 유기 성모와 무기 성모의 분배에 주의해야만 한다.

사고와 연습

1. 성모의 발음 부위는 무엇인가? 표준어 성모는 발음 부위에 따라서 몇 종류로 나뉘는가? 각 부류는 어떤 성모가 있는가?
2. 성모의 발음 방법은 무엇인가? 표준어 성모는 발음 방법에 따라서 몇 종류로 나뉘는가?
3. 한어 병음 자모와 국제 음성 기호를 사용하여 서로 대조하고 표준어의 성모를 써라.
4. 제공한 조건에 근거하여 표준어의 성모를 써라.

(1) 양순 · 무기 · 무성 · 폐쇄음
(2) 설면 · 무기 · 무성 · 폐찰음
(3) 설첨후 · 유기 · 무성 · 폐찰음
(4) 설근 · 유기 · 무성 · 폐쇄음
(5) 설첨후 · 무성음
(6) 설첨전 · 무기 · 무성 · 폐찰음
(7) 설첨중 · 유성 · 변음
(8) 설첨중 · 무기 · 무성 · 폐쇄음
(9) 설면 · 유기 · 무성 · 폐찰음
(10) 설근 · 무성 · 마찰음

5 제공한 성모에 근거하여 그들의 발음 조건을 써라.

(1) j (2) k (3) f (4) zh (5) n

6 표준어 중 폐쇄음 성모에는 어떤 것이 있는가?

7 표준어 중 유성 성모는 모두 몇 개가 있는가? 그들은 중고음에서 어떤 유성 성모에 속하는가?

8 아래 각 성모 발음의 다른 점과 같은 점을 비교하라.

(1) t와 ch (2) n과 l (3) z와 zh (4) q와 x

9 발음하고, 받아쓰기 연습을 하라.

(1) 治理 铡草 摘花 正月 转圈
自理 杂草 栽花 赠阅 钻圈
(2) 出生 传动 城池 掺假 炒鱼
粗声 攒动 层次 参加 草鱼
(3) 闪过 商业 事实 述说 树立
三国 桑叶 四十 诉说 肃立
(4) 难色 小牛 脑子 无奈 泥地
蓝色 小刘 老子 无赖 犁地
(5) 俯视 方地 防虫 奋战 防止
虎视 荒地 蝗虫 混战 黄纸

10 아래 단어의 발음을 비교하라.

墨迹—墨汁 交际—交织 密集—密植 边际—编制
就业—昼夜 浅明—阐明 砖墙—专长 洗礼—失礼
详细—翔实 缺席—确实 获悉—获释 逍遥—烧窑
修饰—收拾 电线—电扇 艰辛—艰深 姓名—盛名

11 아래 단어를 정확히 읽어라.

缉私 集资 其次 袖子 下策 习字 戏词 资金
字迹 字据 自己 自觉 瓷器 刺激 思绪 私心
私情 私交 司机 丝线 剪除 精制 趋势 消失
秩序 沉寂 深浅 审讯 少将 机器 急切 求救
振作 正宗 职责 沼泽 杂志 栽种 增长 资助
自制 自重 差错 陈醋 成才 出操 贮藏 采茶
残喘 磁场 促成 绳索 石笋 扫射 宿舍 所属

⑫ 아래 단어 중의 고대 유성 모자를 정확히 읽어라.

看图 被俘 葵花 政治 脸盆 频繁 弹琴 诞生
朋友 庞大 袍子 怀抱 减肥 脾气 瓷器 齐心
水渠 钳工 铡刀 逗笑 调和 宫殿 储蓄 长短

제3절 운모

운모는 음절에서 성모의 뒷부분이다. 표준어에는 모두 39개의 운모가 있다. 한어 병음 방안 운모표에 35개를 나열하였는데, 운모표 4개의 가로 행은 각각 ɑ행, i행, u행과 ü행으로, 주해 중에 또 다른 4개의 운모를 언급하였다. 운모는 모음으로 이루어지기도 하고 모음과 자음이 합쳐 이루어지기도 한다. 운모는 구조에 따라 단운모, 복운모와 비운모의 3가지로 나눈다. 또는 시작 모음이 같지 않음에 따라 개구호, 제치호, 합구호, 촬구호의 4가지로 나눈다.

1. 운모의 구성

표준어의 운모는 주로 모음으로 구성되는데 운모의 모음은 1개일 수도 있어 예를 들면 ɑ, ɑn이고, 2개일 수도 있어 예를 들면 ɑo, iɑn이며, 혹은 3개로 iɑo, iou이다. 운모는 통상적으로 운두, 운복, 운미 세 부분으로 나눈다. 한 운모에 반드시 운두와 운미가 있지는 않으나 운복은 없어서는 안 된다.

① **운복** : 운복은 운모의 주요한 모음이다. 만약 운모가 하나의 모음만 있으면, 이 모음은 운복이다. 만약 운모 중에 2개 혹은 3개의 모음이 있으면 그중에 개구도가 가장 크고 소리가 가장 우렁찬 것이 운복이다.

② **운두** : 운두는 운복 앞의 고모음으로 i, u, ü 3개가 있다. 운두는 개음, 개모라고도 한다. 일부분의 운모는 운두가 없는데, 예를 들면 ɑn, ei 등이다.

③ **운미** : 운미는 운복 뒤의 끝 부분이다. 모음 운미와 자음 운미 두 종류로 나뉜다. 모음 운미에는 o, i, u가 있고 자음 운미에는 n, ng가 있다.

2. 운모의 구조 분류

표준어의 39개 운모는 구조 성분에 따라 단운모, 복운모, 비운모의 세 부류로 나눌 수 있다.

(1) 단운모

단운모는 하나의 모음이 단독으로 구성한 운모이다. 표준어에는 모두 10개의 단운모가 있는데, 그들은 ɑ, o, e, i, u, ü, ê, -i[ɿ], -i[ʅ], er이다. 또한 운복을 충당할 수 있는 것이 단모음이다. 이 10개의 단운모에서 앞의 7개는 설면 모음인데, 그들은 단독으로 영성모 음절을 이룰 수도 있고, 성모와 서로 병음하여 음절을 이루기도 한다. 그 뒤의 두 설첨 운모는 성모와 서로 병음하여 음절을 이룰 수 있을 뿐이다. 최후의 권설 운모는 스스로 음절을 이룰 수 있다.

① **설면 모음** : 표준어의 10개 단운모 중에서 ɑ, o, e, i, u, ü, ê는 7개 설면 모음이다. 모음은 모두 고른음으로 성대음이 구강의 공명기에 이를 때, 사람은 혀 위치와 입술 모양의 변화를 통하여 갖가지의 음색이 다른 음소를 낸다. 음성학 각도로 보면 비슷한 음이나 같은 음을 바꾸는 빈도로부터 다른 형식의 공진봉을 구성한다. 설면 모음은 혀 표면 앞뒤 상하 운동이 구강 공명기 형상을 바꾸어 조성한 모음이다. 설면 모음을 발음할 때 발음 기관의 상태에 근거하여 우리는 혀 위치의 전후, 높낮이와 입술 모양의 둥글고 펴짐의 세 방면으로 혓바닥 모음에 대하여 묘사하고 분석한다.

혀는 아주 민첩한 근육으로 그것의 앞부분, 가운데 부분, 뒷부분 모두 높이 솟아오를 수 있다. 음성 실험에서 우리가 시험하게 되는 위턱과 혀에 바륨 가루를 바르고 X광 촬영을 통하여, 모음을 분명하게 발음할 때 혀 위치의 상황을 관찰할 수 있다. 만약 이 촬영 사진에서 다른 설면 모음 발음의 혀 위치 점을 일일이 표기하고 연결하면, 우리들은 한 모음의 혀 위치 그림을 얻을 수 있다. 이것은 하나의 규칙적이지 않은 네모꼴로 그것이 나타내는 것은 혀가 위치하는 운동의 궤적이다. 모음 혀 위치 그림의 횡좌표는 혀 위치의 높이를 나타내고, 고 · 반고 · 반저 · 저 4개의 위도로 나눈다. 모음 발음에 영향을 끼치는 또 하나의 중요한 요소는 두 입술이 둥근 것과 둥글지 않은 것이다. 혀 위치 그림의 규정은 둥글지 않은 입술의 모음을 세로선의 좌측에 쓰고, 둥근 입술의 모음을 세로선의 우측에 쓴다.

혀 위치 그림의 앞뒤 좌표에 8개의 끝점이 있다. 영국의 유명한 음성 학자 Daniel James는 영어에 근거해 8개 표준 모음의 초안을 잡았는데, 차례로 [i], [e], [ɛ], [a], [ɑ], [ɔ], [o], [u]이다. 그중의 1~5번째는 모두 원순 모음이 아니고, 6~8번째는 모두 원순 모음이다. 이 8개의 표준 모음을 제외하고 국제음표 중의 다른 설면 모음도 혀 위치 그림에서 자신의 위치를 찾을 수 있다.

표준어의 7개 설면 모음의 발음 조건은 아래와 같이 묘사한다.

ɑ [A] : 설면 · 중앙 · 저 · 비원순 모음이다. 발음할 때 구강은 크게 벌리고, 혀 위치는 낮고, 혀는 중앙(앞도 아니고 뒤도 아니다)의 위치에 머문다. 입술 모양은 둥글지 않고 자연 상태를 나타낸다. 예를 들어 "发达"(fādá), "大厦"(dàshà)의 운모이다.

o [o] : 설면 · 후 · 반고 · 원순 모음이다. 발음할 때 구강은 반이 닫히고, 혀의 위치는 반고이고, 혀 뒤는 줄어들고, 입술 모양은 둥근 것을 오므린다. 예를 들면 "薄膜"(bómó), "磨破"(mópò)의 운모이다.

e [ɤ] : 설면 · 후 · 반고 · 비원순 모음이다. 발음 상황은 o와 서로 같고, 실제로 혀 위치는 o보다 약간 앞이고, 두 입술은 자연적으로 펴야만 한다. 예를 들면 "合格"(hégé), "特色"(tèsè)의 운모이다.

i [i] : 설면 · 전 · 고 · 비원순 모음이다. 발음할 때 구강 개구도는 매우 작고, 혀는 앞으로 펼치고, 앞 혓바닥은 위로 올려 경구개에 접근하고, 기류 통로는 좁으나 마찰이 일어나지 않고, 입술은 둥글지 않다. 예를 들면 "集体"(jítǐ), "力气"(lìqi)의 운모이다.

u [u] : 설면 · 후 · 고 · 원순 모음이다. 발음할 때 구강 개구도는 매우 작고 혓바

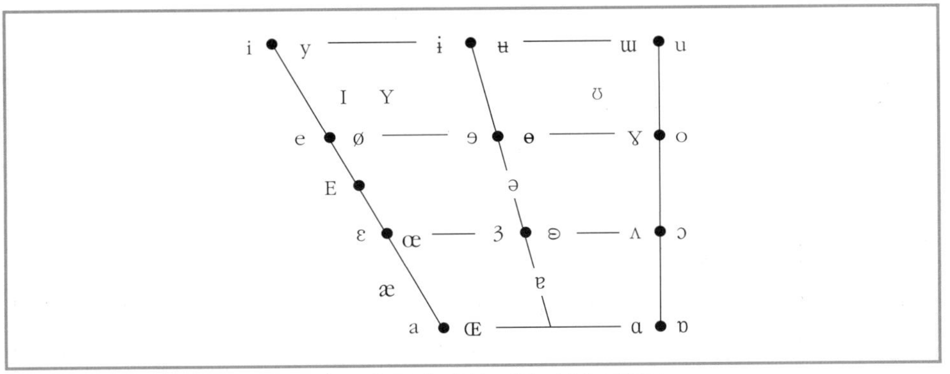

[그림 1-6] 국제 음성 기호 설면 모음도

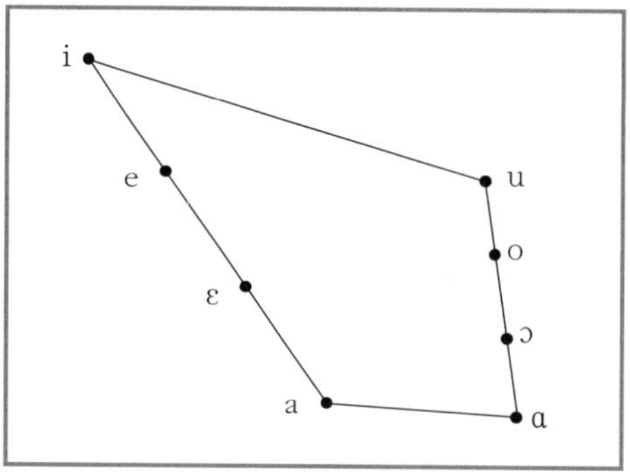

[그림 1-7] 국제 음성 기호 8개 기본 모음도

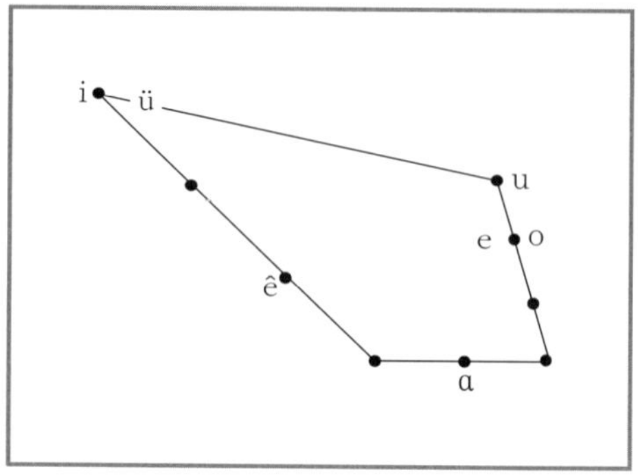

[그림 1-8] 한어 음성 기호 설면 모음도

닥 뒤는 줄어들고 혀 뒷면은 상승하여 연구개에 접근하고, 기류 통로는 좁아지나 마찰이 일어나지 않고 입술은 매우 둥글게 다문다. 예를 들면 "朴素"(pǔsù), "读书"(dúshū)의 운모이다.

ü [y] : 설면 · 전 · 고 · 원순 모음이다. 발음할 때, 구강 개구도 및 혀 위치는 i와 대체로 서로 같고, 차이는 ü를 발음할 때 두 입술은 합쳐진 것이 둥글고 약간 앞으로 내미는 것에 있다. 예를 들면 "区域"(qūyù), "序曲"(xùqǔ)의 운모이다.

ê [ɛ] : 설면 · 전 · 반저 · 비원순 모음이다. 발음할 때 구강은 반이 열리고, 혀의 위치는 반저이고, 혀는 앞으로 펴지고, 혀끝은 아래 이 뒤를 막고, 입술은 둥글지 않다. ê 단운모는 표준어 중에 영성모의 "欸"에만 있고, 이 단어가 실제 구어에서 더욱 많은 것은 ei라고 한다. 이 때문에 이 단운모는 하나의 이론 형식만 있고, 단지 모음으로 복운모(예 ie, üe)에서 존재한다.

② **설첨 모음** : 설면 모음을 발음할 때 혀끝은 늘 아랫니 부근에 놓고, 언제나 치켜들지 않는다. 설첨 모음을 발음할 때는 혀끝이 주요 작용을 한다. 표준어에는 설첨 모음이 -i [ɿ], -i [ʅ] 2개가 있다. 그들의 발음 상황은 아래와 같다.

-i [ɿ] : 설첨 · 전 · 고 · 비원순 모음이다. 발음할 때 혀끝은 앞으로 펴서 앞니의 뒤쪽에 접근하고, 기류 통로는 좁으나 마찰이 일어나지 않고 입술은 둥글지 않다. 표준어의 -i [ɿ] 앞에 z [ts], c [tsʻ], s [s]와 서로 병음하고, 단독으로 음절이 될 수 없다. 예를 들면 "自私"(zìsī), "次子"(cìzǐ)의 운모이다.

-i [ʅ] : 설첨 · 후 · 고 · 비원순 모음이다. 발음할 때 혀끝은 올리고, 경구개 앞부분에 대고 있으며, 기류 통로는 좁으나 마찰이 일어나지 않고, 입술은 둥글지 않

다. 표준어의 -i [ʅ] 앞에 zh [tʂ], ch [tʂʻ], sh [ʂ], r [ʐ]와 서로 병음하고, 단독으로 음절이 될 수 없다. 예를 들면 "知识"(zhīshi), "支持"(zhīchí)의 운모이다.

③ **권설 모음** : 권설 모음은 혓바닥과 혀끝이 동시에 작용하는 모음으로 혀를 마는 동작을 가지고 있는 모음이다. 표준어에서 단독으로 음절이 될 수 있는 권설 모음은 er [ər] 하나뿐이다. 그것의 발음 상황은 아래와 같이 묘사한다.

er [ər] : 권설 · 앙 · 중 · 비원순 모음이다. 발음할 때 혀의 위치는 가운데 모음 [ə]의 위치이고, 그런 후에 혀끝은 경구개로 올리고 동시에 혀의 가장자리도 위로 뒤집어 만다. 기류 통로는 넓다가 좁아지나 마찰이 일어나지 않고 입술은 둥글지 않다. 예를 들면 "儿"(ér), "耳"(ěr)이다. er 운모의 4성 èr은 발음을 할 때의 혀 위치가 2성 · 3성과 다르고, 개구도는 명확히 크며, 앙 · 반저 위치의 [ɐ]로, 엄식 국제 음표는 [ɐr]로 묘사할 수 있다.

er : 운모는 엄격하게 말하여 복합 모음이고, 중앙 모음 [ə]나 [ɐ]가 설첨 후 모음 [ʅ]을 향해 넘어간다. 엄식은 [əʅ] 혹은 [ɐʅ]로 묘사한다. 다만 대다수의 한어 음성학 저서는 습관적으로 모두 그것을 단모음으로 보기 때문에, 우리들은 이 교재에서도 그것을 특수한 단운모로 쓰인다고 여긴다. 한어 병음 방안에서 국제 음성기호의 r [r]은 모두 혀를 마는 동작을 나타내므로 우리들도 이러한 표기를 채택한다.

(2) 복운모

복운모는 복모음으로 이루어진 운모이고, 복모음 운모나 복합 모음 운모라고도 한다. 복모음은 발음할 때 혀 위치와 입술 모양이 변화하는 모음이다. 복모음의 발음은 앞 모음의 발음 상태에서 다음 모음의 발음 상태로 넘어가는 과정이다. 이 넘어가는 과정은 줄여서 동정(动程)이라 한다. 복모음은 이합(二合)이 있는데, 예를 들면 ɑi, ei이다. 삼합도 있는데, 예를 들면 iɑo, iou이다. 복모음의 발음 과정에서 발음 상태의 변화는 차츰 변하는 것으로 갑자기 변하는 것이 아니고, 중간에 계속하여 음이 지나가는 것을 거쳐야 하며, 기류는 끊이지 않고 하나의 전체를 형성한다. 이 음이 지나는 것을 줄여서 음도(音渡)라고 한다.

복운모는 운모의 운두 · 운복 · 운미로 분석하는데, 운두 i, u, ü의 발음은 모두 가볍고 짧아 발음의 기점을 나타낼 뿐이고, 매우 빠르게 주요 모음으로 넘어간다.

운복은 운두 · 운미와 비교하여 소리가 가장 뚜렷하고 우렁차다. 운미는 복운모가 넘어가는 방향만을 나타낸다. 음의 가치는 섞여서 그다지 고정되지 않는다. 예를 들면 복운모 ɑi [ai]로, 전저 모음 [a]에서 전고 모음 [i]로 넘어갈 때, [æ], [ɛ], [E], [e], [I] 등 음을 거쳐야 하고, 최후에도 반드시 [i]까지 넘어가지 않고, 일반적으로 [e]까지 넘어가 멈추었다. [ai]와 [ae]의 음색 차이는 그다지 크지 않다. 한어 병음 방안의 ɑo [ɑu]와 iɑo [iɑu]는 운미 자모 o를 쓰고 u를 쓰지 않아, 차이가 명확하고 (예를 들어 ou와 같다), u의 출현 횟수를 줄여, 미관 설계 등의 고려 요소에서 나온 것을 제외하여, 실제 발음으로 말하면 음리(音理)상의 근거도 있어, ɑo[ɑu]와 iɑo[iɑu]의 운미는 사실 [u]까지 넘어가는 것은 확실하지 않고, [o]까지 넘어가면 된다.

표준어의 복운모는 모두 13개로, 복운모는 운복에 근거하며, 주요 모음의 분포는 세 부류로 나뉜다.

① **전향(前响) 복운모** : 모두 4개가 있다. (먼저 운모를 예를 들고, 뒤에는 예이다.)

ɑi [ai]	艾	来	盖	白菜	ei [ei]	类	给	黑	北美
ɑo [ɑu]	奥	老	号	糟糕	ou [ou]	偶	斗	钩	欧洲

이 네 운모는 모두 앞의 모음이 뒤의 모음보다 소리가 크고, 개구도도 크다. 운미 [i]와 [u]는 발음의 방향만을 나타내고, 혀 위치는 일반적으로 그런 높이까지는 이르지 않았다. ɑi [ai]의 ɑ는 혀 위치가 앞으로 치우쳐 [a]보다 조금 더 높고, 국제 음성 기호의 [æ]에 가깝다. ɑo [ɑu]의 ɑ는 혀 위치가 조금 뒤쪽인 후모음 [ɑ]이고, 운미 [u]도 후모음으로, 만약 ɑ를 발음해 앞 [a]가 되면 음색은 표준어와 같지 않다. ei [ei] 중의 e는 설면전 · 반고 · 비원순 모음 [e]이고, ei는 때로 [əi]로도 발음된다. ou [ou] 중의 [o]는 [u]가 없는 원순 정도가 높고, [o]부터 [u]까지 점차 원순의 정도를 줄여야 한다.

② **후향(后响) 복운모** : 모두 5개가 있다.

iɑ [ia]	亚	卡	下	加压	ie [iɛ]	也	杰	铁	结业
uɑ [ua]	瓦	夸	刷	挂花	uo [uo]	我	夺	说	啰嗦
üe [yɛ]	月	雪	却	约略					

이 5개의 운모 모두 뒤쪽의 모음이 앞쪽의 모음보다 소리가 크고, 개구도 역시 크다. iɑ [ia]의 ɑ는 혀 위치가 비교적 앞으로 치우치고, uɑ [ua]의 ɑ는 혀 위치가

뒤로 좀 치우치고, 중앙 [A]에 가깝다. uɑ는 영성모와 서로 병음할 때, u는 뒤쪽 모음의 영향을 받기 때문에 실제로 순치음 [ʋ]를 발음하고, 입술 모양은 결코 둥근 것을 줄이지 않고, 자음 성모와 서로 병음하여 즉 원순 [u]이다. ie, üe의 e는 실제로 ê이고, 즉 전 · 반저 · 원순이 아닌 [ɛ]이고, ei의 e[e]와 다르다.

③ 중향(中响) 복운모 : 모두 4개가 있다.

iɑo [iɑu]	要	飘	小	巧妙	iou [iou]	尤	丢	六	救球
uɑi [uai]	外	怀	快	摔坏	uei [uei]	为	对	会	水位

이 4개의 운모는 모두 중간의 모음이 소리가 가장 크고, 나머지 모음은 비교적 약하다. iɑo [iɑu]의 ɑ는 후모음 [ɑ]이다. uɑi, uei는 영성모와 서로 병음할 때, u는 뒤쪽 모음의 영향을 받기 때문에 실제로 순치음 [ʋ]를 발음하게 되고, 입술 모양은 결코 둥근 것을 줄이지 않고, 자음 성모와 서로 병음하면 즉 원순 [u]이다. iou [iou], uei [uei]의 주요 모음 o와 e의 발음은 성조의 역할 때문에 음평(阴平)과 양평(阳平)을 읽을 때는 상성을 읽을 때만큼 소리가 크거나 분명하지 않다. 한어 병음 방안에서 이 두 운모는 성모와 서로 병음할 때 운복을 생략하도록 규정하는데, 바로 이 발음 원리에 근거하여 설계한 것이다.

(3) 비운모

비운모는 모음이 비자음과 함께 구성한 운모이다. 비운모의 발음은 모음 발음 상태에서 점차 비자음의 발음 상태로 넘어가는 것으로 최후에 발음 부위는 닫히고, 비자음을 형성한다. 표준어에서 모음 뒤의 비자음으로 나타나는 것은 설첨 중의 유성 비음 n [n]과 설근 유성 비음 ng [ŋ]만 있다. 운미 ng[ŋ]의 발음은 아래와 같이 묘사한다.

ng [ŋ] : 설근 · 탁 · 비음이다. 발음할 때 연구개는 하강하여 비강 통로를 열고, 혀뿌리 뒤는 수축하여 연구개를 막고, 기류는 성대를 진동한 후에 비강으로 통과한다. 예를 들면 "钢枪"(gāngqiāng)의 운미 ng이다. ng는 표준어에서 운미로만 쓰일 수 있고, 성모로는 쓰일 수 없다.

비자음 운미 n은 비자음 성모 n과 발음이 약간 다른데, 운미 n은 장애 형성 단계에서 발음하는데, 발음 과정에서 장애 해제의 단계는 없고, 발음이 끝나면 장애가 해제된다. n은 운미로 쓰일 때 ng와 같고, 모두 일종의 "유폐음(唯闭音)"이다. 습관적으로 n 운미의 운모를 전비음 운모라 하고, ng 운미를 가진 운모는 후비음 운모라 한다.

표준어에는 모두 16개의 비자음 운모가 있고, 비자음 운미가 같지 않은 것에 근거하여 전비음 운모와 후비음 운모 두 부류로 나뉜다.

① **전비음 운모** : 모두 8개이다.

an [an]	安	半	汉	展览	ian [ian]	眼	边	田	鲜艳
uan [uan]	完	短	关	转换	üan [yan]	元	卷	宣	源泉
en [ən]	恩	门	盆	认真	in [in]	音	全	心	亲信
uen [uən]	文	准	春	伦敦	ün [yn]	云	群	君	均匀

그중의 an [an], en [ən], in [in], ün [yn]을 발음할 때는 먼저 모음을 발음하고, 바로 이어 연구개는 점차 내려와 비음 색채가 증가하고, 혀끝은 윗잇몸으로 이동하고, 최후에 윗잇몸을 막아 n을 발음한다. ian [ian], uan [uan], üan [yan], uen [uən]을 발음할 때는 앞의 가볍고 짧은 고모음에서 중간에 비교적 소리가 큰 주요 모음으로 넘어가, 바로 이어 연구개는 점차 내려와 비강 통로가 열리고, 혀끝은 윗잇몸으로 이동하고 마지막에 윗잇몸을 막아 n을 발음한다.

an, ian, uan, üan 네 운모의 a 발음은 완전히 서로 같지는 않다. 그중에 an의 a는 전저 모음 [a]이고, ian의 a는 전 · 반저 · 비원순 모음 [ɛ]에 가깝고, uan, üan의 a는 ian보다 약간 좀 낮아 [æ]에 가깝다. 국제 음성 기호 엄식 표음에서 구분할 수 있는데, 일반적으로 음을 표기할 때 모두 [a]로 간소화한다. 주요 모음 e의 발음은 성조의 작용 때문에 음평과 양평을 발음할 때 상성을 발음할 때만큼 소리가 크고 분명하지 않았다. 한어 병음 방안은 이 두 운모가 성모와 함께 읽을 때 운복을 생략하는데, 바로 이 발음 원리를 기본으로 하여 설계한 것이다. uan, uen은 영성모와 서로 병음할 때, u는 뒤쪽 모음의 영향을 받아 실제로 순치음 [ʋ]를 발음하고, 입술 모양은 결코 둥근 것을 줄이지 않고, 자음 성모와 서로 병음하면 원순음 [u]가 된다. in [in], ün [yn]은 [iən], [yən]으로 읽기도 하는데, 특히 상성을 읽는 상황하에서 그렇다.

② **후비음 운모** : 모두 8개가 있다.

ang [aŋ]	昂	当	刚	厂长	iang [iaŋ]	央	江	向	亮相
uang [uaŋ]	王	双	床	状况	eng [əŋ]	正	升	灯	冷风

ing [iŋ]	英	并	行	命令	ueng [uəŋ]	翁	瓮	嗡	
ong [uŋ]	东	龙	中	工农	iong [yŋ]	用	雄	穷	汹涌

ang [aŋ], iang [iaŋ], uang [uaŋ] 세 운모의 a는 모두 후모음 [ɑ]이다. uang, ueng은 영성모와 서로 병음할 때, u는 뒤쪽 모음의 영향을 받아 실제로 순치음 [ʋ]를 발음하고, 입술 모양은 둥근 것을 줄이지 않고, 자음 성모와 서로 병음할 때 즉 원순음 [u]이다. iong는 본래 üng라고 써야 하는데 한어 병음 방안은 가지런하고 아름다운 미관인 io를 써서 ü를 대체하게 되었다. ong의 o는 u와 가깝다. ing [iŋ], iong [yŋ]도 [iəŋ], [yəŋ]으로 읽을 수 있는데, 특히 상성의 상황하에 있을 경우이다. ong [uŋ], ueng [uəŋ]은 사실 같은 운모가 다른 조건의 두 형식으로 ong [uŋ] 앞에는 반드시 성모가 있고, ueng [uəŋ]은 스스로 음절을 이루어 영성모와 영원히 서로 병음한다. 한어 병음 방안이 두 운모를 나누어 나열한 것은 마침 후비음 운모도 8개가 되게 하여 전비음 운모와 일치하게 하려는 것이다.

3. 사호(四呼)

사호는 전통 음운학에서 운모에 대한 일종의 분류법으로서 운두를 근거로 하고, 개음(介音)은 운모를 개구호 · 제치호 · 합구호 · 촬구호 이렇게 사호로 나눈다. 고대 음운학은 당 이후에 개구, 합구 두 호로 나누고, 두 호는 또 소리의 홍세(洪细)에 근거하여 각각 一, 二, 三, 四 등으로 나누었다. 모두 합쳐서 등호라 부르는데, 송(宋)과 원(元) 등운학의 주요 연구 대상이다. 음성의 변천에 따라서 명(明)과 청(清)의 개합(开合) 각 사등(四等)의 분류법에 이르러 구어에서 이미 구분하는 데 편리하지 않아 점차로 등을 호로 바꾸었다. 청대부터 연구자는 입술 모양을 표준으로 하여 개제합촬(开齐合撮)의 분류 방법을 제기하여 현재까지 연용하고 있다. 사호의 분류는 아래와 같다.

① **개구호** : 운두, 운복이 없고 i, u, ü 운모도 아니다. 예를 들면 a, o, e, ê, -i [ɿ], -i [ʅ], er, ao, ou, ai, ei 등이다.

② **제치호** : 운두 혹은 운복이 i인 운모이다. 예를 들면 i, ia, ie, iao, iou 등이다.

③ **합구호** : 운두 혹은 운복이 u인 운모이다. 예를 들면 u, ua, uo, uai, uei 등이다.

④ **촬구호** : 운두 혹은 운복이 ü인 운모이다. 예를 들면 ü, üe, üan, ün이다.

사호 분류법은 한어의 음성 계통을 설명하는 데에 중요한 의의가 있다. 사호에 따라 39개 운모는 모두 가지런한 하나의 표로 배열할 수 있어, 우리가 그것을 인식하고 기억하는 것을 돕는다.

	개구호	제치호	합구호	촬구호
단운모	-i [ɿʅ]	i [i]	u [u]	ü [y]
	a [a]	ia [ia]	ua [ua]	
	o [o]		uo [uo]	
	e [ɤ]	ie [iɛ]		üe [yɛ]
	er [ər]			
복운모	ai [ai]		uai [uai]	
	ei [ei]		uei [uei]	
	ao [ɑu]	iao [iɑu]		
	ou [ou]	iou [iou]		
비운모	an [an]	ian [ian]	uan [uan]	üan [yan]
	en [ən]	in [in]	uen [uən]	ün [yn]
	ang [ɑŋ]	iang [iɑŋ]	uang [uɑŋ]	
	eng [əŋ]	ing [iŋ]	ueng [uəŋ]	
			ong [uŋ]	iong [yŋ]

한어 병음 방안 운모표의 a행, i행, u행과 ü행은 기본적으로 사호에 따라서 배열한 것이고, 다른 것은 바로 ong [uŋ]와 iong [yŋ] 두 운모의 위치이다. 한어 병음 방안이 채택한 설계는 원래 합구호에 속하는 ong [uŋ]를 a행 말미에 배열하였고, 원래 촬구호에 속하는 iong [yŋ]는 i행 말미에 배열하였다. 엄격하게 사호에 따라 배열한 운모표는 그들로 하여금 원래의 위치로 돌아가게 하였다.

4. 압운과 13철, 18운

압운은 "压韵"이라고도 하는데, 운문에서 어떤 문장의 말미는 상술한 운의 글자라는 것을 가리킨다. 압운의 "韵"은 운모와 완전히 서로 같지 않고, 무릇 운복과 서로 같거나 가깝고, 운미와는 서로 같아 모두 한 "韵"에 속한다. 다시 말해서 같은 운을 변별할 때 운두는 관여하지 않아도 되고, 주로 운복과 운미가 서로 같거나 가까운지를 본다.

중국은 예로부터 "诗国"이라고 호칭하였는데, 운문이 매우 발달하였고, 역대로 매우 많은 운서를 편찬하였으며, 사람들로 하여 시를 짓게 하여 운각(韵脚)을 찾게 하였다. 현재 알고 있는 가장 이른 것은 삼국 시대 위나라 이등(李登)의 ≪성류(声类)≫로, 이 책은 이미 흩어져 분실되었다. 기원전 601년 수대(隋代) 육법언(陆法言)이 지은 ≪절운(切韵)≫은 중고 시기의 중요한 운서로 당송 양대 ≪切韵≫에 기초를 두고 몇 차례의 증정본을 편찬해 냈으나 현재 완전하게 보존된 것은 두 부뿐인데, 한 부는 고궁박물원 소장 당사본 왕인구(王仁昫)의 ≪간류보결절운(刊谬补缺切韵)≫(약칭 王三)이고, 한 부는 북송 진팽년(陈彭年) 등이 편찬한 ≪대송중수광운(大宋重修广韵)≫이다. ≪광운(广韵)≫은 평상거입(平上去入) 사성에 따라 모두 206개 운부로 매우 자세하게 나누었는데, 실제로 당송 시대 사람들은 이미 엄격하게 그것을 준수하였다. 남송 평수(平水)인 유연(刘渊)은 ≪广韵≫에 근거해 ≪임자신간례부운략(壬子新刊礼部韵略)≫을 편찬하였는데, 약칭 평수운(平水韵)이라 한다. 평수운은 함께 쓸 수 있는 운부를 병합하고, 그 뒤에 원나라 사람이 106운으로 정하였는데, 원대 이후로 줄곧 근체시 압운의 근거가 되었고, 또한 ≪패문운부(佩文韵府)≫, ≪경적찬고(经籍纂诂)≫ 구판≪사원(辞源)≫, ≪사해(辞海)≫ 및 ≪중화대자전(中华大字典)≫을 찾는 도구이다. 원대는 희곡이 발전하였기 때문에 곡운이 나타났고, 원태정(元泰定) 3년(1324) 주덕청(周德清)은 ≪중원음운(中原音韵)≫을 편찬하였고, ≪中原音韵≫은 이미 현재 표준어의 음계에 비교적 접근하여, 19개의 운부로 나누고, 그중에는 또 m으로 끝을 맺는 폐구운이 있다.

명청 이후, 북방 연예인은 속어 공연에서 13철(辙)을 귀납했다. 13철은 명청 이래로 북방 설창문학의 압운에서 쓰는 13개 운부이다. "철(辙)"은 운으로 철구(辙口)라고도 한다. 13철은 현재 희곡 공연에서 여전히 활용되고 있다. 13개 철명은 遥条, 发花, 人辰, 油求, 乜斜, 姑苏, 江阳, 怀来, 中东, 一七, 言前, 灰堆, 坡梭이다. 어떤 학자가 한 구 가사로 그것을 "俏佳人扭捏出房来, 东西南北坐."라 통칭한다.

현재, 사람들이 새로운 시를 짓는 데 근거로 하는 것은 여진희(黎锦熙) 등이 편찬한 ≪중화신운(中华新韵)≫이 나눈 18개 운부로, 간략하게 18운이라 한다. 18운과 표준어 운모와의 대응은 비교적 엄격하며, 현대 한어 음성의 압운 계통을 반영하였다. 18운의 운목은 麻, 波, 歌, 皆, 支, 儿, 齐, 微, 开, 模, 鱼, 侯, 豪, 寒, 痕, 唐, 庚, 东이다. 13철과 18운의 대응 상황은 아래의 표준어 운철표를 보라.

✿ 표준어 운철표

13철	18운	표준어 운모	예
发花	麻	ɑ, iɑ, uɑ	巴, 加, 瓜
坡梭	波	o, uo	菠, 萝
	歌	e	颗
乜斜	皆	ê, ie, üe	欸, 歇, 薛
一七	支	-i [ɿ], -i [ʅ]	资, 知
	儿	er	而
	齐	i	机
	鱼	ü	居
怀来	开	ai, uai	该, 乖
姑苏	模	u	扑
灰堆	微	ei, uei	规, 亏
油求	侯	ou, iou	谋, 究
遥条	豪	ao, iao	包, 交
言前	寒	an, ian, uan, üan	班, 烟, 宽, 渊
人辰	痕	en, in, uen, ün	跟, 金, 昆, 军
江阳	唐	ang, iang, uang	刚, 江, 汪
中东	庚	eng, ing, ueng	坑, 精, 翁
	东	ong, iong	空, 穷

표에서 볼 수 있듯이, 18운과 표준어 운모와의 대응은 상당히 일치하고, 만약 다시 압운하는 것이 좀 넓다면 波, 歌 2운 齐, 鱼 2운은 압운을 거쳐도 반드시 맛보아야 하고, 그들은 다만 입술 모양이 동그랗게 펴진 것이 다를 뿐이다. 13철 중의 一七철은 약간 너무 넓고, 내부 운모 음색의 상대적 차이는 비교적 크며, 압운을 통하지 않는다. 13철은 이와 달리 2개의 소철 小言前儿 anr (ar, iar, uar, air, uair, anr, ianr, uanr, üanr, angr, iangr, uangr을 포함한다)과 小人辰儿 enr(er, or, uor, -ir, ir, ier, üer, ür, ur, eir, ueir, our, iour, aor, iaor, enr, inr, uenr, ünr, engr, ingr, uengr, ongr, iongr을 포함한다)이 있다.

5. 표준어 운모와 방언 운모의 비교

≪切韵≫, ≪广韵≫ 음계의 운모는 현대 방언 운모와의 사이에 직접적인 대응관계가 있는데, 현대 방언으로 쓰는 ≪방언조사자표(方言调查字表)≫를 연구하는데 있어 바로 중고 음성 계통에 근거하여 설계하였다. 자표는 16섭(摄)에 따라 배열하는데, 소위 "摄"는 송원 등운학의 전문 용어로, 서로 같거나 비슷한 원칙에 따라 운부가 얻은 큰 부류를 병합하는데 그 순서는 果, 假, 遇, 蟹, 止, 效, 流, 咸, 深, 山, 臻, 宕, 江, 曾, 梗, 通이다. 한 섭 안에 먼저 개합구를 나누고, 다시 일, 이, 삼, 사 등을 나눈다. 서로 계승한 평상거입 4성은 병렬하고, 각 페이지 첫 번째 가로줄의 운목은 평성을 들어 상성과 거성을 개괄한다. 36개 성모와 이 운모는 서로 합치고, 모두 비교적 상용하는 단어 3,700여 개를 얻는다. 이 표를 사용하여 방언 음성을 조사하고 기록하여, 방언 음계가 어떻게 고대에서 변천하여 왔는지를 이해할 수 있고, 수많은 복잡하고 이해하기 쉽지 않은 현상을 해석할 수 있으며, 방언 음성의 비교도 통일하여 평가하는 가늠자가 생겼다. 방언 조사의 결과에 근거하여 표준어 운모와 방언 운모의 차이는 주로 아래의 몇 가지 방면에 있다.

(1) 전비음 운모와 후비음 운모의 구분

중고 시기 한어는 세 가지 비음 운모 [-m](咸, 深摄), [-n](山, 臻摄), [-ŋ](宕, 江, 曾, 梗, 通摄)이 있다. 현재는 월 · 객가와 민남 방언만이 아직 [-m]운을 보류하고 있고, 다른 방언에서의 [-m]운은 모두 이미 소실되었으며, [-n]운으로 병합되었다. 표준어에는 전비음 운모와 후비음 운모가 각각 8개 있는데, 그 차이가 매우 엄격하다. 하지만 일부 방언에서는 오히려 명확히 나눌 수가 없다. 이런 혼동 현상은 대다수 en과 eng, in과 ing를 나누지 않고, an과 ang, ian과 iang, uan과 uang를 혼동하는 것은 비교적 적다고 나타난다. 예를 들어 남경어 · 장사어는 이 다섯 쌍의 운모를 모두 전비음 운미 n으로 읽는다. 상해어 · 곤명어 · 난주어 · 계림어는 일반적으로 en과 eng, in과 ing를 모두 전비음 운미 n으로 읽는다. 그리고 광서 영천어는 an과 ang, en과 eng, in과 ing, uan과 uang 모두 후비음 운미 ng로 읽는다. 서북 지역의 일부 방언, 예를 들어 영하어는 en, in, uen, ün을 모두 후비음 운미 ng로 읽는다.

이외에 일부 방언 중에 an, ian, uan, üan 네 운모는 모두 비화음으로 읽었다.

예를 들어 곤명어 · 계림어는 각각 [ā], [iā], [uā], [yā]로 읽고, 서안어 · 제남어는 각각 [æ], [iæ], [uæ], [yæ]로 읽었는데, 이런 방언은 비음 운미를 발음하지 않았고, 모음에서 약간 비음을 가지고 있을 뿐이다. 또 어떤 방언은 아예 비음도 없는데, 예를 들면 상해어 · 소주어로 아예 an을 [ɛ]로 읽었다.

이러한 방언 지역의 사람들이 표준어를 학습하면 우선 n과 ng를 정확히 발음하는 것을 배워서 할 줄 알아야 하고, 정확한 발음을 장악한 후에 또 어떤 글자가 전비음 운모인지 후비음 운모인지 기억해야 하는데, 아래와 같은 두 가지 방법을 이용하여 기억하는 것을 도울 수 있다.

① **성부에 의해 유추** : 예를 들어 "分, 申, 艮, 宾" 등 성부의 글자는 모두 전비음 운모이고, "争, 生, 丁, 工" 등 성부의 글자를 가지는 것은 모두 후비음 운모이다.

分—份, 芬, 纷, 棼	争—挣, 铮, 筝, 睁
申—神, 伸, 审, 呻	生—胜, 笙, 牲, 甥
艮—跟, 根, 痕, 很	丁—订, 盯, 钉, 叮
宾—滨, 槟, 膑, 鬓	工—功, 攻, 贡, 汞

② **소리로 규칙을 유추한다** : 표준어 성모 d, t, n, l은 "扽, 嫩, 恁" 등 몇 글자 이외에 en과 서로 병음하지 않는다. 이 때문에 무릇 방언 중에 den, ten, nen, len이라 읽는 글자는 일반적으로 모두 eng 운모로 고쳐야 한다. 표준어에서 gen이라 읽는 글자도 "根, 跟, 哏, 艮, 亘, 茛" 등 몇 개뿐인데 이 때문에 방언에서 gen이라 읽는 다른 글자는 모두 eng 운모로 읽어야 한다. z, c, s는 en과 서로 병음하고 "怎, 岑, 森" 등 소수 몇 글자 이외에 그 나머지는 모두 eng 운모여야 한다. 표준어 d, t는 in과 서로 병음하지 않고, ing와 서로 병음한다. 방언에서 din, tin이라 읽는 것은 모두 ding, ting이라고 읽어야 한다.

(2) 복운모 풍부

중고 음계의 蟹, 效, 流攝 및 止攝의 순음자는 표준어에서 대체로 복모음 운모를 보류하고 假, 果, 遇攝 및 止攝의 비순음자는 매우 다르다. 표준어의 복운모는 모두 13개가 있는데, 수량이 비교적 많고, 전체 운모의 3분의 1을 차지한다. 적지 않은 방언은 모음 운미가 부족하고, 복운모가 많이 없으며, 표준어의 복운모를 단운모로 읽는다. 자주 만나는 상황은 ai를 [ɛ]나 [æ]로 읽고, ei를 [ɛ], [e] 혹은 [i]로 읽고 ɑo를 [æ]나 [ɔ]로 읽거나, ou를 [ɤ], [u] 혹은 [ɯ]로 읽는다. 이런 현상은 오 방언에서 가장 두드러지는데, 상 방언에서의 노상어, 민 방언, 객가 방언과 북방 방언 중의 섬서 관중 지역, 산동 제남, 운남 곤명, 안휘 합비, 강소 양주와 호북 운현(郧县) 등지의 방언에도 서로 정도가 다르게 반영되었다. 이와 상응하여 표준어의 삼합 중에 복운모를 울리는 것이 어떤 방언에서는 없어, 예를 들면 "怪", "归"는 표준어 guai, gui로 읽고 상해어는 [kuɑ], [kue]로 읽는다. 이런 방언 지역의 사람들은 표준어를 말하는데 있어 복운모의 독법에 주의해야 하고, 동정(动程)을 읽는다.

다른 한편, 소수 방언에도 다른 경향이 존재하고 있는데, 표준어의 단운모를 복운모로 읽는다. 주로 표준어의 i, u, ü를 복모음으로 읽는다. 월, 민 등 방언에서 두드러지게 나타난다. 예를 들어 표준어의 i는 광주어에서 [ɐi]나 [ei]라 읽고, 복주어에서는 [ei]나 [ie]로 읽는다. 표준어의 u는 광주어에서 [ou]라고 읽고, 소주어에서는 [əu]라고 읽는다. 표준어의 ü는 광주어에서 [œy]라고 읽고, 복주어에서 [øy]라고 읽는다.

(3) 사호 완비

중고 음계의 운모는 2호(개, 합구) 4등(1, 2, 3, 4등)으로 표준어는 개구, 제치, 합구, 촬구 4호로 발전하였다. 전국 각지 방언은 대다수 사호가 전부 구비되어 있는데, 소수 방언에는 사호가 전부 갖추어지지 않은 현상이 존재하기도 하였다. 그중에 객가 방언, 민남 방언과 북방 방언의 운남 · 귀주 일대의 방언은 촬구호의 운모가 없고, 어떤 것은 제치호로 포함시켰다. 예를 들어 곤명어, 광동 매현어이고, 어떤 것은 합구호에 포함시켰는데, 예를 들어 하문어이다.

적지 않은 방언은 표준어와 서로 비교하여 아직 호가 바뀌는 현상이 존재하고 있는데, 가장 보편적인 것은 표준어의 합구호 운모가 매우 많은 방언에서 비합구호 운모로 바뀐다. 예를 들면 uo를 o로 읽는 현상은 남방 상 방언, 감 방언, 객가 방언, 월 방언, 민 방언과 북방 방언 중의 서남 방언, 강회(江淮) 방언 및 서북 방언의 섬동남(陕东南) 지역에서 모두 반영하고 있다. 다시 예를 들어 서남 방언은 늘 표준어의 uei를 ei라 말하여, 운두를 잃어버렸다. 표준어 합구운은 오 방언에서 대체로 개구운과 대응한다. 월 방언에서 개구운과 대응하는 것 이외에도 촬구운과 대응한다. 민남 방언 하문어에 uei, uan, uang은 여전히 합구운으로 읽는 것 이외에 표준어 합구운은 개구운, 제치운과 대응한다. 이러한 방언 지역의 사람들은 운두가 있는 음을 정확이 읽어야 하고 표준어 사호의 차이에 주의해야 한다.

그 밖에 동북 방언의 적지 않은 곳은 o 운모를 e 운모로 읽고, 표준어 o 운모는 다만 순음과 병음하며, 순음은 개별 음절(예 me) 이외에 e와 서로 병음하지 않는다.

사고와 연습

1. 표준어에는 모두 몇 개의 운모가 있는가? 그들은 구조에 따라 몇 가지로 나누는가? 각 부류는 어떤 운모를 포함하는가?
2. 사호란 무엇인가? 사호는 한어 병음 방안 운모표의 배열과 일치하는가?
3. 단모음 운모의 발음은 몇 개 방면으로 분석하는가?
4. 한 모음의 혀 위치 그림에 표준어의 7개 설면 모음을 표시하라.
5. 표준어 운모 총표를 쓰고 아울러 국제음표를 주해(注解)하라.
6. 제공한 발음조건에 근거하여 상응하는 운모를 써라.

   (1) 설면 전고 원순 모음(　)
   (2) 설면 후반고 비원순 모음(　　)
   (3) 설면 앙저 비원순 모음(　　)
   (4) 설면 전반저 비원순 모음(　　)
   (5) 설면 후고 원순 모음(　　)
   (6) 설첨 전고 비원순 모음(　　)
7. 아래 나열한 단운모의 발음 조건을 적어라.

   (1) ɑ　(2) -i (前)　(3) er　(4) e　(5) u　(6) ê
8. 아래 나열한 각 운모 발음의 다르고 같은 점을 비교하라.

   (1) ɑ와 e　(2) ü와 u　(3) -i(后)와 er　(4) i와 ê
9. 한어 병음 방안의 자모 i는 몇 개 음소를 대표하는가?
10. 개구호는 무엇인가? 개구호의 전체 운모를 적어라.

⑪ 한어 병음 방안의 운모 ao, iao, ong, iong의 실제 독음은 무엇인가? 한어 병음 방안은 왜 이러한 설계를 채택하였는가? ong과 ueng의 발음은 무엇이 다른가? 한어 병음 방안은 왜 두 운모를 설계해야 하는가?

⑫ 13철은 무엇인가? 13철의 철명을 써라.

⑬ 18운은 무엇인가? 18운의 운목을 써라.

⑭ 한어 병음 방안에 따라 아래의 언어 단락을 병음 자모를 사용하여 표기하라.

王力小学毕业后，在家乡从事教育工作，后因激发于时代的号召，不远数千里跋涉到上海念了两年大学，就以同等学历考上清华大学研究院，在梁启超和赵元任等名师指导下专攻汉语语法研究.

⑮ 다음 각 음절에서 점을 가진 자모가 나타내는 음을 시험 삼아 비교하고, 만약 발음이 완전히 서로 같으면 뒤의 괄호 속에 "+"부호를 그리고, 다르면 "−"부호를 그려라.

sāir — sānr(　)　　gēn — gē(　)　　yè — wèi(　)

cì — chì(　)　　tián — tuán(　)　　zhǐ — chǐ(　)

lè — liè(　)　　quán — tuán(　)　　èn — èr(　)

⑯ 발음하고, 받아쓰기를 연습하라.

(1) 戏言　气味　拟人　里程　技法
　　序言　趣味　女人　旅程　句法

(2) 自愿　自问　祠堂　次子　四周
　　志愿　质问　池塘　赤子　世面

(3) 泄气　切实　结算　切点　竭力
　　血气　确实　决算　缺点　角力

(4) 卖力　小麦　排练　百国　耐力
　　魅力　小妹　陪练　北国　内力

(5) 老子　考试　艄公　牢房　少礼
　　篓子　口试　收工　楼房　守礼

(6) 木船　班会　门扇　栈房　烂漫
　　木床　帮会　门上　账房　浪漫

(7) 分化　慎行　门面　木盆　申明
　　风化　盛行　蒙面　木棚　声明

(8) 亲人　禁书　民歌　今人　贫民
　　清人　敬书　名歌　惊人　平民

(9) 前面　皮件　潜伏　谚语　羡慕
　　全面　疲倦　蜷伏　怨语　炫目

(10) 河水　个人　开课　褐色　格外
　　活水　过人　开阔　货色　国外

⑰ 아래 나열한 단어의 발음을 정확히 읽어라.

继续　纪律　体育　例句　履历　距离　曲艺　寄语
预计　羽翼　抑郁　雨季　聚集　急剧　与其　一律
叵测　波折　恶魔　刻薄　河坡　折磨　薄何　隔膜

白费 败北 代培 败类 危害 擂台 悲哀 内债
保守 刀口 稿酬 矛头 逗号 漏勺 柔道 手套
家业 佳节 假借 接洽 跌价 解决 谢绝 灭绝
越野 确切 学业 决裂 花朵 话说 帛画 国画
交流 料酒 要求 丢掉 袖标 油条 柳条 校友
怪罪 快慰 衰退 外汇 鬼怪 毁坏 担当 班长
繁忙 反抗 擅长 商贩 当然 傍晚 账单 方案
演讲 现象 坚强 绵羊 镶嵌 香甜 想念 量变
观光 宽广 观望 端庄 光环 狂欢 王冠 壮观
真诚 本能 人生 奔腾 神圣 承认 风尘 登门

제4절 성조

1. 성조의 성질

한어의 음절에는 성모와 운모를 제외하고 또 성조가 있다. 성조도 똑같이 한 음절에서 없어서는 안 될 부분으로 그것의 중요성은 성모와 운모에 비해 조금도 뒤지지 않는다. 표준어는 모두 4개의 성모만 있을 뿐인데, 다시 경성을 더하지만 그것도 똑같이 뜻을 구별한다. 구어에서 "妈", "麻", "马", "骂"는 의미가 달라서 성조에 따라서 구별한 것이다. 성조는 사람이 받아들이는 각도로 보면, 그것의 변별률은 성모와 운모보다 크게 높아야 한다. 하나의 이야기에서 말하길, 한 꼬마가 꿈속에서 "梅花六"를 말하는데, 옆의 할머니는 "红烧肉"라고 듣는다. 또 ≪홍루몽≫ 33회를 예로 들면, 보옥(宝玉)이 반드시 매 맞아야 하는 것을 알고, 한 할머니로 하여금 가보옥의 엄마에게 알리라고 하는데, 이 할머니는 "要紧"을 "跳井"으로 들었다. 이 두 예문 중에 귀머거리 노인은 비록 성모와 운모를 잘못 들었지만, 성조는 모두 잘못 듣지 않았는데, 이처럼 성조가 정보 전달에 있어 성모와 운모보다 우세하다는 것을 알 수 있다. 한어는 성조의 표의(表意) 작용을 충분히 이용하여 음소와 음절을 절약했을 뿐만 아니라, 또 의미의 전달도 정확하고 뚜렷하게 하도록 하였다. 성조는 한 음절에서 의미를 구별해 주는 작용이 있는 높이, 오르내림, 곡직,

길이의 변화이다. 성조는 음절에 속하고, 한어 서면어에서 하나의 한자는 바로 한 음절이기 때문에 성조는 자조(字调)라고도 한다. 성조의 성질은 주로 음의 높이가 결정한다. 음높이는 일정 시간 내에 음파 진동의 주파수(频率)에 의해 결정되는데, 이 주파수는 성대의 이완과 긴축 통제에 의지하고, 성조는 음절의 음을 가지고 있는 부분을 뚫고 지나간다. 한어 성조의 전체로 보면, 고저 · 오르내림 이외에 또 곡직 · 장단의 문제가 있다. 표준어의 상성(제3성) 음절은 한 곡절조로, 시간적으로 보면 다른 성조보다 약간 길다. 한어 방언에서 적지 않은 방언은 짧고 독촉하는 입성이다. 한어의 각종 성조를 종합하면, 고저 · 오르내림 · 곡직 · 장단은 서로 다른 상황을 개괄할 수 있다.

2. 조치(调值)와 조류(调类)

한어의 성조는 조치와 조류 두 부분으로 고찰하고 분석할 수 있다.

조치는 성조의 실제 독법으로 음절의 고저, 오르내림, 곡직 · 장단의 변화 형식이라고도 한다. 조치의 가장 중요한 요소는 음높이이나 조치의 음높이는 결코 절대적인 음높이가 아니고 상대적인 음높이이다. 일반적으로 남자는 여자의 소리보다 낮고, 어른은 아동의 목소리보다 낮다. 같은 사람으로 말하면, 정서가 흥분되었을 때는 정서가 침체하였을 때보다 높으나 이러한 음높이는 언어의 뜻을 변별하는 데에는 어떤 작용이 없다. 똑같이 한 단어의 예를 들어 "天"은 남녀노소나 희노애락을 막론하고, 단어 뜻을 말하는 데에 어떤 변화가 없다. 상대 음높이는 비교의 방법을 써서 확정한 동일 기조의 음높이 변화 폭과 형식이다. 다시 말해서, 두 사람이 발음한 절대 음높이는 비록 다르지만 음높이 변화 형식과 오르내림의 폭은 대체로 서로 같다. 바로 이러한 이유로 사람들은 불편 없이 상대방의 말을 이해할 수 있는 것이다.

음악의 음계도 음높이로 결정되므로, 한어 성조는 조기에 악보로 기록하였다. 즉 악보로 음절의 고저, 오르내림을 대체로 표시할 수 있었다. 표준어의 네 성조는 단독으로 읽을 때, 음악의 멜로디로 기록하면 아래와 같다.

사성	예문	악보
음평	妈 mā	1・7
양평	麻 má	5#$\dot{1}$
상성	马 mǎ	3 2 6
거성	骂 mà	$\dot{1}$ 3 2

성조의 조치와 악보는 다소 다른데, 그것은 한 음계에서 다른 음계로 도약되는 것이 아니고 연속적인 것으로서 중간에 도약과 멈춤이 없다. 바이올린 선생님은 현악기의 포르타멘토로 표준어 사성과 유사한 소리를 모방할 수 있는 것이 바로 이러한 이치이다.

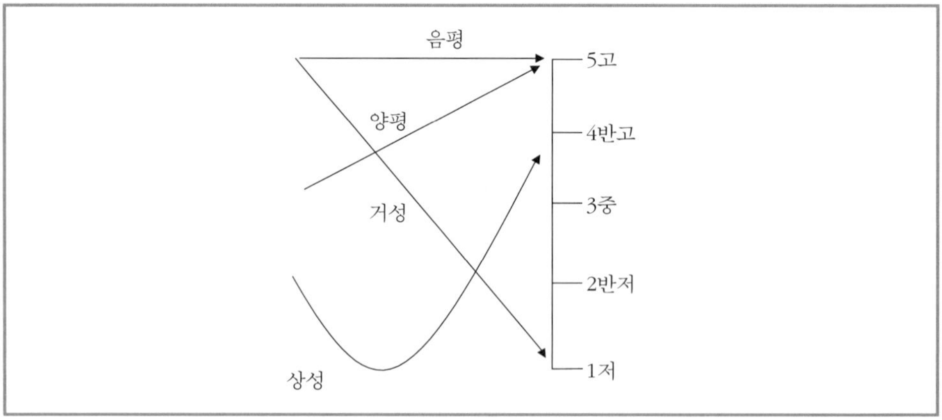

[그림 1-9] 5도 표기법

한어 연구에서 사람들은 일반적으로 조원임(赵元任) 선생이 창제한 5도 표기법으로 조치를 묘사한다. 5도 표기법은 5도 횡자표로 조치의 상대 음높이를 표기하는 일종의 방법이다. 이것은 한 횡선에 4격 5도를 나누어 성조의 상대 음높이를 나타낸다. 횡선의 좌측에서 좌로부터 우로 한 선을 그어서 좌측은 시작이고 우측은 끝으로 성조의 고저, 오르내림 변화의 형식이다(그림을 보라.). 5도 표기법을 사용할 때에 일반적으로 두 가지 형식이 있다. 하나는 도표식으로, 한 축소한 좌표 그림을 성모와 운모 우측에 그리는 것으로서 예를 들어 "北京"[bei˨˩˦tɕiŋ˥]이다. 또 다른 것은 숫자식으로, 숫자가 나타낸 조치를 성모와 운모의 오른쪽 위 모서리에 표시하는 것으로서 예를 들면 "大学"[ta^{51}ɕyɛ^{35}]이다. 도표식은 선을 사용하여 직관적으로 성조의 고저 · 오르내림 · 곡직 · 장단의 유형을 나타낼 수 있는데, 즉 전체의 조형이다. 숫자식은 정확하게 선의 시작점과 끝점 그리고 전환점의 도수를 나타낼 수 있는데, 즉 실제의 조치이다. 두 표시법은 각각 장점이 있으므로 참작이 필요한 것에 근거하여 채택할 수 있다. 한어 병음 방안의 성조 표기는 바로 5도 표기법에 근거하여 간소화된 것으로, 운모의 주요 모음에 "ˉ, ˊ, ˇ, ˋ" 네 부호로 대체적인 조형을 나타낸다.

조류는 성조의 종류로 또한 조치가 서로 같은 글자를 함께 귀납하여 건립한 분류이다. 한 방언의 조치는 늘 제한적이어서 한 방언의 모든 자음을 다른 조치에 따라 구별하여 얻어낸 분류가 곧 조류이다. 한어 방언의 조류가 적은 것은 3~4개이고 많은 것은 8~9개인데, 심지어 10개인 것도 있다. 표준어는 4개의 조류가 있는데, 그 명칭은 "음평, 양평, 상성, 거성"이다. 조류의 명명은 임의적인 것이 아니고, 중고 한어의 변천 관계에 따라서 결정하는 것이다. 우리들은 한 조류는 바로 한 공통 성조를 가진 한자라고 인식할 수 있다. 조류의 표시 부호는 중심을 향한 반원으로 네모난 덩어리 한자의 사각 위치에 ${}_{\subset}\square$, ${}^{\subset}\square$, $\square^{\supset}$, $\square_{\supset}$와 같이 음평, 음상, 음거, 음입을 표시한다. 그리고 중심으로 향하는 반원 아래에 선을 그려서 ${}_{\subseteq}\square$, ${}^{\subseteq}\square$, $\square^{\supseteq}$, $\square_{\supseteq}$와 같이 양평, 양상, 양거, 양입을 표시한다. 만약 한 조류 중에 또 차이가 있으면, 곧 중심을 등지는 반원으로 표시한다. 표준어의 네 조류는 ${}_{\subset}\square$, ${}_{\subseteq}\square$, ${}^{\subset}\square$, $\square^{\supset}$로 표시해야만 한다.

조치와 조류 이 두 개념의 확립은 고립적으로 한 방언에서 보면 마치 의미가 그다지 크지 않으나, 만약 두 가지 이상의 방언을 보면 서로 다름을 쉽게 발견한다. 만약 북경어의 음평조가 조치는 55이면, 제남어의 음평조는 똑같이 이 한자이고 조치는 213이다. 또 예를 들면 북경어의 양평 조치는 35이고, 광동어의 양상 조치는 35이다. 이렇게 우리는 조치와 조류가 완전히 서로 다른 두 개념인 것을 이해할 수 있다. 이 두 개념을 구분하는 것은 매우 필요하다.

3. 표준어의 성조

표준어에는 네 개의 조류가 있는데 각각 음평 · 양평 · 상성과 거성으로, 줄여서 음양상거라 한다. 제1성, 제2성, 제3성, 제4성이라고도 한다. 표준어 네 성조의 발음 상황은 아래와 같다.

① 음평(제1성) : 음평은 하나의 고평조로, 5도에서 5도로 즉 상대 음높이의 가장 높은 점에서 발음을 시작하고, 발음 이후에 평평하게 끌어 연장하고, 오르내림의 변화가 없다. 조치는 55이다. 자연히 연속하여 발음할 때, 음평의 실제 조치는 아마 55보다 약간 낮을 것이다. 발음 후에 하나의 매우 작은 내림이 있을 수 있으나, 이것은 모두 음평의 고평 조형을 충분히 바꿀 수 없다. 만약 우리가 H로 음높이 구역을 나타내면, M으로 중음 구역을 나타내고, L로 저음 구역을 나타내어, 음평의 조형은 HH이다. 예를 들면 "春天花开"의 성조이다.

② 양평(제2성) : 양평은 높이 오르는 성조로 3도에서 5도에 이르는데, 즉 상대 음높이의 중간점에서 출발하여 점차로 성대를 꽉 조여서 최고도로 상승시킨다. 조치는 35이다. 실제 어류(语流) 중의 조치는 아마 작은 변화가 있을 수 있으나 전체적인 조형 MH는 고칠 수 없다. 예를 들면 "连年和平"의 성조이다.

③ 상성(제3성) : 상성은 오르내림이 있는 성조로 곡절조라고도 하는데, 2도에서 1도로 내려갔다 다시 4도로 올라오는 것으로, 즉 반저음에서 먼저 저음까지 내려가 다시 반고음까지 올라온다. 조치는 214이다. 214는 홀로 성조를 발음하는 충만(饱满) 독법으로 이룬 형식이다. 실제 상성의 주요 특징은 낮은 오목함이고 2114로 묘사하며, 즉 두 머리는 하강과 상승이 있고, 중간 저평은 비교적 합리적이다. 게다가 대다수의 자연 발음 상황하에서, 그 상승 끝은 4도에 이를 수 없고, 2112 혹은 2113으로 기록하는 것이 실제에 더욱 부합한다. 다른 성조와 대비하면 표준어 상성의 전체적인 조형은 LLM이다. 예를 들면 "美好理想"의 성조이다.

④ 거성(제4성) : 거성은 전부 하강조로 5도에서 1도로 내려가는데, 즉 상대 음높이의 최고점에서 발음을 시작하여 점차로 성대를 느슨하게 하고, 가장 낮은 점으로 하강한다. 조치는 51이다. 실제 어류에서 마지막에 하강하는 결과는 반드시 1에 이르지는 않으나 전체적인 조형은 HL이다. 예를 들면 "创造世界"의 성조이다.

4. 표준어 성조와 방언 성조의 비교

(1) 고금(古今) 조류의 비교

한어의 성조는 고대에도 4성이라고 하였으나 그때의 4성과 오늘날 표준어의 4성은 달라서, 음양상거가 아니고 평상거입이다. 고대에 가장 이른 기록은 남북조의 제량시대이다. ≪梁书≫13권은 다음과 같이 기재한다.

高祖尝问周捨曰："何谓四声?" 捨曰："'天子圣哲' 是也."

(고조상이 주사에게 "무엇을 사성이라 하는가?" 물으니, 주사가 "천자성철"이라 대답하였다.)

"天子圣哲"은 마침 고대의 평상거입 4성이다. 오늘날 표준어의 사성은 고대의 4성에서 발전하고 변천하여 온 것이다. 고대 4성은 지금의 4성과 서로 대응 관계를 가지고 있다. 대체로 말하면 고대의 평성은 성모의 유성과 무성에 따라 표준어의 음평과 양평으로 나뉘고, 무성 성모자는 음평에 속하며, 유성 성모는 양평에 속하여 이 규율을 "평분음양(平分阴阳)"이라 부른다. 고대의 전탁성모 상성자는 오늘의 거성자로 변천하였고, 고대 무성 성모의 상성자와 차유성 성모(비음, 변음, 영성모를 포함)의 상성자는 오늘날 여전히 상성이며, 이 규율은 "탁상귀거(浊上归去)"라고 한다. 고대의 거성자는 오늘날 여전히 거성이고, 또 전유성 성모 상성자가 변한 거성자를 더하여 오늘날 표준어의 거성자 수량은 비교적 많다. 이 규칙은 "거성불변(去声不变)"이라고 한다. 현재 표준어 입성은 이미 존재하지 않고, 고대의 입성자는 이미 각각 평상거 삼성으로 나누어졌고, 표준어에 비추어 말하면 각각 음평 · 양평 · 상성 · 거성의 사성으로 나누어진 것이다. 이 규율은 "入派三声"으로 개괄할 수 있다. 그중에 전체 유성 성모의 입성자는 양평에 속하였고, 차유성 성모의 입성자는 거성에 속하였다. 무성 성모의 입성자는 규칙성이 강하지 않고, 각각 음평 · 양평 · 상성 · 거성에 속하였다. 고금 조류의 변천 상황은 대체로 아래 표와 같다.

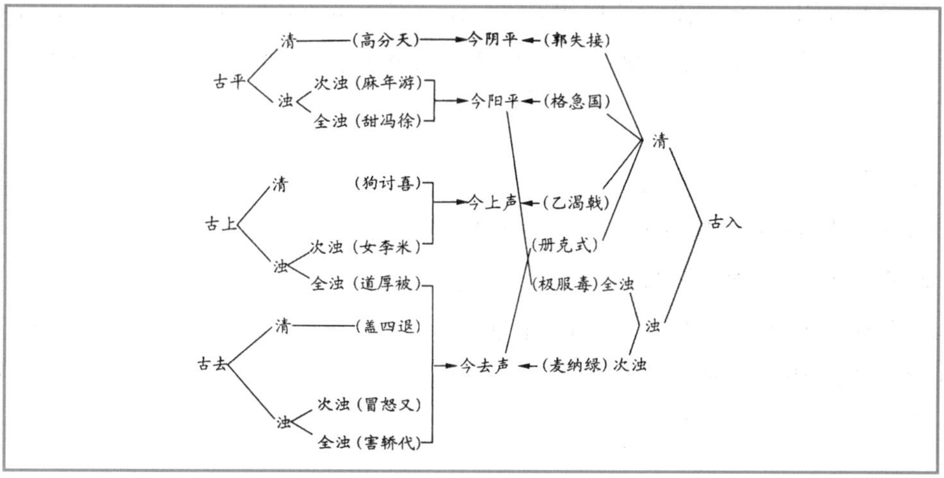

(2) 표준어 성조와 방언 성조의 대응 관계

현대 한어에서 고대의 조류 명칭을 연용하면, 표준어 성조와 고대 사성의 변천 관계를 이해할 수 있을 뿐만 아니라 표준어와 방언, 방언과 방언 성조 사이의 대응 관계를 찾을 수 있다. 일반적으로 말하여 조류의 대응은 대체로 가지런하고 일률적이며 순환하는 규칙이 있고, 조치는 오히려 다양하다. 예를 들어 똑같이 한 거성의 "稻"자는 북경에선 51이고, 한구(汉口)에선 35, 제남(济南)에선 21이고, 장사(长沙)는 55이며, 복주(福州)는 213이고, 광주(广州)에서는 33인데, 그중에 고저 · 오르내림 · 곡직이 있어야 할 것은 다 있다. 조류와 조치 두 방면에서 문제를 보아, 방언 지역의 사람들이 표준어 성조를 학습하면, 한편으로는 표준어의 4성을 정확히 읽어야 하고, 다른 한편으로는 방언과 표준어 사이의 조류 관계를 분명히 하여 자신들이 사용하는 방언의 성조에 근거하여 표준어의 성조를 짐작하여 알 수 있고, 하나하나씩 고쳐 나감으로써 소수 예외자는 단독으로 기억할 필요가 있을 뿐이다. 아래에서는 대체로 표준어와 방언 사이에 성조의 대응 상황을 좀 소개하였다.

① 음평

표준어의 음평은 55 고평조이고, 절대 다수 방언의 음평자는 표준어의 음평자와 대응하는데, 어떤 것은 조치까지도 같다. 예를 들면 한구어, 하문어와 광주어(53의 독법도 있다)가 있다. 적지 않은 방언의 음평은 북방어보다 좀 낮아, 예를 들면 동북어 · 성도어 · 수주어 · 매현어 · 복주어로 모두 44이고, 이 방언 지역의 사람들이 표준어의 음평을 말할 때는 조치를 가장 높이 올려야 한다. 또 어떤 방언의 조치 차이는 비교적 커서, 예를 들면 제남어는 213이고 난주어는 31로, 가지런하게 55로 고칠 수 있고, 표준어 음평 중에도 일부는 입성자를 포함하는데, 예를 들어 "郭, 黑, 桌, 出, 击" 등이다.

② 양평

표준어의 양평은 35 고성조이고, 양평은 고대 유성 성모 평성자가 변하여 온 것으로 적지 않은 입성자를 포함하는데, 예를 들면 "白, 决, 国, 服, 节" 등이다. 절대 다수의 방언은 표준어와 같고, 평성은 음과 양 두 종류로 나뉜다. 게다가 적지 않은 방언의 양평도 상승하지만 어떤 것은 중간 상승이나 혹은 전부 상승으로, 예를 들어 장사어 · 남경어와 소주어가 모두 13이고, 절강 소흥어는 15이다. 또한 어떤 방언은 하강조로 예를 들어 제남어는 42이고, 난주어는 53이며, 성도어는 41이고, 복주어는 52이다. 소수의 방언 평성은 음과 양을 나누지 않고 단지 조류만 있을 뿐인데, 예를 들면 산서 태원어(太原话), 하북 난현어(滦县话)와 장가(张家)구어, 감숙 강낙어(康乐话) 등이다. 이 방언 지역의 사람들이 표준어를 말할 때는 음평과 양평 두 조류를 구분하는 데 주의해야 한다.

③ 상성

표준어의 상성은 214 곡절조로, 강평승(降平升)의 삼절조라 말하기도 한다. 표준어의 상성자는 비교적 적고, 전탁 성모의 상성자는 모두 거성에 속하였다. 대다수 방언의 상성 조류 변화는 표준어와 서로 같다. 조치만 고평으로 읽는 것이 있는데, 예를 들면 제남어는 55이다. 중평으로 읽는 것이 있는데, 예를 들어 상해어는 33이다. 하강조로 읽는 것도 있는데, 예를 들어 하문어는 51이다. 장사어는 41이고, 매현어와 복주어는 31이다. 소수의 방언의 상성은 음상과 양상 두 조류로 분화하는데, 예를 들면 광주어 · 소흥어와 온주어이다. 이 방언 지역의 사람들은 표준어의 차탁 성모(비음, 변음 성모, r성모와 영성모)의 양상자가 여전히 상성에서 거성으로 변하지 않는 것에 주의해야만 한다. 표준어의 상성자의 주요 특징은 낮고 평평하기 때문에 조치가 비교적 높은 방언이 어조를 고칠 때는 늘 습관이 들지 않는 느낌이다. 상성을 읽을 때, 상성은 서로 다른 상황하에서의 발음에 차이가 있다는 것을 주의해야 하지만, 214는 다만 한 이론 형식이므로 지나치게 얽매이지 않는다.

④ 거성

표준어의 거성은 51로 완전한 하강조이다. 표준어의 거성자는 비교적 많아 고대의 거성자 이외에도 전탁 성모의 상성자를 포함한다. 한어 북방 방언과 객가 방언 거성은 한 조류에 속하고, 민 · 월 · 오 · 상 등 방언 중에 거성은 대부분 음거와 양거 두 조류로 나뉜다. 이 방언 지역의 사람들은 표준어를 말할 때, 두 거성조를 하나로 합해야 한다. 어떤 방언 거성조는 하강조로서 표준어와 확연히 상반되는데, 예를 들면 한구어는 35이고, 성도어와 난주어는 13이다. 일부 방언은 완전 하강조가 없기 때문에 이 방언을 말하는 사람들은 늘 표준어 거성의 발음에 습관이 되지 않아, 저음은 늘 내려올 수 없다. 표준어의 거성음 길이는 비교적 짧고, 하강하는 것이 비교적 빠르며, 반복 연습을 통하여 발음 기교를 장악하고, 발음할 때

손짓으로 묘사하며 성조 부호를 사용하여 발음을 도울 수 있다.

5 입성

표준어는 입성이 없고, 고대의 입성은 표준어에서 나누어 음평, 양평, 상성과 거성에 속하였다. 강회(江淮) 방언과 서북 · 서남의 소수 방언에서 입성을 보류한 것을 제외하고, 절대 다수의 북방 방언도 입성이 없다. 그런데 북방 방언 이외의 한어 방언은 모두 다른 정도로 입성을 보류하고 있다.

입성은 성조의 문제이기도 하고 운모의 문제이기도 하다. 전형적인 입성은 급한 성조로, 또한 폐찰음 운미를 가진 운모이다. 마침 입성은 폐쇄음으로 끝을 맺기 때문에 연장할 방법이 없다. 예를 들면 광주어의 “入”, “铁”, “北” 세 글자의 발음이다.

入[iap^{2}]　铁[t‘it^{3}]　北[pak^{5}]

광주어는 완전하게 고대 [p, t, k] 세 입성 운미를 보류하고 있다. 또 어떤 방언은 모든 입성 운미가 모두 후폐쇄음으로 끝을 맺는데, 예를 들어 상해어의 “入”, “铁”, “北” 세 글자의 발음이다.

入[zəʔ^{2}]　铁[t‘iʔ^{5}]　北[poʔ^{5}]

또 어떤 방언의 입성은 운미가 없으나 스스로 한 부류가 되어, 다른 조류와 다르다. 예를 들면 장사어의 입성은 모두 24로 읽는다. 이 세 유형의 방언 입성은 실제로 고대로부터 지금까지의 한어 입성의 통시적 변천 과정을 반영하였다.

입성이 없는 한어 방언 중에 고대 입성자의 분파는 대체적으로 두 상황으로 나누어진다. 하나는 고대 입성자는 전부 어떤 한 조류에 속하는데, 예를 들면 섬서 함양어는 전부 음평에 속하고, 서남 방언의 절대 다수 지역 입성자는 전부 양평에 속한다. 또 다른 상황으로 입성은 각각 몇 개 조류에 속하는데, 예를 들어 서안 · 개봉 · 정주 · 낙양으로 고대 전탁 입성은 양평에 속하고, 다른 것은 모두 음평에 속한다. 절강 영강어의 고대 음입(阴入)은 일률적으로 음상에 속하고, 고대 양입(阳入)은 일률적으로 양상에 속한다. 난주어의 고대 전탁 입성은 양평에 속하고, 다른 것은 거성에 속한다. 제남어의 고대 전탁 입성은 양평에 속하고, 고대 차탁 입성은 거성에 속하며, 다른 것들은 양평에 속한다.

표준어도 몇 개 조류의 상황에 속하는 것에 들어가는데, 표준어 양입의 귀류는 순환하는 규칙이 있다. 표준어 중의 고대 차탁 성모(비음, 변음성모, r성모와 영성모)

양입성자는 거성에 속한다. 예를 들어 "麦, 灭, 木, 逆, 匿, 力, 列, 陆, 肉, 入, 业, 月, 越" 등이고, 예외는 "一, 壹, 压, 押, 鸭, 摸, 曰"(음평으로 읽는다)와, "膜, 额" 등 단지 소수의 몇몇 글자가 있다. 기타의 양입자는 표준어에서 일반적으로 양평으로 읽는데, 예를 들면 "拔, 别, 达, 敌, 读, 服, 滑, 及, 绝, 俗, 席, 学, 杂, 直" 등이다. 이 부류의 예외자는 비교적 많은데, 예를 들면 "获, 剧, 洽, 涉, 术, 述, 特, 续, 秩" 등은 거성으로 읽고, "跌"는 음평으로 읽고, "属"는 상성으로 읽는다.

고음 입자는 표준어 중의 분파는 명확히 순환하는 규칙이 없어, 예를 들면 "说, 国, 北, 阔"는 각각 음평 · 양평 · 상성 · 거성으로 읽고, 이것은 방언 지역의 사람들이 표준어를 배우는 데 있어 어려움을 초래하였다.

이 부분 음입자의 표준어 성조에 대하여는 일일이 기억해야만 한다. 다만 자주 쓰는 입성자는 모두 6백여 개 정도로 그중에 거성에 속하는 것이 반 정도를 차지하고, 양평에 속하는 것이 3분의 1 이상을 차지하며, 나머지 음평과 상성에 속하는 것은 많지 않은데, 특히 상성에 속하는 것은 비교적 적다. 즉 모두 50여 개 정도이다. 적은 것을 기억하고 많은 것을 기억하지 않는 방법을 채택하여 규칙이 없는 글자의 표준어 독음을 기억하는 것도 일종의 좋은 학습 방법이다.

입성이 없는 방언 지역의 사람들에 대하여 말하면, 음운학과 방언학을 배우는 과정에서 어떤 글자가 입성자이고 어떤 글자가 입성자가 아닌가를 변별해야 하는데, 만약 무조건 기억하고 억지로 외우는 방법을 채택하면 상당히 힘이 들므로, 우리는 최대한 표준어의 독음을 이용하여 분석하고 식별할 수 있다. 예를 들어 음운학 지식은 우리에게 입성운과 양성운이 상대적이기 때문에 오늘날 표준어의 비운모에 속하는 글자는 분명히 입성자가 아니라는 것을 알려준다. 또 zi, ci, si와 er로 읽는 글자가 있는데, 이는 또한 분명 입성자가 아니어서, 이런 글자는 가능한 범위 밖으로 배제하여도 된다. 다른 한편, 우리는 독음 규칙을 이용하여 어떤 글자가 분명히 입성자인지 분석해도 된다. "zhuo, chuo, shuo, ruo"와 "fa, fo" 같은 이런 음절의 글자는 분명히 입성자인데, 예를 들면 "捉, 戳, 硕, 弱, 发, 佛" 등이다. 성모가 "b, d, g, j, zh, z"인 양평자도 입성자인데, 예를 들면 "拨, 答, 国, 夹, 闸, 昨" 등이다. 그 밖에 üe 운모의 글자는 "瘸, 靴" 두 글자를 제외하고는 모두 입성자로, 예를 들면 "绝, 缺, 学, 虐, 略, 约" 등이다.

5. 변조

표준어 네 조류의 기본 조치는 [55], [35], [214], [51]이다. 어류 중에 음절과 음절을 연속하여 발음하면 서로 영향을 미치기 때문에, 그중에 어떤 음절의 성조는 변화할 것이다. 이런 변화를 변조라 하는데, 연속 변조라고도 한다. 변조는 원래 성조의 조치를 바꾸었을 뿐만 아니라, 어떤 것은 심지어 원래 성조의 조형을 바꾸었다.

표준어에서 두 성조가 서로 같은 음절이 연속하면, 이화(异化) 작용의 영향 때문에 앞 음절의 조치는 늘 변화해야만 한다. 그중에 두 음평이 서로 연속하고, 두 양평이 서로 연속하며, 두 거성이 서로 연속하면, 앞 음절의 조치는 변화하나 조형에는 결코 큰 변화가 생기지 않는데, 예를 들면 다음과 같다.

天边[t'ian$^{55-44}$pian^{55}]　前年[tɕ'ian$^{35-34}$nian^{35}]　志愿[tʂʅ$^{51-53}$yan^{51}]

이런 변조는 연속 어류 중에 자연적으로 생기는 것으로 조형을 바꾸지는 않기 때문에 묘사하지 않아도 큰 문제는 되지 않는다.

표준어에서 조형의 변화를 초래하는 비교적 중요한 변조는 아래와 같은 몇 가지가 있다.

(1) 연상 변조

표준어에서 두 상성 음절이 서로 연속하면 앞 음절은 35로 변하는데, 즉 양평의 조치이다.

你好[ni$^{214-35}$xɑu^{214}]　领导[liŋ$^{214-35}$tɑu^{214}]　水井[ʂuei$^{214-35}$tɕiŋ$^{214-21}$]

연속 변조의 작용 때문에 표준어에서 원 성조가 다른 말은 아마 독음이 서로 같게 변할 것이다. 예를 들면 다음과 같다.

雨水=鱼水　美好=没好　组长=族长　有井=油井

(2) "상성+비상성" 변조

표준어에서 상성 음절과 음평 · 양평 · 거성 음절이 서로 연속하면 21로 변하는데, 즉 반상조(半上调)이다. 예를 들면 다음과 같다.

我说[uo$^{214-21}$ʂuo^{55}]　阻拦[tsu$^{214-21}$lan^{35}]　火炬[xuo$^{214-21}$tɕy^{51}]

(3) "상성+경성" 변조

표준어에서 상성 음절과 경성 음절이 서로 연속하면 일반적으로 여전히 경성 음절 본래의 성조에 따라 변화한다. 예를 들면 다음과 같다.

① 상성+경성(상성), 상성은 여전히 음평으로 변한다. 예를 들면 다음과 같다.

想·想[ɕiɑŋ$^{214-35}$ɕiɑŋ^{3}]　小·姐[ɕiɑu$^{214-35}$tɕiɛ^{3}]　打·扫[ta$^{214-35}$sɑu^{3}]

② 상성+경성(비상성), 상성은 여전히 반상으로 변한다. 예를 들면 다음과 같다.

眼·睛[ian$^{214-21}$tɕiŋ^{4}]　起·来[tɕʻi$^{214-21}$lai^{4}]　买·卖[mai$^{214-35}$mai^{4}]

상용 글자 "主·意"(出 "主意")는 한 특례로 그중의 "主"는 양평으로 변해야 한다.

또 일부 "상성+경성(상성)"의 변조는 비교적 특수하여, 그들은 양평으로 변하는 것이 아니고 반상으로 변하여 특별히 주의할 필요가 있다. 그중에 두 가지 작은 부류는 규칙이 있다.

③ 상성+"子"(경성), 상성이 반상으로 변한다. 예를 들면 다음과 같다.

傻·子[ʂa$^{214-21}$tsɿ^{4}]　椅·子[i$^{214-21}$tsɿ^{4}]　饺·子[tɕiɑu$^{214-21}$tsɿ^{4}]

상성자에 접미사 "子"를 가지고 있는 글자는 일반적으로 모두 이 규칙에 따라서 변하는데 유일하게 "法子" 한 단어는 예외이고, "法"는 양평으로 읽는다.

④ 친족 호칭 중의 상성자 중첩은 상성이 반상으로 변한다. 예를 들면 다음과 같다.

奶·奶[nai$^{214-21}$nai^{4}]　姐·姐[tɕiɛ$^{214-21}$tɕiɛ^{4}]　姥·姥[lɑu$^{214-21}$lɑu^{4}]

또 개별 구어 단어도 이런 특수한 변화에 속하는데, 예를 들면 "耳·朵", "宝·宝", "痒·痒"의 앞 상성자는 반상으로 변하고 양평이 아니다.

상술한 상성 변조의 상황을 종합하면, 우리는 상성을 실제로 단독으로 읽거나 문말에 놓인 상황하에서야 본래 성조로 읽고, 그것의 뒤에 다른 음절이 있으면 그것은 모두 변조해야 한다는 것을 알았다. 어류에서 상성의 변조는 두 가지 유형이 있는데, 하나는 고승조(高升调) 양평이고 다른 하나는 저승조(低升调) 반상이다. 연상 변조의 앞 상성자는 양평으로 읽어야 하나, 세 개 혹은 세 개 이상의 상성자가 함께 있을 때의 상황은 비교적 복잡하여 앞의 상성자도 아마 반상으로 읽을 것이다. 도대체 어떤 조형으로 읽는지는, 글자를 나누고, 글자와 글자의 결합의 긴밀함과 이완, 말의 속도, 강조 등의 요소와 관련이 있다. 예를 들면 다음과 같다.

纸雨伞　母老虎　你也有　土产品(21＋35＋214 혹은 35＋35＋214)
展览馆　虎骨酒　管理组　勇敢者(35＋35＋214)
买把雨伞 (35＋21＋35＋214)
五百匹好种马(35＋21＋35＋21＋35＋214 혹은 35＋35＋21＋35＋35＋214)

(4) "一"의 변조

"一"는 단독으로 읽거나 어구 끝에서 본래 성조인 음평 55로 읽는다. 예를 들면 다음과 같다.

一, 二, 三,　同一　第一　九九八十一

"一"는 양평 35와 거성 51 두 가지로 성조가 바뀌고 있다.

① "一"는 거성 음절 앞에서 양평 35로 읽는다. 예를 들면 다음과 같다.

一个　一块　一件　一致　一并　一向

② "一"는 다른 3성, 즉 음평 · 양평 · 상성 음절 앞에서 거성으로 읽는다. 예를 들면 다음과 같다.

一天　一只　一年　一直　一手　一早

북경 구어에서 "一个"는 자주 양평의 "一"로 합음되는데, 예를 들면 "一人, 一苹果"이다.

(5) "不"의 변조

"不"는 단독으로 읽거나 어구 끝 및 음평 · 양평 · 상성 음절 앞에서 모두 본래 성조인 거성 51로 읽는데, 다만 거성 음절의 앞에서는 양평 35로 읽는다. 예를 들면 다음과 같다.

不去　不会　不对　不论　不是　不像

(6) 형용사 중첩과 첩음 접미사의 변조

① 구어 중에 비음평의 단음절 형용사 중첩의 두 번째 음절은 음평 55로 변한다. 예를 들면 다음과 같다.

红红(的)　狼狼(地)　好好(地)　白白(的)

② 구어 중에 부분 쌍음절 형용사 혹은 동사 AABB식 중첩의 세 번째, 네 번째 음절은 음평 55로 변한다. 예를 들면

漂漂亮亮　　结结实实　　痛痛快快　　溜溜达达

③ 구어 중에 부분 형용사 중첩음 접미사는 음평 55로 변한다. 예를 들면 다음과 같다.

绿油油　　红彤彤　　灰蒙蒙　　热腾腾

(7) "七", "八"의 변조

구어 중에 "七", "八"는 거성 음절의 앞에서 양평 35로 바뀌는데, 예를 들면 "七个", "八个"이다. 하지만 현재 대다수의 사람들은 이제 바꾸어 읽지 않아, 어떠한 상황이든지 모두 본래 성조인 음평으로 읽는다.

사고와 연습

① 성조, 조치와 조류는 무엇인가? 그들 사이의 관계는 어떠한가?

② 5도 표기법으로 표준어의 성조를 표기하라.

③ 고대와 현대 조류 변천의 상황을 약술하라.

④ 고대 사성은 표준어 4성과 같은가? 양자 사이에는 어떤 변천의 관계가 있는가?

⑤ 입성은 무엇인가? 오늘날 표준어에 아직 입성이 있는가? 고대 입성자는 표준어의 어떤 조류에 속하였는가?

⑥ 연상 변조, 상성에 비상성을 더한 변조, 상성에 경성을 더한 변조, "一"의 변조, "不"의 변조를 예를 들어 설명하라.

⑦ 아래 단어 중에 앞 글자의 실제 조치를 가리켜라.

始终(　　)　营养(　　)　一般(　　)　虎口(　　)

勉强(　　)　不够(　　)　处理(　　)　领子(　　)

⑧ 아래 단어의 발음을 정확히 읽어라.

青春光辉　春天花开　公司通知　新屋出租

人民银行　连年和平　农民犁田　圆形循环

彼此理解　理想美满　永远友好　管理很好

下次注意　世界教育　报告胜利　创造利润

中华语调　东南宝地　书籍剪报　灯红酒绿

枪林弹雨　分庭抗礼　班门弄斧　兵来将挡

9. 아래 한자를 표준어의 4성에 따라 분류하라. 만약 흥미가 있다면 그것들이 자신의 방언에서의 조치를 시험 삼아 기록해도 된다.

诗 时 使 矢 是 士 试 世 事 侍

识 石 食 梯 题 体 弟 替 第 滴

笛 衣 移 椅 以 意 异 一 逸 灯

棉 等 免 凳 面 得 灭 方 晚 付

八 桌 湿 合 局 月 歇 缺 割 黑

10. 병음에 근거하여 아래 단어를 써라.

(1) xuànyùn　　(2) qǐshì

(3) gānbiě　　(4) pósuō

(5) niǎonuó　　(6) chánmián

(7) zhèngquàn　　(8) ōugē

제 5 절 음절

1. 표준어의 음절 구조

(1) 표준어 음절 구조의 분석

음절은 음성의 자연 단위로 가장 기본적인 단위이기도 하다. 서로 다른 언어의 음절은 다른 특징을 가지고 있다. 음절은 그 자신의 구성 성분 구조로부터 고찰하고, 구성 성분 사이의 호응과 관계로부터 고찰하기도 한다. 한어 표준어의 음절은 우선 성모, 운모와 성조 이 세 부분으로 이루어진다. 성모는 21개 자음 음소 중의 하나로 충당하거나 영성모가 비어 있는 위치를 차지한다. 운모는 운두, 운복, 운미로 이루어져 있다. 운두는 개음이라고도 하고, 세 고모음, i, u, ü로 충당한다. 운복은 주요 모음이라고 하는데, 열 개의 단모음 ɑ, o, e, i, u, ü, ê, –i [ɿ], –i [ʅ], er로 충당한다. 운미는 미음이라고도 하는데, 모음 운미와 자음 운미 두 종류로 나누어 각각 두 개가 있다. 그중에 모음 운미는 i, u(o)를 사용하고, 자음 운미는 n, ng를 사용한다. 성조는 모든 음절을 통한다. 만약 성모, 운두, 운복, 운미, 성조, 즉 성, 개, 주, 미, 조 다섯 부분을 종합하여 고찰하면, 표준어의 음절은 아래 12종의 구조 유형이 있다.

구조 방식 / 예		성모	운모				성조
			운두	운복	운미		
		자음	모음	모음	모음	자음	조류
영성모	鹅 é			e			양평
	野 yě		i	ê			상성
	欧 ōu			o	u		음평
	外 wài		u	ɑ	i		거성
	昂 áng			ɑ		ng	양평
	冤 yuān		ü	ɑ		n	음평
자음성모	知 zhī	zh		–i [ʅ]			음평
	节 jié	j	i	ê			양평
	手 shǒu	sh		o	u		상성
	劝 quàn	q	ü	ɑ		n	거성
	该 gāi	g		ɑ	i		음평
	矿 kuàng	k	u	ɑ		ng	거성

음절 구조의 분석은 일반적으로 각 성모 운모의 실제 음소에 따라 진행하는데, 예를 들어 영성모를 환원하면, 운미 o는 u(o)로 분석되고, 한어 병음이 생략한 ü 위의 두 점, ê 위의 모자 및 iou, uei, uen 세 운모의 운복을 보충해야 한다.

(2) 표준어 음절 구조의 특징

음절 구조의 분석에서 한어 표준어 음절의 일부 특징을 관찰할 수 있는데, 대체로 아래와 같다.

① 표준어 음절에서 운복과 성조는 없어서는 안 될 성분이고, 다른 성분, 성모 · 운두 · 운미는 모두 없어도 된다.

② 한 음절이 가장 많으면 네 개의 음소를 가지고 있고, 가장 적으면 한 개의

음소를 가지고 있다.

③ 만약 한 음절에 하나의 음소만 있다면, 이 음소는 모음 음소이다. 다만 굉장히 개별적인 음절이 있어, 예를 들면 "呣", "唔"는 비자음으로 독립적으로 충당할 수 있다.

④ 자음 음소는 음절의 시작이나 끝을 맺는 곳에 나타날 뿐이고, 두 자음이 연속하여 배열된 음절은 없다. 음절 끝에 나타나는 자음은 두 유성 비자음뿐으로 그들은 모두 모음의 울림음에 가깝다.

⑤ 모음 음소는 음절 중에 연속으로 배열할 수 있다. 표준어에는 9개의 2합 모음이 있고, 4개의 3합 모음이 있다.

⑥ 모든 모음은 모두 운복을 충당할 수 있는데, 만약 운모가 한 모음에 그치지 않으면, 개구도는 비교적 큰 모음으로 운복을 충당한다.

⑦ 고모음 i, u, ü만이 운두를 충당할 수 있고, 고모음 i, u는 운미를 충당한다. 같은 음절에서 i 운두와 i 운미는 동시에 나타나지 않을 것이고, u 운두도 u 운미와 동시에 나타나지 않을 것이다. 즉 그들은 서로 배척한다.

2. 표준어 성모와 운모의 병합 규칙

표준어는 22개의 성모와 39개의 운모가 있고, 그들은 서로 병합하여 22×39=858개의 음절을 얻을 수 있다. 하지만 실제로 표준어는 400여 개의 음절이 있을 뿐이다. 그중에 대부분의 음절은 성립할 수 없고, 성모와 운모의 병합은 일정한 제한이 있으며, 일정한 규칙의 지배를 받는 것을 볼 수 있다.

(1) 성모 발음 부위와 운모 사호의 배합 규칙

성모와 운모의 병합 규칙은 주로 성모의 발음 부위와 운모 사호의 병합에서 드러난다. 어떤 발음 부위의 성모는 어떤 호의 운모와 배합할 수 있고, 어떤 발음 부위의 성모는 어떤 호의 운모와 배합할 수 없는데, 이는 표준어에서 매우 정돈되어 있고 규칙적이다. 표준어 발음 부위와 운모 사호와의 배합 관계 표를 살펴보라.

성모 \ 사호	개구호	제치호	합구호	촬구호
b p m	+	+	(u)	−
f	+	−	(u)	−
d t	+	+	+	−
n l	+	+	+	+
g k h	+	−	+	−
j q x	−	+	−	+
zh ch sh r	+	−	+	−
z c s	+	−	+	−
Ø	+	+	+	+

표에서 다음의 명확한 배합 규칙을 볼 수 있다.

① 쌍순음 b, p, m은 개구호와 제치호의 두 운모하고만 서로 배합하고, 합구호에서 u 하나의 운모와만 서로 배합하며, 촬구호의 운모와는 서로 배합할 수 없다.

② 순치음 f는 개구호와만 서로 배합하고, 합구호에서 u 하나의 운모와만 서로 배합하며, 제치호·촬구호 운모와는 서로 배합할 수 없다. 순치음 f는 배합 능력이 가장 떨어져, 배합 범위가 가장 작은 성모이다.

③ d, t와 n, l은 비록 모두 같은 부위인 설첨 중음이지만 d, t는 촬구호와 서로 배합할 수 없고, n, l은 기능이 많아 사호와 서로 배합할 수 있다. 이 때문에 한어병음 n, l 뒤 ü 위의 두 점을 생략할 수 없다.

④ 설근음 g, k, h, 설첨 후음 zh, ch, sh, r, 설첨 전음 z, c, s, 그들은 모두 개구호·합구호 운모와만 서로 배합하고, 제치호·촬구호와는 서로 배합하지 않는다.

⑤ 설면음 j, q, x는 위 세 쌍의 성모와는 정반대로, 그들은 제치호·촬구호와만 서로 배합하고, 개구호·합구호와는 서로 배합하지 않는다.

⑥ 영성모는 기능이 많아 사호와 서로 배합할 수 있다.

⑦ 개구호와 배합할 수 있는 성모는 가장 많아 j, q, x만이 이것과 서로 배합할 수 없다. 그 다음이 합구호, 제치호이다. 촬구호와 배합할 수 있는 성모는 가장 적어 n, l과 j, q, x뿐이고, 또 영성모가 있다.

표준어 성모 발음 부위와 운모 사호의 배합 규칙을 이해하는 것은 방언 지역의 사람들이 표준어를 학습하는 데 있어 중요한 의의가 있다. 표준어의 d, t는 촬구호와 서로 배합할 수 없고, 광주어·복주어에 이러한 음절이 있다. 예를 들면 광주어

"脱"는 [tyt^{3}]로 읽고, 복주어 "中"은 [tyŋ^{44}]로 읽는다. 표준어의 순치음 f는 제치호 i와 서로 배합할 수 없는데, 상해어에서는 "飞"를 [fi^{54}]로 읽는다. 상술한 표준어 배합 규칙을 숙달한 후, 방언 중에 그 표준어에는 없는 음절 독음을 찾아내어 전부 교정할 수 있다.

(2) 기타 구체적인 규칙

성모 발음 부위와 운모 · 사호의 전체적이고 거시적인 배합 규칙을 제외하고도, 표준어 성모와 운모의 배합은 약간의 구체적이고 세밀한 규칙이 또 있다. 자세하게 [표준어 성모와 운모 배합표]를 고찰하면, 우리는 또 아래의 규칙을 발견하게 된다.

① 운모 o는 순음 성모 b, p, m, f와만 서로 배합하고, 다른 모든 성모와 서로 배합하지 않는다.

② 운모 uo는 순음 성모 b, p, m, f와 서로 배합하지 않고, j, q, x 이외의 기타 비순음 성모와만 서로 배합한다.

③ 운모 e는 순음 성모 b, p, m, f와 서로 배합하지 않고, j, q, x 이외의 기타 비순음 성모와만 서로 배합한다. "什 · 么"의 "么"를 읽은 경성 me는 예외이다.

④ 운모 -i [ɿ]는 설첨전 성모 z, c, s와 서로 배합하고, 다른 모든 성모와 서로 배합하지 않는다.

⑤ 운모 -i [ʅ]는 설첨후 성모 zh, ch, sh, r와 서로 배합하고, 다른 모든 성모와 서로 배합하지 않는다.

⑥ 운모 i는 설첨전 성모 z, c, s와 설첨후 성모 zh, ch, sh, r와 서로 배합하지 않고, 다른 모든 성모와 모두 배합해도 된다.

⑦ 운모 ua, uai, uang은 설첨전 성모 z, c, s와 설첨후 성모 r와 서로 배합하지 않는다.

⑧ 운모 üan, ün, iong은 설첨중 성모 n, l와 서로 배합하지 않는다.

⑨ 운모 ueng은 영성모와만 서로 배합한다. 성모와 서로 배합할 때 쓰는 것은 다른 발음과 서로 가까운 ong이다.

⑩ ong은 합구호에 속하고, b, p, m, f 및 j, q, x와 서로 배합하지 않는다. sh와도 서로 배합하지 않는다.

3. 표준어 성조와 성모 운모의 배합 규칙

표준어 성조와 성모 · 운모의 배합은 주로 고성모의 유성 · 무성과 밀접한 관계가 있고, 고탁성모의 변천에 근거하여 표준어 성조와 성모 · 운모 배합의 일정한 규칙을 찾아낼 수 있다.

① 고대 전탁성모는 표준어 "평성 유기, 측성 무기"의 규칙으로 변천하였고, 그래서 고대 전탁 폐쇄음 · 폐찰음은 표준어에서 성모가 유기의 p, t, k, q, ch, c이고, 그들의 성조는 대다수 양평(음평은 무성 성모에서 유래한다)이다. 무릇 성모는 무기의 b, d, g, j, zh, z로, 그들의 성조는 대부분 거성(고대 유성 상자는 이미 거성으로 합병하여서 상술한 성모의 글자도 매우 적게 상성이다)이다.

② 고대 입성자는 측성이어서 대다수 표준어에서 b, d, g, j, zh, z의 고대 입성자 성조는 양평이다. 예를 들면 "拔, 夺, 革, 洁, 着, 昨"이다.

③ 표준어에서 6개 무기 폐쇄음과 폐찰음 성모 b, d, g, j, zh, z는 비음 운모와 서로 배합하고 양평자가 없다. 다만 어떤 개별 글자는 모두 방언 글자인데, 예를 들면 "甭, 哏, 咱"이다. 이것은 표준어 비운모의 글자가 고대에 모두 입성자가 아니었기 때문이다.

④ 표준어의 네 개 유성음 성모 l, m, n, r는 음평조의 음절이 매우 적게 있는데, 고대 입성자가 거성에 들어가는 것을 제외하고, 기타 평성 혹은 측성을 막론하고 모두 각각 양평 · 상성 · 거성에 들어가기 때문이다. 하지만 언어 발전 변화의 결과 때문에 오늘날 표준어 중에 이미 음평자가 적은데, 예를 들면 "拉, 啦, 垃, 捞, 勒, 溜, 抡, 妈, 猫, 那(姓), 妞, 扔" 등이다.

사고와 연습

① 표준어의 한 음절은 가장 많게 몇 개의 음소가 있을 수 있는가? 만약 하나의 음소만 있다면, 이 음소는 무슨 음소인가?

② 표준어 음절, 성모 · 운두 · 운복 · 운미 · 성조 이 다섯 부분 중에 어떤 것이 반드시 필요한 것이고 어떤 것은 없어도 되는가?

③ 표준어 음절에서 운복을 충당할 수 있는 음소는 어떤 것인가? 또 운두를 충당할 수 있는 것은 어떤 것인가? 그리고 운미를 충당할 수 있는 것은 어떤 것인가?

④ 아래 글자 독음의 음절 구조를 도표로 분석하라.

后, 双, 印, 尊, 跃, 久, 熬, 港, 京, 矿

晚, 权, 胸, 龙, 交, 宋, 平, 边, 下, 石

⑤ 한어 병음 방안은 어느 세 운모가 합쳐져 읽힐 때에 줄여서 써야 한다고 규정하는가? 줄여서 쓴 후에, 성조는 어느 곳에 표시해야 하는가?

⑥ 성모의 발음 부위와 운모의 사호에 따라 성운 배합을 간단한 표로 나타내라.

⑦ 아래 음절의 잘못된 곳을 고치고 아울러 표준어 성모와 운모 배합 규칙에 근거하여 잘못을 초래하는 원인을 설명하라.

(1) 朋友 póngyou　(2) 磨刀 muódāo

(3) 唱腔 chàngqāng　(4) 国家 guójā

⑧ 아래 각 단어의 병음 자모 표기에서 잘못이 있으면 고쳐라.

(1) 遥远 yáoyüǎn　(2) 辉煌 huēihuáng

(3) 尘埃 chénāi　(4) 嫩绿 nùnlü

(5) 种植 zhuèngzhí　(6) 搪塞 tángsāi

(7) 模范 méfàn　(8) 波浪 puōlàng

(9) 雄厚 xüénghòu　(10) 光荣 guāngrúng

⑨ 빠른 속도로 아래의 짧은 글을 인식하여 읽고 한자를 기재하라.

Shìjiè wèishēng zǔzhì duì jiànkāng de dìngyì tíchū le 10 xiàng nèiróng:

(1) jīnglì chōngpèi;

(2) chǔshì lèguān;

(3) shuìmián liánghǎo;

(4) shìyìng nénglì qiáng;

(5) néng dǐkàng yībānxìng jíbìng;

(6) bǎochí biāozhǔn tǐzhòng;

(7) yǎnjing míngliàng;

(8) yáchǐ wánzhěng;

(9) tóufa yǒu guāngzé;

(10) jīròu pífū tánxìng hǎo

제6절 경성과 얼화

1. 경성

(1) 경성의 성질

한 단어나 한 문장 속의 음절이 원래의 성조를 잃고, 발음이 짧고 가볍게 변하는 것을 경성이라고 한다. 경성은 일종의 성조의 변화로 표준어에서 중요한 음성 현상이다. 예를 들어 "桌・子", "石・头", "聪・明", "看・见", "他・的", "说・了", "去・过", "听・听"으로, 그중에 검은 점 뒤의 글자는 자기 원래의 독음과 성조를 가지고 있는데, 현재는 짧고 가벼운 음조로 변하였다. 통상적으로 한자 앞에 검은 점을 찍는 방법으로 이 음절은 경성인 것을 나타낸다.

경성을 물리적인 각도에서 고찰하면, 가장 중요한 특징은 음이 긴 것에서 짧은 것으로 변하는 것이다. 쌍음절의 경성 단어로 비경성 단어와 서로 비교하면, 예를 들어 "板凳"과 "椅・子"인데, 두 단어의 총길이는 비슷하나, 경성 단어의 비경성 음절인 "椅"는 명확히 길고, 경성 음절 "子"는 명확히 짧다. 경성 음절의 음세기는 좀 약하지만 이 특징은 사실 그다지 두드러지지 않고, 주로 시간의 길이로 듣는이의 감각에 울림도가 비교적 낮은 것으로 느껴진다.

경성 음절의 음높이는 앞 글자의 조치로 결정되거나 앞 글자 조형의 추세에 따라 결정된다. 일반적인 규칙은 음평 55조 뒤의 경성음은 2도이고, 양평 35조 뒤의 경성음은 2도, 양평 35조 뒤의 경성 음높이는 3도이고, 상성 214가 반상 21로 변한 뒤의 경성 음높이는 4도이고, 거성 51조 뒤의 경성 음높이는 1도이다. 예를 들면 다음과 같다.

음평 뒤 : 扳・子[$pan^{55}tsɿ^{2}$]

양평 뒤 : 锤・子[$tʂ{}^{‘}uei^{35}tsɿ^{3}$]

상성 뒤 : 剪・子[$tɕian^{21}tsɿ^{4}$]

거성 뒤 : 刨・子[$pɑu^{51}tsɿ^{1}$]

경성 뒤의 경성은 구체적인 언어 환경과 어조에 근거하여 정하는데, 평평하거나, 약간 높거나, 약간 낮다. 예를 들면 다음과 같다.

抬・起・来・了[t'ai^{35}tɕ'i^{3}lai^{3}lə^{2}]

听・了・吗?[t'iŋ^{55}lə^{2}ma^{3}]

경성은 성조의 변화일 뿐만 아니라 음절의 성모와 운모가 음의 변화가 일어나는 것에까지 영향을 미칠 것이다. 경성의 음의 변화는 주로 주요 모음의 중앙(中央) 모음화, 무성 자음 유성화, 복합모음 단모음화, 운모 탈락의 현상들을 포함한다.

경성 음절은 짧고 가벼운 것 이외에 또 하나의 특징이 있는데, 바로 매우 분명하지 않다는 것이다. 음성 실험이 표명하길, 경성 음절의 주요 모음은 모두 다른 정도로 중앙 모음 [ə]에 가깝게 되는데, 모음 ɑ, o, e, -i [ɿ]의 이런 변화는 더욱 명확하고, 심지어 아예 중앙 모음 [ə]로 변한다. 예를 들면 다음과 같다.

棉・花[mian^{35}xuə^{3}]　　罗・卜[luo^{35}bə^{3}]

哥・哥[kɤ^{55}gə^{2}]　　瓶・子[p'iŋ^{35}dzə^{3}]

경성 음절 중의 무성 자음 성모는 발음이 짧고 운모 결합이 긴밀한 것이 성대의 떨림을 초래하기 때문에 유성 자음으로 바뀌는데, 이런 현상은 상당히 보편적이어서 예를 들면 萝・卜, 哥・哥, 瓶・子의 경성 음절은 모두 무성 자음 성모 유성화 현상이 발생하였다.

경성 음절은 발음이 짧고 끊어지기 때문에 그중의 복합 모음 운모는 자주 단모음으로 바뀐다. 예를 들면 다음과 같다.

脑・袋[nɑu$^{214-21}$tɛ^{4}]　　忙・活[mɑŋ^{35}xɔ^{3}]

또한 어떤 경성 음절은 가볍게 읽어 운모가 탈락되기 때문에 자음 성모만을 남기는데, 이런 음의 변화는 일반적으로 성모가 마찰음과 폐찰음인 음절에서 발생한다. 예를 들면 다음과 같다.

豆・腐[tou^{51}f^{1}]　　意・思[i^{51}s^{1}]

皮・实[p'i^{35}ʂ^{3}]　　出・息[tʂ'u^{55}ɕ^{2}]

(2) 경성의 분포 규칙

경성은 표준어의 일종의 음성 현상일 뿐만 아니라 어휘・문법과 밀접하게 서로 관련이 있다. 표준어에서 어떤 것이 단어를 구성하는 성분이고 어떤 것을 경성으로 읽는지는 일정한 규칙이 있다. 경성의 분포 규칙, 특히 반드시 경성으로 읽어야 하는 단어의 규칙을 숙달하는 것은 표준어를 잘 배우기 위해 굉장히 중요하다. 표준어에서 경성의 분포 규칙은 대체로 아래와 같다.

① 명사 접미사 "子, 头, 巴"와 대명사 접미사 "么"는 경성으로 읽어야 한다. 예를 들면 다음과 같다.

胡·子 孙·子 馒·头 枕·头 尾·巴 泥·巴 什·么 怎·么

"男子, 原子, 电子, 窝头, 砖头" 등의 단어는 뒤의 글자가 문법 형태소(虚语素)가 아니어서, 경성으로 읽지 않는다는 것에 주의해야 한다.

② 방위를 나타내는 단음 형태소나 단어 "上, 下, 里, 边, 面, 头"는 경성으로 읽어야 한다. 예를 들면 다음과 같다.

桌·上, 地·下, 屋·里, 左·边, 上·面, 里·头

"东头, 西头" 등 단어 뒤의 글자는 경성으로 읽지 않는 것에 주의해야 한다.

③ 조사 "的, 地, 得, 着, 了, 过, 们"은 경성으로 읽어야 한다. 예를 들면 다음과 같다.

我·的 飞快·地 写·得好 听·着 吃·了 看·过 同学·们

④ 어기사 "的, 了, 吗, 呢, 吧, 嘛, 啊"는 경성으로 읽어야 한다. 예를 들면 다음과 같다.

昨天来·的 吃饭·了 走·吗 你·呢 去·吧 对·嘛 行·啊

⑤ 첩음어(叠音词)와 동사, 명사 중첩 형식 뒤의 글자는 경성으로 읽어야 한다. 예를 들면 다음과 같다.

猩·猩 宝·宝 爸·爸 走·走 坐·坐 尝·尝

⑥ 동사, 형용사 뒤 보어로 쓰이는 추향 동사는 일반적으로 경성으로 읽어야 한다. 예를 들면 다음과 같다.

送·上·来 跑·出·去 拿·过·来 看·上 进·来

⑦ 양사 "个"는 일반적으로 경성으로 읽어야 한다. 예를 들면 다음과 같다.

一·个人 炒·个白菜 玩·个痛快

⑧ 구어 중에 일부 자주 사용하는 것은 일반적으로 역사가 비교적 긴 쌍음절의 말 뒤의 글자로서 경성으로 읽어야 한다. 예를 들면 다음과 같다.

玻・璃　月・亮　街・坊　朋・友　故・事
便・宜　丈・夫　行・李　钥・匙　石・榴

⑨ 구어 중에 일부 자주 쓰는 삼음절어의 가운데 글자는 경성으로 읽어야 한다. 예를 들면 다음과 같다.

大・拇指　拨・浪鼓　仰・八叉　阎・王账

⑩ 구어 중에 일부 자주 쓰는 네 글자 말의 두 번째 글자는 경성으로 읽어야 한다. 예를 들면 다음과 같다.

稀・里糊涂　稀・里哗啦　假・模假式　果・不其然

경성은 북경어에서 분포가 매우 광범위하고, 표준어에서 이미 대폭 축소되고 감소하였지만 경성은 필경 북경 음성의 큰 특징이고, 구어 중에 반드시 경성으로 읽어야 하는 음절에 대하여 특별히 중시해야 하고, 가벼워야 하는 것은 반드시 가벼워야 한다.

(3) 경성의 작용

경성이 어휘와 문법적인 작용이 두드러진 것은 다른 의미와 단어의 성질을 구분하는 것에서 나타나고, 경성으로 읽는 것은 많은 상황하에서 단어의 의미와 기능에 영향을 미친다.

① **의미 변별** : 의미 변별의 작용은 의미가 대립하고 있는 같은 형태의 단어에서 두드러지게 표현된다. 예를 들면 다음과 같다.

비경성	경 성
老子 (老聃, 고대 철학가)	老・子 (아버지)
孙子 (손무, 고대 군사가)	孙・子 (아들의 아들)
东西 (두 방향)	东・西 (물건, 사물)
兄弟 (형과 동생)	兄・弟 (남동생)
男人 (성인 남성)	男・人 (남편)
合计 (종합계, 모두)	合・计 (따져보다, 고려하다)
大爷 (노동하기 어렵다, 오만 방자한 남자)	大・爷 (큰아버지)
翻腾 (위아래로 구르다)	翻・腾 (원래의 위치나 모양을 바꾸다)

② **단어의 성질 구별** : 이 작용은 문법 기능이 다른 같은 형태의 글자에서 두드러지게 나타난다. 예를 들면 다음과 같다.

地道 (지하 통로, 명사)	地・道 (정통의, 형용사)
大意 (대략적인 뜻, 명사)	大・意 (세심하지 못하다, 형용사)
大方 (전문가, 명사)	大・方 (인색하지 않다, 구속받지 않다, 형용사)
对头 (정확하다, 적합하다, 형용사)	对・头 (원수, 적수, 명사)
精神 (사람의 의식, 명사)	精・神 (활발하다, 생기 있다, 형용사)
开通 (소통시키다, 처음 사용하다, 동사)	开・通 (구습에 얽매이지 않다, 고집부리지 않다, 형용사)
利害 (이익과 손해, 명사)	利・益 (대처하거나 참기 어렵다, 형용사)

2. 얼화(儿化)

(1) 얼화는 무엇인가

얼화는 접미사 "儿"과 앞 음절의 운모가 함께 결합하여 이 운모로 하여금 혀를 마는 성질을 지닌 특수한 음 변화 현상을 가지게 한다. 혀를 말게 된 운모를 "얼화운"이라 한다. 예를 들어 표준어의 얼화 단어 "花儿" huār은 ā를 발음하는 동시에 혀를 위로 마는 것으로, "花" huā를 먼저 발음하고 난 후에 "儿" er을 읽는 것이 결코 아니다. 표준어에서 "儿"자는 세 가지 음성 현상을 대표한다. 하나는 구체적인 의미를 가지고 있는 "儿"로, 예를 들어 "婴儿", "幼儿"의 "儿"로 이것은 스스로 음절을 이루어 강하게 읽는 "儿"로, ér이라 읽는다. 하나는 스스로 음절을 이룬 접미사(后缀) "儿"로, 예를 들면 "鱼・儿이 물속에서 헤엄치는"의 "・儿"로 경성 er로 읽는다. 또 하나는 얼화된 "儿"로, 그것은 앞의 음절과 하나로 합쳐져 앞 음절의 구성 부분이 되어, 혀를 마는 작용을 나타내고, 한어 병음 앞 음절의 뒤에 r을 붙여 혀를 마는 작용을 나타낸다. 표준어의 이 세 가지 공시적인 "儿"은 실제로 얼화 접미사의 통시적 변천 과정을 반영하였다. 실제 의미를 가진 "儿"은 스스로 음절을 이루는 경성 "儿" 접미사로 변하고 다시 儿화 접미사로 변한다.

儿화 접미사를 나타내는 "儿"은 한어에서 유일하게 독립 음절을 대표하지 않는 한자이다. 한어 서면어에서 얼화의 "儿"을 쓰고 안 쓰고는 일정한 기준이 없다.

반드시 얼화해야 하는 매우 많은 단어는 습관적으로 "儿"을 쓰지 않는데, 예를 들면 "玩", "小孩", "冰棍"이다. 또한 어떤 공구서는 작은 일번(小一号) 크기의 "儿"을 써서 얼화를 나타내고, 다른 두 음절을 이루는 "儿"과 서로 구별하는데, 예를 들면 ≪现代汉语词典≫이다. 얼화와 경성은 마찬가지로 또한 표준어에서 중요한 음성 현상이며, 어휘 · 문법 및 수사와 모두 밀접한 관계가 있다. 얼화운의 발음은 남방 방언 지역의 사람들이 숙달하기 쉽지 않아, 표준어를 학습하는 중요하고도 어려운 점이 되었다.

(2) 얼화운의 발음

얼화는 전체 음절의 변화로 운모의 변화이기도 하다. 얼화 음절은 운모를 발음하는 동시에 혀를 말기 시작하여, 반드시 운모의 발음에 약간의 변화를 가져온다. 얼화운의 발음을 종합하면 대체적으로 몇 가지 상황만이 있다.

① 음절 끝은 ɑ, o, e, ê, u(ɑo, iɑo의 o [u]를 포함)로, 원래 운모의 기초에서 직접 혀를 만다. 예를 들면 다음과 같다.

ɑ [A] — ɑr [ar]	刀把儿、马扎儿
iɑ [ia] — iɑr [iar]	豆芽儿、脚丫儿
uɑ [ua] — uɑr [uar]	脑瓜儿、牙刷儿
o [o] — or [or]	山坡儿、薄膜儿
uo [uo] — uor [uor]	被窝儿、发火儿
e [ɤ] — er [ɤr]	小车儿、打嗝儿
ie [iɛ] — ier [iɛr]	台阶儿、树叶儿
üe [yɛ] — üer [yɛr]	木橛儿、旦角儿
u [u] — ur [ur]	泪珠儿、面糊儿
ɑo [au] — ɑor [aur]	笔帽儿、钱包儿
iɑo [iau] — iɑor [iaur]	小鸟儿、走调儿
ou [ou] — our [our]	老头儿、纽扣儿
iou [iou] — iour [iour]	煤球儿、流油儿

② 운미는 i, n (in, ün을 포함하지 않음)으로, 운미가 탈락하고 주요 모음은 혀를 만다. 예를 들면 다음과 같다.

ɑi [ai] — ɑir [ar]　　小孩儿、名牌儿
uɑi [uai] — uɑir [uar]　　一块儿、乖乖儿
ei [ei] — eir [ər]　　晚辈儿、摸黑儿
uei [uei] — ueir [uər]　　零碎儿、有味儿
an [an] — anr [ar]　　快板儿、门槛儿
ian [ian] — ianr [iar]　　聊天儿、心眼儿
uɑn [uan] — uɑnr [uar]　　遛弯儿、茶馆儿
üɑn [yan] — üɑnr [yar]　　人缘儿、绕远儿
en [ən] — enr [ər]　　嗓门儿、走神儿
uen [uən] — uenr [uər]　　冰棍儿、没准儿

③ 운미는 in, ün으로, 운미가 탈락하고 [ər]을 더한다. 예를 들면 다음과 같다.

in [in] — inr [iər]　　有劲儿、送信儿
ün [yn] — ünr [yər]　　合群儿、短裙儿

④ 운모는 i, ü로, [ər]을 더한다. 예를 들면 다음과 같다.

i [i] — ir [iər]　　玩意儿、小米儿
ü [y] — ür [yər]　　金橘儿、毛驴儿

⑤ 운모는 -i [ɿ], -i [ʅ]로, 운모는 [ər]로 변한다. 예를 들면 다음과 같다.

-i [ɿ] — -ir [ər]　　没词儿、瓜子儿
-i [ʅ] — -ir [ər]　　树枝儿、锯齿儿

⑥ 운미는 ng로, 운미를 잃고 운복은 주요 모음을 비화한다(즉 발음할 때 구강과 비강이 함께 떨려, “비음화”라 하고, 국제 음성 기호에서 모음 위에 ~를 더하여 나타낸다). 예를 들면 다음과 같다.

ɑng [aŋ] — ɑngr [ãr]　　药方儿、帮忙儿
iɑng [iaŋ] — iɑngr [iãr]　　鼻梁儿、灌浆儿
uang [uaŋ] — uangr [uãr]　　蛋黄儿、亮光儿
eng [əŋ] — engr [ə̃r]　　八成儿、板凳儿
ueng [uəŋ] — uengr [uə̃r]　　嗡嗡儿
ong [uŋ] — ongr [ũr]　　没空儿、胡同儿

⑦ 운모는 ing, iong로 운미가 탈락하고 비화한 [ə̃r]을 더한다. 예를 들면 다음과 같다.

ing [iŋ] — ingr [iə̃r]　　　打鸣儿、花瓶儿
iong [yŋ] — iongr [yə̃r]　　　小熊儿、哭穷儿

얼화 음 변화의 각종 상황을 종합하면 주로 다섯 가지 변화인데, 하나는 원래 있는 운모의 기초에 직접 혀를 만 것이고, 하나는 운미가 탈락하는 것이며, 하나는 [ər]로 바꾼 것이고, 하나는 [ər]을 더한 것이고, 하나는 주요 모음의 비화이다. "原, 失, 换, 加, 鼻"로 약칭할 수 있다. 운모가 얼화된 후에 모음 운미 i, 자음 운미 n, ng는 모두 없어지기 때문에 일부 원래 달랐던 음절이 얼화 후에 발음은 서로 같거나 가깝다. 예를 들면

牌 p'ai^{35} — 牌儿 p'ar^{35}　　　盘 p'an^{35} — 盘儿 p'ar^{35}
棍 kuən^{51} — 棍儿 kuər^{51}　　　柜 kuei^{51} — 柜儿 kuər^{51}
班 pan^{55} — 班儿 par^{55}　　　帮 paŋ^{55} — 帮儿 pãr^{55}

표준어의 39개 운모가 얼화 후에 수량이 크게 감소하여 26개 얼화 운모만 남는다. 원래 운모는 얼화 운모와 대응하면 아래와 같다.

원래 운모	얼화운	예
ɑ, ɑi, ɑn	[ar]	把儿, 盖儿, 伴儿
iɑ, iɑn	[iar]	芽儿, 弦儿
uɑ, uɑi, uɑn	[uar]	花儿, 块儿, 玩儿
üɑn	[yar]	圈儿
o	[or]	沫儿
uo	[uor]	活儿
-i [ɿ], -i [ʅ], ei, en	[ər]	丝儿, 汁儿, 辈儿, 根儿
i, in	[iər]	鸡儿, 今儿
uei, uen	[uər]	柜儿, 棍儿
ü, ün	[yər]	雨儿, 裙儿
e	[ɤr]	歌儿
ie	[iɛr]	街儿
üe	[yɛr]	月儿
u	[ur]	珠儿
ɑo	[ɑur]	嗷儿
iɑo	[iɑur]	票儿
ou	[our]	兜儿
iou	[iour]	球儿

원래 운모	얼화운	예
ang	[ãr]	缸儿
iang	[iãr]	亮儿
uang	[uãr]	黄儿
eng	[ə̃r]	灯儿
ing	[iə̃r]	星儿
ueng	[uə̃r]	嗡儿
ong	[ũr]	空儿
iong	[yə̃r]	熊儿

(3) 얼화의 작용

얼화의 어휘, 문법 및 수사 방면의 작용은 주로 세 가지이다. 의미를 변별하고, 단어의 성질을 구분하고, 작거나 친절하거나 좋아하는 감정 색채를 나타낸다.

① 의미 변별 : 매우 많은 단어는 얼화 후에 의미가 바뀌고, 얼화는 의미로 하여금 차이를 발생시킨다. 예를 들면 다음과 같다.

面 (밀가루) — 面儿 (가루)　　眼 (눈) — 眼儿 (작은 구멍)

头 (머리) — 头儿 (지도자)　　信 (편지) — 信儿 (소식)

火星 (9대 행성 중 하나) — 火星儿 (아주 약한 불)

上身 (신체의 상반부) — 上身儿 (윗옷)

② 단어 성질 구분 : 매우 많은 동사와 형용사가 얼화 후에 명사로 바뀌고, 또 어떤 명사와 동사는 얼화 후에 양사로 차용되어 얼화는 단어의 성질로 하여 변화를 발생시켰다. 예를 들면 다음과 같다.

盖 (동사) — 盖儿 (명사)　　包 (동사) — 包儿 (명사)

亮 (형용사) — 亮儿 (명사)　　尖 (형용사) — 尖儿 (명사)

手 (명사) — 手儿 (양사)　　圈 (동사) — 圈儿 (양사)

③ 작거나 친절하거나 좋아함을 나타내는 감정 색채 : 일부 단어의 얼화는 작음을 나타내는 작용이 있고, 일부 단어 앞에 "小"가 오면 뒤에는 반드시 얼화를 한다. 예를 들면 다음과 같다.

棍 — 棍儿　　水 — 水儿　　金鱼 — 金鱼儿　　肉皮 — 肉皮儿

小车儿　　小刀儿　　小鸟儿　　小皮球儿

일부 단어의 얼화는 친절하고 사랑하는 의미를 나타내는 감정 색채를 가지고 있다. 예를 들면 다음과 같다.

小孩儿　　小猫儿　　蝴蝶儿　　菊花儿　　小陈儿　　小王儿

이와 반대로 적은 부분의 단어는 얼화가 경멸하거나 낮게 평가하는 감정 색채를 가지기도 한다. 예를 들면 다음과 같다.

跑堂儿　　光棍儿　　浑球儿　　小菜儿

사고와 연습

1. 경성은 무엇인가? 경성은 음성 4요소와 어떤 관계를 가지고 있는가?
2. 경성의 음높이 변화의 규칙을 예를 들어 설명하라.
3. 경성이 표준어에서 어떤 작용을 하는지 예를 들어 설명하라.
4. 얼화는 무엇인가?
5. 얼화운은 주로 어떤 음 변화로 발생하는지 예를 들어 설명하라.
6. 국제 음성 기호를 사용하여 아래의 얼화 단어에 발음을 표시하라.

纳闷儿　　挑刺儿　　围嘴儿　　豆角儿　　丑角儿
快板儿　　小名儿　　唱片儿　　小曲儿　　门墩儿
找碴儿　　鞋垫儿　　杂拌儿　　扇面儿　　烟卷儿
宝盖儿　　示补儿　　肉月儿　　走之儿　　竖心儿

7. 아래 단문에서 경성어와 얼화어를 가리켜라.

咱们学校是解放后由和平门外搬到这儿的，当时就算城外。过去一出城都是坟地，从地名儿还能看得出来：北太平庄、铁狮子坟、小西天。铁狮子坟过去真有俩铁狮子，听说是清朝一个大官的坟，铁狮子1958年大炼钢铁给拉走了。建新校的时候，学校楼、宿舍楼都盖成工字，两个楼并在一块儿就成了四合院。

제7절 음위

1. 음위의 이론과 귀납 원칙

(1) 음소와 음위

우리는 앞에서 이미 음소의 개념을 학습한 적이 있는데, 음소는 가장 작은 음성 단위로 이것은 물리적이거나 생리적인 각도로 분석한 것이다. 실제적으로 만약 단순히 물리적이거나 생리적인 각도로 음소를 확정하고 어떤 작은 특징을 모두 구분한다면, 한 언어의 음소 수량은 굉장히 방대할 것이다. 예를 들어 표준어의 "枯" kū와 "科" kē 두 음절에 모두 k가 있으나, 이 두 k는 엄격하게 말하여 하나는 원순이고 하나는 원순이 아니다. 만약 우리가 그것을 같지 않은 음소로 구분하여 이것에 따라 유추하면, 즉 기타 자음을 원순과 비원순 두 종류로 구분하면 자음 음소의 수량은 매우 많아질 것이므로, 실제로 이 구분은 음소 계통으로 보아 전혀 필요없는 것이다. 인류는 음성을 연구하는 과정에서 음위의 개념을 인식하고 제기하였다. 음위는 한 언어 중에 의미를 구별하는 가장 작은 단위이다. 음위는 음성의 사회 성질에서 출발하여 나눈 것으로 그것은 음성 형식의 의미 변별 작용과 계통성을 강조하였다. 한 언어의 음소는 비록 많으나 의미를 구별할 수 있는지의 원칙에 따라 병합한다면 수가 많지 않은 음위는 하나의 간단한 계통을 구성하고, 우리는 그것을 위해서 적절하고 가능한 한 세트의 병음 자모를 설계하고 제정한다.

음소와 음위는 비록 두 개의 다른 각도로 나누어진 단위이나 그들 양자도 밀접한 연계가 있다고 말할 수 있다. 하나의 음위는 종종 몇 개의 의미 역할을 구별하지 않는 음소를 포함하는데, 음위는 마침 이런 의미 역할 구별이 없는 음소에서 귀납해 낸 것이다. 예를 들어 표준어 /a/ 음위는 바로 [a], [A], [ɑ], [æ] 등 다른 음소에서 귀납해 낸 것이다. 다른 한편 음소의 차이는 상당히 미세하지만 우리들이 구분해야 하는 것은 그 발음이 다르고 의미 역할을 구별하는 음소가 있다는 것이므로, 비록 차이는 있지만 의미를 구별하지 않는 음소는 완전히 소홀히 하고 따지지 않는다. 한어 병음의 ɑ는 바로 그것이 한 음위라는 것을 고려한 것으로, 의미 구별의 작용이 있어 그것을 모음 음소라 정한다. 이 때문에 음소와 음위가 다른 단위일지라도 그들은 완전히 함께 놓고 토론할 수 있고, 대부분의 상황하에서 이 두 개의 개념은 서로 포용하고 상부상조하는 것이다.

(2) 음위의 종류

음소가 의미를 구별하는 작용이 있는지를 고찰하는 데 간단한 하나의 방법은, 바로 다른 음소를 서로 같은 음성 환경에서 비교하여 그들이 다른 의미를 발생시키는지를 보는 것이다. 만약 확실히 다른 의미를 발생시키면 이 음소는 한 음위로 확정해야 한다. 예를 들면 다음과 같다.

八 [pa⁵⁵]　　趴 [p'a⁵⁵]　　搭 [ta⁵⁵]　　他 [t'a⁵⁵]

그중의 자음 [p, p', t, t']가 출현한 조건은 모두 서로 같으나 병음한 음절 의미는 다르고, 그들이 다른 의미라는 것을 능히 구분할 수 있으므로 각각 하나의 자음 음위이다. 음위의 습관에서 양측을 쌍 사선으로 나타내는데, 상술한 네 개 음위는 /p/, /p'/, /t/, /t'/로 표기한다. 모음도 똑같이 분석한다.

达 [ta⁵⁵]　　独 [tu³⁵]　　德 [tɤ⁵⁵]　　敌 [ti³⁵]

그중의 모음 [a, u, ɤ, i]가 출현한 조건은 모두 서로 같으나 병음한 음절 의미는 다르고, 그들의 다른 의미를 충분히 구분할 수 있으므로 /a/, /u/, /ɤ/, /i/ 각각은 한 모음 음위이다.

우리들은 한어의 성조도 의미를 구별할 수 있다는 것을 아는데, 다른 성조를 서로 같은 음성 환경에 놓아 비교할 수 있다. 예를 들면

冤 [yan⁵⁵]　　圆 [yan³⁵]　　远 [yan²¹⁴]　　院 [yan⁵¹]

성조도 일종의 음위로 볼 수 있는데, 일반적으로 "성조 음위" 혹은 "조위(调位)"라고 한다. 음평, 양평, 상성, 거성, 즉 /1/, /2/, /3/, /4/ 네 조위로 귀납할 수 있다.

우리들은 교체나 비교의 방법으로 의미를 구별할 수 있는 음소 음위를 찾았는데, 그중에 자음 음위와 모음 음위를 포함한다. 그들은 모두 음질의 차이 때문에 다른 음위를 형성하였고, 우리는 그것을 "음질(音质) 음위"라 한다. 또 그들은 모두 특정한 음성 단락으로 나타난 것이므로, 이 때문에 "음단(音段) 음위"라고도 한다. 성조 음위는 즉 조위가 주로 음높이 등의 특징 때문에 음질 차이가 형성되지 않으므로, "비음질 음위"라 부른다. 조위도 단독으로 한 음성 단락을 이루지 않아서 음성의 단락에 덧붙이므로, 이 때문에 "초음단 음위"라 한다.

(3) 음위 변체

음위의 각도에서 문제를 살펴보면 한 음위는 늘 많은 다른 음으로부터 귀납된 것으로, 이런 다른 음은 곧 이 음위의 "음위 변체"이다. 음위와 음위 변체는 분류와 구성원의 관계이고, 다시 말하면 일반과 개별의 관계이다. 음위 변체는 구체적인 표현 형식이고, 음위는 다른 음위 변체를 귀납하고 종결해 낸 전형적인 형식이다. 예를 들어 표준어의 /a/ 음위는 같지 않은 자음(字音) 속에서 서로 다른 변체 형식으로 나타나는 것이다.

啊 [A]	鸭 [ia]	烟 [iæn]	嗷 [ɑu]
安 [an]	挨 [ai]	冤 [yæn]	肮 [ɑŋ]

그중에 단독으로 발음하는 "啊"의 혀 위치는 약간 뒤로 수축하고, 가운데 [A]의 위치에 놓인다. "安"[an] 중의 운복은 [n]의 영향을 받기 때문에 낮은 곳에서 높은 곳으로의 잇몸 운동이고, 혀 위치는 비교적 앞으로 향한다. "鸭" [ia], "挨" [ai] 중의 운복은 운두 · 운미 · 고모음 [i]의 영향을 받고, 혀의 위치는 비교적 앞으로 향한다. "烟" [iæn], "冤" [yæn] 중의 운복은 운두 고모음 [i], [y]와 운미 [n]의 영향을 받았기 때문에 개구도는 감소하고, 실제로 [a]보다 조금 높은 전저(前低) 모음 [æ]를 발음한다. 嗷 [ɑu], 肮 [ɑŋ] 중의 운복은 후모음 운미 [u]와 설근 비음 운미 [ŋ]의 영향을 받았기 때문에 실제로 후모음 [ɑ]를 발음한다. /a/ 음위의 이런 변체는 비록 다른 음소이지만 화자의 심리상 그들은 모두 하나의 음으로 상호 교체가 의미에 영향을 끼치지 않을 것이고, 최대 발음이 표준적이지 않고 자연스럽지 않다는 것만을 느낄 것이다. 사람들은 발음할 때 늘 힘을 줄이는 원칙을 따르는데 전모음이나 전비음에 가까울 때는 전 [a]를 선택한다. 후모음이나 후비음에 가까울 때는 후 [ɑ]를 선택한다. 고모음과 설첨 중비음 중간에 그 개구도는 [æ]까지 감소한다. /a/ 음위의 변체 형식은 일정한 조건에 의해 결정되고, 조건이 다르면 실제 발음도 다르다. /a/ 음위는 마침 이런 같지 않은 변체 중에서 귀납된 것으로, 통상 출현 빈도가 높고 변별과 인식이 쉽고 인쇄하기 편리한 자모를 선택한 것이 이 음위의 대표로서 /a/ 음위는 바로 전 [a]의 a를 선택하여 음위의 부호로 삼는다.

발음 조건이 다르기 때문에 발생시킨 음위 변체는 음위의 조건 변체라고 하는데, /a/ 음위의 [A], [a], [ɑ], [æ] 등 변체는 모두 같지 않은 조건에서 나타난 것으로 모두 조건 변체이다. 조건 변체와 상대적인 것은 자유 변체로, 자유 변체는 조건의 제약을 받지 않고, 어떤 상황에서도 자유롭게 교체 교환할 수 있는데, 예를 들어 남경어의 자음 성모 [l]은 임의로 [n]이라 읽어도 제한을 받지 않고, 표준어 /a/ 음위의 [æ] 변체도 [ɛ]로 발음하며, "眼"은 [iɛn]이라 읽는데, [ɛ]가 바로 자유 변체이다. 상성자는 단독으로 읽을 때 [214]로 발음하고 [213], [212]로 발음하기도 하는데, 변체 [213], [212]는 곧 자유 변체이다.

(4) 음위 귀납의 원칙

음위 귀납은 일정한 원칙에 따라 진행할 필요가 있다. 사람들은 음위 귀납의 작업은 주로 대립 원칙, 상호 보충 원칙, 상호 유사 원칙과 계통 원칙의 네 원칙에 의거한다.

① **대립 원칙** : 두 개의 다른 음은 서로 같은 한 음위로 병합하고, 또는 대립하는 두 음위로 구별하고, 그들 사이의 음성 차이는 다른 의미를 구분할 수 있는지에 의하여 결정한다. 다른 의미를 구별할 수 있는 것은 음위 구성 대립의 기초이다. 음위 대립을 초래하는 것은 실제로 음성 특징으로, 구별 특징이라고 한다. 한 언어에서 구별 특징은 늘 제한적이다. 예를 들어 한어 표준어에서 유기, 무기는 바로 음위 대립을 구성하는 구별 특징이다. /t/와 /t'/ 이 두 음과 같은 차이는 하나는 무기고, 하나는 유기라는 것에 있다. 그들은 같은 운모가 병음하여 얻어진 음절과 의미가 다른데, 예를 들면 [ta^{55}] "搭", [t'a^{55}] "他"로 바로 구별 특징이 다른 것에서 초래된 것이다.

② **상호 보충 원칙** : 소위 서로 보완한다는 것은 한 음위로 귀납하는 다른 음의 분포 상황을 가리킨다. 이 다른 음은 반드시 서로 보충하는 관계를 형성해야만 한다. 즉 나타난 환경과 조건은 각각 서로 다르고, 하나가 나타나는 곳에는 다른 것이 절대로 나타나지 않는다. 예를 들어 /a/ 음위의 다른 변체 [a], [ɑ], [A], [æ]는 서로 보충하는 관계에 놓여 있고, 각자의 출현 조건이 있다. 한어 표준어에서 g, k, h와 j, q, x는 바로 서로 보충하는 관계에 있고, 이론상 그들은 세 음위를 병합한 것이라 말하며, 즉 j, q, x를 g, k, h의 조건 변체라고 일찍이 안 된다고 한 적이 없다고 본다. 한어 병음 방안 설계자는 조건 변독의 방법을 채택하지 않았는데, 즉 g, k, h는 제구호 · 촬구호 두 호와 서로 병음할 때 j, q, x로 변독하는데, 주로 이렇게 학습자의 학습 난이도를 증가시킬 것을 고려하는 동시에 음감(音感)적으로 g, k, h는 j, q, x와의 차이도 비교적 크다.

③ 상호 유사 원칙 : 대립과 서로 보충하는 원칙을 지키는 것 이외에, 한 음위의 몇 개의 음은 아직 서로 같아야 한다고 귀납하는데, 즉 언어 사용자가 듣기에 그들 사이의 차이는 지나치게 크게 들린다. 상술한 g, k, h와 j, q, x가 음위를 분립하는 것이 바로 한 예이다. 다시 예를 들면 표준어의 비자음 m은 성모로만 쓰이고 비자음 ng는 운미로만 쓰이는데, 그들의 출현조건도 서로 보충하는 것이다. 다만 그들을 한 음위로 귀납하면 발음 차이가 상당히 명확하기 때문에, 북경인의 음감으로는 아마 통하지 않을 것이므로, 발음이 서로 유사한 것도 음위 귀납의 중요한 원칙으로 삼아야 한다.

④ 계통원칙 : 음위 귀납의 결과 수량이 그다지 많지 않은 몇 개의 음위를 얻어야만 하고, 세계에서 통행하는 자모로서 그들을 나타내어 간단한 계통을 형성할 수 있다. 표준어의 자음 음위는 6개의 폐쇄음과 6개의 폐찰음이고, 그중에 6개의 무기음과 6개의 유기음이 있고, 이외에도 또 6개의 마찰음, 3개의 비음과 1개 변음이 있어 상대적으로 가지런한 계통을 구성하였고, 발음 부위에 따라 6조로 배열할 수 있는데, 학습과 숙달에 매우 편하다. 표준어는 비록 유성과 무성의 대립이 있어 5개 차유성음, 일부 무성음도 유성음의 변체가 있으나 유성과 무성은 가지런한 대립을 결코 이루지 않고, 계통상 일반적인 무성과 유성의 유성음 변체에 대하여 묘사할 필요가 없다고 고려한다. 상대적으로 간단한 하나의 음계를 형성할 수 있는지는 음위 귀납이 고려할 필요가 있는 문제이다.

2. 표준어의 음위

(1) 모음 음위

음성 연구의 각도로 우리는 표준어의 모음 음위를 10개로 병합한다. /a/, /o/, /ɤ/, /ε/, /i/, /u/, /y/, /ɿ/, /ʅ/, /ɚ/이다. 아래에 각각 그들의 음위 변체 및 출현 조건을 좀 소개한다.

① /a/ — ① 주요한 음위 변체는 [A], [a], [ɑ], [æ]가 있다.
　　② 전형적인 변체는 [a]이다。각 변체의 출현 조건은 앞에서 이미 논하였다.

② /o/ — 스스로 한 음위를 이룬다. 예를 들어 "波"[po], "多"[tuo]이다.

3 /ɤ/ — ① 주요한 음위 변체는 [ɤ], [e], [ə]가 있다.
② 전형적인 변체는 [ɤ]이고, 단독으로 운모로 쓰일 때 나타난다. 예를 들면 "歌"[kɤ]이다.
③ 변체 [e]가 [i]의 앞에 나타나는 것을 예를 들면 "北"[pei]이다.
④ 변체 [ə]는 [n]과 [ŋ] 사이에 나타나는데, 예를 들면 "本"[pən], "争"[tʂəŋ]이다.
⑤ 경성 음절에 나타나는 것을 예를 들면 "·的"[·tə]이다.
⑥ 어떤 얼화 음절에 나타나는 것을 예를 들면 "枝儿"[tʂər]이다.

4 /ɛ/ — 스스로 한 음절을 이루는데, 예를 들면 "夜"[iɛ], "月"[ɥɛ]이다.

5 /i/ — ① 주요한 음위 변체는 [i], [ɪ], [j]가 있다.
② 전형적인 변체는 [i]로 예를 들면 "地"[ti], "衣"[ji]이다.
③ 변체 [ɪ]는 운미로 쓰이는데, 예를 들면 "爱"[aɪ], "被"[peɪ], "最"[tsueɪ]이다.
④ 변체 [j]는 영성모 음절에서 운두로 쓰이는데, 예를 들면 "亚"[ja], "烟"[jæn], "洋"[jɑŋ]이다.

6 /u/ — ① 주요한 음위 변체는 [u], [ɷ], [ʋ]가 있다.
② 전형적인 변체는 [u]로, 예를 들면 "古"[ku]이다.
③ 변체 [ɷ]는 [u]보다 약간 낮고 운미로 쓰이는데, 예를 들면 "熬"[ɑɷ], "后"[oɷ]이다.
④ 변체 [ʋ]는 순치 반모음이고, 영성모 음절에서 운두로 쓰이고, 뒤에는 비원순 모음이다. 예를 들면 "挖"[ʋa], "碗"[ʋan], "翁"[ʋəŋ]이다. 순치 마찰음 [f]의 뒤에 있는데, 예를 들면 "富"[fʋ]이다.
⑤ 변체 [w]는 양순 반모음이고, 영성모 음절 중에 운두로 쓰이고, 뒤에는 원순 모음이다. 예를 들면 "我"[wo], "五"[wu]이다.

7 /y/ — ① 중요한 음위 변체는 [y], [ɥ]가 있다.
② 전형적인 변체는 [y]로, 예를 들면 "菊"[tɕy]이다.
③ 변체 [ɥ]는 쌍순 반모음이다. 영성모 음절에서 운두로 쓰이는데, 예를 들면 "圆"[ɥan], "月"[ɥɛ]이다.

8 /ɿ/ — 스스로 한 음위가 된다. [ts、ts'、s] 뒤에서 운모로 쓰이는데, 예를 들면 "子"[tsɿ]이다.

9 /ʅ/ — 스스로 한 음위가 된다. [tʂ、tʂʻ、ʂ、ʐ] 뒤에서 운모로 쓰이는데, 예를 들면 "枝"[tʂʅ]이다.

10 /ɚ/ — ① 주요한 음위 변체는 [ɚ], [ɐr]이 있다.
② 전형적인 변체 [ɚ]은 양평, 상성 음절이고, 예를 들면 "儿"[ɚr], "耳"[ɚ]이다.
③ 변체 [ɐr]는 거성으로, 예를 들면 "二"[ɐr]이다.

한어 병음 방안 중에서 모음은 7개의 자모로 설계하는데, 그들은 ɑ, o, e, ê, i, u, ü이다. 그중의 e와 ê가 쓰인 것은 하나의 자모로, 그들은 단독으로 운모로 쓰일 때 구분해야 하고, 복운모 중에서 그들의 분포는 서로 보충하여 ê의 모자를 벗길 수 있다. /ɿ/, /ʅ/, /i/ 세 음위는 모두 i로 대표되는데 그들의 출현 조건도 서로 보충하기 때문이다. 한어 병음 방안의 모음 자모 설계는 바로 음위학 이론을 기초로 한다.

(2) 자음 음위

표준어의 자음 음위는 모두 22개가 있는데, 그들은 /p/, /pʻ/, /m/, /f/, /t/, /tʻ/, /n/, /l/, /k/, /kʻ/, /ŋ/, /x/, /tɕ/, /tɕʻ/, /ɕ/, /tʂ/, /tʂʻ/, /ʂ/, /ʐ/, /ts/, /tsʻ/, /s/이다. 아래에서는 비교적 명확한 음위 변체를 좀 소개한다.

1 무기의 무성 폐쇄음, 무성 폐찰음이 경성 음절에 나타날 때, 상응하는 유성음 변체를 생산하는데, 예를 들면 다음과 같다.

음위	음위변체	예
/p/	[b]	萝卜[bə]
/t/	[d]	我的[də]
/k/	[g]	七个[gə]
/tɕ/	[dz]	姐姐[dziɛ]
/tʂ/	[dʐ]	看着[dʐə]
/ts/	[dz]	桌子[dzə]

2 /f/, /ŋ/ 이외의 대다수 자음 음위는 원순 모음과 서로 병음할 때 양 입술이

자연적으로 동그란 것을 거둘 것이고 원순의 변체를 생산할 것이다. 예를 들면 "都"[tu], "努"[nu], "曲"[tɕ'y], "俗"[su] 중의 자음은 모두 두 입술이 동그란 것을 거둔 것이다.

③ 설첨중음 /t/, /t'/, /n/, /l/은 제치호 운모와 서로 병음할 때, 혓바닥은 경구개에 접근하고, 설면음 색채를 가지고 구개화 음 변체를 형성한다. 예를 들면 "低"[ti], "贴"[t'iɛ], "年"[niæn], "良"[liaŋ] 중의 자음은 발음할 때 모두 설면음 색채를 가지고 있다.

④ 설근음 /k/, /k'/, /x/는 운모 ei와 서로 병음할 때, 혀 위치가 비교적 높은 전모음 e의 영향을 받기 때문에 발음 부위는 앞으로 이동하고 변체 [c, c', ç]를 출현시킨다. 예를 들면 "给"[cei], "克"[c'ei], "黑"[çei]이다.

⑤ 비음 /n/은 원순 변체가 있는 것을 제외하고도 또 두 음위 변체가 있다. 성모로 쓰이는 [n-]은 장애 형성, 장애 지속, 장애 해제의 세 단계가 있고, 장애를 지속하고 해제할 때에는 모두 발음하는데, 예를 들면 "拿"[na]이다. 운미로 쓰이는 [-n]은 장애를 지속할 때에만 발음하고, 장애를 해제할 때에는 발음하지 않아 "유폐음(唯闭音)"이라 하는데, 예를 들어 "搬"[pan]이다.

⑥ 비음 /ŋ/은 두 음성 변체가 있다. 하나는 운미 [-ŋ]으로 장애를 지속할 때 발음하고 장애를 해제할 때에는 발음하지 않아 유폐음으로, 예를 들면 "当"[taŋ]이다. 또 하나는 임시 성모 [ŋ-]으로 장애 형성, 장애 지속, 장애 해제 세 단계가 있고, 이 변체는 어기사 "啊" 앞에서만 나타나고, "啊"는 앞에 있는 운미 [-ŋ]의 음절과 연속할 때 동화 작용 때문에 자주 이런 성모가 있다. 예를 들면 "冲啊"[tʂ'uŋŋA]이다.

한어 병음 방안이 설계한 자음 자모는 대다수 단자모로 zh, ch, sh, ng만 쌍자모이다. r 하나는 설첨후 유성 마찰음 성모로 쓰이고, 하나는 얼화운 뒤에서 혀를 마는 역할을 나타내고, 혀를 드는 것은 혀를 마는 것과 확실히 서로 유사한 점이 있으므로 분포에서 서로 보충한다.

(3) 성조 음위

표준어는 음평, 양평, 상성, 거성 네 개의 기본 성조 음위가 있는데, /1/, /2/, /3/, /4/로 기록한다. 경성도 하나의 특수한 음위라 할 수 있다. 각 조위의 음위 변체는 아래와 같다.

1 ／1／ — ① 전형 변체는 [55]이다.
② 변체 [44]는 음평과 음절의 앞에 나타난다.

2 ／2／ — ① 전형 변체는 [35]이다.
② 변체 [34]는 양평과 음절의 앞에 나온다.

3 ／3／ — ① 전형 변체는 [214]이고, 단자(单字)를 읽고 아울러 읽는 것이 비교적 충만한 상황일 때 나온다. 이외에 또 변체 [213]이나 [212]가 있는데, 단자를 읽거나 어구의 끝에 나온다.
② 변체 [35]는 상성 음절의 앞에 나온다.
③ 변체 [21]은 음평, 양평, 거성의 앞에 나온다.

4 ／4／ — ① 전형 변체는 [51]이다. 거성을 없애버리기 전의 다른 조건하에서 나온다.
② 변체 [53]은 거성 앞에 나온다.

5 경성은 일종의 특수한 성조 음위로 그 변체는 다음과 같다.
① 변체 [2]는 음평의 뒤에 나오는데, 예를 들면 “桌子”이다.
② 변체 [3]은 양평 뒤에 나오는데, 예를 들면 “便宜”이다.
③ 변체 [4]는 상성 뒤에 나오는데, 예를 들면 “椅子”이다.
④ 변체 [1]은 거성 뒤에 나오는데, 예를 들면 “裤子”이다.

경성 음절은 의미를 구분할 수 있는데, 원리대로 말하면 표준어의 다섯 번째 조위로 여겨야만 한다. 그러나 경성 음절의 음높이는 고정되지 않아 전형적인 음성 변체가 없고, 경성 음절을 나타내는 한자는 원래도 하나의 성조가 있으며, 경성도 음의 변화 현상으로 볼 수 있고, 다른 성조 음위와도 달라 일종의 특수한 성조 음위이다.

사고와 연습

1. 아래에 열거된 것의 개념을 해석하라.
   (1) 음위　(2) 음질 음위
   (3) 비음질 음위　(4) 음위 변체
   (5) 조건 변체　(6) 자유 변체
   (7) 구별 특징
2. 음소와 음위의 관계를 예를 들어 설명하라.
3. 음위 귀납 원칙을 예를 들어 설명하라.
4. 표준어의 모음 음위는 어떤 것이 있고, 각 음위는 어떤 음위 변체를 포함하는가?
5. 표준어의 자음 음위는 어떤 것이 있고, 각 음위는 어떤 음위 변체를 포함하는가?
6. 표준어의 성조 음위는 어떤 것이 있고, 각 음위는 어떤 음위 변체를 포함하는가?
7. 한어 병음 방안의 모음 자모는 어떤 것이 있고, 어떤 원리에 근거하여 설계한 것인가?
8. 한어 병음 방안의 자음 자모는 어떤 것이 있고, 어떤 원리에 근거하여 설계한 것인가?
9. 표준어의 성모 g, k, h와 j, q, x는 분포로 말하면 서로 보충하는데, 그들은 세 음위로 병합할 수 있는가?
10. 표준어의 성모 m과 운미 ng는 분포로 말해 역시 서로 보충하는 것으로서, 그들은 한 음위로 병합할 수 있는가?

제8절 어조와 낭독

1. 어조(语调)

우리는 평상시 말하고 낭독할 때, 즉 각 음절의 성모·운모·성조 모두 매우 정확하게 발음하고 음성을 완전히 정확하게 발음할 수 없는데도 문제가 없는 것은, 음절과 음절이 서로 이어져 문장이 된 후 어조가 작용을 하고 어조가 정확하지 않으면 똑같이 음성 양상에 영향을 끼치기 때문이다. 문장의 끊어 읽기와 연속,

경중, 억양, 속도 등 음성 변화에 나타나는 이러한 것을 통칭하여 어조라고 한다. 어조는 음성 계통에서 또 매우 중요한 구성 성분이다. 우리들은 여기에서 주로 표준어 어조 중의 끊어 읽기, 중음, 구조(句调) 세 방면의 내용을 이야기하자.

(1) 끊어 읽기

끊어 읽기는 단락이나 어구 중간과 뒤에 나타나, 음성 중간에 휴식하는 것이다. 언어는 반드시 끊어 읽기가 있어야 하는데, 이것은 생리적 필요에서 나온 것으로, 화자는 끊어 읽기로 환기 · 부호화하는 것을 나타내고, 청자는 끊어 읽기로 분석 · 이해할 필요가 있다. 만약 늘 기관총이 발사되는 것처럼 말하게 되면, 화자는 참을 수 없고 청자도 참을 수 없다. 다른 한편으로는 언어 구조 자체의 필요에서 나온 것으로, 예를 들어 "咬死了 / 猎人的狗"와 "咬死了猎人的 / 狗" 이 두 구의 끊어 읽기는 다른데 구조와 의미도 모두 다르다. 또 예를 들면 "可我要是不要呢?" 이 말은 만약 "要是"의 뒤에서 쉬면 하나의 반어문이고, 의미는 "내가 원하지 않으면, 너는 나를 어떻게 할 수 있어(我不要的话你能把我怎么样)"이다. 만약 "要"와 "是"의 사이에서 쉬면, 즉 원하고 원하지 않고의 사이에서 머뭇거림을 나타낸다. 일반적으로 말해서 생리상 환기의 필요는 구조 의미의 필요에 복종해야 하는데 그렇지 않으면 쉼은 적절하지 않고, 구조와 의미를 분리하게 하여 통하지 않거나, 사람으로 하여금 이해하지 못하게 하거나 뜻이 완전히 다른 문장이 된다. 예를 들어 어떤 사람은 "客家人 / 民居"을 "客家 / 人民居"로 읽고 "他看见 / 儿子不高兴"을 "他看见儿子 / 不高兴"으로 읽는다.

의미적으로 연계가 긴밀한 많은 음절은 하나의 끊어 읽기 단위를 구성할 수 있는데, 이것을 "의미 단위(意群)"라 한다. 의미 단위는 곧 통상 글이 거침없고 수미가 일관될 수 있는 어구라 말하고, 의미 단위는 클 수도 있고 작을 수도 있어 자주 말하며 낭독하는 속도로 결정하고, 말 속도가 빠르면 의미 단위는 크고 말 속도가 느리면 즉 의미 단위는 작다. 예를 들면 다음과 같다.

① 柳喜儿嚷得哑了嗓子 / 魏大猛叫得岔了气儿 / 牛大水急得脑袋懵 / 杨小梅气得肚子疼.(孔厥, 袁静 : ≪新儿女英雄传≫)

(유희아는 큰 소리로 불러서 목이 쉬었고, 위대맹은 소리를 지르는데 옆구리가 결렸고, 우대수는 급해서 머리가 우둔하였고, 양소매는 화가 나서 배가 아팠다.)

② 柳喜儿嚷得 / 哑了嗓子 / 魏大猛叫得 / 岔了气儿 / 牛大水急得 / 脑袋懵 / 杨小梅气得 / 肚子疼.

③ 那毒花花的太阳把手和脊背 / 都要晒裂.(老舍：≪骆驼祥子≫)

(그 쨍쨍 내리쬐는 태양은 손과 등을 모두 트게 하였다.)

④ 那毒花花的太阳 / 把手和脊背 / 都要晒裂.

예 ①, ③은 비교적 빠르게 읽는데 의미 단위는 비교적 크고, 예 ②, ④는 비교적 느리게 읽는데 의미 단위는 비교적 작다.

의미 단위 중 또 더 작은 끊어 읽기 단위로 나눌 수 있는데, 이것은 "리듬 단위(节拍群)" 혹은 "음보(音步)"라 부른다. 리듬 단위 사이의 끊어 읽기는 명확히 의미 단위보다 작다. "리듬 단위"는 어구 내부 리듬의 쉼에 나타나는데, 즉 통상적으로 "높낮이와 멈춤과 바뀜"의 "멈춤과 바뀜"이라 말한다. 예를 들면 다음과 같다.

⑤ 我爱 / 月夜, // 但我 / 也爱 / 星天. 从前 / 在家乡 / 七八月的 / 夜晚// 在 / 庭院里 / 纳凉 / 的时候, / 我 / 最爱看 / 天上 / 密密麻麻的 / 繁星.) (巴金：≪繁星≫)

(나는 달밤을 좋아하는데 별이 있는 하늘을 좋아한다. 예전에 고향의 칠팔월의 밤에 뜰에서 바람을 쐴 때, 나는 하늘에 빽빽한 무수한 별 보는 것을 좋아하였다.

시가의 리듬 단위는 상당히 가지런하고 리듬감도 특별히 강하다. 일반적으로 한 구의 시는 2개에서 4개의 음보가 있다. 음절이 많은 음보는 좀 치밀하게 읽고 음절이 적은 음보는 좀 느슨하게 읽는다. 음보는 일반적으로 끊어 읽기로 나타내고, 또한 어떤 것은 어느 한 글자를 길게 발음하는 것으로 나타낸다. 그 끊어 읽는 길이도 완전히 일치하지 않고, 낭독자는 내용에 대한 자신의 이해에 근거하여 자유롭게 발휘할 수 있다. 예를 들면 다음과 같다.

⑥ 梳妆 / 来啊, // 梳妆 / 来！
百花 / 任你 / 戴, // 春光 / 任你 / 采, //
万里 / 锦绣 / 任你 / 裁！
三门 / 闸工 / 正 / 年少, //
幸福 / 闸门 / 为你 / 开.
并肩 / 挽手 / 唱 / 高歌 / 啊, //
无限 / 青春 // 向 / 未来！(贺敬之：≪三门峡－梳妆台≫)

(화장 하여라, 화장을 해! 네가 온갖 꽃을 마음껏 달고, 봄볕을 마음껏 모으고, 만 리의 금수를 마음껏 재단해! 삼문 갑공은 한참 젊은 나이에, 행복한 갑문은 너를 위해 연다. 어깨를 나란히 하고 손을 잡고 소리 높여 노래 불러라, 무한한 청춘은 미래로 향한다!)

한어 표준어 중의 끊어 읽기는 일반적으로 문법 끊어 읽기와 논리 끊어 읽기의 두 가지로 나눌 수 있다. 아래에 각각 소개한다.

① **문법 끊어 읽기** : 문법 끊어 읽기는 문법 관계나 문법 성분의 끊어 읽기를 나타낸다. 의미 단위 · 리듬 단위는 늘 문법상의 단어 · 구 · 문장과 서로 대응하고, 매우 명확한 끊어 읽기는 일반적으로 모두 문장 부호로 나타낸다. 문장 부호가 나타낸 끊어 읽기의 시간 길이는 다르다. 일반적으로 말해서 장절과 단락 말미 점과 부호를 찍어 나타내는 쉼은 문말 콤마가 나타내는 쉼보다 커야만 하고, 문말 콤마가 나타내는 쉼은 문중 콤마가 나타내는 쉼보다 커야만 한다. 문장 중의 콤마를 보면 마침표는 가장 짧고, 쉼표는 마침표보다 길고, 세미콜론은 또 쉼표보다 길다. 문말 콤마의 마침표, 물음표와 감탄부호는 세미콜론보다 길다. 생략부호와 대시는 문중(句中)에서 문말 콤마보다 짧고, 문말은 그들보다 길다. 콜론도 활용이 비교적 민첩한 콤마로 일반적인 상황에서 세미콜론보다 길고, 마침표보다 짧다. 주의할 것으로 또 특수한 상황이 있는데, 어떤 도치문과 변형문(变式句) 중에 어떤 문중 쉼표는 끊어 읽기를 나타내지 않는데, 예를 들면 "来了, 您?" 이 문장에서 쉼표는 쉼을 나타내지 않고 문법 성분의 경계선만을 나타낸다. 종합적으로 말하면 낭독할 때 만약 문장 부호가 나타내는 끊어 읽기에 충분히 주의하면 언어 층차가 분명하고, 멈춤과 바뀜이 정취가 가득하며, 표현이 자연스럽고, 의미 내용을 더욱 뚜렷하게 할 수 있다.

문법 끊어 읽기는 또 문장 내부 문법 성분 사이의 끊어 읽기, 즉 지면상 문장부호가 없어 실제로 끊어 읽기가 필요하거나 끊어 읽을 수 있는 상황을 포함한다. 예를 들면 다음과 같다.

⑦ 三年前 // 在南京 // 我住的地方 // 有一道后门, 每晚 // 我打开后门, 便看见一个静寂的夜.(巴金 : ≪繁星≫)

(3년 전 남경에 내가 살던 곳에 문이 하나 있었는데, 매일 저녁 나는 뒷문을 열고, 고요한 밤을 보았다.)

⑧ 三百多年前, 建筑设计师菜伊恩 // 受命设计了 // 英国温泽市政府大厅. 他 // 运用工程力学的知识, 依据自己多年的实践, 巧妙地设计了 // 只用一根柱子支撑的 // 大厅天花板.(游宇明 : ≪坚守你的高贵≫)

(3백여 년 전에, 건축설계사 채이은은 명령을 받아 영국 온택시 정부 홀을 설계하였다. 그는 공정 역학의 지식을 활용하고, 자신이 여러 해 실행한 것에 근거하여, 교묘하게 하나의 기둥만이 지탱하는 홀 천장을 설계하였다.)

예문 중 두 개의 사선을 그은 끊어 읽기는 부사어(状语)와 한정어(定语)의 뒤나 주서술어(主谓) 사이에 혹은 동사와 목적어 사이이다. 이곳에서 멈추는 것은 멈추어도 될 뿐 아니라 숨을 보충하는 데도 도움이 되고, 문중의 문법 관계를 명확하게 하고 아울러 청자의 주의를 끈다.

② **심리 끊어 읽기** : 표현하려는 필요를 위하여 원래 멈추어서는 안 되는 어떤 곳에 의식적으로 배치한 쉼을 심리 끊어 읽기라고 한다. 심리 끊어 읽기는, 혹은 어떤 사고적인 정서를 과장하기 위해서 특수한 끊어 읽기로 암시하거나, 어떤 단어나 음절을 두드러지게 한다. 또는 운율의 미감을 구해 단어 문법 구조의 제한을 깨고 특정한 리듬 형식을 형성한다. 예를 들면 성어 "一衣 / 带水", "学而 / 不厌"의 끊어 읽기는 박자를 가지런하게 하려고 채택한 심리 끊어 읽기이다. 말을 하거나 낭독할 때 심리 끊어 읽기를 활용하는 것은 진실한 사고와 감정을 기초로 하고 있고, 또 일정한 기교가 있다. 예를 들면 다음과 같다.

⑨ 然而，火光啊……毕竟……毕竟就在前头！……(柯罗连科：≪火光≫)

(그러나, 불빛은……필경……필경 앞에 있다!)

⑩ 青年人手持酒杯一下子愣住了，既尴尬又非常遗憾地说："可是，我……我还没向您请教呢……"(纪广洋：≪一分钟≫)

(청년들은 술잔을 잡고 잠시 넋이 나갔는데, 부끄럽기도 하고 매우 유감스럽기도 하여 "그러나, 난……난 아직 당신이 가르침을 청할 것을 생각지도 않았는데……")

㉮ ⑨ "火光啊" 뒤의 두 "毕竟" 사이에서 끊어 읽는 것은 정상적인 문장에서는 없는 것으로 여기에서 끊어 읽는 것은 "毕竟"을 두드러지게 나타내었고, 주인공이 현실 희망의 확고함에 대하여 동요하지 않는 신념을 표현하였다. 예문 ⑩ "我" 뒤의 끊어 읽기는 젊은이가 당시의 부끄럽고 의혹적인 마음을 표현하였다. 작품을 낭송할 때 감정이 격앙되는 곳을 만나, 두드러지게 하려는 단어에 대하여 자주 말의 속도를 늦추고 차츰 글자를 발음하며, 글자 사이에서 끊어 읽기를 한다. 예를 들면 다음과 같다.

⑪ 这南方初春的田野，大块小块的新绿随意地铺着，有的浓，有的淡，树上的嫩芽也密了，田里的冬水也咕咕地起着水泡. 这一切都使人想着一样东西 — 生命.(莫怀戚：≪散步≫)

(이 남방 초봄의 들에, 크고 작은 신록이 깔려 있는데, 어떤 것은 짙고 어떤 것은 옅으며, 나무의 새싹도 빽빽하고, 밭의 겨울 물도 퐁퐁 물거품이 일고 있다. 이 모든 것은 사람으로 하여금 같은 것 "생명"을 떠올리게 한다.)

㉮ ⑪ "生命"은 낭독할 때 "生"과 "命" 사이에 끊어 읽기를 할 수 있고, 이로부터 이 단어가 문장에서 보통과 다른 함의를 가지고 있음을 두드러지게 한다.

(2) 중음(重音)

중음은 어구 중의 어떤 단어를 강하게 읽는 것이다. 한어의 단어는 실제로도 단어 중음이 있지만, 중음 격식은 간단하고 기타 언어의 단어 중음처럼 그렇게 관심을 받지 않는다. 한어의 쌍음절 단어처럼 "中重"(예를 들어 "祖国")과 "重轻"(예를 들어 "月亮") 두 격식만 있어 비교적 단순하다. 우리들은 어조 중의 어구 중음을 이야기해야 하는데, 어구 중음은 단어 중음과 다르다. 한어 표준어에서 한 문장의 일부 단어에서 어쨌든 하나 혹은 몇 개의 단어가 상대적으로 좀 강하게 읽히는 것은 문장 중음이 있다는 것이다. 예를 들면 "外边下雨了" 이 문장에서 "下雨"는 바로 문자 중음이 있는 것이다. 어떤 구도 중음이 있는데, 예를 들면 "拿出来"의 "拿"는 비교적 강하게 말한다.

어구 중에서 음성의 경중은 실제로 정보 구조의 반영으로, 중음 부분의 정보는 일반적으로 어구가 나타내려는 새로운 정보이거나 비교적 중요한 소식이다. 어구의 뜻에 대하여 말하면, 어구 중음은 늘 어구의 의미 초점이다. 그래서 말하고 낭독할 때 특히 어구 중음을 주의해야 하고, 어구 중음을 정확하게 읽고 분명하게 읽는데, 이것은 문장의 의미 표현에 있어 굉장히 중요하다. 만약에 어구의 중음을 잘못 읽거나 중음을 읽지 않았거나 중음이 두드러지지 않으면, 모두 어구의 의미 표현에 영향을 미칠 것이다. 예를 들면 "我想起来了" 이 말은 만약 문장 중음을 "想"에 놓으면 "我回忆起某件事(나는 어떤 일의 기억이 되살아난다)"의 뜻이다. 만약 중음을 "起"에 놓으면 "我想起床了(나는 일어나고 싶다)" 혹은 "我想站起来了(나는 일어서고 싶다)"의 뜻이다. 이것으로 어구 중음의 중요성을 알 수 있다.

어구 중음은 상대 중음과 절대 중음으로 나누어져 있는데, 상대 중음은 일반적으로 하나의 단어나 일부 단어에 놓인다. 절대 중음은 어구 중에서 가장 강하게 읽는 음절로, 마지막 한 음절에 놓인다. 어구의 절대 중음은 때로 단어 중음과 일치하지 않는데, 단어 중음이 어구에서는 자주 변화할 것이기 때문이다. 예를 들면 "祖国的人民"은 절대 중음이 "祖"에 있고, "国"에 있지 않다. 절대 중음의 문제는 비교적 복잡하기 때문에 우리들은 여기에서 주로 상대 중음을 소개한다. 일반적으로 어구 중음은 문법 중음과 논리 중음 두 가지로 나뉘는데, 아래에서 나누어 이야기한다.

1 **문법 중음** : 문법 구조의 특징으로 어구의 일부 성분을 강하게 읽는 현상을 문법 중음이라고 한다. 문장에서 문법 중음으로 읽는 것은 대체로 아래와 같이 몇 가지가 있다.

1) 주서술어 구조의 어구에서 서술어 혹은 서술어 부분은 일반적으로 중음으로 읽는다. 예를 들면

① 今天星期一. (오늘은 월요일이다.)

② 老张精神焕发. (장씨는 생기를 발산한다.)

③ 先遣队出发了. (선발대는 출발했다.)

④ 他开汽车上天津了. (그는 차를 몰고 천진에 갔다.)

2) 서술어 뒤의 정도, 결과, 상태 보어는 일반적으로 중음으로 읽는다. 예를 들면 다음과 같다.

⑤ 这场球精彩极了. (이번 시합은 매우 멋지다.)

⑥ 茶杯让我打碎了. (찻잔은 내가 깨뜨렸다.)

⑦ 小王跑得直出汗. (왕군은 뛰는데 줄곧 땀이 났다.)

⑧ 他的眼睛睁得大大的. (그의 눈뜬 것이 매우 컸다.)

3) 서술어 앞에 부사, 형용사가 충당하는 부사어는 자주 중음으로 읽는다. 예를 들면 다음과 같다.

⑨ 他这个人非常好. (그 사람은 매우 좋다.)

⑩ 工人们认真地检修机器. (노동자들은 진지하게 기기를 점검 수리하였다.)

⑪ 我慢慢地适应了大学生活. (나는 천천히 대학 생활에 적응하였다.)

⑫ 我们坚决完成任务. (우리는 단호하게 임무를 완성하였다.)

4) 빈어 앞에 형용사, 명사가 충당한 한정어는 자주 중음으로 읽는다. 예를 들면 다음과 같다.

⑬ 那就是我美丽的家乡. 그것은 바로 나의 아름다운 고향이다.)

⑭ 张老师对学生充满深厚的感情.
(장 선생님께선 학생들에게 깊고 두터운 감정이 충만하시다.)

⑮ 他拿来的是一把木头椅子. (그가 가져온 것은 나무 의자이다.)

⑯ 我收藏了不少老舍的作品. (나는 적지 않은 노사 작품을 소장하고 있다.)

5) 의문을 나타내는 대명사는 중음으로 읽는다. 예를 들면 다음과 같다.

⑰ 你怎么搞的? (너 어떻게 된 거야?)

⑱ 是谁给了他这么大的权力? (누가 그에게 이렇게 큰 권력을 주었나?)

⑲ 你第一次来北京时在什么时候? (네가 처음 북경에 왔을 때는 언제야?)

⑳ 咱们明天去北海怎么样? (우리 내일 북해에 가는 것이 어때?)

② 논리 중음 : 말하거나 낭독할 때 문장 중에서 집중적으로 강조할 필요가 있는 단어를 좀 강하게 말하는 중음 현상을 논리 중음이라 하는데, 강조 중음, 대비 중음이라고도 한다. 일반적으로 말해서, 문장을 이루는 실사도 일부 부사를 포함하는데, 모두 강조를 필요로 하는 상황에서는 중음으로 발음한다. 논리 중음으로 읽는 말은 바로 문장의 초점으로, 즉 전체 문장의 의미 중심이 있다. 똑같은 단어로 이루어진 문장은 논리 중음이 바뀌었기 때문에 문장의 함의도 완전히 바뀌었다. 예를 들면 "他喜欢写小说" 이 문장은 네 단어로 이루어져 있는데, 논리 중음을 다른 단어에 놓으면 문장은 다른 뜻이 된다.

㉑ 他喜欢写小说. (나는 소설을 쓰는 것을 좋아하는 것은 아니다.)

㉒ 他喜欢写小说. (그가 소설 쓰는 것을 좋아하는 것이 아니라고 누가 말하는가?)

㉓ 他喜欢写小说. (소설을 보는 것은 아니다.)

㉔ 他喜欢写小说. (책을 쓰는 것은 아니다.)

논리 중음이 강조하는 단어는 일반적으로 이 단어와 상반되거나 상대적인 단어에 대한 부정이다. 즉,

논리 중음 A = A가 아닌 것이 아니다

위아래 문장이 비교 대조 단어를 포함하고 있는 상황하에서 논리 중음은 일반적으로 비교 대조의 단어에 놓인다. 예를 들면 다음과 같다.

㉕ 我们的痈疽，是他们的宝贝，那么，它们的敌人，当然是我们的朋友.(鲁迅：≪南腔北调集·我们不再受骗了≫)

(우리의 재해는 그들의 보배로, 그것들의 적은 당연히 우리의 친구이다.)

㉖ 我们要做顶天立地的青松，不做随风摇摆的杨柳

(우리는 하늘을 떠받치고 땅에 우뚝 선 청송이 되겠고, 바람에 휘청거리는 버드나무가 되진 않겠다.)

우리는 낭독할 때 논리 중음이 매우 중요함을 확정하고, 논리 중음을 잘못 읽거나 읽어내지 않으면 문장이 표현하려는 사상과 감정을 잘못 이해한 것과 같고, 문장의 의미와 현저한 차이가 있으며, 심지어 완전히 서로 배치된다. 논리 중음의 확정은 일정한 난이도가 있어 작품에 대한 숙지와 깊이 이해하는 것에 의해 형성할 필요가 있고, 늘 첫 편을 낭독할 때 다 처리될 수 있는 것은 아니다. 아래에서 우리는 한 단락의 낭독 자료를 결부하여 논리 중음에 대하여 진일보한 설명을 하자.

㉗ 对于一个在北平住惯的人，像我，冬天要是不刮风，便觉得是奇迹；济南的冬天是没有风声的. 对于一个刚由伦敦回来的人，像我，冬天要能看得见日光，便觉得是怪事；济南的冬天是响晴的. 自然，在热带的地方，日光永远是那么毒，响亮的天气，反有点儿叫人害怕. 可是，在北方的冬天，而能有温晴的天气，济南真得算个宝地.(老舍：≪济南的冬天≫)

(나처럼 북경에 사는데 익숙한 사람에 있어서, 겨울에 바람이 불지 않는 것은, 기적이라고 느낀다. 제남의 겨울은 바람소리가 없다. 나처럼 막 런던에서 돌아온 사람에게는, 겨울에 햇빛을 볼 수 있는 것이 이상한 일이라고 느낀다. 제남의 겨울은 쾌청하다. 자연히 열대 지방에서 햇빛이 영원히 그렇게 강렬하고 맑은 날씨는 반대로 조금 사람을 겁나게 한다. 그러나 북방의 겨울은 온화하고 맑은 날씨일 수 있어, 제남은 정말 살기 좋은 곳으로 여겨야 한다.)

문장의 "北平"은 강하게 읽었는데, 여기에서 북경과 제남을 대비하려고 하였기

때문에 강조할 필요가 있다. "不刮风", "奇迹"가 표현하려는 중점이고, "没有"를 강하게 읽는 것은 마침 북경과 대비하여 제남이 바로 기적이 발생한 곳이라는 것을 설명하고, 바람이 불지 않을 뿐만 아니라 바람소리도 없어, 찬양의 감정이 말의 표현에 넘친다. 아래 문장의 "伦敦", "日光", "怪事"를 강하게 읽는 것도 중점을 표현하는 것을 강조함과 동시에 윗 문장과 상대적이다. "响晴"을 강하게 읽는 것은 제남의 겨울 날씨가 청명함을 찬송하는 것을 두드러지게 하여 런던과 선명한 대비를 이룬다. "永远"과 "有点儿"을 강하게 읽는 것은 작가가 열대의 맑게 갠 하늘이 매우 뜨거운 것에 대한 의구 심리를 반영해 낸 것이다. "冬天", "温晴"을 강하게 읽은 것은 대비를 초래하고, 제남의 겨울이 화기애애하고 따뜻하게 느껴지는 것은 희소하고 드문 것임을 나타내며, 마지막으로 "济南"을 강하게 읽은 것은 가일층 찬양 주제를 강조하는 것이다. 논리 중음은 여기에서 정확히 감정을 전하고 뜻을 밝히는 역할을 했을 뿐만 아니라 크게 낭독 예술의 감동 역량을 증강하였다.

일반적으로 말해서 논리 중음은 말의 속도, 끊어 읽기와도 밀접한 연계가 있어, 중음을 읽을 때 말의 속도는 자주 적당히 늦추고, 잠시 끊어 읽기를 한다. 논리 중음 음절의 음높이도 약간은 평상음보다 높고, 성조는 비교적 충만하게 읽는다. 음색 방면은 글자 머리를 악물고, 발음은 명확하며 제 위치에 이르고 중음이 아닌 음절의 발음보다 더 완전함을 중시해야 한다. 논리 중음은 강조 역할을 가지고 있으나 이 강조는 절대로 강할수록 좋은 것은 아니고, 전체 어구가 자연스럽고 유창한 것은 논리 중음이 강해지는 전제 조건으로, 절대로 사람으로 하여금 갑작스럽거나 괴팍하여 놀라거나 두렵게 할 수 없으므로 낭독할 때 중음의 척도와 한도를 장악하는 것도 매우 중요하다.

(3) **구조**(句调)

구조는 한 문장의 고저, 오르내림의 변화를 가리킨다. 구조는 어조의 구성 부분이고, 그것은 문장에 의해 단독으로 있는 것으로서 문장의 중요한 형식 표지라는 것은 끊어 읽기, 중음과 좀 구별된다. 구는 구조가 없으나 구 내부에는 끊어 읽기가 있고 때로 중음도 있다. 구조는 언어 환경과 직접적으로 연계하며, 문장의 뜻을 나타내는 중요한 수단이다. 예를 들어 "他是大学生" 이 말은 상승조의 의문 어기로 읽어낸다. "他是大学生?"은 그가 대학생인지를 묻고 있다. 하강조 긍정 어기로 읽으면 "他是大学生"은 그는 대학생임을 설명한다. 구조가 문자의 의미 표현에 대하여 중요하고 심지어 결정성의 역할을 하는 것을 볼 수 있다. 현대 구조에 대한 연구는 아직 충분히 깊지 않기 때문에 우리는 구조의 유형을 대체로 상승조, 하강조, 평조와 곡절조 네 가지로만 나누는데, 아래에서 각각 소개한다.

1 상승조 : 상승조는 문장 시작부터 끝까지 점차 올라가는 구조이다. 상승조는 자주 호소, 의문, 반문, 경이로움 등의 어기(语气)를 나타내는 데 쓴다. 예를 들면 다음과 같다.

① 坚决支持我国政府的严正声明！(우리나라 정부의 공명정대한 성명을 단호히 지지한다!)

② 你是第一次来北京吗？(너는 처음 북경에 온 것이니?)

③ 难道你连这个都不懂吗？(너는 설마 이것도 이해를 못하니?)

④ 老张怎么会干这种事呢？(장씨는 어떻게 이런 일을 할 수가 있니?)

2 하강조 : 하강조는 문장 시작부터 끝까지 점차 내려가는 구조이다. 하강조는 자주 긍정, 감탄, 청구, 경고 등의 어기를 나타내는 데 쓴다.

⑤ 他一定是从那条路走的。(그는 반드시 저 길로부터 온 것이다)

⑥ 多好的孩子啊！(얼마나 좋은 아이인가!)

⑦ 你快点儿走吧！(너 빨리 가!)

⑧ 到那儿以后给我打个电话啊！(거기에 도착한 이후에 나에게 전화해라!)

3 평조 : 평조는 문장 시작부터 끝까지 시종 똑같은 높이를 유지하는 구조이다. 평조는 자주 엄숙, 냉담, 서술, 어기를 나타내는 데 쓰인다. 예를 들면 다음과 같다.

⑨ 人民永远不会忘记他. (사람들은 영원히 그를 잊지 못할 것이다.)

⑩ 你想走就走吧. (너는 가고 싶으면 가라.)

⑪ 我去那儿买了一本书. (나는 거기에 가서 책 한 권을 샀다.)

⑫ 你快离我远点儿！(너는 빨리 나로부터 좀 멀리 떨어져라!)

4 곡절조 : 곡절조는 먼저 내리고 뒤에 오르거나 먼저 오르고 뒤에 내리는 구조이다. 곡절조는 자주 풍자 · 증오를 나타내거나, 애교를 떨거나, 허장성세하는 등의 어기를 나타내는 데 쓰인다. 예를 들면 다음과 같다.

⑬ 人家嫌咱们没钱，没权，没品位！
(사람들은 우리가 돈이 없고, 권력이 없고, 품위가 없는 것을 싫어한다！)

⑭ 我今天就让你知道知道马王爷三只眼！

(나는 오늘 너에게 마왕이 세 개의 눈을 가진 것을 좀 알게 하려 한다!(=위력))

⑮ 你陪人家去一趟行不行啊？(너는 사람을 데리고 한 번 갔다 와도 되겠니?)

⑯ 这是谁这么没大没小的呀？(이것은 누가 이렇게 윗사람을 몰라보니?)

구조와 글자의 성조는 같지 않으나 양자가 관계가 없는 것도 아니다. 대체로 말해서 구조와 자조의 관계는 큰 파도와 파문의 관계와 같이 구조는 자조의 조형을 바꾸지 않을 것이나 능히 자조의 실제 조치를 바꿀 수 있다. 구조와 자조의 상호 작용의 결과 실제의 조치는 이론적으로 말해서 양자의 더하기의 결과이다. 예를 들어 음평은 상승조의 문장에 놓이면, 그 조치는 아마 55에서 66으로 바뀔 것이다. 음평이 하강조의 문장에 놓이면, 그 조치는 아마 55에서 44로 바뀔 것이다. 아래에서 구체적인 예를 결부하여 구조 승강의 자조에 대한 영향을 좀 설명해 보자.

⑰ 他是今年来的新生. (그는 올해 온 신입생이다.) (하강조, 生 : 55 → 44)

⑱ 你的老家也是新疆？(너의 고향도 신장이니?) (상승조, 疆 : 55 → 66)

⑲ 学生的主要任务是学习. (학생의 주요 임무는 공부이다.) (하강조, 习 : 35 → 34)

⑳ 你能找到篮球？(너는 농구공을 찾을 수 있니?) (상승조, 球 : 35 → 36)

㉑ 我找你们单位的老李. (나는 당신 부서의 이씨를 찾는다.) (하강조, 李 : 213 → 212)

㉒ 你说他们这里边有鬼？(너는 그들한테 다른 속셈이 있다고 하니?) (상승조, 鬼 : 213 → 214)

㉓ 我明天肯定要去.(나는 내일 확실히 가려고 한다.) (하강조, 去 : 51 → 40)

㉔ 他最近成绩没有进步？(그는 최근 성적이 향상되지 않았어?) (상승조, 步 : 51 → 62)

이상의 예문은 대수와 이론에 대한 간단한 설명이며, 언어는 사실 복잡한 것이므로 또 우리들이 더 깊게 실험하고 연구하여 더 자세한 규칙을 구할 필요가 있다.

2. 낭독

(1) 낭독의 작용

낭독은 문장을 명확하고 낭랑하게 읽는 것이다. 낭독은 작문과 상반되는데, 작문은 마음속으로 생각한 언어를 문자로 지면에 쓰는 것이고, 낭독은 지면 문자(즉 문장)를 다시 유성 언어로 회복시켜 구두로 읽고 표현하여 다른 사람에게 듣게 하여 문장의 내용을 알게 하는 것이다. 낭독과 낭송은 완전히 같지는 않아, 낭송은 일종의 문예 표현 형식으로서 일반적으로 말해 낭독의 소리보다 더 크게 하고 감정이 충만해야 하며, 또 손짓 · 눈빛 · 자태 등의 신체 언어를 활용해야 한다. 하지만 낭독과 낭송은 결코 엄격한 경계가 없고, 좋은 낭독은 똑같이 소리와 색이 필요하고, 똑같은 언어의 예술로, 사람에게 예술적 감동을 준다.

어문 교학 중에서 낭독은 일종의 중요한 교학 수단으로서 가르치는 수단일 뿐만 아니라 배우는 수단이다. 학생들은 낭독을 통하여 정확한 표준어 발음을 배우고, 어휘와 문법 지식을 배우며, 수사 기교를 배울 수 있어, 독해 감상과 작문 능력을 제고시키고, 작품의 생각에 대한 이해를 심화시킨다. 낭독을 잘하는 교사의 훌륭한 한 번의 모범 낭독은 분석을 굉장히 많이 하는 것보다 낫고, 낭독 중에 자연스럽게 교사가 문장에 대한 이해와 느낌을 융화하고, 게다가 표준적이고 유창한 표준어 낭독 자체는 학생들에게 아름다운 느낌을 가져다주고, 학생들의 학습 흥미를 제고한다. 중국 전통의 어문 교육은 특별히 시문을 암송하는 것을 중시하는데, 이것은 작문 수준을 제고하는 유효한 방법으로 여겨진다. "熟读唐诗三百首, 不会吟诗也会诹. (당시 3백수를 숙독하면, 시를 읊을 줄 몰라도 의논할 줄 알 것이다.)", "读书百遍, 其义自现. (여러 번 책을 읽으면 그 뜻이 저절로 나타난다.)" 암송의 과정은 반복하여 낭독할 필요가 있고, 소리의 자극을 통해 시문으로 하여 머릿속에 깊은 인상을 남기게 하며, 숙달되고 암송한 시문은 설사 이해하지 못할지라도 이후에 다시 낭독하면 점차 깊이 그것의 내용을 이해할 수도 있다.

낭독도 표준어를 배우고 전파하는 중요한 길이다. 교육부, 국가언어위원회에서 반포한 ≪표준어시험요강(普通话测试大纲)≫은 낭독을 중요한 시험 내용으로 삼아 전체 시험의 30%를 차지한다. ≪요강(大纲)≫은 60편의 작품을 규정하고 시험 볼 때 한 편을 채택하여 응시자가 문자 기반 상황하에서 표준어를 낭독하는 능력을 검사한다. 이 60편의 작품은 심혈을 기울여 선택한 것으로 내용은 비교적 광범위하게 연관되고, 표준어의 모든 음절을 완전히 포함하며, 상용 글자 및 각종 문형과 서로 다른 어조를 포괄하고, 이 때문에 표준어의 학습 재료로서 매우 적합하다. 학습자는 작품 낭독을 통하여 끊임없이 정확한 발음을 모방하고 오독을 고쳐 점차로 표준어의 표준 독음을 숙달함과 동시에 또 표준어에서 자주 보는 어휘와 문법 현상을 숙지할 수 있고, 그 안에서 정확한 어감을 배양한다. 낭독으로 또 표준어의 말하기 훈련을 선도하고, 말하기 능력 향상을 촉진할 수 있다. 표준어 시험의 실행은, 표준어는 학습을 통하여 숙달할 수 있으며, 낭독이 마침 표준어를 배우고 널리 전하는 일종의 빠르고 유효한 방식임을 증명한다.

(2) **낭독의 방법**

① **생각 중시, 충분한 준비** : 한 문장을 낭독함에 있어 객관적인 조건에서 가능한 깊게 작품이 표현하려는 생각을 이해한다. 만약 시간이 허락하면 충분한 준비시간을 만들어야 한다. 표준어 시험에 참가하기 전에 최소한 60편의 작품 중에서 편제목의 반 이상은 숙독해야 하고 작품의 중심 사상, 편장 구조, 단락 문형, 문장부호 등을 분명히 해야 한다. 작품 중의 인물 성격, 사건 발전, 논점, 논거를 장악해야 한다. 작품의 전후 관계, 감정 기복, 클라이맥스에 오르는 것에 대하여 가슴으로 안다. 만약 시간이 촉박하면, 작품에 대하여 충분한 준비를 할 수 없어, 또한 빠르게 작품을 유람하고, 새로운 단어를 검사하고, 대체적으로 표제 내용을 이해해야 한다.

② **자신감을 확고히 하고, 적극적이고 능동적이다.** : 준비상황이 어떠하든 간에 일단 낭독하기 시작하면, 나는 반드시 잘 읽고 반드시 잘 낭독할 수 있다는 신념을 형성해야 하고, 긴장된 정서를 극복하고 부끄러운 심리를 없앤다. 낭독하려는 강렬한 바람이 있다면, 자신의 낭독은 반드시 작품의 매력을 펼쳐 보일 수 있다는 것을 믿고, 낭독 중에 청자와 자신으로 하여금 교훈과 이익을 얻게 한다. 양호한 낭독 상태는 한 사람의 진취성과 책임감에서 오고, 평상시의 수양에서 오고, 조용하며 나태하지 않고, 적극적이고 급하며 독촉하지 않게 해야 한다. 이렇게 낭독자는 혼신의 힘을 기울여 작품에 들어가고, 일절의 방해를 배제하며, 진정으로 낭독의 자주권 · 주도권을 장악한다.

③ **머리와 마음을 쓰고, 느낌이 있으면 발산한다.** : 낭독할 때 작품 내용에 대한 깊은 이해와 구체적인 느낌을 소리로 드러내야 하고, 재차 환기하는 과정을 필요로 하며, 머리와 마음을 쓰는 것은 힘 있는 보증이다. 낭독 중에는 문장을 보고 어떤 감정이 일어야 하고, 소리로 글 속의 장면을 재현하고, 사고를 촉발하고, 본질을 제시하고, 격정을 유발한다. 매번의 낭독은 모두 새로운 인식과 깨달음을 생기게 하여, 새로운 정서와 표현을 얻고, "영감(灵感)"을 불러일으켜서 계속 읽어도 늘 신선하고 새롭다. 낭독은 "빠르게 보고 천천히 읽는다." 해야 하고, "看, 想, 读" 이 세 부분을 꽉 잡는다. 우리가 본 적이 있는 글자를 읽을 때, 눈은 실제로 이미 다음 글자에 두어, 이렇게 보면서 생각하고, 생각하면서 읽고, 읽으면서 본다. 충

분히 끊어 읽기의 시간을 이용하여 사고하고, 주의하여 신속하게 보고, 조용히 읽는다. 당연히, 여기에 낭독자의 경험과 수양은 직접 보는 것과 생각하는 것의 속도와 폭에 관계하는데, 읽는 품질에 더욱 관계한다.

4 **소리 사용이 자유자재이고, 단점을 극복한다.** : 소리 사용이 자유자재이고, 우선 낭독할 때 이완된 상태를 유지해야 함을 요구하는데, 느슨할 수도 있고 긴박할 수도 있음은 필요에 따라 결정한다. 낭독은 일상적으로 말하는 것과 같은 소리를 사용할 수 없고, 또한 말할 때는 소리를 사용하는 것을 완전히 이탈할 수 없다. 태연자약한 소리 구역, 가장 좋은 음역, 가장 좋은 음량을 채택해야 한다. 가성으로 모방하고, 조작하는 듯한 소리를 방지해야 하고, 본래 소리가 가장 사용하기에 편리하고, 잡고 짜고 누르며 길게 늘이는 것은 가장 엉망이다. 온몸을 느슨하게 하고, 소리 사용을 자유자재로 함으로써 낭독 중 탄력성 상태를 유지해야 하고, 자신의 우세로 뽐내는 표정을 지으며 뜻을 밝히고, 포부나 의지를 표현하고, 사랑의 감정을 전한다. 낭독은 고정된 말투를 극히 삼가야 하고, 책을 읽는 말씨, 설창 말씨, 독경하는 식의 말씨를 극복해야 하며, 지나치게 격정적인 것을 방지해야 하고, 어조가 딱딱한 것을 방지해야 한다. 낭독은 자연적이고 유창하게 목표를 추구하고, 되돌아가 읽지 말고, 단어를 밖으로 불쑥 내뱉어선 안 된다. 정도에 맞게 어기의 색채와 정도를 파악하고, 호흡과 음량의 변화에 주의한다면, 소리가 듣기 좋고, 활력이 넘치게 된다.

사고와 연습

1 어조란 무엇인가? 어조가 포함하는 세 가지의 주요 내용은 무엇인가?

2 아래의 개념을 해석하라.

(1) 停顿　(2) 重音　(3) 句调
(4) 语法停顿　(5) 心理停顿　(6) 语法重音
(7) 逻辑重音

3 아래 각 개념의 관계를 설명하라.

(1) 句调与字调　(2) 语法停顿与心理停顿

(3) 语法重音可逻辑重音

4 문법 중음의 중요한 규칙을 예를 들어 설명하라.

5 구조는 몇 가지가 있는가? 각각 어떤 어기를 나타내는가?

6 구조가 오르고 내릴 때 자조의 영향을 예를 들어 설명하라.

7 낭독은 무엇인가? 낭독의 방법을 해석하고 설명하라.

8 아래 단문을 낭독하고 끊어 읽기, 중음과 구조를 부호로 표기하라.

最妙的是下点儿小雪呀. 看吧, 山上的矮松越发的青黑, 树尖儿上顶着一髻白花, 好像日本看护妇. 山尖儿全白了, 给蓝天镶上一道银边. 山坡上, 有的地方雪厚点儿, 有的地方草色还露着；这样, 一道儿白, 一道儿暗黄, 给山们穿上一件带水纹的花衣；看着看着, 这件花衣好像被风吹动, 叫你希望看见一点儿更美的山的肌肤. 等到快日落的时候, 微黄的阳光斜射在山腰上, 那点儿薄雪好像忽然害羞, 微微露出点儿粉色. 就是下小雪吧, 济南是受不住大雪的, 那些小山太秀气.(节选自老舍 ≪济南的冬天≫)

제9절 음성 규범화

음성은 언어의 물질 외형으로 언어 교제 중에서 가장 직접적으로 느끼는 외부 형식이다. 중국 현대화 건설의 신속한 발전에 따라서, 경제 · 정치 · 문화 활동 중에서 국내와 국제 왕래가 밀접하고, 교류가 빈번하고, 모두 점점 더 절실하게 한어의 방음 불일치가 정보 전달에 가져오는 많은 불편함을 느껴, 표준어 표준음을 힘써서 전파하고 적극적으로 보급하자는 소리가 더욱 강렬하다. 정보화 시대로 접어든 오늘날, 컴퓨터 · 언어 정보 처리 등 기술의 연구 응용 속에서 사람들은 점점 더 절실히 음성의 결정적 역할을 규범화해야 함을 느끼고 있다. 음성 규범화 일은 중요할 뿐만 아니라 매우 절박하다.

음성 규범화의 표준은 벌써부터 명확하여 현대 한민족 공통어는 북경 음성을 표준음으로 한다. 이 표준의 원칙 지도하에 음성 규범화의 구체적인 내용은 다음 세 가지를 포함하고 있다. 첫째는 북경 음성과 북경어 사투리 방음의 경계를 분명하게 나누어야 한다. 둘째는 경성과 얼화의 규범 문제이다. 셋째는 이독어의 발음 심사 문제이다.

1. 북경 음성과 북경어 방음의 경계

표준어는 북경 음성을 표준음으로 하는데, 북경어의 모든 음성을 받아들인 것은 결코 아니고, 북경어 중 사투리에서 읽혀지는 방음 성분은 받아들이지 않았을 뿐만 아니라 배척해야 하는 것이다. 북경 음성을 표준음으로 하는 함의는, 우선 북경 음성 계통을 표준음으로 하고, 북경어의 성모 · 운모 · 성조 · 변조 · 음절 · 어조 등 음계 성분을 표준어가 받아들인 것이다. 북경 방언 사투리 중의 일부 음절은 북경 음계의 범위를 넘어섰고, 이런 음은 표준어 음절에서는 없는 것이다. 그들은 바로 전형적인 방음 성분이다. 예를 들면 다음과 같다.

擸 : gái (대략)　　抓 : chuǎ (공기놀이를 하다)　　叭 : biā/piā (의성어)

屎 : shèi (屎의 다른 음)　　揉 : rōu (비비다)　　大 : dè (大의 다른 음)

북경어에는 아직 일부 단어의 구어 독음이 표준어로 들어가지 않았는데, 표준어는 그들이 비교적 정식적인 독음으로, 방음 성분으로 여겨진다고 하였다. 예를 들면 다음과 같다.

把 : bǎi (개사)　　我们 : m̌me　　蝴蝶儿 : hùtiěr

隔壁儿 : jièbǐr　　一人儿 : yírěnr　　不用 : béngying

북경어에 많은 방언 사투리 단어가 있는데, 그들의 독음도 방음 성분에 속한다. 예를 들면 다음과 같다.

您 : tēn　　哏道 : hēndao　　狠儿蜜 : hěnrmi (환영받다)

己个儿 : jìgěr　　姥姥 : lǎolou (안 되다)　　瞜兮 : lōuxi (보다)

표준어는 북경 음성을 표준음으로 하고, 구어 방면에서도 북경어를 기초로 하며, 북경어의 매우 많은 구어 단어의 독음도 표준어에 의해 흡수됨으로써 이런 음은 결코 방음이 아니고 표준어의 구어 음이다. 예를 들면 다음과 같다.

谁 : shéi　　这 : zhèi　　那 : nèi

哪 : něi　　血 : xiě　　答应 : dāying

猫腰 : máoyāo　　尿脬 : suīpao

표준어의 음성 규범은 결코 한번 되면 변하지 않는 것은 아니고, 북경어는 일종의 살아있는 구어로서 북경 구어 독음은 표준어 음성에 대하여 중요한 참조 작용을 한다. 표준어 독음 규범이 널리 퍼지는 가운데 북경어의 실제 독음을 참조하여 그중의 적절하지 못한 곳은 수정하여야 한다. 현재 일부 독음은 실제 구어를 이탈하여 광대한 대중에게 받아들여지기 어려우므로 우리들은 충분히 주의를 해야 한다. 예를 들면 다음과 같다.

打的：dǎdí　　出主意：chūzhǔyi　　想法子：xiǎngfǎzi

2. 경성과 얼화의 규범 문제

(1) 경성과 얼화의 지위

경성과 얼화는 북경 음성의 두 가지 두드러진 현상인데, 북경어에서 중요한 위치를 차지하고 있다. 경성과 얼화는 모두 단어의 뜻과 단어의 성질을 구별하는 작용이 있고, 일정한 수사 역할도 한다. 표준어 음성이 경성과 얼화를 포괄해야 한다는 점은 조금의 의문도 없다. 한어 남방 방언 중에는 일반적으로 경성과 얼화가 없는데, 따라서 남방 방언 지역의 사람들은 경성과 얼화를 배울 때 보편적으로 어려움을 느낀다. 첫째는 발음을 장악하기에 어렵고, 둘째는 어떤 단어를 경성이나 얼화로 읽어야 하고 어떤 단어는 읽지 말아야 하는지를 모른다. 북경어로 말하면, 경성과 얼화는 자체 발전 중에 대폭으로 삭감되어, 새로운 세대 젊은이들의 입에서는 이미 노인들처럼 그렇게 많은 경성과 얼화 단어가 나오지 않는다. 이 때문에 어떤 경성과 얼화는 보류해야 하고, 어떤 것은 도태되어야 하는지가 표준어 음성 규범의 깊은 연구를 필요로 하는 문제가 되었다.

(2) 경성과 얼화의 세 가지 상황

일반적으로 말해서, 북경어의 경성과 얼화는 세 가지 상황으로 나뉜다.

① 의미, 단어 성질을 구별하는 작용의 경성과 얼화 현상이 있다. 경성의 예를 들면 다음과 같다.

地・下 (지면) — 地下 (땅 아래)

对・头 (원수) — 对头 (정확한)

大・方 (형용사, 인색하지 않다) — 大方 (명사, 전문가)

灌・肠 (명사, 식품) — 灌肠 (동사, 장을 세척하다)

얼화의 예를 들면 다음과 같다.

听信儿 (소식을 기다리다) — 听信 (믿다)

白面儿 (헤로인) — 白面 (밀가루)

盖儿 (명사, 기물) — 盖 (동사, 덮다)

尖儿 (명사, 칼끝) — 尖 (형용사, 끝머리가 아주 작다)

② 의미와 단어 성질을 구별하는 작용은 없으나 북경어에 경성 혹은 얼화 한 가지 독법만이 있다. 경성의 예를 들면 다음과 같다.

巴·结	巴·掌	包·袱	别·扭	大·夫
耳·朵	功·夫	姑·娘	核·桃	机·灵
老·实	困·难	喇·叭	粮·食	蘑·菇
葡·萄	漂·亮	亲·戚	清·楚	商·量
舒·服	踏·实	休·息	月·亮	钥·匙
在·乎	招·呼	芝·麻	知·识	指·甲

얼화의 예를 들면 다음과 같다.

找碴儿	快板儿	鞋带儿	脸蛋儿	老伴儿
岔道儿	蒜瓣儿	走道儿	杂拌儿	差点儿
够本儿	针鼻儿	小辫儿	胖墩儿	抓阄儿
烟卷儿	旦角儿	门槛儿	饱嗝儿	冰棍儿
小孩儿	纳闷儿	扇面儿	打鸣儿	小曲儿
大伙儿	豆角儿	桑葚儿	豆芽儿	玩意儿

③ 의미와 단어 성질을 구별하는 작용이 없어 북경어에서 경성이나 얼화로 읽기도 하고, 경성 혹은 얼화로 읽지 않기도 한다. 경성의 예를 들면 다음과 같다.

白·菜	老·虎	牡·丹	苹·果	天·津
柏·树	谷·雨	新·鲜	瓷·器	坦·克

얼화의 예를 들면 다음과 같다.

公园儿	鲜花儿	衣架儿	脸盆儿	篮球儿
圆桌儿	雨天儿	雪花儿	上边儿	民歌儿

이 세 가지 경성과 얼화 현상 속에서 세 번째 표준어는 흡수할 필요가 없어,

방언 지역 사람들이 표준어를 학습하는 데 어려움을 줄여준다. 첫 번째는 흡수해야 하고, 두 번째도 참작하고 흡수하여 표준어의 표현력을 더욱 풍부하고 다양하게 하고, 살아 있는 구어와 더욱 많은 일치성을 유지한다. 표준어 경성과 얼화의 규범 문제는, 충분히 자세한 조사의 기초하에 진지하게 연구하고, 세밀하고 실행 가능한 표준을 들어 진정으로 규범에 맞는 역할을 할 필요가 있다.

3. 이독어의 발음 조사 문제

(1) 이독어란 무엇인가?

표준어의 발음 조사 대상은 단어이고 글자가 아니며, 한자 중에는 매우 많은 다음다의(多音多义)어가 있는데, 그들의 독음은 다르고 뜻도 다르다는 것을 우리는 안다. 예를 들면 다음과 같다.

方便 — 便宜 (biàn — pián)　　差别 — 参差 (chā — cī)

音乐 — 快乐 (yuè — lè)　　藏族 — 收藏 (zàng — cáng)

이런 글자는 같지 않은 단어에서 다른 독음이 있고, 이 때문에 글자는 발음 조사의 대상으로 여겨져서는 안 된다.

두 가지 혹은 두 가지 이상의 독법이 있는 단어는 이독어라고 한다. 북경어에는 적지 않은 이독어가 있다. 예를 들면 "理发"는 lǐfǎ, lǐfà 두 가지 독법이 있고 "法国"는 fǎguó, fàguó 두 가지 독법이 있다. 그들은 동일한 단어가 두 가지 혹은 두 가지 이상의 독법이 있어 다음다의어와 다르고, 이독어야말로 표준어 음성 규범의 심의 수정을 할 필요가 있는 대상이다.

(2) 이독어의 기원

이독어의 기원은 비교적 복잡하고, 북경어 이독어가 생기는 원인은 대체적으로 아래와 같이 몇 개의 방면이 있다.

① **문백(文白) 이독** : 소위 문백 이독은 바로 독서음과 구어음이 다른 것인데, 동일한 단어나 형태소가 독서할 때는 하나의 독음이고, 일상 구어에서는 또 다른 독음이다. 예를 들면 다음과 같다.

단어나 형태소 :	白	贼	色	熟	柏	摘	剥
독서음 :	bó	zé	sè	shú	bó	zhé	bō
구어음 :	bái	zéi	shǎi	shóu	bǎi	zhāi	bāo
단어나 형태소 :	凿	液	绿	给	薄	勒	血
독서음 :	zuò	yi	lù	jǐ	bó	lè	xuè
구어음 :	záo	yè	lǜ	gěi	báo	lēi	xiě

북경어 문백 이독의 단어나 형태소는 매우 많은데 모두 고대의 입성자이다. 문독(文读) 운모의 혀의 위치는 비교적 높고, 단운모가 많다. 백독(白读) 운모의 혀 위치는 비교적 낮고, 복운모가 많다. 표준어 음성 규범은 심의 수정함에 문백 이독으로 이루어진 이독어일 때, 문독을 보류 즉 계속 남겨 두고 사용하거나 백독을 보류한다. 예를 들면 "确凿"의 "凿"는 백독을 보류하고 있고, "成熟"의 "熟"는 문독을 보류하고 있다. 어떤 것은 즉 분담하여, 서면어 단어는 문독을 보류하고 있고, 구어 단어는 백독을 보류하고 있다. 예를 들면 "悬崖勒马"의 "勒"는 문독을 보류하고 있고, "用绳子勒"의 "勒"는 백독을 보류하고 있다.

② **방언 영향** : 어떤 방언 단어의 독음은 북경어 속에 흡수되어 북경어에 근거하여 읽어 낸 음과 함께 존재하고, 이 때문에 이독 현상이 나타난다. 예를 들면 "瘪三" 단어는 상해어에서 빌려온 것으로, 상해음에 근거하여 biēsān으로 읽고, 북경음에 근거하여 biěsān으로 읽어야 해서 이 때문에 이독이 나타난다.

③ **화독 영향** : 어떤 단어나 형태소는 사람에 의하여 잘못 읽혀지고, 사람들은 틀린 것을 또 틀리게 전하고, 그 영향이 점점 더 커져서 틀린 독음과 정확한 독음이 함께 이독을 형성한다. 예를 들면 "蚌埠"는 bèngbù로 읽어야 하는데 매우 많은 사람이 bàngfǔ로 읽어 이독을 초래한다.

④ **규칙 위반** : 어떤 단어나 형태소는 음성 발전 규칙에 따라서 어떤 음으로 읽어야 하는데, 발전 과정 중에 또 발전 규칙에 부합하지 않는 음이 나타나서 양자가 병존하여 이독을 초래한다. 예를 들면 "帆"은 고대 유성 성모 평성자로서 음성 발전 규율에 따라 fán으로 읽어야 하므로, 동시에 또 다른 음평의 독법 fān은 이독어가 된다.

(3) 이독어의 발음 조사

중국 정부는 줄곧 음성 규범화 일을 매우 중시하였고, 1955년 현대 한어 규범 문제 학술회의를 개최하여 발음 조사 문제를 제기하였다. 1956년 중국 과학원은 표준어 발음 조사 위원회를 세웠고 이독어에 대하여 심의 수정하였다. 발음 조사 표준을 확정할 때, 주로 아래의 몇 가지 원칙을 고려하였다.

① 한 글자의 독음은 북경어에서 매우 보편적으로 사용되었는데, 북경어에서 널리 통용된다면 이 음이 음성 발전 규칙을 위반하였을지라도 여전히 규범에 맞는 독음으로 삼을 수 있다. 예를 들면 북경어에서 "危"는 wēi로 읽고 "帆"은 fān으로 읽고 "期"는 qī로 읽는데, 그들은 모두 북경 음성의 일반 발전 규칙에 부합하지는 않으나, 이 몇 개 음의 통용이 광범하기 때문에 여전히 규범 독음으로 채용된다.

② "开, 齐, 合, 撮"의 독법은 원칙적으로 음성 변천 규칙에 부합하는 것에 준하는데, 예를 들면 "淋"은 lín음을 채택하고, lún음이나 lǘn음을 채택하지 않는다.

③ 고대 유성 성모 입성자는 북경어에서 이독하는 것이 있었는데, 만약 그 중에 하나가 음평조이면, 원칙적으로 음평조를 채택한다. 예를 들면 "息"는 xī로 정하고 "击"는 jī로 정한다. 그렇지 않고 글자를 따라 고려하면, 비교적 통용되는 독법을 택한다.

광범위하게 대중의 의견을 모으는 기초에, 반복하여 토론하고 연구하여 1957년 10월 ≪표준어이독어발음조사표초고(普通话异读词审音表初稿)≫ 정편을 발표하였고, 1959년 7월 속편을 발표하였으며, 1962년 12월 제3편을 발표하였다. 1963년 이 세 번 발표한 발음 조사표를 ≪표준어이독어삼차심음총표초고(普通话异读词三次审音总表初稿)≫로 모아서 편집(회집)하였다. 1982년 6월 표준어 심음 위원회는 또 ≪총표(总表)≫에 대하여 수정을 하였다. 수정 원고는 국가언어문자사무위원회, 국가교육위원회, 방송 텔레비전부 심의를 통과하여 1985년 12월 27일 정식으로 ≪표준어이독어발음조사표(普通话异读词审音表)≫를 공포하였고, 규정은 공포한 날로부터 시작되었으며, 표준어 이독어의 독음 · 표음 모두 이 표에 준한다.

표준어 표준음을 널리 보급하는 것은 표준어를 널리 보급하고, 현대 한어 규범화를 실현하는 가장 주된 임무이다. 요 몇 년, 표준어 수준 시험 업무의 전개에 따라서, 이 일은 비약적으로 발전하여 전국 범위 내에서 열렬히 전개되고 있다. 표준음의 학습과 표준음을 널리 보급하는 것은 이미 전국적으로 광대한 공무원,

교사, 방송 텔레비전 근무자의 자각 행위가 되었다. 이처럼 크고 좋은 형세하에 우리는 표준음에 대하여 연구하고, 음성 규범화 업무가 언어의 실제 발전에 부합하게 하여, 표준어를 널리 보급하는 작업을 위하여 더욱 열심히 봉사해야 한다. 역사 경험을 총괄하여, 우리는 두 가지 경향을 극복해야 하는데, 첫째는 북경 음성을 표준음으로 하는 것을 유지해야 하고, 표준어가 실제 구어를 이탈한 "老国音"이 되게 해서는 안 된다. 둘째는 북경어의 사투리 방음 성분을 없애야 하고, 북경어로 표준어를 대체해서는 안 된다. 현재 언어 발전의 전체적인 추세는 표준어는 마침 북경어로 접근하고 북경어는 마침 표준어로 접근하고 있어, 이 두 접근은 우리가 표준어 표준음을 널리 보급하고 음성 규범화 작업을 하는 데 유리하다.

사고와 연습

1. 음성 규범화의 주요 내용은 무엇인가?
2. 북경어의 어떤 음이 표준어 음성에 속하지 않는가?
3. 북경어의 경성 얼화 단어는 규범의 각도로부터 몇 종류로 나눌 수 있는가? 표준어는 그중의 어떤 것을 흡수하였는가?
4. 이독어는 무엇인가?
5. 이독어의 기원을 간단히 설명하라.
6. 이독어의 발음 조사 원칙은 무엇인가?
7. 1985년 12월 공포한 ≪표준어이독어발음조사표(普通话异读词审音表)≫에 근거하여 독음의 잘못이 없는 한 조를 선택하라.

   (1) 呆 (ɑ́i) 板　　成绩 (jì)　　确凿 (zuò)

   (2) 从 (cóng) 容　　星宿 (sù)　　束缚 (fú)

   (3) 供 (gōng) 给　　围绕 (rɑ̌o)　　狭隘 (ɑ̀i)

   (4) 澎 (péng) 湃　　感召 (zhɑ̀o)　　可憎 (zēng)
8. 아래의 단문을 빠르게 읽고, 한자를 적으라.

   Bǐrú, sɑ̀nluò zɑ̀i tiánjiān、lùbiān jí cɑ̌ocóng zhōng de sùliɑ̀o cānhé, yīdɑ̀n bèi shēngchù tūnshí, jiù hui wēi jí jiɑ̀nkāng shènzhì sǐwáng. Tiánmɑ́i fèiqì sùliàodài, sùliào cānhé de tǔdì, bùnéng shēngzhǎng zhuāngjia hé shùmù, zàochéng tǔdì bǎnjié, ér fénshāo chǔlǐ zhè xiē sùliào lājī, zé huì shìfàng chū duō zhǒng huàxué yǒudú qìtǐ, qízhōng yī zhǒng chēngwéi èr'èyīng de huàhé wù, dúxìng jí dà.

9 아래 단어의 정확한 독음을 적으라.

薄弱 卑鄙 蝙蝠 濒临 蚌埠 颠簸 簸箕 嘈杂 参差 颤栗
称心 惩罚 奢侈 创伤 逮捕 当天 提防 供给 五更 估计
粗扩 骨碌 秦桧 哈达 巷道 阿訇 通缉 雪茄 间谍 关卡
矩形 勒令 勒死 碌碡 绿林 秘鲁 弄堂 玩弄 蹒跚 乒乓
唱片 解剖 瀑布 曝光 两栖 绮丽 潜水 勉强 翘首 胆怯
侵袭 趣味 围绕 妊娠 亲家 蠕动 散漫 堵塞 活塞 杉篙
胜任 游说 塑料 虽然 骨髓 宿舍 隧道 水獭 请帖 字帖
凹凸 蜕化 吐痰 瓦刀 危险 纤维 弓弦 混淆 要挟 机械
反省 星宿 剥削 巢穴 亚洲 殷红 跃进 酝酿 登载 装载
暂时 确凿 高涨 召开 芭蕾 门诊 拙劣 作坊 教室 粳米
憧憬 复杂 潦草 铿锵 眩晕 驯服 成绩 脊梁 苤蓝 盟誓
士大夫 林阴道 瞿塘峡 荨麻疹 骈体文 鄱阳湖 涮羊肉
审时度势 汗流浃背 书生琅琅 毛遂自荐 半身不遂 屡见不鲜
叶公好龙 自怨自艾 一丘之貉 暴殄天物 怙恶不悛 杳无音信

02

CHAPTER

문자

CHAPTER

02 문자

제1절 서 론

1. 문자개설

문자는 언어를 기록하는 쓰기 부호이다. 문자는 언어 고유의 물건이 아니고, 언어가 일정한 사회 단계로 발전한 산물이다. "문자" 이 단어는 다의어로, 언어를 기록하는 부호의 의미 이외에 또 서면 언어, 문장, 문필 등 다른 함의가 있다. 언어 문자학의 용어로써, 그것은 단일한 의미여야 하며, 바로 언어를 기록하는 쓰기 부호이다. 이 점을 명확히 하는 것은 매우 중요하며, 언어를 문자와 구분하는 것은 현대 언어학과 전통 어문학의 분수령이고, 또한 과학적으로 언어와 문자를 인식하는 출발점이다.

문자는 인류 역사상 비교적 가까운 시기의 발명이라고 말해야 하는데, 그것의 역사는 크게 언어의 역사보다 짧다. 고고학이 발견한 원시 인류의 활동 유적지로부터 보면 인류는 이미 몇 십만 년 심지어 백만 년 이상을 넘는 역사를 가지고 있다. 지금까지 우리가 아는 세계에서 가장 오래된 문자인 이집트의 성서자와 서아시아 메소포타미아의 설형문자는 지금으로부터도 단지 5,500년의 역사를 가지고 있다. 만약 언어가 인류 본능적으로 생긴 것이라면, 문자는 언어의 기초에서 인공적으로 창조한 문화이기 때문에 현 세계에서도 아직 어떤 민족은 언어만 있을 뿐이고 문자는 없다.

언어는 소리를 매개로 하는 교제 도구이고, 문자는 시각 형상을 매개로 하는 일종의 보조성 교제 도구로서 인류에게 가장 중요한 보조성 교제 도구이다. 문자의 출현은 유성 언어가 받는 시간과 공간의 제한을 돌파하였고, "언어" 이 교제 도구가 더욱 광활한 영역에서의 역할을 발휘하게 하였다. 문자가 생기자 인류 사회는 비로소 문자로 기록하는 역사가 생겼고, 인류의 지식 · 기술과 경험은 비로소 능히 계통적이고 완전하게 써내려져 오고 유전되어 전파되어 갔다. 문자의 탄생은 인류가 문명사회로 들어서는 일대 표지로 인류의 위대한 발명이다.

문자는 비록 언어를 기록하는 부호이나 문자가 생긴 이후 언어에 대하여도 거대한 영향을 끼쳤다. 문자로 기록한 언어는 점차 일부 고정적인 격식인 서면어를 형성하였다. 서면어는 어휘를 모으고 가공하고 정리하고 반복하여 다듬는 데 편리하여 언어 표현이 점차 풍부하고 정밀하게 하였다. 문자의 탄생은 언어의 발전을 크게 촉진하였다.

한자는 한어를 기록하는 쓰기 부호이다. 한자는 대략 몇 천 년 전의 원시 사회 말기에 탄생하여, 지금으로부터 3,000여 년의 은상(殷商) 시대에, 한자는 이미 고도로 발달한 문자가 되어 문헌 기록에 응용되었다. 한자는 역대 한어를 기록하였고, 지금까지 연용하여 세계적으로 역사가 가장 유구한 문자 중의 하나이다.

2. 한자의 기원

인류 사회의 전체적인 발전 상황에 근거하여 보면, 문자의 출현은 일반적으로 원시 사회의 해체, 계급과 국가 모형이 출현할 때이다. 문자 출현 이전에 보편적으로 실물 기사와 그림 기사의 단계를 거쳤다. 실물 기사는 결승(结绳), 결주(结珠), 신목(讯木) 등이 있다. 결승은 실에 묶는 것이고, 결주는 줄로 조개껍데기를 엮는 것이고, 신목은 나무 막대기에 각종 꽃무늬와 부호를 새기는 것으로, 일을 기록하거나 명령을 전달하고, 중국 고대의 병부와 화살 모양의 수기는 신목의 성질을 가지고 있다. 결승은 중국 고대에 일찍이 사용한 적이 있는데, ≪역경≫에서 "上古结绳而治, 后世圣人易之以书契.(상고에는 끈을 묶는 방식으로 의사를 전달하여 나라를 다스렸고, 후세의 성인들은 이 방식을 서계로 바꾸었다.)"라고 말한다. 실물 기사는 문자의 탄생과 직접적인 연계가 없다.

문자는 그림에서 발생한 것이며, 원시적인 그림은 옛사람들이 일을 기록하고 사상을 표현하는 일종의 방법으로, 이 그림의 예술성은 중요한 것이 아니어서, 문자학자는 문자화라고 불렀다. 세계의 여러 곳에서 모두 문자화를 발견하였는데 나무껍데기, 짐승 가죽, 나무 막대기, 무기, 돌, 석굴의 벽화나 산언덕 등에 많이 새기었다. 중국 국내에 광서좌강(广西左江)과 명강(明江)의 양쪽 기슭, 신강 천산 북강(新疆天山北疆)의 많은 지역, 영하 하란(宁夏贺兰) 산 입구 모두 대량의 암벽화가 있는데, 이는 중국 내 소수민족의 벽화이다. 현재 우리는 한족의 가장 앞선 문자화는 발견하지 못하였다. 상주(商周) 시대 청동기의 일부 도안이 문자화라고 여기는 학자가 있는데, 문자화는 그림으로부터 문자로 발전한 첫 번째 발걸음이다.

19세기 말기, 하남 안양(河南安阳) 서북의 소둔향(小屯乡)에서 문자가 새겨져 있는 거북이 등껍데기와 소뼈를 발견하였는데, 나중에 이 문자를 갑골문이라고 불렀다. 갑골문은 지금으로부터 3,200여 년의 역사를 가지고 있고, 갑골문은 형체와 조자법으로 보면 이미 상당히 성숙한 문자로, 이로부터 한자 출현의 시간이 이것보다 더 이름을 알 수 있다.

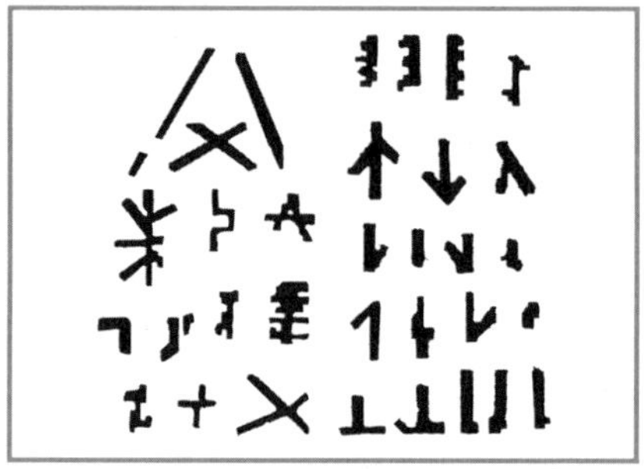

[그림 2-1] 반파촌(半坡村)의 문자부호

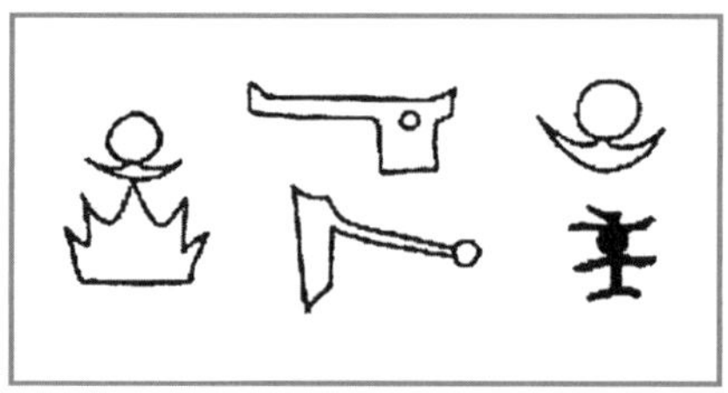

[그림 2-2] 대문구(大汶口) 문화출토 도기상의 상형문자부호

중국 고고학 종사자의 발견에 근거하면, 섬서 서안 반파 앙소(陕西西安半坡仰韶) 문화 유적지에서 출토한 도기에서 많은 기호가 새겨져 있는 것을 발견하였는데, 반파(半坡) 초기는 지금으로부터 6,000년쯤이다. 이외에 청해(青海)의 마가요(马家窑), 항주(杭州)의 양저(良渚) 및 황하 중하류의 용산(龙山)에서 모두 유사한 기호를 발견한 적이 있다. 반파(半坡) 도기에 새기거나 그린 부호는 갑골문 · 금문과 비교하여, 일부는 서로 매우 유사하다. 다른 문자와 관련된 고고학적 발견은 산동과 강소(江苏) 일대 대문구(大汶口) 문화 유적지에서 발견된 도기에 새겨진 6개의 부호가 있는데, 이는 지금으로부터 5,500년쯤이며, 그중에 몇 개 부호는 갑골문 · 금문과 서로 유사한 점이 있다. 1987년, 하남(河南) 무양가호(舞阳贾湖)의 신석기 시대 유적지에서 지금으로부터 8,000년의 갑골 조각 부호가 출토되었는데, 그중에 어떤 부호 형체는 안양(安阳) 은허(殷墟) 갑골문의 어떤 자형과 서로 비슷하다. 그들은 바로 한자의 전신일 가능성이 크다.

중국 고대에 한자 기원에 관한 전설은 세 가지가 있다. 첫째는 결승설이고, 둘째는 팔괘설이고, 셋째는 창힐(仓颉)의 조자설이다. 결승과 팔괘는 한자를 만들어낼 가능성이 그다지 없고, 창힐은 황제 때의 사관이라고 전해지는데, 갑골문 중에 결코 그에 관한 어떠한 기재가 없어, 이 때문에 또한 의심할 여지가 있다. 창힐은 기껏해야 한자를 정리하는 데 공헌한 사람으로 노신(鲁迅) 선생은 ≪문외교담(门

外交谈)≫ 책 중에 "文字在人民间萌芽(문자는 인민 사이에 싹이 튼다.)", 또 "仓颉也不止一个, 有的在刀柄上刻一点图, 有的在门户上画一些画, 心心相印, 口耳相传, 文字就多起来.(창힐도 하나가 아닌데, 어떤 것은 칼자루에 그림을 좀 새기고, 어떤 것은 문에 그림을 좀 그리고, 마음과 마음으로 서로 새기고, 입과 귀로 서로 전하여, 문자는 곧 많아지기 시작한다.)"라고 하였다.

한자는 세계상의 다른 문자와 똑같이, 그림에서 문자 그림에 이르렀고, 문자 그림의 질은 그림 문자로 변하였으며, 또 문자 체계로 발전하였는데, 이것은 반드시 천백 년을 거쳐 심지어 만 년 이상을 거쳐야 광대한 대중의 단체 창조로부터 완성할 수 있다. 한자는 대중 단체가 창조한 것으로, 이 과정 중에 많은 사람은 개별 한자의 창조자가 되었고, 창조한 한자는 사회의 공인을 거쳐 전해질 수 있으며, 이렇게 오랜 세월이 지나 점차 한자 문자 계통을 형성한다.

3. 한자의 성질과 특징

(1) 한자는 표의 체계의 문자이다

세계상의 문자는 크게 표의 문자와 표음 문자 두 유형으로 나눌 수 있다. 언어 자체는 음과 뜻의 결합체로서, 언어를 기록하는 데 있어 소리 방면일 수도 있고, 의미 방면일 수도 있다. 우리의 설명을 좀 더 완전하게 하기 위하여, 우리는 한자를 표의 체계의 한자라고 말한다.

한자는 표음 문자와 본질적인 차이를 가지고 있는데, 표음 문자는 수가 많지 않은 부호를 써서 언어에서 유한적인 음위나 음절을 나타낸다. 표음 문자는 대다수 병음 자모를 사용하고, 사람들은 자모의 독음과 "병음 자모"를 사용하여 표기하는 규칙을 숙달하였고, 한 단어의 소리를 듣고 대체적으로 쓸 수 있고, 한 단어를 보고 일반적으로 그것의 독음을 읽을 수 있다. 예를 들면 영어의 "문자" 한 단어는 characters이고, 러시아어는 письменность이다. 영어에서 쓰는 것은 라틴 자모로 모두 26개이다. 러시아어가 쓰는 것은 Кири́лл 자모로 모두 33개이다. 한자는 확실히 병음 문자가 아니고, 한자의 수량은 매우 많으며, 상용 한자는 3,500개가 있고, 통용 한자는 7,000개가 있으며, ≪한어대자전(汉语大字典)≫은 56,000개쯤의 글자를 수록하였고, 게다가 하나의 한자는 하나의 형체로, 한자와 의미는 직접적으로 연계되고, 글자마다 모두 글자를 구성하는 이론과 근거가 있다. 일부 한자의 형체는 바로 객관적 사물에 대한 묘사와 지시이다. 예를 들면 "山, 水, 木, 人, 刃, 寸"이다. 일부분의 한자는 하나의 뜻을 새로운 뜻으로 합치는데, 예를 들면 세 사람(人)이 하나의 "众"으로 합쳐지고, "小"와 "隹"(隹 : 새의 짧은 꼬리의 총칭일 뿐이다)는 하나의 "雀"로 합쳐지는데, 이러한 글자는 모두 틀림없는 표의자이다.

한자는 결코 음을 나타내는 성분이 없고, 한자의 90% 이상은 형성자이고, 형성자는 뜻을 나타내는 형부와 음을 나타내는 성부로 구성된다. 마침 이 점에 기초하여 일부 문자 학자는 한자를 표음 문자라고 한다. 그러나 형성자의 성부 자체도 뜻을 나타내는 부호이다. 예를 들어 형성자 "抱"와 "拍"의 성부는 "包"와 "白"로, "包"의 최초 자형은 애기를 안은 모습이고, "白"는 해의 빛 형상인데, 해 같기도 하고 아닌 것 같기도 하다. 성부와 음성도 일대일의 관계가 아닌데, 예를 들면 yi 같은 한 음절은 29개 성부로 나타낼 수 있는데, 일부 성부는 현재 이미 상당히 정확하게 소리를 나타낼 수 없다. 예를 들면 "军"으로부터 소리를 얻는 "浑", "辉"는 그 발음이 "军"과 서로 매우 다르다. 그래서 우리들은 형성자는 음을 나타내는 성분이 있으나 그들은 여전히 정방형 한자로서 글자를 구성하는 기본 부건(部件)으로 삼고, 결코 표의 문자 체계를 완전히 벗어나지 않으며, 다만 고도로 발달한 표음 요소를 가지고 있는 표의 문자일 뿐이다.

(2) 한자의 특징

한자는 표의 체계에 속하는 문자라는 성질 이외에, 또 일부 특징을 가지고 있다.

① 한자는 정방형 글자이다.

정방형 한자는 2차원으로 그 편방은 상하로 배열할 수 있고 좌우로 배열할 수도 있는데, 이것은 한자가 자형을 구별하는 데 편리함을 제공하였다. 한자 한 글자 한 형은 구별성이 강하고, 식별에 있어 확실히 병음 문자보다 우수하며, 한자 문헌을 읽으면 매우 빠르게 읽을 수 있고, 대충 읽어 보면 첫눈에 주제를 아는데, 이것은 병음 문자로는 하기 어려운 것이다.

② 한자는 음절을 대표한다.

하나의 한자는 한 음절로, 다만 얼화 접미사를 나타내는 "儿"은 앞의 한자와 한 음절이다. 과거 일찍이 개별적인 한자가 있었는데, 예를 들면 "浬", "瓩" 등은 음절을 대표하고, 정리를 거쳐서 이미 한 음절이 되었다. 한자는 모두 음성 단위이고, 이 때문에 방언 연구와 역사 음성 연구 중에서 충분히 한자를 이용하여 음절의 독음을 연구할 수 있고, 공시와 통시의 비교를 할 수 있다.

③ 한자는 형태소를 대표한다.

절대 다수의 한자는 모두 형태소와 서로 대응한다. 그들 절대 다수는 고대 한어 중에서 모두 단어이다. 현대 한어에서 어떤 것은 여전히 단어이고 어떤 것은 단어를 구성하는 형태소이다. 한자는 형태소를 표기하고 구별하는 역할을 하고 있다. 하나의 한자를 보면, 우리는 그것의 의미를 연상할 것이다. 예를 들면 당신이 tánzhèsì 삼음절을 들었을 때, 당신이 아마 그것의 뜻을 이해하지 못해도 최대 그것이 절이라는 것은 알고, "潭柘寺" 세 글자를 보았을 때, 당신은 대체적으로 그것의 형태소 의미와 단어 의미를 판단할 수 있다.

④ 한자로 한어를 쓰는 것은 단어를 붙여 쓰지 않는다.

한어의 서면어는 한 글자 한 글자를 배열하면, 단어와 단어의 경계를 볼 수 없다. 고대 한어는 단음절 단어가 대다수를 차지하고 있었기 때문에 글자와 글자를 붙여 쓰는 것은 단어와 문장의 식별에 대하여 큰 영향을 미치지 않는다. 현대 한어는 곧 읽기 훈련을 거쳐 정확하게 단어를 나눌 필요가 있지만, 이런 훈련은 어문을 학습하는 과정 중에서 점차 완성하는 것이기 때문에, 그리고 현대 한어 중에서 쌍음절 단어가 다수를 차지하고 있어, 학습자도 이로 인한 매우 큰 어려움은 느끼지 못한다.

⑤ 한자는 방언을 넘어선다.

이것은 한자의 독음이 방언 때문에 다를 수 있다고 하나 한자로 쓰여 있는 서면어는 오히려 각지에서 통용할 수 있다. 같지 않은 방언 지역의 사람들은 서로 말이 통할 수 없지만 한자로 써서 서로 이해할 수 있다. 예를 들면 "船" 이 글자는 각지의 독음 차이가 매우 크다.

北京：tʂʻuan^{35}　　广州：ʃyn^{21}　　上海：zø^{13}
温州：ɦy^{31}　　西安：pfʻã^{24}

하지만 "船"을 보자마자 모두 그것의 뜻을 이해할 수 있다.

⑥ 한자는 언어를 넘어선다.

한자를 사용하는 일본어는, 언어 예속 방면에서 한어와 혈연관계가 없고, 일본어의 음독어는 한자에서 빌린 음을 사용하는데, 예를 들어 "社会"는 しゃかい라고 읽는다. 훈독어(训读词)는 한자의 뜻을 차용하고, 독음은 한자와 관련이 없는데, 예를 들면 "山"은 やま이라고 읽는다. 종합적으로 말하면, 중일 양국 사람은 한자를 쓰는 방식으로 간단하게 교류할 수 있으며, 한자를 보면 기본적으로 상대방의 뜻을 이해할 수 있다. 일본어도 일부 한자 단어의 뜻이 한어와 차이가 있는데, 예를 들면 "手纸"(편지), "娘"(딸)이다.

⑦ 한자는 시대를 초월한다.

고금 한자는 비록 형체에 약간의 변화가 있지만, 동한(东汉) 이후에 이미 정형화되어 일부분 글자는 복잡하고 간단한 차이가 있는 것을 제외하고는 변화가 크지 않다. 매우 방대한 고대 문자 자료가 보존되어 옴으로써 지금 사람들도 직접적으로 고대의 문헌을 읽거나 검사할 수 있는데, 문자에 있어서는 기본적으로 어떤 장애가 없다. 예를 들면 2천여 년 전의 저서 ≪논어(论语)≫ 속의 "有朋自远方来, 不亦乐乎.(친구가 있어 먼 곳으로부터 오니 또한 기쁘지 아니한가)" 이 말은 지금 사람들도 약간의 지침을 주면 읽어서 이해할 수 있다. 영국인들은 600년 전의 Chaucer의 시를 읽고 이해하기가 쉽지 않아, 외국어 같다고 느꼈다. 한자의 기록 때문에 우리들은 비교적 쉽게 고대 사회의 상황을 이해할 수 있고, 옛 사람이 남긴 귀중한 문화 유산을 계승할 수 있다.

4. 한자의 역사 공적

한자의 발명은 중국 사회로 하여금 일찍이 몇 천 년 전에 문명 시대로 들어서게 하였다. 한자의 도움을 빌려 우리의 조상들은 휘황찬란한 동방 문화를 창조하였고, 그중에는 정치 · 경제 · 과학 · 교육 · 문학 · 예술 · 군사 각 방면의 지식과 경험이 있고, 후세를 위하여 참고와 본보기를 제공할 수 있다. 이런 한자를 써서 기록한 역사 문헌은 후손들에게 대단히 풍부한 지적 재산을 남겼고, 중국 사회의 진보와 발전에 어림할 수 없는 촉진 작용을 하였다. 중국은 국토의 면적이 아득히 멀고 넓으며, 인구가 많은 다민족 다언어의 대국이다. 한어를 사용하는 인구가 절대 다수를 차지하고 있으나 한어 방언은 복잡하고, 남북 차이의 큰 근본으로 교제할 방법이 없으며, 이런 상황은 현재보다 고대에 더 심각하였다. 직접적으로 음을 나타내지 않고, 방언을 초월하는 한자는 서면어를 통일하는 작용을 하고 있고, 게다가 구어가 어휘와 문법 방면에서 기본적인 일치성을 유지하는 것에 영향을 미쳐, 방언의 분화를 구속하였다. 역대 국가 정치 강령의 보급은 또한 한자 기록의 서면어에 의뢰하고 있어, 한자는 국가통일을 유지하는 방면에 있어 소멸할 수 없는 역사적 공적을 가지고 있다.

한자는 중국 민족을 위하여 몇 천 년 동안 봉사하였고, 게다가 세계, 우선 동아시아 다른 민족 문화의 발전에 대하여도 매우 깊은 영향을 끼치고 있다. 조선 · 베트남은 모두 일찍이 한자를 사용한 적이 있고, 일본은 아직까지 한자를 사용하고 있는데, 이와 동시에 그들은 모두 일찍이 한자를 모방하여 자신의 문자를 창조하였다.

조선 민족은 한자를 사용한 지 1천여 년의 역사를 가지고 있고, 조선의 고대 문헌은 대다수가 한자의 문언문으로 쓰여졌고, 당시 한어를 한자와 함께 그들의 서면어로 여겨 사용하였다. 서기 5세기 전후 조선은 한자를 사용하여 자신의 언어를 기록하기 시작하여, "향찰(乡札)"이라 하였다. 15세기 이조 때 세종은 언문청을 설립하였고, 1446년 ≪훈민정음≫을 간행하여 언문 자모를 공포하였다. 언문 자모는 한자의 필획을 이용하여 정방형으로 배열하였다. 이 후에 한자와 언문을 동시에 사용하거나 혼합하여 사용하였고, 1948년 조선의 북방은 한자를 폐지하였고, 한국은 현재 여전히 부분적으로 한자를 사용하고 있고, 출판물도 한자와 언문을 공동으로 쓰고 있다.

베트남은 매우 일찍부터 한자를 사용하였는데, 진한(秦汉) 시기에 한자가 베트남에 전파되어 줄곧 사용되었다. 13세기에 베트남인들은 한자를 모방하고 한자를 기초로 삼아 자신들의 문자인 "字喃(쯔놈)"을 창조하였다. 그리고 1945년에야 완전히 병음 문자로 한자와 쯔놈을 대체하였다.

일본은 한자 한문을 학습하는 데 있어 대략 서기 3세기부터 시작하였고, 고대 일본인들은 일찍이 장기간 한어의 독음을 사용하여 중국의 문헌을 읽고, 또한 한자로 문장을 썼다. 서기 7세기에 이르러, 당(唐)에 파견되었던 외교관 중에 유학생 길배진배(吉备真备)는 가타카나를 제정하였고, 승공해(僧空海)는 히라가나를 제정하였다고 전해진다. 가타카나는 한자 해서의 편방을 채택하였고, 히라가나는 한자의 초서를 채택하였다. 일본 내각은 1981년 상용한자표를 공포하였는데 모두 1,945개의 한자였다. 그중에 소수 글자는 한자를 모방하여 만든 일본어 특유의 글자도 있다.

동아시아에서는 중국을 중심으로 하는 "한자 문화권"이 존재하고 있고, 한자는 한문화의 체제이고, 또한 한문화의 뿌리이다. 한자는 중국과 동아시아의 다른 국가 문화의 발전을 촉진하였을 뿐만 아니라, 또한 세계를 위하여 극히 풍부하고 진귀한 인류 문화 유산을 보존하였고, 세계 문화를 위하여 거대한 공헌을 하였다.

사고와 연습

1. 문자는 무엇인가? 한자는 무엇인가?
2. 한자는 왜 표의 체계의 문자라고 하는가?
3. 한자는 어떠한 특징을 가지고 있는가?
4. 한자는 어떻게 생긴 것인가?
5. 한자는 어떤 역사적인 공헌이 있는가?

제2절 한자의 형체

1. 한자 형체의 변천

한자의 형체는 간단하게 "글꼴(字体)"이라고 하여, "글꼴"은 문자의 서로 다른 각종 형식을 가리킨다. 역사 발전의 각도에서 보면, 한자는 예로부터 지금까지 형체에 일련의 변화가 발생하였으며 형형색색의 각종 문체가 나타났다. 그중에 일정한 발전 단계를 대표하여 비교적 큰 것으로는 갑골문, 금문, 전서, 예서, 해서, 초서, 행서 등의 글꼴이 있는데, 아래에 각각 소개한다.

(1) 갑골문

갑골문은 은상(殷商) 시대에 거북이 껍데기와 짐승의 뼈에 새긴 일종의 문자이다. 갑골문의 갑이 가리키는 것은 거북이 껍데기인데, 주로 배 껍데기이고, 소수는 등 껍데기이다. 뼈는 짐승의 뼈를 가리키는데, 주로 소 어깨뼈이고, 일부는 머리뼈 및 호랑이 뼈 등도 있다. 갑골문은 또 복사(卜辞), 은계(殷契), 은허(殷墟) 문자라고 부른다. 이런 문자는 1899년에 발견한 것이다. 청 광서 연간 국자감 제주 왕의영(王懿荣)은 그가 줄곧 먹던 한방약 "용뼈(龙骨)"에서 유사 문자의 부호를 발견하였고, 사물의 근본을 탐구하니 "용뼈"는 하남성 안양의 소둔촌, 즉 상대 은허의 소재지인 것을 알았다. 이후에, 은허 및 각지의 발굴 중에 계속 글자가 있는 갑골 16만여 편을 출토하였다. 정리한 글자는 4천여 개로 이미 번역하여 읽은 것이 일천여 개이다. 갑골문으로부터 고대 은왕은 국가 대사가 있으면 반드시 점치고, 먼저 거북이 껍데기에 조각하여 불에 태우고, 다른 면에 갈라진 무늬에서 길흉을 판단하였고, 또 점치는 상황을 문자로 위에다 새겼다는 것을 이해할 수 있었다. 완전한 한 편의 점을 치는 것은 네 부분을 포괄한다. 전사(前辞)는 점을 치는 날짜와 점을 치는 사람의 성명을 기록한다. 명사(命辞)는 복문의 일을 기록한다. 점사(占辞)는 복조를 관찰하고 아울러 일의 길흉성패를 미리 기록하였다. 험사(验辞)는 사후 기록한 영험함이다. 은허 갑골문은 반경(盘庚)이 은으로 천도한 후 8대 12명의 왕에 관한 2백여 년의 복사를 기록하였다. 1954년 후 또 산서, 북경, 섬서 등지에서 서주(西周)의 갑골문을 발견하였다.

[그림 2-3] 갑골문탁본

갑골문은 아직 그림 문자의 특징을 크게 보존하고 있고, 그림을 그리고 사실을 쓰는 수법을 사용하며, 코끼리 · 말 · 사슴 · 새 · 물고기 · 거북이 등 동물 형상을 묘사한 것은 마치 진짜와 같아 한 번 척보면 알 수 있다. 갑골문의 형체 구조는 아직 완전히 정형화되지 않았고, 같은 글자는 여러 서법을 가지고 있으며, 어떤 글자는 바로 쓰는 것과 반대로 쓰는 것 모두 되고, 편방은 고정되지 않았으며, 글자의 크기는 하나가 아니다. 예를 들면 "降"자의 "阝"(阜)는 어떤 것은 왼쪽에 있고, 어떤 것은 오른쪽에 있다. "牢"자 아래도 어떤 것은 "牛"이고, 어떤 것은 "羊"이다. 당시의 쓰기 도구는 칼이고, 재료는 갑골이기 때문에 필획의 특징은 선이 비교적 가늘고, 원형과 네모난 필획이 섞여 있으며, 네모난 필획이 비교적 많다.

갑골문은 이미 상당히 발달한 문자 체계이고, 한자의 조자 방법도 이미 갖추어져, 그중에 형성자는 27%를 차지하고, 회의자는 60%를 차지하며, 가차자는 10%를 차지한다.

(2) 금문

금문은 상주(商周) 양대 때 청동기 위에 갈고 다듬은 문자이다. 또 종정문(钟鼎文), 길금(吉金) 문자라고도 부른다. 종(钟)은 악기이고, 정(鼎)은 예기이다. 길금은 좋은 금속, 즉 청동을 가리킨다. 상주 시대 출토품 중 명문이 있는 청동기는 대략 4천 건 이상이 있다. 상대 청동기는 수량이 적고, 명문자(铭文字) 수도 적다. 주대 이후에 명문은 점차 길어지고, 명문이 가장 긴 것은 모공정(毛公鼎)으로 497개의 글자가 있다.

금문과 갑골문은 동일한 계통의 문자로, 금문의 형체 구조는 갑골문과 서로 비교하여 부호성이 다소 증가하였으나 너무 큰 변화는 없고, 여전히 전형적인 고문자이다. 갑골문과의 주요 차이는 쓰기 재료가 다른 데 있다. 금문은 범주의 문자이고, 필획이 굵기도 하고 가늘기도 하며, 자주 비필(肥笔)이 있고, 풍부하고 실하고 튼튼하다. 서주(西周) 말기의 금문 변화는 현저하여, 외형과 행관에서 더욱 가지런하고 바르고 균등해졌다.

(3) 전서

전서는 대전(大篆)과 소전(小篆) 두 글꼴을 포함한다. 전서는 쓰기에서 이름을 얻고, "篆"은 길게 끌다라는 뜻을 파생시킨 것으로서, 당시에 이미 붓으로 글씨를 쓰기 시작했음을 볼 수 있다. "大篆" 이 명칭은 광의와 협의의 차이가 있는데, 광의의 대전은 선진 시기의 모든 문자를 가리키며, 갑골문 · 금문 · 주문(籀文)과 춘추 시대의 각국에 통용하던 문자를 포함한다. 협의적인 대전은 전문적으로 춘추전국 시대 진나라의 문자를 가리키는데, 주문과 석고문으로 대표된다. 주문 전설은

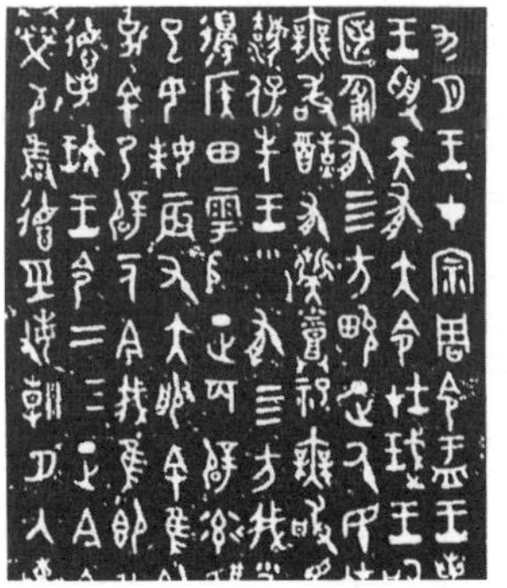

[그림 2-4] 금문 : 대우정

《사주편》의 문자로, 《사주편》은 주나라 선왕의 사관인 태사 주(籒)가 편찬한 동몽식자 교본으로 예전에 흩어져 없어졌다. 현존하는 주문은 220자가 《설문해자》에 보존되어 있다. 석고문은 석고에 새긴 문자로, 당대에 문자가 새겨져 있는 10개의 고형석(鼓形石)을 발견하였는데, 북경 고궁에 현존한다. 대전은 금문 필획보다 더 고르고, 구조가 더욱 가지런하다.

[그림 2-5] 대전 : 석고문

소전은 진이 6국을 통일한 후에 전국에 통용되던 표준 글꼴이다. 소전은 대전으로부터 변화하고 발전한 것으로, 기원전 221년 진이 6국을 통일한 후에 "서동문(书同文)"의 정책을 실행하고, 승상 이사(李斯) 등의 사람들이 당시의 통용 한자를 수집하고 정리하여 《창힐편(仓颉篇)》 · 《애력편(爱历篇)》 · 《박학편(博学篇)》을 편찬하고, "삼창(三仓)"이라 함께 일컬으며, 전국에 반포하여 본보기로 삼고, 소전으로 하여 전국에 통용되는 표준 자체가 되게 하였다. 현존하는 《태산각석(泰山刻石)》은 소전의 대표작이다. 소전을 보존한 것으로서 가장 완전하고 계통적인 것은 《설문해자》로, 이 책의 9,353개 글자 중 대다수가 소전을 색인 글자로 하였다. 현재 전각에서 여전히 이 글자체를 활용한다. 소전의 자형은 대전보다 더 많이 간소화되었고, 구조적으로도 더욱 고르고 가지런하다. 필획은 대전보다 간단하고 선은 약간 활모양을 가지고 있다. 편방은 상대적으로 고정적이고, 이체자는 감소하였으며, 가장 큰 특징은 이미 정형화된 것이다. 소전은 한자가 가장 빠르게 규범화된 글꼴로, 소전의 탄생은 한자의 통일에 중요한 역할을 하였다.

(4) 예서

예서는 진예(秦隶)와 한예(汉隶)로 나누고, 또 고예(古隶)와 금예(今隶)라고도 한다. 진예는 진대 하급 문원(徒隶)이 일상 쓰기의 보조성 글꼴에 사용하였다. 진조(秦朝) 때 소전은 정부 측이 활용하는 표준 글자체로 비교적 정중한 장소에 사용하였고, 일상에는 곧 예서를 사용하였다. 이 글꼴은 애초 소전에 가까웠으나 소전보다 쓰기가 자유로웠고, 글자 형태는 좀 똑바르다. 한예는 한대의 통용 글꼴로 진예의 기초에서 변화 발선한 것이다. 한예와 진예의 주요한 차이는 진예는 전서의 일정한 흔적이 남겨져 있고, 한예는 매우 적게 전서의 흔적을 가지고 있다. 진예의 필획은 곧고 네모나고, 한예의 필세는 편안하고, 사선을 오른쪽 아래로 삐치는 필법을 가지고 있고, 첫 획은 잠시 멈추고, 붓을 놓을 때는 위로 들어올린다.

[그림 2-6] 진소전 : 이사서사역산각석

[그림 2-7] 진례 : 마왕퇴백서 - 전국 · 종횡가서

전서에서 예서까지 한자 글자체의 변화 발전은 중요한 전환점이고, 고대 문자와 현대 문자의 분수령이다. 문자학적으로 이 변화를 예변(隶变)이라고 한다. 예변은 한자 형체로 하여금 근본적인 변화를 발생시켰으며, 주로 이런 몇 가지로 표현한다. 예서는 원래 원만하고 구불구불한 선을 곧고 네모난 필획으로 바꾸었다. 예서는 원래 있던 편방을 개조하였는데, 원래 있던 편방을 변형하고 생략하고 합치었다. 예서는 원래 있던 자형을 간소화하고, 전서가 물체 모양에 따라 그리는 곡선의 구조를 깨뜨리고, 상형의 면모를 잃었다.

(5) 해서

해서는 한말에 흥성하여 위진남북조에 성행하였고, 현재까지 연용하여 통용 시간이 가장 긴 표준 글꼴이다. 진서, 정서라고도 불렀다. "해(楷)"는 규범적이고 가지런하여 본보기의 뜻으로 쓰일 만하였다. 해서와 한예의 구조는 서로 같고, 예서에서 발전하고 변화한 것이나 사선을 오른쪽 아래로 삐치는 예서의 필법은 없었고, 필형도 다르고, 글자형은 바르고 쓰기가 간편하였다. 해서는 한자로 하여금 완전히 필획으로 이루어져 있는 정방형 한자로 변하게 하였고, 역대로 쓰기 한자 학습의 모범 입문 글꼴이며, 현대 한자의 표준 글꼴이다.

[그림 2-8] 한례 : ≪장천비≫

[그림 2-9] 해례 : 당 · 안진경 ≪다보탑≫

(6) 초서

초서는 쓰기 간편하게 하기 위하여 비교적 조잡하게 쓰는 글꼴로, 장초 · 금초와 광초를 포함한다. 장초는 한예와 서로 대응되는 초서로, 장초 이름의 유래는 역대 여러 사람의 의견이 일치하지 않았는데, 한나라 장제(章帝)가 초서를 애호하여 초서를 사용하여 상주문을 지으라고 하여 이름을 얻었다는 설이 있고, 오나라 황상(皇象)이 이 글꼴로 ≪급취장(急就章)≫의 문장과 글자를 써서 이름을 얻었다는 설이 있다. 장초는 여전히 한예의 풍격과 특징을 보존하여 필획이 뚜렷하고, 가로 그림은 사선을 오른쪽 아래로 삐치는 필법과 도법(挑法 : 왼쪽, 오른쪽 삐침의 마지막 부분에서 위로 들어 올리는 것)이 있으며, 글자마다 독립적이다. 금초는 동한 말기에 나타나, 해서로부터 변화하고 발전한 것이다. 그것의 형체는 길게 이어져 있고, 글자마다 호응하며, 단숨에 관통한다. 금초는 장초의 사선을 오른쪽 아래로 삐치는 필법이 없고, 쓰기가 더욱 빠르나, 분별하기가 쉽지 않다. 광초는 당대에 나타나 그 글자는 늘 편방을 혼동하고, 임의로 결탁하고, 변화가 복잡하고, 감상하는 예술품으로서 결코 실용적이지 않고, 분별하기에 매우 어렵다.

[그림 2-10] 장초 : 오황상 ≪급취장≫

[그림 2-11] 초례 : 당 · 장욱 ≪심경≫

(7) **행서**

행서는 동한 이후에 나타난 초서와 해서 사이에 있는 글꼴이다. 행서는 해서의 필획을 간소화하고, 초서의 끊이지 않는 필법을 채택하였고, 해서에 가까워 딱딱하지 않고, 초서에 가까워 방종하지 않다. 필획은 이어지지만 각 글자는 독립적이고, 쓰기 쉽고 인식하기 쉬우며, 해서와 초서의 장점을 겸하고 있다. 마침 행서 자형은 뚜렷하고 쓰는 속도가 빠르기 때문에, 실용성이 가장 강한 글꼴이고, 일반인들은 손으로 쓰는 용도에는 모두 행서를 쓰고, 일종의 보조성 글꼴로서 행서 사용의 광범함은 해서에 뒤지지 않는다.

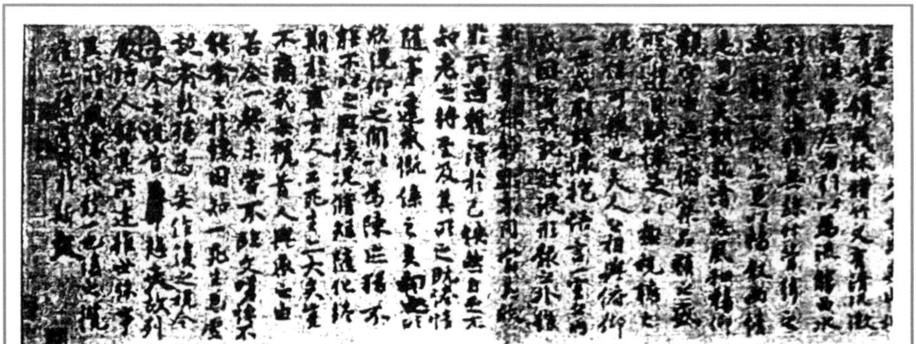

[그림 2-12] 천하제일행례 : 진 · 왕희지 ≪난정서≫

2. 한자 형체의 변천 규율

갑골문 · 금문 · 전서 · 예서 · 해서는 모두 일정한 역사 단계 중에서 정식으로 사용한 글꼴이고, 초서와 행서는 보조성 글꼴이다. 갑골문으로부터 해서까지 한자의 전체 변화 발전 과정 중에서, 전체적인 추세는 간단하고 쉽게 쓰는 방향으로 발전하였다. 한자는 그림 성질의 상형문자에서 점차로 상형이 아닌 쓰기 부호로 변하였는데, 예를 들면 "鱼", "马"는 갑골문 · 금문 중에 대체로 원래 사물의 모양과 닮았고, 소전에 이르러 그다지 닮지 않았고, 예서 · 해서에서는 완전히 원래의 사물과 닮지 않았다. 한자는 발전 과정 중에 원만하고 구부러진 선에서 점, 가로 긋기, 세로 긋기, 왼 삐침, 오른 삐침 등 필획으로 변하였고, 쓰기가 더욱 편리하여졌으며, 많은 글자의 구조와 필획은 점차로 간소화되었다. 예를 들어 "车"자는 갑골문에서는 두 개의 바퀴를 그려 낸 것이었는데, 전서에서는 바퀴가 하나인 차이다. 한자의 편방은 복잡하고 다양한 것에서 간소화되고 유화(类化)로 발전하였는데, 예를 들면 "霍"자의 소전은 회의자로, 雨와 雔로부터 雔로 변하고, 예서와 해서는 "隹"를 생략하였다. "奏, 奉, 舂, 泰, 春" 위의 "𡗗"는 소전 중에서 서로 다른 편방으로, 그리고 현재 하나의 편방으로 유화되었다. 한자의 형체는 부정형에서 정형으로 바뀌었고, 이체자는 점점 적어졌다. 갑골문 · 금문 중에서의 이체자는 상당히 많은데, 예를 들면 ≪갑골문편≫은 자형이 완전히 상통하지 않는 "鱼"자 20개, "马"자 50개, "车"자 26개를 수록하였다. ≪금문편≫은 글자형이 완전히 상통하지 않는 "鱼"자 39개, "马"자가 44, "车"자 30개를 수록하였다. 전체적인 추세하에 다의어 분화의 필요 때문에, 한자는 발전 과정에서 자주 형성 조자법을 사용하여 일부 글자에 편방을 증가하였고, 이 때문에 또한 복잡해진 일면을 가지고 있다. 예를 들어 "网"은 원래 형성자인데, 나중에 또 앞뒤로 성부 "亡"과 형부 "糸"를 더하여 형성자 "网"으로 변하였다. 또 예를 들어 "原"은 원래 수원(水源)의 뜻인데, 뒤에 "原"은 원야(原野)의 "原"을 빌리고, 또 세 점의 물(水)을 더하여 "源"으로 변하였다. 비록 일부 글자로 보면, 편방의 증가는 복잡해진 것이나, 한자 글꼴의 변천 과정의 주요 추세와 총추세로 보면 여전히 간소화이다.

3. 현행 한자의 글꼴

(1) 현대 한자의 글꼴 유형

현행 통용 한자의 정식 글꼴은 해서이고, 통용하는 보조성 글꼴은 행서이며, 다른 글꼴은 모두 통용되지 않는데, 다만 특수한 상황하에서만 사용한다. 초서는 일반적으로 붓글씨에 쓰이고, 갑골문 · 금문 · 전서 · 예서는 붓글씨에 활용하는 것 이외에 도장을 새기는 데도 활용한다. 예서는 또 표어, 간판, 저서의 표제 등에 활용한다.

붓글씨 방식으로 나누면, 현행 한자는 아직 인쇄본과 필기체 두 큰 부류로 나눌 수 있다.

(2) 현대 한자의 자형 특징

현대 한자의 자형은 세 가지 중요한 특징이 있는데, 약술하면 아래와 같다.

① 필획이 간단하다.

신중국 성립 후, 한자는 간화(简化)를 거쳐 대량의 번체자는 간체자로 변하였다. 현재 간체자는 1986년 10월 국무원 승인으로 새로 발표한 ≪간화자총표(简化字总表)≫를 표준으로 삼는다. 상당히 많은 한자가 간화되었기 때문에 쓰기에 간단하고 많이 편리해졌다. 예를 들면 "龜", "鬱"는 "龟", "郁"로 간화되어 쓰기가 간단할 뿐만 아니라 구조도 많이 편안해졌다.

② 이체 폐지

신중국 성립 후 이체자를 정리하여, 대량의 이체자를 폐지하였다. 한 한자의 서로 다른 서법 중에 규범적인 글꼴을 선택하였다. 예를 들면 "并", "並", "倂" 세 이체자는 "并"을 선택하여 규범으로 하고, "並"과 "倂"을 폐지하였다. 이체자 중에 골라 쓰는 글자는 1955년 12월 문화부와 중국 문자 개혁 위원회에서 선포한 ≪제일차이체자정리표(第一批异体字整理表)≫를 표준으로 삼는다.

③ 자형이 일치한다.

과거 필기체와 인쇄체의 자형은 일치하지 않는 점이 매우 많이 있는데, 예를 들면 "者"의 인쇄체 중간에는 한 점이 있고, "令"의 인쇄체 아래에는 하나의 세로 긋기가 있다. 이렇게 필기체가 한 세트이고, 인쇄체는 다른 한 세트로서 학습과 쓰기에 일정한 어려움을 만들었다. 현재, 인쇄체는 가능한 한 필기체에 접근하여, 양자는 매우 많은 정도에서 일치하게 되었다. 1988년 3월 국가 언어 위원회(国家语委)와 뉴스 출판 부서가 연합하여 선포한 ≪현대한어통용자표(现代汉语通用字表)≫는 인쇄체 근거의 표준이다. 인쇄체와 쓰기 글꼴 불일치의 감소는 학습자에게 매우 많은 편리함을 가져다준다.

상술한 특징은 모두 해서에 대하여 말한 것이지만, 해서의 변화는 상응하여 또한 행서와 예서에 변화를 가져올 것이다. 행서는 현행 해서의 기초에 근거한 속필이다. 예서도 간체자의 필획과 구조에 따르며, 다만 한예의 서법을 보존한 것뿐이다.

(3) 인쇄체와 필기체

인쇄체 한자는 인쇄할 때 상용하는 해서 글꼴이다. 인쇄체의 특징은 자형이 단정하고 고르며, 필획은 뚜렷하고 보기 좋으며, 구별하기 쉬우나 손으로 쓰기에 쉽지 않다. 인쇄체는 아래와 같이 약간의 변형체가 있다.

① **송체(宋体)** : 고송(古宋), 노송(老宋), 등용체(灯笼体)라고도 부른다. 특징은 가로는 얇고, 세로는 두꺼우며, 구조는 엄밀하며 바르고, 가장 통용되는 인쇄체이고, 일반적 도서 잡지의 본문과 주석에 적합하다.

② **방송체(仿宋体)** : 진송체(真宋体)라고도 부른다. 필획의 가로 · 세로 긋기의 굵기는 서로 같고, 글꼴은 균등하고 수려하여, 멈추어 씀(顿笔)이 있고, 상용하여 고서와 인용한 예증을 조판하고 인쇄한다.

③ **장방송(长仿宋)** : 필획 · 구조가 방송체와 서로 같고, 다만 형상이 가늘고 길며, 상용하여 시사 문집과 고서를 조판하고 인쇄하였다.

④ **흑체(黑体)** : 흑두자(黑头字), 방체자(方体字), 방두체(方头体), 조체(粗体), 평체(平体)라고도 부른다. 필획은 가로 세로가 일률적으로 굵고 단단하며, 필적은 새까맣고 눈에 뜨인다. 일반적으로 문장 표제와 중점적으로 강조가 필요한 내용에 쓰인다.

⑤ **해체(楷体)** : 정해체(正楷体), 활체(活体), 대송체(大宋体)라고도 부른다. 필획 · 구조가 단정하고 장중하며 엄격한 붓글씨 필기 해서와 유사하다.

컴퓨터 기술의 보급과 발전에 따라서 문장 · 서적을 조판하고 인쇄할 때 현재 선택할 수 있는 더욱 많은 해서 변형 글꼴과 다른 글꼴이 있고, 풍부하게 내용을 인쇄하고 조판하는 형식으로 눈에 띄고 미화하는 효과에 다다랐다.

인쇄체는 글꼴을 선택할 수 있는 것을 제외하고도, 자형의 크기 또한 선택할 수 있다. 인쇄체의 각종 글꼴은 근본적으로 크기에 근거하여 다른 호수(字号)로 배열한다. 현재 상용하는 호수는 10종인데, 각각 초호, 소초, 1호, 소1, 2호, 소2, 3호, 소3, 4호, 소4, 5호, 소5, 6호, 소6, 7호, 8호이다. 인쇄용 각종 글꼴과 호수는 아래와 같다.

✿ 인쇄 상용 각종 글꼴 크기 표

호수	송체	방송체	해체	흑체
初号	永	永	永	永
小初	永	永	永	永
一号	永	永	永	永
二号	永	永	永	永
三号	永	永	永	永
四号	永	永	永	永
五号	永	永	永	永
六号	永	永	永	永
七号	永	永	永	永
八号	永	永	永	永

필기체는 사람들이 붓을 사용하여 직접적으로 형성한 글꼴이다. 일반적으로 말해서 필기체는 글자를 쓰기에 인쇄체보다 훨씬 자유롭고 민첩하며, 게다가 저마다 각각 쓰기 습관과 특징이 있다. 필기체로 가장 상용하는 글꼴은 행서와 해서이고, 행서가 해서보다 좀 더 많고, 간혹 초서나 다른 예술 글꼴을 쓴 것도 있다. 해서는 필기체 쓰기를 배우는 기초로, 해서의 기초가 있으면 다른 글꼴도 정확히 빨리 아

름답게 쓸 수 있다. 필기체는 쓰기 도구가 서로 다름에 따라서 경필자(硬笔字)와 연필자(软笔字)로 나눌 수 있다. 경필자는 만년필 · 연필 · 볼펜 · 나일론펜 글자 및 다른 경성 붓끝으로 쓴 글자를 포함한다. 연필자는 주로 붓글씨를 가리킨다. 연필자의 쓰기는 경필자의 쓰기보다 어렵고, 연필자가 쓰기에 좋은 것은 경필자도 쓰기에 좋은 것이다. 그 반대로는 일정하지 않다. 유래로 말하면 인쇄체의 글자도 최초에는 또한 사람이 손으로 쓰고 새긴 것이고, 필기체는 한자 글꼴의 본체이다. 일부 저명한 서예가의 글자는 정리한 후에 또 컴퓨터에 들어가, 새로운 인쇄 글꼴이 되었고, 한자 인쇄체의 양식을 풍부하게 하였다. 광범위하게 PC를 사용하는 오늘날 필기체 한자의 교학과 훈련은 교육계의 중시를 야기하여, 청소년들의 한자 쓰기 능력의 하강을 방지해야 한다. 한자를 손으로 쓰는 것은 사람의 신체 건강에 유리하고, 심미적 정취 배양에 유리하고, 중화 전통 문화의 전승에 유리하여 또 강력하게 제창해야 한다.

사고와 연습

1. 한자에는 어떤 글꼴이 있는가? 각종 글꼴이 존재하는 시대와 주요 특징을 설명하라.
2. 현대 한자의 자형은 몇 개의 특징을 가지고 있는가?
3. 현행 한자에는 어떤 글꼴이 있는가? 각각 어떤 특징이 있는가?
4. 인쇄체에는 어떤 글꼴이 있고, 각각 어떤 특징이 있는가?
5. 한자 글꼴 변천의 주요 추세를 약술하라.

제3절 한자의 구조

1. 한자의 구조 방법

현행 한자는 고대 한자로부터 발전하여 온 것으로 현대 한자의 구조를 이해하려면 반드시 고대 한자의 구조를 이해해야만 한다. 한자는 몇 천 년의 역사를 겪고, 그 구조 방법은 고대 한자 시기에 이미 형성된 것이다. 한자의 구조를 논한다면 중국 전통 문자학의 육서 이론을 말하지 않을 수 없다. 육서는 주대 소학의 육예 중에 하나로, 이 육예는 "예(礼), 악(乐), 사(射), 어(驭), 서(书), 수(数)"이다. "서(书)"는 바로 육서이다. 동한 반고(班固)의 저서 ≪한서 · 예문지(汉书 · 艺文志)≫와 허신(许慎)의 저서 ≪설문해자 · 서(说文解字 · 叙)≫는 모두 육서에 대해 구체적인 해석을 하였다. 후대 학자들은 일반적으로 반고의 순서와 허신의 명칭을 채택하였는데, 이것은 상형, 지사, 회의, 형성, 전주, 가차이다. 육서는 한자를 연구하는 사람들이 한자의 구조를 분석하여 귀납하여 낸 6가지의 구조 방법이다. 허신은 육서 이론에 근거하여 구체적으로 9,353개 한자의 구조를 분석하였고, ≪설문해자≫를 지었다. 청대는 문자학 중심으로 연구한 소학의 전성기로, ≪설문해자≫에 대한 연구가 상당히 높은 수준에 이르렀다. 오늘날 우리는 고대 한자를 연구하든 현대 한자를 연구하든 모두 허신 및 청대 학자의 해설을 참고해야 한다. 그러나 허신으로부터 줄곧 청대에 이르기까지의 설문학자, 그들은 모두 출토된 갑골문에 따르지 않았고, 고대 한자 조기의 원형을 보지 않았기 때문에 해설 중에 일부 오류와 주관적인 추측을 한 곳도 있다.

육서는 우리가 오늘날 보아, 다만 앞의 사서는 한자의 구조 방법이거나 조자법을 말하고 있다. 뒤의 양서는 글자의 구조와 무관하다. 아래에서 우리는 조금 소개한다.

(1) 상형

상형은 사물의 형상을 그리는 일종의 조자법이다. 상형에 대한 허신의 해석은 "画成其物, 随体诘诎, 日月是也(사물을 그려 형체에 따라 굴곡을 이루는 것)"이다. 상형자는 사물의 형체 특징에 근거하여 그 윤곽을 그린 글자로, 대부분이 구체적이고 개별적으로 추상적인데, 예를 들면 "凹, 凸, 串"이다. 상형자를 대표하는 것은 명사인데, 동물을 나타내는 명사가 적지 않다. 상형자 중에서 일부는 사물의 전체를 묘사하는 것으로, 예를 들면 "山, 云, 目, 燕, 虎, 衣, 射"이다. 어떤 것은 사물의 특징 즉 두드러진 특징을 묘사하는데, 예를 들면 "牛"는 두 뿔을 부각하고, "羊"은 머리를 부각한다. 상형자는 일반적으로 독체인데, 다시 말해서 "문자"이다. 송나라 정초(郑樵)는 ≪통지 · 칠음략(通志 · 七音略)≫에서 "独体为文, 合体为字(독체가 문자이고, 합체가 글자이다)"라고 하였다. 예를 들면 "鹿, 贝, 几, 井, 肉, 身, 火, 田"이다. 어떤 것은 합체이기도 한데, 바로 사물이 의지하여 붙은 부분을 그려내는 것을 말한다. 예를 들면 "瓜, 栗, 粟, 胃, 巢, 眉, 果, 肩, 脊, 石, 枣, 州, 须"이다.

상형자가 사물의 형상을 그리는 방법은 매우 큰 제한을 받는데, 이 방법에 따라서 글자를 만들고, 세계 만물 즉 만 개의 형상을 그려야 하고, 게다가 그 복잡하고 추상적인 사물과 개념도 그리기 쉽지 않다. 그래서 상형자는 일정한 단계까지 발전하다 멈추었는데, 청대 주준성(朱骏声)의 ≪설문통훈정성(说文通训定声)≫은 ≪설문해자≫의 9,353개 한자 중에서 상형자는 불과 364개라고 통계를 내었다.

(2) 지사

지사는 추상적인 부호나 상형자 중에서 추상적인 부호를 더하여 의미를 제시하는 조자법이다. 허신의 지사에 대한 해석은 "视而可识, 察而见意, 上下是也(보아서 알 수 있고 살펴서 뜻을 볼 수 있는 것)"이다. 지사자는 두 부류로 나눌 수 있다. 한 종류는 전체적으로 추상적인 부호를 사용하여 글자의 의미를 제시한 것으로, 예를 들면 "上"자는 하나의 짧은 가로획이 긴 호선 위에 있고, "下"자는 하나의 짧은 가로획이 긴 호선의 아래에 있다. 또 숫자 글자를 예로 들면 가로획 "一"을 써서 하나를 나타내고, 두 개의 가로획을 써서 둘을 나타내는데, 그것들도 지사자이다. 다른 한 종류는 상형자 위에 추상적인 부호를 더하여 글자의 뜻을 제시하는 것으로, 예를 들면 "木"자의 세로획 아래에 지시 부호(먼저 점이고, 뒤에 짧은 가로획이다)를 더하면 "本"이고, 세로획 위에 지시 부호를 더하면 "末"이다. "木"의 중간에 가로획을 더하면 "朱"이고, 붉은 나무의 마음을 나타낸다. "亦"은 "腋"의 본자로 "大"는 정면에 서 있는 사람과 같고, 두 면의 점은 겨드랑이 아래의 장소를 가리킨다. "寸"의 원래의 뜻은 진맥하는 맥 짚는 곳으로, 갑골문 중에서 "又"는 손을 나타내고, 손목은 손에서 일촌 떨어진 곳을 지시하는 짧은 가로획을 더하여 맥을 짚는 곳의 소재를 나타낸다. “甘”자는 입 속에 한 점을 표시하여 달콤한 음식을 나타낸다.

지사와 상형의 차이점은 지사는 추상적인 부호를 써서 글자의 뜻을 나타내고, 상형은 원래 사물의 형상을 그려 그 글자의 뜻을 나타낸다는 데 있다. 일부 지사자에는 상형자를 포함하나 중점은 역시 추상적인 부호로 글자의 의미를 제시하는 것이다. 구체적으로 묘사하거나 추상적으로 제시하는 것은 상형과 지사, 양자의 한계를 나눈다. 지사자는 상형자와 똑같이 모두 합체자의 글자 구성 부분으로, 한자를 구성하는 기초이다.

지사자는 ≪설문해자≫ 중에 다만 125개가 있는데 비중이 매우 작고, 이 중에서 어떤 것은 믿을 만하지 못한데, 추상과 구체의 한계는 때로 결코 매우 쉽게 숙달하지 못하기 때문이다. 이런 조자법도 매우 제한을 받는다.

(3) **회의**

두 개 혹은 두 개 이상의 글자를 조합하여, 그들의 의미를 합쳐 새로운 글자의 뜻을 나타내는 것이 바로 회의이다. 허신이 회의자에 내린 정의는 “比类合谊, 以见指㧑, 武信是也(비슷한 종류를 나열해 뜻을 합쳐 새로운 의미를 가리키는 것)”이다. 비류(比类)는 바로 몇 개의 뜻을 나타내는 상형 혹은 지사자가 함께 순서에 따라 배열하는 것이고, 합의(合谊)는 바로 그들의 뜻을 조합하는 것이며, 이견지휘(以见指㧑)는 바로 그중에 그것의 가리키는 바를 보는 것이다. 이 때문에 회의자는 반드시 두 가지 조건을 구비해야만 한다. 첫째는 두 개 혹은 두 개 이상의 독체자로 이루어져야 한다. 둘째는 두 개 혹은 두 개 이상의 형체가 함께 조합하여 새로운 뜻을 구성한다. 회의자는 양체 회의, 삼체 회의, 사체 회의가 있는데, 예를 들면 “暴”는 사체 회의로 햇빛 아래에 두 손이 쌀을 받치고 햇빛을 받고 있음을 나타낸다. 오체 이상의 회의자는 극히 적은데, 양체 회의는 기본적인 형식이다. 각 체가 서로 같음의 여부에 따라서 회의는 동체(同体) 회의와 이체 회의로 나눌 수 있다. 동체 회의자는 예를 들어 “从, 比, 北, 林, 炎, 棘, 友, 森”이고, 이체 회의자는 예를 들어 “初, 戒, 春, 掰, 尖, 卡, 伞, 巢”이다.

회의는 약간의 도형을 합하여 뜻을 나타내는데, 이런 표의 방법은 비교적 뚜렷하고, 특히 더욱 복잡하고 추상적인 개념을 나타낼 수 있어, 이것은 상형과 지사보다 한걸음 더 나아갔다. 글자 인식 방면에서 보면 회의자는 숙달하기에 매우 편한데, 예를 들면 “歪, 甭, 孬”는 자형으로부터 뜻을 이해할 수 있다. 하지만, 회의자도 한계성이 있어, 회의자의 표의는 글자를 만드는 데 있어 사람의 주관 견해에 의하여 정하고, 사물 변환은 무궁하나, 정방형 글자는 한계가 있어, 의미를 전면적으로 표현하기가 매우 어렵다. 회의자의 의미 조합도 일정한 논리 표준이 없어, 예를 들면 삼합 동체자는 일반적으로 매우 많은 뜻을 나타낸다. 예를 들면 "众, 磊, 鑫, 淼"은 각각 사람이 많고, 돌이 많고, 금이 많고, 물이 많음을 나타낸다. 그러나 "姦, 猋, 鱻"은 오히려 여자가 많고 개가 많고 물고기가 많음을 나타내지 않는다. 또 "武"를 예를 들면, 옛 사람들의 해석은 전쟁을 그치게 할 수 있는 것이 "武"인데, 즉 전쟁을 제지하는 것이 "武"로, 실제로 "止" 본래의 뜻은 발가락이고, "武"는 나가기 전에 무기를 들거나 무기를 다리 가에 놓다로 해석해야 하는데, 전쟁을 그치게 할 수 있는 것이 왜 "和"가 아닌가? "信"은 옛 사람의 해석은 사람 말은 믿음인데, 즉 말하는 것은 성실을 중시해야 한다. 사실 믿음의 본래 뜻은 결코 성실이 아니라 사람의 전언(传言)이다. 옛 사람이 해석하는 주관성과 임의성도 회의의 정확성을 떨어뜨렸다. 그 밖에, 회의자가 나타내는 의미는 다만 글자를 만들 때의 사회 상황을 반영할 수 있고, 오늘날에 보면 어떤 것은 이미 이해하기가 어렵다. 예를 들면 "男"자는 "力"(耒)을 써서 밭에서 경작하는 것을 나타내고, "妇"는 여자가 빗자루로 청소를 하는 것을 나타내는데, 이것은 당시 사회가 분업하는 것을 반영하였다. "取"는 손이 귀를 잡는 것으로 포획의 뜻이며, 당시에 전쟁을 하는 데 있어 적의 왼쪽 귀를 빼앗아 가져가 계산하는 상황을 반영하였다.

회의자는 ≪설문해자≫ 중에 1,167개의 글자로 수량이 적지 않다. 현대 간체자 중에도 이런 조자법은 여전히 역할을 다하고 있는데, 예를 들면 "体, 尘, 笔, 泪" 등이다. 이런 조자법은 음을 나타내는 성분이 없고, 만들 수 있는 글자도 여전히 제한적이다.

(4) 형성

형성은 형부와 성부를 이용하여 글자를 조합하는 조자법이다. 형부는 의미 부류를 나타내는 편방이고, 성부는 독음을 표명하는 편방이다. 허신이 형성에 내린 정의는 "以事为名, 取譬相成, 江河是也(사물로써 이름을 삼고 유사한 발음을 취해 서로 이루어주는 것)"이다. 형성자의 탄생은 한자로 하여금 음을 나타내는 성분을 가지게 하였으며, 또 한자의 조자가 참신한 단계에 접어들게 하였다. 3천여 년 이래로 형성자는 끊임없이 증가하였고, 갑골문의 20%는 현대 한자의 90% 이상으로 증가하였으며, 형성은 한자의 조자법 중에서 가장 중요한 하나로, 이 때문에 형성 조자법에 대하여 더욱 많은 소개를 할 필요가 있다.

① **형부의 역할과 한계** : 형부는 형성자의 뜻을 나타내는 성분으로 다시 말해 의부이다. 형부는 글자의 의미 분류를 나타내는 역할을 하고 있다. 예를 들면 같은 성부 "娄"는 다른 형부를 더하여 "楼, 搂, 篓, 喽, 镂, 瘘, 偻, 蝼, 嵝, 髅, 蒌, 瞜, 溇, 耧" 등의 글자를 만들 수 있고, 그들의 같지 않은 형부에 근거하여 우리들은 대체로 이 글자의 뜻이 무엇과 관련이 있는지를 알 수 있는데, 예를 들면 "楼"는 고대에 나무로 지은 것으로 목재와 관련이 있다. "搂"는 손동작으로 손과 관련이 있다. "镂"는 절삭 공구로 조각하는 것으로 금속과 관련이 있다. 또 소수의 글자는 형방이 나타내는 뜻이 글자의 뜻과 완전히 서로 같은데, 예를 들면 "爹, 爸, 船"이다. 형부의 이런 뜻을 나타내는 속성은 한자를 이해하고 기억하는 데 매우 큰 도움이 된다. 형부의 구분 때문에 동일한 뜻을 나타내는 글자에 의거하여 여러 개의 다른 한자를 만들어, 완전히 다른 뜻을 나타낼 수 있다. 예를 들면 성부 "同"에 다른 형부를 더하여 곧 "桐, 筒, 铜, 茼, 恫, 垌, 侗, 峒 洞, 硐, 胴" 등의 글자를 만들 수 있고, 형체 의미는 각각 서로 다르다. 형부는 여기에서 실제로 동음자 혹은 유음자(近音字)를 구분하는 역할을 하고 있다.

형부가 나타내는 것은 일반적으로 다만 이 글자 뜻의 종류로 결코 구체적인 단어의 뜻을 나타내지는 않는다. 예를 들면 "杨"의 형부 "木"은 다만 그것이 나무의 한 종류임을 나타내고, 침엽 · 활엽에 이르러는 여전히 교목 · 관목으로 형부에서 식별해 낼 수 없는 것이다. 형부가 나타내는 의미 종류는 매우 많은 것이 오늘날 이미 맞지 않는데, 예를 들면 "楼, 枪, 桥, 骄"이다. 형부는 이 글자에서는 형부이지만 그 밖의 글자에서는 아마도 성부일 것이다. 예를 들면 "木"은 "杨"자에서 형부이고 "沐"자에서는 또 성부이다. "金"은 "铁"자에서 형부이고, "淦"자 중에서는 곧 성부이다. 다수의 형부는 동시에 성부의 용도를 겸하고 있고, 다만 소수의 예 "辶, 廴, 水, 牛, 犬, 页" 등은 형부로 쓰일 뿐이다.

② **성부의 역할과 한계** : 성부는 음을 나타내는 성분이다. 성부가 있어, 한자는 곧 간접적으로 말소리를 기록하였고, 말소리와 연관을 맺었다. 성부가 있으므로, 글자를 만드는 사람은 글자를 만들 때 다시 심사숙고하여 한자 자형과 의미의 연관을 고려할 필요가 없고, 성부를 이용하여 말소리를 기록하는 것은 가장 간편한 방법이다. "秀才读字读半边(수재는 글자를 읽을 때 반만을 읽는다)"으로, 한자의 성부

를 이용하여 글자를 인식하는 것은 비록 완전히 믿을 만하지는 못하지만, 필경 근거로 할 수는 있다. 예를 들면 "太"를 성부로 한 "态, 钛, 汰, 肽, 酞"는 모두 "太"의 음으로 읽는다. "东"을 성부로 하는 "栋, 冻, 鸫, 岽, 胨"은 모두 dòng 혹은 dōng의 음으로 읽는다. 다수 성부의 독음은 늘 글자의 음과 서로 같거나 가까운 점이 있고, 개별 성부가 완전히 음을 나타낼 수 없는 글자는 늘 글자를 식별하는 사람의 고도의 주의를 야기한다. 요컨대, 한자의 성부는 늘 우리에게 관련 글자 음의 정보를 전달할 수 있다. 고대 음성 연구에서 성부는 곧 중요한 연구 자료이다.

그러나 역사 음성의 변화, 방언 말소리의 차이 때문에 매우 많은 성부는 이미 정확하게 음 · 소리 · 운 · 조를 나타낼 수 없어 성부와 완전히 부합하는 글자는 매우 적어, 대략 모든 성부의 5분의 1을 차지할 뿐이다. 어떤 글자의 성부와 독음은 전부 서로 부합하지 않는데, 예를 들면 "扔, 扯, 组"이다. 어떤 글자는 운은 부합하고 소리는 부합하지 않는데, 예를 들면 "草, 禅, 红"이다. 어떤 글자는 소리는 부합하고 운은 부합하지 않는데, 예를 들면 "摩, 拉, 髀"이다. 어떤 글자는 성운은 부합하고 조는 부합하지 않는데, 예를 들면 "担, 扶, 姑"이다. 상당한 일부분 성부가 하는 역할은 다시 말하여 소리의 종류나 추상 부호의 역할을 나타내는 것이다.

형성자 중에서 대부분의 글자는 형부는 좌측이고 성부는 우측이다. 예를 들면 "铜 沙, 偏, 骆, 吟"으로 좌형우성이라고 말할 수 있는데, 형성자의 기본 구조 형식이다. 송조 사람 왕성미(王圣美)는 "우문설"을 제기하였는데, 즉 글자의 의미류는 좌측에 있고 글자의 뜻은 우측에 있다는 것으로 오늘날의 말로 말하면 성부도 뜻을 나타낸다는 것이다. 예를 들면 "浅, 钱, 残, 贱"의 성부는 모두 "戋"으로 모두 "小(작다)"의 뜻이 있다. 우문설이 반영하는 것은 실제 언어 중에서 음이 가깝고 뜻이 통하는 동원사(同源词) 현상으로, 보편적인 규칙으로는 성부도 뜻을 나타내는 작용을 가지고 있음을 증명할 수 없다. 예를 들어 똑같이 "戋"성의 "践"은 곧 "小(작다)"의 뜻이 없다.

③ **형부와 성부의 식별** : ≪설문해자≫ 형성자는 다형다성(多形多声)과 성형성성(省形省声) 현상이 있다. 예를 들어 "碧"자는 2형 1성으로 해석하는데, "从王, 石, 白声"(王, 石이 의부, 白이 성부이다)이다. "宝"자는 3형 1성으로 해석하는데, "从宀, 玉, 貝, 缶声(宀, 玉, 貝이 의부, 缶이 성부이다)"이다. 실제로 다형다성 글자의 다수는 모두 일형일성으로 해석되는데, 예를 들어 "碧"은 "从石, 珀声(石이 의부, 珀이 성부이다)"이다. "寶"자는 "缶声"이고, 나머지 부분은 형부이다. 개별 글자는

확실히 다형일성으로, 예를 들어 "簠"은 "从竹, 皿, 甫声(竹, 皿이 의부, 甫가 성부이다)"이다. 성형성성 다수는 믿을 만하지 못하여 성형자가 매우 적은데, 예를 들면 "屦"는 "从履声, 娄声(履가 의부, 娄가 성부이다)"이다. 사실 맛보지 않을 수 없는 것은 "从尸从彳, 娄声(尸와 彳이 의부, 娄가 성부이다)"이다. 성성자는 비교적 많아, 예를 들면 "啼"는 "从口, 稀省声(口가 의부, 稀가 성부인데 생략되었다)"으로 해석되는데, 사실 완전히 "从水, 希声(水가 의부, 希가 성부이다)"으로 해석된다. "莹"는 "从玉, 荧省声(玉이 의부, 荧이 성부인데 생략되었다)"으로 해석되는데, 실제로 "𤇾"은 성부로 볼 수 있다. ≪설문해자≫에는 또 역성이 있는데, 역성은 회의자의 의미를 나타내는 편방도 성부로 쓰여, 예를 들면 "婚"은 "从女, 昏, 昏亦声(女와 昏이 의부이고, 昏은 성부이기도 하다)"으로 해석된다. 다시 예를 들어 "马四"는 "从马, 四, 四亦声"이다. 얼마 후에 또 형부의 글자가 더해져서 역성자로 여겨졌다. 예를 들면 "暮"는 日이 의부, 莫이 성부로, 이 글자 원래의 본 글자는 "莫"이다. 다시 예를 들어 "溢"의 본 글자는 바로 "益"으로 "氵"를 더한 것으로, "益"은 또 성부가 되었다.

④ 형부와 성부의 위치 : 형성자 중에 형부와 성부의 위치 배열은 여러 가지 상황이 있다.

① 左形右声(왼쪽 형부 오른쪽 성부) : 예를 들면 "任、妈、咖、读、虹、维、释、海、忏、烤、峰、麟、松、鞋、耕、帐、粉、矿、购、酿、猫"이다. 이런 글자가 수량이 가장 많다.

② 右形左声(오른쪽 형부 왼쪽 성부) : 예를 들면 "邻、鸭、功、飘、翔、期、视、瓶、雌、放"이다.

③ 上刑下声(위쪽 형부 아래쪽 성부) : 예를 들면 "崔、蔡、笺、空、霜、窟、羔、爸、景、翠"이다.

④ 下形上声(아래쪽 형부 위쪽 성부) : 예를 들면 "斧、袋、常、煎、盲、勇、型、架、梨、劈"이다.

⑤ 外形内声(바깥쪽 형부 안쪽 성부) : 예를 들면 "匪、园、阁、裹、街"이다.

⑥ 内形外声(안쪽 형부 바깥쪽 성부) : 예를 들면 "闻、辨、赢、斋、羸"이다.

⑦ 形占一角(형부가 글자의 일부만 차지) : 예를 들면 "疆、载、修、颖、滕"이다.

⑧ 声占一角(성부가 글자의 일부만 차지) : 예를 들면 "旗、病、近、魍、房"이다.

형부와 성부의 위치 배열은 매우 중요한데, 때때로 동일한 형부와 성부는 단지 배열된 위치가 다르기 때문에 다른 형성자를 구성하였다. 예를 들면 다음과 같다.

召 — 叨　杏 — 呆　含 — 吟　帛 — 帕

晕 — 晖　忘 — 忙　裸 — 裹　紊 — 纹

형성은 소리와 의미 두 방면으로 언어를 기록하기 때문에, 그것은 단순히 의미 방면에서 언어의 상형, 지사와 회의 세 조자법보다 명확하게 우수하다. ≪설문해자≫ 속에는 형성자가 7,697개가 있어 82%를 차지하며 강하다. 현대 한자 중에서 형성자는 90% 이상을 차지함으로써 그것이 강대한 생명력이 있음을 충분히 증명하였다. 형성 조자법의 출현은 한자 발전사에서 중요한 의의를 지니고, 그것은 철저하게 표의 문자 창조의 곤궁함을 벗어났으며, 한자로 하여금 진정으로 자유 문자 창조의 경계에 진입하게 하였다.

(5) 전주와 가차

육서 중의 전주와 가차는 조자법이 아니고 글자를 사용하는 법이다. 허신의 전주에 대한 해석은 "建类一首, 同义相受, 考老是也(종류마다 하나의 부수를 세워, 같은 뜻의 글자는 서로 주고받는다)"이다. 역대로 전주에 대한 해석은 여러 사람의 의견이 일치하지 않아, "考, 老" 이 두 글자는 같이 "老"부에 속하고, 서로 글자의 뜻을 풀이하는 동의어이다. ≪설문해자≫에는 "考, 老" 이 두 글자를 제외하고는 또 다른 예가 없고, 전주는 한자 형체 구조와 직접적인 관계가 없기 때문에 크게 깊이 연구할 필요가 없다. 허신의 전주에 대한 해석은 "本无其字, 依声托事, 今长是也(원래 그 글자가 없었는데, 소리에 근거해 일을 가탁한다)"이다. 매우 분명한 것은 이것이 바로 따로 새로운 글자를 만들지 않고, 동음을 이용하여 대체하는 글자를 쓰는 법이다. 예를 들면 명령의 "令"을 써서 현령의 "令"을 대체하고, 연장의 "长"을 써서 장관의 "长"을 대체한다. 현대 간체자에 동음 대체의 간화 방법이 있는데, 예를 들면 "谷"으로 "穀"을 대체하고 "后"로 "後"를 대체하는데, 이것도 가차로, 다만 "本有其字(본래 그 글자가 있다)"와 "本无其字(본래 그 글자가 없다)"의 가차와 약간 다르다.

한자의 구조 방법에서 볼 수 있는데, 한자의 네 가지 조자법은 대체로 상형, 지사, 회의, 형성 이러한 순서에 따라 생기고 발전한 것으로, 상형자 · 지사자는 회의자와 모두 순 표의자이고, 글자를 만드는 것은 제한을 받으나 그들은 한자의 기초를 구성하였다. 형성자는 반은 음을 나타내고 반은 뜻을 나타내는 글자로, 그 형부와 성부는 바로 상형 · 지사 · 회의 세 가지 글자를 기초로 구성한 것이다. 음을 나타내는 성분이 있고, 음과 뜻 두 방면에서 언어를 기록하여 한자 조자의 수요를 만족시켰다. 한자는 세계 대다수의 표의 문자와 같이 표음 문자로 발전하지 않았는데, 이는 한자가 합리적이고 간단하고 쉬운 구조 방법을 가진 것과 직접적인 관계가 있고, 한자가 한어의 말소리와 뜻을 기록할 수 있고 한어에 매우 적합하다는 것과 직접적인 관계가 있다.

2. 현행 한자의 구조 계통

현행 한자의 구조는 몇 가지 계통으로 나눌 수 있는데, 각 계통 중에서 모두 다른 구조 단위가 있다. 현대 한자의 부호성이 점점 더 강해지기 때문에 컴퓨터 식별과 부호화의 요구가 점차 높아지고, 새로운 분해 단위를 채택하여 한자의 구조를 분석할 필요가 있으며, 또한 육서 분석의 기초를 바탕으로 새로운 원소를 더하여 현대 한자의 구조 분석에의 적응이 필요하다. 아래에서 우리는 각각 현행 한자의 구조 계통을 소개한다.

(1) 필획과 필순

① **필획(笔画)** : 필획은 한자를 구성하는 최소 단위로, 한자를 구성하는 각 점과 선이다. 필획은 쓰기 과정 중의 붓을 대고 드는 것으로 나누고, 붓을 대는 것에서 붓을 드는 것까지 쓰는 점과 선은 일필이나 일획이라 한다. 한자의 필획은 전통적으로 "永"자 팔법설이 있는데, 즉 점, 가로 긋기, 세로 긋기, 왼 삐침, 오른 삐침, 비껴 올림, 꺾기, 갈고리의 여덟 가지이다. 실제로 "永"자는 5획인데 부분적으로 분해하여 8획으로 셈한다. 필획은 단일 필획과 복합 필획으로 나눈다. 단일 필획은 쓸 때 필획의 방향이 시종 변화가 없는 필획으로, 가로 긋기(一), 세로 긋기(丨), 왼 삐침(丿), 점(.), 오른 삐침(㇏), 비껴 올림(㇀)이 있다. 단일 필획은 다른 글자나 다른 편방 중에서 정방형 자형의 수요를 만족시키기 위해서 일부 특수한 변형이 나타날 것인데, 예를 들면 왼 삐침은 왼 삐침("依"의 기필(起笔)), 평 왼 삐침("禾"의 기필), 세로 왼 삐침("周"의 기필)으로 나누고, 오른 삐침은 일반적인 오른 삐침("又"의 두 번째 획)과 변형의 평 오른 삐침("之"의 말필(末笔)), 점은 일반적인 점("文"의

기필), 변형의 좌점("心"의 기필)과 장점("邓"의 두 번째 필)이 있다. 동일 필획은 아직 길이가 다른데, 예를 들면 "赶"자는 6개의 가로 긋기가 있는데, 그 길이는 하나가 아니다. "日"과 "曰", "未"와 "末" 중에서 가로 긋기의 길이가 다르기 때문에 다른 글자를 형성하였다. 복합 필획은 두 가지 혹은 두 가지 이상의 필획 연결로, 쓸 때에 필획의 방향은 다소 변화하여 변형 필획이라 부르기도 하며 모두 26가지가 있다(자세한 사항은 현대 한자 필획 표를 보라).

한자에서 필획과 필획의 조합 방식은 주로 아래의 세 가지가 있다.

분리(相离) 관계 : 두 개 혹은 두 개 이상의 필획이 함께 한 정방형 글자에 있고, 피차 서로 이어져 있지 않다. 예를 들면 "八、二、三、川、儿、小、刁、习、心"이다. 이런 유형의 한자는 많지 않고, 글자의 필획도 비교적 적다.

이어짐(相接) 관계 : 두 개 혹은 두 개 이상의 필획은 함께 한 정방형 글자 내에 있고, 피차 서로 연결되어 있다. 예를 들면 "刀, 口, 石, 日, 尸, 厂, 月, 工, 弓, 山, 正, 而, 之, 凹, 凸, 产"이다.

교차(相交) 관계 : 두 개 혹은 두 개 이상의 필획이 함께 한 정방형 글자 내에 있고, 피차 서로 교차한다. 예를 들면 "十, 车, 丈, 又, 夫, 丰, 力, 丸, 七, 子, 土, 也, 乂, 卅, 孑, 孓"이다.

복합 필획 한자의 필획 조합 관계는 늘 한 가지가 아니고, 다수 한자는 두 가지 혹은 세 가지 조합 관계가 종합되어 있다. 예를 들면 "笔"은 이어짐 관계와 교차 관계의 결합이다. "画"는 분리, 이어짐과 교차 세 관계의 결합이다. 필획의 세 관계를 분명히 하는 것은 한자를 정확히 쓰고, 컴퓨터 필형 주입을 학습하거나 설계하는 데 모두 중요한 의의가 있다. 예를 들면 "天"의 첫 번째 획과 세 번째 획은 이어짐 관계로, 만약 교차 관계로 쓰면 "夫"가 된다. "丈"의 두 번째 획과 세 번째 획은 교차 관계로 만약 이어짐 관계로 쓰면 "大"가 된다. 또 "刃"자의 두 번째 획과 세 번째 획 사이에는 분리 관계로, 적지 않은 사람들이 이어짐 혹은 교차 관계로 쓰고 있는 것은 틀린다.

한자의 필획을 정확히 계산하는 것은 한자 교학과 공구서 검사에 매우 중요하다. 정확하게 필획을 계산하고 싶으면, 우선 규범에 맞는 자형을 채택하여야 하는데, 1988년 국가 언어 위원회(国家语委)와 신문 출판 총서가 반포한 ≪현대한어통용자표(现代汉语通用字表)≫는 현대 한어의 규범 자형을 규정하였고, 우리들이 필획을 계산하는 근거이다. 예를 들면 "麦"자 중간 하나의 세로 긋기와 아래에 왼 삐침 하나는 2획으로 글자 전체는 7획이고 6획이 아니다. "比"는 4획이고 5획이 아니며, "修"는 9획이고 "攸"는 7획이다.

한자의 필획은 적으면 1획뿐으로, 예를 들면 "一、乙"이고, 일반적으로 모두 복합 필획이다. ≪현대한어통용자표≫에 수록한 7,000개의 한자는 평균 필획이 10.75획이고 그중에 9획인 글자가 가장 많다. 어떤 글자는 심지어 몇 십 획이나 되는 것도 있어, 예를 들면 "齉"자는 36획이다. 필획을 계산할 때 일필은 계산을 중복할 수 없다. 일필에서는 끝까지 써야 하고 중도에 방법을 바꾸어 다른 획으로 고쳐 쓸 수 없다. 일반적으로 말해서 필획의 계산은 결코 어렵지 않아, 선의 양 끝점을 이을 때 아래의 방법으로 처리하면 된다.

왼쪽 상단 모퉁이에 이을 때는 2획으로 나누는데, 예를 들면 "口、田、厂、贝、甲、几"이다.

좌측 하단 모퉁이에 이을 때 만약 전부 둘러싼 글자이면 2획으로 나누는데, 예를 들면 "口、田、国、四、回、凸"이다. 만약 반을 둘러싼 글자이면 1획으로 계산하여, 예를 들면 "山、区、巨、画、凶、叵、函"이다.

우측 상단 모서리에 이어질 때는 1획으로 계산하여, 예를 들면 "口、田、习、乃、又、几"이다.

우측 하단 모서리에 이어질 때는 2획으로 나누어, 예를 들면 "口、田、甘、山、由、西"이다.

② **필순** : 필순은 한자 필획의 쓰기 순서이다. 필순은 사람들이 한자를 정확히 쓰는 경험의 총괄로, 사람들이 한자를 쓰다 보면 붓으로 쓰는 가장 짧은 노선을 택해야만 하고, 점차로 필순 규칙을 형성하였다. 필순이 틀린 것은 속칭 "도삽필(倒插笔)"이라 하여, 글자의 구조 안배와 쓰기 속도에 영향을 끼칠 것이며, 또한 교사가 판서할 때 크게 꺼리는 것이다. 필순의 기본 규칙은 아래와 같다.

가로에서 세로로, 예를 들면 "十、丰、年、木、于"이다.

왼 삐침에서 오른 삐침으로, 예를 들면 "八、人、入、个、义"이다.

위에서 아래로, 예를 들면 "三、高、京、言、呈"이다.

왼쪽에서 오른쪽으로, 예를 들면 "川、街、衍、做、弼"이다.

바깥에서 안쪽으로, 예를 들면 "周、匀、月、旬、风"이다.

중간에서 양쪽으로, 예를 들면 "小、办、水、承、永"이다.

먼저 들어가고 문을 닫는 것으로, 예를 들면 "国、目、回、田、园"이다.

≪현대한어통용자표≫의 반포는 실제로도 필순의 규범을 확정하였으나, 필순은 한자의 배열 순서 중에 숨기어, 그중의 필순 규범은 내현성이기 때문에 찾고 검색하는 데 매우 불편하였다. 이 문제를 해결하기 위해서, 필순의 규범화를 촉진하여, 1997년 국가 언어 위원회와 뉴스 출판 총서는 ≪현대한어통용자필순규범(现代汉语通用字笔顺规范)≫(어문출판사 1997년 출판 단행본)을 공포하였다. 7,000개 통용 한자의 필순을 내현성에서 외현성으로 고쳐서, 세 가지 형식으로 나타냄과 동시에 또 개별 글자의 필순에 대하여 조정하였다. 이 세 가지 형식은 동행식(跟随式), 필획식(笔画式), 순번식(序号式)이다. 동행식(跟随式)은 한 글자 한 글자 정자로 써내는 것이다. 필획식은 一, 丨, 丿, 丶, ㇖ 5개의 기본 필획을 사용하여 나타낸다. 순번식은 순번 1, 2, 3, 4, 5를 사용하여 가로 긋기, 세로 긋기, 왼 삐침, 점, 꺾기의 5개 기본 필획을 나타낸다.

예를 들면 "火"의 필순은 다음과 같다.

동행식(跟随式)：丶 丷 少 火

필획식(笔画式)： 丶丿丿丶

순번식： 4 3 3 4

"脊"의 필순은 다음과 같다.

동행식(跟随式)：丶 丷 𠆢 火 夾 脊 脊 脊 脊 脊

필획식(笔画式)：丶一丿丶丿丶丨㇖一一

순번식： 4 1 3 4 3 4 2 5 1 1

1999년 국가 언어 위원회는 ≪GB13000.1자부집 한자 필순 규범≫(GB3002-1999, 상해 교육 출판사 1999년 출판 단행본)을 공포하였다. 이 규범은 20,902개 한자의 규범 필순(순번식)을 제정하였다. 그중의 7,000개 통용 글자 필순은 ≪현대한어통용자필순규범≫을 계속하여 사용하였다.

필획종류	순번	필획형태	필획명칭	예
단일필획	1	一	가로 긋기	"二"의 첫 번째 필
	2	丨	세로 긋기	"十" 두 번째 필
	3	丿	왼 삐침	"人"의 첫 번째 필
	4	丶	점	"文"의 첫 번째 필
	5	㇏	오른 삐침	"人"의 두 번째 필
	6	㇀	비껴 올림	"冰"의 두 번째 필
복합필획	1	㇕	가로 꺾기	"口"의 두 번째 필
	2	㇖	가로 갈고리	"冠"의 두 번째 필
	3	㇇	가로 왼 삐침	"久"의 두 번째 필
	4	㇆	가로 꺾기 갈고리	"习"의 첫 번째 필
	5	㇊	가로 꺾기 비껴 올림	"话"의 두 번째 획
	6	㇅	가로 꺾기 가로 긋기	"凹"의 두 번째 필
	7	㇍	가로 꺾기 굽히기	"殳"의 두 번째 필
	8	㇈	가로 꺾기 굽은 갈고리	"几"의 두 번째 필
	9	㇎	가로 꺾기 가로 꺾기	"凸"의 네 번째 필
	10	㇡	가로 꺾기 가로 꺾기 갈고리	"乃"의 첫 번째 필
	11	㇌	가로 왼 삐침 굽은 갈고리	"队"의 두 번재 필
	12	㇋	가로 꺾기 가로 왼 삐침	"及"의 두 번째 필
	13	㇠	가로 꺾기 비스듬한 갈고리	"飞"의 첫 번째 필
	14	㇙	세로 비껴 올림	"以"의 첫 번째 필

필획종류	순번	필획형태	필획명칭	예
	15	亅	세로 갈고리	"小"의 첫 번째 필
	16	㇗	세로 꺾기	"亡"의 세 번째 필
	17	㇄	세로 굽히기	"西"의 다섯 번째 필
	18	㇟	세로 굽은 갈고리	"儿"의 두 번째 필
	19	㇞	세로 꺾기 세로 갈고리	"鼎"의 여섯 번째 필
	20	㇉	세로 꺾기 왼 삐침	"马"의 두 번째 필
	21	㇛	왼 삐침 점	"专"의 세 번째 필
	22	㇜	왼 삐침 꺾기	"女"의 첫 번째 필
	23	ㄥ	비스듬히 꺾기	"厶"의 첫 번째 필
	24	㇂	비스듬한 갈고리	"弋"의 두 번째 필
	25	㇁	굽은 갈고리	"狗"의 두 번째 필
	26	㇃	누운 갈고리	"心"의 두 번째 필

(2) 편방과 부수

① **편방** : 편방은 한자의 기본적인 글자 구성 단위이다. 편방은 고대에는 일반적으로 모두 독립적인 글자였으나, 현대 한자에 이르러 어떤 것은 글자가 되고 어떤 것은 글자가 되지 못하였다. 편방은 필획으로 구성되어 한 편방은 일반적으로 2획이거나 더욱 많은 필획으로 구성된다. 독체자(独体字)는 필획으로 이루어져 더 이상 편방으로 분석하지 않는다. 합체자(合体字)는 곧 두 개나 두 개 이상의 편방으로 이루어지며, 그들 대다수는 회의자와 형성자로, 그중에 또한 소수 합체 상형자나 지사자가 있는데, 예를 들면 "须, 果, 刃, 本"이다. 편방의 수량은 제한적으로, 무수한 한자는 모두 하나하나의 편방으로 조립하여진 것이다. 한자의 편방을 분석하고 연구하는 것은 한자를 배우고 이해하는 데 있어 간단함으로 번거로움을 통제하는 효과를 얻을 수 있다.

글자를 이루는 편방은 현재에도 독립적으로 글자를 이룰 수 있는데, 예를 들면 "岩, 界, 盆, 静, 柴" 중의 "山, 石, 田, 介, 分, 皿, 青, 争, 此, 木"이다. 어떤 것은 곧 적당히 변형한 것이 있는데, 예를 들면 "坐, 从" 중의 "人", "邓" 중의 "又"이다.

글자를 이루지 못하는 편방 중 어떤 것은 고대에는 독립적인 글자였는데, 예를 들면 "门(문틀의 형상), 宀(집을 나타낸다), 冖(천처럼 아래로 둘러 덮다), 匚(물건을 담는 용구), 冫(고대 冰자)"이다. 어떤 것은 글자가 변형된 것인데, 예를 들면 "氵(水), 忄(心), 亻(人), 灬(火)"이다. 매우 많은 편방은 모두 습관적인 명칭이 있는데, 일반적으로 말해서 위에서 "头"라 한 것은 예를 들어 花자 중의 "艹"로, 초자 머리라고 한다. 아래 "底"라고 하는 것은, 예를 들면 盆자의 "皿"은 皿자 밑이라 한다. 좌칭 "旁"은 铁자에서 "钅"으로, 金자 방이라 한다. 우칭 "边"은 예를 들면 料자의 "斗"로 斗자 변이라고 한다. 외칭 "框"은, 예를 들면 冈자의 "冂"으로 同자框이라 한다. 어떤 편방은 다른 위치에 있고, 형체가 다소 바뀌어 명칭도 서로 달라, 예를 들면 "人"은 "会"자 중에 人자 머리라 하고, "仙"자에서는 单立人이라 한다. 아래에서 편방의 습관적인 명칭을 좀 소개한다.

宀：宝盖儿　冖：秃宝盖儿　亻：单立人　彳：双立人
厂：厂字旁　刂：立刀儿　攴：敲字边　牛：牛字旁
卩：单耳刀　阝：双耳刀　辶：走之儿　廴：建之儿
讠：言字旁　纟：绞丝旁　氵：三点水　忄：竖心旁
⺌：当字头　饣：食字旁　犭：反犬旁　扌：提手旁
屮：蚩字头　欠：欠字边　龶：青字头　⺧：告字头
礻：示补儿　灬：四字底　龵：看字头　衤：衣补儿
穴：穴宝盖儿　𤴔：疏字旁　罒：四字头　疒：病字旁
癶：登字头　𡗗：春字头　龹：卷字头　⺮：竹字头

한자에서 뜻을 나타내는 역할을 하는 편방을 형부라고 하고 의부라고도 하는데, 예를 들면 "洪, 拍, 筐" 중의 "氵, 扌, ⺮"이다. 음을 나타내는 역할을 하는 것을 성부라고 하고 음부라고도 하는데, 예를 들면 "供, 河, 销" 중의 "共, 可, 肖"이다. 또 어떤 편방은 의미를 나타내지 않을 뿐만 아니라 음을 나타내지도 않아, 직접적으로 편방이라고도 하고, 부호 혹은 기호라고도 할 수 있는데, 예를 들면 "汉, 刘, 赵" 중의 "又, 文, 乂"이다.

② **부수**：부수는 자서 각 부에서 자형의 분류 역할을 가지고 있는 편방이다. 소위 자서는 자전, 사전과 기타 한자에 따라 검색하는 공구서이다. 예컨대 ≪신화자전(新华字典)≫ 중의 편방 "亠"를 가지고 있는 글자는, 예를 들면 "亡, 卞, 六, 亢, 市, 玄" 등 "亠"부로 귀속하고, "亠"는 바로 하나의 부수이다. 부수는 대부분

뜻을 나타내는 역할을 가지고 있는 편방으로 사용되는데, 예를 들면 "语, 银, 浪, 恼" 중의 부수 "讠, 钅, 氵, 忄"은 모두 뜻을 나타내는 형부이다. 부수는 모두 편방이나 편방이 모두 부수는 아니다. 편방 중에 어떤 것은 부수로, 예를 들면 "冫, 宀, 彳, 纟, 冂, 忄, 几, 女, 子, 小, 山, 大, 木, 目, 瓜, 鸟, 皮, 鱼, 米, 车, 鼻, 鼠, 音, 鹿, 鬼"는 모두 부수이다. 어떤 편방은 근본적으로 부수가 아닌데, 예를 들면 "乃, 才, 亢, 仓, 可, 东, 求, 星"이다. 어떤 편방은 갑서에서 부수로 쓰이고, 을서에서는 부수로 쓰이지 않는데, 예를 들면 "七, 丁, 丑, 三, 丙, 不"는 ≪설문해자≫에서 모두 부수이고, 현대 공구서에서는 부수로 쓰이지 않으며, 一부에 속한다. "亅"은 ≪신화자전≫과 신≪사해(辞海)≫에서는 부수가 아니고, ≪설문해자≫와 ≪강희자전(康熙字典)≫에서는 부수의 본보기를 맡는다.

허신이 중국 첫 번째 자전 ≪설문해자≫를 편저할 때, 자형에 따라 자의를 분석하고, 540 부수를 설립하였다. "一, 上, 示, 三, 王, 玉, 珏, 气……亥"는 一로 시작하고 亥로 끝난다. 동일한 편방의 글자는 그 아래를 통속하고, 부수는 이 부 글자 본래 뜻이 속한 의미 범주를 명시하고 있으며, 그 부수는 모두 뜻을 나타내는 형부이다. 명대 매응조(梅膺祚)는 ≪자휘(字汇)≫를 편찬하여, 540부를 214부로 병합하였다. 부수 병합에서 어떤 것은 결코 자형 구조의 분석에 영향을 미치지 않는데, 예를 들면 刀부 · 刃부 등의 병합이다. 어떤 것은 자형 구조의 분석을 혼란시키지 않았는데, 예를 들면 "匕"("化"의 반쪽)와 "匕"("比"의 반쪽)를 한 부로 귀속하여, 글자 부류의 의미도 곧 혼란스러워졌다. ≪자휘≫ 뒤의 자서는 예를 들면 ≪강희자전≫, 구≪사해≫, 구≪사원(辞源)≫ 모두 그것의 214부를 연용하였다. 현재 사용하는 ≪신화자전≫ 제10판은 201부로 나누어져 있다. ≪자휘≫ 이후의 부수는 엄격한 의미류 부수가 아니고 검자법의 부수로, 주로 글자를 찾기가 쉬운 것으로부터 출발하였다. 글자의 구조를 분석하는 방법, 글자 뜻의 분류를 이해하는 것에 대하여 ≪설문해자≫의 의미류 부수와 비교할 수 없다. 예를 들면 "相"은 ≪설문해자≫의 目부에 있다. "相, 省视也, 从目从木"의 뜻은 눈으로 한 그루의 나무를 본다이다. ≪신화자전≫은 木부에 놓아 검색하기 편리하게 하였으나 글자 본래의 의미류와 부합하지 않는다. ≪신화자전≫은 검사하기가 편리하고, 또 변형된 부수를 홀로 늘어놓았는데, 예를 들면 人부 아래 다시 하나의 亻부를 놓고, 阜부는 하나의 阝부(왼쪽에 있다)를 나누고, 邑부는 하나의 阝부(오른쪽에 있다)를 나누는데, 이것은 모두 검자법 부수의 실용적 특징을 나타내었다.

(3) 부건과 부건 분해

① **부건(部件)** : 부건은 자근(字根), 자원(字元), 자소(字素)라고도 하는데, 필획으로 이루어진 조합 기능을 가지고 있는 조자 단위이다. 부건은 필획과 정자 사이에 끼여 있고, 그것은 필획보다 크거나 같고, 정자보다 작거나 같다. 단필 부건은 한 필획으로 이루어져 있는데, 예를 들면 "丽, 丛, 旦, 丝, 豆" 등의 글자 중에 "一"이 바로 부건으로, "旧, 引" 중에 "丨"이 부건이고 "胤, 氕"에선 "丿"이 부건이며, "亿, 艺"에서는 "乙"이 부건이다. 대다수 부건은 필획보다 커서, 예를 들면 "尖"의 "大", "津"의 "聿", "式"의 "弋", 그들은 다필 부건이다. 대다수 부건은 정자보다 작고 또 어떤 정자는 한 부건으로 이루어져 있는데, 이러한 부건은 정자와 같아 글자를 이루는 부건이다. 예를 들면 "人, 口, 手, 戊, 事"이다.

② **부건 분해** : 한자를 부건으로 분해하는 것을 부건 분해라 하는데, 부건 분해는 한자 외부 형식의 분해이고, 분해할 때는 자형만 고려하고 자음과 자의를 고려하지 않는다. 부건 분해는 층차에 따라 진행하고, 층차 해체의 주요 규칙은 다음과 같다.

① 분리의 조합은 사이를 둔 틈에 접하여 분해하는데, 하나의 사이를 둔 틈이 있으면, 사이를 둔 틈에 따라 두 개의 부건으로 나눈다. 예를 들면 다음과 같다.

私 － 禾、厶　　兵 － 丘、八
团 － 囗、才　　这 － 辶、文

사이를 둔 틈이 하나 더 많을 때, 먼저 긴 것을 분해한 뒤에 짧은 것을 분해한다. 예를 들면 다음과 같다.

想 － 相、心　　相 － 木、目
圆 － 囗、员　　员 － 口、贝

몇 개의 사이를 둔 틈의 길이가 같을 때, 사이를 둔 틈을 따라서 더 나눈다. 예를 들면 다음과 같다.

鸿 － 氵、工、鸟
蔓 － 艹、曰、罒、又
烹 － 亠、口、了、灬

② 이어진 조합은 접점에서 분해한다. 예를 들면 다음과 같다.

古 － 十、口　　名 － 夕、口　　支 － 十、又

접점이 많은 것도 있고 적은 것도 있을 때, 먼저 접점이 적은 곳에서 분해한 뒤에 접점이 많은 곳을 분해한다. 예를 들면 다음과 같다.

充 － 亠、允　　允 － 厶、儿

集 － 隹、木　　隹 － 亻、圭

③ 교차하는 조합은 분해하지 않는다.

④ 분해의 하한은 일반적으로 필획보다 커서, 예를 들면 "二"는 "一"로 나눌 수 없고, "人"은 "丿"과 "㇏"으로 나눌 수 없다.

⑤ 분리된 단일 필획은 독립성을 가지고 있는 것이 부건이고, 독립성을 가지고 있지 않은 것은 부건이 아니다. 예를 들면 "孔"의 "乚"은 부건이고, "犬"의 점은 부건이 아니다.

⑥ 층차 분해는 한자 구조의 기본 유형에 부합해야 하는데, 기본 유형을 훼손할 수 없다. 예를 들면 "谜"는 좌우 구조의 글자로, 해체의 층차는 다음과 같다.

谜 － 讠、迷　　迷 － 辶、米

分隔沟의 길이에 따라 말하면, "辶"와 "米" 사이의 分隔沟는 "讠"과 "迷" 사이의 分隔沟보다 길지만 분해는 먼저 "讠"과 "迷"를 해체해야만 한다.

⑦ 다층차 부건을 함유한 정자는 큰 것에서 작은 것으로 해체하고, 얻은 부건은 차례대로 일급 부건, 이급 부건, 삼급 부건 등이라고 한다. 예를 들면 "戆"은 "赣"과 "心"으로 나누어 일급 부건이고, "赣"은 "章"과 "贛"으로 나누어 이급 부건이고, "章"은 "立"과 "早"로 나누어 삼급 부건이고, "早"는 "日"과 "十"으로 나누어 사급 부건이다. 계속하여 분해할 수 있는 부건은 합성 부건이라고 하는데, 가장 작은 것은 다시 해체할 수 없는 것으로서 기초 부건이라고 하고, 말급 부건이라고도 한다. 예를 들면 "地, 和, 国" 각각은 두 기초 부건을 가지고 있고, "想, 雾, 坐"는 각각 세 기초 부건을 가지고 있으며, "营, 寤, 筐"은 각각 네 기초 부건을 가지고 있고, "燥, 樊, 赢"은 각각 다섯 기초 부건을 가지고 있고, "麓, 濠"는 각각 여섯 기초 부건을 가지고 있고, "麟"은 일곱 기초 부건을 가지고 있고, "黴(徽의 번체)"은 여덟 기초 부건을 가지고 있으며, "齉"은 아홉 기초 부건을 가지고 있다.

③ 부건 변형 : 동일한 부건이 글자의 다른 부위에서 나타나 야기한 변형으로, 부건 변형이라고 한다. 부건 변형은 주로 두 가지로 나뉘는데, 하나는 부분 필형을

바꾸는 것이다. 주로 아래의 바꿈이 있다.

① 가로 긋기는 비껴 올림으로 바뀐다. “工, 土, 子, 马, 王, 车, 止, 牛, 正, 业, 且, 生, 丘, 立, 耳, 至, 血, 豆, 里, 佥, 直, 鱼, 堇”이 좌편방으로 쓰일 때, 마지막 붓의 가로 긋기는 비껴 올림으로 바뀌는데, 예를 들면 “功, 垃, 孩, 骏, 瑜, 轮, 歧, 牺, 政, 邺, 助, 甥, 邱, 竭, 耽, 致, 衅, 豌, 野, 敛, 蠢, 鲫, 勤”이다.

② 세로 긋기는 왼 삐침으로 바뀐다. “半, 羊, 辛”이 좌편방으로 쓰일 때 끝 붓의 세로 긋기는 왼 삐침으로 바뀌는데, 예를 들면 “判, 翔, 辣”이다.

③ 왼 삐침이 세로 긋기로 바뀐다. “月”이 다른 부건의 아래에 있을 때 기필의 왼 삐침은 세로로 바뀌어야 하는데, 예를 들면 “有, 青, 肯, 能, 削, 消”이다. “萌, 霸, 赢”은 예외이다. “月”은 글자의 좌측에 있으며, 왼 삐침은 세로 긋기로 바뀌지 않는데, 예를 들면 “肌, 肝, 胛, 腕, 腿”이다.

④ 오른 삐침이 점으로 바뀐다. “人, 又, 大, 夫, 木, 水, 公, 分, 仓, 文, 火, 矢, 禾, 令, 皮, 耒, 夹, 会, 合, 交, 衣, 关, 米, 麦, 求, 東, 采, 口, 谷, 佥, 果, 柬, 客, 叟, 乘, 兼, 襄”이 좌측 편방으로 쓰이거나 둘러싸거나 반 둘러싸인 구조 중에 있을 때, 오른 삐침은 점으로 바뀌어야 하는데, 예를 들면 “从, 劝, 因, 规, 桃, 盥, 颂, 颁, 创, 斌, 烧, 知, 秋, 领, 颇, 耕, 颊, 郐, 鸽, 郊, 裁, 郑, 粒, 麸, 救, 刺, 赖, 彩, 釉, 欲, 剑, 颗, 阑, 额, 飕, 剩, 歉, 瓤”이다.

⑤ 중복하는 오른 삐침을 피한다. 한 글자의 필획에 근접한 것이 두 개나 두 개 이상의 오른 삐침일 때, 온전한 글자의 중심을 배치하기 위하여, 자형으로 하여 변화가 풍부하게 하고, 하나의 오른 삐침만 보류하고, 나머지 오른 삐침은 점으로 고쳐야 한다. 예를 들면 “奏, 秦, 暴, 这, 述, 炎, 送, 遂, 黍, 餐”이다.

⑥ 가로 꺾기 갈고리는 가로 꺾기로 바뀐다. “羽, 甫”는 다른 부건의 위에 있을 때 갈고리를 삭제하는데, 예를 들면 “褶, 翠, 翼, 耀, 博, 搏, 膊, 傅, 缚, 敷”이다.

⑦ 가로 꺾기 굽은 갈고리가 가로 갈고리 굽히기로 바뀐다. “几”가 다른 부건 위에 있을 때 갈고리를 삭제해야 하는데, 예를 들면 “朵, 垛, 跺, 剁, 没, 设, 船, 铅, 般, 段, 躲”이다.

⑧ 가로 꺾기 굽히기가 가로 꺾기 비껴 올림으로 바뀐다. “九, 几”가 다른 부건의 좌측에 있을 때, 두 번째 획의 가로 긋기 꺾기 굽은 갈고리는 가로 긋기 꺾기 비껴 올림으로 바뀌어야 하는데, 예를 들면 “鸠, 颓, 微”이다.

⑨ 세로 갈고리는 세로 긋기로 바뀐다. “小, 可”가 다른 부건의 위에 있을 때, 세로

긋기 갈고리는 세로 긋기로 바뀌어야 하는데, 예를 들면 "少, 尖, 尘, 劣, 抄, 吵, 钞, 雀, 哥, 歌"이다.

⑩ 세로 갈고리는 왼 삐침으로 바뀐다. "手"는 좌측 편방에 있거나 중간의 허리에 있을 때, 세로 갈고리는 왼 삐침으로 바뀌어야 하는데, 예를 들면 "拜, 掰, 湃"이다.

⑪ 세로 굽은 갈고리는 세로 비껴 올림으로 바뀐다. "七, 厄, 己, 毛, 元, 屯, 比, 电, 先, 光, 克, 此"는 글자의 좌편방에 있을 때, 세로 굽은 갈고리는 세로 비껴 올림으로 바뀌어야 하는데, 예를 들면 "切, 顾, 改, 毳, 顽, 顿, 麟, 鹌, 赞, 耀, 兢, 雌"이다.

부건 변형의 두 번째 종류는 부건을 길게 늘이거나 납작하게 누른 것인데, 정자의 각 부분으로 협조하고 고르게 한다. 예를 들면 "犬, 贝"가 좌우 · 좌중우 구조에서 길게 늘이면, 예를 들어 "壮, 狱, 购, 财, 溅"이고, 상하 · 상중하 구조에서 납작하게 누르면, 예를 들면 "哭, 器, 货, 贪"이다.

4 일부 부건의 조합 유형 : 글자를 이루는 부건으로 이루어진 정자는 독체자라 하는데, 예를 들어 "一, 乙, 玉, 虫, 曲, 事, 秉, 柬, 禹"이다. 독체자는 현행 한자의 4% 정도만을 차지한다. 두 개나 두 개 이상의 부건으로 이루어진 글자는 합체자로, 부건의 조합 유형은 바로 한자 합체자 정자의 구조 유형을 가리킨다. 이 유형은 두 각도로 나눌 수 있다. 하나는 제 일급 부건의 유형에 근거하여 나눈다. 다른 하나는 기초 부건의 유형에 근거하여 나눈다. 일급 부건에 근거하여 나눈 조합 유형에 근거하여 합체자는 4대류 13부류로 나눈다.

① 좌우 구조
  ⓐ 좌우 : 形, 扬, 保, 猫, 粘, 朝, 伤, 凯
  ⓑ 좌중우 : 街, 班, 斑, 掰, 辩, 衢, 衔

② 상하 구조
  ⓐ 상하 : 要, 是, 骂, 贸, 类, 然, 毒, 药
  ⓑ 상중하 : 曼, 茸, 莽, 爱, 案, 蜜, 率, 裒

③ 포위 구조
  ⓐ 전포위(全包围) : 国, 回, 团, 因, 囿, 圆, 囱, 囟
  ⓑ 상삼포위(上三包围) : 凤, 冈, 向, 凡, 闻, 周, 网, 闼
  ⓒ 좌삼포위(左三包围) : 匪, 区, 匡, 匠, 匝, 医, 匣, 匿

ⓓ 하삼포위(下三包围) : 凶, 函, 击, 幽, 画, 凼, 凿, 出

ⓔ 상좌포위(上左包围) : 压, 庐, 屦, 病, 虎, 屁, 房, 雇

ⓕ 상우포위(上右包围) : 刁, 勾, 旬, 甸, 匀, 司, 虱, 氹

ⓖ 하좌포위(下左包围) : 这, 延, 翘, 匙, 勉, 毡, 旭, 尴

ⓗ 하우포위(下右包围) : 斗, 头

④ 틀 구조

乘, 乖, 承, 爽, 爾, 噩, 巫

5 기초 부건의 조합 유형 : 기초 부건이 나눈 조합 모형은 상당히 복잡하여 먼저 부건의 수량에 따라서 큰 부류로 나누고, 그런 다음 다시 작은 유형으로 구분한다.

① 두 기초 부건으로 이루어진 합체자는 대체로 다음 유형이 있는데, 그 대표 글자는 "吕, 认, 压, 达, 句, 问, 匹, 凶, 团"이다.

② 세 기초 부건으로 이루어진 합체자는 대체로 다음 유형이 있는데, 그 대표 글자는 "荣, 抛, 树, 型, 花, 陪, 部, 庶, 厢, 缠, 逞, 逊, 间, 润, 挺, 捆, 抠, 圄, 幽, 乖, 巫"이다.

③ 네 기초 부건으로 이루어진 합체자는 대체로 다음 유형이 있는데, 그 대표 글자는 "阔, 匿, 欧, 营, 辔, 蕊, 蓝, 惇, 额, 摄, 燃, 游, 韶, 遮, 腐, 寤, 嫠, 筐, 榧, 剩"이다.

④ 다섯 기초 부건으로 이루어진 합체자는 대체로 다음 유형이 있는데, 그 대표 글자는 "渤, 藻, 搞, 敲, 蒿, 缀, 樊, 器, 鄙, 髂, 戳, 蓝, 寝, 漉, 齁, 羸, 魔, 膏, 蘧, 噩"이다.

⑤ 여섯 기초 부건으로 이루어진 합체자는 대체로 다음 모형이 있는데, 그 대표 글자는 "歌, 豁, 麓, 豌, 翳, 瀛, 衢, 臀, 骥, 灌"이다.

⑥ 일곱 기초 부건으로 이루어진 합체자는 대체로 다음 유형이 있는데, 그 대표 글자는 "戆, 麟, 饕"이다.

⑦ 여덟 기초 부건으로 이루어진 합체자는 대체로 다음 유형이 있는데, 그 대표 글자는 "爨, 瀲"이다.

⑧ 아홉 기초 부건으로 이루어진 합체자는 대체로 다음 유형이 있는데, 그 대표 글자는 "懿"이다.

사고와 연습

1. 한자의 조자 방법은 몇 가지가 있는가?
2. 아래 한자의 조자 방법을 가리켜 보라.

休　鱼　鸟　闲　既　暴　明　网　闪

几　剔　析　帘　伐　赳　初　策　恭

相　删　父　母　而　果　象　戎　春

武　甘　泉　瓜　胡　朱　走　乘　福

3. 형성자의 형부와 성부에서 자주 보는 결합 방식은 몇 가지가 있는가?
4. 아래 형성자의 형부와 성부를 가리켜 보라.

敞　崔　衷　病　姜　修　佞　疆　裁

辩　赢　张　题　篇　狠　碧　特　灸

5. 한자의 필획은 무엇인가? 한자의 기본 필획은 몇 가지가 있는가?
6. 아래 한자의 필획과 필순을 가리켜 보라.

承　幽　肃　势　练　然　片

鬼　羌　象　凸　敢　拒　函

7. 편방과 부수는 같은가? 예를 들어서 설명하라.
8. 아래 편방의 형부로 하여 각각 다섯 개의 한자를 써라.

木　立　虫　鸟　鬼　食　鱼　身　走　赤

毛　革　牛　殳　心　黑　鼻　鼠　王　户

9. 아래 한자를 성부로 하여 각각 다섯 개의 한자를 써라.

肖　斯　东　空　龙　南　苗　齐　斤　亢

巴　包　乍　平　京　俞　朵　高　吾　皮

10. 부건 분해의 원칙을 예를 들어 설명하라.
11. 아래 합체자 일급 부건의 조합 유형을 가리켜 보라.

翩　阎　毚　槛　毫　量　衔　缴　彬　空

酱　扃　氆　爬　豳　霸　崧　华　缗　粥

12. 아래 합체자 기초 부건의 조합 유형을 가리켜 보라.

儡　履　舞　氪　房　簸　遲　盗　梦　豣

鸷　焘　蔑　埽　繇　萨　载　簖　甍　糜

제4절 현대 한자의 표준화

시대의 발전과 사회의 진보는 모두 현대 한자에 대하여 새로운 요구를 하였고, 표준화는 곧 하나의 중요한 요구이다. 현대 한자의 표준화는 주로 자량(字量), 자형(字形), 자음(字音), 자서(字序) 네 방면을 포함하고 "字有定量, 字有定形, 字有定音, 字有定序(글자는 정량, 정형, 정음, 정서가 있다)"라야만 하는데, 약칭 "사정(四定)"이라 한다. 사정의 길을 따라 전진하여, 현대 한자 표준화의 일은 명확한 방향이 있고, 끊임없이 새로운 실적을 얻을 것이다.

1. 정량(定量)

정량은 현대 한어 글자를 쓰는 수량을 규정하는 것이다. 정량은 총량을 포함하고 분급 정량도 포함하는데, 즉 통용 글자, 상용 글자, 전문용 글자와 전공용 글자의 수량이다. 정량의 기초에 적당히 양을 제한하고 줄여서, 한자 학습과 사용의 어려움을 줄인다.

한자의 총량은 하나의 매우 방대한 숫자로, 게다가 역사의 발전에 따라 글자 수는 점차 많아졌다. 청대 장옥서(张玉书) · 진정경(陈廷敬) 등이 편찬한 ≪강희자전≫은 47,043개를 수록하였고, 1990년 출판된 서중서(徐中舒)가 편집한 ≪한어대자전≫은 54,678개를 수록하였고, 1994년 출판된 랭옥룡(冷玉龙) · 위일심(韦一心)이 편집한 ≪중화자해(中华字海)≫는 87,019개를 수록하였는데, 이것 또한 아마도 한자의 전부가 아닐 것이다. 다만 이런 자전들은 모두 대량의 이체자를 수록하였는데, ≪강희자전≫의 이체자가 2만 여 글자가 있는 것과 같이, 만약 이체자를 없애면 실제 글자 수는 결코 그렇게 많지 않다. 글자 양은 또 반드시 "글자 성질"에 의하여 정해야 하는데, 현대 한자는 현대 한어의 표준어 사용 글자를 기록한 것이지 고대 한어의 사용 글자가 아니고, 한어 방언의 사용 글자도 아니다. 예나 지금이나 통용하는 한자에서 이미 표준어에 들어간 방언용 글자는 모두 현대 한자의 범주에 귀속해야 한다. 현대 한어 사용 글자는 이체자, 번체자 등의 규범적이지 않은 글자를 포함하지 않는다. 1954년, 중국 문자 개혁 위원회 비서처는 ≪현대사용글자통계보고(现代用字统计报告)≫를 공포한 적이 있는데, 7종의 자료를 사용하였고, 통계적으로 9,163개 글자를 얻었다. 현재 현존하는 글자 빈도 자료에 근거하여 대략적인 추측을 할 수 있는데, 1984년 공포한 ≪한자빈도통계(汉字频度统计)≫는 5,991개 글자를 수록하였고, 1986년 공포한 ≪한자빈도율표(汉字频率表)≫는 4,574개 글자를 수록하였으며, 1992년 공포한 ≪현대한어글자빈도통계표(现代汉语字频统计表)≫의 ≪사회과학 · 자연과학종합한자빈도표(社会科学 · 自然科学综合汉字频度表)≫는 7,754개 글자를 수록하였는데, 세 항목을 서로 더하고 중복되는 것을 삭제하면, 현대 한자의 사용 글자 총량은 대략 10,000여 개이다. 현대 한자 총표를 연구 제작하여 현대 한자의 총글자 수를 분명히 하는 것은 정량 작업의 중요한 임무이다.

통용 한자는 바로 현대 한어를 기록할 때 통상적으로 사용할 필요가 있는 한자로, 다시 말해서 일반 책과 신문 · 정기 간행물에 유통하여 사용하는 것을 가리키는데, 특정 사용 범위가 있는 전문용 글자와 드물게 사용하는 글자를 삭제한 후의 글자이다. 중국 통용 한자에 대한 연구는 20세기 중엽에 시작되었는데, 당시의 통계에 근거하면 중소형 통용 자전 중에 비교적 통행되는 것은 7,500자 정도이다. 1956년 8월 중국 문자 개혁 위원회가 초안을 잡은 ≪통용한자표초안(초고)(通用汉字表草案)≫은 통용 한자 5,390자를 수록하였다. 1965년 1월 문화부와 중국 문자 개혁 위원회가 연합하여 발표한 ≪인쇄통용한자자형표(印刷通用汉字字形表)≫는 6,196자를 수록하였고, 이 표는 북경 · 상해 주요 인쇄장 식자(植字)실의 통계자료에 근거하여 편집하였는데 고서와 과학 기술서를 식자하여 인쇄하는 글자 및 인명 · 지명에서 드물게 사용하는 글자는 포함하지 않는다. 1980년 국가 표준 총국이 발표한 GB2312-80 ≪정보교환용한자부호화부호집(信息交换用汉字编码字符集 · 基本集)≫은 6,763자를 수록하였다. 두 급으로 나누는데, 1급 상용 글자는 3,755자이고, 2급 상용 글자는 3,008자이다. 이 자료에 근거하여 현대 한어 통용 글자는 대략 7,000자에 접근함을 알 수 있다. 1988년 3월 25일 국가 언어 문자 사무 위원회는 신문 출판부와 연합하여 ≪현대한어통용자표(现代汉语通用字表)≫를 발표하였다. 이 표는 현대 한어 통용 글자 7,000개를 수록하였고, 그중에 ≪현대한어상용자표(现代汉语常用字表)≫의 3,500자를 포함하였다. 연구 제작을 맡은 곳은 국가 언어 문자 사무 위원회의 한자 부서이다. 연구 제작의 주요한 근거는 1965년 발표한 ≪인쇄통용한자자형표(印刷通用汉字字形表)≫로 그중의 50자를 삭제하였고 854자를 증가하였다. ≪현대한어통용자표≫는 국가가 규정한 규범 글자 표로 그것은 전반적으로 신중국 성립 이래로 한자 정리와 간소화의 성과를 나타내었고, 또한 그것은 각 글자의 규범 자형을 규정하였는데, 필획의 수, 필순과 조합 구조를 포함하여, 향후 통용 글자를 연구하는 출발점과 근거이다.

상용 한자는 현대 한어를 기록할 때 사용빈도가 높고, 자주 사용을 필요로 하는 글자이다. 1952년 6월 5일 중앙 인민 정부 교육부가 발표한 ≪상용자표(常用字表)≫는 일등 상용 글자 1,010자, 차상용 글자 490자, 보충 상용 글자 500자, 도합 2,000자를 수록하여, 문맹을 퇴치하는 사용 글자의 표준으로 삼았다. 1965년 3월, 북경시 교육국 초중고 교재 편집 심사부가 편찬한 ≪상용자표≫는 3,100자를 수록하였다. 몇 권의 영향력이 있는 현대 백화문 저서 중에 ≪모택동선집(毛泽东选集)≫은 2,981개 글자를 수록하였고, 노사(老舍)의 ≪낙타상자(骆驮祥子)≫는 2,413개의 글자를 수록하였으며, 조우의 ≪뇌우(雷雨)≫, ≪일출(日出)≫, ≪북경인(北京人)≫은 2,808개 글자를 수록하였다. 이 자료에 근거하여 현대 한어 상용 글자는 대략 3,000여 개인 것을 알 수 있고, 그중에 가장 상용하는 글자는 2,000여 개가 있다. 1988년 1월 26일 국가 언어 문자 사무 위원회는 신문 출판부와 연합하여 ≪현대한어상용자표≫를 발표하였다. 이 표는 현대 한어 상용 글자 3,500개를 수록하였고, 이 3,500개 상용 글자는 모두 두 급으로 나누는데, 1급 상용 글자는 2,500개, 2급 상용 글자는 1,000개이다. 검사와 측정을 거친 일급 상용 글자의 점유율은 1.51%로 합계 99.48%이다. ≪현대한어상용자표≫는 국가 언어 사무 위원회 한자부가 책임지고 연구 제작한 것으로 국가가 규정한 규범 글자 표이고, 매우 높은 학술성과 실용성을 가지고 있다.

전문용 글자는 사회 어떤 특정한 단체를 대상으로 하는 사용 글자이다. 전문용 글자는 한자를 수록한 분량을 해결하고, 또 어떤 글자를 수록하는가의 문제를 해결해야만 한다. 전문용 글자표의 연구와 제작은 사회 특정 단체 사용 글자의 수요를 만족시킬 수 있고, 중요한 의의도 가지고 있다. 예를 들면 1993년 제3기 ≪언어문자응용(语言文字应用)≫을 발표하였고, 언어 문자 응용 연구소가 연구 제작한 ≪문맹퇴치용자표(扫盲用字表)≫는 바로 문맹 퇴치를 위하여 연구 제작한 것이다. 1988년 국무원이 반포한 ≪문맹퇴치사무조례(扫除文盲工作条例)≫ 제7조는 다음과 같이 규정한다. "个人扫盲的标准是：农民识 1500 个汉字, 企业和事业单位职工, 城镇居民识 2000 个汉字；能够看懂浅显通俗的报刊, 文章, 能够记简单的账目, 能够书写简单的应用文.(개인이 문맹을 퇴치하는 표준은 농민은 1,500개의 한자를 알고, 기업과 사업 단위 직원, 도시와 농촌 주민은 2,000개의 한자를 안다. 평이하고 통속적인 간행물 · 문장 · 간단한 장부의 항목을 기록할 수 있고, 간단한 응용문을 쓸 수 있다.)" 이것은 아는 글자가 상용적이고, 출현 빈도가 높다는 것을 요구하는 것이다. ≪문맹퇴치용자표(扫盲用字表)≫는 모두 2,000개 한자를 수록하고 갑과 을 두 자표로 나누었는데 갑표는 전국이 통일한 문맹 퇴치 필수 학습 글자 1,800자이고, 을표는 문맹 퇴치 참고용 글자 200자이다. 중국 한어 모어 기초 교육의 사용 글자는 줄곧 연구자의 관심을 받았고, 1930년 민지서국(民智书局)에서 출판한 왕문(王文)의 새로운 저서 ≪초등학교등급별글자어휘연구(小学分级字汇研究)≫는 중국 현대에 가장 이른 초등학교용 글자 연구로, 이러한 연구를 거쳐서 초등학교 글자 해득의 사용 글자 3,799자를 얻었고, 초등학교 저학년과 고학년을 6개 학년으로 나누었는데, 각 학년의 글자 해득량은 초등학교 1학년 541자, 2학년 558자, 3학년 654자, 4학년 793자이다. 초등학교 5학년 622자, 6학년 631자이다. ≪초등학교어문용자표(小学语文用字表)≫의 연구와 제작은 초등학교 어문 교학의 과학화 · 현대화를 위하여 근거를 제공하는 중요한 의의를 가지고 있다. 1991년, 대외 한어 교학을 위하여 ≪한어수준어휘와한자등급개요(汉语水平词汇与汉字等级大纲)≫를 연구 제작하였는데, 이 개요는 중국 초등 · 중등 한어 수준 시험과 고등 한어 수준 시험의 주요한 근거이고, 중국 대외 한어 교학의 전체적인 설계이자 교재 집필, 교실 교학과 성적, 시험의 중요한 근거로, 개요에 한자의 등급을 나누고 어휘의 등급을 나누는 데 일정한 연계를 유지하였다. 한자 개요는 한자 2,905자를 수록하고, 4급으로 나눈다. 갑급자 800개, 을급자 804개, 병급자 601개, 정급자 700개이다.

전공용 글자는 일반 사용 글자와 상대적으로 어떤 전공 영역에서 사용하는 글자로, 예를 들면 고대 한어 전용 글자, 현대 한어 방언 전용 글자, 성명용 글자, 역사지리용 글자, 동식물 명칭용 글자, 과학기술용 글자, 종교용 글자, 민족용 글자, 역음용 글자 등이다. 이런 분류는 더욱 자세하게 나눌 수 있는데, 예를 들면 과학기술용 글자 속의 화학용 글자는 매우 특징이 있다. 전공용 글자의 글자량, 글자의 빈도를 정확하게 파악하는 것은 한자의 이해와 사용에 모두 도움이 된다.

한자의 정량은 한자의 글자 수를 간소화하기 위하여 조건을 창조하고 아울러 근거를 제공하는데, 통용 한자 표는 한자의 기준수를 간소화하고, 이체자 정리를 거쳐 부문별로 나누어 전용 글자를 처리하고 동음으로 대체하며, 표음자를 규정하고 방언자를 적게 쓰는 등의 경로를 채택하는데, 대중에 의지하여 한 걸음 한 걸음 간소화하여, 현대 한어 통용 한자 총수를 감소시키는 목적에 반드시 이를 수 있다.

2. 정형(定形)

정형은 현대 한어 사용 글자를 규정하는 표준 자형이다. 한 글자가 여러 형태로, 그 여러 형태를 뜻대로 사용하던 것을 한 글자 한 형태로 고치고, 이체를 제거한다. 신중국 성립 이래로 공포한 ≪제1차이체자정리표(第一批异体字整理表)≫, ≪간화자총표(简化字总表)≫, ≪인쇄통용한자자형표(印刷通用汉字字形表)≫, ≪현대한어통용자표(现代汉语通用字表)≫ 등은 한자의 정형 작업에 중요한 추진 역할을 하였고, 거대한 실적을 취득하였다. 이런 문서 이외에 국가 언어 문자 사무 위원회는 기타 정부 부서와 함께 또 자형 규범화와 관련된 일련의 문서를 발표하였는데, 예를 들면 ≪关于出版物上数字用法的试行规定(출판물상 숫자 용법에 관한 시행 규정)≫(1987), ≪关于广播、电影、电视正确使用语言文字的若干规定(방송, 영화, 텔레비전이 정확하게 언어 문자를 사용하는 것에 관한 약간의 규정)≫(1987), ≪关于企业、商店的牌匾、商品包装、广告等正确使用汉字和汉语拼音的若干规定(기업, 상점의 간판, 상품 포장, 광고 등이 정확하게 한자와 한어 병음을 사용하는 것에 관한 약간의 규정)≫(1987), ≪关于商标用字规范化若干问题的通知(상표용 글자 규범화 약간의 문제에 관한 통지)≫(1987)이다. 이런 문서의 발표는 신문 출판계, 교육계, 컴퓨터 사무자의 열렬한 환영을 받아, 정형 작업을 통하여 안정된 발걸음으로 앞으로 매진하게 하였다. 정형의 요구에 적응하기 위하여 한자 필획을 간소화하는 일에 대하여 세밀하고 신중한 태도를 취하고, 일정한 시기 이내에는 다시 한자에 대하여 필획상의 간소화를 진행하지 않음으로써 한자 자형의 안정성을 유지한다.

정형은 우리들에게 이체자에 대하여 진일보한 정리를 요구하고, 1955년 공포한 ≪제1차이체자정리표(第一批异体字整理表)≫이외에 여전히 많은 이체자가 정리를 필요로 하고 있다. ≪현대한어사전≫과 ≪신화자전≫ 중에 여전히 수백 조(组)의 이체자는 정리되지 않았는데, 예를 들면 "碱硷, 踩跥, 嵩崧, 算祘筭, 旨𠯋卟"이고, 또 수백 조가 이체자를 포함하고 있는데 예를 들면 "勺杓, 糖醣, 漫熳, 茬楂, 爱嫒, 彻徹"이다. 중국 문자 개혁 위원회는 일찍이 1956년에 ≪제2차이체자정리표(초고)(第二批异体字整理表)≫를 만들었는데, 1965년과 1977년에 또 각각 ≪이체자정리표(의견모집원고)≫를 만들었다. 조건이 아직 성숙되지 않았기 때문에 ≪이체자정리표≫는 바로 공포하지 않았는데, 당연히 적당할 때 수정하고 공포해야만 한다.

이형어를 정리하는 것도 한자 정형 작업의 임무이다. 이형어는 또 이체자라고 하는데, 사회적으로 병존하고 병용하며, 같은 음과 같은 뜻이고 이형인 단어를 가리킨다. 예를 들면 다음과 같다.

人才 — 人材　　交代 — 交待　　照相 — 照像

师傅 — 师父　　笔画 — 笔划　　高材生 — 高才生

好高务远 — 好高骛远　　毕恭毕敬 — 必恭必敬

이형어 수량은 비교적 많은데, ≪현대한어사전≫(수정본)에 1,000조쯤 있다. 이형어 정리 문제에 대해 매우 일찌감치부터 제기하던 학자가 있었는데, 1977년 문자 개혁 위원회는 ≪단어정리표(词语整理表)(의견모집원고)≫를 만들어 단어 1,744조를 수록하였다. 1999년부터 국가 언어 위원회는 이형어를 제정하는 규범을 조직하기 시작하여, 연구 제작팀은 "적극 안정되고 타당하며, 순차적으로 진행하고, 차별 대우하고, 여러 무리로 나누어 정리한다(积极稳妥, 循序渐进, 区别对待, 分批整理)"란 방침에 근거하여 1,500여 조의 이형어에 대하여 연구하였고, 이형어 429조를 모두 정리하였다. 2001년 12월 19일, 교육부와 국가 언어 위원회 연합은 ≪제1차이형어정리표(第一批异形词整理表)≫를 발표하였고, 2002년 3월 31일부터 시행하였다. 예를 들면 "人才-人材, 笔画-笔划, 毕恭毕敬-必恭必敬, 订单-定单" 등의 이형어가 이미 첫 번째 이형어를 선택하여 규범 어형으로 삼았다. 이형어를 정리하는 원칙은 풍속 습관에 따르고 간략하게 함과 동시에 소리와 뜻이 명확하고 계통성에 주의하였다. 정리할 때 채택한 방법은 주로 취사법과 분화법이 있다. 취사법은 바로 갑종 서법을 채택하고, 을종 서법을 빼버리는 것이다. 예를 들면 "马蜂-蚂蜂, 倒霉-倒楣, 吩咐-分付, 鲨鱼-沙鱼"로 모두 전자를 취하고 후자를 버린다. 분화법은 바로 이형어의 다른 서법으로, 각각 서로 다른 의미 항목이나 독음을 담당하도록 하는 것이다 예를 들면 "交代"는 "취급해야 할 일을 대신할 사람에게 넘겨주다", "부탁하다" 이런 두 개의 의미 항목이 있고, "交待"는 "끝나다"(이 목숨도 끝났다)의 의미 항목이 있어, 각자 서로 다르다. 또 "透露"와 "透漏"를 예를 들면 양자의 독음이 달라서, 전자는 tòulù, 후자는 tòulòu로 읽는다.

한자의 정형은 또 부건의 규범을 포함해야 한다. 국가 언어 문자 사무 위원회가 반포한 ≪정보처리용 GB13000.1 자부집한자부건규범≫은 이미 1998년 5월 1일에 실시되었다. ≪한자부건규범≫은 한자의 기초 부건 560개를 규정하고, 이 560개 독립 사용의 부건은 또 393조로 합쳐서, 조마다 첫 번째 부건을 주형 부건이라 하고, 그 뒤에 나열한 부건은 부형 부건이라 한다. 한자 기초 부건의 명칭은 현재 아직 정식적으로 공포하지 않았는데, 글자 해득 교학과 한자의 활용에 편리하게 하기 위하여 가급적이면 빨리 부건의 규범 명칭을 확정하고 통일된 명칭을 채용하여야만 한다.

3. 정음(定音)

정음은 바로 현대 한어 사용 글자의 규범 독음을 규정하는 것이다. 국가 통용 언어 문자법은 "본 법이 말하는 국가 통용 언어 문자는 표준어와 규범한자이다(本法所称的国家通用语言文字是普通话和规范汉字)."라고 하였는데, 표준어는 북경음을 표준음으로 한 것으로 한자의 규범 독음은 바로 표준어의 독음이다.

표준어에 존재하는 이독어는 한자 정음 업무의 중요한 내용이다. 1956년 중국 과학원 언어 연구소와 중국 문자 개혁 위원회는 합작하여 표준적인 발음 심사 위원회를 성립하였고, 전문적으로 이독어의 독음을 심사하여 결정하였다. 발음 심사 위원회는 1957년, 1959년, 1962년에 차례로 세 번 표준어 이독어에 대하여 심사하고 결정하여, 1963년 2월 ≪표준어이독어3차발음심사총표초고(普通话异读词三次审音总表初稿)≫를 출판하였고, 당시의 이독어 독음 규범으로 삼았다. 1985년 12월 27일 국가 언어 문자 사무 위원회, 국가 교육 위원회, 방송 텔레비전부는 ≪표준어 이독어 발음 심사표(普通话异读词审音表)≫를 발표하였다. 이 ≪발음심사표(审音表)≫는 ≪초고≫에 대하여 개정하고 증보한 것이다. 예를 들면 "呆板"의 "呆"는 ≪초고≫에 ái로 심사하여 결정하고, ≪발음심사표(审音表)≫는 "呆"를 dāi로 통독한다고 규정하며, "确凿"의 "凿"는 ≪초고≫에 zuò로 심사하여 결정하고, ≪발음심사표(审音表)≫는 záo로 통독한다고 규정하였다. ≪신화자전≫은 제9판 후에 ≪발음심사표(审音表)≫에 근거하여 개별 글자 음에 대하여 변경하였다.

현대 한어 사용 글자의 정음 작업은 또 인명, 지명용 글자 중에 존재하는 이독 현상을 심사하여 결정하려는 것을 포함한다. 인명, 지명의 근원은 복잡하여 늘 자신의 특수한 독음이 있고, "名从主人(이름은 응당 주인이 지은 대로 불린다)"은 또 주의할 필요가 있는 원칙이다. 예를 들면 "省"은 원대 인명 "胡三省"에서 xǐng이라 읽고, "单"은 "单于"에서 chán이라 읽는다. "浒"는 하남 호안에서 hǔ라 읽고, 강소 호서관에서 xǔ라고 읽는다. 또 예를 들면 "堡"는 "瓦窑堡"에서 bǔ라고 읽고, "十里堡"에서 pù라고 읽는다. 경성어와 얼화어는 서면어에서 나타낼 수 없는데, 구어 중에서 일정한 뜻대로 하는 성질이 존재하고 있어, 심사하여 결정한 후에 단어표를 편집하고, 규범으로 사람들에게 검사하게 해야 한다. 예를 들면 "运气, 月亮, 云彩, 在乎" 등은 모두 반드시 경성어로 읽어야 하고, "玩儿, 找碴儿, 包干儿, 门槛儿, 药方儿" 등은 모두 얼화어로 읽어야 한다. 다음다의어 또한 정음의 문제가 있다. 현대 한어 다음다의어는 비교적 많은데, 통계에 근거하면, ≪현대한어상용자표≫의 3,500자 중에 다음다의어 405개가 있어 총수의 11.6%를 차지한다. ≪신화자전≫의 다음다의어도 총수의 10%가량을 차지한다. 어떤 다음다의어는 정리를 해야 하는데, 예를 들면 ≪현대한어사전≫의 "强"은 qiáng(坚强), qiǎng(勉强), jiàng(倔强) 세 독음이 있고, 그중에 jiàng은 또 犟(勥)으로 쓴다. 정리할 때, 정음과 정량, 정형을 결합한다. 만약 "强"의 jiàng 음을 보류하면, 犟(勥)을 이체자로서 폐지하는 것을 고려할 수 있다. 만약 "犟"이 글자를 규범 글자로 삼는다면, "勥"을 이체자로 삼아 폐지할 수 있고, 아울러 "强"의 jiàng 독음과 뜻을 폐지한다.

4. 정서(定序)

정서는 현대 한어 사용 글자의 배열 순서를 규정하는 것이다. 글자의 배열순서는 사회에서 광범위한 용도를 가지고 있는데, 예를 들면 공구서의 집필, 파일, 자료 색인의 배열, 컴퓨터용 한자 글꼴의 편성으로, 모두 한자의 정서 문제를 가지고 있고, 한자는 모양·소리·뜻 세 방면 모두 순서를 배열할 수 있고, 그중에 의미순서법은 글자의 의미에 따라서 분류하여 순서를 배열하는 것이다. 고대의 ≪이아(尔雅)≫, ≪석명(释名)≫ 등의 책이 모두 채택한 방법이다. 의미에 따라서 순서를 배열하는 것은 일치하는 표준을 가지고 있기가 매우 어렵기 때문에, 현재 일반적으로 채택하지는 않는다. 현재 통용하는 것은 음서법(音序法)과 형서법(形序法)에 속하는 몇 가지 순서 배열 방법이다.

① 음서법은 글자음에 따라서 한자 순서를 배열하는 일종의 순서 배열 방법이다. 고대의 운서, 예를 들면 ≪절운(切韵)≫, ≪광운(广韵)≫, ≪집운(集韵)≫ 등

이 쓰는 것은 모두 음서법이다. 한어 병음 자모 제정 전에 출판한 ≪동음자전(同音字典)≫과 ≪제1차이체자정리표≫는 주음자모의 순서를 채용하여 한자를 배열한 것이다. 1958년 ≪한자병음방안≫ 공포 후에 ≪신화자전≫, ≪현대한어사전≫의 정문은 모두 한어 병음 자모의 순서에 따라서 배열한다. 같은 자모인 것은 음절의 선후에 따라 배열하고, 같은 음절인 것은 글자 모양 필획의 분량, 편방의 상황에 따라서 배열한다. ≪현대한어사전≫(2002년 증보본)의 단자 조목은 병음 자모의 순서에 따라서 배열하였다. 동음자는 필획에 따라서 배열하였는데, 필획이 적은 것은 앞에, 필획이 많은 것은 뒤에 있다. 필획이 서로 같은 것은 첫 획의 붓 모양 "가로 긋기, 세로 긋기, 왼 삐침, 점, 꺾음"의 순서에 따라 배열한다. ≪신화자전≫(제10판)의 배열 순서는 약간 다르다. 예를 들면 이 두 사서의 "bǐ" 음절의 배열 순서는 아래와 같다.

≪현대한어사전≫ : 匕 比^{1} 比^{2} 芘 吡 佊 沘 妣 彼 秘 笔 俾 舭 鄙

≪신화자전≫ : 匕 比 吡 沘 妣 秕 彼 笔 俾 鄙

≪신화자전≫은 주로 편방의 상황에 따라 배열한 후 다시 필획에 따른다. 그들은 모두 음서법을 주로 하고, 형서법을 부로 하는 배열 방법이다.

② 필획법은 형서법의 일종이다. 필획법은 필획이 몇 획이냐에 따라서 한자의 순서를 배열하는 일종의 순서 배열 방법이다. ≪동음자전≫, ≪사각번호신사전≫, 신≪사해≫ 등 모두 필획 검자가 첨가되어 있다. 국가 언어 문자 사업 위원회는 1999년 10월 1일 발표하고, 2000년 1월 1일 실시한 ≪GB13000.1 자부집한자자서(필획서) 규범≫의 한자 필획 규정은 아래와 같다.

① 필획수에 따라 적은 것에서 많은 것까지 배열하는데, "日"이 "目"보다 먼저다.
② 같은 필획수인 것은 필순 "가로 긋기, 세로 긋기, 왼 삐침, 점, 꺾음"의 순서에 따라서 배열하는데, 예를 들면 "二"가 "十"보다 먼저이다.
③ 같은 필획수, 같은 필순인 것은 먼저 주(主) 필형에 근거한 후 필형을 첨가하는 순서로 배열한다. 그중에 가로 긋기는 비껴 올림보다 먼저로, 예를 들면 "子"는 "孑"보다 먼저이다. 세로 긋기는 세로 갈고리보다 먼저로 "干"은 "于"보다 먼저이다. 점은 오른 삐침보다 먼저로, "夕"은 "久"보다 먼저이다. 꺾은 점이 적은 것은 꺾은 점이 많은 것보다 먼저로, "刀"는 "乃"보다 먼저이다. 꺾은 점의 수가 같은 것은 절필 첫 획의 가로 긋기, 세로 긋기, 왼 삐침, 점, 꺾음의 순서에

근거하여 배열하는데, 예를 들면 "幻"은 "乣"보다 먼저이다. 꺾은 점 수, 꺾은 점 기필 필형이 서로 같은 것은 절필 후의 가로 긋기, 세로 긋기, 왼 삐침, 점, 꺾음의 순서에 근거하여 배열하는데, 예를 들면 "凡"은 "及"보다 먼저이다.

④ 필획수, 필순, 주부필형(主附笔形)이 완전히 서로 같은 것은 조합 관계에 따라서 배열한다. 분리가 이어짐보다 먼저로, "八"은 "人"보다 먼저이고, "几"는 "九"보다 먼저이다.

이상의 규정 이외에 이 규범은 또 좀 더 세밀한 규정이 있다.

3 부수법도 형서법에 속한다. 부수법은 부수에 근거하여 한자 순서를 배열하는 일종의 순서 배열 방법이다. 가장 이르게 부수를 채택하여 한자를 분류한 것은 동한 허신의 ≪설문해자≫이다.

부수법으로 한자를 배열하고, 부수는 같은 부수 내의 글자와 일반적으로 필획수와 기필 필형의 순서에 따라 배열한다. 현재 통용되는 자전과 사전의 부수는 아직 통일되지 않았고, 약간의 차이가 있다. 1983년 7월 중국 문자 개혁 위원회와 국가 출판국 연합 조직이 기초한 ≪통일한자부수표(초안)(统一汉字部首表)≫는 모두 201개 부수를 가지고 있다. ≪현대한어상용자표(现代汉语常用字表)≫의 부수 순서는 이 부수표를 채택하였다. ≪한어대사전≫과 ≪한어대자전≫은 200개 부수를 채택하였다. ≪현대한어사전≫은 189개 부수를 채용하였다. ≪신화자전≫(제10판)은 201개 부수를 채택하였다. 부수 수량이 다른 것 이외에 그중의 어떤 것은 간체 부수를 주로 하고 어떤 것은 번체 부수를 주로 한다. ≪한어대사전≫과 ≪한어대자전≫은 ≪통일한자부수표≫ 중의 21개 간체를 주로 한 부수를 번체를 주로 하는 부수로 고쳤다. 예를 들면 "飞(飛), 马(馬), 页(頁), 长(長), 齐(齊), 卤(鹵), 龟(龜), 齿(齒), 黾(黽), 鱼(魚)" 등이다. 연구하여 통일된 부수 수량과 부수의 구체적인 내용을 확정해야 하고, 이렇게 해야만 표준화의 요구에 부합한다. 또 어떤 공구서가 사용한 부수는 서로 같으나 동일한 부수 내에서 수록한 글자가 오히려 완전히 서로 같지는 않다. 예를 들면 ≪한어대자전≫은 "丧, 丛"을 모두 "一"부로 포함하였고, ≪한어대사전≫은 "丧, 丛"을 각각 "十"부와 "人"부에 포함하였다. 이러한 통일되지 않은 현상은 모두 심층 연구의 기초 위에서 합리적인 규범을 제정해야만 한다.

번호법(号码法)은 자형이 확정한 번호에 따라서 한자 필순을 배열하는 일종의 순서 배열 방법으로, 형서법에 속하기도 한다. 가장 많이 사용하는 것은 사각 번호법이다. 예를 들면 ≪사각번호신사전(四角号码新词典)≫(상무인서관, 1977년 재조판본)이다. 사각 번호는 한자의 필형을 10가지로 정리하였는데, 각 종류마다 하나의 번호로 대표한다. 亠(머리)는 0, 一(가로 긋기)은 1, 丨(늘어 뜨림)은 2, 丶(점) ㇏(오른 삐침)은 3, 十(교차)는 4, 扌(삽입)는 5, 口(네모난 틀)는 6, ㄱ(각)은 7, 八은 8, 小는 9이다. 기억하기에 편리한 구결이 있다. "横一垂二三点捺, 叉四串五方框六, 七角八八九是小, 点下有横变零头." 네 각의 순서는 좌측 위가 첫 번째 각이고 우측 위가 두 번째 각이고, 좌측 아래가 세 번째 각이고, 우측 아래가 네 번째 각이다. 예를 들면 "端"자는 0212로 "以"자는 2870이다. 이미 취한 적이 있는 필획은 0이고, 같은 번호가 중복된 것은 고쳐서 취하거나 속의 필형을 증가하여 취한다. 예를 들면 "园"자는 6021이고 "田"자는 6040이고, "芒"자는 44710이다. 사각 번호법의 장점은 글자 음, 확정 부수, 셈에 의한 필획수를 알 필요 없이, 다만 규칙을 기억하면 대다수 글자는 모두 직접적으로 검색할 수 있다. 하지만 그 규칙이 비교적 복잡한데다 모든 글자가 모두 4개의 각을 가지고 있는 것이 아니기 때문에 번호를 확정하는데 일정한 어려움이 있어서, 적지 않은 공구서가 비록 모두 이런 검색 배열 방법을 첨가하고 있지만 사용 빈도는 비교적 낮다.

현대 한어 사용 글자의 정서(定序)는 또 해야 할 많은 일이 있는데, 음서법이든 형서법이든 어떤 것이든 간에 모두 한 걸음 더 나아가 통일하여 완벽할 필요가 있고, 심층 연구를 통하여 상관된 규범 표준을 제정해야만 하는 것이다.

사고와 연습

1. 한자 표준화는 몇 가지 방면의 내용을 포함하는가?
2. 한자의 정량은 무엇이고, 정량은 어떤 내용을 포함하는가?
3. 한자의 정형은 무엇이고, 정형은 어떤 내용을 포함하는가?
4. 한자의 정음은 무엇이고, 정음은 어떤 내용을 포함하는가?
5. 한자의 정서는 무엇이고, 정서는 어떤 내용을 포함하는가?
6. 이형어는 무엇이고 이형어를 정리하는 원칙은 무엇인가?
7. 한자의 필획법에는 어떤 규정이 있는가?

제5절 현대 한자의 규범화

현대 한자의 규범화는 주로 간체자를 장악하고, 이체자를 정리하고, 오자를 교정하는 세 방면의 내용을 포함한다.

1. 간체자 장악

표준적인 간체자를 장악하려면 반드시 진지하게 ≪간화자총표(简化字总表)≫를 공부해야만 한다. 1964년, 중국 문자 개혁 위원회, 문화부, 교육부는 간체자에 대하여 진지하게 연구한 기초를 바탕으로 ≪간화자총표≫를 발표하였다. 1986년 10월 새롭게 발표할 때 개별 글자에 대하여 조정을 하였고, 아울러 "우리들은 사회용 글자가 ≪간화자총표≫로 표준을 삼기를 요구한다. 무릇 ≪간화자총표≫ 중의 글자는 이미 간화된 번체자로, 간체자로 사용되고 번체자로 사용되지 않아야 한다. 무릇 ≪간화자총표≫에 부합하지 않는 간체자는 ≪제2차한자간화방안(초안)(第二批汉字简化方案)≫의 간체자와 사회상에서 유행하는 각종 간체자를 포함하는데, 모두 규범적이지 않은 간체자로서 사용을 정지해야만 한다."고 하였다 ≪간화자총표≫는 모두 간체자 2,235개를 수록하였고, 현 단계 간체자의 규범 표준이다. ≪간화자총표≫는 세 개의 표를 포함하고 있는데, 첫 번째 표는 간화 편방용(简化偏旁用)으로 쓰이지 않는 간체자 350개를 수록하였다. 두 번째 표는 간화 편방용으로 쓰일 수 있는 간체자 132개와 독립적으로 글자를 이루지 못하는 간화 편방 14개를 수록하였다. 세 번째 표는 간체자 1,753개를 수록하였는데, 이런 간체자는 두 번째 표의 간체자와 간화 편방을 사용하여 유추해 낸 것이다.

≪간화자총표≫는 한자 필획을 간소화한 성과를 모았고, 그중에 첫 번째 표와 두 번째 표의 번체자 평균은 16획, 간체자 평균은 8획이고, 세 번째 표의 번체자 평균은 19획, 간체자 평균은 11획이다. 간체자는 번체자와 서로 비교하여, 한자의 번거롭고 어려운 정도가 크게 낮아졌다. 간체자의 간화 방법은 대체로 아래로 귀납한다.

① 편방을 간소화한다. 간화 편방이나 간체자로 유추한다. 예를 들면 다음과 같다.

铜[銅], 莹[瑩], 挡[擋], 济[濟], 扬[揚], 们[們], 阵[陣], 语[語]

② 편방을 고치고 바꾼다. 형부나 성부를 고치고 바꾸는 것을 포함한다. 예를 들면 다음과 같다.

愿[願], 肮[骯], 唇[脣], 优[優], 袄[襖], 担[擔], 洁[潔], 硷[鹼]

③ **동음 대체** : 동음자나 근음자를 차용하여 대체한다. 예를 들면 다음과 같다.

后[後], 谷[穀], 出[齣], 丑[醜], 斗[鬥], 卜[蔔], 只[隻], 干[幹乾]

④ **초서 해화** : 초서의 서법을 해서로 바꾸는데, 예를 들면 다음과 같다.

车[車], 长[長], 为[為], 专[專], 书[書], 尧[堯], 乐[樂], 头[頭]

⑤ 간단한 부호로 바꾸어 쓴다. 원래 있는 조자법을 파괴하고, 간단한 편방을 사용하여 원래의 편방을 대체한다. 예를 들면 다음과 같다.

汉[漢], 鸡[鷄], 赵[趙], 冈[岡], 坏[壞], 怀[懷], 枣[棗], 轰[轟]

⑥ 윤곽이나 부분을 보류한다. 원래 있던 한자의 전체 윤곽이나 그중에 한 부분을 보류한다. 예를 들면 다음과 같다.

声[聲]、飞[飛]、医[醫]、亏[虧]、奋[奮]、齿[齒]、伞[傘]、卤[鹵]

⑦ 형성자나 회의자를 새로이 만든다. 원래 글자를 버리거나 원래 글자의 기초 위에 따로 형성자나 회의자를 만든다. 예를 들면 다음과 같다.

响[響]、惊[驚]、护[護]、窜[竄]、笔[筆]、宝[寶]、灶[竈]、尘[塵]

⑧ 고체(古体)를 채택한다. 고대의 비교적 간단한 본자를 채택한다.

云[雲]、从[從]、气[氣]、晒[曬]、舍[捨]、网[網]、礼[禮]、无[無]。

이 여덟 가지 방법은 장기간의 역사 중에서 형성되었고, 한자 간화의 실행 중에서 총괄하여, 광범한 대중 기초를 가지고 있다.

간체자를 배우고 사용하는 과정에서 주의해야 하는 하나의 문제는 간화 유추의 범위이다. ≪간화자총표≫의 350개 간체자는 모두 간화 편방으로, 기타 번체자를 간소화할 것을 유추할 수 없다. 예를 들면 “兒, 幹”은 이미 각각 “儿, 干”으로 간소화하였으나 “倪, 睨, 霓” 중의 “兒”은 “儿”로 간소화할 수 없고, “擀” 중의 “幹”은 “干”으로 간소화하였다. 첫 번째 표 중에 또 어떤 간체자는 원래의 번체자에 두 번째 표 간체자의 번체 편방을 포함하고 있고, 단독으로 간소화하였기 때문에 두 번째 표의 간체자로 새로이 간소화하는 것을 유추할 수 없다. 예를 들면 "藥"은 첫 번째 표에서 "药"으로 간소화하고 두 번째 표 "樂"의 간체자 "乐"에 의거하여 유추할 수 없으며, "藥" 중의 "樂"는 "乐"로 간소화한다. 번체자 "償"은 첫 번째 표에서 이미 "偿"으로 간소화되었고, 다시 두 번째 표의 "貝"의 간체자 "贝"는 "償" 중의 "貝"로 간소화할 수 없다. 똑같이 첫 번째 표의 "芦, 庐, 炉, 驴"의 번체자는 모두 "盧"의 편방을 함유하고 있고, 또 두 번째 표 중 "盧"의 간체자 "卢"로 유추할 수 없고, 새로이 간소화한다. 두 번째 표의 132개 간체자는 모두 간화 편방으로 쓰일 수 있다. 예를 들면 "發"는 "发"로 간소화하여, "泼, 废, 拔"를 유추할 수 있다. 세 번째 표에 수록한 간체자는 통용 한자로서 생소한 글자를 수록하지 않았고, 무릇 두 번째 표의 간체자나 간화 편방을 사용하여 편방으로 삼고, 일반적으로 똑같이 간소화해야만 한다.

간체자의 필획은 적어졌는데, 어떤 간체자의 형체는 서로 매우 유사하고 차이가 작으므로, 글자 형을 분별하는 데 주의해야만 한다. 예를 들어 "庆, 厌"과 "庄, 压"은 점의 위치를 주의해야만 한다. "书, 发, 国, 缠"과 "韦, 尧, 写, 厅"은 점이 있는 것과 없는 것의 차이점을 주의해야만 한다. "蚕"과 "乔"는 세로 긋기와 세로 왼 삐침의 차이를 주의해야만 한다. "临, 监, 坚, 紧"과 "师, 帅", "旧"와 "归"는 세로 긋기와 왼 삐침의 차이를 주의해야 한다. "经, 轻, 劲, 茎, 泾"과 "圣, 柽, 蛏"은 "조"과 "圣"의 차이를 주의해야만 한다. "栋, 冻, 胨"과 "炼, 练"은 "东"과 "东"의 차이가 있다. 일부 간체자의 필획과 필순을 주의해야만 하는데, 예를 들면 "长"은 4획이고, 세로 갈고리는 3번째 획이고, "鸟"의 점은 두 번째 가로 긋기 꺾기 갈고리의 뒤에 있고, "冫"은 2획이고, "钅"은 5획이다.

간체자는 사용 중에 더욱 특히 주의해야 하는데, 어떤 글자는 일정한 사용 환경 중에 음과 뜻이 차이가 있어 간소화할 수 없는데, 예를 들면 "瞭"는 liǎo로 읽을 때 "了"로 간소화하고, "了解"는 liáo로 읽을 때 간소화할 수 없다. 예를 들면 "瞭望"이다. "藉口, 凭藉" 중의 "藉" jiè는 "借"로 간소화하고 "慰藉 jiè, 狼藉 jí의 "藉"는 간소화할 수 없다. "乾净, 乾燥" 중의 "乾" gān은 "干"으로 간소화하고 "乾隆, 乾坤" 중의 "乾" qián은 간소화하지 않는다. "宫商角徵羽"의 "徵" zhǐ는 "征"으로 간소화할 수 없고, "幺麽小丑" 중의 "麽" mó는 "幺"와 서로 혼동되는 것을 피하기 위하여 "么"로 간화할 수 없다.

≪간화자총표≫ 세 글자 표는 주석한 내용과 간체자의 규범을 구체적으로 드러내고, ≪간화자총표≫가 수록한 것은 바로 표준적인 간체자로 ≪총표≫이외의 간체자(두 번째 표는 편방에 따라서 유추한 것을 포함하지 않는다)는 모두 규범적이지 않은 간체자로 보아야만 하고, 공개 출판물이나 정식의 서면 자료 중에 나타낼 수 없다.

2. 이체자 정리

이체자는 두 개의 함의가 있다. 하나는 형체가 다르고 독음과 뜻이 서로 같은 글자로, 몇 개의 글자가 서로 이체인 것을 가리킨다. 다른 하나는 정체 즉 규범한자와 상대적으로, 정체와 다만 형체가 다르고 독음과 뜻이 서로 같은 글자를 가리킨다. 아직 정리하지 않은 이체자는 앞의 함의를 취하고, 이미 정리된 것에 대하여는 뒤의 함의를 취한다. 이체자의 존재는 한 글자가 여러 형태를 가지는 것을 초래하여, 학습과 사용의 부담을 증가시켰고, 한자의 규범화를 방해하였다. 우리는 정리할 필요가 있는 이체자에 대하여 가일층 정리를 해야 할 뿐만 아니라 규범을 따라야 하고, 단호히 정리하여 이미 도태된 이체자를 사용하지 말아야 한다.

1955년 12월 문화부는 중국 문자 개혁 위원회와 ≪제1차이체자정리표(第一批异体字整理表)≫를 공포하였고, 810개 글자를 규범 글자로 확정하였으며 1,055개 이체자를 폐지하였다. 예를 들면 冰[氷], 布[佈], 彩[綵], 册[冊], 吃[喫], 耻[恥], 粗[麤], 村[邨]이다. 1956년 3월 문화부는 문자 개혁 위원회에 통지를 보내, “阪, 挫” 두 도태된 글자의 사용을 회복하였다. 1986년 10월 국가 언어 위원회가 다시 ≪간화자총표≫를 발표하였을 때, ≪간화자총표≫에 수록한 “訢, 讌, 晔, 詟” 등 11개 유추 간체자를 규범 글자로 하고 다시 도태된 이체자로 여기지 않았다. 1988년 3월 국가 언어 위원회와 뉴스 출판부가 통지를 발표하여, ≪현대한어통용자표(现代汉语通用字表)≫가 수록한 “翦, 邱, 於, 澹” 등 15개 글자를 규범자로 하고, 다시 도태된 이체자로 여기지 않음을 확인하였다. 그 밖에, ≪제1차이체자정리표≫에서 도태한 이체자 “諮, 粇”은 이체 관계를 가지고 있지 않기 때문에 제거하였다. 상술한 조정을 거쳐서 ≪제1차이체자정리표≫는 실제로 규범자 795자를 확정하고 이체자 1,025자를 도태시켰다.

이체자 정리의 원칙은 유행하고 간략하며 편리하게 쓰는 것이다. 풍속 습관에 따르는 것은 생소함을 없애고 익숙한 것을 남기는 것으로, 사회적으로 출판·인쇄 중에 비교적 유행하고, 사용이 비교적 보편적인 글자를 선용하는 것이다. 예를 들면 村[邨]、乃[廼]、奔[犇]、冰[氷]、筒[筩]、拖[拕]、丐[匃匄]이다.

간략한 것은 필획이 비교적 적은 글자를 선용하는 것으로, 예를 들면 笋[筍]、猫[貓]、捆[綑]、眯[瞇]、采[寀采]、升[昇]、志[誌]、挂[掛]이다.

간략하고 유행하는 것이 일치하지 않게 되면, 양자는 갈등의 상황을 가지지만 여전히 유행하는 것에 근거한다. 예를 들면 霸[覇]、考[攷]、捍[扞]、辉[煇]、粳[稉]、蝶[蜨]、阔[濶]、够[夠]이다.

편리하게 쓰는 것이 가리키는 것은 쓰기 편리하게 하기 위하여 좌우 구조의 글자를 선용하고, 상하 구조의 글자를 폐지한다는 것이다. 예를 들면 群[羣]、峰[峯]、峨[峩]、锹[鍫]、略[畧]、胸[胷]、鞍[鞌]、眦[眥]이다. 또 어떤 상하 구조의 글자가 대중에게 이미 익숙하여 유행하고 있는 것은 좌우 구조의 글자를 폐지한다. 예를 들면 岸[屽]、拿[舒]、蟹[蠏]、案[桉]이다.

20세기 1950년대 인쇄용 한자 자형은 하나의 매우 보편적인 문제가 존재하였는데, 바로 글자들의 필기 해체는 인쇄 송체와 차이가 있었던 것이다. 인쇄체와 마찬가지로 송체 자체, 송체와 다른 글꼴 사이에도 차이가 존재하고 있었다. 이런 차이는 한자 인쇄에 불편함을 가져왔고, 이 때문에 인쇄에 쓰는 글자의 자형에 대하여 정리하는 것은 당시에 아주 절박한 임무였다. 1955년 중국 문자 개혁 위원회는 표준 자형 연구팀을 만들어 인쇄 활자를 통일하는 자형을 연구하였다. 여러 번 개정하고 널리 의견을 구하여 1964년 5월 ≪인쇄통용한자자형표(印刷通用汉字字形表)≫를 편성하고, 1965년 1월 문화부, 문자 개혁 위원회는 통지를 보내 각지에 보급하였다. ≪자형표≫가 규정한 자형은 습관적으로 신자형(新字形)이라 불리었으며, 이것 이전에 사용한 활자 자형은 구자형(旧字形)이라 불리었다. 많은 어문 공구서는 모두 ≪신구자형대조표≫를 첨부하고 있는데, 바로 ≪자형표≫에 근거하여 편집한 것이다. ≪자형표≫가 자형을 정리한 원칙은, 다른 필획이거나 다른 구조를 가진 동일한 송체자 중 분별에 편리하고 쓰기에 편리한 형체를 선택한다는 것이다. 송체는 가급적이면 필기 해체에 가깝다. 불완전하게 문자학에 근거한 전통을 정리하였다. ≪자형표≫는 동일한 자종의 다른 자형을 통일하였고, 자형상의 혼란을 없앴다. 간단하고 쉬운 것을 위하여 어떤 글자는 필획을 감소하였고, 어떤 글자는 필형을 바꾸었으며, 분별에 편리하고 쓰기에 편리하게 하였다. 이런 자형 정리는 모두 6,196개 통용 한자로, 인쇄체의 자형 규범을 규정하였고, 대량의 구인쇄체 글자를 폐지하였기 때문에 통용 한자 자형에 대한 정도가 강한 전면적인 정리라고 볼 수 있다.

중국의 지명은 아주 많아, 현급 이상의 지명은 3,000여 개가 있다. 어떤 지명용 글자는 생소하고 인식하기 매우 어려워, 이런 상황은 사람들의 사회 왕래와 정보 전달에 장애를 초래하였다. 지명용 글자가 생소한 글자인지를 확정하는 데는 두 개의 표준이 있다. 첫째는 이 글자가 전 국민에게 생소한지 아닌지 보아야만 한다. 둘째는 이 글자가 지명용 글자로 쓰이는 것 이외에 또 다른 용도 및 그 용도가 얼마나 큰가에 근거하여 판단해야 한다. 어떠한 글자를 사용하여 생소한 지명용 글자를 대체하는가? 독음이 서로 같은 것, 비교적 상용하는 것, 간단하고 쓰기 쉬운 것, 현지 대중 속에 이미 통용하고 비교적 합리적인 것, 이미 있는 지명과 혼동하지 않는 글자를 선택해야만 한다. 1955년 3월부터 1964년 8월까지 각 성, 시, 자치구는 국무원의 비준을 거쳐 현급 이상의 지명 35개를 바꾸었다. 예를 들면 흑룡강의 铁骊县(철려현), 瑷珲县(애혼현)은 铁力县(철력현), 爱辉县(애휘현)으로 고치고, 섬서의 盩厔县(주질현)은 周至县(주지현)으로 고치고, 신강(新疆)의 和阗县(화전현)은 和田县(화전현)으로 고치고, 청해(青海)의 亹源县(문원현)은 门源县(문원현)으로 고치고, 귀주의 鳛水县(습수현)은 习水县(습수현)으로 고치고, 섬서(陕西)의 鄠县(호현)은 户县(호현)으로 고치고, 사천(四川)의 酆都县(풍도현)은 丰都县(풍도현)으로 고쳤다.

계량 단위 명칭용 글자 방면에서도 한때 약간의 혼란이 있었다. 1977년 7월 20일 중국 문자 개혁 위원회와 국가 표준 계량국 연합은 ≪关于部分计量单位名称统一用字的通知(부분 계량 단위 명칭 통일용 글자에 관한 통지)≫를 발표하고, 부분 계량 단위 명칭용 글자에 대하여 통일된 규정을 지었다. 일부분의 번역명용 글자를 도태시켰고, 나누어 자주 사용하는 쌍자나 단자를 선택하여 대체하였는데, 예를 들면 길이를 나타내는 "浬, 哩, 呎, 吋" 등을 도태시켰고, 이것을 대신하여 "海里, 英里, 英尺, 英寸"으로 대체하고, 각과 단위의 "乇, 呁, 嗼, 嗼"를 도태시키고, 이것을 대신하여 "托, 方, 宋, 美"로 대체하였다. ≪통지≫는 모두 23개 번역명용 글자를 도태시켜, 더욱 쉽게 분별하고 글을 쓰게 하였으며, 한자 글자수를 간소화하려는 목적에 도달하였다.

3. 오자 교정

(1) 무엇이 오자인가

오자는 "错字(착자)"와 "別字(별자)"로 나눈다. "错字"는 써서 글자가 되지 않는 것으로, 예를 들면 "含"자 위의 "今"은 "令"으로 쓰는 것이나 "染"자의 "九"를 "丸"으로 쓰는 것이다. "别字"는 갑자를 을자로 쓰는 것인데, 예를 들면 "人类"의 "类"를 "粪"으로 쓰고, "玷污"의 "玷"을 "沾"으로 쓰는 것이다. 오자도 어렴풋하게 "错字"라고 할 수 있는데, 글자 음을 잘못 읽는 것은 바로 "读错字"로, 예를 들면 "威风凛凛"의 "凛"의 lǐn은 bǐng으로 읽고, "破绽"의 "绽"의 zhàn은 dìng으로 읽는 것이다.

오자는 규범자가 아닌 것의 일부분이다. 규범자가 아닌 것은 또 이미 폐지한 번체자 · 이체자 · 구인쇄자를 포함한다. 다만 사용이 이미 폐지된 번체자 · 이체자 · 구인쇄자는 결코 잘못 쓰고 잘못 사용하는 것이 아니라, 이미 폐지되어 사용하지 않는 것을 말하며, 오자에 속하지 않는다. 당연히 그들은 규범적이지 않고, 특수한 필요가 있지 않은 한, 일반적으로도 계속해서 사용하여서는 안 된다.

정리를 거치지 않은 이체자 · 이형어 중의 서로 다른 사용 글자는 오자가 아니고 규범적이지 않은 글자에도 속하지 않는다. 정식으로 공포하지 않아 방안을 정리하기 전에는 규범자를 기다린다. 우리들은 주관적으로 그중의 어떤 서법이 잘못된 것이고, 규범적이지 않은 것인지를 확정할 수 없다. 그 밖에, 어떤 지역에서 유행하는 방언자, 서법 예술에서 통용되는 습관적인 서법이 있는 글자는 그들의 특정한 사용 장소가 있기 때문에 오자나 규범적이지 않은 글자의 대열에 속하지 않는다.

오자가 생기는 데는 주관적인 이유가 있고, 객관적인 이유도 있다. 어떤 사람은 중요하게 생각하지 않아, 한 글자를 잘못 쓰고 잘못 읽는 것은 그리 큰 일이 아니라고 여기기 때문에, 진지하게 배우지 않고 쓸 줄 모르는 글자를 만나도 자전을 찾지 않고, 세밀하지 못하고 건성으로 처리한다. 어떤 사람은 간체자를 아무렇게나 만드는 것을 좋아하거나 타인이 아무렇게나 만든 글자를 모방하여 이것이 창조라고 여긴다. 한자 수량은 방대하고 필획이 대단히 많으며 형체가 복잡하여 형근자(形近字) · 다음자(多音字)가 비교적 많고, 쓰기 어렵고 읽기 어려우며 기억하기 어렵고 알기 어렵고 사용하기 어려운 상황이 존재하는데, 이것은 읽고 쓰기의 실수율이 비교적 높은 객관적인 이유이다.

오자는 사회에 대한 해가 매우 크고, 정부 문서 · 경제 계약 · 법률 문서 중에 일단 오자가 나타나면 그 영향은 만회하기 어렵다. 어떤 은행이 부서에 송금을 하는데 주소에 한 글자가 틀려 400km나 먼 다른 곳으로 부쳤다. 어떤 공장이 국외에서 대량의 비닐 포장지를 인쇄 제작하여, "乌鲁木齐"를 "乌鲁木齐"로 써서, 인민폐 18만 원의 경제 손실을 입었다. 가두 광고, 텔레비전 방송, 책, 신문, 잡지, 컴퓨터 인터넷 중의 오자는 직접적으로 사회용 글자의 혼란을 일으키므로, 반드시 엄격하게 관리하고 교정해야 한다.

(2) 오자의 유형

오자를 분석하면 아래와 같은 유형이 있다(괄호 안의 글자는 정확한 것이다).

① 필획을 증가시킨다. 예를 들면 다음과 같다.

庆祝 (庆)　　首长 (长)　　咽喉 (喉)　　步伐 (步)

② 필획을 감소시킨다. 예를 들면 다음과 같다.

真理 (真)　　压迫 (压)　　粤语 (粤)　　栋梁 (梁)

③ 필형을 바꾼다. 예를 들면 다음과 같다.

心肺 (肺)　　临时 (临)　　代表 (代)　　虐待 (虐)

④ 편방을 바꾼다. 예를 들면 다음과 같다.

忘却 (却)　　辜负 (辜)　　迫切 (切)　　政策 (策)

⑤ 편방 위치가 전도되다. 예를 들면 다음과 같다.

慌张 (慌)　　苍茫 (茫)　　水渠 (渠)　　衍生 (衍)

⑥ 형체가 서로 비슷하다. 예를 들면 다음과 같다.

竭见 (谒)　　瞻养 (赡)　　针炙 (灸)　　贬眼 (眨)

⑦ 독음이 서로 비슷하다. 예를 들면 다음과 같다.

克苦 (刻)　　急燥 (躁)　　烂用 (滥)　　惨忍 (残)

⑧ 편방이 동화하다. 예를 들면 다음과 같다.

粉粹 (碎)　　脉膊 (搏)　　枢杻 (纽)　　恣态 (姿)

⑨ 같은 글자가 서로 섞이다. 예를 들면 다음과 같다.

偷版（盗）　　　慷然（慨）　　　萄式（葡）　　　秘谈（密）

⑩ 다음자(多音字)를 잘못 읽는다. 예를 들면 다음과 같다.

亲 qīn 家 (qìng)　　　省 shěng 亲 (xǐng)

单 dān 于 (chán)　　　揣度 dù (duó)

⑪ 한쪽을 잘못 읽다. 예를 들면 다음과 같다.

龋 yú 齿 (qǔ)　　　绚 xún 丽 (xuàn)

机械 jiè (xiè)　　　酵 xiào 母 (jiào)

⑫ 형태가 비슷한 글자를 잘못 읽다. 예를 들면 다음과 같다.

瑕疵 pì (cī)　　　如火如荼 chá (tú)

享 hēng 年 (xiǎng)　　　草菅 guǎn 人命 (jiān)

(3) 오자 쓰기를 교정하는 방법

오자를 교정하려면 우선 의식적으로 규범 한자를 사용하는 법률 의식을 수립해야 하고, 진지하고 엄밀하게 조금도 소홀히 하지 않는 습관을 양성하고, 자전을 부지런히 찾고, 다른 사람에게 가르침을 많이 청한다. 그 다음으로 한자는 형·음·뜻의 결합체이므로 한자의 형·음·뜻을 이해하고, 자형·자음·자의 세 방면으로부터 세밀하게 판별하며, 통용 한자의 서법·독법과 용법을 장악해야 비로소 오자를 적게 쓰거나 오자를 쓰지 않을 수 있다.

① 자형에 주의한다.

자형으로부터 분석하면, 적지 않은 형태가 가까운 글자는 성부가 서로 같고 형부가 비슷하여, 이것은 진지하게 형부의 표의 역할을 분별할 필요가 있다. 예를 들면 적지 않은 사람이 동한 양웅(扬雄)의 "扬"을 "杨"으로 쓰기를 좋아한다. 손수변 "扌"와 목자방 "木"은 형체가 서로 비슷하여, 쉽게 오자를 초래한다. 유사하여 혼동하기 쉬운 글자는 또 "拴栓, 抠枢, 抢枪, 扛杠, 扎札, 抔杯, 扳板, 拄柱, 拦栏, 抵柢, 挡档, 捅桶, 捧棒, 拍柏, 揩楷, 擅檀, 技枝, 扑朴, 揪楸, 搂楼, 挑桃" 등이 있다. 손수변을 쓰는 글자는 일반적으로 손과 연계가 있고, 대부분 손놀림을 나타낸다. 나무목 변을 쓰는 글자는 일반적으로 나무와 연계가 있고, 대부분 목제를 나타내는 용구이다. 이상 열거한 손수 변과 나무목 변의 글자는 뜻과 독음 방면에서 모두 매우 많은 차이가 있으므로, 구분하는 데 주의해야만 한다. 눈목 변 “目”과 달월 변 “月”은 형체적으로 보아도 비교적 비슷한데, 예를 들면 “盲肓, 瞠膛, 睑脸”은 매우 쉽게 혼동한다. 어떤 사람은 “病人膏肓”의 “肓”을 “盲”으로 쓰고 “瞠目结舌”의 “瞠”을 “膛”으로 쓰고, “眼睑”의 “睑”(jiǎn)을 “脸”으로 쓴다. 눈목 변의 “目”은 글자의 뜻이 눈과 관련이 있음을 나타내고, “月”자 변은 대부분 “肉”자에서 변천하여 온 것으로서, 일반적으로 육체와 연계가 있다. 따라서 양자의 구별을 분명히 한다면 실수를 하지 않을 것이다. 나무목 변과 벼화 변도 서로 비슷하여 “枯秸, 棵稞, 梢稍”도 잘못 알기 쉽다. 벼화 변은 일반적으로 글자 의미가 농작물과 연계가 있고, “麦秸(jiē), 青稞”는 벼화 변이어야 하고, “橘(jú)子, 桔(jié)梗, 一棵树, 树梢”는 모두 나무목 변이어야 한다. “竹”자 머리와 “草”자 머리인 글자도 쉽게 서로 혼동되는데, 예를 들면 “竽芋, 笆芭, 答苔, 笈芨, 笼茏, 筒茼, 篷蓬, 篦蓖, 篮蓝, 笤苕, 笨苯, 筍荀” 등이다. “竹”자 머리 글자는 대나무류 식물과 관련이 있고, “草”자 머리 글자는 풀과 나무와 관련이 있어, 이것에 비추어 구분하면 “滥竽充数”의 “竽”를 “芋”로 쓰지 않을 것이고, “鞭笞”의 “笞”를 “苔”로 쓰지 않을 것이고, “笼罩”의 “笼”을 “茏”으로 쓰지 않을 것이고, “蓝色”의 “蓝”을 “篮”으로 쓰지 않을 것이고, “笤帚”의 “笤”를 “苕”로 쓰지 않을 것이다.

어떤 글자의 정체자는 서로 비슷하여 비교적 쉽게 뒤섞여 잘못 안다. 예를 들면 “戊, 戌, 戉, 戍, 戎, 戒”이다. 고대 문자 자형과 서로 관련 있는 글자를 통하여 그들의 다름을 판별하고, 자형 · 자의 · 자음에 대한 인상을 심화한다. 판별은 아래와 같다.

“戊”의 음 wù는 고대 병기의 일종으로, 학자들은 “矛”자라고 여기었고, 본음 “茂” mào는 회피하므로 “武”음으로 바꾸었다(≪구오대사 · 양태조기(旧五代史 · 梁太祖记)≫를 참고해서 읽음). “戊”는 천간 “甲乙丙丁戊己庚辛(갑을병정무기경신)”의 다섯 번째 자리로, 역사상 저명한 “무술변법”이다.

“戌”의 음 xū는 갑골문 중에 납작코 큰 도끼 같은 일종의 병기이다. 중간에 하나 작은 가로 긋기는 십이지지(地支) “申酉戌亥(신유술해)”의 열한 번째이다.

“戉”의 음 yuè는 고대 병기인 큰 도끼를 가리키는 것으로, “斧钺钩叉” 중에 “钺”의 본자이다. “越”는 바로 “戉”가 성부이다.

“戍”의 음 shù는 갑골문에서 사람이 창을 진 것과 같고, ≪설문해자≫ “戍, 守边也”의 본의는 변방을 지키는 것이다. “屯垦戍边”, “卫戍区”의 “戍”이다. “蔑, 篾”자

아래의 편방 "戊"이다.

"戎"의 음 róng은 갑골문 중의 "戈", "十"으로부터이다. "十"의 최초의 뜻은 "甲"으로 즉 갑옷이다. 글자의 본의는 군장이다. "군대, 전쟁"으로 파생되어, 예를 들면 "投笔从戎", "戎马一生"이다. "戎"은 "绒, 狨"의 성부이다.

"戒"의 음 jiè는 갑골문 위에서 "戈"이고, 아래는 "廾"(두 손)이고, 두 손은 "戈"를 유지하여 경계하다를 나타낸다. "警戒", "戒严"은 모두 다른 뜻이다. 또 "끊다"의 뜻이 있어, 예를 들면 "戒烟", "戒酒"이다.

자형이 서로 비슷한 것은 또 "己(jǐ), 已(yǐ), 巳(sì)"가 있는데, 차이는 밀봉의 여부에 있다. 반 밀봉한 것과 전부 밀봉한 것은 각각 "自己", "已经", "辰龙巳蛇"를 구성하고, "封巳不封己, 半封是个已"라고 외우기 쉽게 만든 어구가 있다.

"鬼鬼祟祟", "作祟"의 祟(suì)와 "崇高"의 "崇"도 매우 쉽게 틀리는데, 이 두 글자 "示" 위의 부건 형체가 달라서, 자세하게 구분할 필요가 있다. "尧"자 위의 부건은 점이 없는데, 매우 많은 사람들이 "戈"로 잘못 여기고, "侥, 饶, 浇, 烧"의 우측에는 모두 "尧"이므로, 또 잘못 쓰지 않도록 주의해야 한다. "步" 아래의 부건은 "少"가 아니고 우측의 점이 없는 것이므로 일본어 한자와 다르다. "劣, 省" 위의 부건은 "少"이고, "步"와 또 다르다. 부건 중에 작은 차이인 하나의 점이 많거나 적은 것에 특별히 주의해야 한다.

② 자음에 주의한다.

어떤 글자의 성부 형체는 서로 비슷하여 매우 쉽게 잘못 쓰는데, 성부의 표음 역할을 이용하고 글자 음의 유추를 근거하여 정확한 서법을 장악하고 오자를 교정할 수 있다. 예를 들면 다음과 같다.

段：缎、锻、煅、椴 (이상 운모는 uɑn이다.)

叚：假、遐、瑕、霞、暇、葭、瘕、瑕、猳、豭、煆、瘕、婽 (이상 운모는 iɑ이다.)

艮：根、跟、哏、茛、很、恨、狠、痕、拫、佷、韎、垦、恳、裉 (이상 운모는 en이다.) 龈、银、垠 (이상 운모는 in이다.)

良：粮、踉、莨、娘、酿 (이상 운모는 iang이다.) 朗、郎、狼、廊、浪、啷、螂、阆、蒗、稂、榔、琅、烺、悢、锒 (이상 운모는 ang이다.)

舀：稻、蹈、韬、滔 (이상 운모는 ao이다.)

臽：陷、馅、焰、阎、鹐、埳 (이상 운모는 ian이다.) 谄 (운모는 an이다.)

仑：轮、伦、论、抡、纶、沦、抡, 囵 (이상 운모는 un이다.)

仓：舱、沧、苍、伧、鸧 (이상 운모는 ang이다.)

枪、抢、呛、炝、戗、玱、跄 (이상 운모는 iang이다.)

创、疮、怆 (이상 운모는 uang이다.)

勺：杓、芍、豹、趵 (이상 운모는 ao이다.)

药、尥、钓、约 (이상 운모는 iao이다.)

灼、酌、妁 (이상 운모는 uo이다.) 的 (운모는 i이다.)

勾：钩、沟、构、购 (이상 운모는 ou이다.)

未：妹、昧、寐、魅 (이상 운모는 ei이다.)

味 (이상 운모는 uei이다.)

末：抹、沫、秣、茉、靺 (이상 운모는 o이다.)

凡：帆、梵、钒、矾 (이상 운모는 an이다.)

卂：讯、汛、迅 (이상 운모는 un이다.)

또 어떤 것은 성부 독음이 비교적 복잡하고 가지런히 대응하지 않아, 세밀하게 구별할 필요가 있다. 예를 들면 다음과 같다.

氏：纸, 抵(zhǐ), 舐(shì), 芪(qí)

氐：低(dī), 抵, 底, 柢, 邸, 坻, 砥, 骶, 羝, 诋(dǐ), 祗, 胝(zhī), 鸱(chī)

③ 자의에 주의한다.

글자 의미를 이해하는 것은 오자를 교정하는 데 매우 중요하다. 예를 들어 어떤 사람은 자주 "亚洲"의 "洲"를 "州"로 쓰고, 이 두 글자의 의미 차이를 이해하지 못한다. "洲"는 물속의 육지를 가리키어 사용하는 것으로 고대 문자 "州"의 본의이고, 세계 7대 洲는 바로 해양 중의 대륙이다. 그리고 "州"는 이미 "州县"의 "州"로 파생되었다. 어떤 사람은 "粟"와 "栗" 두 글자를 혼동하는데, 바로 "粟"는 곡류(米) 작물 중에 좁쌀을 가리키고, "栗"는 밤나무(木)에 맺은 열매를 가리키는 것을 이해하지 못하는 것이다. "火中取栗"의 "栗"는 "粟"로 써서는 안 된다. "战栗"의 "栗"는 일찍이 "慄"와 통용되었다. 현재는 "栗"로 간화하여 "두려워하다"의 뜻이다. 어떤 사람은 "颗粒无收", "颗粒归仓"의 "颗"를 "棵"로 쓰는데, 이것은 "颗"자가 "页"를 따르고,

"작은 부분"의 뜻을 나타내며, 파생하여 양사로 쓰이고, 원형이나 과립 모양의 물건을 가리키는 것을 이해하지 못하는 것이다. "一颗粮食", "一颗种子", "一颗红心"은 모두 "颗"로 써야만 한다. "一棵树", "一棵庄稼", "一棵白菜"는 모두 "棵"로 써야만 한다. 정말로 글자의 뜻을 이해하였다면 오자가 매우 많이 생기지는 않았을 것인데, 예를 들면 "妨害"의 "妨"을 "防"으로 쓰고, "焕然一新"의 "焕"을 "换"으로 쓰고, "一筹莫展"의 "筹"를 "愁"로 쓰는 것이다. "妨"은 "女"를 따르고, 고대에 부녀에 대한 편견에서 나온 것으로, 글자 "女"는 매우 많이 나쁜 뜻을 나타내므로, "妨"은 "방해하다", "가로막다"의 뜻이 있다. "焕"은 광명의 뜻으로 "焕然"은 눈앞이 환해지는 것을 나타낸다. "筹"는 대나무 산가지 즉 고대에 계산하는 데 사용하는 산가지를 가리키므로 "계획하다", "계책"의 뜻으로 파생하였다.

때때로 글자가 통용하는 뜻을 이해하여야 할 뿐만 아니라, 또 글자가 단어 중에 쓰인 원뜻을 이해하여야만 글자를 잘못 쓴 원인이 어디에 있는지 알 수 있다. 예를 들면 어떤 사람은 "提纲"의 "提"를 "题"로 잘못 쓰는데, 이것은 "纲"의 본의가 어망의 벼리라는 것을 이해하지 못하는 것이다. "提纲"은 그물을 드는 벼리이고, 또 내용의 요점이다. "针砭时弊"의 "砭"을 어떤 사람은 "贬"으로 잘못 쓰는데, "砭"은 고대 침구용인 돌침으로, "针砭"은 병을 치료하는 것으로부터 잘못을 지적하는 뜻으로 파생하였다. "规矩"의 "矩"를 어떤 사람은 "距"로 잘못 쓰는데, "规"는 원형을 그리는 도구이고, "矩"는 정방형을 그리는 것으로 "规矩"는 "표준", "습관"의 뜻으로 파생하였다.

성어 중에 사용하는 글자는 자주 잘못 쓰기가 쉬운데, 이것은 매우 많은 성어가 고대 우언이나 역사 고사에서 왔기 때문에 그것의 출처를 잘 이해하지 못하여, 단지 문자 표면상의 뜻에 따라 잘못 아는 것을 면하기 어렵기 때문이다. 예를 들면 "夜郎自大"를 어떤 사람은 "郎"을 "狼"으로 쓰는데, 사실 "夜郎"은 고대에 서남 지구에 있는 하나의 작은 나라로, 한조 사절이 왔을 때, 야랑(夜郎) 왕은 의외로 "汉孰与我大?", "夜郎自大"라고 물어 사람이 맹목적으로 우쭐거리는 심리를 비유하는 데 쓴다. "完璧归赵"의 "璧"를 "壁"로 쓰고, "功亏一篑"의 "篑"를 "溃"로 쓰고, "为虎作伥"의 "伥"을 "帐"으로 쓰고, "一鼓作气"의 "鼓"를 "股"로 쓰고, "班门弄斧"의 "班"을 "搬"으로 쓰는 것은 모두 이러한 잘못에 속한다.

(4) 글자를 잘못 읽는 것을 교정하는 방법

글자를 잘못 읽는 것도 일정한 규칙이 있고, 잘못이 생기는 원인에 근거하여 아래 세 부분으로 교정할 수 있다.

① 형성자의 성부에 주의한다.

형성자의 성부는 독음을 나타내며, "秀才读字读半边"이라고 하는 옛말이 있는데, 다시 말해서 모르는 글자도 성부에 따라서 읽을 수 있다는 것이다. 하지만 한자 성부의 표음 기능은 매우 제한적인데, 4분의 3에 달하는 글자가 만약 성부에 따라 읽으면 잘못 읽을 것이다. 예를 들면 "句"를 성부로 하는 글자는 "驹, 拘, 枸, 狗, 苟, 佝, 岣, 笱, 够"인데, 그중에 "句"의 독음과 완전히 서로 같은 것은 하나도 없어서 한쪽 부분만 읽는 것은 매우 위험한 것이다. 매우 많은 글자는 마침 성부 독음과 자음이 일치하지 않기 때문에 잘못 읽게 된다. 예를 들면 다음과 같다.

粗糙 (cāo)　憧 (chōng) 憬　毗 (pí) 邻　干涸 (hé)
铿 (kēng) 锵 (qiāng)　濒 (bīn) 临　垂涎 (xián)　酗 (xù) 酒
畸 (jī) 形　炽 (chì) 热　徘 (pái)　徊 (huái)
迸 (bèng) 裂　缫 (sāo) 丝　水獭 (tǎ)　鳞次栉 (zhì) 比
真知灼 (zhúo) 见　良莠 (yǒu) 不齐　揠 (yài) 苗助长

또 다른 한편, 소수 성부가 글자 음과 일치하는 글자에 대하여, 어떤 사람은 다른 글자의 독법을 참조하고 감히 성부에 따라 읽지 않아, 결과적으로 잘못 읽을 것이다. 예를 들면 다음과 같다.

蓓 (bèi) 蕾　同胞 (bāo)　麻痹 (bì)　分娩 (miǎn)
粗犷 (guǎng)　真谛 (dì)　嘈 (cáo) 杂　佝偻 (lóu)
癫痫 (xián)　汲 (jí) 取
汗流浃 (jiā) 背　万马齐喑 (yīn)

② 다음다의어를 장악한다.

다음다의어는 독음이 다르고, 뜻도 다른 글자이다. 즉 "还" hái로 읽으면 부사로, 예를 들면 "还好, 还在"이다. huán으로 읽으면 동사로, 예를 들면 "还书, 归还"이다. 다음다의어는 한자에서 수량이 적지 않은데, 정확하게 그들을 장악하면 유효하게 글자를 잘못 읽는 것을 방지할 수 있다. 일반적으로 아래 세 방면으로 구별

한다.

첫 번째, 단어 성질을 구별한다. 매우 많은 다음다의어는 같지 않은 독음의 단어 성질(형태소의 성질을 포함)도 달라서, 서로 다른 단어 성질을 분석하는 것을 거쳐, 같지 않은 독음과 뜻을 구별할 수 있다. 예를 들면 다음과 같다.

长 : ① cháng 형용사성-길이, 영구하다, 길다
② zhǎng 동사성-자라다, 성장하다, 향상되다
③ zhǎng 명사성-수장, 장관, 반장

处 : ① chǔ 동사성-처리하다, 처치하다, 조사하여 처리하다
② chù 명사성-처소, 처장, 보관소

发 : ① fā 동사성-발생하다, 발사하다, 발언하다
② fà 명사성-머리, 상투, 머리를 파마하다

藏 : ① cáng 동사성-수장하다, 숨기다, 몸을 숨기다
② zàng 명사성-장족, 수장하고 있는 보물, 도장

盛 : ① chéng 동사성-밥을 담다, 물을 담다, 가득 담다
② shèng 형용사성-성대하다, 풍성하다, 무성하다

都 : ① dōu 부사성-이미, 전부, 모두~ 때문이다
② dū 명사성-도읍지, 고도, 수도

舍 : ① shě 동사성-버리다, 내버리다, 죽을 베풀다
② shè 명사성-숙소, 농가집, 교사

铺 : ① pū 동사성-이불을 깔다, 평평하게 펴서 덮다, 길을 포장하다
② pù 명사성-점포, 대장간, 가게

假 : ① jiǎ 형용사성-(사물의)진짜와 가짜, 가장하다, 가발
② jià 명사성-휴가기간, 여름 방학, 휴일

校 : ① xiào 명사성-학교, 학교 측, 영관
② jiào 동사성-검사하다, 교감하다, 심사 수정하다.

劲 : ① jìn 명사성-열정, 힘이 있다, 힘
② jìng 형용사성-풍상을 맞아도 죽지 아니하는 굳센 소나무, 호방하고 힘찬 춤(현대무용), 호방하고 힘찬 리듬의 노래(유행가)

吭 : ① hàog 명사성-목청껏 노래 부르다
② kēng 동사성-입을 열다, 말하다, 콜록콜록

传 : ① chuán 동사성-전파하다, 성행하다, 유전하다
② zhuàn 명사성-전기, 별전, 역사와 전기

弹 : ① tán 동사성-탄성, 탄력, 튀기다
② dàn 명사성-포탄, 탄약, 탄환

背 : ① bèi 명사성-등, 등마루, 그림자
② bēi 동사성-총을 짊어지다, 사람을 업다, 짊어지다
③ bèi 형용사성-외지다, 때에 맞지 않다, 귀가 멀다

炮 : ① pào 명사성-대포, 폭죽, 포탄
② páo 동사성-한약을 정제하다, 포락지형(고대의 형벌)
③ bāo 동사성-볶아서 마르다, 양고기 볶음

둘째, 특수 독음을 구별한다. 어떤 글자는 통상적인 독음을 제외하고, 또 성씨·지명·외래어 등으로 쓰일 때의 특수 독음이 있는데, 이런 특수 독음을 기억하는 것은 다음다의어를 장악하는 데 유리할 것이다. 예를 들면 다음과 같다.

华 : ① huá 中华, 精华, 华夏　② huà 华山, 姓华
仇 : ① chóu 仇恨, 仇敌, 复仇　② qiú 姓仇
曾 : ① céng 曾经, 未曾, 不曾　② zēng 曾祖, 曾孙, 姓曾
燕 : ① yàn 燕子, 燕乐　② yān 燕山, 燕京, 姓燕
区 : ① qū 区划, 政区, 区域　② ōu 姓区
茄 : ① qié 茄子, 番茄　② jiā 雪茄
掸 : ① dǎn 掸子, 掸土　② shàn 掸族
叶 : ① yè 树叶, 绿叶　② xié 叶韵
任 : ① rèn 任务, 重任, 责任　② rén 姓任
可 : ① kě 可以, 许可　② kè 可汗
遗 : ① yí 遗留, 遗产, 遗传　② wèi 遗之千金
解 : ① jiě 解放, 缓解, 解决　② jiè 解差, 押解
③ xiè 姓解, 解县
谷 : ① gǔ 山谷, 五谷　② yù 吐谷浑

셋째, 또한 어떤 다음다의어 단어 성질은 서로 같거나 단어의 뜻과 성질 구분이 명확하지 않으며, 몇 개 독음이 비교적 모두 통용된다. 이때 각각 다른 독음과 뜻

을 기억해야 한다. 예를 들면 다음과 같다.

降 : ① jiàng 내려오다, 내리다, 강생하다
② xiáng 투항하다, 항복하다, 굴복시키다

差 : ① chā 차별, 착오, 편차
② chà 서로 다르다, 아주 형편없다, 비슷하다
③ chāi 일, 출장공무, 파견
④ cī 参差(일정하지 못하다)

禁 : ① jīn 엄하지 않다, 참다
② jìn 금지하다, 엄금하다, 금지 구역

似 : ① sì 유사하다, 마치~과 같다
② shì ~와 같다[조사]

和 : ① hé 화목하다, 평화, 화상(스님)
② hè 화답하다, 부화하다, 화답시
③ húo 진흙을 이기다, 반죽하다
④ huò 소를 반죽하다, 두 번 씻다
⑤ hú 和了(마작 용어)

③ 다음동의어(多音同义字)를 분명히 나눈다.

다음동의어는 글자 뜻은 서로 같으나, 같지 않은 단어 중에서의 독음이 다른 글자이다. 예를 들면 "血"는 xuè로 읽고, xiě로도 읽는데, 뜻은 결코 차이가 없다. 다음동의어의 독음 차이도 조건이 있는데, 다음 세 가지 상황으로 나눌 수 있다.

첫째 어떤 다음동의어는 독립적으로 글자가 되고, 복합어에서 쓰일 때는 독음이 다르다. 예를 들면 다음과 같다.

薄 : ① báo 薄饼, 很薄, 底子薄 ② bó 薄弱, 微薄, 日薄西山
剥 : ① bāo 剥皮, 剥开, 生剥 ② bō 剥削, 盘剥, 剥夺
血 : ① xiě 流血, 人血, 血块儿 ② xuè 血腥, 血痕, 鲜血
澄 : ① dèng 澄清, 澄干 ② chéng 澄清 (事实)

둘째, 어떤 다음동의어는 서면어와 구어에서 독음이 다르다. 예를 들면 다음과 같다.

吓 : ① hè 恫吓, 威吓, 恐吓 ② xià 吓唬, 吓人, 吓呆

尾：① wěi 尾随，追尾，畏首畏尾　　② yǐ 后尾儿，马尾儿
削：① xuē 削弱，削减，削除　　② xiāo 削皮，刀削，削掉
臂：① bì 臂膀，铁臂，左臂　　② bēi 胳臂

셋째, 어떤 다음동의어는 일반적인 단어와 특수 단어에서의 독음이 다르다. 예를 들면 다음과 같다.

绿：① lǜ 绿色，葱绿，绿叶　　② lù 绿林，鸭绿江
迫：① pò 压迫，迫害，逼迫　　② pǎi 迫击炮
苔：① tài 苔藓，青苔，绿苔　　② tāi 舌苔
巷：① xiàng 街巷，小巷，街头巷尾　　② hàng 巷道

이 세 상황은 서로 교차하는데, 어떤 글자는 이 상황이기도 하고 저 상황이기도 한데, 예를 들면 "薄"의 bào, bó 두 음으로 독립적으로 단어가 되는 것은 복합어 성분으로 쓰이는 것과 다른데, 동시에 역시 구어와 서면어의 차이이다.

사고와 연습

1. 한자를 간화하는 방법에는 어떤 것이 있는가?
2. 아래 간체자는 어떤 방법을 활용하여 간화한 것인가?

   乐　优　说　专　邓　众　观　鸡　声　为
   飞　奋　齿　尘　体　笔　长　向　了　谷

3. 이체자란 무엇이고, 이체자를 정리하는 원칙은 무엇인가?
4. 오자는 무엇인가? 오자를 어떻게 교정하는가? 예를 들어 설명하라.
5. 아래 네 조의 성어 중에 오자가 없는 한 조를 선택하라.

   (1) 洗耳恭听　别出新裁　语无伦次
   (2) 浅尝辄止　瞻前顾后　汗流浃背
   (3) 迁移默化　虎视眈眈　称心如意
   (4) 出类拔粹　心旷神怡　含辛如苦

⑥ 아래 단어의 오자를 고쳐라.

耳题面命	沆泄一气	狐驾虎威	相形见拙	真知卓见
磬竹难书	记忆尤新	动辙得咎	披星带月	认识浮浅
不颈而走	英雄倍出	为虎作帐	好高骛远	再接再励
两相情愿	瞻养父母	协从不问	殉私舞弊	默守成规
迫不急待	情不自尽	负偶顽抗	原形必露	破斧沉舟

⑦ 한어 병음에 근거하여 아래 단어 중에서 관련 있는 글자를 써라.

不 偏 不 yǐ	怙 恶 不 quān
chéng 前 bì 后	不 jìng 而 走
修 qì 一 新	lì lìn 指 导
互 相 推 wěi	刚 bì 自 用
委 qū 求 全	xǔ xǔ 如 生
相 形 见 chù	原 形 bì 露
杯 盘 狼 jí	一 chóu 莫 展
入 不 fū 出	有 shì 无 恐

03
CHAPTER

어휘

C·H·A·P·T·E·R

03 어휘

제1절 형태소와 단어

1. 형태소

형태소는 언어 중에서 가장 작은 음과 뜻의 결합체이다. 한 언어 부분을 가장 작은 단위로 잘라서 나누면, 예를 들어 "春天快到了"의 "春"은 음성 형식이 chūn이고 의미는 "봄철"인데, 이것은 하나의 형태소이다. 만약 계속 나누어 나가면 얻는 것은 의미 없는 형태소이고, 혹은 음성 형식이 없는 의미소(义素)이다. 언어 단위로서는 형태소가 가장 작다.

현대 한어의 형태소는 대다수 모두 단음절로, 예를 들면 "天, 地, 水, 农, 头, 而, 吧"이다. 2음절인 것도 있는데, 예를 들면 "参差, 牢骚, 荒唐, 尼龙, 沙发"이다. 3음절 이상인 것은 거의 모두 외래어에서 음역한 것으로, 예를 들면 "萨其马, 的确良, 法西斯, 乌鲁木齐, 布尔什维克"이다.

현대 한어 중의 한 음절은 쓴다면 하나의 한자이고, 또한 형태소가 아닐 수도 있는데, 예를 들면 "旮, 躇, 蝙, 芙, 狒"이다. 다시 예를 들면 "尼龙"의 "尼", "沙发"의 "沙"이다. 한 음절이나 한 글자를 감별하는 것은 형태소가 아니고, 주로 그것이 의미가 있는지 없는지를 보는데, 이 의미는 구체적인 어휘 의미일 수도 있고, 추상적인 문법 의미일 수도 있다. 일반적으로 대체법을 채택하여 검사와 실험을 도울 수도 있다. 이른바 대체법은 한두 개의 음절(두 개의 한자)의 조합을 각각 상자(上字)나 하자(下字)로 대체하는 것인데, 만약 대체 후에 결합하여 다른 조합을 이룰 수 있으면 대체되지 않는 다른 글자는 형태소라고 설명한다. 만약 두 글자 모두 대체할 수 없으면 이 두 글자는 모두 형태소가 아님을 설명하는 것이다. 대체법을 활용할 때는 수시로 의미를 고찰해야 한다. 우선 대체 검사 실험을 거친 글자는 의미상 반드시 동일성을 가지고 있어야 한다. 그 다음에 검사와 실험을 거쳐 인정하는데, 형태소의 글자는 반드시 의미가 있어야 한다는 것이다.

예를 들어 "汉语" 이 단어의 두 글자에서 "汉"은 "英, 俄, 日" 등으로 대체될 수 있고, "语"는 "族, 朝, 人" 등으로 대체될 수 있는데, 대체할 때 "汉"의 의미는 시종 동일하고 "语"의 의미도 시종 동일하여, 그들은 모두 뜻이 있고, 따라서 모두 형태소이다. 다시 예를 들면 "芙蓉" 이 두 글자에서 "芙"는 대체할 수 없고 "蓉"도 대체할 수 없어, 그들은 모두 뜻이 없고, 따라서 형태소가 아니라, 단지 글자와 음절이다. 대체법은 확실히 우리들이 약간의 문제를 발견하는 것을 확실히 도와 줄 수 있는데, 예를 들면 "蝴蝶" 이 글자에서 그중의 "蝴"는 대체할 수 있어 "彩蝶, 花蝶, 粉蝶" 등을 구성하나, "蝶"는 대체할 수 없다. 우리는 고찰을 거쳐 아는데, "蝴"는 고대에 일찍이 "胡"로 썼는데 虫자 변은 나중에 더해진 것으로, 이 때문에 "蝴"는 "胡"의 쓰기 변체로 볼 수 있다. "胡"로서 말하면 대체할 수 있을 뿐만 아니라, 예를 들면 "胡蜂, 胡杨, 胡瓜"이고, 게다가 뜻이 있다. 또 예를 들면 "苹果"의 "苹"은 대체할 수 있고 "果"는 형태소로서 이것은 별 문제가 없으나, "果"는 대체할 수 없는데 "苹"은 형태소인가? 고찰을 거쳐 "苹果" 한 단어는 고대에 서역에서 빌려온 것으로 고서에 "频婆, 频婆罗" 등의 형식으로 쓰여져 있다. 이 때문에 "苹"은 "频婆"의 음역 생략 형식으로 간주할 수 있는데, 마침 "奥运会"의 "奥"는 "奥林匹克"의 생략 형식인 것과 같다. "马虎" 한 단어는 그중의 "虎"도 "乎", "呼"로 쓰고, 이 때문에 이 "虎"는 "老虎"의 "虎"와 동일성이 없어, "马虎"를 "老虎, 猛虎"로 대체할 수 없다. 그러나 이 단어는 확실히 두 형태소로 "虎"는 "乎"로 써야 하는 형용사 접미사로, 마침 "热乎, 黏乎, 面乎"의 "乎"와 같다. "马"는 여기에서 "大"로 말하여, 즉 "马勺, 马蜂, 马蓼"의 "马"는 "세심하지 못하다, 건성건성하다"의 뜻이다.

대체법의 작용은 한계가 있어, 참고만 할 수 있을 뿐이다. 한어에서는 하나의 단어에 나타나는 매우 많은 형태소가 있는데, 예를 들면 "蓖麻"의 "蓖", "蹂躏"의 "躏", "痉挛"의 "挛"이다. 만약 대체법으로 검사하고 실험하면, 그들은 모두 한 번 쓰는 것으로 즉 다른 글자와 결합할 수 없으나, 그들은 확실히 뜻이 있고, 따라서 형태소여야 한다. 일반적으로 말해서 하나의 두 글자 조합은 만약 그중의 하나가 형태소이면 남는 다른 하나는 일반적으로도 형태소이다. 예를 들면 "蓖麻"의 "麻"는 매우 많은 글자와 결합할 수 있고, 분명히 형태소이고, 남은 "蓖"도 형태소이다. 어떤 글자는 앞이나 뒤에 고정될 때 한 번 쓰는 것으로 결합 전후를 고려해야 하는데, 예를 들면 "取缔"의 "缔"는 뒤에서 한 번 쓰이나 앞에서는 "缔造, 缔结"를 구성한다. "结合"를 말하면 형태소이다. 한 글자가 형태소인지를 판정하는 것은 매우 복잡하여 형식과 의미, 역사와 현실, 개체와 담화 맥락 등의 방면에서 종합적으로 고려해야 한다.

형태소는 독립형태소와 의존형태소로 나눌 수 있다. 독립형태소 자체는 단어로, 예를 들면 "人, 手, 牛, 笔, 的, 呢, 铿锵, 葡萄"이다. 의존형태소는 일반적으로 단어를 구성하는 성분으로만 쓰일 수 있어, 자체로는 단어가 아니다. 예를 들면 "民, 基, 卫, 韭, 犒, 恐, 矗"이다.

형태소는 단일 의미 형태소와 다의어 형태소로 나누어진다. 쌍음절, 다음절 형태소가 단일 의미인 것은 많이 있는데, 예를 들면 다음과 같다.

徘徊 : 왔다 갔다 하다　　蟑螂 : 바퀴벌레

的确良 : 폴리에스테르 계통의 섬유　　巧克力 : 코코아 가루로 만든 식품

뜻이 여러 가지인 것도 있다. 예를 들면 다음과 같다.

玫瑰 : ① 일종의 식물 ; ② 꽃

迪斯科 : ① 음악에 따라 흔들거리다 ; ② 리듬이 빠른 일종의 춤

자주 쓰는 단음절 형태소로 하나의 뜻인 것은 적어, 예를 들면 다음과 같다.

爸 : 부친　　瓶 : 생활 용기의 총칭

盲 : 눈이 멀다　　扩 : 확대하다

技 : 재능　　买 : 돈을 가지고 물건으로 바꾸다, "卖"와 상대적이다

여러 뜻인 것은 비교적 많아, 예를 들면 다음과 같다.

水 : ① 물(H_2O) ; ② 강 ; ③ 강, 호수, 바다 따위의 총칭 ; ④ 즙액 ; ⑤ 부가 비용 ; ⑥ 옷을 빠는 횟수

铁 : ① 쇠, 철(Fe) ; ② 단단하다 ; ③ 의지가 굳세다 ; ④ 확고부동하다 ; ⑤ 잔인하고 난폭하다 ; ⑥ 정예하다 ; ⑦ 무기

拿 : ① (손으로)잡다, 쥐다, 가지다 ; ② 완력으로 제압하다 ; ③ 장악하다 ; ④ 난처하게 하다 ; ⑤ 해치다 ; ⑥ 받다, 타다 ; ⑦ 강한 작용으로 나쁘게 변화시키다 ; ⑧ ~으로서 ; ⑨ …을

大 : ① (체적, 면적 따위가)크다, (수량이)많다 ; ② 크기의 정도 ; ③ 정도가 깊다 ; ④ "不" 뒤에 사용하여 정도가 얕거나 횟수가 적음을 나타낸다 ; ⑤ 서열이 가장 높다 ; ⑥ 나이가 많은 사람 ; ⑦ 경어로 상대방과 관련 있는 사물을 칭한다. ; ⑧ 계절, 절기, 명절 앞에 쓰여 강조를 나타낸다 ; ⑨ 성(性)

형태소는 의미의 실허(实虚)에 근거하여 실형태소(实语素)와 허형태소(虚语素)로 나눈다. 실형태소는 어휘 의미를 가지고 있어, 예를 들면 "山, 河, 桌, 铁, 风, 电"이다. 허형태소는 일반적으로 어휘 의미가 없고 다만 문법 작용을 하고, 어떤 것은 추상적인 의미나 종류 의미만을 나타낸다. 예를 들면 "了, 着, 吧, 阿, 子, 儿, 头, 性, 者, 员"이다.

형태소에서 독립형태소 자체는 단어가 될 수도 있는데, 의존형태소는 고대 한어에서도 일반적으로 모두 단어이다. 이 때문에 형태소도 문법 기능에 따라 분류하는데, 명사성 · 동사성 · 형용사성 형태소 등으로 나누고, 줄여서 명소 · 동소 · 형소 등으로 부른다. 예를 들면 "民, 果, 蔬, 粮, 霾, 靶"는 명소이고 "恫, 惧, 摩, 沸, 奋, 荡"은 동소이고 "伟, 善, 固, 佳, 敏, 聪"은 형소이다.

2. 단어

단어는 독립적으로 활용할 수 있는 가장 작은 언어 단위이다. 단어와 형태소는 모두 언어 단위로, 단어는 형태소보다 한 급수 높다. 단어와 형태소의 차이는 단어는 능히 독립적으로 활용할 수 있다는 것이다. "독립적으로 활용하다"는 홀로 말하고 쓸 수 있다는 것을 포함하여, 홀로 말하는 것은 단독으로 문장을 이룬다는 것이고, 홀로 쓰이는 것은 단독으로 문장을 담당하거나 단독으로 문법 작용을 한다는 것이다. 만약 우리가 한 문장 중에 홀로 말하는 가장 작은 단위를 제기한다면, 남는다는 것은 곧 홀로 쓸 수 있는 것으로 그것들은 또한 단어이다. 예를 들면 "他又来送信了"이다. 그중에 "他, 来, 送, 信"은 모두 홀로 말할 수 있으므로 모두 단어이고, 남은 것은 "又, 了"인데 홀로 쓸 수 있으므로 또한 단어이다.

언어 단위에서 단어의 한 단계 위의 단위는 구로서, 구는 두 개 혹은 두 개 이상의 단어로 이루어진 언어 단위이다. 단어와 구는 모두 독립적으로 활용할 수 있는 언어 단위로, 그 차이는 단어가 가장 작다는 것이다. 한 형태소로 구성된 단어는 예를 들면 "人, 树, 鸟, 跑, 扔, 高, 好, 灿烂, 菩萨, 雷达, 托拉斯"인데 확실히 가장 작고, 다시 분할할 수 없다. 두 형태소로 이루어진 단위는 만약 이 두 형태소가 모두 단어를 이루지 못하는 형태소일 경우 예를 들면 "感觉, 介绍, 思索, 具体" 등이다. 혹은 그중의 하나는 단어를 이루지 못하는 형태소로, 예를 들면 "习俗, 普遍, 朗读, 漫长"으로 이것은 비교적 판정하기가 쉬워 그들은 반드시 단어이고 구는 아닐 것이다. 두 개의 단어를 이루는 형태소로 이루어진 단위는 단어나 구로, 이 문제는 비교적 복잡하다. 통상적으로 확장법을 써서 검사하고 측정하는데, 두 형태소의 중간에 관계나 수식을 나타내는 단어를 집어넣는다. 예를 들면 다음과 같다.

A. 大树→大的树　　红笔→红的笔　　好米→好的米　　吃鸡→吃了一只鸡

B. 火车≠火的车　　马路≠马的路　　大米≠大的米　　绑腿≠绑了一条腿

그중 A조는 확장할 수 있고, 확장 후의 의미도 변하지 않았다. B조는 확장할 수 없거나 확장 후의 의미가 변하였다. 분석을 거쳐 우리는 A조의 "大树, 红笔, 好米, 吃鸡"는 모두 구(词组)이고 단어가 아니라고 확정할 수 있다. B조의 "火车, 马路, 大米, 绑腿"는 모두 단어이고 구가 아니다. 때로 확장은 담화 맥락 중에 고찰해야 하는데, 예를 들어 단순히 보면, "羊肉"는 "羊的肉"이고 "皮鞋"는 "皮的鞋"이나 일반적으로 "我买了二斤羊的肉" 혹은 "他穿了一双皮的鞋"라고 말할 수 없다. 장기간 자주 사용하기 때문에 "羊肉, 皮鞋" 같은 이러한 조합은 이미 단어로 응고되었다. 때때로 서로 같은 두 개의 형태소가 조합하여 단어일 수도 있고, 구일 수도 있다. 예를 들면 다음과 같다.

① 我买了一个开关。(나는 스위치를 샀다.)

② 为了延长电脑寿命，不要随意开关。

(컴퓨터의 수명을 연장하기 위하여 함부로 켜고 끄지 말아야 한다.)

③ 这件事，真让人挠头。(이 일은 정말 사람을 골치 아프게 한다.)

④ 理发师轻轻地给他挠头。(이발사는 가볍게 그의 머리를 긁어 주었다.)

㉮ ①, ②는 모두 "开关"인데, ㉮ ①의 "开关"은 전기의 명칭으로 확장할 수 없고, 하나의 단어이다. ㉮ ②의 "开关"은 "开和关"으로 확장할 수 있고, 구이다. ㉮ ③의 "挠头"는 한 단어로 확장할 수 없고, 일을 하기 쉽지 않다는 것을 비유한다. ㉮ ④의 "挠头"는 확장할 수 있는데, 예를 들면 "挠了挠头"로 하나의 구이다.

단어는 일반적으로 확장할 수 없는데, 바로 그들은 구조상 상대적인 응고성을 가지고 있어, 형태소 사이에 결합한 것이 비교적 긴밀하기 때문이다. 그들의 의미는 늘 형태소 의미의 간단함이 서로 더한 것과 달라서, 한 전체의 단어 의미를 가지고 있다. 예를 들면 "黑板"은 "黑的板"과 다른데, "나무나 유리 등으로 만든 것으로 위에 분필로 글씨를 쓸 수 있는 검은색이나 짙은 녹색인 판"이다. "白菜"는 "白的菜"와 달라서, "2년생 초목 식물로 잎이 크고, 꽃이 엷은 노랑색인 보통 채소"

이다. “江山”은 “江和山”과 달라서 “국가의 영토나 정권을 많이 가리킨다.” 하지만 확장법은 일정한 한계성이 있어서 결코 모두 유효하지는 않다. 어떤 쌍음절어는 의미적으로 전체성이 있는데, 예를 들면 “革命, 丢脸, 吃惊, 看见, 记住”이다. 하지만 그들은 오히려 “革了一次命, 丢了一回脸, 吃了一惊, 看得见, 记得住” 등의 형식으로 확장할 수 있다. 우리들은 다만, 그들은 함께 합칠 때 단어이고 확장한 이후에는 구라고 여기어, 습관적으로 이러한 단어를 이합사라고 부른다.

3. 단어의 구성

단어는 형태소로 이루어진다. 단어를 구성한 형태소 중에서 실형태소는 어휘 의미의 책임자로, 우리는 이것을 어근이라고 한다. 허형태소는 어근에 더하여 부가 의미를 나타내 접사라고 하는데, 예를 들면 “帽子” 한 단어의 “帽”는 어근이고, “子”는 접사이다.

하나의 형태소로 이루어진 단순어와 두 개 혹은 두 개 이상의 형태소로 이루어진 합성어가 있다. 단순어와 합성어는 각각 자기의 구성 방식이 있는데, 아래에서 우리는 예를 들어 설명하며 분별하자.

(1) **단순어**(单纯词)

1 단음절류 : 단순어의 절대 다수는 모두 단음절 단어이다. 예를 들면 “天, 地, 江, 山, 国, 家, 不, 啊” 등이다.

2 다음절류 : 두 음절인 것이 가장 많다. 또 아래 몇 가지로 나눌 수 있다.

1) **연면어**(联绵词) : 연면어는 고대 한어가 남겨 놓은 것으로, 두 음절이 연속하여 뜻을 이루어 결코 분리하여 말할 수 없는 단어이다. 연면어는 음성 조자에 속하여, 음성으로부터 쌍성, 첩운, 비쌍성 첩운 세 가지로 나눌 수 있다.

① **쌍성**(双声) : 두 음절 성모가 서로 같은 연면어를 가리킨다. 예를 들면 다음과 같다.

仿佛	伶俐	参差	踟蹰	崎岖	玲珑
秋千	枇杷	吩咐	尴尬	饕餮	惆怅
慷慨	坎坷	拮据	唐突	忐忑	仓促
蜘蛛	流连	斟酌	辗转	澎湃	琳琅

두 음절이 모두 영성모인 연면어도 쌍성에 속할 수 있다. 예를 들면 “犹豫, 逶迤, 鸳鸯”이다.

② **첩운(叠韵)** : 두 음절의 운이 서로 같거나 서로 비슷한 연면어를 가리킨다. 첩운의 운이 가리키는 것은 운복에 운미를 더한 것으로 운두를 포함하지 않는다. 예를 들면 다음과 같다.

窈窕　　汹涌　　伶仃　　妖娆　　迷离　　蜻蜓
彷徨　　徘徊　　霹雳　　烂漫　　从容　　温吞
馄饨　　逍遥　　蟑螂　　蹁跹　　蹉跎　　朦胧
峥嵘　　玫瑰　　葫芦　　趔趄　　橄榄　　婆娑

“朦胧, 峥嵘”의 운이 바로 서로 비슷한 것이다.

③ **비쌍성첩운(非双声叠韵)** : 두 음절의 성운이 모두 서로 같은 연면어이다. 예를 들면 다음과 같다.

芙蓉　　蝙蝠　　鹧鸪　　妯娌　　蟋蟀　　疙瘩
囫囵　　珊瑚　　蜈蚣　　玛瑙　　麒麟　　扶摇

연면어는 음성 조자이기 때문에 자주 다른 음성 실체와 쓰기 형식을 가지고 있는데, 예를 들면 “踟蹰, 首鼠, 踯躅”, “流连, 留连”, “犹豫, 犹疑”, “逶迤, 逶蛇” 등이다. 부정일(符定一)의 ≪연면사전(联绵词典)≫과 주기봉(朱起凤)의 ≪사통(词通)≫은 모두 대량의 연면어를 수록하였는데, 절대 다수 모두 하나의 서법에 그치지 않고, 심지어 많은 것은 십여 가지가 있다. 어떤 서로 다른 형체는 현대 한어 음성으로 읽어 서로의 차이가 매우 크나, 고음(古音)의 음향 효과에 근거하여 읽으면 여전히 서로 같거나 비슷하다.

한자는 형, 음, 뜻을 겸하여 나타내기 때문에 연면어의 한자는 옛 사람들이 자주 뜻이 서로 같은 글자나 형방을 더하는 것을 선용하였다. 예를 들면 “仓促, 珊瑚, 蜈蚣, 麒麟”으로, 이렇게 하는 것의 좋은 점은 글자의 형태로 의미를 연상할 수 있어 사람들이 기억하고 이해하기에 편하다. 하지만 다른 한편으론 연면어의 글자는 자주 사람들에게 뜻을 나타내는 것으로 착각을 주고 심지어 그것을 합성어로 보게 한다. 이러한 시간이 길어지면 어떤 단어는 또 분해되거나 중첩하여 사용하는데, 예를 들면 “慷国家之慨”, “朦朦胧胧”, “疙里疙瘩” 등등이다.

어떤 연면어의 음절은 때때로 홀로 쓰일 수도 있는데, 이때 연면어의 생략 형식을 볼 수 있다. 예를 들면 "鸳枕", "玉蜓桥", "耄年"이다.

2) **첩음어**(叠音词) : 첩음어는 중첩 음절이 구성한 단어이다. 예를 들면 다음과 같다.

① 依依　切切　脉脉　沾沾　孜孜　冉冉
彬彬　堂堂　翩翩　济济　岌岌　姗姗
潸潸　津津　洋洋　泱泱　熊熊　汹汹
霏霏　区区　楚楚　飒飒　袅袅　蒙蒙
② 潺潺　汩汩　淙淙　朗朗　啾啾　瑟瑟
③ 猩猩　狒狒　蝈蝈　蛐蛐　饽饽

그중에 ①은 상황을 나타내는 것이고, ②는 소리를 나타내는 것이며, ③은 지칭을 나타내는 것이다. 그들의 공통적인 특징은 그중의 한 음절은 뜻이 없고, 홀로 쓸 수 없다는 것이다. "猩"은 "猩红" "猩红热"의 예외를 구성할 수 있지만 이것은 약칭으로, "猩"은 뜻이 없다.

3) **의성어**(拟声词) : 소리를 모방하기 위하여 만든 글자이다. 예를 들면 다음과 같다.

呼噜　哐啷　轰隆　哗啦　叮当　扑通
哎哟　哎呀　布谷　知了　咕噜　骨碌
轱辘　嘀咕　嘟哝　嘟囔　唏嘘　呢喃

의성어는 한 음절의 어떤 것도 홀로 쓸 수 없으나 나타내는 소리는 다르기 때문에 합성어로 보지 않는다. "哗啦"의 "哗"와 같은 것이다. 어떤 것은 소리를 모방하여 명칭으로 바뀌는데, 예를 들면 "布谷, 知了, 轱辘"이다. 어떤 것은 동작으로 바뀌는데 예를 들면 "嘀咕, 嘟囔, 唏嘘"이다.

4) **역음어**(译音词) : 역음어는 독음이 서로 같거나 비슷한 글자로 외국인 말을 번역하여 형성한 글자이다. 예를 들면 다음과 같다.

① 葡萄　苜蓿　琉璃　箜篌　石榴
② 沙发　吉普　逻辑　法西斯　巧克力　迪斯科
奥林匹克　布尔什维克　英特纳雄耐尔

그중에 ①은 고대 서역(西域)에서 빌려 온 역음어이고, ②는 근현대 구미(欧美)에서 빌려온 역음어이다.

(2) **합성어**(合成词)

합성어는 복합식, 중첩식, 부가식으로 크게 세 종류로 나눌 수 있다.

① **복합식** : 복합식 합성어는 어근에 어근을 더하여 직접 조합하여 이루어진 것으로 한어 단어 구성의 주요 형식이다. 주로 연합(联合), 수식(偏正), 동빈(动宾), 보충(补充), 주서술어(主谓) 다섯 가지의 구조가 있다.

1) **연합형** : 연합형의 두 단어 구성 형태소는 구조적으로 말해서 평등하여 주체와 종속을 나누지 않는데, 예를 들면 다음과 같다.

①	伟大	美丽	计算	制造	声音	根本
	善良	朋友	寒冷	治理	价值	恐怕
②	骨肉	江山	风浪	领袖	身心	笔墨
	眉目	口舌	聪明	广大	攻击	飞跃
③	天地	矛盾	师生	横竖	反正	始终
	东西	开关	买卖	来往	高低	早晚
④	动静	国家	忘记	好歹	质量	窗户
	睡觉	人物	恩怨	是非	兄弟	褒贬

그중에 ①의 두 형태소는 같은 의미 관계이다. ②의 두 형태소는 비슷한 의미의 관계로, 나타내는 것은 함께 한 의미 부류에 속하는 다른 사물이다. ③의 두 형태소는 반대 의미의 관계이다. ④의 두 형태소는 수식 의미 관계로, 복사편의(复词偏义)라고도 부르는데, 즉 한 형태소의 의미만 남기고 다른 형태소의 의미는 이미 다시 존재하지 않는 것이다. 예를 들면 "动静"은 단지 "动"의 의미만 있고, "国家"는 "国"의 뜻만 있다. "是非, 兄弟, 褒贬"은 모두 경성어로, 그들이 남겨 놓은 것은 모두 뒤 음절의 의미이다.

연합형 단어 구성의 두 형태소는 일반적으로 모두 문법 성질이 서로 같아, "명사+명사"로 된 것은 예를 들면 "朋友, 骨肉, 天地, 国家" 등이 있다. "동사+동사"로 된 것은 예를 들면 "制造, 攻击, 开关, 褒贬" 등이 있다. "형용사+형용사"로 된 것은 예를 들면 "伟大, 聪明, 早晚, 好歹" 등이 있다.

2) **수식형** : 수식형은 앞의 한 어근이 뒤의 한 어근을 수식하고 제한한 이후 한 어근을 주로 하는 복합어이다. 수식형 단어 구성 내부는 또 형태소의 성질과 의미에 근거하여 매우 많은 유형으로 나눌 수 있다. 예를 들면 다음과 같다.

① 马路　　火车　　手表　　冰箱　　气功　　草帽
② 雪花　　熊猫　　脑海　　心扉　　冰山　　钢筋

그중에 ①, ② 두 부류는 모두 "명사+명사"로 곧 앞의 한 명사 형태소가 뒤의 한 명사 형태소를 수식하고 제한하는 것이다. 그러나 ①의 뒤의 명사 형태소는 실질적인 것을 가리키고, ②류의 뒤의 명사 형태소는 비유하여 가리켜서 비유 의미를 취한다. 예를 들어 "雪花"는 꽃과 같은 눈의 결정체를 가리킨다.

③ 白酒　　高级　　黑板　　香肠　　红旗　　大脑
④ 热浪　　干冰　　哑铃　　快门　　新潮　　苍耳

그중에 ③, ④ 두 부류는 모두 "형용사+명사"로, 즉 앞의 한 형용사 형태소가 뒤의 한 명사 형태소를 수식하고 제한하는 것이다. 그러나 ③의 뒤의 명사 형태소는 실질적인 것을 가리키고, ④류의 뒤의 명사 형태소는 비유하여 가리켜서 비유 의미를 취한다. 예를 들어 "热浪"은 파도와 같은 뜨거운 공기를 가리킨다.

⑤ 战场　　转椅　　住宅　　跑车　　开水　　考生
⑥ 焊枪　　熨斗　　撞针　　喷嘴　　车床　　吸盘

⑤, ⑥ 두 부류는 모두 "동사+명사"로, 즉 앞의 한 동사 형태소가 뒤의 한 명사 형태소를 수식하고 제한하는 것이다. 하지만 ⑤류의 뒤의 명사 형태소는 실질적인 것을 가리키고, ⑥류의 뒤의 명사 형태소는 비유하여 가리켜서 비유 의미를 취한다. 예를 들어 "焊枪"은 총과 같은 도구를 가리킨다.

⑦ 鱼跃　　狐疑　　龟缩　　云集　　席卷　　鼎立
⑧ 笔谈　　力荐　　筛选　　言传　　目送　　法治
⑨ 春游　　夏收　　中立　　空袭　　午睡　　夜战

⑦, ⑧, ⑨ 세 부류는 모두 "명사+동사"로 앞의 한 명사 형태소는 뒤의 한 동사 형태소를 수식하고 제한한다. 하지만 ⑦류의 앞의 명사 형태소는 비유하여 가리키므로 비유의 의미를 취한다. 예를 들면 "鱼跃"는 물고기처럼 그렇게 도약하는 것을 형용한다. ⑧류의 앞 명사 형태소가 나타내는 것은 의지하는 방식이나 도구이다. 예를 들면 "笔谈"은 펜을 사용하는 방식으로 이야기를 하는 것이다. ⑨류의 앞 명사 형태소가 나타내는 것은 시간이나 공간이다. 예를 들면 "春游"는 봄에 노는 것이다.

⑩ 重视　　热爱　　深入　　轻视　　密植　　冷藏
⑪ 再见　　稍息　　胡闹　　不论　　顿悟　　暂停

⑩류는 "형용사＋동사"이고, ⑪류는 "부사＋동사"인데, 그들 뒤의 형태소는 모두 동사 형태소이다.

⑫ 火红　　雪白　　肤浅　　漆黑　　笔直　　蜡黄
⑬ 鲜红　　浅蓝　　嫩绿　　微妙　　大吉　　酷热
⑭ 透明　　镇静　　滚圆　　喷香　　飞快　　通明

⑫, ⑬, ⑭ 세 종류의 뒤의 형태소는 형용사 형태소인데, 그들은 각각 "명사＋형용사", "형용사＋형용사", "동사＋형용사"이다.

3) **동빈형** : 동빈형의 앞 형태소는 모두 동사 형태소로, 뒤의 형태소는 앞 형태소가 지배하고 관련되는 대상이다. 예를 들면 다음과 같다.

① 司机　　绑腿　　用功　　注意　　避难　　失望
② 举重　　吃香　　失明　　减肥　　保健　　选美
③ 催眠　　效劳　　取笑　　增收　　减产　　解禁

그중에 ①류는 "동사＋명사"이고, ②류는 "동사＋형용사"이고, ③류는 "동사＋동사"이다. 현대 한어의 이합사는 대부분이 동빈 구조로, 예를 들면 "用功, 减肥, 效劳"이다. 또 예를 들면 다음과 같다.

站岗　理发　散步　吃饭　上班　出操

어떤 단어는 원래 동빈 구조가 아닌데, 자주 분리하였다 합쳤다 하여 사람들이 동빈 구조로 잘못 알고 있다. 예를 들면 "鞠躬, 洗澡, 睡觉, 游行, 考试, 登记" 등의 단어로서 모두 연합형인데, 그들은 분할하여 사용할 수 있어 자주 사람들이 동빈형으로 여긴다.

4) **보충형** : 보충형은 이전에 하나의 형태소 위주였는데, 뒤의 형태소가 앞의 형태소를 보충 설명한다. 예를 들면 다음과 같다.

① 扩展　　打倒　　放开　　推翻　　看见　　压缩
② 阐明　　改善　　纠正　　搞活　　提高　　延长
③ 车辆　　马匹　　信件　　房间　　花朵　　枪支

①, ② 두 종류의 앞 형태소는 모두 동사 형태소이나 두 형태소는 달라서, ①류

는 "동사+동사"이고, ②류는 "동사+형용사"이며, ③류는 앞 형태소가 명사 형태소이고, 뒤 형태소는 양 형태소(量素)로, 이런 단어는 일반적으로 집합 개념을 나타내는데, 예를 들면 "车辆"은 매우 많은 차를 가리킨다. ①, ② 두 부류 보충형 중에 일부는 역시 이합사인데, 예를 들면 "看见, 提高, 打倒, 放开, 推翻"이다.

5) **주서술어(主谓)형** : 주서술어형은 앞의 형태소가 진술하는 대상이고, 뒤의 형태소는 앞의 형태소에 대하여 진술한다. 예를 들면 다음과 같다.

① 地震　人为　雪崩　日食　民办　耳鸣
② 性急　头疼　嘴硬　手软　心虚　眼红
③ 自在　自治　自重　自愿　自尊　自信

①류는 "명사+동사"이고, ②류는 "명사+형용사"이며, ③류 앞의 형태소는 모두 "自"이고, 뒤의 형태소는 동사 형태소나 형용사 형태소이다. 다만 "自"가 어떤 것은 주체로 예를 들면 "自在, 自治"이고, 어떤 것은 객체로 예를 들면 "自重, 自信"이다.

복합식은 이상 다섯 가지 기본 구조 이외에도 또 두 가지 자주 보이지 않는 유형이 있다.

6) **연동형**(连动型) : 연동형은 두 동사 형태소로 구성되고, 두 동사 형태소는 선후를 잇는 관계를 가지고 있다. 예를 들면 다음과 같다.

离休　接管　报销　扮演　认领　撤换
领养　割让　抽调　借用　提审　剪贴

7) **겸어형**(兼语型) : 겸어형은 두 동사 형태소로 구성되어, 두 동사 형태소는 각각 주체와 객체를 진술하고 있다. 예를 들면 다음과 같다.

逼供　促进　劝和　劝降　召集　引见　请教
逗乐　诱降　劝退　迫降 (xiáng)　迫降 (jiàng)

② 중첩식 : 중첩식은 서로 같은 두 어근의 중첩으로 구성된다. 예를 들면 다음과 같다.

1) "명사+명사"형

爸爸　妈妈　爷爷　奶奶　姥姥　叔叔
舅舅　姑姑　妹妹　姐姐　哥哥　弟弟
太太　婆婆　星星　宝宝

2) "부사＋부사"형

偏偏　恰恰　整整　仅仅　刚刚　万万

3) "형용사＋형용사"형

好好儿　美美　平平　隐隐　多多　久久

"동사＋동사"형의 중첩식도 있으나 수량이 매우 적은데, 예를 들면 "嚷嚷"이다. 중첩식 복합어는 단순어 속의 첩음어(叠音词)와 다르다. 그것은 두 개의 의미 있는 형태소 중첩으로 구성되고, 첩음어는 두 개의 의미 없는 글자로 이루어진다. 중첩식은 문법상의 중첩과도 다른데, 그들은 오랜 기간 사용하였기 때문에 이미 응고되었고 아울러 전체의 의미를 가지고 있다.

③ **부가식** : 부가식은 어근에 접사를 더하여 공통으로 구성한 단어이다. 어근은 실제 형태소로 충당하는데 이는 어휘 의미의 부재자이고, 접사는 허형태소로 충당하는데 일반적으로 문법 의미와 분류 의미를 나타낸다. 접사가 어근의 전후 위치에 있는 데 근거하여, 부가식은 전부식 · 후부식 · 중부식으로 나눌 수 있다.

1) **전부식**(前附式) : 전부식은 접두사가 접미사의 앞에 붙어서 이루어진 말이다. 현대 한어 접두사의 수량은 많지 않고, 대체로 아래 몇 개가 있다.

阿：阿姨　阿斗　阿爸　阿姐　阿公　阿飞

老：老师　老板　老乡　老外　老婆　老公
老鹰　老虎　老鼠　老鸹　老刘　老张
老百姓　老玉米

小：小姐　小丑　小蜜　小辫　小菜　小王
小李　小市民　小青年

初：初一　初二 …… 初十

第：第一　第二　第三 ……

以：以前　以后　以东　以西　以北　以南
以上　以下　以远　以近　以内　以外

之：之前　之后　之东　之西　之北　之南
之上　之下　之内　之外

齁：齁苦　齁咸　齁热　齁酸　齁坏

이상의 접두사는 모두 허형태소이고, 그중에 "初" 뒤에 붙은 수사는 10 이내의 것이다. "齁"는 북방 방언인데, 이미 표준어에 들어간다.

현대 한어 중에 또 완전히 문법화(虚化)되지 않은 약간의 접두사가 있고, 어떤 것은 인구어(印欧语) 중에 주로 영어의 영향을 받아 생긴 것이다. 예를 들면 다음과 같다.

半 (semi-)：半自动　半军事化　半成品　半导体　半封建
超 (super/ultra-)：超导体　超短波　超短裙　超固态　超声波
次 (sub-)：次大陆　次声波　次范畴　次生林　次道德
单 (single/mono-)：单细胞　单放机　单车　单行线　单晶硅
双 (di/bi-)：双职工　双休日　双方言　双语　双簧管
多 (poly/multi-)：多角度　多层次　多方位　多侧面　多用途
反 (anti/counter-)：反人类　反道德　反封建　反理性　反方位
非 (non/un-)：非金属　非卖品　非晶体　非线性　非理性
类 (quasi-)：类后缀　类人猿　类行星　类固醇
前 (pre-)：前总统　前苏联　前科学　前东德　前国王
后 (post-)：后现代　后工业化　后印象派　后女权
亚 (sub-)：亚健康　亚硫酸　亚热带　亚音速
准 (para-)：准军事　准联盟　准平原　准宾语
全 (all/whole-)：全方位　全天候　全武行　全自动　全功能
泛 (pan-)：泛神论　泛灵论　泛大陆　泛太平洋　泛伊斯兰
硬 (hard-)：硬通货　硬磁盘　硬武器　硬指标　硬拷贝
软 (soft-)：软件　软包装　软饮料　软处理　软着陆

어떤 것은 한어의 어근이 장기간 사용하는 과정에서 점차로 자리를 잡고 유화한 것도 있다. 예를 들면 다음과 같다.

可：可爱　可恨　可气　可笑　可悲　可怜
见：见告　见教　见谅　见怪　见识　见赐

2) 후부식(后附式)：후부식은 접미사가 어근의 뒤에 붙어 이루어진 말이다. 현대 한어의 접미사는 전치사보다 수량이 많다. 단음절 접미사의 예를 들면 다음과 같다.

儿：花儿　画儿　玩儿　头儿　小偷儿　模特儿
　　唱歌儿　小孩儿　饭馆儿　胡同儿　小说儿
子：儿子　孙子　骗子　聋子　嫂子　胆子
　　桌子　炉子　绳子　镜子　虫子　鸽子
头：馒头　石头　锄头　骨头　木头　前头
　　里头　码头　枕头　苗头　对头　来头
巴：尾巴　泥巴　结巴　下巴　眨巴　掐巴
乎1：在乎　几乎　近乎　合乎　确乎　断乎
乎2：黏乎（糊）　烂乎　玄乎　悬乎　面乎（糊）　马乎（虎）
地：蓦地　忽地　霍地　猛地　倏地　兀地
而：忽而　既而　时而　幸而　从而　継而
然：贸然　截然　猛然　突然　忽然　断然
于：敢于　忠于　对于　限于　勇于　善于
价（·jie）：别价　甭价　不价　整天价　成天价
家：人家　老人家　姑娘家　女人家　小孩子家
们儿：哥们儿　姐们儿　娘们儿　爷们儿
实：老实　欢实（势）　皮实　结实　严实　硬实
咕：叨咕　捣咕（鼓）　扭咕　捅咕
达：溜达　蹦达（跶）　敲达　磕达
拉：扒拉　划拉　别拉　趿拉
腾：折腾　闹腾　翻腾　喧腾　鼓腾

그중에 "儿" 접미사는 음절을 차지하지 않고 앞의 음절을 얼화한다. 한어에서 또 "儿" 음절 접미사가 있는데, 대부분 임시로 단어를 이루어 쓰인다. 예를 들면 "花儿, 鱼儿, 瓜儿"이다. 접미사 "们儿"은 복수를 나타내는 조사 "们"과 달리 복수를 나타내지 않는다.

현대 한어 형용사는 아직 적지 않은 다음절의 생동적인 접미사가 있다. 예를 들면 다음과 같다.

乎乎：傻乎乎　胖乎乎　黏乎乎（糊糊）　稀乎乎
蒙蒙：灰蒙蒙　雾蒙蒙　黑蒙蒙　白蒙蒙

溜溜：灰溜溜　　光溜溜　　圆溜溜　　酸溜溜
沉沉：阴沉沉　　黑沉沉　　昏沉沉　　暗沉沉
晃晃：明晃晃　　金晃晃　　亮晃晃　　银晃晃
墩墩：胖墩墩　　矮墩墩　　肉墩墩　　圆墩墩
扑扑：红扑扑　　香扑扑　　粉扑扑　　白扑扑
生生：白生生　　脆生生　　活生生　　好生生
腾腾：乱腾腾　　慢腾腾　　雾腾腾　　喧腾腾
滋滋：美滋滋　　喜滋滋　　甜滋滋　　乐滋滋
悠悠：慢悠悠　　乐悠悠　　轻悠悠　　颤悠悠
巴巴：干巴巴　　紧巴巴　　凶巴巴　　皱巴巴
不唧：傻不唧　　酸不唧　　凉不唧　　甜不唧
不溜秋：灰不溜秋　　黑不溜秋　　滑不溜秋　　脏不溜秋
了（里）巴唧：傻了巴唧　　脏了巴唧　　臭了巴唧　　酸了巴唧

또 일부 결합 능력이 비교적 약한 것이 있는데, 예를 들면 "绿油油, 黑油油"의 "油油", "圆咕隆咚, 黑咕隆咚"의 "咕隆咚"이다.

현대 한어에서 또 수가 매우 많은 것은 분류의 의미이며, 완전히 문법화(虚化)되지 않은 접미사를 나타내는데, 예를 들면 다음과 같다.

者：学者　　作者　　编者　　使者　　长者　　志愿者
员：学员　　教员　　会员　　团员　　邮递员　　教导员
手：旗手　　舵手　　猎手　　鼓手　　键盘手　　多面手
家：画家　　作家　　文学家　　艺术家　　教育家
师：厨师　　琴师　　技师　　法师　　医师　　乐师
性：弹性　　酸性　　硬性　　人民性　　思想性　　理论性
率：比率　　概率　　出生率　　出勤率　　回头率
式：新式　　西式　　洋式　　中式　　蛙式　　美式
化：绿化　　西化　　淡化　　强化　　美化　　现代化
气：土气　　洋气　　娇气　　骄气　　书生气　　孩子气
族：上班族　　打工族　　追星族　　工薪族　　抽烟族
热：出国热　　旅游热　　汉语热　　健身热　　减肥热　　考研热

접미사의 어떤 것은 외국어를 모방하고 번역하여 형성된 것으로 예를 들면 “学者”(영어 : scholar), “现代化”(영어 : modernize)이고, 또 어떤 것은 일부 실형태소가 유화(类化)된 후에 생길 수 있는 성질이 강화되어 구성된 것이다.

3) **중부식**(中附式) : 중부식은 접요사(中缀)가 두 어근 사이에 더하여 이루어진 말이다. 한어 접요사는 매우 적은데, 예를 들면 다음과 같다.

巴 : 仰巴叉　脚巴丫　稀巴烂　杂巴凑

里（了）: 稀里糊涂　马里马虎　逛里逛荡　小里小气

得 : 看得见　摸得着　吃得开　打得倒

不 : 看不见　摸不着　吃不开　打不倒

우리들은 현대 한어 단어의 구성을 아래와 같은 간단한 표로 배열한다.

<table>
<tr><td rowspan="7">단순어</td><td colspan="3">단음어 : 天、地、人、马、牛、了、吗、着</td></tr>
<tr><td rowspan="6">다음어</td><td rowspan="3">연면어</td><td>쌍성 : 澎湃、参差</td></tr>
<tr><td>첩운 : 玫瑰、彷徨</td></tr>
<tr><td>비쌍성 첩운 : 芙蓉、蝙蝠</td></tr>
<tr><td colspan="2">첩음어 : 猩猩、狒狒</td></tr>
<tr><td colspan="2">의성어 : 哗啦、哐啷</td></tr>
<tr><td colspan="2">역음어 : 葡萄、沙发、巧克力</td></tr>
<tr><td rowspan="11">합성어</td><td rowspan="7">복합어</td><td colspan="2">연합형 : 伟大、开关、骨肉、动静</td></tr>
<tr><td colspan="2">수식형 : 白菜、雪花、热爱、火红</td></tr>
<tr><td colspan="2">동빈형 : 司机、碰壁</td></tr>
<tr><td colspan="2">보충형 : 提高、车辆</td></tr>
<tr><td colspan="2">주서술어형 : 地震、自杀</td></tr>
<tr><td colspan="2">연동형 : 退休</td></tr>
<tr><td colspan="2">겸어형 : 请教</td></tr>
<tr><td colspan="3">중첩식 : 爸爸、偏偏</td></tr>
<tr><td rowspan="3">부가식</td><td colspan="2">전부식 : 阿姨、老师</td></tr>
<tr><td colspan="2">후부식 : 花儿、桌子</td></tr>
<tr><td colspan="2">중부식 : 仰巴叉</td></tr>
</table>

4. 축약어

축약어는 하나의 긴 단어를 짧은 단어로 축약하는 것이다. 긴 단어는 일반적으로 모두 쌍음절 단어로 축약되는데, 삼음절이나 더 많은 음절의 단어도 있다. 예를 들면 "劳动模范"은 "劳模"로 축약되고, "北京师范大学"는 "北师大"로 축약된다. 일부 축약어는 오랜 기간 사용하면서 점차로 고정되어 그들의 원래 정식 명칭(全称)이 오히려 그다지 자주 사용되지 않는다. 예를 들면 "初级中学"는 "初中"으로 축약되고 "军人家属"는 "军属"로 축약된다. 축약어도 한어 신조어의 유래이다. 예를 들면 "安全检查"는 "安检"으로 축약되고, "暗中爱恋"은 "暗恋"으로 축약된다. 현대 한어의 축약어는 약칭과 숫자 약어로 나눌 수 있다.

(1) 약칭

약칭은 바로 긴 단어를 줄이거나 짧게 축소한 단어이다.

① **감축(减缩)** : 감축은 원래 단어의 일부분을 취한 것이다. 어떤 것은 원래 단어의 앞부분을 취한 것으로, 예를 들면 "清华大学"는 "清华"로 감축되고 "南开大学"는 "南开"로 감축된다. 어떤 것은 원래 단어의 뒷부분을 취하기도 하는데, 예를 들면 "劳动人民文化宫"은 "文化宫"으로 감축되고, "电子计算机"는 "计算机"로 감축된다. 몇 개의 병렬된 단어를 지칭하면 자주 감축하는데, 예를 들면 "文学, 历史, 哲学"는 "文史哲"로 감축하고 "中国, 俄罗斯"는 "中俄"로 감축한다.

② **긴축(紧缩)** : 긴축은 원래 단어에서 대표적인 형태소를 뽑아 약칭을 이룬다. 긴축은 통상적으로 아래의 방식이 있다.

1) 원래 단어에서 각 단어의 첫 번째 형태소를 뽑는다. 예를 들면 다음과 같다.

基本建设 － 基建　　美术展览 － 美展
电视大学 － 电大　　科学技术 － 科技

2) 원래 단어에서 첫 번째 단어의 첫 번째 형태소와 뒤 단어의 두 번째 형태소를 뽑는다. 예를 들면 다음과 같다.

扫除文盲 － 扫盲　　归国华侨 － 归侨
外交部长 － 外长　　军人家属 － 军属

3) 원래 단어에서 첫 번째 단어 뒤의 형태소와 두 번째 단어의 첫 번째 형태소를 뽑는다. 예를 들면 다음과 같다.

人民警察 — 民警　　电影评论 — 影评

物理化学 — 理化　　重要案件 — 要案

4) 두 단어에서 하나의 서로 같은 형태소를 생략한다. 예를 들면 다음과 같다.

寒假、暑假 — 寒暑假　　企业、事业 — 企事业

节日、假日 — 节假日　　教员、职员 — 教职员

5) 단어마다 한 형태소를 취하고 다시 분류 역할을 가지고 있는 단어를 뒤에 더한다. 예를 들면 다음과 같다.

教师代表大会 — 教代会　　少年先锋队 — 少年队

立体交叉桥 — 立交桥　　资源与环境科学系 — 资环系

6) 명칭에서 가장 대표성을 가지고 있는 형태소를 뽑는다. 예를 들면 다음과 같다.

北京电影制片厂 — 北影厂　　北大西洋公约组织 — 北约

新华通讯社 — 新华社　　政治协商会议 — 政协

(2) **숫자 축약**

숫자 축약은 숫자로 몇 가지 공통 성질을 가지고 있는 사물을 개괄하여 이루어진 축약어이다.

① 숫자로 몇 가지 사물의 구별 부분을 개괄하고, 또 원래 단어의 공통 부분을 더한다. 예를 들면 다음과 같다.

身体好、学习好、工作好 — 三好

农业现代化、工业现代化、国防现代化、科学技术现代化 — 四个现代化 — 四化

秋收、秋耕、秋播 — 三秋

开口呼、齐齿呼、合口呼、撮口呼 — 四呼

② 숫자로 원래 단어가 나타내는 사물을 개괄하고, 또 개괄하는 분류 이름을 더한다. 예를 들면 다음과 같다.

稻、黍子、高粱、麦、豆 － 五谷
两眼、两耳、鼻孔、嘴 － 七窍
象形、指事、会意、形声、转注、假借 － 六书
梅兰芳、程砚秋、尚小云、荀慧生 － 四大名旦

축약어는 정식 명칭에서 유래하여 언어 활용에서 경제적으로 생략하고 줄이는 표현 형식으로서 사람들이 오랜 세월에 걸쳐 사용하여 이루어진 것이기도 하다. 축약어를 활용할 때, 반드시 뜻이 명확한 원칙에 부합해야 하고, 언어 습관을 존중해야 하고, 사람들로 하여금 보거나 듣게 하여 그것이 대표하는 정식 명칭을 알게 해야 한다. 축약어는 되는 대로 마구 만들거나 남용할 수 없다. 어떤 사람은 "人造革, 人造毛"를 "人革, 人毛"로 축약하고 "女式牛皮鞋"를 "女牛"로 축약하는데, 이는 불명확하고 품위가 없어 제창할 가치가 없다.

일반적으로 말해서, 축약어의 원래 단어는 모두 사람들이 숙지하고 자주 활용하는 것으로, 만약 개괄하는 대상이 일정한 사용 범위가 있고 사람들이 공통으로 아는 것이 아니면 축약어의 뒤에 괄호로 주석하여 밝힌다. 축약어는 일단 약속하면, 그것의 구조와 형식은 고정되어 뜻대로 분해하거나 고칠 수 없고, 사용 중에 하나의 단어와 동일시되면 일부 축약어는 최종적으로 단어로 변화 발전하기도 한다.

사고와 연습

1. 단어란 무엇인가? 형태소란 무엇인가? 글자란 무엇인가? 3자는 어떤 관계가 있는가?
2. 아래에서 글자의 독립 형태소, 의존 형태소를 각각 지적하라. 단독으로 형태소로 쓰일 수 없는 글자도 있는가?

   绩 柿 素 眉 蜻 狗 羊 鸭 学 习 鹃 祝 闪 平 盘 苹
   篦 戈 霓 狳 蹈 琵 膀 芳 螨 荬 鳕 耘 蝌 圭 帕 馄

3. 단어의 구성 방식에는 어떤 몇 가지가 있는가? 예를 들어 설명하라.
4. 아래 단어의 구성 유형을 분석하라.

   痛快 认真 抓紧 动静 伟大 飞快 工人 解剖 碰壁 联想

无论 石林 戳穿 仓促 扑克 秋千 房间 开关 司令 汹涌
净化 可爱 祝愿 婉曲 地震 粉饰 体验 雪崩 丝毫 夏至
照明 美好 衣服 人民 牡丹 绑腿 天蓝 纸张 游泳 月终
注意 学习 民主 苗条 乒乓 烂漫 永远 涤纶 澎湃 孜孜
公然 主子 成见 摆脱 龟缩 合格 合奏 合并 用具 管家
画家 堂兄 理解 自强 老年 宪法 刑法 老手 问津 纲要
风行 任意 催化 树木 老婆 理想 体育 技巧

5 각 조의 구성 방식과 서로 같은 단어를 선택하여 각각 괄호를 채워라.

(1) 动静 好歹 长短 ( ) (2) 从容 侃侃 吉他 ( )
(3) 照明 改正 识破 ( ) (4) 记者 新式 柿子 ( )
선택용 : 迷惑 可爱 偏偏 冲洗 简化 伸缩 事件 咕咚

6 한어의 축약어에는 어떠한 유형이 있는가?

7 아래 축약어의 유형을 지적하라.

政协 安理会 外长 五讲四美三热爱 三围 舞美
离退休 解放军 港澳 呼市 三八作风 北约

제 2 절 단어 의미의 성질

1. 단어 의미(词义)란 무엇인가?

단어는 일정한 말소리 형식과 의미 내용이 결합하여 이루어진 부호이다. 단어 의미는 바로 단어의 내용이다. 예를 들어 "车"는 말소리의 형식이 chē이고, 뜻은 "바퀴가 있는 육지상의 교통수단"이다. 단어 의미는 사람들이 단어에 대하여 나타내는 사물의 본질 속성의 반영으로 사람들이 활동을 인식하는 성과이다. 단어는 개념을 나타내고 개념은 단어 의미 형성의 기초이나, 단어 의미는 결코 개념과 같지 않다. 단어 의미가 포함하는 내용은 개념보다 넓고, 단어 의미 중에는 개념 의미 이외에도 부가적인 의미와 색채가 있다. 단어 의미와 개념도 일대일의 관계가 아니고, 한 개념은 하나의 단어로 나타내고, 몇 개 단어의 의미로 연계하여 나타낼 수도 있는데, 예를 들면 "叔叔"와 "爸爸的弟弟"가 나타내는 것은 같은 개념이다. 동일한 개념은 늘 또 다른 단어로 나타낼 수도 있는데, 예를 들면 "看, 瞧, 瞅" 등이 나타내는 것은 동일한 개념이다.

언어의 의미는 어휘 의미와 문법 의미를 포함하는데, 단어 의미 중에도 이 두 가지 의미를 포함한다. 일반적으로 말해서 실사는 어휘 의미도 있고 문법 의미도 있는데, 전형적인 허사는 문법 의미만 있다. 예를 들면 "太阳"이란 단어는 은하계의 한 행성을 가리키는데, 이것은 그것의 어휘 의미이다. 그것은 또 하나의 명사이고, 문장에서 주로 주어와 빈어를 담당하며, 때로는 한정어를 담당하기도 하는데, 이것은 문법 의미이다. 또 "而且"란 단어를 예를 들면 점층 관계를 나타내는 접속사이고, 구체적인 어휘 의미는 없다. 문법 의미는 문법학 중점 연구의 내용이고, 어휘 의미는 어휘학 중점 연구의 내용이다. 단어의 어휘 의미는 사람들이 단어에 대한 문법 의미 이외의 모든 인식을 포함하고, 범위가 매우 넓으며, 그 핵심은 단어의 개념 의미이다.

2. 단어 의미의 성질

단어 의미를 인식할 때, 우리는 특히 단어 의미의 일부 성질을 주의해야만 한다.

(1) 객관성

단어 의미는 비록 단어 이 언어 부호에 대한 사람들의 주관적인 인식이지만, 그것은 객관성을 가지고 있고, 이 객관 사물과 현상은 사람들 머릿속의 반영이다. 세상의 모든 사물은 사람들이 사회 교제에서 자주 이야기하기만 하면 모두 단어로 나타낼 수 있다. "太阳, 月亮, 山川, 草原"은 마침 이런 자연물의 객관적인 존재로, 사람들로 하여금 단어의 형식으로 그것을 지칭하게 하였고, 사람들은 이러한 객관 사물의 인식에 대하여 단어 의미 중에 구체적으로 드러냈다. 세상에 새로운 사물이 출현하면, 예를 들면 "电视, 电脑, 手机, 互联网"으로, 사람들은 새로운 단어를 만들어 그것을 지칭할 것이고, 그들의 단어 의미도 곧 사람들이 이 사물에 대한 개괄적인 인식이다. 어떤 단어가 나타내는 사물은 현실 세계 중에 결코 존재하지 않는 것으로, 예를 들면 "神仙, 鬼, 灵魂, 阎王爷, 阴间"인데, 그것들은 사람들이 현실 생활의 일부 소재에 근거하여 상상하여 창조해 낸 것으로, 이 때문에 객관 사물이 사람들의 머릿속에서 변화한 반영이기도 하다.

단어 의미의 객관성은 또 사람들의 단어 의미 인식에 대한 객관성에도 나타난다. 단어 의미는 사람들 머릿속의 주관적인 인식인 만큼, 사람들의 인식이 개인적인 차이를 가지는 것을 면하기 어렵다. 예를 들면 "家庭"이 일반적인 사람에게 주는 느낌은 아늑하고 아름다운 것인데, 고아나 이혼한 사람에게 이 느낌은 아마도 고통스럽고 괴롭고 슬픈 것일 것이다. 단어 의미는 이 언어를 사용하는 사회 공동체로 말하면 일반화된 것으로, 그 공통된 인식을 취하고, 이러한 인식은 개인의 변동으로 바뀌는 것이 아니며, 다만 개인의 변동이 사회의 동의를 얻어야만 한다. 예를 들면 사전에서 "家庭"에 대한 해석은 "혼인과 혈통 관계를 기초로 한 사회단위로, 부모와 자녀, 다른 공통 생활의 친척을 안에 포함한다."이다. 이런 해석은 바로 객관적인 것으로, 개인 때문에 다른 것은 아니다. 일부 단어 의미는 비교적 간단한 단어로, 사전의 다른 해석은 거의 완전히 서로 같은데, 예를 들면 "均等"이란 단어의 단어 의미는 바로 "평균하다, 같다"이다. "爸爸"란 단어의 해석은 "아버지"나 "아버지를 부르다"이다. 마침 단어 의미는 객관성을 가지고 있기 때문에 사람들이 단어 의미에 대한 인식은 기본적으로 같을 것이다.

(2) 개괄성

세계의 사물은 천차만별로, 단어 의미는 객관 사물과 현상의 본질적인 특징을 반영하는 것으로서 개괄성의 특징을 가지고 있다. 단어 의미는 구체적인 사물의 개별 특징을 삭제하였는데, 예를 들면 "树"의 단어 의미는 "목본 식물의 총칭"이고, 이 뜻은 자연계의 다양한 구체적인 나무를 개괄하였다. 그것은 북방의 식수 · 홰나무일 수도 있고, 남방의 용나무 · 종려나무일 수도 있다. "笔"는 각종 다른 붓으로부터 "笔"의 본질 특징을 개괄하였는데, 그것은 바로 "글자를 쓰고 그림을 그리는 공구(写字画画的工具)"로, "붓(毛笔), 연필(铅笔), 만년필(钢笔), 볼펜(圆珠笔), 붓 중의 초필(小楷笔), 큰 글자의 해서필(大楷笔), 양호필(羊毫笔), …… 각종 다른 붓이 모두 그 안에 있다. 고유명사가 나타내는 것은 유일무이한 사물이지만, 고유명사 단어 의미가 똑같을지라도 개괄성도 가지고 있다. 예를 들면 "李白"이라는 단어는, 각각 다른 나이의 이백인 소년 이백, 중년 이백과 노년 이백을 개괄한다. "北京"이란 단어는 곧 이 도시의 역사와 현상을 개괄한다. 단어 의미의 개괄성은 언어 부호가 교제 도구라는 이 본질이 결정하는 것으로, 만약 단어 의미가 개괄성을 가지고 있지 않으면, 구체적인 사물마다 한 단어로 지칭할 필요가 있고, 그러면 언어 속의 단어는 너무 많아서 헤아릴 수 없고, 공부할 방법도 없으며, 숙달할 방법도 없다.

단어 의미는 비록 개괄성을 가지고 있으나 구체적인 언어 환경에서는 단어도 완전히 구체적인 사물을 지칭할 수 있고, 이때의 단어 의미는 또 구체화할 수 있다. 예를 들면 "붓을 나는 그에게 돌려주었다." 이 문장의 "笔"는 반드시 "我"에 의하여 일찍이 빌려 쓴 적이 있는 것으로, 특정한 종류·색·모양이 구체적인 펜에 속하여, 예를 들면 파랑색 붓대의 검은 색 영웅표 볼펜일 수 있다. 구체화도 정도의 차이가 있는데, 예를 들면 한 사람이 표를 채워 쓸 필요가 있을 때 "저에게 펜을 건네주세요."라고 하면, 이 펜은 비록 특정적인 것은 아니지만 반드시 파란색이나 검은 색의 볼펜이거나 사인펜이지 다른 펜이 아니다. 한 단어가 구체적인 사물의 특징을 설명해야 할 때에, 관련된 제한 성분을 더하여 이것으로 하여 구체화할 수 있는데, 예를 들면 "苹果"는 "부사 사과", "내가 먹는 부사 사과"로 제한될 수 있다.

(3) **모호성**

언어의 단어 의미는 뚜렷하고 명확해야 하는데, 이에는 아무런 의문도 없다. 그렇지 않으면 교제는 곧 영향을 받을 것이기 때문이다. 하지만 다른 각도로 보면, 단어 의미는 곧 모호성의 특징을 가지고 있다. 모호성이라 함은 바로 사람들의 인식 중에 생긴 객관 사물에 관한 경계나 상태의 불확정성이다. 단어 의미는 개념을 나타낸 것이고, 즉 인류 형성의 개념으로 그 외연은 자주 고정되지 않은 것이다. 단어 의미에는 바로 대다수 단어 의미의 경계가 뚜렷하지 않아 모호성을 가지고 있음을 반영한다. 예를 들면 "大"와 "小", "高"와 "矮", "重"과 "轻", "硬"과 "软"인데, 그들 사이의 경계는 모두 모호하다. "면을 반죽한 것이 너무 딱딱하다", "이 칼은 너무 부드럽다"는 실제로 더 부드러운 칼이라도 면보다 더 딱딱해야 하고, "딱딱하다"와 "부드럽다" 사이의 경계는 결코 정확하거나 측량한 것이 아니다. "오전"과 "점심", "점심"과 "오후" 사이에도 매우 명확한 경계가 없어, 예를 들면 11시 50분은 오전인지 점심인지 확정하기가 매우 어렵고, 13시 50분이 점심인지 오후인지도 확정하기가 매우 어렵다. 어떤 단어는 해석한 뜻으로 보면 정확한데, 예를 들면 "水"는 사전에 "가장 간단한 수소와 산소 화합물로 화학식은 H_2O, 무색·무미 · 무취의 액체"라고 해석되어 있으나 우리가 생활 속에서 접촉하는 물은 실제로 여러 물질을 함유한 물로, 엄격하게 말해서 그것들은 모두 사전에서 해석한 "水"와 다르기 때문에 "水"에 대한 단어 의미는 모호성 이해라고 해야 한다. 또 예를 들면 "手"의 사전 해석 의미는 "인체의 팔 앞쪽의 물건을 들 수 있는 부분"인데, 단어 의미만 보면 명확하지만 조합하여 활용할 때는 또 모호성의 특징을 구체적으로 드러낸다. 예를 들면 "手"는 "招手, 手杖, 手表, 手挽手" 중의 의미가 분명히 차이가 있는데, 그중에 다만 "手杖"의 "手"만 단어 의미와 부합한다.

단어 의미의 모호성도 객관 사물의 반영이고, 객관 사물 사이의 경계는 대부분 뚜렷하지 않다. 사람의 인식은 가능한 명확한 것을 요구하는데, 객관 사물 사이의 중개 현상을 소홀히 하므로, 사물의 경계를 상대적으로 뚜렷하고 명확하게 해야만 한다. 단어 의미는 모호성을 가지고 있어 큰 단어 의미가 많은 정보량을 더하여 사람들이 간결하고 명료하게 전체로부터 객관적인 대상의 속성을 파악하는 데 편리하게 한다. 대부분의 경우에 모호한 표현이 오히려 명확한 것이다. 예를 들어 "미풍"이라 말하지 않고, "초속 1m의 바람"이라고 말하면 표현이 장황하고 난해하여 말하지 않게 되고, 게다가 조금의 함의나 미감도 없다. 당연히 우리는 결코 어떤 상황 아래에서나 단어 의미가 모두 모호할수록 좋다고 하는 것이 아니고, 모호해야 할 때에 모호해야 하고, 정확해야 할 때에 정확해야 함으로써 모호와 정확은 객관적인 상황의 수요에 근거하여 정한다. 예를 들면 친구가 약속하여 정한 시간이 "3시"인데, 몇 분 이르거나 늦는 것은 모두 여전히 시간을 지키는 것이다. 기차가 출발하는 시간이 "3시"이면 일반적으로 분까지 정확해야지 일분 늦으면 차를 탈 수 없다. 로켓 발사 시간이 "3시"이면 곧 초까지 정확해야 하므로, 같은 "3시"도 각각 다른 상황하에서 사람들이 이해하는 정확도가 서로 다른 것을 볼 수 있다.

(4) 민족성

단어 의미는 한 사회가 객관 사물 인식에 대한 성과로 이런 언어를 사용하는 민족은 필연적으로 오랜 사회 생활 중에 점차로 형성한 민족성의 특징을 가지게 된다. 우리는 한어와 외국어의 단어 의미를 대비하여 보면, 다른 민족 언어의 단어와 단어 의미는 결코 완전히 대응하지 않는다는 것을 발견할 것이다. 예를 들면 영어의 brother란 단어는 한어의 "兄弟"에 해당하고, sister는 "姐妹"에 해당하며, 영어에는 한어 "哥哥", "弟弟", "姐姐", "妹妹"와 서로 대응하는 단어가 없다. 영어의

water는 한어의 "水"에 대응하나 water는 또 "물을 뿌리다"의 뜻이 있고, 한어의 "水"는 오히려 이런 뜻이 없다. 어떤 단어는 비록 개념 의미가 서로 대응하나 부가한 색채와 문화 의미도 다르다. 예를 들면 영어의 dog와 한어의 "狗"가 대응하는데, 이는 동물을 가리키는 것 이외에도 모두 차유(借喻)하여 사람을 가리킬 수 있으나 영어의 dog로 구성한 속어 · 관용어로 차유하여 사람을 가리킬 때는 대부분 긍정적인 의미로, 예를 들면 a lucky dog(행운의 사람), as happy as a dog(개처럼 기쁘다), to work like a dog(필사적으로 일하다) 등이다. 그리고 한어에서 "狗"로 구성한 단어, 예를 들면 "癞皮狗", "走狗", "狗男女", "狗仗人势", "狼心狗肺", "狐朋狗友" 등등은 일반적으로 모두 나쁜 뜻을 가지고 있다. 이것은 다른 민족의 사회 문화와 심리의 차이를 반영하고 있다고 하겠다. 한어의 단어 의미를 깊이 이해하려면 반드시 단어 의미와 서로 관련 있는 사회 문화 배경을 이해해야 하는데, 예를 들어 "推敲", "老黄历", "吃醋", "铁板碗", "红娘", "黑五类" 이런 단어들은 만약 문화 배경에 대하여 전혀 모르면, 그들 단어 의미를 이해하기 매우 어렵다.

같지 않은 언어는 단어 의미 방면에서 비록 차이가 존재하지만 다른 방면으로 보면 서로 다른 언어의 단어 의미는 여전히 매우 많은 공통점을 가지고 있다. 세계 경제의 세계화 발전에 따라서 한어는 다른 언어와, 특히 영어와의 접촉이 점점 더 빈번해지고, 어휘와 단어 의미의 상호 영향은 점점 더 커지므로, 어휘와 단어 의미가 같아지는 것도 매우 명확하다. 예를 들면 "广场"의 "대형 상가" 의미, "网"의 "인터넷" 의미, "笔记本"의 "휴대형 컴퓨터" 의미는 모두 영어와의 접촉 중에 생긴 것이고 영어와 일치하게 되었다.

(5) 발전성

한 단어의 소리와 의미 관계가 확정된 이후에는 일반적으로 비교적 안정된다. 예를 들면 "书"shū의 단어 의미는 "책으로 묶은 저서"인데, 이 개괄성의 단어 의미는 사전에 수록되어 상당히 긴 시기 동안 어떤 변화도 없을 것이다. 하지만 만약 경과한 시간의 각도로 자세히 관찰하면 단어 의미의 변화와 발전은 또 절대적으로 고정불변인 것은 아닐 것이다. 또 책으로 말하면 고대의 공문(简书), 비단에 쓴 글(帛书)로부터 오늘날의 보통 포장서, 고급 포장서, 또 전자책, CD책까지 책은 줄곧 변화하여 "书"란 단어의 단어 의미도 상응하여 변화하고, 오늘날의 "书"는 이미 공문과 비단에 쓴 글을 포함하지 않고, 전자판 도서를 포함시켜야 할지 새로운 의미를 증가해야 할지를 고려해야만 한다. 단어 의미의 발전성은 주로 세 방면의 원인으로 초래되는데, 하나는 단어가 반영하는 객관 사물에 변화가 생겨 단어 의미에도 변화가 생겼다. 예를 들면 "马路"란 단어는 원래 말이 통행할 수 있는 길을 확실히 가리켰는데, "马路"에 다니는 것은 주로 말을 타는 사람이나 마차였다. 그러나 말이 교통수단으로서 소실됨에 따라 "马路"에 다니는 것은 자동차로 "马路"의 단어 의미도 이것을 따라 변화하였다. 둘째로 단어 의미에 대한 사람들의 인식에 변화가 생겼기 때문에 단어 의미에도 변화가 생겼다. 예를 들면 "黑"는 "색의 한 종류"로 해석된다. 새로운 사전은 "석탄이나 먹 같은 색으로, 물체가 완전히 햇빛이나 햇빛과 서로 유사한 광선을 흡수할 때 나타내는 색깔(흰색과 상대적이다)"로, 인식이 다르고, 단어 의미도 다르다. 또 사전을 예로 들면 "鲸"을 해석한 단어 의미 중에 "고기는 먹어도 되고"의 설명이 있는데, 사람들이 야생 동물 보호 의식의 강화에 따라서 이러한 해설은 확실히 적절하지 않아 삭제되어야 한다. 셋째로 사람들이 사용 중에 단어의 용법을 바꾸었는데, 예를 들면 금속 명칭 "铁"는 굳셈(铁姑娘)을 형용하고, 친구 사이의 관계가 좋은(铁哥们儿) 것을 형용하는 데 "铁"를 사용하여 새로운 뜻을 증가시켰다.

단어 의미의 비교적 명확한 발전 변화는 세 가지 상황으로 귀납할 수 있다.

① **단어 의미의 확대** : 단어 의미의 확대는 단어의 의미 범위가 확대되거나 단어 의미가 증가하는 현상을 가리킨다. 예를 들면 "灯"은 처음에는 기름을 연소시켜 빛을 내는 조명 기구를 가리키다가 알콜 · 가스 · 전기 등을 에너지로 하는 조명 기구를 가리키는 것으로 발전하였다. "枪"은 "긴 자루에 끝이 뾰족한 찌르고 공격하는 무기"를 가리키는 것에서 "직경 2cm 이하로, 총알을 발사하는 무기"로 발전하였는데, 예를 들어 手枪, 步枪, 机关枪 등이다. 또 "问题"를 예를 들면 이 단어는 원래 "대답이나 해석을 요구하는 제목"만을 가리켰었는데, 사용이 빈번함에 따라서 그것의 의미는 끊임없이 증대하여 또 "어렵다"의 의미가 나타났다. 예를 들면 "生活中有不少难解决的问题(생활 중에 해결하기 어려운 적지 않은 애로가 있다)"이고, "결점"의 의미로는 "工作中出现问题(작업 중에 결점이 나타나다)"이다. "적합하지 않다"의 의미는 "时间有点问题(시간상 약간 적합하지 않다)"를 예로 든다. "중대한 잘못, 범죄 행위"의 의미로는 "认清自己的问题(자신의 범죄 행위를 분명히 인식하다)"를 예로 든다.

② **단어 의미의 축소** : 단어 의미의 축소는 단어의 의미 범위가 축소되거나 단어

의미가 감소하는 현상을 가리킨다. 예를 들면 "爱人"이란 단어는 과거에는 서로 사랑하는 사람을 가리켰었는데, 현재는 "남편"이나 "아내"를 가리킬 뿐으로 범위가 축소되었다. "批判"이란 단어는 원래 장점을 평론하거나 잘못을 가리키는 두 방면을 함유하여, 예를 들면 곽말약(郭沫若)의 ≪십비판서(十批判书)≫와 이장지(李长之)의 ≪노신비판(鲁迅批判)≫인데, 현재는 "잘못을 분석하고 반박하다"란 한 방면만이 남아, 단어 의미가 좁아졌다. "勾当"은 원래 "일을 하다"와 "일"의 두 의미가 있었는데, 현재는 "일" 하나의 뜻만 남았고, 게다가 대부분 "나쁜 일"을 가리킨다. "照相"은 원래 "촬영하다"와 "사진"의 두 뜻을 가지고 있었는데, 현재는 "촬영하다"란 하나의 뜻만을 남기고 있다.

③ 단어 의미의 전이 : 단어 의미의 전이는 갑의미에서 을의미로 바뀌는 것을 가리킨다. 예를 들면 "书记"란 단어는 원래 문서를 베껴 쓰는 사람을 가리켰었는데, 현재는 당과 단체 조직의 지도자를 가리킨다. "检讨"의 원래 뜻은 "토론하고 연구하다"인데, 현재는 "결점과 잘못을 찾아 자아 비평을 하다"로 바뀌었다. "主人公"은 원래 주인을 가리켰었는데, 현재는 문예 작품 중의 중심인물을 가리킨다. "工读"는 원래 "본인이 노동한 수입으로 자신이 독서한다"를 가리켰었는데, 현재는 "비교적 가벼운 위법 행위가 있는 청소년에 대하여 개조, 만회의 교육을 하다"를 가리킨다.

사고와 연습

1. 단어 의미는 무엇인가? 단어 의미와 개념은 서로 같은가? 단어 의미와 어휘 의미는 같은 것인가?
2. 단어 의미는 모두 어떤 성질이 있는가?
3. 단어 의미의 객관성을 예를 들어 설명하라.
4. 단어 의미의 개괄성을 예를 들어 설명하라.
5. 단어 의미의 모호성을 예를 들어 설명하라.
6. 단어 의미의 민족성을 예를 들어 설명하라.
7. 단어 의미의 발전성을 예를 들어 설명하라.
8. 단어 의미의 발전과 변화는 주로 어떤 몇 가지 상황이 있는가?

제 3 절 단어 의미의 구성

단어 의미는 여러 요소로 구성된 통일체이다. 그중에 개념과 관련 있는 의미는 이성 의미라고 하는데, 이성 의미는 단어 의미의 핵심이다. 이성 의미에 부가한 것은 색채 의미로 감정 색채, 문체 색채와 형상 색채를 포함한다. 이외에 단어 의미 중에 또 일부 배경 의미를 포함하고, 배경 의미는 주로 이론 근거 의미, 호응 의미가 있다. 아래에서 나누어 소개한다.

1. 이성 의미

단어 의미 중에 개념과 서로 관련 있는 부분은 이성 의미라고 하고, 또 개념 의미나 논리 의미라고도 한다. 이성 의미는 사람들이 단어에 대하여 사물이나 현상을 지칭한 개괄성 인식이고, 일반적으로 개념의 내포를 드러내 보이는 것을 위주로, 때때로 또 적당히 개념의 외연을 드러내 보이고, 사물의 특징을 묘사하고 서술하며, 단어의 의미 범위를 확정한다. 예를 들면 다음과 같다.

山 : 지면에 형성된 높이 솟은 부분.

花 : (~) 종자식물의 유성 번식 기관. 꽃은 꽃잎 · 꽃받침 · 꽃턱 · 꽃술로 이루어져 있고, 각종 색을 가지고 있으며, 어떤 것은 곱고 아름답고, 향기가 있다.

吃 : 음식물 등을 입안에 넣고 씹어서 넘긴다(흡수하고 마시는 것을 포함한다.)

大 : 체적, 면적, 수량, 힘, 강도 등의 방면이 일반적인 것을 초과하거나 비교하는 대상을 넘어선다.("小"와 상대적이다)

了 : 조사로 동사나 형용사의 뒤에 사용하여 동작과 변화가 이미 발생한 것을 나타낸다.

只 : 부사로 어떤 범위에 한정됨을 나타낸다.

이성 의미는 과학 의미와 통속 의미의 구분이 있다. 과학 의미는 과학 연구의 각도로부터 단어 의미에 대한 전공 지식이고, 통속 의미는 생활 경험의 각도로부터 단어 의미에 대한 일반적인 인식으로, 예를 들면 "圆"의 과학 의미는 "일정한 점에서 등거리에 있는 각 점을 이은 곡선 또는 그것으로 둘러싸인 평면"이고, 통속 의미는 "태양, 차바퀴, 세수 대야를 닮은 겉모양"이다. 과학 의미는 정의가 매우 정확하고, 설명이 엄밀하며, 대중 문화 수준의 향상에 따라 사전의 뜻을 푸는 것은 과학 개념에 속하는 단어에 대하여 더욱 많은 과학 의미를 채택하게 하였다. 과학 의미는 생활 중의 실제적인 사물을 가리킬 때 사용하여 자주 통속 의미에 따라 모호하게 이해를 한다. 예를 들면 생활 속의 매우 많은 "圆"은 엄격하게 말하여 과학 의미에 부합하지 않고, 통속 의미에 부합하는 것이 "圆"이다.

2. 색채 의미

(1) 감정 색채

감정 색채는 단어가 이성 의미를 나타낼 때 구체적으로 드러내어 가리키는 대상에 대한 주관적인 평가 태도이다. 간단하게 말해서, 감정 색채는 긍정적인 뜻, 나쁜 뜻, 중성의 세 가지 상황으로 나뉜다. 어떤 단어는 사물에 대한 칭찬 · 표창 · 존경의 감정을 함유하는데, 이러한 단어는 찬양이나 칭찬의 뜻을 가진 단어이다. 예를 들면 다음과 같다.

爱护　团结　珍视　雄伟　庄严　健康　优秀　美好　和蔼　认真
努力　富裕　英雄　壮士　先生　老师　专家　人才

어떤 단어는 사물에 대한 혐오 · 비난 · 경멸의 감정을 함유하는데, 이러한 단어는 부정적인 뜻을 가진 단어이다. 예를 들면 다음과 같다.

敌人　小人　土匪　恶霸　特务　流氓　阴谋　诡计　肮脏　丑陋
吝啬　顽固　庸俗　捣乱　破坏　诋毁　造谣　抄袭

긍정적인 뜻도 없고 나쁜 뜻도 없는 단어는 중성어이다. 예를 들면 다음과 같다.

桌子　汽车　态度　作风　品质　能力　天气　报告　说话　跑步
滑动　上班　城市　道路　书刊　电影　唱歌　理发

중성어 단어 의미 자체는 긍정적이거나 나쁜 색채를 가지지 않으나 일정한 언어 환경 중에 긍정적인 의미나 나쁜 의미를 생기게 하는 가능성도 있다. 예를 들면 "有能力", "够意思", "是地方"에서의 "能力", "意思", "地方"은 모두 긍정적인 뜻을 가지고 있고, "重了点", "有点大", "有情况"에서의 "重", "大", "情况"은 모두 나쁜 뜻을 가지고 있다.

감정 색채는 단어가 종종 사람이나 사물이 나타내는 사회 평가와 관련이 있는데, 예를 들면 "老板"은 중국에서 일찍이 긍정적인 뜻에서 나쁜 뜻으로 또 중성으로의 변화를 거친 것이고, "经理"는 일찍이 긍정적인 뜻에서 나쁜 뜻으로 또 긍정적인 뜻으로의 변화를 거쳤다. "家庭妇女"는 중성어이지만 "어떤 사람이 가정 부녀"라고 하는 것은 늘 나쁜 뜻을 좀 가지는데, 왜냐하면 일반인들은 "家庭妇女"는 가사 일만 하고 일을 하지 않아 시야가 편협하고 문화 수양이 높지 않다고 여긴다.

(2) 문체 색채

문체 색채는 단어가 종종 어떤 장소에서 형성된 풍격 특징에 사용된다. 주로 구어 색채와 글말 색채로 나뉜다. 구어 색채를 가지고 있는 말은 입말어(口语词)라고 하고, 글말 색채를 가지고 있는 말은 글말어(书面语词)라고 하는데, 구어와 서면어에서 모두 쓸 수 있는 말을 통용어라고 한다.

입말어는 일상생활 구어체로 사용되고, 자연적이고 활발하며, 통속적이고 이해가 쉽고, 대부분 북경 구어이거나 북방 방언어(方言词)이다. 예를 들면 다음과 같다.

溜达　脑袋　害臊　白搭　数落　聊天儿　发毛　装蒜　鼓捣　别价
踅摸　身子骨　显摆　皮实　寒碜　折腾　瞎掰　纳闷儿

글말어는 글말 색채로 쓰이고, 정식 장소와 출판물 문서에 사용되어, 장중하고 우아하며, 엄격하고 규범적으로 종종 문언 색채를 가지고 있다. 예를 들면 다음과 같다.

葳蕤　阑珊　韶华　眷恋　麇集　足下　凝聚　坚毅　诚挚　风貌
商榷　论据　权益　惩处　裂变　催化　基因　违宪　维和　弹劾
惊悉　阁下　切盼　罢黜

글말 색채는 나아가 문예 문체, 정론 문체, 과기 문체, 공문 사물 문체로 나눌 수 있고, 그중의 문체마다 모두 전용하는 단어가 있는데, 그것들도 각각 이러한 문체의 색채를 가지고 있다. 예를 들면 위에서 예로 든 "阑珊, 韶华, 眷恋"은 문예 문체에 속하고, "商榷, 论据, 权益"는 정론 문체에 속하고, "裂变, 催化, 基因"은 과기 문체에 속하고 "惊悉, 阁下, 切盼"은 공문 사물 문체에 속한다.

통용어는 구어와 서면어에도 모두 자주 활용한다. 예를 들면 다음과 같다.

现在 知道 商量 跑步 心里 吃饭 粮食 火车 公园 教室 篮球 电视

입말어와 글말어는 사용 장소가 다르기 때문에 그들은 동일한 사물을 나타낼 때 자주 대응한다. 예를 들면 다음과 같다.

跑－奔跑 种－种植 卖－销售 听－聆听 尝－品尝 狠－凶狠
清早儿－清晨 显摆－炫耀 屁股－臀部

다른 문체 색채의 단어는 일반적으로 장소에 따라 선택하여 사용하고, 틀에 꼭 맞는지에 주의해야 한다. 때때로 다른 색채의 단어를 사용함으로써 화자의 내력 · 직업 · 교양과 성격을 반영한다. 예를 들면 일반 지식인이 말할 때는 글말을 비교적 많이 사용하고, 육체 노동자는 입말어(口语体)를 비교적 많이 사용한다.

(3) **형상 색채**

형상 색채는 단어가 이성 의미를 나타냄과 동시에 비유 · 묘사 등의 수법을 통하여 모든 사람의 감각 기관에 생긴 구체적이고 생동적인 형상 감각을 알려준다. 형상 색채는 단어의 형태소 재료로 구체적으로 나타내는데, 아래 종류로 나눌 수 있다.

① 시각 형상을 표현한다. 예를 들면 다음과 같다.

金钱豹 剑麻 佛手 吊钟 鸡冠花 卷心菜 瓜子脸 枣红 翠绿
云海 猫头鹰 喇叭裤 鸭蛋青 苍山 银河 笔直 蘑菇云 蝴蝶结

② 청각 형상을 나타낸다. 예를 들면 다음과 같다.

扑通 呼噜 咕咚 叮当 笑嘻嘻 轰隆隆 哗啦啦 叽叽咕咕
唧唧喳喳 劈里啪啦

③ 촉각 형상을 나타낸다. 예를 들면 다음과 같다.

滑溜 梆硬 棘手 硬邦邦 软绵绵 湿乎乎

④ 후각 형상을 나타낸다. 예를 들면 다음과 같다.

香喷喷 臭烘烘 臊烘洪 腥乎乎

⑤ 미각 형상을 나타낸다. 예를 들면 다음과 같다.

甜滋滋 酸溜溜 辣丝丝 苦不唧 甜蜜

형상 색채를 가진 단어는 사람에게 구체적이고 생동적인 형상으로 더욱 좋게 단어의 이성 의미를 나타내는 데 도움을 준다.

3. 배경 의미

(1) 이론 근거 의미

이론 근거 의미는 단어의 조어 이유나 구성 근거이다. 예를 들면 "白菜"란 단어의 이론 근거 의미는 "흰색의 채소"이다. "雨鞋"의 이론 근거 의미는 "비를 막는 신발"이다. 이론 근거 의미는 형태소 의미 구조에 대한 인식과 어원에 대한 인식을 포함하여 단어의 이성 의미는 배경이나 참고이고, 자주 사람들의 연상을 야기할 것이다. 이론 근거 의미는 조어할 때 처음에 자주 사람들이 이 사물에 대한 인식을 반영하였으나, 이런 인식은 대부분 정확하지 않거나 결함이 있다. 예를 들면 "白菜"는 모두 흰색이 아니다. "酱油"의 이론 근거 의미는 "장으로 만든 기름"인데, 실제로 "酱油"는 "기름"이 아니라 "콩, 밀과 소금으로 양조한 소금의 액체 조미료"이다. "铅笔"는 사실 또 결코 "흑연"인 펜이 아니고, "흑연을 사용하거나 안료를 더한 점토로 연필심을 만든 펜"이다. "熊猫"는 "고양이"가 아니고, "鲸鱼"는 "물고기"가 아니므로 동물 분류가 잘못된 것에 속한다. 또 어떤 이론 근거 의미는 처음 조어하였을 때는 합리적이었으나 현재 시대의 진보에 따라서 객관 사물과 상황에는 벌써 변화가 생겼다. 예를 들면 "火车"는 이미 다시는 석탄으로 보일러를 데우지 않고, "马路"도 다시는 말을 달리지 않는다. 하지만 하여튼 이론 근거 의미는 단어의 조어 동인(动因)과 의미 구조 근거를 반영할 수 있고, 단어 의미에 대한 사람들의 이해를 더 깊게 할 수 있다. 다수 단어의 이론 근거 의미는 구하기 어렵지 않고 이해하기 쉬운데, 예를 들면 "电话, 报纸, 网球, 机器" 등이다. 또 일부 단어의 이론 근거 의미는 은연중 이유를 내포하고 있고, 반드시 어원을 찾아서 이해해야만 하는데, 예를 들면 "推敲, 问鼎, 涂鸦"의 ≪현대한어사전≫의 해석은 다음과 같다.

推敲 : 당대 시인 가도(贾岛)는 나귀를 타고 시를 지어 "鸟宿池边树, 僧敲月下门" 두 구를 얻었다고 전한다. 두 번째 구의 "敲"자는 또 "推"자로 고쳐 쓰고 싶어, 결단을 내리지 못하고 손으로 推, 敲의 모습을 지었는데, 무의식중에 한유(韩愈)를

만나, 한유에게 자초지종을 설명하였다. 한유는 잠깐 생각하고 "敲"자를 쓰는 것이 좋다고 하였다(≪苕溪渔隐丛话(조계어은총화)≫ 19권≪刘宾客嘉话录(유빈객가화록)≫에 보인다). 후세 사람이 "推敲"를 써서 자구를 고려하고 반복하여 생각하는 것에 비유한다.

问鼎 : 춘추시대, 초자(楚子, 楚庄王)가 북벌하여 낙수에 병력을 배치하고, 주 왕조를 향해 무력을 과시하였다. 주 정왕(定王)은 왕손만(王孙满)을 파견하여 초나라 사신을 위로하였는데, 초자는 왕손만에게 주 왕조의 전국 보구정의 크기와 무게를 물었다(≪左传 · 宣公三年(좌전 · 선공3년)≫에 보인다). 초자는 제위를 노려, 주 왕조 천하를 탈취하려는 뜻이 있었다. 뒤에 "问鼎"은 정권 탈취를 도모하는 것을 가리킨다.

涂鸦 : 당대 노동(卢仝)은 ≪添丁诗≫에서 "갑자기 상 위에 먹물을 뒤집어 쏟으니, 시경과 서경을 보충하는 것이 까마귀 같다."라고 하였다. 나중에 "涂鸦"를 사용하여 글자를 쓰는 것이 매우 나쁜 것을 형용하였다(겸양어(谦词)로 많이 쓰인다).

만약 어원이 불분명하면, 이런 말의 이론 근거 의미는 곧 매우 이해하기 어렵다.

(2) 문화 의미

단어의 문화 의미는 사회 · 역사 · 문화 배경이 조성한 특정한 내포 의미이다. 예를 들면 "龙", "凤"이 함유한 "존귀하다"의 의미, "松树", "竹子", "梅花"가 함유한 "용감하고 두려움이 없다"의 의미와, "狐狸"가 함유한 "교활하다"의 의미는 모두 문화 의미에 속한다. 한어의 어떤 단어 자체는 문화 의미로 한(汉) 문화 특유의 사람이나 사물을 나타내는데, 예를 들면 "龙, 凤, 华表, 如意, 长城, 梨园, 嫦娥, 红娘, 诸葛亮" 등으로 그들은 일반적으로 모두 문화 의미를 가지고 있다. 어떤 단어 의미 자체도 자연계나 문화와 무관한 것에 속하지만 한족 사회가 장기간 사용 중에 그들에게 특정한 문화 의미를 부여함으로써 이런 단어는 늘 공통적인 연상을 야기할 것이다. 예를 들면 어떤 단어는 같거나 비슷한 음이기 때문에 문화 의미가 생겼는데, "苹果"는 "평온하다"의 의미, "鱼"는 "부유하다", "남다"의 의미, "梨"는 "분리하다"의 의미, "蝙蝠"는 "행복하다"의 의미가 있고, "气管炎"은 "妻管严"과 같은 음으로 "아내를 무서워하다"의 연상 의미가 있다. 어떤 문화 의미는 객관 사물 자체의 어떤 성질이 사람에게 강렬한 인상으로 형성되는 것으로, 예를 들면, "牛"의 "부지런하다", "기꺼이 바치다", "우둔하다"의 의미이고, "喜鹊"의 "기쁜 소식을 알리다"

의 의미, "狗"의 "남에게 비굴하게 알랑거리다"의 의미, "草"의 "卑微"의 의미 등등이다. 어떤 문화 의미는 또 단어의 상징 의미로 이루어지는데, 예를 들면 "泰山"은 "중요하다"를 상징하고, "玉"은 "순결하다"를 상징하고, "红色"는 "혁명", "왕성하다", "경사스럽다"를 상징하고, "梅花"는 "추운 겨울에 봄을 알리는 사자"를 상징한다. 단어의 문화 의미는 민족성, 다면성, 은연중 내포성 등의 특징을 가지고 있다.

(3) 호응 의미

호응 의미는 단어가 특정한 호응 습관 때문에 형성한 선택 요구이다. 예를 들면 "知名"이란 단어의 사전 해석 의미는 "저명하다, 유명하다(사람에게 많이 쓰인다)"이다. 그중의 "사람에게 많이 쓰인다"가 바로 호응 의미이다. 또 "赡养", "抚养"을 예로 들면 모두 "양육하다"의 의미를 가지고 있고, "赡养"의 대상은 부모나 연장자이고, "抚养"의 대상은 자녀나 후배에 대한 것으로, 호응 의미는 다소 다르다. 어떤 단어의 호응 대상은 성별과 관련이 있는데, 예를 들면 "芳名, 芳龄, 芳心"은 모두 젊은 여성을 가리킨다. 어떤 단어는 일반적으로 부정문에만 사용하는데, 예를 들면 "问津"으로 이루어진 "无人问津", "不敢问津" 등은 모두 부정적이다. 이런 호응 제한은 모두 단어의 호응 의미로 결정된다.

사고와 연습

1. 단어 의미는 어떤 방면에 어떤 뜻을 포함하고 있는가?
2. 단어의 이성 의미는 무엇인가?
3. 아래 단어의 감정 색채를 지적하라.

   倒儿爷　演奏　轻蔑　庄严　囫囵　风范　强盛　俊美　欺凌
   脑袋　疙瘩　手机　逻辑　能源　暴力　革命　改革　夏辟
   走后门　闭门羹　草木皆兵　守株待兔　南辕北辙　万人空巷
4. 아래 단어의 이론 근거 의미를 가리켜 보라.

   保龄球　苦力　下海　黑马　炒鱿鱼　姥爷　肥皂
5. 아래 단어의 문화 의미를 가리켜 보라.

   虎　熊　松柏　牡丹　水　猴　驴　龙

제4절 단어 의미의 분해

1. 단어의 의미 항목 분석

(1) 의미 항목의 성질

의미 항목(义项)은 단어의 이성 의미의 항목을 나눈 설명이다. 사전을 편찬할 때 단어 의미를 인식하고, 파악하고, 설명하기 편리하게 하기 위해서, 단어의 이성 의미를 의미 항목의 형식으로 해석할 필요가 있다. 어떤 단어는 하나의 의미 항목만 있고, 어떤 단어는 두 개나 두 개 이상의 의미 항목이 있다. 예를 들면 "风度"와 "规范"의 사전 해석 의미는 다음과 같다.

风度：아름다운 행동거지 자태：有～｜～翩翩.

规范：① 사회적으로 약속되거나 명문 규정한 표준：语音～｜道德～.
② 규범에 부합하다：这个词的用法不～.
③ 규범에 부합하게 하다：用新的社会道德来～人们的行动.

단어의 의미 항목은 이 단어가 출현한 언어 환경으로부터 귀납된 것이다. 만약 이 단어가 모든 언어 환경에서 하나의 뜻으로 쓰이면 곧 분명히 말할 수 있고, 이 단어는 곧 하나의 의미 항목만 있어, 예를 들면 "风度"는 하나의 의미 항목만 있다. 만약 두 개나 두 개 이상의 의미를 써야만 한 단어가 다른 언어 환경 속의 의미를 분명히 해석할 수 있다면 이 단어는 여러 개의 의미로 나누어야 한다. "规范" 한 단어의 세 의미 항목은 바로 다른 언어 환경에서 출현한 세 가지의 다른 뜻이다.

의미 항목은 한 단어가 사용 중에 귀납해 낸 개괄적이고 고정적인 뜻이고, 단어가 사용 중에 우연히 가진 임시적이고 특수한 의미가 아니다. 예를 들어 노신은 소설 ≪고향(故乡)≫에서 "두부 서시(豆腐西施)" 양씨 둘째 형수를 "圆规"로 부르나, "圆规"란 단어는 결코 "양씨 둘째 형수"의 의미 항목이 없고 다만 비유가 초래한 임시 의미이다. 단어의 임시 의미는 또한 아마도 고정 의미로 발전하는데, 예를 들면 "包袱"의 "부담" 의미, "疙瘩"의 "해결하기 쉽지 않은 문제" 의미는 원래 모두 임시 의미로, 뒤에 광범위하게 사용되어 고정 의미 항목으로 변하였고, 하나의 의미 단위가 되었다.

한 단어의 다른 의미 항목 간에 서로 연계하고 보충한다. ≪현대한어사전≫의 해석 의미를 따라서, 아래 예문의 "深"은 8개의 의미 항목으로 나눈다.

这口井很深。("浅"과 상대적이다)	这口井有两丈深。(깊이)
这本书很深。(심오하다)	这件事给我的印象很深。(깊다)
我们俩的关系很深。(감정이 매우 두텁다)	这条裤子颜色太深。(색이 짙다)
夜已经很深了。(시간이 길다)	对此事我是深有体会。(매우)

이런 단어의 "深" 의미는 비슷하고, 피차 서로 연계하나, 각 의미는 또 상대적으로 독립적이고, 서로 보충하는 상태를 나타내며, 그들이 나타나는 언어 환경은 각각 서로 다르고, 언어 환경마다 다만 하나의 의미 항목이 능히 적용될 수 있다.

의미 항목의 분리와 결합은 언어 사실에서 관찰해 낸 것으로 객관적이지만, 귀납할 때 또 주관적 요소의 영향을 받아 좀 개략적으로 나누어지고, 개괄적으로 해석한다. 또 좀 상세하게 나누고, 구체적으로 해석할 수 있다. 예를 들면 ≪신화자전(新华字典)≫은 "深"을 5개의 의미 항목으로 개괄한다. ① 표면에서 아래까지나 바깥에서 안까지 거리가 큰 것으로, "浅"과 상대적이다. ② 표면에서 아래까지의 거리. ③ 오래다, 시간이 길다. ④ 정도가 높다. ⑤ 색이 무겁다. 그중에 "정도가 높다"의 의미 항목은 ≪현대한어사전≫의 "심오하다", "심각하다", "감정이 깊고 두텁다"의 세 의미 항목을 개괄하였다.

형태소의 뜻은 똑같이 또 다른 의미 항목으로 개괄할 수 있다. 어떤 것은 단음절 단어로 그 의미 항목은 단어 의미일 수도 있고, 형태소 의미일 수도 있다. 독립적으로 활용하는 의미 단위로는 단어이고, 다만 단어를 만드는 것에 참여할 수만 있는 의미 단위로는 형태소이다. 예를 들면 "学"는 5개의 의미 항목이 있다.

① 공부하다 : ～技术｜勤工俭～｜我跟着他～了许多知识。

② 모방하다 : 他～杜鹃叫，～得很像。

③ 학문 : 治～｜才疏～浅｜博～多能。

④ 학과를 가리킨다 : 数～｜物理～｜政治经济～。

⑤ 학교 : 小～｜大～｜上～。

그중에 ①, ② 두 의미 항목은 단어 의미이고, ③, ④, ⑤ 세 의미 항목은 모두 형태소 의미이다. 단어 의미를 나타내는 의미 항목은 또 의미 단위(义位)라고도 하는데, 능히 독립적으로 활용할 수 있는 단위이다.

(2) 단의어와 다의어

단의어(单义词)는 하나의 의미만을 가진 단어이다. 사전에서 단의어는 하나의 의미 항목만 있다. 예를 들면 다음과 같다.

船 : 물 위의 주요한 운수 공구

睡 : 잠자다

哭 : 고통스럽고 슬프거나 감정이 흥분하여 눈물을 흘리거나, 때로 또 소리를 내다.

共振 : 두 진동 빈도가 서로 같은 물체로, 하나가 진동할 때 다른 물체의 진동을 유발하는 현상.

股票 : 주식의 증권을 나타내는 데 사용한다.

共识 : 공통 인식

花镜 : 노안을 교정하여 사용하는 안경으로, 렌즈는 볼록 렌즈이다.

剪纸片 : 미술 창작 수단을 이용한 영화의 일종으로, 사람 · 사물의 표정 · 동작 · 변화 등을 많은 종이 공예로 잘라서, 다시 카메라로 촬영한다.

일반적으로 말해서, 과학 용어, 고유 명사, 자주 보는 사물을 나타내는 명사, 언어 중에서 새로 만들어진 단어는 대부분 단의어이다. 비교해서 말하면, 단음절어 중에 단의어는 비교적 적고, 쌍음절과 다음절어 중의 단의어는 비교적 많다.

다의어(多义词)는 두 개나 두 개 이상의 의미를 가진 것으로, 의미 사이에 관련이 있는 말이다. 사전에서 다의어는 두 개나 두 개 이상의 의미 항목을 가진 단어이다. 앞에 예로 든 "规范", "深", "学" 등의 단어는 모두 다의어이다. 현대 한어에서 다의어의 의미 항목은 십 몇 개나 이십 몇 개에 달하는데, 예를 들어 "好", "发", "打" 등은 모두 의미역이 매우 많은 다의어이다.

다의어는 단의어의 다의화(多义化) 결과로서, 단어가 역사 발전 중에 의미가 증가하여 점차 형성된 것이다. 한 단어는 많은 의미가 있고, 비교적 적은 어형(词形)으로 많은 사물 현상을 반영할 수 있어, 따로 새 단어를 만드는 것과 비교하면 당연히 간단하고 경제적이다. 다의어의 의미 간에 모두 밀접한 관련이 있고, 이런 서로 다른 의미는 한 단어의 내부에 조합되고, 한 의미에서 자연스럽게 다른 뜻을 연상하게 된다. 같지 않은 의미는 저마다의 출현 환경이 있고, 서로 다른 의미의 차이는 명확하여, 일반적으로도 뒤섞이지는 않는다. 만약에 일정한 언어 환경 속에 다의어의 서로 다른 의미를 능히 구분할 수 없다면, 다른 해석이 곧 생길 것이다. 예를 들면 고립적으로 “他背着一个包袱” 이 말을 보면 바로 다른 해석이 있어, 진정한 “부담”을 가리키는지 “사상 부담”을 가리키는지 모르는데, 만약 “他思想上背着一个包袱”로 바꾸면 다른 해석은 없어진다.

(3) **본래 의미**(本义), **기본 의미**(基本义), **파생 의미**(引伸义), **비유 의미**(比喻义)

다의어의 같지 않은 뜻 중에 역사적인 각도로 보면, 하나의 의미를 가진 것은 가장 이른 의미로, 이 의미는 본래 의미라고 한다. 본래 의미에서 파생한 의미는 모두 전의(转义)라고 한다. 예를 들면 “老”란 단어는 “年纪大(나이가 많다)” (老了 : 늙었다), “낡다”(老房子 : 낡은 집), “원래의”(老地方 : 늘 가던 곳), “불의 상태가 강하다”(煮老了 : 너무 삶아 굳어지다), “오래다”(老没见 : 오래 만나지 못했다), “자주”(老迟到 : 자주 지각하다) 등의 의미를 가지고 있다. 그중에 “나이가 많다”란 의미는 본래 의미이고, 다른 의미는 모두 전의인데, 모두 “나이가 많다”란 의미에서 파생한 것이다.

다의어의 같지 않은 의미 중에 현실 각도로 보면 하나의 의미가 있는 것은 가장 중요하고 상용하는 의미로, 이 의미를 기본 의미라고 한다. 많은 단어의 기본 의미는 본래 의미와 일치하여, 예를 들면 “年纪大”는 “老”의 본래 의미인 동시에 또 “老”의 기본 의미이다. 또 어떤 단어는 기본 의미가 본래 의미와 일치하지 않는데, 예를 들면 “树”의 본래 의미는 “심다”이고, 기본 의미는 “목본 식물의 통칭”이다.

전의 중에 본래 의미로부터 추론한 의미는 파생 의미이다. 파생하는 방식은 일반적으로 두 가지가 있다. 하나는 본래 의미에서 직접 추론한 의미로 “发”의 본래 의미는 “발사하다”이고, “발사하다”란 의미는 “돋아나다”(발아하다), “생기다”(발전하다), “말하다”(발언하다) 등의 의미로, 이것은 직접 파생이라 부른다. 다른 하나는 연쇄 방식으로 추론한 의미로, 다시 말해서 본래 의미에서 파생 의미를 추론하고 또 파생 의미에서 새로운 파생 의미를 추론한 것으로, 이것에서 유추하여 이것은 연쇄 파생 혹은 간접 파생이라고 한다. 예를 들면 “打”의 본래 의미는 “손이나 공구로 물체에 충격을 주다”이다. 철기를 제작할 때 자주 단조할 필요가 있기 때문에 “제작하다”란 의미를 파생하였는데, 예를 들면 “칼을 제작하다”이다. “제작하다”란 의미로부터 나아가 "편직하다"란 의미를 파생하였는데, 예를 들면 "스웨터를 짜다"이다. "제작하다"란 의미에서 "편직하다"란 의미를 파생하는 것은 곧 연쇄 파생이다.

전의의 또 다른 의미 유형은 비유 의미이다. 한 단어의 기본 의미를 빌려 써서 다른 사물을 비유하고, 이것에서 고정된 단어 의미는 비유 의미이다. 예를 들면 "근시"의 기본 의미는 "시력 결함의 한 가지"인데, 이 의미로 사람의 "안목이 짧고 얕다"를 비유하고 자주 사용하여 점차 고정되자, "근시"로 하여 "안목이 짧고 얕다"는 이 비유 의미가 생겼다. 또 예를 들면 "호랑이"로 "흉악한 사람"을 비유하고, 자주 사용하여 "호랑이"로 하여 "흉악한 사람"의 비유 의미가 있게 하였다. 비유 의미는 하나의 고정된 단어 의미로 사전에서 단어의 독립적인 의미 항목으로 해석하는데, 매우 자주 보는 것은 전의이다. 예를 들면 "锻炼"이란 단어는 세 개의 의미 항목이 있는데, 첫 번째 항이 본래 의미인 것을 제외하고는 나머지 두 항은 모두 비유 의미이다.

锻炼 : ① 단조하고 제련하는 것을 가리킨다. ② 체육 운동을 통하여 몸이 강건하게 하고, 용감함과 기민함을 배양하고, 단체 이익 등의 품덕을 유지하고 보호한다 : 体育～ | ～身体, 保卫祖国。 ③ 생산 노동, 사회 투쟁과 업무 실천을 통하여 자각, 업무 능력을 향상시킨다.

비유 의미는 수사 방면의 비유 수사격과 다르다. 수사 방면의 비유는 임시로 예를 든 것으로, 예를 들면 "我们的祖国像花园"이란 비유는 "花园"으로 조국을 비유하였으나 "花园" 한 단어는 결코 "조국"의 의미가 없고 다만 임시로 비교한 것으로서 결코 고정된 단어 의미가 없다.

또 어떤 전의는 환유법의 방법으로 생긴 것으로, 한 단어의 본래 의미로 다른 사물을 환유하여 이것에서 고정된 단어 의미는 환유 의미이다. 예를 들어 "铁窗"으로 "监狱"를 환유하고 "铁窗"으로 하여 "监狱"의 환유 의미가 있게 하였다. 또 예를 들어 "笔杆子"는 "문장을 쓸 줄 아는 사람"을 가리키고, "红领巾"은 "소년 선봉 대원"을 가리키고, "烽火"는 "전쟁"을 가리키고, "而立"는 "30세"를 가리키고, "古稀"는 "70세"를 가리켜서 모두 단어의 환유 의미에 속한다. 환유 의미는 한어 단어 의미 중에 수량이 많지 않고, 비유 의미만큼 그렇게 아주 보편적이지 않다.

(4) 다의어와 동음어

다의어의 서로 다른 뜻은 동일한 단어에 속하고, 그들이 나타나는 언어 환경은 다르지만 서로 간에 관련이 있는데, 즉 파생 · 비유 등의 직접적이거나 간접적인 관계를 가지고 있다.

동음어(同音词)는 음성이 서로 같고 의미 사이에는 관련이 없는 단어이다. 동음어는 동음이형어(同音异形语)와 동음동형어(同音同形语) 두 유형으로 나뉜다. 전자의 예를 들면 다음과 같다.

八－扒－疤　生－声－升　简洁－简捷　暗示－暗室　军事－军士

设置－摄制　示意－释义　利益－立意

후자의 예를 들면 다음과 같다.

别(别了)－别(别上)－别(别去)　　花(花儿)－花(花钱)

杜鹃(花)－杜鹃(鸟)　　大家－大家(名家)

生气(不愉快)－生气(活力)　　风化－(风俗教化)－风化(土石风化)

동음이형어는 쓰기 형식이 다르기 때문에 동의어와 구별하기 쉽다. 동음동형어와 다의어는 다만 형식적으로 구별할 수 없고, 단어 의미로 분별할 필요가 있는데, 단어가 대표하는 의미가 현실 속에 관련이 있는지에 달려 있다는 것에 차이가 있다. 동음동형어의 같지 않은 의미 간에 차이는 비교적 거리가 있어, 파생 · 비유 등 관계를 알아차릴 수 없다. 예를 들어 "분리"가 말하는 "别", "핀으로 다른 물건을 종이나 천 등의 물체 위에 부착하거나 고정하다"의 "别"와 "금지나 그만두도록 권하는 것을 나타내다"의 "别", 이 세 "别"의 뜻 사이에 어떤 관련이 있는지는 알 수 없고, 3개의 같지 않은 단어로 사전에서 단독으로 단어 항목에 나열하고, 의미 항목을 구분하는 방법으로는 처리할 수 없다.

동음동형어는 근원으로 보면 어떤 것은 쓰기 형식의 변천으로 형성된 것으로, 예를 들면 전후의 "后"와 황후의 "后"이다. 또 어떤 것은 단어 의미의 분화로 형성되었는데, 다만 분화 후의 차이는 지나치게 두드러져, 서로가 관련이 있는지를 알아차릴 수 없는데, 예를 들면 "脊背"가 말하는 "背"와 "'向'과 상반되다"의 "背"는 한 단어 의미로부터 분화된 것으로, 현실 단어의 의미 차이가 비교적 크기 때문에 일반적으로 동음동형어로 처리하고 두 단어로 나눈다.

2. 단어 의미와 형태소 의미

단순어는 한 형태소로 구성되고, 단어 의미가 바로 형태소 의미이다. 합성어는 두 개나 두 개 이상의 형태소로 구성되어 단어 의미와 형태소 의미 사이에 비교적 복잡한 관계가 존재한다. 단어 의미와 형태소 의미 사이의 관계를 분석하는 것은 단어의 구성 이론 근거를 분석하고, 단어 의미를 깊이 인식하는 데 모두 도움이 된다.

합성어의 단어 의미와 형태소 의미 사이에는 다음 몇 가지 관계가 있다.

① 단어 의미가 형태소 의미를 문법 관계에 따라 더하고 합한 것과 같다. 예를 들면 다음과 같다.

平分：평등하게 나누다　科技：과학기술　集训：집중하여 훈련하다

男生：남성인 학생　传阅：돌려보다　地震：지각이 진동하다

打倒：타도하다　获胜：승리를 얻다

② 단어 의미가 같은 뜻의 두 형태소 의미 중의 하나와 같다. 예를 들면 다음과 같다.

洗涤：씻다(洗)　蹊径：경로(途径)　房屋：집(房子)

怪诞：기괴하다(古怪)　明亮：밝다(亮)　冤屈：억울하다(冤枉)

③ 단어 의미가 형태소 의미에 은연중에 내포된 내용과 같다. 예를 들면 다음과 같다.

清醇：맑고 그윽한 맛이 있다.

合影：두 사람이나 더 많은 사람이 함께 합하여 사진을 찍다.

反话：고의적으로 자기 생각과 반대되게 하는 말

受托：사람의 위탁을 받아들이다.

④ 단어 의미가 부분 형태소 의미와 같다. 단어를 구성하는 형태소 중에 하나는 단어 의미를 나타내고, 또 다른 뜻은 이미 없어지거나 문법화되었다. 예를 들면 다음과 같다.

忘记：단어 의미는 “忘”과 같고, “记”의 뜻은 없어졌다.

国家：단어 의미는 “国”와 같고, “家”의 뜻은 없어졌다.

人物：단어 의미는 “人”과 같고, “物”의 뜻은 없어졌다.

窗户：단어 의미는 "窗"과 같고, "户"의 뜻은 없어졌다.

⑤ 단어 의미가 부분 형태소 의미에 부분 형태소 의미를 더한 전의와 같아, 전의는 파생 · 비유 · 환유 등의 의미를 포함한다. 예를 들면 다음과 같다.

痛快：매우 기쁘다.　　　　　　冤狱：억울한 죄의 재판사건

飞快：나는 것처럼 빠르다.　　　雪白：눈처럼 희다

梭鱼：몸이 가늘고 길어 북 같은 물고기

鼠窜：쥐새끼처럼 급히 내빼다.

踏青：봄날 청명절(清明节)을 전후하여 교외로 나가 산보하며 즐기는 것 ('青'은 '青草'를 말함)

同窗：같은 학교에서 함께 공부하다

⑥ 단어 의미는 형태소 전체의 전의와 같고, 단어 의미는 형태소 의미와 직접적인 관계가 없다. 예를 들면 다음과 같다.

领袖：국가, 정치 단체, 군중 조직 등의 지도자

骨肉：부모, 형제, 자녀 등의 친속을 가리킨다.

染指：자기 몫이 아닌 이익을 취하는 것을 비유한다.

鬼胎：남에게 말 못할 나쁜[못된] 생각을 비유한다.

东西：각종 구체적이고 추상적인 사물을 널리 가리킨다.

细软：귀금속, 보석, 장신구와 얇은 비단 따위의 휴대하기에 간편한 귀중품이나 고급 의류를 가리킨다.

3. 의미소 분석

(1) 의미소의 성질

의미소는 단어 의미를 구성하는 가장 작은 의미 단위이다. 의미소는 또 의미 성분이나 의미 특징이라고 하며, 단어 의미와 단어 의미 간에 구별되는 특징이다. 의미소는 단어의 의미 단위로서의 구성 성분으로, 특정한 음성 형식이 없고, 의미에 대한 묘사와 서술만이 있다. 의미소의 의미 앞에는 일반적으로 "＋, －" 부호를 더하여 이 특징을 가지고 있는지 없는지를 나타내고 다른 상관된 단어 의미와 대비한다.

의미소는 아래 경로를 거쳐 얻는다.

① 단어 의미의 의미 단위 중에서 분석하여 얻는다. 예를 들면 다음과 같다.

腹稿：생각은 하였으나 쓰지 않은 글 → [＋想好] [－写出] [＋文稿]

医生：의약 지식을 갖추고 의료에 종사하는 사람

→ [＋医药] [＋知识] [＋治病] [＋职业] [＋人]

② 단어의 형태소 분석에서 얻는다. 예를 들면 다음과 같다.

互助：[＋互相] [＋帮助]　　宏愿：[＋宏大] [＋志愿]

③ 단어 의미의 대비와 분석 중에서 얻는다. 예를 들면 다음과 같다.

父亲：[＋男性] [＋长辈] [＋有子女]

母亲：[＋女性] [＋长辈] [＋有子女]

(2) 의미소의 유형

의미 단위로 분석해 낸 의미소는 표면적으로 어떤 차이가 없고, 실제로 다른 유형으로 나눌 수 있다. 의미소의 수량과 설명은 표면적으로 보면 마치 정해지지 않거나 임의적인 것 같으나 실제적으로 의미소 중에 일부분은 정해져 있거나 공통적이다. 의미소는 아래 유형이 있다.

① **외현 의미소(显性义素)와 내현 의미소(隐性义素)**：외현 의미소는 명확한 조어 형식의 의미소로, 즉 조어 형태소의 의미이다. 예를 들면 다음과 같다.

明净：[＋明亮] [＋洁净]　　惨败：[＋惨重] [＋失败]

내현 의미소는 단어의 의미 단위나 단어 의미의 대비에서 분석한 것으로, 조어 형식의 의미소가 없다. 예를 들어 "竹子"의 [＋植物] [＋中空], "书"의 [＋成册] [＋著作]는 곧 내현 의미소이다.

② **분류 의미소(类别义素)와 구별 의미소(区别义素)**：분류 의미소는 단어에 대하여 의미 분류를 진행한 결과로, 표지어의 의미 분류의 의미소는 분류 의미소이다. 단어의 의미 분류 연구의 진전을 따라서 분류 의미소의 수량과 명칭은 정해져 있어야 하는데, 연구와 탐구 토론을 거쳐 일치하고 있다. 구별 의미소 자체는 층차(层次)성을 가지고 있고, 고층차의 의미소는 저층차 의미소의 상위 개념이고, 저층차 의미소는 고층차 의미소의 하위 개념이다. 예를 들면 "写字台"는 [＋物] [＋用品] [＋家具] [＋桌子] 등의 구별 의미소가 있다.

구별 의미소는 단어의 개성적인 의미소를 구체적으로 드러내는 것으로서 예를 들면 "花园"의 [+种植花木] [+游玩] [+休息], "凝视"의 [+聚精会神]은 모두 구별 의미소이다.

③ **중심 의미소와 수식(修饰) 의미소** : 의미소 간에 자주 보는 것은 수식 관계이고, 이것에 근거하여 수식 의미소와 중심 의미소로 나눌 수 있다. 예를 들면 "名师"의 [+有名], [+教师] 두 의미소 사이는 바로 수식 관계로, [+有名]은 수식 의미소이고 [+教师]는 중심 의미소이다. 어떤 단어도 중심 의미소만 있고 수식 의미소는 없을 수 있는데, 예를 들면 "哀伤"이란 단어의 [+悲哀], [+忧伤] 모두 중심 의미소이다.

④ **지배 의미소와 종속 의미소** : 의미소 간에 어떤 것은 수식 관계가 아니고 지배 관계이다. 지배 관계는 통사 중의 주서술어(主谓), 동빈 등의 관계를 포함하였다. 그중에 동사성인 것은 지배 의미소이고, 명사성인 것은 종속 의미소이다. 일반적으로 주체인 종속 의미소를 지배 의미소 앞에 두고, 객체인 종속 의미소를 지배 의미소의 뒤에 둔다. 예를 들면 "侵入"는 [+敌人], [+进入], [+境内]로 분석되고, 그중에 [+进入]는 지배 의미소이고, [+敌人]과 [+境内]는 모두 종속 의미소이다.

⑤ **고정 의미소와 임시 의미소** : 고정 의미소는 단어 의미로 하여금 고정되게 하여 반드시 구비하는 형태소이고, 임시 의미소는 잠재적으로 일정한 언어 환경 속에 실현하는 의미소이다. 예를 들면 [+有子女]는 "父亲"의 고정 의미소이다. "喂鸡"의 "鸡"는 [+活]의 의미소이고, "炸鸡"의 "鸡"는 [-活]의 의미소가 있는데, 그들은 모두 임시 의미소이다. "包饺子"의 "饺子"는 [-完成], [-熟]의 임시 의미소가 있고, "吃饺子"의 "饺子"는 [+完成], [+熟]의 임시 의미소가 있다.

(3) 의미소 분석의 활용

의미소 분석은 단어 의미를 가장 작은 단위로 분해하는 것으로 용도가 광범위하고, 매우 실용적인 가치가 있는 의미 분석 방법이다. 현대 의미소 분석은 주로 아래 몇 개의 방면으로 활용한다.

① **단어 의미 비교** : 단어 의미 비교는 일반적으로 모두 단어 의미가 관련된 단어 사이에서 진행하는데, 다시 말해서 모두 공통된 구별 의미소가 있는 단어 사이에서 진행한다. 예를 들면 "男人"과 "女人"은 모두 "人"이고 비교하면 구별 의미소를 찾을 수 있다. 그리고 "男人"과 "然而" 사이에는 어떤 공통점이 없어, 비교하는

것은 큰 의미가 없다. 공통된 구별 의미소는 점점 더 많은 단어가 그 구별 의미소를 더 두드러지게 하여, 이 때문에 의미소는 비교적 일반적으로 대부분 동일한 의미 장소(义场) 내에서 진행한다. 예를 들면 "墨镜"과 "玻璃"는 비록 서로 같은 의미소이지만 구별 의미소가 너무 많아, 분석하기 편리하지 않다. "墨镜"과 "花镜"은 동일한 의미 장소 중에 구별 의미소가 [+深色], [+避光]과 [+凸面], [+花眼]으로 비교적 분석해 내기 쉽다. 또 "高兴"과 "愉快" 두 단어를 예로 들면 모두 [+喜悦]의 공통 의미소가 있으나 "高兴"은 [+兴奋]의 의미소가 있고, "愉快"는 [+快意]의 의미소가 있어, 그들은 각자의 구별 의미소가 있다.

② **단어 의미 해석** : 의미소 분석은 우리들이 단어 의미를 인식하고, 분석하고, 해석하는 것을 돕는다. 정확하게 분류 의미소와 구별 의미소를 파악하는 것은 단어 의미를 과학적으로 해석하는 관건이다. 예를 들어 이전의 사전은 "鲸"을 "바다의 큰 물고기(海大鱼也)"로 해석하는데, 이것은 바로 적당하게 분류하지 않은 잘못을 저지른 것이다. "鲸"의 분류 의미소는 [+哺乳动物]이어야 한다. 또 구 자전의 "牛"를 예로 들면 "가축(大牲也)"으로 해석하는데, 바로 구별 의미소가 지나치게 적은 잘못을 한 것으로, "马", "骡"는 똑같이 모두 "가축(大牲也)"일 수 있다. 구별 의미소 [+身体大], [+趾端有蹄], [+头上长双角], [+尾巴尖端有长毛], [+反刍], [+力气大], [+供役使] 등을 더해야 하고, 이렇게 다른 큰 가축과 분명히 구별된다. 의미소 분석은 우리들이 사전의 단어 의미를 해석하는 것을 도울 뿐만 아니라 또 우리들이 문장과 문구 속의 구체적인 단어 의미를 해석하는 것을 도울 수도 있다. 예를 들면 노신의 소설 ≪고향≫은 "接着便飞出八岁的侄儿宏儿" 한 구가 있는데, "飞出"란 단어는 [+跑]란 의미소를 가지고 있어, 일반적인 "飞"와 다르다.

③ **어구(词语) 호응 분석** : 어구 사이의 호응 관계는 의미소 분석으로 해석할 수 있는데, 예를 들면 "喝"가 요구하는 빈어는 일반적으로 [+液体]의 의미소를 가지고 있고, "牛奶"는 [+液体]의 의미소를 가지고 있기 때문에 "喝牛奶"는 성립할 수 있다. "面包"는 [+固体], [−液体] 이러한 의미소를 가지고 있기 때문에 "*喝面包"는 성립할 수 없다. 서로 호응하는 말이 만약 모순 의미소가 존재한다면, 배열이 적당하지 않은 어폐가 생길 것이다. 또 "*娶了丈夫"로 잘못하는 것을 예로 들면, "娶"란 동사는 빈어가 [+女人] 이러한 의미소를 요구하기 때문이고, "丈夫"는 [+男人], [−女人] 이러한 의미소를 가지고 있기 때문에 모순을 낳는다.

④ **의미 특징 분석** : 의미 특징 분석은 통사 구조 의미 제한에 대하여 분석하는

방법이다. 의미 특징 또한 바로 통사 구조 중에 특정 위치 단어의 공통적인 의미소이다. 예를 들면 "吃饭来了", "休息来了", "上课来了" 중의 "吃饭", "休息", "上课" 모두 [+目的]란 공통적인 의미 특징(의미소)을 가지고 있고, 이 의미 특징을 가지고 있지 않은 단어는 이런 구조를 이룰 수 없다. "同意来了", "以为来了", "赞成来了" 중의 "同意", "以为", "赞成" 모두 [+心理]라는 공통된 의미 특징(의미소)을 가지고 있다. 의미 특징 분석은 이 두 "동사+来了" 구조의 차이와 형성의 원인을 해석하였다.

사고와 연습

1. 의미 항목은 무엇인가? 의미 항목 분리와 결합은 무엇이 결정하는가?
2. 다의어는 무엇인가? 단어의 기본 의미, 파생 의미와 비유 의미는 무엇인가?
3. 기본 의미는 본래 의미와 동일한 것인가? 예를 들어 설명하라.
4. 동음어는 무엇인가? 예를 들어 다의어와 동음어의 차이를 설명하라.
5. 아래의 단어에서 어떤 것이 단의어인가? 어떤 것이 다의어인가?

   小说 好汉 月亮 同意 关系 热闹 浇 世界 推 下落 熟
   疏通 医生 懂 发 煤 瞟 溅 风 苗条 发火 雨 把 缎子
   剥 杜绝 表 领导 死 思想 透视 白 黄鱼 黄芪 道理 仓库
   肺 手稿 天 地 盲人 喝 天使 哑 冠军 蓬松 捧杯

6. 아래의 단어에서 어떤 것이 동음어인가? 어떤 것이 다의어인가?

   新生 杜鹃 疙瘩 苦难 气象 远景 材料 别
   出口 录像 大方 会意 怀抱 掂量 风暴 策划

7. 단어 의미와 형태소 의미의 관계는 어떠한 몇 가지 유형이 있는가?
8. 아래 각 단어의 단어 의미가 형태소 의미와의 관계를 설명하라.

   教育 答理 窗户 质量 睡觉 朋友 骨血 文艺
   军训 救火 裙带 首脑 连襟 手足 谢幕 掠美

9. 의미소는 무엇인가? 의미소는 어떤 경로를 거쳐 얻을 수 있는가?

⑩ 의미소는 어떠한 유형으로 나눌 수 있는가?

⑪ 사전 해석 의미에 근거하여 아래 각 단어에 대하여 의미소 분석을 하라.

客房　外快　外侨　驰骋　挂念　达标　稳重　新颖

繁杂　信件　天车　纪律　邮局　分析　冒险　苛求

제5절 단어 의미의 집합

1. 의미장 및 그 유형

(1) 의미장(语义场)

"장(场)"은 물리학에서 빌려온 개념으로, 예를 들면 "자기장(磁场)", "전장(电场)"이다. 의미장은 다른 단어 간의 대비를 통한 것으로, 그들 단어 의미의 공통 특징과 상호 연계에 근거하여 구분한 종류이다.

우리들은 같지 않은 단어의 단어 의미에 대하여 비교하고, 단어 간에 서로 관련하거나 제약하는 상황을 발견할 수 있다. 예를 들면 "桌子, 椅子, 书柜"는 모두 "가구"의 의미장에 속한다. "椅子, 板凳, 沙发"는 모두 "좌구(坐具)"의 의미장에 속한다. 단어 의미상의 공통 특징과 상호 관계에 근거하여 단어를 다른 종류로 나누는데, 이것이 바로 단어 의미의 집합이고, 나눈 종류는 바로 의미장 혹은 어휘장이라고 한다. 의미소 분석의 각도로 보면 동일한 의미장에 속하는 단어는 모두 공통의 의미소를 가지고 있고, 공통 의미소는 단어 의미가 가지고 있는 연계를 표명한다. 같지 않은 단어는 일반적으로도 모두 다른 의미소를 가지고 있어, 단어 의미 간의 차이를 표명하고, 구별 의미소를 거쳐 더욱 정확하게 단어 의미의 특징을 파악한다. 서로 다른 의미장에서 공통적인 의미소와 구별 의미소의 차이는 다만 상대적이다. 예를 들어 "桌子, 椅子, 书柜"가 구성한 의미장 중에 "坐具"는 "椅子"의 구별 의미소이다. 그리고 "椅子, 板凳, 沙发"가 구성한 의미장에서 "좌구"는 공통된 의미소이다.

동일한 단어는 서로 다른 의미장에서 단어 의미가 다를 가능성이 있다. 이것은 같지 않은 단어의 제한을 받는데, 다시 말해 의미장 제약의 결과이다. 예를 들면 "金,

木, 水, 火, 土" 五行의 의미장에서 "金"은 "金属"을 가리키고 "金, 银, 铜, 铁, 锡" 五金의 의미장에서 "金"은 "黄金"을 가리킨다. "年, 月, 日" 의미장에서 "日"은 "一天"을 가리키고 "日, 月, 星辰" 의미장에서 "日"은 "太阳"을 가리킨다.

(2) **의미장의 층차**(层次)

의미장은 층차가 있는데, 하나의 상층 의미장의 아래에서는 일반적으로 또 일부 하층 의미장으로 나눌 수 있다. 예를 들면 "生物" 의미장은 "动物, 植物, 微生物"로 나눌 수 있고, "动物" 의미장은 또 "人类, 动物′"로 나눌 수 있다. 상층 의미장은 또 모장(母场)이라고도 부르고, 하층 의미장은 자장(子场)이라고도 부른다. 그중에 상층 의미장의 단어는 상위어(上位词)라고 하고, 하층 의미장의 단어는 하위어(下位词)라고 한다. 예를 들면 "生物"은 바로 "动物"의 상위어이고, "动物"은 "生物"의 하위어이다. 어떤 단어는 다의어로 속(属) 개념을 나타내기도 하고 종(种) 개념을 나타내기도 하는데, 예를 들면 "动物"는 "动物′"의 상위어로 고등 동물 인류에 포함된다. "动物′"는 "动物"의 하위어로 인류에 포함되지 않는다. 또 예를 들어 "金, 木, 水, 火, 土" 중에 "金"은 "金′, 银, 铜, 铁, 锡" 중의 "金′"의 상위어이다. "金′"은 "金"의 하위어이다.

모장(母场) 중의 상위어는 하나의 분류 의미소로, 자장(子场) 중에 하위어가 공유한 것인데 예를 들면 "人"은 하나의 의미소 [+人]으로 하위어는 "男人, 女人"이 공유한 공통 의미소이다. 하위어는 필연적으로 일부 특수한 의미소가 상위어와 서로 구별됨을 가지고 있는데, 예를 들면 [+男性]은 바로 "男人"인데 "人"의 특수 의미소와 구별된다. "酒"는 "白酒, 葡萄酒"의 상위어로, [+酒]도 공통 의미소이다. "白酒"는 "酒"의 하위어이고, [+无色], [+酒精含量高]로 "白酒"가 "酒"의 특수한 의미소와 구별된다. 하위어는 더욱 아래층의 의미장에 대하여 말하면 또 상위어로, 예를 들면 "白酒"는 "茅台, 五粮液, 二锅头"에 대하여 말하면 또 상위어이고 공통 의미소이다.

어휘의 각도에서 보면 한 의미장에 같이 속한 단어는 상위어가 있는 것이 확실하지 않은데, 예를 들면 "爷爷, 奶奶"가 구성한 의미장은 상위어가 없다. 의미장 중의 단어는 하위어가 있는 것이 더욱 확실하지 않은데, 예를 들면 "茅台"는 곧 하위어가 없다. 이 때문에 의미장은 층차가 있을지라도 구체적인 의미장 중의 단어는 상위어나 하위어가 있는 것이 확실하지 않다. 의미장이 같은 부류에 속하는 단어는 관련이 있으나 동일하지는 않다. 예를 들면 "爷爷, 奶奶"도 "연장자"와 "친족" 부류로 분류할 수 있으나 의미장의 범위와 구성원이 변화되었다. 의미장은 주로 동일한 층차의 단어로 구성된다.

(3) 의미장의 유형

의미장의 구성원 간에 관계가 다른 것에 근거하여, 의미장도 다른 유형으로 나눌 수 있다.

① **유속 의미장(类属义场)** : 비교적 큰 의미류에 함께 속하는 한 조의 단어가 구성한 의미장은 유속 의미장으로, 분류 의미장이라고도 부른다. 유속 의미장은 매우 자주 보는 의미장이다. 예를 들면 "桌子, 椅子, 柜子, 床"은 가구류에 속한다. "红, 黄, 蓝, 绿, 紫, 白, 黑"는 색깔류에 속한다. "锅, 碗, 瓢, 盆"은 주방 도구류에 속한다. "纸, 墨, 笔, 砚"은 문구류에 속한다.

한어 중에 유속 의미장의 구분은 과학적인 분류를 참고하여 진행할 필요가 있으나 완전히 과학에 부합하는 것도 아니어서 실제로 현실의 다수 단어의 의미 분류는 모두 엄격한 의미상의 과학 분류가 아니다. 사람들의 단어 의미에 대한 인식은 대부분 전통 사상이나 습관에서 나오기 때문이다. 예를 들어 과학적인 각도로부터 "금속(金属)"은 먼저 "검은색 금속(黑色金属)"과 "유색 금속(有色金属)"으로 나누고, "검은색 금속(黑色金属)"은 또 "铁, 锰, 铬"로 나누고, "유색 금속"은 "중금속(重金属), 경금속(轻金属), 희소 금속(稀有金属), 귀금속(贵金属)"으로 또 나눌 수 있다. "金, 银, 铜, 铁, 锡"의 분류는 결코 과학적이지 못하다. 또 생물학의 원칙에 의거하는 것을 예로 들면 "门, 纲, 目, 科, 种"의 상하위 순서에 따라서 동물을 분류해야만 하고, 그래서 습관적으로 "动物"를 "人"과 "动物'"로 나누고 "动物'"을 "马, 牛, 羊, 鸡……"로 나누어도 결코 엄격한 과학적인 분류가 아니다.

매우 많은 유속 의미장의 구성원은 모두 열거하기가 어려운데, 예를 들면 "가구" 의미장의 구성원은 도대체 얼마나 있는지 완전히 분명하게 말하기가 어렵다. 이 때문에 때때로 일부분을 열거해도 전체를 대표하는데, 예를 들면 "桌, 椅, 板凳"도 "茶几, 条案, 屏风" 등 안에 포함하는 모든 가구를 대표하였다. 또 예를 들면 "煎, 炒, 烹, 炸"는 "蒸, 煮, 烧" 안에 포함하는 모든 요리 방법을 대표하였다.

유속 의미장의 부류와 구성원은 어떤 것은 일반과 개별의 관계인데, 예를 들면 "家畜" 부류의 구성원은 "马, 牛, 羊"이고, "家畜"는 일반적인 명칭이며 "马, 牛, 羊"

은 구체적으로 개별적인 가축이다. 또 어떤 것은 전체와 부분의 관계가 있어, 예를 들면 "树" 부류의 "树根, 树枝, 树干, 树冠, 树皮"이다. 또 어떤 것은 일반과 개별의 관계일 뿐만 아니라 전체와 부분의 관계이기도 한데, 예를 들면 "학생(学生)"류의 "大学生, 中学生, 小学生"으로, "学生"은 일반적인 명칭일 뿐만 아니라 전체의 명칭이기도 하고 "大学生"은 구체적이고 개별적인 학생일 뿐만 아니라 학생의 일부분이기도 하다.

② 순서 의미장(顺序义场) : 어떤 고정적인 순서에 따라 배열한 한 조의 단어가 구성한 의미장은 순서 의미장이다. 순서 의미장은 숫자가 얼마인지와 차례를 나타내는 것으로, 예를 들면 "一, 二, 三, 四, 五……", "第一, 第二, 第三……", "子, 丑, 寅, 卯……", "个, 十, 百, 千, 万……"이다. 시간의 선후를 나타내는 것이 있는데, 예를 들면 "上午, 中午, 晚上", "一点, 两点, 三点, 四点……", "小学, 中学, 大学", "头伏, 二伏, 三伏", " 早餐, 中餐, 晚餐", "初试, 复试"이다. 등급의 높이를 나타내는 것이 있는데, 예를 들면 "博士, 硕士, 学士", "教授, 副教授, 讲师, 助教", "省, 地, 县, 乡, 村", "军, 师, 旅, 团, 营, 连, 排, 班"이다. 도량형 단위를 나타내는 것이 있는데, "吨, 公斤, 克," "公里, 米, 分米, 厘米, 毫米", "年, 月, 日, 小时, 分, 秒" 등등으로 이런 것은 모두 순서 의미장이다.

어떤 순서 의미장은 순환할 수 있어 계속 순환하는데, 예를 들면 "星期一, 星期二, 星期三……星期日", "春, 夏, 秋, 冬", "一月, 二月, 三月……十二月", "甲子, 乙丑, 丙寅 ……癸亥" 등은 모두 순환 순서 의미장이다.

③ 동의 의미장(同义义场)과 반의 의미장(反义义场) : 의미가 서로 같거나 비슷한 한 조의 단어가 구성한 의미장은 동의 의미장이다. 의미장 중의 단어는 동의어(同义词)라고 부른다. 예를 들면 "美丽, 漂亮", "坚决, 坚定", "艰难, 困难" 등이다. 동의 의미장 중의 공통 의미소는 바로 서로 같은 의미로, 예를 들면 "美丽, 漂亮"은 모두 [+好看]의 공통된 의미소이고, 서로 같은 의미의 존재는 동의 의미장을 구성하는 기초이다.

두 의미가 서로 반대이거나 상대적인 단어가 구성한 의미장은 반의 의미장이다. 반의 의미장 중의 두 단어는 반의어(反义词)이다. 예를 들면 "上, 下", "早, 晚", "前进, 后退", "成功, 失败"이다. 반의 의미장의 두 단어는 반드시 동일한 범주에 속하여 그들의 공통 의미소는 범위를 나타내는 의미소로, 예를 들면 "上, 下"는 모두 [+方位] 의미가 있는데, 이것은 범주를 나타내는 의미소이고, "早, 晚"은 모두

[＋时间]의 범주를 나타내는 의미소이다.

동의 의미장과 반의 의미장은 단어 의미 집합 중의 자주 보고 중요한 두 의미장이고, 동의어와 반의어의 존재는 단어와 단어에 의미 관계가 존재하고 있음을 설명하고, 어휘 계통성을 구체적으로 드러내는 것이다. 동의어와 반의어는 언어 활용 중의 역할이 매우 중요하여 우리들은 중점적으로 학습할 필요가 있다.

2. 동의어

(1) 동의어의 성질

동의어는 의미가 서로 같거나 비슷한 한 조의 단어이다. 그중에 의미가 완전히 서로 같은 단어는 등의어(等义词)라고 한다. 예를 들면 다음과 같다.

日光灯－荧光灯　　发动机－马达
连衣裙－布拉吉　　计算机－电脑

사실상 이성 의미, 색채 의미, 배경 의미에서 완전히 서로 같은 등의사는 매우 적은데 예를 들면 "演讲－讲演", "觉察－察觉"로, 게다가 다수 등의사는 사용 중에 일반적으로 또 그중의 사용하지 않는 하나를 도태시킬 것이다. 예를 들면 다음과 같다.

照相机－照相器　　米－公尺
吉他－六弦琴　　元音－母音
激光－莱塞　　维生素－维他命

이런 등의사 중의 뒤에 하나는 현재 이미 도태하거나 점차로 도태되어 가고 있다.

동의어 중에서 더욱 많은 것은 유의어(近义词)이다. 유의어는 이성 의미 방면에 서로 같은 점이 있고, 이성 의미와 색채 의미 등의 방면에도 다른 점이 있다. 예를 들면 다음과 같다.

江－河　吞－咽　疼－痛　妨碍－妨害　尊重－尊敬
消除－破除　表扬－表彰　含糊－模糊　广大－宽大

동의어 중의 단어는 때때로 다의어이고, 다만 하나의 의미에서 서로 같거나 비슷하면 동의어를 이룰 수 있다. 예를 들면 "骄傲"는 "자랑스럽다"란 의미에서는 "自豪"와 동의어를 이룬다. "骄傲"는 또 "거만하다"의 의미가 있는데 "自满"과 동의어를 이루고 "自豪"와는 동의어를 이룰 수 없다.

어휘학에서 말하는 동의어는 언어에서 안정되고 견고하며 언어 환경에 의존하지 않고 존재하는 동의어로 사전에 수록하고 묘사할 수 있다. 언어 활용에서 또 임시로 같은 의미로 쓰이는 말이 있는데, 예를 들어 노신의 소설 ≪고향≫에 "杨二嫂"라 썼는데, 그녀를 "두부서시(豆腐西施)"라 하고, 또 그녀를 "컴퍼스(圆规)"로 형용하였다. "杨二嫂", "豆腐西施", "圆规" 세 단어는 동일인을 가리키고 동의 표현 형식을 형성하였으나, 우리는 "豆腐西施"의 동의어는 "圆规"라고 할 수 없고 사전에서 찾을 수 없으며, 이 소설의 이 두 단어가 곧 전혀 관련이 없다는 것을 벗어났다. 임시 동의어는 언어의 구체적인 활용 중의 현상에 속하며, 다시 말해 수사학에서의 동의 표현 형식, 언어 동의어라고도 하는데, 어휘학에서 말하는 언어 동의어와는 동일하지 않다.

동의어는 형태소의 다른 점과 같은 점의 각도로 관찰하면 아래의 몇 가지로 나눌 수 있다.

① 형태소가 완전히 다르다. 예를 들면 다음과 같다.

美丽－漂亮　笼罩－覆盖　毛病－缺点　憧憬－向往　独裁－专制
课堂－教室　讥讽－嘲笑　道路－途径　谨慎－小心　出色－卓越
慢慢－渐渐　怒吼－咆哮

② 형태소가 하나는 같고 하나는 다르다. 예를 들면 다음과 같다.

保卫－捍卫　辩论－争论　实行－施行　轻率－草率　减弱－削弱
帮助－协助　出现－涌现　改进－改正　庆祝－庆贺　慈祥－慈爱
闪烁－闪耀　处理－处置

③ 형태소가 서로 도치된다. 예를 들면 다음과 같다.

式样－样式　力气－气力　泉源－源泉　整齐－齐整　粮食－食粮
叫喊－喊叫　词语－语词　语言－言语　比较－较比　痛苦－苦痛
损耗－耗损　声名－名声

동의어는 근원으로 보면 어떤 것은 신구어가 병존하여 생긴 것인데, 예를 들면 "文法-语法", "母音-元音"이다. 어떤 것은 표준어가 표준어 중의 방언과 병존하여 생긴 것으로, 예를 들면 "馒头-馍", "玉米-棒子"이다. 어떤 것은 외래어가 한어와 병존하여 생긴 것으로, 예를 들면 "海洛因-白面儿", "拖拉机-铁牛"이다. 외래어 중의 음역어와 의역어도 동의어를 구성할 수 있는데, 예를 들면 "公尺-米", "连衣裙-布拉吉"이다. 동의어 발생의 가장 중요한 원인은 여전히 사회생활의 발전으로, 언어는 끊임없이 풍부하게 발전할 필요가 있고, 단어의 구분은 더욱 세분할 필요가 있어 더욱 정확하고 선명하며, 생동적으로 각종 사물과 현상을 반영하고, 사람의 사상과 감정을 표현한다.

동의어가 풍부한 것은 언어 발전의 표지이고, 말을 하고 문장을 쓸지라도 적당한 단어를 선택하는 것에 고심하고 공을 들여야 하며, 풍부한 동의어는 마침 사람들이 표현하는 수요를 만족시킬 수 있다. 예를 들면 상해 사서(辞书)출판사가 출판한 ≪동의어어림(同义词词林)≫은 "死"에 관한 동의어를 164개 수록하였는데, "牺牲, 逝世, 作古, 仙逝, 去世, 归西, 毙命, 蹬腿, 翘辫子" 등을 포함한다. 만약 이렇게 많은 동의어가 없다고 상상하면 사람들의 표현은 변통하기가 어렵고, 문장도 단일하고 무미건조하며, 따분하여 재미가 없게 변할 것이다.

(2) 동의어의 판별

동의어 간에는 의미상 대동소이하므로 그 차이는 판별을 거쳐야만 나타날 수 있다. 동의어 간의 차이는 비록 작지만 매우 중시할 가치가 있는데, 그들은 단어의 개성을 나타내고 사물 사이의 미세한 차이를 반영하며, 사람들의 주관적인 태도의 미묘한 변화를 구현하였기 때문이다. 이러한 차이를 깊이 이해하지 못하면 사용할 때에 단어 사용이 부당하고, 단어가 뜻을 나타내지 못하는 현상이 나타나며, 갖가지 잘못이 생길 것이다. 대량의 동의어를 파악하고 동의어 간의 차이를 판별할 수 있어야만 알맞게 단어를 활용하고, 다른 장소나 문체 중에서 필요한 수요를 만족시킬 수 있다. 이 때문에 동의어를 판별하는 것은 단어의 미시적 시스템에 들어서는 경로이고, 어휘학 지식을 학습하는 중요한 일환이다.

동의어의 차이를 판별하는 것은 주로 아래의 세 방면으로 시작한다.

① 의미 방면

1) **단어 의미의 무게** : 동의어 중에 어떤 단어의 의미 정도는 비교적 무겁고, 어떤 단어의 의미는 비교적 가볍다. 예를 들면 "轻视"와 "蔑视"로, "蔑视"의 단어

의미는 명백히 "轻视"보다 무거운데, 다시 말하면 "轻视"는 더 "轻视"하는 정도를 더해야 한다. 예를 들면 "他蔑视一切霸权"의 "蔑视"는 "轻视"로 대체할 수 없다. 또 "改良"과 "改革"를 예로 들면 "改良"은 다만 사물의 결점을 없앤 것이고, "改革"는 사물 중에서 불합리한 부분을 새로운 것으로 고친 것이다. "爱好"와 "嗜好"에서 "爱好"는 어떤 사물에 대하여 깊은 흥미가 있는 것이고, "嗜好"는 특히 애호하는 것이다. 그들은 모두 뒤에 단어의 뜻이 앞 단어의 뜻보다 무겁다. 단어 의미 무게가 다른 동의어는 때로 여러 개가 있는데, 무게의 다름에 따라 한 계열로 늘어선다. 예를 들면 다음과 같다.

希望＜盼望＜渴望　　偏爱＜宠爱＜溺爱　　损坏＜破坏＜毁坏

优良＜优秀＜优异　　秘密＜机密＜绝密　　请求＜恳求＜哀求

"希望", "盼望", "渴望" 모두 "愿望"의 뜻을 가지고 있으나 "愿望"의 정도에 대해 말하면, "渴望"은 갈구하는 것이고, "盼望"은 바라는 것이고, "希望"은 희망하다이다. "偏爱"는 한쪽을 감싸는 사랑이고, "宠爱"는 응석받이로 키우는 사랑이고, "溺爱"는 원칙이 없고 고분고분 순종하는 사랑이다. "损坏"는 아직 보수할 수 있고, "破坏"는 비교적 심각하고, "毁坏"는 철저하게 끝났다. "优良"은 일반적으로 좋고, "优秀"는 두드러지게 좋고, "优异"는 특별하게 좋다. "秘密"는 은폐할 필요가 있어 공개할 수 없는 것이고, "机密"는 중요한 비밀이고, "绝密"는 극단적인 비밀이다. "请求"는 설명하며 요구하는 것이고, "恳求"는 간절하게 요구하고, "哀求"는 애원하며 청구하는 것이다.

2) **단어 의미의 범위** : 어떤 동의어의 단어 의미는 범위 크기가 다르다. 예를 들면 "边疆"과 "边境"은 모두 국경선에 근접한 지역을 가리키나 "边疆"의 범위가 "边境"보다 훨씬 더 크다. "局面"과 "场面"을 또 예로 들면 "局面"은 한 시기 안의 일의 상태를 가리키고, "场面"은 구체적인 장소 아래의 광경을 가리킨다. "性质"와 "品质"에서 "性质"는 사물 일체의 근본적인 속성이고, "品质"는 사람의 사상 본질을 가리킨다. "战争"과 "战役"에서 "战争"은 민족 · 국가 · 계급 사이의 무장 투쟁을 가리키고, "战役"는 일련의 전투의 총체를 가리킨다. 이 몇 조의 동의어는 모두 앞 단어의 단어 의미의 범위가 크고 뒤에 단어의 단어 의미 범위는 작다. 또 예를 들면 다음과 같다.

时代＞时期　　事件＞事故　　家族＞亲属＞家属＞家眷

"时代"와 "时期" 모두 일정한 시간을 가리키나 "时代"가 "时期"가 거친 시간보다 길다. 예를 들면 "新石器时代(신석기 시대)", "毛泽东时代(모택동 시대)"와 "土地革命时期(토지혁명 시기)", "三年自然灾害时期(3년 자연 재해 시기)"이다. "事件"과 "事故"는 모두 일을 가리키나, "事件"이 "事故"보다 중대하다. 예를 들면 "卢沟桥事件(칠칠사변)"과 "停电事故(정전 사고)"이다. "家族", "亲属", "家属", "家眷" 모두 혈연 관계 혹은 혼인 관계가 있는 사람을 가리키지만, 그중에 "家族"가 가리키는 범위가 가장 크고, 동일 혈통의 몇 대 사람을 포함할 수 있다. "亲属"는 혈연 관계나 혼인 관계가 있는 사람을 가리키고, "家属"는 한 가정에서 호주 외의 모든 사람을 가리킨다. "家眷"은 범위가 가장 작아, 본인의 아내와 자녀만을 가리킨다.

3) 단어 의미의 중점 형태소가 하나는 같고 하나는 다른 동의어는 동의어 중에 매우 큰 비중을 차지하는데, 그 차이는 같지 않은 형태소가 구현해 내는 단어 의미 중점이 다른 것에 있다. 예를 들면 "宏伟"와 "雄伟"는 모두 "伟"가 있어 "크다"의 뜻이 있으나 "宏伟"의 "宏"은 규모가 웅대한 것을 가리키고, "雄伟"의 "雄"은 기세가 웅장하고 힘찬 것을 가리키므로 양자의 중점은 다르다. "継续"와 "持续"의 예를 또 들면, 모두 "연속하다"의 뜻이 있으나 "継续"는 "후속하다"의 뜻이 있어, 일을 중단해도 계속할 수 있고, "持续"는 "유지하다"의 뜻이 있어 일이 줄곧 연속하여 끊이지 않는 것을 나타낸다. 또 예를 들면 다음과 같다.

坚定－坚决　　解除－废除　　爱惜－爱护
隐藏－隐蔽　　侵犯－侵占　　公平－公正

"坚定"은 "定"에 중점을 두는데, 즉 힘을 정하여 동요하지 않고, "坚决"는 "决"에 중점을 두어 결심하여 망설이지 않는 것이다. "解除"는 "解"에 중점을 두고, 곧 제약하지 않고, "废除"는 "废"에 중점을 두는데, 폐지하고 쓰지 않는다. "爱惜"는 "珍惜(소중히 여기다)"에 중점을 두고, "爱护"는 "保护(보호하다)"에 중점을 둔다. "隐藏"은 "藏匿(숨다)"에 중점을 두고, "隐蔽"는 "掩蔽(엄폐하다)"에 중점을 둔다. "侵犯"은 "进犯(침범하다)"에 중점을 두고, "侵占"은 "霸占(강점하다)"에 중점을 둔다. "公平"은 "平等(평등)"에 중점을 두고, "公正"은 "正义(정의)"에 중점을 둔다.

이상의 세 방면 이외에, 동의어 중에서 어떤 단어가 나타내는 것은 개체로, 개체명사에 속한다. 또 어떤 단어가 나타내는 것은 집단으로, 집합명사에 속한다. 예를 들면 "山"과 "山脉", "书"와 "书籍", "纸"와 "纸张"으로, 전자가 일반적으로 나타내는 것은 개체 개념이고, 후자가 나타내는 것은 모두 집합 개념으로, 이런 동의어의 차이는 비교적 명확하기 때문에 일반적으로 전문적인 분석 식별이 필요없다.

2 색채 방면

1) **감정 색채가 다르다** : 단어의 감정 색채는 단어를 긍정적인 뜻, 부정적인 뜻, 중성 세 가지로 나눌 수 있다. 어떤 동의어는 감정 색채 방면에 차이가 존재하는데, 예를 들면 "成果", "结果", "后果" 이 세 동의어는 모두 "결말"의 뜻이 있으나 "成果"는 긍정적인 뜻이고, "结果"는 중성어이고, "后果"는 부정적인 뜻이다. 동의어는 감정 색채가 다른 것에 근거하여 대체적으로 아래의 몇 가지 종류로 나눈다.

① 긍정적인 뜻－부정적인 뜻

果断－武断　　顽强－顽固　　保护－庇护
丰满－肥胖　　大力－大肆　　鼓励－怂恿

② 중성－부정적인 뜻

充满－充斥　　手段－技俩　　排除－排斥
习惯－习气　　幻想－空想　　打算－企图

③ 중성－긍정적인 뜻

成绩－成就　　攻占－攻克　　温暖－温馨
观看－瞻仰　　体格－体魄　　典型－典范

④ 긍정적인 뜻－중성－부정적인 뜻

雄辩－论辩－诡辩　　鼓舞－鼓动－煽动　　团结－联合－勾结

2) **문체 색채 방면** : 동의어의 단어 의미 차이도 문체 색채에 구현된다. 단어의 문체 색채는 일반적으로 서면어, 구어, 통용어 세 가지로 나뉜다. 동의어의 문체 색채 차이는 아래의 몇 가지 종류가 있다.

① 서면어－구어

恐吓－吓唬　　邂逅－碰见　　诞辰－生日
头颅－脑袋　　吝啬－小气　　思考－寻思

② 서면어－통용어

商榷－商量　　踌躇－犹豫　　月球－月亮
拂晓－早晨　　擢升－提拔　　子夜－半夜

③ 통용어－구어

水泥－洋灰　　散步－溜达　　收拾－归置

今天－今儿　　批评－数落　　怂恿－撺掇

④ 서면어－통용어－구어

赞誉－称赞－夸奖　　母亲－妈妈－妈咪　　磋商－商量－合计

가장 극단적인 서면어는 문언이고 가장 극단적인 구어는 방언이다. 동의어 중에서도 문언과 통용어, 통용어와 방언의 차이가 있다. 예를 들면 다음과 같다.

문언－통용어：若干－一些　　囹圄－监狱　　汗颜－惭愧

통용어－방언：蟋蟀－蛐蛐儿　　寻找－踅摸　　立刻－立马儿

3 용법 방면

1) 단어 성질과 통사 기능이 다르다：어떤 동의어는 단어 성질 방면에서 차이가 있다. 예컨대 "永久"와 "永远"은 모두 "시간이 오래되다"의 뜻이 있으나, "永久"는 형용사로 예를 들면 "永久的居所", "永久的思念"이다. "永远"은 부사로 예를 들면 "永远前进", "永远怀念"이다. 또 "突然"과 "忽然"을 예로 들면 모두 발생한 것이 신속하고 뜻밖이라는 뜻을 가지고 있고, "突然"은 형용사로 예를 들면 "突然的事件", "突然的情况", "来得很突然"이고, "忽然"은 부사로 예를 들면 "忽然想到", "忽然发生"이다.

단어 성질이 서로 같은 단어의 통사 기능도 아마 다른데, 예컨대 "商量"과 "商榷"는 모두 동사이나 "商量"은 빈어를 가질 수 있어 예를 들면 "商量事情"이고, "商榷"는 빈어를 가질 수 없다. 또 "充足"와 "充分"을 예로 들면 모두 형용사로, 그들은 모두 한정어로 쓰일 수 있어 예를 들면 "充足的理由", "充分的休息"이다. 그러나 "充分"은 또 부사어로 쓰일 수 있어 예를 들면 "充分证明", "充分显示"인데, "充足"는 오히려 안 된다.

어떤 동의어 자체는 겸품사어로 단어 성질과 통사 기능이 다름을 초래하였다. 예를 들면 다음과 같다.

愿望(명사)－希望(동사, 명사)　深刻(형용사)－深入(형용사, 동사)

申明(동사)－声明(동사, 명사)　充足(형용사)－满足(형용사, 동사)

掌握(동사)－把握(동사, 명사)　喜欢(동사)－爱好(동사, 명사)

2) 배합 대상이 다르다 : 어떤 동의어는 배합 대상 방면에서 다른데, 예를 들면 "爱戴"와 "爱护"로, "爱戴"는 일반적으로 아래서 위를 대하는 것에 쓰이고, 배합 대상은 사람에만 제한되어 있으며, 예를 들어 "爱戴领袖", "爱戴总司令"이다. "爱护"는 일반적으로 위에서 아래에 대하여 쓰이는데 같은 연배에 쓰일 수 있고, 배합 대상은 사람일 수도 있고 사물일 수도 있어, 예를 들면 "爱护学生", "爱护公物", "爱护眼睛"이다. 또 "交换"과 "交流"를 예로 들면 "交换"의 대상은 매우 구체적인 사물이라야 하는데, 예를 들면 "交换礼物", "交换苹果"이고, "交流"는 구체적인 사물과 호응할 수 없다. 그러나 "交换"의 대상은 추상적인 사물도 가능한데, 예를 들면 "交换思想", "交换意见", "交换看法"이고, "交流"의 대상은 대부분 추상적이거나 전체적인 사물로 예를 들면 "交流思想", "交流意见", "交流经验", "交流技术", "交流物资"이다. 동의어 배열이 다른 예를 들면 다음과 같다.

发挥 － 作用、威力、效力、才智、创造性
发扬 － 风格、作风、精神、优点、传统
改善 － 工作、作风、环境、条件、生活
改正 － 缺点、错误、误判、过失、毛病
侵占 － 土地、地盘、房屋、成果、财产
侵犯 － 领土、领空、边境、主权、利益
担负 － 责任、使命、任务、重担、重任
担任 － 主席、工作、职务、角色、位置

또 일부 동의어의 배열 차이는 비교적 미세하여 예로서 "优良"과 "优秀"를 들면, 우리들은 "优秀的品质"라 하는데, "优良的品质"라고도 할 수 있다. "很优秀", "非常优秀", "特别优秀"라고 할 수 있고, "*很优良", "*非常优良", "*特别优良"이라고 할 수 없다. 또 "艰苦"와 "艰难"의 예를 들면 "艰苦奋斗", "行动艰难"이라고 할 수 있고, "*艰难奋斗", "*行动艰苦"라고 할 수 없다.

동의어를 분석하고 판별하는 것은 이상의 세 방면, 일곱 개의 작은 부분으로부터 점차로 고찰하여, 비교적 명확히 다른 것을 찾아낼 수 있다. 일반적으로 말해서 동의어 간에는 너무 많은 다른 점이 있을 수 없고, 최대한도 3～4 항목이다. 만약 일시적으로 분석하고 판별할 수 없으면, 예문을 만드는 방법을 통하여 동의어로 각각 문장을 만들고, 언어 환경에 의탁하여 중요한 다른 점을 발견하고 찾을 수 있다. 분석하고 판별하는 실천이 증대함에 따라서 안목이 점차 예민해질 것이고, 동의어를 보면 매우 빠르게 다른 점을 찾아내어, 실례를 결부하여 설명을 할 수 있다.

(3) 동의어의 역할

현대 한어 중에서 풍부한 동의어는 단어의 선택에 대단히 유리한 조건을 창조하였는데, 언어 표현 효과를 강화하는 데 적극적인 역할을 가지고 있다. 표현 속에서 동의어의 중요한 역할은 다음과 같다.

1 동의어는 표현이 더욱 정확하고 엄밀하고, 섬세함이 깊은 경지에 이르게 할 수 있다.

언어 활용 중에서 때때로 대체로 서로 같은 사물 현상은 만약 섬세한 구분을 하지 않으면 어렴풋하게 하나의 단어로 표현할 수 있으나 사물 현상의 미세한 차이를 반영할 수 없고, 인물의 사상과 감정의 미묘한 변화를 나타낼 수 없다. 동의어는 이런 상황에서 크게 힘을 발휘할 기회를 가질 수 있다. 예를 들면 다음과 같다.

① 蚕的灰白色的身体完全露出来了，连成一个平面，在那里波动，它从木架上往下爬，恨不得赶紧离开，脚的移动就加快……它觉得尾巴一阵疼痛，身体不由自主地扭动了一下。(叶圣陶：≪蚕和蚂蚁≫)

(누에의 회백색 몸은 완전히 노출되었고, 하나의 평면과 뭉쳐져, 거기에서 꿈틀거렸고, 그것은 나무틀 아래로 기었는데, 얼른 떠나기를 희망하여, 다리의 이동이 빨라지고……그것은 꼬리가 한 차례 아파와, 몸이 저도 모르게 잠시 비틀렸다.)

묘사 중의 "波动", "移动", "扭动"은 각자 자기가 있을 자리에 쓰이고 있으며, 꼭 적합하고, 작가가 사물에 대한 관찰이 매우 자세하고 정확함을 설명하고 있다. 또 예를 들면 다음과 같다.

② "老者，水现成吧？喝碗!"
"啊!" 老者的手在胸前搓着泥卷，打量了祥子一眼，细细看了看三匹骆驼。
"有水！哪儿来的?"
"西边!" 祥子不敢说地名，因为不知道。
"西边有兵呀?" 老者的眼盯住祥子的军裤。(老舍：≪骆驼祥子≫)

("노인, 물 있죠? 한 그릇 마십시다!" "아!" 노인의 손은 가슴 앞에서 비벼 꼬며 상자를 한번 훑어 보고, 낙타 세 마리를 자세하게 좀 보았다. "물이요! 어디에서 오셨어요?" "서쪽이요!" 상자는 지명을 모르기 때문에 대담히 말하지 못했다. "서쪽에 병사들이 있나요?" 노인의 눈은 상자의 군복 바지를 주시하고 있었다.)

여기에서, 작가는 "打量", "看了看", "盯住" 등의 단어 차이를 써서, 노인이 상자(祥子)에 대한 의심 · 분석 · 추측 등 일련의 심리 활동을 아주 잘 모방하고 묘사하여 나타내었는데, 생동적인 필치라고 할 만하다.

2 동의어를 선용하여 단어를 쓰는 것의 중복을 피할 수 있어, 언어로 생동적이고 활발하게 한다.

한어는 단어를 쓰는 것에서 중복을 피하는 것을 매우 중시하는데, 동의어의 교체 사용은 단어를 사용함이 단일한 것을 피할 수 있을 뿐만 아니라, 언어로 하여금 생동적이고 활발하며 다채롭게 할 수 있다. 예를 들면 다음과 같다.

③ 无论有几十桩毛病，几百条缺点，但是到了是非黑白的紧要关头，爱和憎是强烈而鲜明的。(袁鹰：≪蓦然回首≫)

(몇 십 가지 결점, 몇 백 가지 단점이 있더라도, 시비 흑백이 긴요한 시기에 달하면, 애증은 강렬하고 선명하다.)

④ 屋子里，院子里，全是湿的，全是脏水，教我往哪儿藏，哪儿躲呢！

(老舍：≪龙须沟≫)

(방 안과 뜰은 모두 젖었고, 모두 더러운 물인데, 내가 어디에 숨어야, 어디에 피해야 하는지 가르쳐줘!)

⑤ 你也别发火，我也不要生气，反正都跌倒了，各人爬起来走吧！

(马烽：≪我的第一个上级≫)

(너도 화내지 말고, 나도 화내지 말고, 아무튼 모두 넘어졌으니, 각자 일어나서 가자!)

예 ③의 "毛病"과 "缺点", 예 ④의 "藏"과 "躲", 예 ⑤의 "发火"와 "生气"는 모두 동의어의 교체 사용으로, 언어의 표현 효과를 크게 강화하였다.

3 동의어 연용은 어기를 강하게 하고, 의미로 하여금 더욱 명백하고 완전무결하게 한다.

동의어를 연속 활용하는 것은 어기를 강화시키고, 강조의 목적에 이를 수 있다. 예를 들면 다음과 같다.

⑥ 他比银行经理并不少费心血，因为他需要更多的小心谨慎。(老舍：≪骆驼祥子≫)

(그는 은행 사장님보다 결코 적지 않게 심혈을 기울였는데, 그가 더욱 조심하고 신중할 필요가 있었기 때문이다.)

⑦ 他不甚注意他的模样，他爱自己的脸正如同他爱自己的身体，都那么结实硬棒。(老舍：≪骆驼祥子≫)

(그는 그의 모양을 그다지 주의하지 않았는데, 그는 자신의 아들을 사랑하는 것이 마치 자신의 몸이 그렇게 튼튼하고 단단한 것을 사랑하는 것과 같다.)

⑧ 倚着石栏杆一望，好啊！这方圆二百里的高原上的大湖，浩浩荡荡，莽莽苍苍，湖心飘着几片渔帆，实在好看。(杨朔：≪滇池边上的报春花≫)

(돌난간을 의지하고 보니, 좋다! 이 주위 2백리 고원의 큰 호수는 광활하고, 울창하며, 호수의 가운데는 몇 척의 고기 잡는 돛단배가 떠가고 있는데, 정말 아름답다.)

㉠ ⑥의 "小心谨慎", ㉠ ⑦의 "结实硬棒", ㉠ ⑧의 "浩浩荡荡，莽莽苍苍" 모두 동의어의 연용으로 어기를 강화하였고, 리듬을 조정하였으며, 뜻을 두드러지게 하였다.

4 동의어의 선용은 서로 다른 문체의 수요에 적응하고, 같지 않은 풍격 색채를 표현할 수 있다.

같지 않은 문체의 수요에 근거하여 동의어를 선용하고, 특정한 풍격 색채를 나타내기 위하여 봉사할 수 있다. 예를 들면 다음과 같다.

⑨ 中国民航新从美国麦克唐纳道格拉斯飞机公司引进的 MD-80 客机，安全、安静、安适。自三月十五日开始正式加入航班飞行，欢迎乘坐。(≪文汇报≫ 1984年 3月 16日)

(중국민항이 새로 미국 McDonnell Douglas 비행기 회사로부터 끌어들인 MD-80 여객기는 안전하고, 조용하며, 쾌적하다. 3월 15일로부터 정식으로 항공편 비행을 시작하니, 탑승하시는 것을 환영합니다.)

⑩ 人民解放军所到之处，深望各界人民予以协助，兹将宣布的约法八章，愿与我全体人民共同遵守之。(毛泽东：≪中国人民解放军布告≫)

(인민해방군이 가는 곳마다, 각계 사람들이 협조해 주기를 간절하게 바라고, 지금 선포할 잠정 헌법 8장을 내 전체 인민이 공동으로 준수하기를 원한다.)

⑪ 归了包堆花了小一百，还剩四百来块。(老舍：≪骆驼祥子≫)

(모두 합쳐서 100원에 이르지 않게 썼는데, 아직 4백여 원이 남아 있다.)

예 ⑨의 "安适"는 일반적으로 "舒适"라 하고, 여기에서 윗글에 "安全, 安静"이 있기 때문에 "安适"를 선택한다. 예 ⑩의 "深望"은 바로 "深切希望"이고, "兹将"은 바로 "现在把"이며, "约法八章"이 가리키는 것은 "三大纪律八项注意"이고, "遵守之"는 바로 "遵守它"이다. 여기에서는 문언문 단어를 선용하여 포고의 장중한 색채를 표현하였다. 예 ⑩의 "归了包堆"는 바로 "总共"이고, "小一百"는 바로 "不到一百"이며, "四百来块"는 바로 "四百多块"이다. 이런 북경 방언어를 선용하여 작품의 독특한 풍격을 나타내었다.

3. 반의어

(1) 반의어의 성질

뜻이 서로 반대되거나 상대적인 두 단어를 반의어라고 부른다. 예를 들면 "大-小", "多-少", "男-女", "光明-黑暗", "胜利-失败"이다. 객관 사물 자체는 모순과 대립의 현상이 존재하고 있어, 자주 반의어의 형식으로 반영해 낸다. 어떤 것은 반의어가 반영한 객관 사물 자체가 결코 모순 대립적이지 않은데, 예를 들면 "红-白", "手-脚", "山-水", "春天-秋天"이나 사람들의 주관적인 의식 중에서 그들을 동일한 범주 중에 상호 모순이 대립하는 사물로 다루는 것이다. 반의어는 객관과 주관 세계 속의 모순 대립 현상을 어휘 중에 표현하는 것이다.

반의어는 논리적으로 보아 가리키는 것이 두 가지 관계이다. 즉 모순 관계와 반대 관계이다. 이것에 근거하여 반의어를 절대 반의어와 상대 반의어로 나눈다.

① **절대 반의어** : 절대 반의어의 두 단어 사이는 모순 관계로, 모순 관계라고 하는 것은 한 쪽을 긍정하면 다른 쪽은 반드시 부정하고, 한 쪽을 부정하면 다른 쪽은 반드시 긍정하는, 즉 양자 사이에는 중간 상태가 없고 제3자가 존재하고 있는 것을 허락하지 않는 것이다. 예를 들면 다음과 같다.

真 — 假　　动 — 静　　生 — 死　　这 — 那

合法 — 非法　　完整 — 残缺　　出席 — 缺席

"真"과 "假"는 서로 배척하고 "真"이 아니면 "假"이고, "假"가 아니면 "真"으로, "真"과 "假"의 중간 상태가 존재하지 않는다. 절대 반의어의 단어 의미는 서로 보충하는 것이기 때문에 상호 보완 반의어라고도 한다.

② 상대 반의어 : 상대 반의어의 두 단어 사이는 반대 관계로, 반대 관계라는 것은 한 쪽을 긍정하면 반드시 다른 쪽은 부정하고, 한 쪽을 부정하면 다른 쪽은 긍정할 수 없으며, 양자 사이에는 중간 상태가 존재하고 제3자가 존재하고 있는 것을 허가한다는 것이다. 예를 들면 다음과 같다.

黑 － 白　　大 － 小　　苦 － 甜　　冷 － 热

宽阔 － 狭窄　　朋友 － 敌人　　快乐 － 忧愁

"黑"와 "白"는 상반된 것으로 "黑"한 것은 "白"하지 않고, "黑"하지 않은 것은 반드시 "白"하지는 않은데, 예를 들면 "红"한 것일 수도 있다. "黑"와 "白" 사이에는 "黑"와 "白"의 중간 상태가 존재하고 있는데, 예를 들면 "灰"이다. 상반 반의어는 실제로 한 계열의 양 끝이기 때문에 극성(极性) 반의어라고도 부른다.

한어 중의 절대 반의어는 비교적 적고, 반의어의 다수는 상대 반의어이다. 절대 반의어와 상대 반의어 양자는 일정한 조건에서 또한 서로 바꿀 수 있다. 예를 들면 "男-女"는 일반적으로 절대 반의어로서 "男"이 아니면 "女"인데, 하지만 매우 개별적인 "음양인"이나 "남자인지 남자가 아닌지 여자인지 여자가 아닌지"의 판별이 어려운 상황도 있으므로 이러한 상황에서 "男-女"는 상대 반의어로 바뀌었다. "左-右", "进-退"는 일반적으로 상대 반의어이고, "左-右"의 중간은 "中"이고, "进-退"의 중간은 "停"이다. 그러나 반드시 경계를 분명히 나누어야 하거나 역류하여 갈 때 또한 "왼쪽이 아니면 오른쪽", "나아가지 않으면 물러남"의 상황이 나타날 것이다.

반의어는 동의어와 달라서 한 조 반의어는 2개만 있고, 세 개나 세 개 이상이 있을 수 없다. 하지만 같은 단어는 곧 여러 개의 반의어가 있을 수 있다. 이것은 한 단어의 상반 반의어가 아마도 하나에 그치지 않기 때문으로 예를 들면 "黑"는 "白"와 "黑-白"의 반의어를 구성하고, 또 "红"과 "黑-红"의 반의어를 구성할 수 있다. 반의어는 동의어와 똑같은데, 만약 단어의 의미 항목이 하나에 그치지 않으면, 반의어도 하나에 그치지 않는다. 예를 들면 "新-旧", "新-老"이다.

반의어는 언어 속의 튼튼한 어휘 현상으로, 반의어를 구성하는 언어 단위는 반드시 모두 단어이다. 단어와 형태소는 반의어를 이룰 수 없는데, 예를 들면 "粹"는 "精华"의 뜻이 있으나 "粹"는 "糟粕"와 반의어를 이룰 수 없다. 단어는 고정구와 반의어를 이룰 수 없는데, 예를 들어 "细致"는 "粗枝大叶"와 반대 의미의 관계가 있으나 반의어를 이룰 수 없다. 언어 중의 부정어와 단어의 조합을 이용하여 반의어 구를 이룰 수 있는데, 예를 들면 "清楚-不清楚", "吃饭-没吃饭"이고, 그들 사이에는 반대 의미의 관계가 있으나 반의어에 속하지는 않는다. 반의어를 구성하는 단어는 동일한 범주에 속하기 때문에 그들의 단어 성질은 반드시 서로 같고, 단어 성질이 서로 같지 않으면 예를 들면 "落伍"는 동사이고 "先进"은 형용사이기 때문에 반의어를 이룰 수 없다. 또 예를 들면 "小"는 형용사이고 "扩大"는 동사로, 그들도 반의어를 이룰 수 없다.

일정한 위아래 문장에서 일정한 조건하에서 구성한 임시 반의어, 즉 언어 반의어도 어휘학의 언어 반의어에 속하지 않는다. 예를 들면 다음과 같다.

① 我们的痈疽，是它们的宝贝，那么它们的敌人，当然是我们的朋友了。

(鲁迅：≪我们不再受骗了≫)

(우리의 재해가 그들의 보배라면, 그들의 적은 당연히 우리의 친구이다.)

② 不作风前的杨柳，要作岩上的青松。(程光锐：≪雷声万里≫)

(바람 앞의 버드나무가 되지 않고, 바위 위의 청송이 되고 싶다.)

③ 妥协还是抗战？腐败还是进步？(毛泽东：≪论持久战≫)

(타협인가 항전인가? 부패인가 진보인가?)

㉔ ①의 "痈疽"와 "宝贝", ㉔ ②의 "杨柳"와 "青松", ㉔ ③의 "妥协"와 "抗战", "腐败"와 "进步"는 모두 특정한 언어 환경 속에서 임시로 대립을 이루는 언어 반의어로 어휘학에서 말하는 언어 반의어가 결코 아니다.

반의어 두 단어의 뜻은 상반되거나 상대적으로 대칭하는 평행을 이룬다. 하지만 실제로 일부 형용사가 구성한 반의어는 의미 범위와 사용 빈도에서 결코 완전히 같지 않아 이것은 반의어의 불평형 현상을 형성하였다. 예를 들면 다음과 같다.

大－小　厚－薄　高－矮　胖－瘦

长－短　远－近　宽－窄　深－浅

그중의 앞에 배열한 단어는 모두 우세 지위에 놓여 있고, 그들의 의미 범위는 늘 뒤의 단어를 포함한다. 예를 들면 "얼마나 큽니까?"라고 묻고, "깨알 크기만 하다."고 대답할 때 이 "大"는 실제로 "小"의 뜻이 내재된 것을 포함하였다. 일반적으로 크기를 물을 때 모두 "얼마나 큽니까?"라고 물어야 하고, 다만 이미 "小"의 전제가 존재할 때에야 비로소 "얼마나 작아요?"라고 묻는다. 이 때문에 언어 활용에서

"大"의 사용 범위는 멀리 "小"를 초과한다. 또 거리를 묻는 것을 예로 들면, 일반적으로 다만 "멉니까?"라고 물을 수 있고 "가깝습니까?"라고 물을 수 없다. 또한 호수의 얼음이 "세 치 두꺼움"이라고 하고, "세 치 얇음"이라고 할 수는 없다.

(2) 반의어의 분류

1 의미 분류 : 반의어는 논리 의미에 따라 절대 반의어와 상대 반의어로 나눌 수 있다.

2 구조 분류 : 반의어는 구조에 따라 단음 반의어(单音反义词), 쌍음 반의어(双音反义词)와 다음 반의어(多音反义词)로 나눌 수 있다.

1) 단음 반의어의 예를 들면 다음과 같다.

高 — 低　厚 — 薄　深 — 浅　强 — 弱

攻 — 守　哀 — 乐　苦 — 甜　真 — 假

2) 쌍음 반의어의 예를 들면 다음과 같다.

① 구조가 서로 같고, 형태소 의미가 서로 반대된다. 예를 들면 다음과 같다.

快乐 — 痛苦　狭窄 — 广阔　前进 — 后退

上升 — 下降　稀疏 — 稠密　坚强 — 脆弱

② 구조가 서로 같고, 한 형태소의 의미는 서로 반대이고, 한 형태소는 서로 같다. 예를 들면 다음과 같다.

高级 — 低级　片面 — 全面　开幕 — 闭幕

上游 — 下游　好看 — 难看　出席 — 缺席

③ 구조가 서로 같고, 형태소가 완전히 같다. 예를 들면 다음과 같다.

公开 — 秘密　干净 — 肮脏　平坦 — 崎岖

先进 — 落后　拥护 — 反对　喧哗 — 安静

3) 다음 반의어의 예를 들면 다음과 같다.

无产阶级 — 资产阶级　社会主义 — 资本主义

唯物主义 — 唯心主义　国营企业 — 民营企业

3 단어 성질 분류 : 반의어는 단어 성질에 따라 구분할 수 있다.

1) 명사가 구성한 반의어의 예를 들면 다음과 같다.

和平 — 战争　　优点 — 缺点　　天堂 — 地狱
现象 — 本质　　君子 — 小人　　勇士 — 懦夫

2) 형용사가 구성한 반의어의 예를 들면 다음과 같다.

单纯 — 复杂　　高尚 — 卑鄙　　正确 — 错误
诚实 — 虚伪　　迅速 — 缓慢　　伟大 — 渺小

3) 동사가 구성한 반의어의 예를 들면 다음과 같다.

团结 — 分裂　　积累 — 消费　　呐喊 — 沉默
破坏 — 建设　　服从 — 反抗　　进攻 — 退却

4) 부사와 대명사를 포함한 다른 예를 들면 다음과 같다.

永远 — 暂时　　经常 — 偶尔　　自己 — 人家

(3) 반의어의 작용

반의어는 통상적으로 객관적인 사물의 모순 · 대립의 반영이고, 반의어를 통하여 사물의 대립면을 나타내고, 선명한 대비를 형성하며, 사람으로 하여금 시비 · 선악을 분명히 가리고, 경중 · 완급을 분명히 나누어, 양호한 표현 효과를 발생하게 한다. 구체적으로 아래의 몇 개 방면으로 나눈다.

1 반의어를 활용하여 사물의 모순을 명시하고, 선명한 대조를 형성한다. 예를 들면 다음과 같다.

① 虚心使人进步，骄傲使人落后，我们应当永远记住这个真理。
(毛泽东：≪中国共产党第八次代表大会开幕词≫)
(겸허한 마음은 사람을 진보하게 하고, 교만은 사람을 퇴보시킨다는 이 진리를 우리는 영원히 기억해야 한다.)

② 我曾经远离祖国几年。那些日子，我对祖国真的说不出有多少的怀念，这怀念是痛苦又是幸福。痛苦，是远离了祖国的同志，祖国的山川风物；幸福，是有这样伟大的祖国供我怀念。(黄药眠：≪祖国山河颂≫)
(나는 일찍이 조국을 멀리 떠난 지 몇 년이 되었다. 그동안 나는 조국에 대하여 정말 얼마나 회상하였는지 말할 수 없고, 이 회상은 고통이기도 하고 행복이기도 하였다. 고통은 조국의 동지, 조국의 산천풍경을 멀리 떠나는 것이다. 행복한 것은 이렇게 위대한 조국이 있어 내가 회상하게 하는 것이다.)

예 ①은 "虚心"과 "骄傲", "进步"와 "落后" 두 반의어로, 두 태도가 두 결과를 초래하는 진리를 명백히 논술하였다. 예 ②는 "幸福"와 "痛苦"란 반의어를 써서 작가가 멀리 이국에 있을 때의 복잡한 심리를 개괄하였고, 그의 조국에 대한 깊은 그리움을 표현하였다.

2 여러 조의 반의어 연용은 어기를 강화하고, 핵심 뜻을 강조하는 작용을 할 수 있다. 예를 들면 다음과 같다.

③ 我们大家辛辛苦苦为的是什么？就为的一个心愿：要把死的变成活的；把臭的变成香的；把丑的变成美的；把痛苦变成欢乐；把生活变成座大花园。(杨朔：≪京城漫记≫)

(우리들이 매우 고생스러운 것은 무엇을 위해서인가? 다만 하나의 바람을 위해서이다. 죽는 것을 사는 것으로 바꾸고, 구린 것을 향기로운 것으로 바꾸며, 못 생긴 것을 예쁜 것으로 바꾸고, 고통을 즐거움으로 바꾸며, 생활을 큰 화원으로 바꾸는 것이다.)

④ 一个人坚强还是懦弱？诚实还是虚伪？文明还是粗野？文雅还是粗俗？慷慨还是自私？温柔还是粗暴？好学还是懒惰？审美观点对不对？生活情趣高不高？道德观念强不强？……这一切……是别的职能部门不大好管，不便多管的，是任何政策、法律难以规定的。(≪人民日报≫社论)

(한 사람이 굳고 강한가 겁쟁이인가? 성실한가 허위인가? 교양이 있는가 예의가 없는가? 품위가 있나 거칠고 저속한가? 후하게 대하나 이기적인가? 온유한가 거친가? 배우는 것을 좋아하는가 게으른가? 심미적 관점이 맞는가? 생활 정취가 높은가? 도덕관념이 강한가?……이 모든……다른 직능 부문은 그다지 관여하기가 쉽지 않고, 많이 관여하기에 적당하지 않으며, 어떤 정책・법률도 규정하기 어려운 것이다.)

예 ③은 반의어 "死"와 "活", "臭"와 "香", "丑"와 "美", "痛苦"와 "欢乐"의 대비를 이용하고, 건설자가 낡고 더러운 도시를 하나의 행복한 정원으로 건설하겠다는 아름다운 염원을 결심하는 것을 설명한다. 예 ④의 "坚强"과 "懦弱", "诚实"와 "虚伪", "文明"과 "粗野", "文雅"와 "粗俗", "慷慨"와 "自私", "温柔"와 "粗暴", "好学"와 "懒惰", 이 일곱 조의 반의어의 활용은 두드러지게 강조하기 위해서이다. 문예가 관여하는 것은 사람의 영혼을 만들고, 사람의 영혼을 개조하는 이런 기능 부문은 그다지 관여하기 쉽지 않은 일이다.

3 반의어는 대구를 이룰 수 있어, 언어를 가지런하고 고르게 하며, 아주 힘이

있게 한다. 예를 들면 다음과 같다.

⑤ 万恶皆由“私”字起，千好都从“公”字来。

(각종 죄악은 “私”자로부터 이는데, 아주 좋게는 “公”자로부터 발생하는 것이다.)

⑥ 勤奋是点燃智慧的火花，懒惰是埋葬天才的坟墓。

(근면은 지혜에 불을 붙이는 불꽃이고, 게으름은 천재를 매장하는 무덤이다.)

예 ⑤의 “恶”와 “好”, “私”와 “公”, 예 ⑥의 “勤奋”과 “懒惰”는 모두 반의어이고 그들은 대구를 이루는 기초이며 정반(定反)의 두 방면에서 깊게 인생의 철리(哲理)를 명시했다.

④ 반의어는 형태소로서 연합식 합성어를 구성하는 조어 성분이다. 예를 들면 다음과 같다.

买卖　　方圆　　得失　　高低　　横竖

矛盾　　迟早　　呼吸　　甘苦　　动静

이런 합성어는 결코 원래 두 단어의 의미가 합하여진 것이 아니고, 모순과 대립 중에서 새로운 뜻을 개괄하였다. “买卖”는 결코 사는 사람과 파는 사람을 가리키는 것이 아니고, “生意”나 “商店”을 가리킨다. “矛盾”도 긴 창과 방패를 가리키는 것이 아니고, 언어 행위가 서로 저촉하는 것을 비유한다.

반의어는 또 성어를 이룰 수 있다. 예를 들면 다음과 같다.

出生入死　　深入浅出　　破私立公　　喜新厌旧

이 네 개의 성어는 반의어의 교차로 이루어진다. 또 예를 들면 다음과 같다.

扶老携幼　　上蹿下跳　　生离死别　　欢天喜地

이 네 성어는 반의어와 동의어의 교차로 이루어진다.

사고와 연습

1. 동의어는 무엇인가? 어떻게 동의어를 분석 식별하는가?
2. 아래의 각 동의어를 분석 식별하라.

   商量-商榷　忽视-轻视　调集-纠集　气派-气度　推翻-颠覆
   流露-透露　持续-継续　亲密-亲昵　美丽-漂亮　宠爱-溺爱
   缺点-毛病　指斥-指摘　爱好-嗜好　朴实-朴素　申明-声明
   夸大-夸张　鼓励-怂恿　充斥-充满　反映-反应　理想-抱负
   抉择-选择　居然-竟然　出色-精彩　企图-妄图　沉重-繁重
   停止-停滞　凝视-注视　充足-充分　含糊-模糊　交流-交换
   纠正-改正　摧毁-摧残　错误-错处　坚强-顽强　深奥-深邃
   爽朗-开朗　拘束-拘泥-拘谨　草率-轻率-率尔　周密-严密-精密
   铲除-拔除-根除

3. 반의어는 무엇인가? 반의어는 어떤 두 종류로 나누어지는가?
4. 아래 각 단어의 반의어를 가리켜라.

   和善　分散　脆弱　冷落　低落　淡季　通俗　浑浊　积累　赞同
   拘泥　丑恶　富裕　平坦　吝啬　节约　宽广　拥护　苦涩　冰冷
   漆黑　傲慢　漫长　悠闲　动摇　幸运　聪明　坚持

제 6 절 어휘의 조성

1. 기본 어휘와 일반 어휘

(1) 기본 어휘

기본 어휘는 기본 단어의 총체이다. 기본 어휘와 문법은 함께 언어의 기초를 구성하고, 언어의 가장 원시적인 면모를 대표한다. 기본 어휘가 포함하는 단어는 전체 어휘 중에 다수를 차지하지 않으나 매우 중요하고, 어휘에서 최고로 주요하고 견고한 부분이다. 기본어는 사용률이 높고, 생명력이 강하며, 보편적 적용성을 가진 단어이다. 예를 들면 다음과 같다.

자연계 사물과 관련 있는 것 : 天、地、山、水、风、云、火、雷、电、马、羊 등

생활과 생산 수단과 관련 있는 것 : 米、锅、灯、菜、布、刀、笔、门、车、船 등

인체 각 기관, 부분과 관련 있는 것 : 心、口、手、脚、血、头、牙、嘴、腿 등

친족관계와 관련 있는 것 : 父、母、爸、妈、哥、弟、姐、妹、叔、舅 등

사람이나 사물의 행위 변화와 관련 있는 것 : 走、跑、想、写、学、听、唱、生、死、打 등

사람이나 사물의 성질 상태와 관련 있는 것 : 好、坏、多、少、大、小、甜、苦、美、丑 등

지칭과 대체와 관련 있는 것 : 我、你、他、这、那、哪、谁、几、什么、怎么 등

수량과 도량과 관련 있는 것 : 个、十、百、千、万、斤、两、尺、寸、元、角、分 등

정도, 범위, 관련, 어기와 관련 있는 것 : 就、只、最、很、把、和, 跟、因为、所以、虽、吗、了 등.

전체적으로 보면 기본 어휘는 아래의 세 가지 특징을 가지고 있다.

① 견고성 : 기본 어휘는 긴 세월을 거쳐 변화가 크지 않고, 매우 강한 견고성을 나타낸다. 예를 들면 "一, 二, 三, 刀, 手, 牛, 家, 金, 木, 山, 水, 上, 下" 등이고, 이런 단어는 갑골문에 있었고 금후에도 또 계속적으로 사용한다. 기본 어휘가 이렇게 강한 견고성이 있는 것은 우선 그들이 나타내는 것이 모두 굉장히 안정적인 사물과 개념이고, 그 다음은 이러한 단어가 이미 깊이 한문화에 뿌리를 두고, 한문화의 구성 부분이 되었기 때문이다.

기본 어휘는 견고성의 일면이 있고, 또 변화성의 일면이 있다. 세상의 어떤 사물도 한 번 이루어져 변하지 않지는 않을 것이고, 사실상 기본 어휘도 발전하고 변화하였다.

매우 많은 고대의 단음절 기본어는 발전 과정 중에서 복음화(复音化)하였고, 쌍음절 합성어로 바뀌었는데, 이것은 한어 어휘 내부의 발전 규칙이다. 예를 들면 다음과 같다.

发 － 头发　　眉 － 眉毛、眼眉　　鼻 － 鼻子

耳 － 耳朵　　舌 － 舌头　　指 － 手指

어떤 단음절의 기본어는 나중에 생긴 합성어로 대체되었다.

日 — 太阳　　木 — 眼睛　　颌 — 下巴　　黍 — 黄米

② **생산성** : 기본어의 또 다른 특징은 생산성으로, 그들은 일반적으로 모두 매우 강한 조어 능력을 가지고 있다. 기본 어휘는 형태소가 창조해 낸 단어로서 사람들이 이해하고 받아들이기 쉽고 유전되기 쉽다. 그래서 기본어는 신조어를 구성하는 기초이고, 한어 조어의 주요 재료이다. 예를 들어 "天"을 앞에 두어 구성한 단어와 성어는 ≪현대한어사전≫ 중에 170여 개가 있는데, 예를 들면 "天边, 天兵, 天才, 天车, 天成, 天窗, 天道, 天敌, 天鹅, 天分, 天罡, 天宫, 天国, 天河, 天候" 등이다. 그 밖에 또 상당한 수량의 "天"으로 끝을 맺은 단어가 있는데, 예를 들면 "蓝天, 晴天, 春天, 今天, 明天, 苍天, 成天" 등이다.

또 어떤 기본어의 조어 능력은 비교적 약하거나 거의 조어 능력이 없는데, 예를 들면 "你, 我, 谁, 这, 吗" 등이다.

생산성은 견고성과 밀접한 관련이 있다. 그 합성어에 의해 대치된 고대 기본어 중 다수는 결코 역사의 무대로 퇴출되지 않았고, 그들은 현대 한어에서 조어 능력이 매우 강한 형태소로 여전히 조어 평면에서 활약하고 있으며, 새로운 단어를 구성하는 어근이 되었다. 예를 들면 다음과 같다.

日 — 日常、日程、日光、日冕、日期、日益、日用

目 — 目标、目测、目次、目睹、目录、目送、目前

眉 — 眉睫、眉毛、眉目、眉梢、眉头、眉眼、眉宇

民 — 民办、民法、民兵、民歌、民间、民情、民俗

③ **보편 상용성** : 보편 상용성은 기본 어휘의 유행 지역이 넓고 사용 빈도가 높은 것을 말하는데, 한어를 말하는 사람에게 공통적으로 이해되는 것이다. 기본 어휘의 사용은 이를테면 계급 · 직업 · 지역 · 문화 정도 등 조건의 제한을 받지 않고, 광범위한 적용성을 가지고 있다. 기본 어휘 이외의 단어는 예컨대 고어 · 방언 · 직업어 등으로, 사용하여 교제할 수 있으나 매우 많은 제한을 받는다. 예를 들면 문화 정도가 낮은 사람은 아마도 고어를 이해하지 못할 것이고, 어떤 지방의 사람은 아마 또 다른 지방의 방언을 이해하지 못하고, 비전공 인사는 아마도 어떤 특정 전공의 직업 전문 용어를 이해하지 못할 것이다. 현재 사회의 조건하에서 완전히 기본어를 사용하지 않고 교제를 하려면 거의 불가능하다.

기본 어휘의 견고성 · 생산성 두 특징은 보편 상용성이 전제이다. 마침 기본 어휘는 보편 상용성을 가지고 있기 때문에 사회 다수 구성원을 위해서 자주 사용되고 쉽게 변동되지 않아 견고성을 가지며, 사람들은 더욱 그것을 새로운 단어를 구성하는 기초로 삼는 것에 익숙해졌다. 견고성과 매우 강한 조어 능력은 또 그것의 보편 상용성을 더욱 두드러지게 하고, 그것으로 하여금 어휘 중의 지위가 더욱 견고하게 한다.

기본 어휘의 세 특징도 기본어를 판별하는 세 가지 조건이다. 한 단어가 기본어인지 아닌지를 판단하는 것은 세 특징에 근거하여 종합적으로 판단하여야 한다. 또 어떤 기본어는 어떤 특징에서 약간의 결점이 있으나 다른 두 특징이 두드러지면 이러한 단어도 기본어에 진입시킬 수 있다. 예를 들면 "原子"란 단어는 견고성으로 말하면 그것이 나타난 역사는 결코 길지 않으며, 고대에서 남아 내려온 것도 결코 아니나 그것의 생산성과 보편 상용성 이 두 특징은 모두 매우 두드려져, 기본어의 종류에 포함해야 한다.

현대 한어 어휘의 쌍음화 추세는 매우 많은 쌍음절의 합성어로 하여금 기본 어휘에 진입하게 하였고, 쌍음 합성어의 조어 능력은 단음절어와 크게 같지 않다. 예를 들면 "爸爸, 妈妈, 月亮, 眼睛, 衣服, 头发" 등의 조어 능력은 모두 강하지 않으나 그들은 이미 기본어의 자격을 가지고 있다고 말해야 한다. 현대 한어로 말하면, 생산성은 기본어를 감정하는 유일한 수단으로 삼을 수 없다. 만약 단순히 조어 능력을 강조한다면 매우 많은 쌍음절의 기본어를 기본 어휘 이외로 배제해야 할 것이다.

(2) 일반 어휘

일반 어휘는 언어에서 기본 어휘 이외의 어휘이다. 사람들은 교제 중에 복잡하고 변하기 쉬운 사물을 설명하고, 풍부하고 세밀한 사상 감정을 표현하려고 하는데 기본 어휘를 사용하는 것이 충분하지 않을 뿐만 아니라 또 대량의 기본 어휘가 아닌 일반 어휘를 사용할 필요가 있다. 일반 어휘는 기본 어휘와 같은 강한 견고성, 생산성과 보편 상용성이 없다. 그중에 일반적으로 통용하는 것은 기본어에 속하지 않는 단어로, 예를 들면 "钟表, 电表, 电灯, 缝纫机, 客机, 客房" 등이다. 새로운 사물과 개념을 나타내는 단어도 있는데, 예를 들면 "手机, 情商, 环保, 自助餐, 电视剧, 博士后" 등이다. 역사상 존재하는 사물의 현상을 나타내는 단어가 있는데,

예를 들면 "皇帝, 太监, 翰林, 巡抚, 国统区, 姨太太" 등이다. 역사상 전승해 내려왔지만 보편 상용성이 없는 단어가 있는데, 예를 들면 "若干, 何其, 汗颜, 囹圄, 璀璨, 勃然" 등이다. 방언 중에서 흡수한 단어가 있는데, 예를 들면 "埋汰, 名堂, 瘪三, 把戏, 尴尬, 噱头" 등이다. 각 직업과 과학 기술 부문 특유의 사물과 개념을 나타내는 단어가 있는데, 예를 들면 "电荷, 机组, 方程, 点球, 配价, 套种, 龙套" 등이다. 외국 민족 언어에서 흡수한 단어가 있는데, 예를 들면 "沙龙, 拷贝, 休克, 引擎, 吉普, 迪斯科, 巧克力" 등이다.

일반 어휘는 기본 어휘의 주위에 놓여 있고, 그것의 내용은 극히 풍부하며, 사회생활의 모든 방면에 관련되어 있다. 일반 어휘의 수량은 아주 많고, 개인으로서 전부 숙달할 수 없다. 사람들은 생활 실천과 교제 과정에서 늘 그 자신의 지식 · 환경과 밀접하고 서로 관련 있는 일반적인 단어를 숙달하고 사용할 뿐이나, 이런 단어 속에도 개인의 언어 사용상의 특징과 풍격을 반영할 수 있다. 한 사람의 어휘량이 풍부한가의 여부는 주로 그가 일반 어휘에 대하여 얼마나 장악하고 있느냐로 결정된다.

일반 어휘는 자주 변동되고, 가장 직접적이고 민감하게 사회 발전과 변혁에 대하여 반영하고, 언어 중에 가장 활기를 띠며, 변화가 가장 빠른 요소이다. 일반 어휘는 한 줄기 유동하는 강과 같이 끊임없이 오래된 성질을 도태하고 새로운 성질을 흡수한다. 사회가 발전함에 따라서 새로운 단어는 대량으로 부단히 생기다가 일부 옛 말은 점차 사라지는데, 사회가 급속도로 발전하는 시기에는 더욱더 그렇다. "倒卧, 洋火, 革委会, 走资派, 面的, 夏时制" 이런 단어는 사회의 변천에 따라서 이미 역사 무대에서 퇴출되었고, "球市, 黄昏恋, 绿卡, 儒商, 警花, 热播" 이런 단어는 또 시대의 발전에 따라서 잇따라 일반 어휘의 편성 대열에 가입하였다. 새로운 단어의 출현, 구 단어의 소멸, 이런 빈번한 신구 교체는 절대 다수가 모두 일반 어휘 속에서 발생하는 것이다.

기본 어휘는 일반 어휘와 서로 의존하고 스며든다. 기본어는 새로운 단어를 구성하는 기초이고, 끊임없이 언어가 새로운 단어를 창조하도록 자료와 근거를 제공한다. 일반 어휘 중의 절대 다수어는 모두 기본어로 어근을 구성한다. 일반 어휘 중 어떤 단어는 언어 발전 과정에서 점차로 기본어의 자격을 취득하여 기본어로 바뀌고, 기본어의 대열에서 점차로 끊임없이 확대하게 되었다. 예를 들면 "党, 科学, 革命, 电子, 塑料" 이런 단어는 원래 결코 기본어가 아니었는데, 현재 이미 기본 어휘의 대열에 가입하였다. 그들은 형태소로서 대량의 새로운 단어를 창조하였고, 한 걸음 더 나아가 일반 어휘를 풍부하게 하였는데, 예를 들면 "党委, 党员, 科学家, 软科学, 革命家, 革命者, 电子管, 微电子, 塑料盆, 塑料布"이다. 또 어떤 기본어는 언어 발전 과정에서 기본어가 일반어로 바뀌었는데, 예를 들면 "君, 臣, 妾, 朝廷, 秀才" 등이다. 종합적으로 말해서, 기본 어휘와 일반 어휘 사이에는 넘을 수 없는 큰 격차가 없으며, 양자가 상호 전환하는 현상은 매우 정상적이고, 어휘 내부 유동의 표현이다.

2. 고어, 방언, 외래어

(1) 고어

① **고어는 무엇인가** : 고어는 고대 문언 저서에서 유래한 단어로, 역사어와 문언어 두 종류를 포함하고, 일반 어휘의 중요한 구성원이다. 고어는 특수한 뜻이나 감정 색채 및 문체 색채를 나타내고, 특정한 사용 가치를 가지고 있는데, 특히 현대 한어 서면어 중에서 더욱 그렇다.

역사어는 역사상의 사물이나 현상을 나타내는 단어인데, 이런 사물과 현상은 현실 생활 속에서는 이미 소실되거나, 다만 역사의 저서 및 문예 작품에 관련되고, 혹은 수사의 상황 아래 사용할 것이다. 그중에 고대 기물의 명칭이 있는데, 예를 들면 "鼎, 鬲, 觚, 斝, 戟, 日晷, 赑屃" 등이다. 법령 제도를 나타내는 말이 있는데, 예를 들면 "门阀, 科举, 九品, 礼部, 进士, 探花" 등이 있다. 관직 명칭을 나타내는 말이 있는데, 예를 들면 "宰相, 丞相, 尚书, 司马, 太尉, 巡抚" 등이다. 인명과 지명을 나타내는 말이 있는데, 예를 들면 "轩辕, 共工, 精卫, 汴梁, 金陵, 大都" 등이다. 어떤 역사어가 나타내는 칭호는 비록 중국의 현실 생활에서는 이미 소실되었으나 외국에서는 아직 존재하고 있는데, 예를 들면 "皇帝, 国王, 王后, 王妃, 公主, 王太子, 陛下, 殿下" 등으로, 이 때문에 자주 외교 장소와 뉴스 보도 중에 나타나기도 한다.

문언어는 고대 한어에서 남아 내려온 단어로, 그들이 나타내는 사물과 현상은 아직 현실 생활 중에 존재하나 다른 단어로 대치되고 있어, 구어 중에서는 이미 다시 사용하지 않는다. 문언어는 문언 실사와 문언 허사 두 종류를 포함하는데,

전자는 "孳乳(繁殖), 苗裔(后代), 暌违(分离), 揆度(估测), 考妣(死去的父母)" 등이다. 후자는 예를 들면 "之(的), 俱(都), 毋(别), 亦(也), 矣(了), 甚(很), 而已(罢了)" 등이다.

② 고어의 역할 : 고어는 대체로 아래의 세 가지 표현상의 역할이 있다.

1) 언어로 하여금 간결하고 가지런하고 고르게 한다. 예를 들면 다음과 같다.

① 凡此十端，皆救国之大计，抗日之要图。当此敌寇谋我愈急，汪逆极端猖獗之时，心所谓危，不敢不告。倘蒙采纳，抗战幸甚，中华民族解放事业幸甚，迫切陈词，愿闻明教。(毛泽东：≪向国民党的十点要求≫)

(이 모든 10가지는, 모두 구국의 중요한 계획, 항일의 중요한 계책이다. 이 외구가 일을 꾸미면 나는 더욱 급해져, 왕역이 몹시 제멋대로 날뛸 때, 마음은 소위 위태롭고, 감히 알려주지 않을 수 없었다. 만약 받아들인다면, 항전은 매우 다행이고, 중화 민족 해방 사업도 매우 다행이며, 절박하게 진술하고, 고명한 가르침을 듣기를 바란다.)

② 这次文代会闭幕时，……我在茶会上与叶圣陶同志幸会，叶老须眉皓白，满头霜雪，而精神矍铄。

(이번 문학 예술가 대표 대회가 폐막할 때, 나는 다과회에서 엽성도 동지와 만나 뵙게 되어 영광이었는데, 엽노는 수염과 눈썹이 새하얗고, 온 얼굴에 서리와 눈이며, 정신은 맑았다.)

㉑ ①, ②는 성공적으로 문언어를 사용하였기 때문에 언어로 하여금 간결하게 하였을 뿐만 아니라, 뜻은 생기발랄하고 힘 있게 나타나게 하였으며 리듬감이 풍부하다. 만약 ㉑ ①의 "迫切陈词，愿闻明教"를 "迫切地说明要求，愿意听到明确的指示"로 고치고, ㉑ ②의 "须眉"를 "胡须眉毛"로 고치면 사자구를 이룰 수 없고, 간결하고 고른 효과를 얻을 수 없다.

2) 장중하고 엄숙한 감정 색채를 나타낸다. 예를 들면 다음과 같다.

③ 双方全权代表在本条约上签字盖章，以昭信守。

(≪中华人民共和国、日本国和平友好条约≫)

(양측의 전권 위원은 본 조약에 서명날인하고, 충실히 지킬 것을 표명한다.)

④ 惊悉埃德加・斯诺先生不幸病逝，我谨向你表示沉痛的哀悼。

(毛泽东：≪致斯诺夫人的唁电≫)

(Edgar Snow 선생이 불행히도 병으로 돌아가신 것을 알고 충격을 받았고, 나는 당신에게 침통한 애도의 뜻을 삼가 표합니다.)

㉑ ③의 "以昭信守", ㉑ ④의 "惊悉", "谨向" 등 문언어의 사용은 엄숙하고 경건한 어기와 감정을 나타낸다.

3) 유모, 풍자 등의 뜻을 나타낸다. 예를 들면 다음과 같다.

⑤ 美国人在北平，在天津，在上海，都撒了些救济粉，看一看什么人愿意弯腰拾起来。太公钓鱼，愿者上钩。嗟来之食，吃下去肚子要痛的。(毛泽东：≪别了，司徒雷登≫)

(미국인은 북경, 천진, 상해에서 모두 구제 밀가루를 좀 뿌렸고, 어떤 사람이 허리를 굽혀 담기를 원하는지 좀 보려고 하였다. 강태공의 곧은 낚싯바늘에도 원하는 자는 스스로 걸려든다. '옜다'하고 던져주는 음식은, 먹어 버리니 배가 아픈 것이다.)

⑥ 我们党吃所谓"钦差大臣"的亏， 是不可胜数的。而这种"钦差大臣"是满天飞，几乎到处都有。(≪毛泽东选集≫)

(우리 당은 소위 "흠차대신"의 손해를 보았는데, 너무 많아 이루 다 셀 수가 없다. 이런 "흠차대신"은 널려 있는데, 거의 모든 도처에 있다.)

㉮ ⑤의 "嗟来之食", ㉮ ⑥의 "钦差大臣"은 모두 유머스럽고 비웃고 풍자하는 어기를 가지고 있다. "嗟来之食"는 이런 거짓된 마음의 원조는 굴욕성 조건을 가지고 있음을 나타내고, "钦差大臣"은 곧 이런 현실 상황을 이해하지 못하는 교조주의자의 경멸을 나타낸다.

3 고어의 규범：고어를 흡수하는 것은 현대 한어를 풍부하게 하는 하나의 중요한 경로로, 현대 한어는 표현력이 있거나 특수 언어 환경의 표현 수요에 적응할 고어를 흡수해야 하는데, 예를 들면 "逝世，诞辰，哀悼，呼吁，黎明，拂晓，秀才，状元" 등이고, 생명력을 상실한 단어를 흡수하여서는 안 된다. 노신의 ≪인생식자호도시(人生识字糊涂始)≫의 문장 중 "这山是崚嶒的，那山是巉岩的(이 산은 험준하고, 저 산은 깎아지른 듯 높이 우뚝 솟은 바위이다)"란 묘사는 부정적인 태도를 나타내었는데, 그는 그 자신도 "崚嶒，巉岩"이 도대체 어떤 모습인지 모른다고 말한다.

고어는 표현 방면에서 앞에서 말한 몇 가지 좋은 역할이 있으나 문장에서 절대로 수요를 고려하지 않고 남용하거나 적절하지 않게 사용할 수 없다. 만약 그렇게 하면, 문체의 조화를 해치고 표현의 효과에 심각한 영향을 끼치고, 문장은 문어체와 구어체가 뒤섞이고, 이도 저도 아닌 것이 될 것이다. 예를 들면 다음과 같다.

① *冬天就要阑珊，我们班的同学都盼着春天的到来。

② *施工中遇到的种种困难悉被我们克服了。

㉮ ①의 "阑珊"은 비록 "장차 ~을 다하다, 몰락하다"의 뜻이나 문장에서 어색하여, "过去"로 고치면 훨씬 매끄럽다. ㉮ ②의 "悉"는 "모든"의 뜻으로 여기에서 전

체 문장의 풍격에 매우 어울리지 않게 쓰여 "全"이라고 하면 더욱 이해가 쉽다.

(2) 방언

방언은 일반적으로 개별 지역에서 유행하고 공통어에서 보편적으로 사용되지 않는 말을 가리킨다. 본 절에서 말하는 방언은 개별 지역에서 유행하지만 이미 표준어에 진입한 말을 가리킨다. 이런 방언은 그것의 근원 각도에서 말한 것이고 일반 의미의 방언과 차이가 있다.

어휘의 수요량은 크고 발전 변화가 빠르기 때문에 표준어 어휘의 규범은 음운처럼 그럴 수 없고, 한 지점의 방언을 표준으로 광대한 북방어를 기초로 하여 끊임없이 각 방언에서 유용한 성분을 흡수하여 자신을 풍부히 할 필요가 있는데, 예를 들어 서남 방언에서 온 "名堂, 搞", 오 방언에서 온 "垃圾, 瘪三, 折烂污, 尴尬, 蹩脚", 월 방언에서 온 "冲凉, 炒鱿鱼, 鱼腩, 埋单, 生猛", 동북 방언에서 온 "造(吃), 老鼻子, 埋汰" 등이다. 이런 방언은 모두 어떤 특수한 뜻과 색채를 나타내어 표준어에 흡수되었다. 어떤 단어는 방언 지역의 특유한 사물을 나타내는데, 예를 들면 동북의 "靰鞡, 狗子, 二人转", 광동 · 광서의 "剑麻, 椰子, 槟榔", 서북의 "青稞, 牦牛, 花儿(民歌)" 등으로 이런 단어는 일반적으로 그들을 방언으로 보지 않는다.

구어의 문장에 가까울수록 방언이 나타나기 쉬운데, 이것은 사람들의 구어 중에 자주 다양한 방언이 뒤섞이기 때문이다. 지방의 풍토와 인정을 묘사한 문학 작품에서 늘 방언은 비교적 많이 쓰이는데, 매우 많은 방언은 마침 문학 작품의 전파를 통하여 그것의 사용 범위를 확대시켰고, 비로소 점차로 표준어 어휘에 흡수되었다. 예를 들면 다음과 같다.

① 刚一修沟的时候，工程处就想得很周到，下边用板子顶住沟帮子，上边用柱子戗住了墙，省得下面土一松，屋子跟墙就许垮架；咱们这溜儿的房子都不大结实。这个，大家也知道。(老舍：≪龙须沟≫)
(막 도랑을 수리할 때, 공사처는 매우 주도면밀하게 생각하여, 아래는 판자로 도랑을 고이고, 위에는 기둥으로 벽을 지탱하였다. 이것은 아래에 흙이 느슨해지고, 방은 벽과 틀이 무너지지 않게 하기 위해서였다. 우리 이 일대의 집이 모두 그다지 튼튼하지 않은 것은 사람들도 다 안다.)

② 内当家急了，被一撩就下炕，"你别说了，留在肚里沤肥吧!" 锁成赶紧抱住老婆的胳膊："新槐妈，慌啥哩? 俺说，俺说还不中!" (王润滋：≪内当家≫)

(안주인은 급해졌는데, 이불 젖혀서 바로 온돌에서 내려와, "말하지 마, 배에 남겨두고 퇴비를 만들어라!" 얼른 아내의 팔뚝을 껴안고 입을 막았다. "신괴 엄마, 뭘 그리 당황해해? 내가 말하는데, 난 아직 적합하지 않다고 봐!")

예 ①은 북경 시민의 생활을 묘사하고, 예 ②는 중원(中原)의 농촌 생활을 묘사하였다. 그중에 많은 방언이 나타났는데, 예를 들어 예 ①의 "饯, 这遛儿", 예 ②의 "俺, 中"이다. 이런 방언의 사용은 인물의 언어가 짙은 지방 색채를 가지게 할 뿐만 아니라 인물 형상을 생동적이고 활발하게 한다.

표준어가 방언을 흡수할 때 규범에 주의해야 한다. 우선 그런 특수한 뜻을 가지고 있는 것을 흡수하면, 표준어에서 대응하기에 적합한 단어를 찾을 수가 없는데, 예를 들면 상해어의 "里弄, 亭子间"이다. 동일한 사물은 기초 방언에서 몇 가지 화법이 있는데, 보편성 · 명확성 원칙에 근거하여 선택해야 하는데, 예를 들면 "玉米, 包米, 棒子, 包谷, 珍珠米" 중의 "玉米"를 선택하였다. "蚜虫, 腻虫, 蚁虫, 蜜虫, 油虫, 旱虫" 중의 "蚜虫"을 선택하였다. 어떤 방언은 비록 표준어에서 이것과 서로 대응하는 단어를 찾을 수 있지만, 표현력에서 명확히 대응어보다 나을 경우 이러한 방언은 흡수를 고려할 수 있는데, 예를 들면 "唠嗑, 侃大山, 摆龙门阵"이다. 방언에 대하여 규범을 더하는 것이 결코 절대로 표준어에 흡수되지 않은 방언을 사용하는 것을 반대하는 것은 아니다. 문학 작품에서 인물을 묘사하고 환경을 묘사하기 위해서, 적당하게 인물 대화에서 방언을 사용하는 것은 완전히 가능하다. 방언을 잘 쓰면, 그들의 독특한 표현 효과를 발휘할 수 있을 뿐만 아니라, 표준어 어휘를 풍부하게 하기 위하여 흡수할 수 있는 소재를 제공할 수 있다. 하지만 지방의 풍토와 인정을 표현하고 있는 문학 작품일지라도 방언이 너무 많거나 넘치게 사용해서는 안 된다. 쓸데없이 방언을 남용하는 것을 방지해야 하는데, 특히 그 유행 지역이 좁고, 조어의 이유나 근거가 불명확하고, 쉽게 오해나 다른 뜻이 생기기 쉬운 단어이다. 그렇지 않으면 반드시 작품의 전파 범위와 효과에 영향을 끼친다. 이 방면에서 노사 선생은 자신 스스로 체득하여, 그는 "人家不懂, 不懂还有什么表现力可言呢? 作品本身是教育人民的, 可是因为土语太多 剧本没人演, 小说读不明白, 岂不弄巧成拙, 反倒减少了宣传教育的效用么? (사람이 이해하지 못하고, 이해하지 못하는데 또 어떤 말할 만한 표현력이 있는가? 작품 자체는 인민을 교육하는 것이나 사투리가 너무 많아 극본은 연기할 사람이 없고, 소설은 읽어도 이해가 안 되니 어찌 재주 피우려다 일을 망치고, 오히려 선전 교육의 효용을 감소시키지 않겠는가?)"라고 하였다.

(3) 외래어

① 외래어는 무엇인가

외래어는 외부 민족 언어에서 빌려온 말로, "차어(借语)"라고도 한다. 외래어는 기타 민족과 왕래하는 과정에서 상대방 언어 속의 말을 한어에 흡수하여 생긴 것이다. 한어는 외국어와의 접촉이 고대로부터 시작되었는데, 일찍이 한대에서, 한어는 서역의 외부 민족의 언어에서 적지 않은 외래어를 흡수하였다. 예를 들면 "狮子, 玻璃, 葡萄, 珐琅, 苜蓿" 등이다. 시간이 오래되었기 때문에 사람들은 심지어 그것을 외래어로 여기지 않는다. 근현대에 이르러 한어는 외부 민족 언어로부터, 특히 외국 언어에서 빌려 들어온 외래어는 더 많아졌고, 게다가 점점 더 많아지고 있다. 현대 한어는 외래어를 흡수하여 일반적으로 모두 한화(汉化)하는데, 즉 간단하게 답습하는 것이 아니라 음성 · 문법 · 의미 심지어 자형까지 개조하여, 그것으로 하여금 현대 한어의 구조 계통에 적응하게 하고, 현대 한어 어휘의 구성원이 되게 한다.

음성 방면의 한화는 외래어 원래의 음절 구조를 한어의 음절 구조로 개조하는 것이다. 예를 들면 다음과 같다.

jeep(英) ― 吉普	tank(英) ― 坦克
copy(英) ― 拷贝	radar(英) ― 雷达
tractor(英) ― 拖拉机	jacket(英) ― 夹克
совет(俄) ― 苏维埃	большевик(俄) ― 布尔什维克

이런 단어는 음역(音译)할 때 한어의 음성 특징에 따라 원래 단어의 음성 형식에 대하여 개조를 한다. 예를 들면 외국어의 음절은 원래 성조가 없고, 음역 후의 음절은 모두 성조가 있다. 음절의 수도 바뀌어 jeep처럼 원래 한 음절만 있었으나 "吉普"는 2음절이다. совет는 원래 2음절인데, "苏维埃"는 3음절이다. 자음과 모음 방면의 조정은 더 많아, 예를 들면 원래 단어의 유성 자음 다수가 모두 무성음으로 바뀌는 것인데, jeep의 시작 유성 자음 [ʤ]은 "吉普"의 시작 유성 자음 [tɕ]으로 바뀌었다. большевик의 시작 유성 자음 [b]는 "布尔什维克"의 시작 유성 자음 [p]로 바뀌었다. совет의 모음 o는 약화한 [ə]로 읽고, "苏维埃" 중 "苏"의 모음은 [u]이고, copy 중의 모음 o는 [ɔ]로 읽고, "拷贝"중 "拷"의 운모는 복합 모음 [au]이다.

문법에서의 한화는 한어의 형태론(词法) 형식에 근거하여 개조를 하는 것인데, 예를 들면 tank란 단어의 복수 형식은 tanks이고, 한어의 "坦克"는 이런 변화가 없어 단수이든 복수이든 모두 "坦克"이다. 다시 예를 들면 tractor의 tract은 어근이고, -or은 어미이고, "拖拉机"는 복합어가 되어 어근 어미의 구분이 없다.

의미상의 한화는 단어 뜻이 가리키는 바와 의미 항목이 한어 단어 뜻의 제약을 받기 때문에 생기는 변화를 가리킨다. 예를 들면 jacket은 영어에서 "短上衣, 坎肩儿" 및 "水管套", "马铃薯皮", "封面套纸" 등의 뜻이 있고, 한어에서 이미 "坎肩儿", "外套" 등의 단어가 있기 때문에 그래서 "夹克"는 다만 "길이가 허리 부위에만 이르고, 아래 입구가 꽉 조이는 짧은 외투"의 뜻을 가지고 있다. copy는 영어에서 "사본 복제품" 및 "베껴 쓰다, 복사하다", "복제" 등의 뜻을 가지고 있고, "拷贝"는 한어에서 "촬영한 영화 필름을 현상하여 방영용으로 제공하는 필름"의 뜻만을 가리킨다.

어떤 외래어는 한화 과정에서 표음자의 기초를 바탕으로 또 표의의 형부를 더하는데, 예를 들면 "蒲陶"는 "葡萄"로 바뀌었고, "法蓝"은 "珐琅"으로 바뀌었고, 다른 "袈裟, 玻璃, 琉璃, 唢呐, 僧伽, 柠檬"이 모두 이렇게 한화한 것이다.

2 외래어의 유형

현대 한어 외래어는 아래의 몇 가지 유형이 있다.

1) 음역 외래어 : 외부 민족어의 소리에 근거하여 대역한 단어로서 음역어라고도 한다. 음역은 한화를 거쳐야 하기 때문에 원래 단어의 독음에 가깝다. 예를 들면 다음과 같다.

沙龙 (salon 法)　沙发 (sofa 英)　马达 (motor 英)
阿訇 (ākhūnd 波斯)　伦巴 (rumba 西)　纳粹 (Nazi 德)
布拉吉 (платье 俄)　克格勃 (КГБ 俄)　扑克 (puker 英)

2) 음의 겸역(音意兼译) 외래어 : 음역하는 동시에 한어에서 뜻이 있는 형태소를 택한다. 예를 들면 다음과 같다.

幽默 (humor 英)　引擎 (engine 英)　逻辑 (logic 英)
引得 (index 英)　香波 (shampoo 英)　安琪儿 (angel 英)
绷带 (bangdage 英)　乌托邦 (utopia 英)　声纳 (sonar 英)

3) **반음역 반의역** : 외래어 외부 민족어의 단어를 반은 음역을 쓰고 다른 절반은 의역을 사용한다. 예를 들면 다음과 같다.

霓虹灯 (neon lamp 英)	新西兰 (New Zealand 英)
沙文主义 (chauvinism 英)	苹果派 (applepie 英)
冰淇淋 (ice-cream)	摩托车 (motorcycle 英)
爱克斯光 (X-ray)	

4) **음역에 한어 형태소를 더한 외래어** : 외부 민족어 음역을 한 후 다시 이 사물의 유형이나 성질을 나타내는 한어 형태소를 더한다. 예를 들면 다음과 같다.

加农炮 (cannon 英)	卡车 (car 英)	卡片 (card 英)
啤酒 (beer 英)	芭蕾舞 (ballet 法)	香槟酒 (champagne 法)
保龄球 (bowling 英)	高尔夫球 (golf 英)	英镑 (pound 英)

5) **일어 차형(日语借形) 외래어** : 일본어에서 직접 차입한 외래어로서 약칭 차형어(借形语)라고 한다. 고대의 일본은 중국 문화를 학습하고 한어와 한자를 빌려갔다. 근현대에 이르러 일본은 서방에서 매우 많은 사회 과학과 자연 과학 개념을 중역하였는데, 한자를 사용하였기 때문에 한어는 일본어로부터 직접 대량의 한자어를 차용하였다. 예를 들면 다음과 같다.

民主	民族	方针	政策	保证	系统	传统	斗争
社会	批判	干部	原子	细胞	科学	哲学	战线
主观	绝对	时间	优点	静脉	感性	积极	高潮
景气	取缔	体操	资本	场合	原理	人气	写真

心理学	生产力	可能性	文学界	辩证法	归纳法
方程式	流线型	劳动者	辩护士	火成岩	一元化

차형어 중에 원래는 고대 한어에서 나타난 일부 단어가 있으나 뜻은 현대와 다르다. 예를 들면 "组织"는 고대 한어에서 본래 "纺织"의 뜻으로, ≪요사 · 식화지(辽史 · 食货志)≫에서 "树桑麻, 习组织(뽕나무와 삼을 심고, 방직하는 것을 배우다)"라고 한다. "社会"는 원래 고대 지신 제삿날의 집회를 가리키는데, ≪세설신어 · 덕행상(世说新语 · 德行上)≫에서 "邻里修社会(동네에 집회를 열었다)"라고 하였다. 기타 "杂志, 劳动, 权利, 主义, 宪法, 革命, 文明, 具体, 乐观, 文法" 등은 고대 한어에서도 나타난 적이 있지만, 근현대 의미 방면에서 일본어에서 차입한 것으로 보아야

한다.

6) **방역(仿译) 외래어** : 방역어는 외국어를 의역할 때 원래 단어의 조어 방식을 모조하고, 원래 글자 표면상의 뜻을 보류한 외래어이다. 이런 의역어는 명확히 외국어의 구조 특징과 표면적인 뜻을 가지고 있기 때문에 우리는 그것을 일반적인 의역어와 서로 구별하고, 또 외래어로 본다. 예를 들면 다음과 같다.

软件 (software 英)	超市 (supermarket 英)
热狗 (hot dog 英)	峰会 (summit conference 英)
冷战 (cold war 英)	黑马 (dark horse 英)
热线 (hot line 英)	全明星 (all star 英)
微软 (Microsoft 英)	

7) **자모 외래어** : 자모어는 직접 차입한 라틴 자모로 이루어진 외래어로서 "자모어(字母词)"라고도 부른다. 예를 들면 다음과 같다.

CEO　GDP　DNA　APEC　BBC　MTV　KTV

CPU　CD　DVD　WTO　SOS　TV　UFO　GPS

CD-ROM　E-mail　IT　卡拉OK　T型台　T恤衫

AA制　CT扫描　B超　三K党　AB角　IP卡

자모어는 일반적으로 직접 영어 자모의 독음(일반적으로도 한화를 거친다)이고, 또 어떤 것은 표음자모의 맞춤법에 따라 읽는데 예를 들면 APEC, CD-ROM, E-mail 등이다. 또 어떤 것은 한어와 혼합하는데 예를 들면 "B超, 三K党, AB角"이다.

③ 외래어의 규범 : 외래어를 잘 흡수하는 것은 언어의 강대한 표현으로, 외래어 흡수는 본 민족 언어 어휘를 풍부히 하고 언어 표현 능력을 강화하는 데 적극적인 작용을 하고 있다. 이와 동시에 우리들도 외래어의 규범에 관한 일을 잘해야 하고 특히 아래의 세 가지를 주의해야 한다.

1) **외래어를 남용하지 마라.**

외래어 남용은 특히 외래어와 자모어를 음역하는 것으로, 한어 고유의 어휘 면모를 파괴할 것이고, 언어의 순결에 해가 된다. 만약 한어의 고유 형태소로 단어를 구성하고 아울러 개념을 정확하고 뚜렷하게 표현하면, 외래어를 사용하지 말아라. 예를 들면 "激光"을 쓰고 "莱塞"를 쓰지 않는다. "连衣裙"을 쓰고 "布拉吉"를 쓰지 않는다. "发动机"를 쓰고 "马达"를 쓰지 않는다. "水泥"를 쓰고 "水门汀" 혹은 "士敏

士"를 쓰지 않는다. "小提琴"을 쓰고 "梵哑铃"을 쓰지 않는다. "灵感"을 쓰고 "烟士披力纯"을 쓰지 않는다. 어떤 사람은 남달리 특별한 주장을 내세워 서양풍을 추구하는 것을 좋아하고, 집회를 "派对"라 하고 점포를 "士多"라 하고 비스켓을 "克力架"라 하고 유당을 "太妃"라 하는데, 이것은 제창하지 말아야만 한다.

2) 외래어의 단어 형태를 통일한다.

통용 한자 쓰기 형식을 채택하고, 기타 이체 형식을 도태시킨다. 예를 들면 "托拉斯"를 쓰고 "托辣斯"를 쓰지 않으며, "雨果"를 쓰고 "嚣俄"를 쓰지 않으며, "斯大林"을 쓰고 "史太林"을 쓰지 않으며, "高尔基"를 쓰고 "戈里基"를 쓰지 않으며, "尼龙"을 쓰고 "呢隆"을 쓰지 않는다.

3) 최대한 의역 방식을 채택한다.

외래어 흡수는 인명 · 지명 · 국명 및 어떤 음역을 사용하지 않고 정확하게 뜻을 표현할 수 없는 적합한 음역 채용 방식을 제외하고 최대한 의역을 채택해야만 한다. 의역은 민족 언어의 습관에 더욱 가깝기 때문에 한어 어휘 계통과 하나로 융합될 수 있고, 또 이해와 기억에 편리하다. 예를 들면 "维生素"를 쓰고 "维他命"을 쓰지 않으며, "青霉素"를 쓰고 "盘尼西林"을 쓰지 않으며, "话筒"을 쓰고 "麦克风"을 쓰지 않으며, "手杖"을 쓰고 "司的克"를 쓰지 않는다.

3. 신생어, 직업 전문 용어, 은어

(1) 신생어

신생어는 신어(新词)라고도 하는데, 사회 생활이 끊임없이 발전하는 수요에 근거하여 새로 창조하거나 만들어낸 단어이다. 신생어는 일반 어휘 속의 중요한 구성원이고, 그것은 주로 새로운 사물, 새로운 개념, 새로운 서술을 반영하는 것을 특징으로 한다. 신생어는 하나의 역사 범주이고, "五 · 四" 시대에 만들어진 신어이며, "문화대혁명" 중에 만들어진 신어는 현재 이미 신어가 아니다. 현재 우리들이 인정하는 신생어는 개혁 개방 이후로, 즉 1978년 이후에 만들어진 신어인데, 시간의 추이에 따라 우리들이 오늘 말하는 신어도 장차 낡은 말이 될 것이다.

신생어는 우리들이 말하는 일반적인 어휘 중의 기타 분류와 교차하고 있다. 신생어 중에는 방언, 외래어, 직업 전문 용어, 은어가 있고, 새로 부활한 것도 있으며,

혹은 새로운 의미를 부여하는 고어도 있다. 예를 들면 "炒鱿鱼, 埋单" 또한 방언이다. "卡拉OK, 比基尼, 酷" 또한 외래어이다. "软件, 互联网, 磁盘" 또한 직업어이다. "大款, 菜鸟(网络生手), 走穴" 또한 은어이다. "侃大山"의 "侃", "吃"가 말하는 "撮", "倒儿爷, 板儿爷"의 "爷"는 모두 역사어의 부활이고, "小皇帝, 高考状元, 棋后"는 모두 역사어를 이용하여 새로운 단어와 뜻을 만들었다.

20여 년 이래로 새로운 사물, 새로운 개념, 새로운 서술은 계속 발생하였는데, 불완전한 통계에 근거하면 대략 오륙천 개의 신생어가 새로 창조되고 만들어졌다. 십년 가까이 만들어진 신생어를 분석하면, 그중에 수량이 가장 많은 것은 경제류 신어이다. 예를 들면·"炒股, 股权, 股民, 旺市, 期市, 牛市, 熊市, 竞价, 热卖, 俏锁, 民营经济, 并购, 地税, 外资" 등으로, 전체 사회가 경제 건설을 중심으로 하고, 경제 고속 발전의 상황을 반영하였다. 또 정보류 신어도 매우 큰 비중을 차지하였는데, 예를 들면 "上网, 网友, 网吧, 电子信箱, 电子邮件, 笔记本电脑, 光驱, 光盘, 手机, 数据库, 数码相机"이다. 신생어가 비교적 집중한 것은 또 직업, 법률 치안, 부동산, 교육, 문예 매스미디어, 가정생활, 의료 위생, 교통, 체육, 환경, 과학 기술, 상업 음식 등의 종류로, 사회 생활의 각 방면과 관련되는데, 특히 변화가 큰 분야이다. 예를 들면 다음과 같다.

上岗、转岗、定岗、白领、蓝领、金领、工薪族、上班族
禁毒、扫黄、盗猎、打黑、警花、人蛇、线人、处警
现房、期房、物业、按揭、房型、楼盘、楼市、豪宅
博士后、博导、家教、考研、充电、大本、委培、职高
炒作、造势、戏说、煽情、出镜、上镜、搞笑、作秀
暗恋、单身贵族、婚典、婚介、婚外情、丁克家庭
艾滋病、亲子鉴定、伽马刀、激光刀、脑死亡、隆胸
安检、车程、车本、驾龄、驾校、驾照、黑车、拒载
赛季、赛况、赛制、球星、球市、下课、体能、乌龙球
污染源、臭氧洞、尾气、沙尘暴、休渔、水体、中水
纳米、克隆、基因组、转基因、电磁炮、预警机、贫铀弹
菜品、饮品、蔬果、时蔬、皮草、手链、手袋、西蓝花

신생어 중에 수량이 비교적 많은 것은 또 서술류 신어로, 다수는 서면 혹은 구두 표현 중에 일부 새로운 수사를 가지는 화법인데, 예를 들면 "穿帮, 跟风, 双赢, 领

军, 路向, 磨合, 夕阳, 心路, 风景线, 画句号, 透明度” 등이다.

십여 년 가까이의 신생어 중에 매우 많은 것은 중국 홍콩, 마카오, 대만 세 지역에서 흡수한 것이고, 또 어떤 것은 외국어에서 빌려온 것이 있는데, 전자의 예를 들면 “楼花, 发烧友, 强暴, 戏说, 另类, 团队精神, 艺员, 双赢” 등이고, 후자의 예를 들면 “空港(くうこん日), 精算(せいさん日), 人气(にんき日), 派对(party), 作秀(show), 蓝牙(blue tooth), 丁克家庭(DINK family)” 등이다.

신생어의 조어는 자주 어떤 특정한 형태소를 기초로 하여 어족을 이루고 계열을 이루어 발생하는데, 예를 들면 “打”를 기초로 “打黑, 打非, 打假, 打私, 打拐” 등의 단어가 나타났고, “网”을 기초로 한 “上网, 下网, 人网, 联网, 网友, 网迷, 网吧, 网页, 网址” 등의 단어이다. 또 어떤 단어는 하나 혹은 일부 형태소를 보류하고, 원래 단어와 상반되고 상대적이며 관련된 단어를 구성하는데, 예를 들면 “脱贫”으로 “返贫”을 만들고 “空姐”로 “空嫂”를 만들며 “天价”로 “地价”를 만들고 “智商”으로 “情商”을 만들며 “劲歌”로 “劲舞”를 만들고 “盲区”로 “盲点”을 만든다. 기존에 축약으로 조성한 신생어도 비교적 많은데, 예를 들면 다음과 같다.

安全检查－安检　　拥挤堵塞－拥堵　　编写创作－编创
引进资金－引资　　承担保险－承保　　布置展览－布展

신생어의 규범은 어휘 규범의 일반적인 원칙에 의거해야 하는데, 즉 보편성 · 명확성 · 필요성의 원칙은 취사선택을 결정한다. 신생어와 성조어(生造词)를 명확히 나눌 수 있는 경계가 없으나, 일반적으로 말해서 만약 새로 만들어낸 단어의 응용 지역이 좁고 사용 빈도도 높지 않으면, 형태소 의미로는 그다지 쉽게 단어 의미를 추측하지 못하고, 이러한 단어는 제 멋대로 만드는 것을 싫어한다. 예를 들면 “整固”(조정하고 공고히 하다), “研判”(연구하고 판단한다) 등이다. 소수 신생어는 이런 방면의 문제 때문에 최종적으로 도태될 가능성이 높다. 또 어떤 단어는 잠깐 보면 성조어 같으나 일정한 사용 시간을 거쳐 오히려 넓게 유전되고 신생어가 된다. 예를 들면 “关爱, 婉拒, 登场, 打造” 등의 단어는 이미 사람들에 의해 인가되어 대량으로 사용되기 시작하였다.

(2) 직업 전문 용어(行业词)

직업 전문 용어는 사회 각종 직업에 응용된 단어로 전용어(专用词)라고도 한다.

직업 전문 용어는 사회에서 나누어진 업종이 다르기 때문에 형성된 것으로, 늘 사람들이 종사하는 직업과 관련이 있다. 술어(术语)는 직업 전문 용어 중의 일부분이고, 각 학과가 쓰는 전문어이다. 술어는 일반적으로 전용성과 단의성을 가지고 있는데, 술어의 연구와 응용은 과학 기술의 발전에 아주 중요한 의의를 가지고 있다. 직업 전문 용어는 술어를 내재하여 포함하는데 술어의 범위보다 더욱 넓다. 일반적으로 말해서 직업 전문 용어는 사회 직업 범위의 제한을 받고 직업 내부의 인재만이 능히 그 적절한 뜻을 파악하고 이해할 수 있다. 직업어는 같지 않은 학과와 직업에 따라서 분류하고 수집하여 정리하는데, 학과에 따라 분류한 것을 예로 들면 다음과 같다.

数学(수학)：正数、负数、函数、微分、积分、方程、系数、对数……
生物(생물)：细胞、细胞壁、细胞核、细胞液、胚根、胚芽、基因……
物理(물리)：电流、电荷、粒子、中子、磁场、共振、功率、微波……
化学(화학)：氧气、元素、化合、分解、硫酸、溶解、饱和、电解……
医学(의학)：血型、内科、外科、理疗、脱水、休克、血栓、囊肿……
哲学(철학)：物质、感性、理性、实践、量变、质变、对立、矛盾……
经济(경제)：消费、积累、资本、货币、流通、价值、期货、贸易……

직업에 따라 분류한 것을 예로 들면 다음과 같다.

工业(공업)：切削、浇铸、电焊、车床、冲床、铣床、锻压、井喷……
农业(농업)：保墒、墒情、连作、间作、育苗、底肥、镇压、机播……
商业(상업)：高档、低档、促销、库存、盘点、返卷、旺季、三包……
铁路(철로)：正点、误点、车皮、站台、客流、乘警、道岔、候车……
印刷(인쇄)：排版、清样、对红、校对、版面、版心、印张、码洋……
戏曲(희곡)：行头、花脸、亮相、台步、老生、龙套、圆场、水袖……

과학 기술의 발전과 사람들 지식 수준의 제고에 따라서 또 수사의 필요로 일부 직업 전문 용어는 본 직업의 사용 범위를 돌파하였고, 전문 뜻 이외에 또 일반적인 의미를 얻어, 상용어의 일원이 되었다. 예를 들면 "突击, 战线, 会战, 战役" 등은 원래 군사 용어이고, "二传手, 短平快"는 원래 체육 용어인데 현재 자주 생산 건설이나 기타 영역에서 쓰인다. 또 예를 들면 "消化, 感染, 麻痹, 敏感" 등은 원래 의료 용어인데, 현재 자주 일상 생활과 학습에 쓰인다.

(3) 은어

은어는 개별 사회 집단이나 조직이 사용하는 내부인만이 이해하는 단어이다. 은어는 은밀성·내부성과 약정성을 가지고 있는데, 예를 들면 특수 임무를 집행하는 조직이나 집단이 상용하는 구령과 약호는 곧 은어로, 깡패와 지방 악한의 암호도 은어이다. 저명소설 ≪임해설원(林海雪原)≫ 중에는 소검파를 "203"이라 하고 또 지방 악한이 쓰는 매우 많은 암호를 묘사하였는데, 그중의 은어는 당시 특수한 환경하에 특수한 필요로 생긴 것이다. 은어는 자주 표준어에 부가하여 특수한 함의의 방법으로 구성되는데, 예를 들면 부대에서 통신 연락 시의 호출 "长江, 长江, 我是黄河(장강, 장강, 나는 황하)" 또 납치범은 예를 들면 인질을 "肉票"라 하고, 살해 인질을 "撕票"라고 한다. 또 어떤 은어는 곧 글자 수수께끼나 같거나 비슷한 음의 방법으로 창조하는데, 예를 들면 구 사회의 상인은 관계없는 사람으로 하여금 시세를 모르게 하기 위하여 "1"을 "平头"라 하고, "2"를 "空工"이라 하고, "3"을 "横川"이라 하고, "4"를 "侧目"이라 하고, "5"는 "缺丑"라 하고 "6"은 "断大"라 하고, "7"은 "皂底"라 하고 "8"은 "分头"라 하고 "9"는 "未丸"이라 하고 "10"은 "田心"이라 하였다. 개혁 개방 초기에 일부 소상인들은 10원을 "一张"이라 하고 "100"을 "一棵"("一棵白菜"와 비슷하다)라 하고 "1000"은 "一吨"이라 하고 "10000"은 "一方"이라 하였는데, 은어의 성질에 속하기도 한다.

어떤 은어는 사용 중에 점차로 외국인에 의하여 알게 되어 은밀성을 잃고 또 일반 사회 용어가 될 가능성이 있다. 예를 들어 "雷子(경찰이라 부름)", "拨份儿(지위를 높인다)", "二进宫(두 번째 공안국에 의해 구류되는 것을 가리킨다)", "托儿(고객으로 위장하여 판매를 돕는 사람)", "大款(돈 있는 사람)" 등의 단어는 최초에 모두 은어였는데, 유전되어 사람들이 그 뜻을 이해한 후에는 은어가 아니다. 게다가 이런 은어는 사람들에게 신비감·신선감 아울러 희학 의미를 가지고 있기 때문에 그들은 매우 빨리 또 사회 유행어로 발전되는데, 이런 현상은 주의할 가치가 있다.

사고와 연습

1. 어휘는 무엇인가? 기본 어휘는 무엇인가? 기본 어휘의 특징은 무엇인가?
2. 고어는 무엇인가? 고어는 몇 가지로 나누어지는가? 고어는 어떤 역할이 있는가? 고어를 어떻게 규범화하는가?
3. 방언은 무엇인가? 방언은 어떤 역할이 있는가? 방언을 어떻게 규범화하는가?
4. 외래어는 무엇인가? 외래어는 몇 가지 유형이 있는가?
   외래어는 어떻게 규범화하는가?
5. 신생어는 무엇인가? 10개 신생어를 예로 들고 뜻을 해석해라. 신생어를 어떻게 규범화하는가?
6. 직업어는 무엇인가? 직업어에서 직업을 뛰어넘어 사용하는 말이 있는가?
7. 은어는 무엇인가?
8. 아래 단어 중에 기본어를 지적하라.

   云　狗　电灯　电视　微波炉　酸奶　勃然　书院
   苦　直播　勇敢　情商　爱人　阿姨　名堂　尴尬

9. 아래 외래어의 유형을 지적하라.

   空港　喀秋莎　物语　拷贝　蓝牙　浪漫主义
   哲学　服务　派克笔　软通货　道林纸　尼古丁

제7절 숙어

숙어는 언어에서 상용하고 규격화된 어구이다. 숙어는 규격화된 구와 문장을 포함하고, 규격화란 점에서 단어에 해당된다. 사람들은 단어를 대하는 것과 같이, 숙어를 언어 단위로 저장하고 활용한다. 마침 이 이유 때문에 숙어도 일반 어휘의 구성원에 속하고 어휘학 연구의 대상이다.

숙어는 단어와 비교하여 용량이 더욱 크고, 이것은 정제한 형식으로 풍부한 내용을 표현할 수 있다. 숙어 중에 깊고 두터운 역사와 문화를 간직하고 있으며 인생의 지식과 경험을 개괄하였다. 숙어는 역사가 유구하고, 상세하고 깊으며, 지혜를 충만하게 하고, 표현력이 극히 풍부하다.

우리들은 본 절에서 주로 성어, 관용어, 속어와 헐후어 네 가지 숙어를 공부한다.

1. 성어

(1) 성어의 성질

성어는 답습하여 늘 사용하고 우아한 색채를 가진 고정구이다. 예를 들면 다음과 같다.

水落石出	炉火纯青	登峰造极	坐吃山空	狗仗人势
狐假虎威	叠床架屋	功亏一篑	画蛇添足	殃及池鱼
孤掌难鸣	排山倒海	破釜沉舟	四面楚歌	大刀阔斧
异曲同工				

한어 성어의 수량은 매우 많은데, 역사적으로 끊임없이 쌓인 결과이다. 만약 일부 그다지 상용하지 않는 성어도 포함하게 된다면 대체로 2만여 개가 있다. 통용 성어는 대개 육칠천여 개가 있고, 자주 사용하는 성어는 삼사천 개가 있다.

많은 성어는 역사적으로 형성된 것으로, 성어가 반영한 내용으로 보면, 대다수가 고대의 사건 · 인물 · 전설 · 우언 등으로서 예를 들면 "唇亡齿寒, 完璧归赵, 指鹿为马, 愚公移山"이다. 새로 창조한 성어가 없는 것은 아닌데, 예를 들면 "反腐倡廉, 科教兴国"이나 수량이 매우 적다. 성어의 형성 시간으로 보면, 다수 성어는 모두 1000~2000년의 역사가 있는데, 예를 들면 "狼子野心", "一鼓作气" 모두 ≪좌전≫에서 보여 지금까지 이미 2천여 년을 사용하였다. 성어의 언어 형식으로 보면, 성어 중에 어떤 고대 한어의 음성, 단어 의미와 문법 현상을 보존하였고, 고음은 예를 들면 "否(pǐ)极泰来", "图穷匕见(xiàn)"이다. 고어 의미는 예를 들면 "感激涕(눈물)零", "含辛茹(먹다)苦"이다. 고대 문법은 예를 들면 "时不我待"(나를 기다린다), "人莫予毒"(나를 상해할 사람이 없다)이다.

성어는 고대 한어와 자연적 연계가 있는데, 이 때문에 서면어에 많이 사용하고, 우아한 색채를 가지고 있다. 사람들의 문화 수준과 지식 소양의 향상에 따라서 구어 중에도 출현하기 시작하고 아울러 점차 증가하였다.

(2) 성어의 특징

성어는 두 개의 명확한 특징을 가지고 있다.

① 의미의 전체성

성어는 하나의 고정구로 그것의 의미는 결코 각 단어 단어 의미의 간단한 덧붙임이 아니고, 각 단어 의미 조합의 기초에서 나아가 개괄한 전체 뜻이다. 예를 들면 "鸡毛蒜皮"는 결코 닭털과 마늘 껍질 두 가지 물건을 가리키지 않고, "무관하고 긴요한 작은 일이나 조금도 가치 없는 물건을 비유한다." "井底之蛙"는 "우물 아래의 청개구리"가 아니고 "안목이 짧고 얕은 사람"을 비유하는 것이다. 대다수 성어는 모두 내력과 출처가 있어, 서술하는 것이 완전한 고사나 사건인데 이야기나 배경을 이해하지 못하면 그것의 의미를 이해하기 어렵다. 예를 들면 "狐假虎威"가 말하는 것은 바로 하나의 우언으로, "여우가 호랑이의 위세를 거짓으로 빌려서 다른 동물을 놀라게 하여 달아나게 하다"이다. 이 이야기는 "다른 사람의 권세에 기대어 남을 압박하다"를 비유한다. "指鹿为马"는 진대 조고(赵高)가 사슴을 가리켜 말이라고 한 일을 일컬으며, "고의로 시비를 바꾸고, 위풍을 나타내다"를 비유하는데 사용한다. 또 많은 성어의 표면 의미와 실제 의미가 차이가 많이 나서, 반드시 전체로 그것의 비유 의미나 다른 전의(转义)를 파악해야 한다. 예를 들면 "满城风雨"는 성에 바람 불고 비 내리는 것과 관련이 없고, "하나의 일이 전해지는 것이 매우 빠르고, 도처에 의론이 분분하다"를 형용한다.

"瓜田李下"는 "오이밭에서는 신이 벗겨져도 다시 신지 아니하며 자두나무 밑에서는 갓을 고쳐쓰지 않는다."는 말을 간단하면서도 개괄적으로 말한 것으로, 남에게 의심받을 일은 하지 말 것을 의미한다. 이로부터 성어의 실제적인 뜻은 전체성을 가지고 있으며, 표면적 의미의 뒤에 내포되고, 표면적 의미는 다만 실제적 의미가 표현하는 수단임을 알 수 있다.

② 구조의 응고성

구조 형식의 응고성도 성어의 한 특징이다. 한어 성어의 형식이 고정된 것은 우선 음절 수량에 표현되는데, 2음절 성어가 존재하는지는 논쟁이 있다. 예를 들면 "染指", "献芹"인데, 일반적으로 그것들은 이유를 가진 단어이다. 3, 5, 6, 7, 8, 10, 12, 14 음절의 성어는 모두 있어, 예를 들면 "莫须有, 破天荒; 欲速则不达, 坐山观虎斗; 五十步笑百步, 此一时彼一时; 醉翁之意不在酒, 天涯何处无芳草; 项庄舞剑,

意在沛公; 以小人之心, 度君子之腹; 只许州官放火, 不许百姓点灯; 踏破铁鞋无觅处, 得来全不费工夫"이다. 하지만 4음절 성어는 성어 총수의 95% 이상을 차지하는데, 다시 말해서 사자격(四字格)은 한어 성어의 기본 형식이다. 이런 형식은 가지런하고 균등하고, 간결하고 명료하다. 성어의 네 글자는 모두 둘씩 상대적인데, 설사 구조상 2+2의 조합이 아니더라도, 읽기에도 2+2 박자인데, 예를 들면 "一衣带/水, 无/所适从, 身/先士卒, 胸/有成竹"이다. 사자성어와 네 성조는 서로 어울리어, 최대 한도로 성조의 평측을 배치하고, 운율이 잘 어울리게 할 수 있다. 사자격은 또 각 통사 구조의 최저 한도를 이루고, 성어 중에 거의 한어 통사 구조의 모든 관계를 망라하였으며, 간단명료하게 각 사건과 이치를 기술할 수 있다.

성어의 구성 성분과 구조 형식은 모두 고정적인데, 일반적으로 임의로 어순을 변동하거나 일부를 뽑아서 다른 것과 바꾸고, 그중의 성분을 증감할 수 없다. 예를 들면 "任重道远"은 "道远任重, 任重路远" 혹은 "任重而且道远"으로 변경할 수 없다. "病人膏肓"은 "病人心脏, 病人脊髓"으로 고칠 수 없다. "非驴非马" 역시 "非马非驴" 혹은 "非猫非狗" 등등으로 변경할 수 없다. 성어는 대중이 장기간 자주 사용하면서 생긴 것으로, 응고된 전형적인 형식은 더욱 풍부한 함의를 전달하기가 편리하여, 만약 구조 성분과 구조 관계를 변경한다면 전형적인 형식과 개괄적인 의미 사이의 연계를 깨뜨릴 것이다. 예를 들어 "病人膏肓" 이 성어는 ≪좌전 · 성공십년(左传 · 成公十年)≫의 "疾不可为也。在肓之上, 膏之下, 攻之不可."에서 기원하였다. 이 성어는 이미 2천여 년의 역사를 가지고 있고, 옛 사람들의 병리학 관점을 반영하였는데, 만약 "病人心脏, 病人脊髓"로 고치면 성어가 표현하는 미묘한 의미와 가지고 있는 고고학 가치를 잃을 것이다.

성어는 비록 의미의 정체성과 구조의 응고성이란 두 가지 두드러진 특징을 가지고 있으나, 성어의 뜻과 구조에 조금의 변화도 없는 것은 아니다. 어떤 성어는 사용 과정 중에 뜻의 변화가 생겼는데, 예를 들면 "明目张胆"은 원래 뜻이 담과 지식이 있어, 대담하게 말하고 행동하는 긍정적인 의미를 가지고 있었다. 그 뒤에 감정 색채가 완전히 변하여, 공개적으로 대담하게 나쁜 일을 하는 것을 가리키는 데에 쓰인다. "明哲保身"은 원래는 긍정적인 뜻을 가지고 있어, 원래의 뜻은 사리를 이해하는 사람이 능히 자신을 보전할 수 있다는 것인데, 현재는 나쁜 뜻으로 바뀌어 투쟁을 회피하여 개인의 이익을 보전하는 것을 가리킨다. 또 어떤 것은 구성 성분을 교체하였는데, 예를 들어 "揠苗助长"은 현재 대부분 "拔苗助长"으로 고쳤다. "每

下愈况"은 원래의 뜻이 낮은 사물로부터 추론할수록 사실의 진상을 볼 수 있다는 것을 가리킨다. 현대에는 대부분 "每况愈下"로 고쳐, 상황이 점차 나빠지는 것을 가리킨다.

(3) 성어의 기원

한어 성어는 주로 중국 고대의 문화 고서에서 기원하고, 또 일부 외국 언어에서 기원하거나 당대에 창조한다. 아래의 몇 가지 종류로 나뉜다.

① 신화와 우언의 예를 들면 다음과 같다.

夸父逐日 (≪산해경 · 해외북경(山海经 · 海外北经)≫)
杞人忧天 (≪열자 · 천서(列子 · 天瑞)≫)
守株待兔 (≪한비자 · 오두(韩非子 · 五蠹)≫)
刻舟求剑 (≪여씨춘추 · 찰금(吕氏春秋 · 察今)≫)
天花乱坠 (≪고승전(高僧传)≫)
精卫填海 (≪산해경 · 북산경(山海经 · 北山经)≫)
愚公移山 (≪열자 · 탕문(列子 · 汤问)≫)
自相矛盾 (≪한비자 · 난세(韩非子 · 难势)≫)
叶公好龙 (≪신서 · 잡사(新序 · 杂事)≫)
黔驴之技 (柳宗元 : ≪삼계 · 검지려(三戒 · 黔之驴)≫)

② 역사 이야기의 예를 들면 다음과 같다.

一鼓作气 (≪좌전 · 장공십년(左传 · 庄公十年)≫)
取而代之 (≪사기 · 항우본기(史记 · 项羽本纪)≫)
负荆请罪 (≪사기 · 렴파린상여렬전(史记 · 廉颇蔺相如列传)≫)
望梅止渴 (≪세설신어 · 가휼(世说新语 · 假谲)≫)
闻鸡起舞 (≪진서 · 조적전(晋书 · 祖逖传)≫)
破釜沉舟 (≪사기 · 항우본기(史记 · 项羽本纪)≫)
完璧归赵 (≪사기 · 렴파린상여렬전(史记 · 廉颇蔺相如列传)≫)
四面楚歌 (≪사기 · 항우본기(史记 · 项羽本纪)≫)
夜郎自大 (≪사기 · 서남이렬전(史记 · 西南夷列传)≫)
请君入瓮 (≪(자치통감 · 당기)资治通鉴 · 唐纪≫)

③ 시문 어구의 예를 들면 다음과 같다.

发号施令 (≪상서 · 경명(尚书 · 冏命)≫)

困兽犹斗 (≪좌전 · 선공십이년(左传 · 宣公十二年)≫)

舍生取义 (≪맹자 · 고자상(孟子 · 告子上)≫)

老骥伏枥 (조조 : ≪보출하문행(步出夏门行)≫)

物换星移 (王勃 : ≪등왕각서(滕王阁序)≫)

信誓旦旦 (≪시경 · 위풍 · 맹(诗经 · 卫风 · 氓)≫)

学而不厌 (≪논어 · 술이(论语 · 述而) ≫)

短兵相接 (≪초사 · 구가 · 국상(楚辞 · 九歌 · 国殇)≫)

妄自菲薄 (诸葛亮 : ≪출사표(出师表)≫)

一视同仁 (韩愈 : ≪원인(原人)≫)

④ 구두 속어는 고대 문헌 중에 속언, 이어로 기록한 것이다. 예를 들면 다음과 같다.

亡羊补牢 (≪전국책 · 초책(战国策 · 楚策)≫)

宁为鸡口, 无为牛后 (≪전국책 · 한책(战国策 · 韩策)≫)

前事不忘, 后事之师 (≪전국책 · 조책(战国策 · 赵策)≫)

利令智昏 (≪사기 · 평원군우경열전(史记 · 平原君虞卿列传)≫)

千夫所指 (≪한서 · 왕가전(汉书 · 王嘉传)≫)

狗尾续貂 (≪진서 · 조왕륜전(晋书 · 赵王伦传)≫)

众志成城 (≪국어 · 주어(国语 · 周语)≫)

投鼠忌器 (≪한서 · 가의전(汉书 · 贾谊传)≫)

同病相怜 (≪오월춘추(吴越春秋)≫)

铁树开花 (≪명왕제 · 군자일순수적(明王济 · 君子日询手迹)≫)

⑤ 외국어 의역에서 한화한 것으로, 예를 들면 다음과 같다.

不可思议 (≪유마힐소설경(维摩诘所说经)≫)

心心相印 (≪황얼전심법요(黄蘖传心法要)≫)

现身说法 (≪능엄경(楞严经)≫)

想入非非 (≪능엄경(楞严经)≫)

五体投地 (≪대당서역기(大唐西域记)≫)

昙花一现（≪묘법연화경(妙法莲花经)≫）
大千世界（≪화엄경(华严经)≫）
杀鸡取卵（≪이색우언(伊索寓言)≫）
火中取栗（法国拉·封丹：≪후자여묘(猴子与猫)≫）
象牙之塔（法国 19世纪圣佩韦批评维尼）

⑥ 당대 창조한 예를 들면 다음과 같다.

糖衣炮弹　一往无前　快马加鞭　力争上游　土洋并举
洋为中用　一穷二白　自力更生　破旧立新　百花齐放

(4) 성어의 구조

성어는 "사자격(四字格)"이 기본 격식으로, 사자격의 성어에는 아래의 구조 형식이 있다.

① 연합 구조 : 연합 구조 성어는 또 다음과 같이 나눌 수 있다.

① 주서술어 연합 : 地广人稀　天长地久　口是心非　才疏学浅
② 동빈 연합 : 翻江倒海　开源节流　飞檐走壁　没头没脑
③ 정중(定中) 연합 : ⓐ 散兵游勇　天涯海角　飞禽走兽　真知灼见
ⓑ 冰天雪地　生龙活虎　油腔滑调　甜言蜜语

그중에 ⓐ류의 전체 기능은 명사성이고, ⓑ류의 전체 기능은 서술어성이다.

④ 상중(状中) 연합 : 纷至沓来　大彻大悟　土崩瓦解　车载斗量
⑤ 병렬 연합 : 古今中外　起承转合　声色犬马　鸡鸭鱼肉

② 비연합구조

① 주서술어 구조 : 波澜壮阔　沧海横流　破绽百出　势如破竹
风雨飘摇　衣冠楚楚　野心勃勃　毛遂自荐
② 동빈 구조 : 叱咤风云　闪烁其词　粉饰太平　出其不意
草菅人命　成人之美　大快人心　不露声色
③ 정중 구조 : 庞然大物　害群之马　雕虫小技　世外桃源
不刊之论　不速之客　弦外之音　嗟来之食
④ 상중 구조 : 惨淡经营　扬扬得意　安然无恙　不欢而散
半途而废　刮目相看　半路出家　豁然开朗

⑤ 보충 구조：感激涕零　颠扑不破　体贴入微　风行一时
重于泰山　毁于一旦　嫁祸于人　问道于盲
⑥ 연술 구조：画蛇添足　见风使舵　过河拆桥　刻舟求剑
拍案叫绝　画饼充饥　解甲归田　叶落归根
⑦ 겸어 구조：调虎离山　请君入瓮　令人神往　指鹿为马
化险为夷　有口皆碑　诱敌深入　认贼作父

3 복문 구조

성어 중 상술한 구 구조 이외에 또 소수 긴축 복문에 해당하는 구조가 있는데, 아래의 여러 종류가 있다.

① 연관 구조：稍纵即逝　一见钟情　兵来将挡　一鸣惊人
② 전환 구조：虽死犹生　不劳而获　未老先衰　得而复失
③ 인과 구조：曲高和寡　少见多怪　屈打成招　人微言轻
④ 목적 구조：守株待兔　杀一儆百　围魏救赵　削足适履
⑤ 가설 구조：除恶务尽　插翅难飞　罄竹难书　百读不厌
⑥ 조건 구조：百炼成钢　盖棺论定　熟能生巧　回头是岸
⑦ 점층 구조：得陇望蜀　得寸进尺　精益求精　敏而好学
⑧ 선택 구조：宁死不屈　宁缺毋滥　舍生取义　舍己救人

4 특수 구조

① 감수(嵌数) 구조：独一无二　五花八门　四平八稳　三长两短
十全十美　一清二楚　丢三落四　七嘴八舌
② 중첩 구조：唯唯诺诺　卿卿我我　兢兢业业　形形色色
袅袅婷婷　期期艾艾　浑浑噩噩　林林总总
③ 무리(无理) 구조：逃之夭夭　慢条斯理　乱七八糟　白云苍狗

"无理结构(무리구조)"는 정상적인 문법 규칙에 따라 분석할 수 없는 구조를 가리킨다. "逃之夭夭"는 ≪시경≫ 중의 "桃之夭夭 灼灼其华"에서 기원하였는데, "夭夭"는 본래 곱고 아름다우며 번창하는 모습을 가리키고, "桃"의 같거나 비슷한 음(谐音)이 "逃"로 잘못 바뀌었다. "慢条斯理"는 원래 조리가 있는 것을 가리키는데 나중에는 말하고 일하는 것이 빠르지도 않고 느리지도 않은 것을 형용하였다. "乱七八糟"는 어수선한 것을 형용한다. 그들의 구조는 모두 분석하기 쉽지 않다. "白云苍

狗"는 하늘의 흰 구름이 검은 개의 형상으로 바뀐 것을 가리키며, 세상일의 변환이 무상한 것을 비유한다. 그것의 특수한 구조는 생략에서 비롯된 것이다.

(5) 성어의 작용

성어는 내포된 뜻이 풍부하고 깊은 전체로, 그것의 기원은 역사 이야기, 신화 우언, 시 문구와 구어 속어 등이 있고, 문화 함량이 높고, 함의가 깊고 두터운데, 성어의 작용은 주로 아래의 몇 가지가 있다.

1 말은 간결하나 뜻은 완벽하다.

성어는 대부분 단음어로 이루어지고, 게다가 매우 적게 구조 관계를 나타내는 허사를 활용하여 아주 간결하고 세련됨을 나타낸다. 만약 사용이 알맞으면 언어를 간결하게 하고, 수사효과를 강화한다. 예를 들면 다음과 같다.

① 可是我实在无话可说。我只觉得所住的并非人间。四十多个青年的血，洋溢在我的周围，使我艰于呼吸视听，哪里还有什么言语？长歌当哭，是必须在痛定之后的。(鲁迅：≪纪念刘和珍君≫)

(그러나 나는 정말 할 말이 없다. 나는 다만 사는 곳이 결코 인간 사회에 맞지 않다고 생각한다. 40여 명 청년의 피가 나의 주위에 넘쳐흐르고, 나로 하여 호흡하고 시청하는 것을 어렵게 하는데, 어디에 또 무슨 언어가 있는가? 소리 높여 노래하는 것으로 울음을 대신하는 것은 반드시 아픔이 가라앉은 후여야 한다.)

"长歌当哭"는 노래 부르는 것으로 통곡하는 것을 대체하는 것인데, 시문을 써서 마음속의 비분을 토로하는 것을 비유한다. 여기에서 만약 일반 단어를 사용하여 그것을 나타내면 매우 많은 문자를 써야 할 것이다. 또 예를 들면 다음과 같다.

② 他明显地觉察到，毛人凤在玩弄花招。不仅夺走了严醉的得力助手，也轻易地剥夺了自己的权力，使了个一箭双雕的手段。(罗广斌、杨益言：≪红岩≫)

(그는 모이봉이 속임수를 쓰고 있다는 것을 분명하게 알아차렸다. 굉장히 취한 유능한 조수를 빼앗았을 뿐만 아니라, 경솔하게 자신의 권력을 빼앗았고, 일석이조의 수단을 사용하였다.)

"一箭双雕"는 간결하고 형상적으로 하나의 일을 하여 두 목적에 도달한다는 뜻을 나타내는데, 만약 이 성어를 쓰지 않으면 많은 말을 더 할 필요가 있을 뿐만 아니라 표현 효과도 많이 뒤떨어진다.

② 가지런하고 고르다.

성어의 사자격 형식은 매우 가지런하고 고르며 튼튼하고 힘이 있고, 성어를 사용하여 문형을 조정하고, 문장의 정제감을 증가시킬 수 있으며, 읽기에 억양이 있고, 곱고 낭랑하며 힘이 있고, 일종의 조화롭고 대칭적인 언어미를 형성한다. 예를 들면 다음과 같다.

③ 农会会员漫山遍野，一呼百应；土豪劣绅抱头鼠窜，无处躲藏。

(毛泽东：≪湖南农民运动考察报告≫)

(농민 협회 회원은 도처에 널려 있고, 명망이 높고 호소력이 크다. 토호와 악덕 지주는 황급히 도망가는데, 숨을 곳이 없었다.)

예문 ③은 "漫山遍野", "一呼百应", "抱头鼠窜" 세 개의 성어를 사용하였는데, 가지런하고 대칭적인 문형을 형성하고, 읽기에 낭랑하고 읽기 좋으며, 매우 기세가 있다.

④ 对于他们，第一步需要还不是"锦上添花"，而是"雪中送炭"。

(毛泽东：≪在延安文艺座谈会上的讲话≫)

(그들에게 첫 단계에 필요한 것은 "금상첨화"가 아니라, "다른 사람이 급할 때 도움을 주다"이다.)

"锦上添花"와 "雪中送炭", 이 두 반대 의미 성어의 대비 사용은 선명한 대조를 형성하고, 리듬의 미감을 조성하여 표현 효과를 강화하였다. 때때로 가지런하고 가지런하지 못한 사이의 문장을 형성할 수도 있는데, 예를 들면 다음과 같다.

⑤ 总之是没有人去理他，使得他茕茕孑立、形影相吊、没事可做了，只好夹起皮包走路。(毛泽东：≪别了，司徒雷登≫)

(종합적으로 말하면 그를 이해하는 사람이 없어, 그는 기댈 곳 없이 외로웠고, 홀로 외톨이가 되어, 할 일이 없어, 하는 수 없이 가죽 핸드백을 겨드랑이에 끼고 떠났다.)

"茕茕孑立，形影相吊"와 "没事可做了，只好夹起皮包走路" 문형은 먼저 가지런히 하고 나중에 흐트리고, 누르기도 하고 어울리기도 하는 효과를 거두었다.

③ 생동적이고 구체적이다.

성어 자체는 내용이 풍부하고 매우 강한 표현력을 가지고 있어, 매우 많은 성어 자체는 바로 각종 수사 수법의 힘을 빌려 구성되고, 성어를 사용하는 것은 언어가 생동적이고 구체적이게 하며, 감화력이 풍부하고 의미심장하게 하여 자세히 맛볼 만하다. 예를 들면 다음과 같다.

⑥ 他出现在练兵场栅栏门里，一米高的土台上，值星连长一声“立正”，如潮似浪，热火朝天的操场，顿时鸦雀无声。(曲波：≪林海雪原≫)

(그는 연병장의 울타리 문에 나타났고, 1m 높이의 토대 위에, 주번 중대장이 “차렷” 하는데, 조류와 파도 같이, 열기가 하늘을 찌르던 운동장은 잠시 쥐 죽은 듯이 조용해졌다.)

“热火朝天”과 “鸦雀无声”, 이 두 성어는 확연히 서로 반대되는 장면을 묘사하였는데, 매우 생동적이고 구체적이어서 사람으로 하여금 몸소 그 지경을 거치는 느낌을 가지게 한다.

⑦ 如今在海上，每晚和繁星相对，我把它们认得很熟了。我躺在舱面上，仰望天空，深蓝色的天空里悬着无数半明半昧的星。船在动，星也在动，它们是这样低，真是摇摇欲坠呢！(巴金：≪繁星≫)

(현재 바다에서, 매일 저녁 무수한 별과 마주하는데, 나는 그것들을 매우 잘 알고 있다. 나는 갑판에 누워 하늘을 쳐다보는데, 짙은 파랑색의 하늘에는 밝기도 하고 어둡기도 한 무수한 별이 떠있다. 배는 움직이고 별도 움직이는데, 그것들은 이렇게 낮아, 정말 흔들흔들 곧 떨어질 것 같다!)

“摇摇欲坠”는 흔들흔들거리며 떨어뜨리는 모습을 형용하고, 생동적으로 작가가 하늘을 바라볼 때 생기는 별이 흔들거리며 아래로 늘어뜨려지는 느낌을 표현하였다.

⑧ 他有一条戒尺，但是不常用，也有罚跪的规则，但也不常用，普通总不过瞪几眼，大声道：———

“读书!”

于是大家放开喉咙读一阵书， 真是人声鼎沸。(鲁迅：≪从百草园到三味书屋≫)

(그는 목판이 하나 있으나 자주 사용하지 않고, 무릎을 꿇는 규칙이 있으나 역시 자주 사용하지 않으며, 보통 눈을 다만 몇 번 크게 뜨고, 큰 소리로 “책 읽어!”라 한다. 그리하여 사람들은 목구멍을 느슨하게 하여 한바탕 책을 읽는데, 정말 떠들썩하다.)

“人声鼎沸”는 사람 소리가 떠들썩한 것을 형용하는데, 물이 솥 안에서 끓는 모습과 같이 과장하는 의미를 가지고 있고, 언어는 구체적이고 재미있다.

(6) 성어의 활용

성어 활용은 주로 아래의 몇 가지에 주의해야 한다.

① 성어의 뜻을 깊이 이해한다.

성어를 정확하게 활용하려면 반드시 그것의 뜻을 깊이 이해해야만 한다. 성어는 자주 여러 층의 의미를 가지고 있어, 우리는 성어 전체의 뜻을 이해해야 할 뿐만 아니라 그것의 표면상의 뜻도 이해해야 하는데, 특히 그중에 핵심적인 말의 뜻을 이해해야 한다. 성어의 현실 의의를 이해해야 할 뿐만 아니라 그것의 기원과 이유를 알아야 한다. 예를 들면 "以邻为壑"란 성어는 "자신만을 고려하고 어려움이나 재난을 다른 사람에게 전가하다"를 비유하고, 우리들은 그중에 "壑"는 "배수구"를 말하며 표면적인 뜻은 "이웃 나라를 깊은 도랑으로 여겨, 본국의 홍수를 그곳으로 흐르게 한다"로 이해해야만 깊이 그것을 이해할 수 있다. 또 예를 들면 "亡羊补牢"의 "亡"을 "분실하다"로, "牢"는 "牲口圈"으로 삼아 말하는데, 이 성어는 ≪전국책(战国策)≫ "亡羊而补牢, 未为迟也"에서 나왔다. 이렇게 우리는 그것이 왜 "실수를 한 후에 제 때에 보완해야 하는 것을 비유한다(比喻出了差错后要及时补救)"로 쓰이는지 진정으로 이해할 수 있다. 역사 이야기로부터 나온 성어에 대하여 예를 들면 월왕 구천(勾践)의 "卧薪尝胆", 초(楚) 패왕(霸王) "四面楚歌"의 이야기를 이해하였다면, 우리들이 더욱 "卧薪尝胆", "四面楚歌"의 함의를 이해하는 것을 도울 수 있다. 성어의 의미에 대한 이해가 정확하지 않기 때문에 아래 문장의 성어 사용은 모두 잘못이 있다.

① * 当然, 目标没有实现, 就必须自食其言, 男子汉大丈夫, 一言既出, 驷马难追。

② * 我这篇文章是不刊之论, 编辑部没有用, 退回来了。

③ * 她这个人清高自负, 对那些衣着豪华, 佩金戴银显得美轮美奂的 "贵夫人", 总是看不顺眼。

㉮ ①의 "自食其言"은 "언약을 이행하지 않다"의 뜻이고, 여기에 쓰이는 것은 확실히 잘못되어, "自食其果"로 바꾸어야 하고, "自食其果"는 비로소 "자신이 일을 잘못하고, 자신이 결과와 책임을 맡다"의 뜻이다. ㉮ ②의 "不刊之论"의 "刊"은 "줄이다"의 뜻이고, "매우 정확하고, 고칠 수 없는 언론"을 가리키고, 결코 "게재할 수 없는 언론"이 아니다. ㉮ ③의 "美轮美奂"은 ≪예기 · 단궁하(礼记 · 檀弓下)≫의 "晋献文字成室, 晋大夫发焉。张老曰 : '美哉轮焉! 美哉奂焉!'"에서 나온 것으로 집이 웅장하고 아름다운 것을 형용하여, 여기에 사용하는 것은 적당하지 않아, "雍容华贵"로 고쳐야 한다.

성어의 감정 색채를 분명히 하는 것은 매우 중요하여 어떤 동일한 의미를 가진 성어의 차이는 감정 색채가 다른 것에서 드러난다. 예를 들면 다음과 같다.

深思熟虑(긍정)－处心积虑(부정)　　侃侃而谈(긍정)－夸夸其谈(부정)
再接再厉(긍정)－变本加厉(부정)　　重整旗鼓(긍정)－卷土重来(부정)
忠心耿耿(긍정)－死心塌地(부정)　　独树一帜(긍정)－别出心裁(부정)
扬眉吐气(긍정)－趾高气扬(부정)　　见机行事(긍정)－看风使舵(부정)

사용할 때 자세하게 그들 간의 감정 색채의 차이를 분별해야 한다.

② 성어의 자형과 독음을 자세하게 분별하다.

성어는 확정된 자형과 독음을 가지고 있다. 성어의 수량은 매우 많고, 어떤 것은 또 아주 상용하지 않기 때문에 매우 쉽게 잘못 쓰고 잘못 읽는다. 특히 형태가 비슷한 글자나 동음자를 쓰기 쉽고, 형태가 비슷한 글자나 이독음으로 읽는다.

① 잘못 쓰기 쉽다. 예를 들면(괄호 안의 글자는 틀린 글자이다) 다음과 같다.

黯（暗）然销魂　　飞扬跋（拔）扈　　纵横捭（俾）阖
坂（板）上走丸　　英雄辈（倍）出　　并行不悖（背）
原形毕（必）露　　完璧（壁）归赵　　刚愎（腹）自用
按部（步）就班　　为虎作伥（帐）　　称（趁）心如意
计日程（成）功　　一筹（愁）莫展　　相形见绌（拙）
川（穿）流不息　　出类拔萃（粹）　　入不敷（付）出
和（合）盘托出　　病入膏肓（盲）　　迫不及（急）待
草菅（管）人命　　直截（接）了当　　不胫（颈）而走
变本加厉（利）　　再接再厉（励）　　提纲挈（携）领
罄（磬）竹难书　　卑躬屈（曲）膝　　肆（肄）无忌惮
毛骨悚（耸）然　　铤（挺）而走险　　如火如荼（茶）
好高骛（鹜）远　　异（一）口同声　　记忆犹（尤）新
向隅（偶）而泣　　莫衷（中）一是　　动辄（辙）得咎
仗义执（直）言

또 어떤 성어 자체는 두 가지 서법을 가지고 있는데, 예를 들면 "好高骛(务)远, 夫倡(唱)妇随, 如雷贯(灌)耳, 朗朗(琅琅)上口, 固(故)步自封" 등이다.

强（qiǎng）词夺理	瞠（chēng）目结舌	咄（suō）咄逼人
风驰电掣（chè）	怙恶不悛（quān）	苦心孤诣（yì）
万马齐喑（yīn）	皮开肉绽（zhàn）	畏葸（xǐ）不前
刚愎（bì）自用	惴（zhuì）惴不安	否（pǐ）极泰来
心广体胖（pán）	信手拈（niān）来	未雨绸缪（móu）
为虎作伥 (chāng)	一暴 (pù) 十寒	涸 (hé) 泽而渔

③ 성어의 규범과 활용을 구분하는 데 주의한다.

성어는 구조적으로 응고성을 가지고 있고, 일반적으로 사용할 때 반드시 규범을 지켜야 하며 뜻대로 바꾸거나, 분해하거나, 증감할 수 없다. 예를 들면 “螳臂当车”는 “螳螂当车”로 고칠 수 없고, “走马观花”는 “骑马观花”로 고칠 수 없다. 하지만 어떤 때에, 특정한 환경 속의 성어 원형을 바꾸는 수법을 활용하여 수사의 목적에 이른다. 예를 들면 다음과 같다.

① 鸟儿将巢安在繁花嫩叶当中，高兴起来了，呼朋引伴地卖弄清脆的喉咙，唱出宛转的曲子，跟清风流水应和着。(朱自清：≪春≫)

(새는 둥지를 번화하고 부드러운 잎에다 짓는 중에 즐거웠고, 친구를 불러 끌어내는 것처럼 낭랑한 소리를 뽐내고, 구성진 노래를 부르는데, 선선한 바람과 유수와 호응하고 있다.)

② 这滟滪堆原是对准峡口的一堆黑色巨礁。万水奔腾，冲进峡口便直奔巨礁而来，你可想象得到那真是雷霆万钧。船如离弦之箭，稍差分厘，便会撞得粉碎。(刘白羽：≪长江三日≫)

(이 염여퇴는 원래 골짜기 입구 검은색의 큰 산호초를 겨냥하고 있다. 많은 물은 거세게 흐르고, 골짜기 입구로 뛰어들어 곧장 큰 산호초로 흐르는데, 너는 그것은 정말 막을 수 없는 거대한 위력이라고 상상할 수 있다. 배는 시위를 떠난 화살처럼 조금만 실수하면 곧 부딪쳐서 깨질 것이다.)

예 ①의 “呼朋引伴”은 성어 “呼朋引类”의 활용이고, 원 성어의 뜻은 “한패로 끌어들이다”로 대부분 나쁜 사람을 가리키고, “类”를 “伴”으로 고쳐 “동료”를 나타냄으로써 친절한 뜻을 가지고 있다. 예 ②의 “万水奔腾”은 성어 “万马奔腾”의 활용으로, “马”를 “水”로 바꾸어, 또 “万水奔腾”의 그 웅장하고 넓은 기세를 빌려 써서 물살이 대단히 큰 것을 형용한다.

성어의 활용은 일종의 수사 방법으로 언어 활용에서 자주 보는 것이지만 활용은 반드시 성어의 원형에 대하여 정확한 이해가 있어야 한다. 활용은 확실히 표현 효과를 향상시킬 수 있는데, 그렇지 않으면 성어 사용의 규범을 위반할 것이다.

성어를 마음대로 왜곡하는 것과 활용의 한계는 뚜렷하게 나누어야 한다. 예를 들면 다음과 같다.

③ * 198块石碑（孔庙内的碑林）是民族文化遗产的一部分，它历经百年沧桑仍能保存较好，但却在最近这三年间迅速损毁，我们不禁要问，是什么原因使这些冥顽不化的石碑损毁得如此严重和迅速呢?

④ * 咳不容缓。(某止咳药广告)

예 ③의 "冥顽不化"는 "冥顽不灵"을 고쳐 쓴 것으로, "冥顽不灵"은 사람이 무지하고 완고한 것을 형용하고, 비석이 적절하지 않음을 형용하는 데 쓰여, "冥顽不化"는 "坚固"로 고쳐야만 한다. 예 ④의 "咳不容缓"은 "刻不容缓"을 고쳐 쓴 것으로, 기침이 곧 나오려고 하는 것으로서 광고가 표현하려고 하는 병이 지연될 수 없다는 뜻을 나타내지 못하여, 또한 적당하지 않은 활용에 속한다.

2. 관용어

(1) 관용어의 특징

관용어는 구어 중에 짧고 작은 정형화된 습관 용어이다. 예를 들면 "走后门，开倒车，扣帽子"는 모두 관용어이다.

의미로 보면, 관용어는 일반적인 구와 달라서 각 단어 뜻의 간단함이 서로 더해지는 것이 아니고, 전체적으로 별도의 전의를 나타내는 것이다. 예를 들면 다음과 같다.

它趾高气扬，昂头挺胸，感到自己是一个强人，又有人给自己抬轿子了。

(柳青：≪创业史≫)

(그것은 득의양양하여 머리를 쳐들고, 가슴을 내밀며, 자신은 강자라 느끼고, 또 어떤 사람은 자신에게 아첨하였다.)

예문의 "抬轿子"는 결코 표면적인 뜻이 아니고, 이 관용어의 뜻은 "사람을 치켜세우고, 사람을 위해 애쓰는 것을 비유한다"이다.

관용어는 대다수가 세 글자이고, 또는 소수가 네 글자, 다섯 글자, 여섯 글자, 일곱 글자로 예를 들면 다음과 같다.

半路出家　吃后悔药　二一添作五　卖狗皮膏药　求爷爷告奶奶
一个鼻孔出气　打肿脸充胖子　不管三七二十一

구조로 보면 관용어는 대다수가 동빈 구조와 수식 구조로, 또 기타 구조인 것이 있다. 예를 들면 다음과 같다.

동빈식 : 拍马屁　耍花招　走过场　开夜车　泡蘑菇　放空炮　打棍子
吹牛皮　鉆空子　挖墙脚　磨洋工　穿小鞋　开绿灯　扣帽子
扯后腿　炒鱿鱼　挤牙膏　踢皮球　唱对台戏　吃大锅饭

수식식 : 耳旁风　替罪羊　下马威　马后炮　半瓶醋　铁饭碗　墙头草
门外汉　落汤鸡　癞皮狗　烂摊子　老黄牛　老油条　传声筒

주서술어식 : 天晓得　狗吃屎　狗咬狗　妻管严　耳朵软

보충식 : 矮半截　蒙在鼓里

(2) 관용어와 성어의 차이

관용어와 성어는 일정한 유사성이 있고, 그들은 모두 의미의 전체성과 구조의 정형성을 가지고 있다. 다만 관용어와 성어는 아래 방면에서 다른 점이 존재하고 있다.

① 관용어는 세 글자 격식을 위주로 하고, 성어는 네 글자 격식을 위주로 한다. 관용어 중에는 동빈 구조가 가장 많고, 1+2 박자를 가장 자주 본다. 성어 구조 유형은 풍부하고, 네 글자 격식은 모두 2+2 리듬이다.

② 관용어는 구어 색채가 짙고, 대부분 구어 중에 사용하며, 대다수 나쁜 뜻을 함유하고, 해학 풍자의 의미를 가지고 있다. 성어는 대부분 고대 서면어에서 나와 지금까지 서면어 색채를 가지고 있고, 함축적이고 우아한 풍격을 가지고 있다.

③ 관용어는 응고성이 비교적 약하고, 성어는 응고성이 비교적 강하다. 관용어는 대다수 분해하여 사용할 수 있고 일부 다른 단어를 삽입할 수도 있다. 예를 들면 "碰钉子"는 "碰了一个钉子", "碰了一个软钉子", "碰了一个不大不小的钉子"로 말할 수 있다. 어떤 관용어도 같은 뜻이나 비슷한 뜻의 단어로 그중의 성분을 교체할 수 있는데, 예를 들면 "矮半截"는 "矮一截", "矮三分"으로 말할 수 있고, "扯后腿"는 "拉后腿", "拖后腿"로 말할 수 있으며, "耳旁风"은 "耳边风"으로 말할 수 있다.

④ 관용어의 함의는 단순하고, 성어의 함의는 풍부하다. 관용어의 뜻은 표면적

의미의 전체적인 전의이고, 뜻은 비교적 단순하다. 예를 들면 "开绿灯"은 다른 사람의 행동에 대하여 방해하지 않고 편리를 주는 것을 비유한다. 성어는 신화, 역사 고사, 우언 등을 개괄한 것으로 함의가 매우 풍부하다. 예를 들면 "指鹿为马"가 가리키는 것은 진대 환관 조고(赵高)가 고의로 사슴을 말이라고 한 것으로, 부하가 순종하는지를 시험하는 이야기로서 고의적으로 시비를 바꾸어 위풍을 나타내는 것을 비유하는 데 쓰이고, 비교적 풍부한 뜻을 포함한다.

(3) 관용어의 역할

1 간단명료하고 생동적으로 사물을 묘사하고, 비교적 강한 표현력을 가지고 있다. 예를 들면 다음과 같다.

① 我呀? 跟你们跑龙套, 就怕你们不要! (吴强 : ≪红日≫)

(나? 너희들과 자질구레한 일을 하는데, 너희들이 싫어할 것이 두려워!)

② 提起儿子的婚事, 庆亮大叔无可奈何地说 : "不行了, 孩子大了, 翅膀硬了, 做父母的哪管得了?"(徐宗才、应俊岭 : ≪惯用语例释≫)

(아들의 혼사를 거론하는데, 경량 큰삼촌은 하는 수 없이 "안 돼, 아이가 성장해, 자립할 수 있는 능력이 있는데, 아버지가 어떻게 관여할 수 있어?"라고 말씀하신다.)

예 ①의 "跑龙套"는 사람의 손 아래 중요하지 않은 일을 하는 것을 비유하고, 세 글자는 이 뜻을 매우 구체적으로 표현한다. 예 ②의 "翅膀硬了"이 관용어는 작은 새의 날개가 굳어진 것으로, 사람이 독립적인 생활을 하거나 일을 하는 능력이 있음을 비유하는데, 용어가 간결할 뿐만 아니라 표현력도 매우 강하다.

2 통속적이고 재미있게 말의 의미를 표현하고, 농후한 생활 호흡을 가지고 있다. 예를 들면 다음과 같다.

① 穷得没有下锅米, 俺呆在家里喝西北风去?(曲波 : ≪桥隆飙≫)

(가난하여 쌀을 솥에 넣지 못하였는데, 나는 집에 머물며 굶주려?)

② 大嫂强英得意地对水莲说 : "我要是不张嘴跟妈要, 只怕猴年马月也穿不上新裤子!" (徐宗才、应俊岭 : ≪惯用语例释≫)

(큰형수 강영은 득의하며 수련에게 "내가 만약 입을 열어 엄마에게 요구하지 않으면, 어느 세월에도 새 바지를 입을 수 없는 것만을 두려워한다"라 한다.)

예 ①의 "喝西北风"은 먹을 것이 없어 배가 고픈 것을 가리킨다. 예 ②의 "猴年马月"는 기약도 없이 아득하고, 희망이 없음을 가리킨다. 이 두 관용어는 사람이 두루 아는 것으로, 통속적으로 이해하기 쉽고 재미있고 익살맞으며 생활 호흡이 풍부하고, 충분히 대중의 언어 지혜를 뚜렷하게 나타내 보였다.

3. 속담

(1) 속담은 무엇인가

속담은 대중 구어에 유전된 통속적이고 이해하기 쉽고 함의가 깊은 고정어구이다. 예를 들면 "众人拾柴火焰高(사람이 많으면 역량이 커진다)", "真金不怕火炼(정말 우수한 물건은 시험을 견딜 수 있다)", "磨刀不误砍柴工(사전에 준비를 해두면 일을 순조롭고 효율적으로 진행할 수 있다)", "这山望着那山高(남의 떡이 더 커 보인다)" 등이다.

대다수 속담은 하나의 완전한 문장이고, 자주 빈말로 인용되며, 성어나 관용어처럼 그렇게 구절을 만드는 성분으로 사용되지 않는다. 다만 속담은 일반적인 문장과 달라서 그것의 형식은 고정적이고, 일반적으로 뜻대로 고칠 수 없으며, 그것은 사람들에 의하여 하나의 전체로 곳곳에 인용되고, 단어와 기타 숙어와 같이 또한 일종의 예비된 언어 자료이며, 똑같이 어휘학의 연구 대상이다.

속담은 지방성을 가지고 있고, 남방 방언 중에 속담은 북방 방언과 비교적 차이가 큰데, 다만 방언을 내부적으로 사용하는 데에 매우 국한되었다. 북방 방언 중의 속담은 역대 백화 문학 작품의 사용 때문에 널리 유전되었고, 현대 한어 속담의 주체 부분이 되었다. 북방어의 속담이 대표성과 규범성을 더 가지고 있다.

(2) 속담의 구조 유형

속담은 구조적으로 단문도 있고 복문도 있다. 그 구조유형은 다음과 같다.

1 단문

① 무주어문(无主句) : 拿着鸡毛当令箭 (하찮은 것을 중히 여기다)
摸着石头过河 (돌다리도 두들겨 보고 건너다)
拉不出屎赖茅房 (일도 하지 않으면서 자리를 차지하고 있다)
有钱能使鬼推磨 (돈만 있으면 귀신도 부릴 수 있다)
来早了不如来巧了 (때마침 잘 왔다)
看人下菜碟 (사람을 보고 대접하다)

② 주서술어문 : 清官难断家务事 (집안일은 시비를 가리기 어렵다)
姜还是老的辣 (경험(경력)은 무시할 수 없다)
强扭的瓜不甜 (억지로 한 일은 좋은 결과가 있을 수 없다)
情人眼里出西施 (제 눈에 안경)
三个臭皮匠，顶个诸葛亮
(여러 사람이 지혜를 모으면 좋은 방법을 생각해 낼 수 있다)
求人不如求己 (남의 도움을 바라는 것보다 자신에게 바라는 것이 낫다)

2 복문

① 병렬복문 : 冤有头，债有主 (문제가 생기면 당사자가 책임을 져야 한다)
善有善报，恶有恶报 (죄는 지은 대로 가고 덕은 닦은 대로 간다)
人不可貌相，海水不可斗量
(사람은 겉모습만 보고 판단해서는 안 되고, 바닷물은 말로 될 수 없다)

② 선택복문 : 宁吃鲜桃一口，不吃烂杏一筐
(차라리 신선한 복숭아를 한 입 먹지, 썩은 살구 한 바구니를 먹지는 않겠다)
宁得罪君子，不得罪小人
(차라리 군자에게 죄를 짓지, 소인에게 죄를 짓지는 않겠다)

③ 연관복문 : 师父领进门，修行在个人
(스승은 입문하도록 인도만 해 주고, 수행은 각자의 몫이다)
说曹操，曹操就到 (호랑이도 제 말 하면 온다)

④ 조건복문 : 燕子低飞蛇过道，大雨马上就来到
(제비가 뱀 굴로 낮게 날면, 큰 비가 곧 내린다)
只要功夫深，铁杵磨成针 (지성이면 감천이다)

⑤ 전환복문 : 牙疼不算病，疼起来要了命
(이가 아픈 것은 병이라고 할 수 없는데, 아프기 시작하면 굉장히 아프다)
阎王好见，小鬼难搪 (염라대왕은 만나기 쉬우나 저승사자는 막기 어렵다)

⑥ 인과복문 : 秀才遇见兵，有理说不清 (유구무언)
嘴上没毛，办事不牢 (젊은 사람은 일 처리하는 데 경험이 부족하다)
林子大了，什么鸟都有 (요지경)

⑦ 가설복문 : 没有梧桐树，招不来金凤凰
(오동나무가 없으면, 우수한 인물을 끌어들일 수 없다)

与人方便，自己方便 (인정을 베풀면 되돌아온다)

⑧ 긴축복문 : 听见风就是雨 (성급하게 판단을 내리다)

舍不得孩子套不着狼 (아이가 이리를 덮을 수 없음을 아쉬워하다)

(3) 속담의 의미 유형

속담은 대중이 장기간 사회에서 사용 중에 총괄한 심득과 경험으로, 모두 하나의 깊은 이치를 설명하고, 또 일부 속담은 어떤 현상의 형상에 대해 개괄한 것도 있다. 그중에 대중이 자연계와 사회 현상에 대한 소박한 규칙성의 인식을 모으고 있고, 풍부한 지혜를 응집하고 있다. 속담은 의미 내용으로 보면 아래의 몇 가지 유형으로 나눈다.

1 사회 현상을 반영하는 것은 예를 들면 다음과 같다.

只许州官放火，不许百姓点灯

(나쁜 짓을 일삼는 사람이 다른 사람이 정당한 권리를 누리는 것을 허락하지 않다)

铁打的营盘流水的兵 (아무리 견고한 군영이라도 탈영하는 병사는 있게 마련이다)

强龙压不过地头蛇 (유능한 외지인도 토박이 세력을 이기지는 못한다)

一朝天子一朝臣 (윗사람이 바뀌면 아랫사람도 바뀐다)

2 생산 경험을 총괄하는 것은 예를 들면 다음과 같다.

庄稼一枝花，全靠粪当家 (밭에 있는 꽃들이 잘 자랄 수 있는지는 다 분에 의한 것이다)

清明前后，种瓜点豆 (청명절 전후에 오이와 콩을 심는다)

有钱难买五月旱，六月连阴吃饱饭

(돈이 있어도 오월 가뭄을 사기 어렵고, 유월에 날씨가 계속 흐려야 배부르게 밥 먹을 수 있다)

磨刀不误砍柴工 (사전에 준비를 해두면 일을 순조롭고 효율적으로 진행할 수 있다.)

3 인생 철리를 설명하는 것은 예를 들면 다음과 같다.

饱汉子不如饿汉子饥 (배부른 사나이는 배고픈 사나이가 굶주리는 것보다 못하다)

好汉不提当年勇 (사내대장부는 자신의 과거를 자랑하지 않는다)

养儿方知父母恩 (자녀를 키워봐야 부모의 은혜를 안다)

活人不能让尿憋死 (산 입에 거미줄 치지 않는다)

4 생활 상식을 전수하는 것은 예를 들면 다음과 같다.

伤筋动骨一百天 (뼈를 다치면 회복하는 것은 백일이나 걸려야 한다)

饭后百步走，能活九十九 (밥을 먹은 후 100걸음 걸으면 99세까지 살 수 있다)

早霞不出门，晚霞行千里 (아침노을에 집을 나서지 않고, 저녁노을에 멀리 간다)

八月十五云遮月，正月十五雪打灯

(8월 15일에 구름이 달을 가리면, 정월 대보름에는 눈싸움을 할 것이다)

5 사실 상황을 설명하는 것은 예를 들면 다음과 같다.

前怕狼，后怕虎 (지나치게 조심하다)

墙里开花墙外香 (좋은 일이나 좋은 사람이 내부가 아닌 바깥에서 인정받다)

赔了夫人又折兵 (이득을 보려다가 오히려 손해를 보다)

起个大早，赶个晚集 (이른 아침에 일어나 저녁 시장에 갔다)

속담이 묘사하는 것은 자주 차용한 사물이나 상황으로, 그것을 통하여 모든 같은 종류의 현상과 이치를 설명한다. 예를 들면 "前怕狼 后怕虎"는 사람이 담이 작아 일을 두려워하고, 근심이 쌓인 것을 형용한다. "活人不能让尿憋死"는 작은 일로 난처하게 여겨서는 안 되고, 머리를 써서 방법을 강구해야 한다는 것을 비유한다.

(4) 속담의 작용

1 논증 작용을 하고 도리를 설명하는 것을 돕는다. 예를 들면 다음과 같다.

① 有一句俗话说得好："宁可让人打死，也不能让人吓死。" 这实际上说的是一种精神。中国足球队在足球世界里是一支弱队，因此在目前情况下，中国队只有获得这种精神，才能创造出战胜强队的机会来。

("강적 앞에서 두려워해선 안 되고 겁내선 안 된다"란 이치에 딱 맞는 속담이 있다. 이것은 실제로 일종의 정신을 말한다. 중국 축구팀은 축구 세계에서 약팀으로, 현재 상황에서 중국팀은 이런 정신을 가져야만, 강팀을 이길 수 있는 기회를 창조해 낼 수 있다.)

② 最后他把没倒茶的两个碗叫学徒用纸包了，放到德国人跟前说："买卖不成仁义在，这一对不值钱的假货送你作纪念。"(邓友梅：≪那五≫)

(마지막으로 그는 차를 따르지 않은 두 그릇을 도제로 하여 종이로 싸게 하고, 독일인 옆에 놓으며 "매매는 인의가 있어서는 안 되어, 이 값어치 없는 가짜 물건은 너에게 주어 기념한다"고 말하였다.)

예 ①의 속담 "宁可让人打死，也不能让人吓死"는 강적 앞에서 두려워해선 안 되고 겁내선 안 되어, 이것으로 중국팀이 취해야 하는 태도를 설명한다. 예 ②의 "买卖不成仁义在"는 매매는 양측이 자원하면, 성공하지 않아도 감정을 상할 필요가 없고, 상대방을 권고하여 가짜 물건을 회수하고 무리하게 소란을 피우지 말아야 하는 것을 설명한다.

2 묘사작용을 하고 생동적이고 구체적이다. 예를 들면 다음과 같다.

① 据田贵的心，不是当官儿的材料，趁早儿别占着茅坑不拉屎，谁肚子里有货让谁施展去。(刘国春：≪这个田贵≫)

(전귀의 마음에 근거하면, 관리가 될 상이 아니면 차라리 그 자리를 차지하지 않고, 능력이 있는 사람한테 양보하여 그 포부를 펼치게 한다)

② 楚雁潮皱起了眉头。想到谢秋思昨天晚上心神不定的样子，不知道他葫芦里卖的什么药。(霍达：≪穆斯林的葬礼≫)

(초안조는 이맛살을 찌푸렸다. 사추사가 어제 저녁 안절부절 못하던 모습을 생각하고, 그가 표주박에 담아서 파는 약이 무엇인지 몰랐다.)

예 ①의 "占着茅坑不拉屎"란 속담으로 직위를 차지하고 있는데 직무를 다하지 못하고, 일을 하지 않는 간부를 비유한다. 예 ②의 "葫芦里卖的什么药"는 그가 무엇을 생각하고 있는지 무엇을 하려고 하는지 뚜렷하지 않은 것을 비유한다. 이 두 문장 중의 속담은 가리키는 사실과 상황을 매우 구체적으로 묘사하였다.

4. 헐후어

(1) 헐후어는 무엇인가

헐후어(歇后语)는 수수께끼의 문제, 답과 유사한 두 부분으로 이루어진 은어 성질을 가지고 있는 구어 용어이다. 예를 들면 다음과 같다.

张飞吃豆芽 — 小菜一碟 (장비가 콩나물을 먹다 — 누워서 떡먹기)

高射炮打蚊子 — 大材小用 (고사포를 모기에게 발사하다 — 큰 인재가 썩다)

绱鞋不使锥子 — 针 (真) 好

(신바닥을 신의 몸통에 붙여 꿰매는데 송곳을 사용하지 않는다 — 정말 좋다)

旗杆顶上绑鸡毛 — 好大的掸 (胆) 子 (깃대 꼭대기에 닭털을 달다 — 간이 부었다)

헐후어의 앞부분은 어떤 사실 현상을 비유하거나 말하는데, 수수께끼의 "수수께끼 문제"와 같다. 뒷부분은 "수수께끼 답"과 같이 참뜻이 있다. 두 부분 사이에 음성이 중간에 휴식하고, 앞부분은 말한 후에 고의적으로 멈추어 사람들로 하여금 그것의 함의를 추측하게 하고 다시 뒷부분을 말하여, 헐후어는 이것으로 이름을 얻었다. 헐후어는 익살맞고 재미있으며 광대한 대중을 위하여 기쁜 마음으로 듣고 보며, 한어 각 방언 중에 모두 풍부한 헐후어가 있는데, 북방어에서는 또 헐후어를 “俏皮话(풍자하는 말)”라고 부른다.

헐후어에는 풍부한 민속 문화를 간직하고 있어, 그것은 민속 문화의 보고이다. 그중에 제기한 문학인물은 저팔계, 손오공, 무대랑(武大郎), 장비, 유비, 제갈량, 관공 등이 있는데, “저팔계”와 “무대랑”이 가장 많다. 예를 들면 다음과 같다.

猪八戒摆手 — 不次猴儿（不伺候）(저팔계가 손을 내젓다 — 돌보지 않다)

猪八戒照镜子 — 里外不是人 (저팔계가 거울을 보다 — 여기저기서 다 욕을 먹다)

武大郎攀杠子 — 上下够不着 (무대랑이 굵은 막대기를 잡다 — 위아래 닿지 못하다)

武大郎玩夜猫子 — 什么人玩什么鸟

(무대랑이 올빼미를 관상하다 — 어떤 사람이 어떤 새를 관상하다)

关公放屁 — 不知脸红 (관공이 방귀를 뀌다 — 부끄러워하는 것을 모르다)

일반적인 인물로는 할머니, 큰 아가씨, 새 며느리, 젊은이, 과부, 곰보, 벙어리 등이 있는데, “할머니”가 가장 많다. 예를 들면 다음과 같다.

老太太吃柿子 — 嘬瘪子 (할머니께서 감을 드신다 — 입을 오므리다)

老太太喝稀粥 — 无齿（耻）下流 (할머니께서 죽을 드신다 — 뻔뻔스럽고 비열하다)

大姑娘上轿 — 头一回 (큰 아가씨가 가마에 타다 — 처음)

麻子敲门 — 坑人到家了 (곰보가 문을 두드리다 — 사람을 극도의 곤경에 빠뜨리다)

哑巴吃黄连 — 有苦难言 (벙어리가 황련을 먹는다 — 어려움이 있어도 말하기가 어렵다)

관련된 동물로는 쇠똥구리, 족제비, 올빼미, 초산한 암퇘지, 개구리와 두꺼비, 전갈, 거북이, 호랑이, 쥐 등이 있다. “쇠똥구리”가 가장 많다. 예를 들면 다음과 같다.

屎壳郎戴花 — 臭美 (쇠똥구리가 꽃을 달다 — 예쁜 척하다)

屎壳郎打嚏喷 — 满嘴喷粪 (쇠똥구리가 재채기를 하다 — 말끝마다 욕지거리이다)

夜猫子进宅 — 无事不来

(그 사람이 오면 틀림없이 좋은 일이 없다 — 무사하여 오지 않는다)

井底的蛤蟆 — 没见过多大天

(우물 안의 개구리와 두꺼비 — 월등히 큰 하늘을 본적이 없다)

蝎子拉屎 — 毒（独）一份 (전갈이 대변을 보다 — 유일한 것)

王八瞅绿豆 — 对上眼了 (자라가 녹두를 본다 — 눈을 마주쳤다)

老虎拉车 — 谁赶（敢）(호랑이가 차를 끈다 — 누가 감히)

관련된 식물은 깨, 감, 황련, 호박, 오이 등이 있다. 예를 들면 다음과 같다.

芝麻开花 — 节节高 (참깨가 꽃이 피다 — 상황이 날로 좋아지다)

黄连就苦胆 — 苦上加苦 (황련에 쓸개 — 쓴 것에 쓴 것을 더하다)

旱地的倭瓜 — 越老越甜 (밭의 호박 — 늙을수록 달다)

老黄瓜刷绿漆 — 装嫩 (늙은 오이가 녹색 페인트를 칠하다 — 여린척 하다)

헐후어의 소재를 얻는 것은 매우 광범위한데, 그 자체가 바로 문학창작으로, 일반인이 생활을 정련하고 유쾌하고 즐거움을 얻는 산물이다.

2. 헐후어의 유형

헐후어는 유의형(喻意型) 헐후어와 해음형(谐音型) 헐후어 두 종류로 나눌 수 있다.

① 유의형 헐후어 : 그것의 앞부분은 하나의 비유이거나 묘사이고, 뒷부분은 앞부분에 대한 해석이다. 어떤 해석은 바로 표면상의 의미를 취한다. 예를 들면 다음과 같다.

大水冲了龙王庙 — 一家人不认得一家人

(큰 물이 용왕묘를 향하고 있다 — 한 집안이 한 집안을 모른다)

老太太过年 — 一年不如一年 (할머니께서 설을 쇠시다 — 한 해 한 해 다르다)

猫哭耗子 — 假慈悲 (고양이 쥐 생각 — 인자한 것처럼 꾸미다)

刘备摔孩子 — 收买人心 (유비가 아이를 내던지다 — 인심을 매수하다)

어떤 해석은 표면 의미의 전의를 취하는데, 표면은 실제와 이중 의미의 쌍방에 관계하는 현상을 형성한다. 예를 들면 다음과 같다.

霜打的茄子 — 蔫儿了 (사람이 좌절을 만나 활기가 없음을 가리킨다)

木头眼睛 — 看不透你 (상대방을 무시하는 것을 나타낸다)

擀面杖吹火 — 一窍不通 (어떤 것도 이해하지 못하는 것을 가리킨다)

隔着门缝看人 — 把人看扁了 (사람을 무시하는 것을 가리킨다)

② 해음형 헐후어 : 그것의 뒷부분은 음이 같거나 비슷한 단어의 도움을 빌려 별도의 뜻을 나타내고, 음성 쌍방에 관계하는 현상을 형성한다. 예를 들면 다음과 같다.

开水浇坟 — 沏（欺）了祖了（超过或对不起祖辈）

(끓인 물을 무덤에 뿌리다 — 조상을 초월하거나 조상에게 미안해하다)

腊月里的萝卜 — 冻（动）了心 (섣달의 무 — 동요를 일으켰다)

何家姑娘嫁给郑家 — 郑何氏（正合适）

(어느 댁의 아가씨를 정가에게 주는가 — 마침 적합하다)

小葱拌豆腐 — 一青（清）二白 (실파두부무침 — 명명백백하다)

嗑瓜子儿嗑出个臭虫 — 什么仁儿（人儿）都有

(씨를 까 먹다 빈대를 까다 — 어떤 사람도 모두 있다)

秃子打伞 — 无发（法）无天 (대머리가 우산을 쓰다 — 하늘이 없는 방법이 없다)

孔夫子搬家 — 尽是书（输）(공자가 이사하다 — 전부 지다)

(3) 헐후어의 특징과 사용

헐후어는 농후한 생활 숨결을 가지고 있으며, 재미있고, 정형성 · 통속성 · 구어성 · 해학성 등의 특징을 가지고 있다. 헐후어는 한어 방언 중에 모두 있는데, 각 방언의 헐후어 간에는 일정한 차이가 있다. 예를 들면 "哑巴吃饺子 — 心里有数(벙어리가 만두를 먹는다 — 마음속으로 알고 있다)"는 다른 방언 속에서 "饺子"는 "扁食", "元宵", "汤圆", "粑粑" 등이라 하며, 남방 방언의 해음 헐후어는 북방 방언과의 차이가 더욱 크다. 설사 북방 방언 속에서 어떤 헐후어의 화법이라도 완전히 같지는 않은데, 예를 들면 "肉包子打狗 — 有去无回(함흥차사)"는 "肉包子打狗 — 一去不回头"라고도 하는데, 헐후어의 정형성은 결코 완전히 글자에 고정되어 나타나지 않고, 화법을 고정하는 데에 나타난다. 다시 말해서 사용할 때 뜻만 맞으면 글자의 오차 문제는 그다지 크지 않고, 특히 뒤의 해석 부분은 다른 숙어와 차이가 있다. 다만 표준어가 헐후어를 흡수하는 것은 북방 방언의 헐후어 위주로 해야 하고, 방언 중의 유용한 조목을 적당히 흡수하며, 구체적인 표현 형식에 이르러도 점차로 규범화하기 시작해야 한다.

헐후어는 통속성 · 구어성을 가지고 있고, 그것은 주로 일상 구어에서 활용하고, 그것의 해학성으로 장중하고 엄숙한 정식 자리에서는 일반적으로 사용할 수 없으나, 대중 생활을 반영하는 문예 작품 중 특히 웃기는 성질을 가진 작품 속에서 헐후어는 오히려 크게 힘을 발휘하고 있다. 그것은 수수께끼를 맞추는 형식에 가까워 일종의 언어유희와 같고, 또 상성 중의 복선과 웃음거리와 같다. 헐후어가 재미있고 우스운 것은 사고에 기초하고, 대중의 유머와 지혜를 구체적으로 드러냈기 때문이다. 헐후어를 적당하게 사용하면 복잡한 일과 뜻을 간단명료하고 생동적으로 표현할 수 있고, 익살맞고 재미있는 말은 사람들로 하여금 웃게 할 수 있고, 매우 좋은 표현 효과를 거둔다.

헐후어 중에도 일부 저속하며 뒤떨어지고 심지어 저급한 하류인 것이 있다. 헐후어를 활용할 때는 내용이 건전한 것을 고르고, 내용이 저속하고 뒤떨어진 것은 버린다. 내용이 기본적으로 건전한 헐후어에 대하여도 또한 특별히 사용하는 장소에 주의해야 하고, 농담이 너무 지나친 것을 피하고, 불량한 결과가 생기는 것을 피해야 한다.

사고와 연습

1. 성어는 무엇인가? 성어는 어떤 특징이 있는가? 성어는 몇 가지 기원이 있는가?
2. 아래 성어의 의미를 해석하라.

   叱咤风云　精雕细刻　居高临下　老马识途
   危如累卵　落拓不羁　披沙拣金　趋之若鹜

3. 성어 사용에 있어 어떤 문제를 주의해야 하는가?
4. 아래 성어의 틀린 글자를 고쳐라.

   委屈求全　黄粮一梦　鼓惑人心　响扼行云
   得泷望蜀　重蹈复辙　淹没无闻　濯发难数

5. 아래 성어에서 점을 가진 글자를 해석하고, 성어의 뜻을 해석하라.

   (1) 破**釜**沉舟　(2) 以邻为**壑**　(3) 莫**逆**之交　(4) 不**速**之客
   (5) **别**出心裁　(6) **锦**上添花　(7) 雷**厉**风行　(8) 穷乡僻**壤**
   (9) 不**刊**之论　(10) **叱咤**风云　(11) 落拓不**羁**　(12) **擢**发难数

⒀ 噤若寒蝉 ⒁ 疾恶如仇 ⒂ 铤而走险 ⒃ 却之不恭

⒄ 万籁俱寂 ⒅ 老骥伏枥 ⒆ 功败垂成 ⒇ 暴殄天物

6 아래 성어의 구조를 분석하라.

赴汤蹈火 下马看花 丰功伟绩 胜任愉快

画蛇添足 利令智昏 过犹不及 为所欲为

对牛弹琴 顾名思义 绰绰有余 歧路亡羊

7 아래 어구를 성어로 간단히 축소하라.

(1) 多次反复思考也不理解。
(2) 在鲁班门前舞弄斧头。
(3) 不寒冷而发抖。
(4) 像风的疾驰，电的急闪一样。
(5) 口水流下来三尺长。
(6) 从锅底下抽掉柴火。
(7) 把人命看得跟野草一样。
(8) 听到一样就了解很多。
(9) 遇到困难不积极想方法解决，坐等失败。
⑽ 男子有才，女子姿容出众。
⑾ 一伸手就将敌人捉住。
⑿ 哭得直到哭不出声音。
⒀ 像扔掉破鞋一样把它抛弃。
⒁ 丢弃铠甲，拖着兵器。
⒂ 完全符合人的心意。
⒃ 把承受艰难、困苦或牺牲看得像糖一样甜。
⒄ 犯了天下最大的错误。
⒅ 太阳迫近西山。
⒆ 嘴唇干了，舌头破了。
⒇ 母牛舔着小牛犊表现出深切的爱护之情。

8 관용어는 무엇인가? 관용어는 어떤 특징과 작용이 있는가?

9 아래 관용어의 의미를 해석하라.

背包袱 安钉子 绊脚石 翅膀硬 穿小鞋 定调子 耳边风 高帽子

10 속담은 무엇인가? 속담은 어떤 역할을 하는가?

11 헐후어는 무엇인가? 헐후어는 몇 종류로 나뉘는가?

12 유의(喻意), 해음 두 부류의 헐후어 각 10개를 수집하고 해석하라.

13 헐후어를 활용하는 데 있어 무엇에 좀 주의를 해야 하는가?

제 8 절 어구(词语)의 해석

어구 해석이란 다시 말해 평상시 말하는 어구를 해석하는 것으로 어문 종사자가 자주 하는 일이다. 어문 교학에서 교사는 간단명료하고 요점을 찔러 어구의 뜻을 명확히 해석할 수 있어, 학생들이 새로운 단어, 어려운 단어의 장애를 배제하는 것을 도울 수 있고, 본문의 내용을 이해하며, 나아가 어구의 용법을 파악하고, 독해와 작문 수준을 제고한다. 사전 편찬 종사자로 말하면 어구 해석이 정확한지의 여부는 더욱 중요하고, 직접적으로 사전의 질과 신망에 영향을 끼친다. 즉 기타 어문 작업을 하는 것으로서, 어구의 뜻을 해석하고 탐구하는 것도 또한 없어서는 안 되는 능력과 소양이다.

어구 해석은 매우 어렵고 세밀한 일이어서, 언어학자가 "사전을 편찬하는 것은 사람이 하는 것이 아니라 다만 그것은 성인이 하는 것이다"라고 탄식할 정도이다. 그런데 이 일도 순환하는 규칙이 있어 우리들이 객관적인 규칙을 지키고, 진지하게 공부하며, 대담하게 실천한다면, 어구를 해석하는 능력은 끊임없이 제고될 것이고, 매우 익숙한 경지에 이를 것이다.

1. 어구 해석의 원칙

(1) 과학성 원칙

단어 의미를 해석하는 것은 과학적인 태도에 의거해야 하고, 객관적으로 어구가 포함된 실제 내용을 반영하고, 단어 의미의 본질을 천명한다. 상층 건축이나 의식형태와 관련 있는 어구를 해석할 때는 그런 사람들의 입장에 서야 하고, 역사 유물주의와 변증 유물주의의 관점으로 출발하면, 그 합리적인 함의를 명시한다. 구 시대의 사서 편찬자는 시대와 계급의 국한을 받았기 때문에 늘 관련된 단어 의미를 정확하게 해석할 수 없었다. 예를 들면 다음과 같다.

鬼 : 사람은 귀신으로 분류되다 (≪설문해자≫)

地主 : 토지의 소유권자 (≪국어사전≫)

工头 : 노동자의 반장 (구판 ≪사각번호신사전(四角号码新辞典)≫)

신 사전의 상호 비교하의 해석은 훨씬 더 과학적이다.

鬼 : 미신적인 사람이 말하는, 사람이 죽은 후의 영혼 (≪현대한어사전≫)

地主 : 토지를 점유하고, 자신은 노동을 하지 않거나 다만 부가적인 노동이 있고, 농민을 착취하는 것에 의존하여 사는 사람 (신판 ≪사해≫)

工头 : 자본가가 고용하여 노동자가 노동하는 것을 감독하는 사람 (≪현대한어사전≫)

단어 의미는 계급성이 없으나 단어 의미를 해석하는 관점은 여전히 계급성을 가지고 있고, 비록 이 작은 부분에 관련된 단어도 우리들은 반드시 진보적이고 역사 발전 방향을 대표하는 관점으로부터 출발해야 한다. 더욱 많은 단어로 말하면, 주로 현대 과학의 관점으로부터 출발하여 단어의 의미를 인식하고 단어의 의미에 대하여 과학적인 해석을 한다. 과거 구 사전의 해석 의미는 매우 많이 과학적이지 못하였다. 예를 들면 다음과 같다.

电 : 阴阳激越也。(음과 양이 고조된다) (≪설문해자≫)

花 : 植物体之一部, 生于茎枝上, 借以结果者。

(식물체의 일부로, 줄기나 가지에서 태어나, 열매를 맺는 것이다) (≪국어사전≫)

鱼 : 水虫也。(물의 곤충이다) (≪설문해자≫)

≪현대한어사전≫의 해석 의미는 곧 과학적인 인식을 구체적으로 드러냈다.

电 : 是电荷存在和电荷变化的现象。电是一种很重要的能源, 广泛用在生产和生活各方面, 如发光, 发热, 生产动力等。

(전하가 존재하고 전하가 변화하는 현상이다. 전기는 매우 중요한 에너지원으로, 광범위하게 생산과 생활 각 방면에 사용되는데, 예를 들면 빛을 내고, 열에너지를 발생하며, 동력을 생산하는 등의 현상이다.)

花 : 种子植物的有性繁殖器官。花由花瓣, 花萼, 花托, 花蕊组成, 有各种颜色, 有的长得很艳丽, 有香味。

(종자식물의 유성 번식기관이다. 꽃은 꽃잎 · 꽃받침 · 꽃자루 · 꽃술로 이루어져 있고, 여러 가지 색이 있으며, 어떤 것은 아름답고 곱게 자라며, 향기가 있다.)

鱼 : 生活在水中的脊椎动物, 体温随外界温度而变化, 一般身体侧扁, 有鳞和鳍, 用鳃呼吸。种类极多, 大部分可供食用或制鱼胶。

(물속에서 생활하는 척추동물로, 체온은 외부 온도에 따라 변화하고, 일반적으로 몸이 납작하며, 비늘과 지느러미가 있고, 아가미로 호흡한다. 종류가 굉장히 많고, 대부분 식용이나 어교를 만드는 데 공급된다.)

단어 의미는 객관적이지만 또 주관적인 인식을 통과해야 하기 때문에, 과학 세계관은 단어 의미를 해석하는 출발점과 관점에서 반드시 끊임없이 공부하여 과학 소양을 제고하여야 해석하는 질에 대한 재능을 보증할 수 있다.

(2) 정확성 원칙

각 단어는 모두 자신의 개성이 있고, 자신이 다른 단어와 구별되는 본질적인 특징을 믿는다. 정확성의 원칙은 바로 정확하게 단어의 의미를 개괄하고, 그 차이 특징을 두드러지게 하는 것이다. 어렴풋하고 모호하지 않기도 하고, 일부분으로 전체를 평가하지도 않는다. 지나치게 넓지도 않고 좁지도 않다. 예를 들면 ≪설문해자(说文解字)≫는 "牛"를 "大牲也"로 해석하여 글자 의미가 지나치게 넓어졌는데, "大牲"은 소이기도 하고 말·노새·낙타일 수도 있다. ≪현대한어사전≫의 해석은 다음과 같다.

牛 : 포유동물, 몸이 크고, 발끝에는 굽이 있고, 머리 위에는 한 쌍의 뿔이 자라고 있고, 꼬리 끝에는 긴 털이 있다. 되새김질 동물로 힘이 세고, 일을 시키고, 우유나 고기 생산용 두 가지로 쓰이고, 가죽·털·뼈 모두 쓸모가 있다. 중국에서 자주 보는 것은 황소·물소·야크 등 몇 가지이다.

또 "团结"를 예로 들면 어떤 사람은 "团聚结合"로 해석하는데, 이것도 지나치게 넓다. 团聚结合(한 자리에 모여 결합하는 것)는 "정당하지 못한 일의 활동을 위하여 몰래 사람들과 결합하는" "勾结"의 뜻을 가리킬 수 있어, "힘을 집중하여 공동의 이상을 실현하거나 공동 임무를 완성하기 위하여 연합하거나 결합한다"로 해석해야만 한다.

자주 보는 사물을 나타내는 상용어는 늘 해석하기가 매우 어려워, 비록 사람들이 모두 그것의 함의를 이해하여, 정확하게 개괄하고 싶어도 또 정말로 쉽지 않다. 예를 들어 어떤 사람이 "桌子"를 "위는 평면이고 아래는 네 다리가 있다"로 해석하면, 이것 역시 단어의 의미가 너무 좁은데, 사실 탁자는 모두 몇 개의 다리가 있다. ≪현대한어사전≫의 해석은 "가구로, 위는 평면이고, 아래는 받침대가 있고, 위에는 물건을 놓거나 일을 한다"이다.

단어를 해석하는 것은 단어 의미의 무게에 주의해야 하는데, 예를 들어 "免职"를 "공직에서 해고하다"로 해석하는 것은 너무 무거워 "직무를 그만두다"로 해석해야 한다. "确凿"를 "확실히"로 해석하면 너무 가벼워 "매우 확실하다"로 해석해야 한다. 또 단어 뜻의 감정 색채에 주의해야 하는데, 예를 들면 "行径"을 "행위, 거동"으로 해석하는 것은 정확하지 않고, 주석하여 밝힐 필요가 있는 것은 나쁜 뜻의 색채를 가지고 있다는 것으로 대부분 좋지 않은 행위나 거동을 나타낸다. "煞有介事"를 "정말 그렇게 하나의 일이 있었던 것 같다"로 해석하면, 또 이 성어가 가지고 있는 나쁜 뜻의 색채를 해석하지 않았으므로, 앞에 "装摸作样"을 더할 수 있다. 단어를 해석하는 것은 또 표기를 더하는 방법으로 단어의 문체 색채를 주석하여 밝힐 수 있는데, 예를 들면 "遐迩"의 해석 의미 "〈서〉원근(远近)", "纤悉"의 해석 의미 "〈서〉상세(详细), 자세(详尽)하다"는 모두 서면어의 표기를 더하여야 하고, 그렇지 않으면 해석 의미는 곧 완전하지 않고, "遐迩"과 "远近", "纤悉"와 "详细, 详尽"의 의미가 결코 완전히 상등한 것은 아니다.

(3) 간단명료성 원칙

간단명료성은 해석 의미의 설명 언어가 통속하고, 명료하고, 간결하고, 뚜렷하고, 해석할수록 흐리멍덩할 수 없는 것을 가리킨다. 예를 들면 어떤 사전은 "上吊"를 "스스로 목매어(自缢) 죽다"로 해석하고 "独白"를 "극중에 사람이 그 마음속 정서 · 감상 혹은 신세를 스스로 말하는 대사(科白)"로 해석하는데, 여기의 "自缢", "科白"는 모두 충분히 통속적이지 않고, 독자가 단어의 뜻을 이해하려면 또 다시 "自缢", "科白"를 찾아야 하므로, 해석하지 않은 것과 같다. 구 사전은 "龙钟"을 "초라하여 멍청하고 피곤한 모양"으로 해석하여 사람들이 매우 이해하기 어렵게 하였다. ≪현대한어사전≫의 해석은 "몸이 늙고 약하여, 행동이 편리하지 않은 모습"이다. 뜻을 해석하는 언어는 적당히 할 수도 없고 수다스러울 수도 없어, 그런 있어도 되고 없어도 되는 것을 삭제하고 단어 의미 해석에 대하여 직접적인 작용의 말이 없다. 예를 들면 "变幻"이란 단어는 ≪현대한어사전≫ 시용본에서 "사물의 형식이나 내용이 고정적이지 않고 '자주 불규칙적으로 바뀐다'"로 해석하였는데, 현재는 "불규칙적으로 바뀐다"로 해석한다. 어떤 사전은 단어 의미를 해석할 때 맺고 끊는 맛이 없고, 언어가 충분히 간결하지 않아, 예를 들면 어떤 사람은 "结婚"이란 단어를 "남자가 여자를 처로 삼아 장가들고, 여자는 남자에게 시집가, 남자와 여자가 합법적인 수속을 거쳐 부부로 결합하는 것이다"로 해석한다. ≪현대한어사전≫의 해석은 비교적 간결하여 "남자와 여자가 합법적인 수속을 거쳐 부부로 결합하는 것이다"이다.

해석 의미는 소위 어문 해석 의미와 백과 해석 의미로 나뉜다. 어문 해석 의미는 다만 단어의 의미에 대하여 간단하게 개괄한 설명이고, 백과 해석 의미는 곧 단어가 나타내는 사물 현상의 각종 특징에 대하여 비교적 상세하게 설명하는 것이다. 예를 들면 다음과 같다.

인공두뇌학 : 현대 수학을 이용하는데, 특히 통계 수학의 성취로, 인력과 물력의 활용과 계획을 연구하고 최대 효율을 발휘할 수 있도록 하는 학과이다.(≪현대한어사전≫)

인공두뇌학 : 20세기 40년대 형성되기 시작한 하나의 학과이다. 주로 경제 활동과 경제 활동 중에 수량으로 표현할 수 있는 관련된 활용 · 계획과 관리 등 방면의 문제를 연구한다. 그것은 문제의 요구에 근거하여, 수학의 분석과 계산을 거쳐 종합성의 합리적인 계획을 하고, 비교적 경제적이고 효력이 있는 사용 인력과 물력에 이른다. 최근 몇 해 이래 그것은 이론과 응용 방면에서 모두 비교적 큰 발전이 있고, 그것에서 분리되어 나온 주요한 부분은 기획론, 대책론, 질량 공제 같은 대기항렬방식 등이 있다.(신판≪사해≫)

≪현대한어사전≫의 해석 의미는 인공두뇌학에서 가장 중요한 특징만을 가리키는데, 이것이 어문 해석 의미이다. 신판 ≪사해≫의 해석 의미는 곧 인공두뇌학 탄생의 시대 · 대상 · 방법 · 목적 · 분과 등 방면의 특징을 설명하였는데, 이것이 백과 해석 의미에 속한다. 매우 명확한 것은 어문 해석 의미 자체는 간단명료성을 요구하므로, 만약 더욱 많은 전공 방면의 지식을 이해할 필요가 있으면 백과사전이나 전공 사전을 찾아야 한다.

2. 글자 해석의 방법

사람들이 단어 의미를 해석하는 중에 실행하는 여러 가지 방법을 중단하고, 아래의 몇 가지 자주 보는 해석 방법을 소개하였다.

(1) 정의법

정의법(定义法)은 논리학에서 개념이 내포된 의미를 명시하는 방법을 활용하여 단어 의미를 해석하는데, 즉 다음과 같다.

被定义的概念 = 种差 + 属概念(정의되는 개념 = 종차 + 속 개념)

예를 들어 "人"이란 단어의 해석에서 "공구를 제조하고 사용할 수 있어 노동을 하는 고등 동물"이 바로 정의법의 채택인데, "사람(人)"은 "고등 동물"에 속하고 다른 고등 동물과의 차이는 곧 "공구를 제조할 수 있고 공구를 사용하여 노동을 한다"이다. 정의법은 사전 속에 명사를 해석하는 주요한 방법이다. 예를 들면 다음과 같다.

圆心角：顶点在圆心上，以半径为两边的角。(꼭지점은 중심에 있고, 반지름이 양변인 각)

狼毫：用黄鼠狼的毛做成的毛笔。(쪽제비의 털로 만든 붓)

经纪人：为买卖双方撮合从中取得佣金的人。(매매 쌍방을 중재하고 커미션을 받는 사람)

정의법을 사용하여 해석하려면 내용이 반드시 단어 의미의 외연과 같고 정확해야 하는 것에 주의해야 한다. 예를 들면 "后裔"를 해석할 때 "후이는 바로 후대이다"라고 하는데, 실제로 이 두 개념은 결코 같지 않고, "后裔"는 "이미 죽은 사람의 자손"으로 해석해야 한다. 또 "戒尺"를 예로 들면 "옛날 훈장이 학생에게 체벌을 할 때 사용하던 자"는 틀린 것으로, "戒尺"는 자가 아니고 "옛날 훈장이 학생에게 체벌을 할 때 사용하던 판자"이다. 또 해석 의미는 순환해서는 안 된다는 것에 주의해야 하는데, 예를 들면 "비교는 비유와 다른 수사격"과 "농구는 축구가 아닐 뿐만 아니라 배구도 아닌 운동이다" 등도 모두 정확하지 않다.

정의법 해석을 활용할 때, 구체적인 형식은 민첩하고 변화가 많을 수 있다. 예를 들면 다음과 같다.

黄鳝：鱼，身体像蛇而无鳞，黄褐色，有黑色斑点。生活在水边泥洞里。
(물고기로, 몸이 뱀같이 비늘이 없고, 황갈색이며, 검은색의 반점이 있다. 물가의 진흙 굴에서 산다.)

锅炉：产生水蒸气的装置，由盛水的钢制容器和烧火的装置构成。产生的水蒸气用来取暖或发动蒸气机，汽轮机。有的锅炉也用来烧热水。
(수증기를 발생시키는 장치로 물을 담는 철제 용기와 물을 끓이는 장치로 구성된다. 발생한 수증기는 난방이나 증기기, 증기 터빈을 돌리는 데 사용한다. 뜨거운 물을 끓이는 데 쓰는 보일러도 있다.)

广角镜头：镜头的一种，视角比一般镜头广而焦距短，常用于拍摄面积很大的景物。
(렌즈의 하나로, 시각이 일반 렌즈보다 넓고 초점 거리는 짧으며, 촬영 면적이 매우 큰 경치에 사용한다.)

"黄鳝(드렁허리)"의 해석은 먼저 종류를 소개하고, 다시 종차를 소개하는데 즉 사물의 특징이다. "锅炉(보일러)"의 해석은 먼저 종차에 속 개념의 정의를 더하고 다시 진일보하여 "锅炉"의 특징과 용도를 소개한다. "广角镜头(광각렌즈)"는 먼저 같은 종류의 한 부류임을 소개하고, 다시 그것의 특징을 해석하고, 그것의 용도를 설명한다.

(2) 분해법

분해법(分解法)은 따로 따로 각 형태소나 구성 성분의 의미를 해석하여 단어를 해석하는 방법이다. 어떤 단어의 의미는 바로 형태소 의미를 구성하는 종합인데, 이런 글자에 대하여 각각 형태소 의미를 해석하는 방법을 취할 수 있다. 예를 들면 다음과 같다.

旭日：刚出来的太阳。(막 떠오른 태양)

凯旋：胜利归来。(승리하고 돌아오다)

雄伟：雄壮而伟大。(웅장하고 위대하다)

自作自受：自己做错了事，自己承担后果。(자신이 일을 잘못하고 결과를 책임지다)

(3) 총체법〔整体法〕

매우 많은 단어의 어근은 이미 서로 융합되어 나누어 해석하여선 안 되고, 이때 총체(整体) 해석 전의의 방법을 취할 수 있다. 예를 들면 다음과 같다.

骨肉：比喻父母，兄弟，子女等亲人。(부모, 형제, 자녀 등의 친족을 비유한다)

下野：执政的人被迫下台。(집권한 사람이 어쩔 수 없이 무대에서 내려오다)

旁白：戏剧角色背着台上其他剧中人向观众说的话。

(연극의 배역으로 무대 위에 있는 다른 극중의 사람들을 등지고 관중에게 말하는 것)

翻云覆雨：比喻反复无常或玩弄手段。

(무상한 것을 반복하거나 수단을 휘두르는 것을 비유한다)

또 어떤 것은 먼저 분해법으로 형태소 의미나 단어 의미를 해석하고, 다시 총체법으로 해석한다. 예를 들면 다음과 같다.

风骚：风指≪诗经≫中的≪国风≫，骚指屈原的≪离骚≫，后来泛指文学。

(风은 ≪시경≫의 ≪国风≫을 가리키고, 骚는 굴원의 ≪离骚≫를 가리키는데, 그 후 일반적으로 문학을 가리킨다)

坚如磐石：坚固得像大石头一样。比喻不可动摇。
(큰 돌처럼 견고하다. 동요할 수 없음을 비유한다)

(4) 동의법

동의법(同义法)은 동의어를 이용해 단어 의미를 해석하는 방법이다. 해석에 쓰는 동의어는 일반적으로 평이한 것, 통속적인 것, 상용하는 것을 선택하여야 한다. 예를 들면 현재 말로 고어를 해석하는 것이다.

炫目：耀眼。(눈부시다)

黔首：古代称老百姓。(고대에 국민을 일컫는다)

표준어로 방언을 해석한다.

猪猡：＜方＞ 猪。(돼지)　　坷垃：＜方＞ 土块。(흙덩어리)

통용어로 서면어를 해석한다.

鄙夷：＜书＞ 轻视。(경시하다)　　晦暝：＜书＞ 昏暗。(어둡다)

통용어로 구어를 해석한다.

光溜：光滑，滑溜。(반들반들하다)　　估摸：估计。(짐작하다)

(5) 변이법

변이법(辨异法)은 바로 의미가 서로 가까운 단어를 이용하여 해석하는 동시에, 제한적인 조건이나 상호의 차이를 가리킨다. 예를 들면 다음과 같다.

瞻仰：恭敬地看。(공경하며 본다)

跑：两只脚或四条腿迅速前进。(두 다리나 네 다리로 신속하게 전진하다)

长：两点之间的距离大。(두 지점 사이의 거리가 멀다)

喝：把液体或流食咽下去。(액체나 유동식을 삼키다)

"瞻仰"은 "看"으로 해석하고 동시에 "공경하게"로 설명하는데, 일반적으로 보는 것은 아니다. "跑"는 "前进"으로 해석하고 또 "두 다리나 네 다리", "신속하게 전진하다"의 조건을 붙인다. "长"은 "大"로 설명하고 "두 지점 사이의 거리"가 먼 것이다. "喝"는 "咽下去"로 해석하고 "액체나 유동식을" 삼키는 것이다.

(6) 묘사법

묘사법〔描绘法〕은 일부 정황 자태를 나타내는 단어에 대하여 그것들의 모습을 직접적으로 묘사한다. 예를 들면 다음과 같다.

愤然：形容气愤的样子。(화내는 모습을 형용한다)

蹒跚：腿脚不灵便，走路缓慢，摇晃的样子。

(다리가 기민하지 못하고, 걸음걸이가 완만하고, 흔들흔들거리는 모습)

胖墩墩：(～的) 形容人矮胖而结实。(사람이 키가 작고 뚱뚱하며 튼튼한 것을 형용한다)

滂沱：形容雨下得很大。(비가 매우 많이 내리는 것을 형용한다)

(7) 부정법

어떤 단어는 직접 해석하기가 불편하고, 부정의 방법으로 명료하게 해석하는 것만 못하여, 부정 표현의 형식으로 해석할 수도 있는데, 일반적으로 형용사로 해석한다. 예를 들면 다음과 같다.

错：不正确。(정확하지 않다)

凌乱：不整齐。(가지런하지 못하다)

难受：身体不舒服。(몸이 편안하지 않다)

沉默：不爱说笑，不说话。(말하고 웃는 것을 좋아하지 않는다; 말하지 않는다)

어떤 단어는 먼저 긍정 형식으로 해석하고, 다시 부정법(否定法)으로 설명한다. 예를 들면 다음과 같다.

肮脏：脏，不干净。(더럽고, 깨끗하지 않다)

简略：(言语，文章的内容) 简单；不详细。((언어, 문장의 내용) 간단하다, 상세하지 않다)

(8) 탐원법(探源法)

단어의 본래 의미·기원·출처를 가리키는 것을 거쳐, 단어의 의미를 설명하는 것을 돕는다. 예를 들면 다음과 같다.

冷门：原指赌博时很少有人下注的一门。现比喻很少有人从事的，不时兴的工作，事业等。

(원래 도박할 때 아주 적은 사람이 돈을 거는 곳을 가리킨다. 현재는 아주 적은 사람이 종사하거나 유행하지 않는 일, 사업 등을 비유한다.)

取经：本指佛教徒到印度去求取佛经，今比喻向先进人物，单位或地区吸取经验。

(본래 불교도가 인도에 가서 불경을 추구하는 것을 가리키는데, 현재는 선진 인물, 단위나 지역에서 경험을 받아들이는 것을 비유한다.)

垄断：≪孟子 · 公孙丑≫“必求垄断而登之，以左右望而罔市利。” 原指站在市集的高地上操纵贸易，后泛指把持和独占。

(≪맹자 · 공손축≫에서 “必求垄断而登之，以左右望而罔市利。”라 하였으며, 원래 시장의 고지에서 무역을 조종하는 것을 가리켰는데, 이후에 일반적으로 독점하는 것을 가리킨다.)

草木皆兵：前秦苻坚领兵进攻东晋，进抵淝水流域，登寿春城瞭望，见晋军阵容严整，又远望八公山，把山上的草木都当成晋军，感到惊惧，后来用“草木皆兵”形容惊慌时疑神疑鬼。

(전진의 부견(苻坚)이 병사를 이끌고 동진으로 진공하여 비수 유역에 도달해 수춘성에 올라 바라보니, 진군 진영이 엄격하고 정연한 것을 보고, 또 멀리 팔공산을 보니, 산 위의 초목이 모두 진군으로 여겨져 놀라 두려워한 것으로, 후에 “草木皆兵”으로 놀라 허둥댈 때 의심이 심한 것을 형용한다.)

이런 단어는 만약 기원을 해석하지 않으면, 진정으로 그것들의 뜻을 이해할 수 없고, 사용할 때도 잘못 쓰기 쉽다.

(9) 인예법

인예법(引例法)은 바로 예문으로 쓰이는 구 · 문장을 인용하여 위아래 언어 환경 속에 단어 의미를 나타내는 방법이다. 예문은 반드시 규범화한 것을 선택해야, 단어 의미의 전형적인 구와 문장을 보충하여 설명하는 것을 도울 수 있다. 예를 들면 다음과 같다.

扶植：扶助培植(재배하는 것을 도와주다)：～新生力量。

掠夺：抢劫(강탈하다)；夺取：～财物 | 经济～。

迥然：形容差别很大(차이가 매우 큰 것을 형용한다)：一个沉着，一个急躁，他俩的性格～不同。

乱七八糟：形容混乱(혼란한 것을 형용한다)；乱糟糟的：稿子涂改得～，很多字都看不清楚。| 他越想越没注意，心里～的。

여기의 인예법은 해석을 보충하여 설명하는 수단인데, 실제로 단어를 해석하기 전에 필요한 준비로서, 대량으로 예증을 수집하는데, 단어의 의미는 바로 예증 중에 총괄하고 개괄해 낸 것이다.

(10) 도시법

도시법(图示法)은 사물을 대표하는 그림으로 단어 의미를 설명하는 방법을 가리킨다. 이것은 일종의 가장 기본적인 계몽성 의미 해석 방법으로, 사람들이 단어가 나타내는 뜻을 알게 하고 또 직접적으로 단어 의미를 이해하게 하였다. 이런 방법은 주로 유아와 초등학교 저학년에 쓰인다. 그것은 직관과 형상의 장점이고, 성인에 대하여도 일종의 보조 수단이라고 간주할 수 있다. 예를 들면 ≪현대한어사전≫은 "身体", "骨骼", "鳍" 등의 단어를 해석할 때 모두 그림으로 보여주어 그들의 구조와 부위를 설명한다. 도시법의 단점은 성질 특징의 개괄이 부족하다는 것인데, 학습자 자신의 깨달음과 교사의 강해에 의지할 수 있을 뿐이다. 추상적인 것을 지시하는 것과 관계를 나타내는 단어에 대하여는, 도시법은 일반적으로 무능해서 아무 일도 못한다.

(11) 입경법

입경법(入境法)은 구체적인 언어 환경을 결합하여 단어의 임시 의미를 해석하는 방법이다. 근본적으로 말해서 단어 의미는 단어가 나타난 각종 언어 환경 중에 모두 개괄한 것이나 구체적인 언어 환경 속에서 단어의 뜻도 우연성의 변화가 생길 것이고, 정상적인 단어의 뜻을 벗어날 가능성도 있다. 이 때문에 구체적인 언어 환경에서 나타나는 단어를 해석할 때 언어 환경을 연계하여 단어의 실제 함의를 해석할 필요가 있다. 예를 들면 "这种人还算人吗?"에서 두 "人"자의 의미는 약간 다르다. 앞의 "人"은 통상적인 의미의 사람이고, 뒤의 "人"은 어떤 기준에 이르러야 하는 사람을 가리킨다. 또 예를 들면 다음과 같다.

① 我用儿童狡猾的眼光观察，她爱我们，并没有存心要打的意思。(魏巍)≪我的老师≫

(내가 어린 아이의 영리한 안목으로 관찰하니, 그녀는 우리를 사랑하고, 결코 때리려는 뜻을 가지고 있지 않았다.)

② 流氓欺乡下人，洋人打中国人，教育厅长冲小学生，都是善于克敌的豪杰。
(鲁迅：≪冲≫)

(건달이 시골사람을 업신여기고, 서양인이 중국인을 때리고, 교육청장이 초등학생과 부딪치는데, 모두 상대를 잘 정복하는 악질 토호이다.)

예 ①의 "狡猾"는 분명히 단어 의미를 "간계가 많아 믿을 수 없다"로 해석하여서는 안 되고 "영리하다"로 해석해야 하는데, 일종의 과장 의미를 가진 익살맞은 표현이다. 예 ②의 "豪杰"도 "재능이 출중한 사람"으로 해석할 수 없고 일종의 풍자성 아이러니로 "악질 토호"로 해석해야 한다.

사고와 연습

1. 단어 해석의 원칙에는 어떤 것이 있는가? 구체적으로 어떻게 해야 이런 원칙에 부합하는가?
2. 단어를 해석하는 방법에는 어떤 것이 있는가? 예를 들어 설명하라.
3. 아래 단어의 해석은 약간의 결점이 있는데, 바르게 고쳐라.
   (1) 偏僻：交通不方便也不热闹的地方。
   (2) 下野：执政者脱离政治。
   (3) 气急败坏：形容敌人气得要发疯。
   (4) 考验：考试，试验。
   (5) 戏迷：观看戏剧着了迷，称戏迷。
   (6) 营业：以营利为目的的职业。
   (7) 科举：唐宋至清朝用考试方法选拔人才的制度。
   (8) 鞋：足上所穿的履。
4. 아래 단어를 해석하라.

能人	模范	毛孩	窥探	盔甲	跑	天长地久	图书
铁窗	睡觉	名副其实	面试	毛巾	馒头	哄抢	轰炸

CHAPTER 04

문법

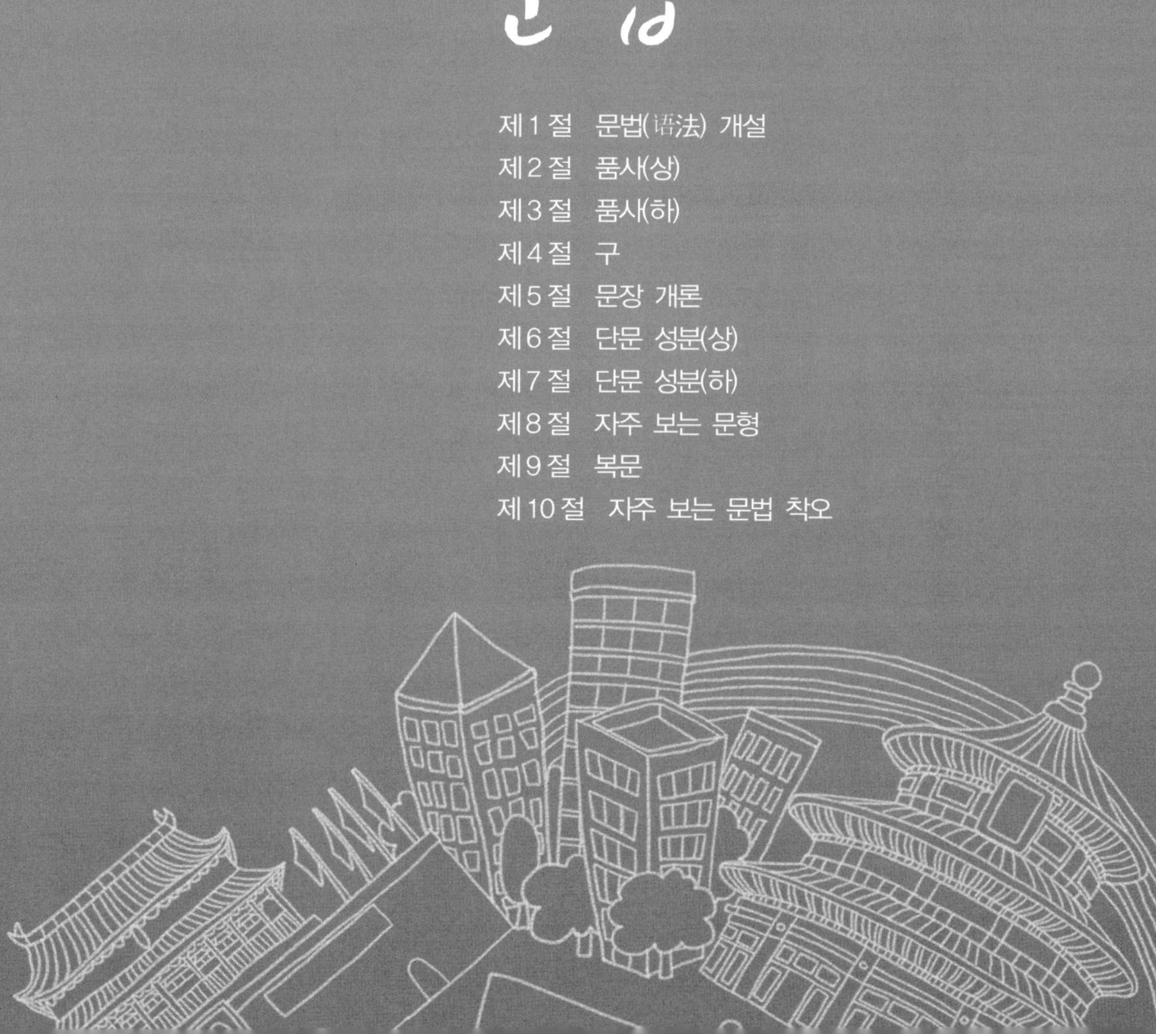

CHAPTER

04 문법

제 1 절 문법(语法) 개설

1. 문법은 무엇인가?

(1) 문법의 정의

사람들은 말하고 글을 쓰는 것 모두 문장을 단위로 한다. 문장은 또한 독립하여 활용할 수 있는 더욱 작은 단위인 구가 합하여 이루어진 것이다. 다만 좀 더 분석을 하면 문장 속의 단어는 결코 마음대로 함께 규합한 것이 아니고 일정한 구조 규칙으로 조직된 것임을 알게 될 것이다. 예를 들면 "我看了三天书" 이 말은 "*我三天看了书", "*我看了书三天", "*三天我书看了" 등으로 말할 수 없다. 여전히 "我看了三天书" 이 말에서 만약 "老师, 小王, 他" 등의 단어로 각각 "我"를 대체한다면, 문장은 여전히 성립하기도 하고 구조도 변하지 않는다. 만약 "桌子, 漂亮, 跑步" 등의 단어를 써서 각각 "我"를 대체한 문장이 말이 되지 않거나 구조가 변한다면, 구조 규칙은 위배할 수 없는 것임을 알 수 있다. 문법은 곧 언어의 구조 규칙이다.

문법은 언어의 요소 중의 하나이다. 문법이 없으면 언어는 형성될 방법이 없다. 문법은 규칙으로 사람의 언어 행위를 제한하고 있는 동시에 또한 말이 생성되는 근거를 제공한다. 사람들은 일정한 수량의 어휘를 숙달한 후에 유한한 문법 규칙을 이용하여 무한히 많은 문장을 만들어 낼 수 있다. 예를 들어 "我看了三天书" 이 문장의 구조 모형에 비추어 "他打了两个小时篮球", "我们听了十分钟相声", "小王上了四年大学" 등 일련의 문장을 만들 수 있다. 청자나 독자의 관점에서 보면, 문법은 또한 말뜻을 이해하는 인지 규칙이다. 예를 들면 "一锅饭吃三个人(세 사람이 한솥밥을 먹는다)" 이 말은 만약 단어 뜻 자체만으로 해석하면 정확하게 이해할 방법이 없지만, 한어에서 이런 특정한 문장 모형은 "多少东西供多少人做什么"의 문형 뜻을 나타내고, 전체 문장은 "一锅饭供三个人吃"의 뜻이다.

(2) 문법의 성질

문법은 추상적인 성질을 가지고 있고, 그것은 구체적인 단어나 문장에서 추상적인 구조나 규칙을 개괄하는데, 바꾸어 말하면 구체적인 단어나 문장을 해석하기 위해 봉사하는 것이다. 이 점에서 그것은 기하학을 많이 닮았는데, 기하학이 연구하는 점·선·사면체 모두 일상 생활 속의 구체적인 사물에서 추상화한 것이다. 문법에서 하나의 술어(术语) 명사는 수천수만의 구체적인 명사를 개괄하고, 문법 중에 주서술어(主谓) 구조는 무궁무진한 문장을 개괄하였다. 문법의 이러한 성질은 그것으로 하여금 세계에서 가장 복잡한 사회 현상인 언어를 가지런하고 간단하게 하여 인류의 손아귀 안에 있게 하였다. 당연히, 문법 자체도 추상적인 정도의 차이는 있어, 고도로 개괄적인 규칙도 있고, 또한 비교적 구체적인 규칙도 있다. 규칙으로서 그것은 문법 형식이 구현해 낸 추상적인 문법 의미이지 구체적인 단어의 뜻은 아니다. 문법 의미는 구조 의미, 기능 의미, 관계 의미, 분류 의미 등을 포괄하고 공통적인 문법 의미가 모여 하나하나의 문법 범주가 형성되는데, 예를 들어 품사, 문장 성분, 주어 등으로 그것들은 모두 자신의 특정한 문법 형식이 있다.

문법과 기본 어휘는 함께 언어의 기초를 구성하는데 문법은 안정되고 견고한 특성을 가지고 있다. 다른 언어 요소인 음성·어휘와 서로 비교해, 문법의 발전과 변화는 완만하다. 현대 한어의 "주어+서술어+빈어" 문형은, 3천여 년 전의 갑골문 중에서 이미 자주 보던 문형이었다. 예를 들면 다음과 같다.

① 师获羌。(선생님께서 마늘을 얻으셨다.)(郭沫若主编 :≪甲骨文合集≫)

② 王亥崇我。(왕해는 나를 존경한다.)(상동)

이 기본 문형은 3천년을 거쳤는데 변하지 않았다. 문법의 안정적이고 견고함은 아직 예전부터 내려오던 문법 형식에 표현되어 계승되고 있다. 예를 들어 고대 한어 중에는 원래 판단 동사 "是"가 없었는데, 따라서 명사와 명사구는 직접적으로 판단문의 서술어로 쓰여, 예를 들면 "陈涉者, 阳城人也(진섭이란 자는 양성 사람이다)"였다. 그 후에 역사 변화 때문에 판단문은 주로 "是"자문의 형식을 취하였으나 특정한 조건에서 명사 술어문은 여전히 판단을 나타내는데, 예를 들어 "鲁迅绍兴人(노신은 소흥 사람이다)。" "今天星期天(오늘은 일요일이다)。" 등으로 쓰인다. 문법의 역사 변화 속에 외부에서 온 서양화 문형은 늘 이전에 있던 격식을 활성화하거나 발전시키는데, 예를 들면 고대 한어 중에는 문장 독립성을 취소한 "主之谓" 구조를 주어로 삼는데, 즉 "贡之不入, 寡君之罪也(조공이 (주 왕실로) 들어오지 않는 것은 우리나라 임금의 죄입니다)"(≪좌전 · 희공4년(左传 · 僖公四年)≫)처럼 쓰인다. 근대 소설 중에 "명사+的+동사" 구조가 주어와 빈어로 쓰이는 것이 이미 나타났는데, "五 · 四" 이후 서양화의 영향하에 "这本书的出版填补了空白(이 책의 출판은 공백을 메웠다)", "我们要重视人才的培养(우리는 인재의 배양을 중시해야만 한다)" 등의 문장처럼 더욱 많이 서면어 속에 활용되었다.

세계 각종 언어는 모두 자신의 문법을 가지고 있고, 각종 언어의 문법은 공통성의 일면을 가지고 있으면서 또 각자의 특징을 가지고 있고, 게다가 문법은 민족성을 가지고 있다. 한어는 인구어와 서로 비교하여, 그렇게 많은 형태 변화가 없고, 인구어 중에 형태로서 나타내는 것은 성 · 수 · 인칭 등의 문법 범주인데, 한어는 어휘 수단으로서 나타낸다. 예를 들어 영어의 가산명사 단복수의 문법 형식은 서로 다른데, "一本书"는 one book이고 "两本书"는 two books이다. 한어의 "书"는 단수 복수할 것 없이 모두 같고, 그 자체는 결코 변화가 없다. 영어의 주어와 서술어는 문법 형식상 서로 일치성을 유지하는데, 3인칭 단수 동사는 -s를 붙여야만 한다. 한어는 "我吃", "你吃", "他吃"이든 "吃"는 모두 변화가 없다. 한어의 빈어는 서술어 동사의 뒤에 위치하는데 예를 들면 "他看书"로, "他书看"으로 말할 수 없다. 일본어의 빈어의 위치는 서술어 동사의 앞에 있고, "他看书"는 かれは ほんを よむ (즉 "他书看")이다. 다른 언어의 문법은 이런 저런 차이가 존재하고 있음을 볼 수 있다. 문법이 민족성을 가지고 있다는 사실은 한어 문법을 공부하고 연구하는 데 있어 반드시 한어의 특징을 중시해야 하고, 다른 언어의 문법 규범을 답습해서는 안 된다는 것을 설명한다.

(3) 문법의 함의

언어 구조 규칙을 연구하는 과학을 문법학이라 부르고, 통상적으로 "문법(语法)"이라고도 부른다. 이 때문에 문법 이 용어는 두 함의를 가지고 있다. 하나는 언어 구조 규칙 자체를 가리키는데, 즉 언어 사회 집단으로 약정하고, 자연적인 형태로 언어 속의 객관적 문법 현상에 존재한다. 또 하나는 객관적 문법에 대한 과학적인 상세한 해석으로, 각종 문법 논저 안에 포함하여, 그 속에 연구자의 주관적인 성분을 가지고 있다. 연구자는 객관 문법에 대한 인식이 다르고, 연구의 각도와 방법이 다르며, 각 문법 학설은 자주 일치하지 않는 주장들을 하고, 어떤 불일치한 의견은 또 상당히 분분하다. 요컨대 객관 문법은 일차적인 것으로, 문법 학설은 존재의 기초를 믿는 것이다. 문법 학설은 즉 객관 문법의 반영이고, 그것의 정확함의 여부는 최종 문법 사실의 검증을 받아야 한다. 문법 학설은 일단 건립되기 시작한 동시에 공인되면, 바꾸어 말하여도 객관 문법에 대하여 일정한 제한을 발생하고, 선도적 역할을 할 것이다. 이론상 문법의 두 함의를 구분하는 것은 매우 중요하다. 일반적으로 말하는 문법 불일치는 대부분 각종 문법 학설의 불일치를 가리키고, 우리는 불일치를 통과하여 객관 문법의 본질을 보아야 한다. 동시에 또 각종 문법 학설의 불일치가 존재하는 것은 매우 정상적인 현상이고, 같지 않은 의견의 논쟁은 문법 묘사의 정확화 및 사람들 인식의 심화에 유리하고, 문법학의 발전을 촉진할 것임을 인식해야만 한다.

2. 문법학의 종류

문법학은 언어학의 계열로 그 자체는 또 매우 많은 종류로 나누어진다. 어떤 것은 시간 축에 따라 문법 현상의 역사 발전을 연구하는데, 이것은 역사 문법 혹은 문법사라고 한다. 또 어떤 것은 일정한 발전 시기의 정태(静态) 문법 현상을 연구하는데, 이것은 묘사 문법이라고 부른다. 당연히 이 두 연구는 자주 서로 참고하고 보충한다. 이외에, 또 친족 언어를 서로 비교하는 비교 문법과 다른 것에 속하는 언어를 대비하는 대비 문법 등이 있다.

문법학은 전 세계에 아직 매우 많은 유파가 있고, 그중에 가장 중요한 것은 전통 문법, 구조주의 문법과 변환 생성 문법이고, 그들은 또한 각각 세 개의 다른 발전 시기를 대표한다. 전통 문법은 구미에서 20세기 이전 및 지금까지 대다수 문법 교과서 중에 아직 사용 체계를 답습하는 것으로, 그리스・라틴 문법에서 생긴 것을 가리킨다. 그것의 특징은 문법을 형태학(형태론)과 통사법(통사론) 두 큰 부분으로 나누고, 동시에 단어와 문장 성분의 대응 관계를 중시하는 것이다. 그것의 또 다른 특징은 규칙을 중점으로 하고, 문법의 규범성과 실용성을 강조하는 것이다.

구조주의 문법은 구조주의 언어학의 일부분이다. 그것은 20세기 상반에 생겨나 기초이론은 스위스 저명 언어학자 소쉬르(Saussure)가 제기하였고, 창시자는 미국 묘사 문법 학파의 Bloomfield이다. 구조주의는 구조 형식 간의 관계를 강조하고, 문법학 체계의 계통성과 엄밀성을 중시하며, 모든 문법 현상을 하나의 통일된 체계 속에 넣는 것을 주장한다. 문법 형식의 분류에 대하여 그것은 형식상의 "검증성"이 있어야 함을 주장하고, 의미적으로 사실대로 논하는 설명을 반대한다.

변형 생성 문법은 20세기 1950년대에 생겨났는데 창시자는 미국 MIT의 교수 Chomsky이다. Chomsky는 다만 언어의 사용형식 즉 "언어행위(语言行为)"는 충분하지 않아 또 이 행위 뒤에 숨어 있는 인류 보편의 "문법능력(语法能力)"을 묘사해야 한다고 인정하였다. 변형 생성 문법 처음에는 언어 능력을 심층 구조에서 표층 구조로 변형하는 규칙이라고 설명하였고, 이후에 또 끊임없이 자신의 이론을 수정하고 간소화하여 원리(principle)와 매개변인(parameter)으로 이루어진 통사 분석 계통을 제기하였는데, 지배 결속 이론과 최소주의 방안을 포함하였다. 촘스키의 형식 통사 이론은 컴퓨터 처리 자연 언어의 수요에 적응하였고, 연역법을 활용하여 보편 문법 규칙을 증명하기를 요구하는 새로운 경로를 열고 문법 연구의 관념과 방법에 깊은 변혁을 가져왔다.

이 3대 유파의 문법학은 중국에 전하여져 한어 문법 연구에 깊고 큰 영향을 주었다. 그 밖에 한어 문법 연구에 비교적 큰 영향을 끼친 사람은 또 Halliday의 계통 기능문법, Fillmore의 격 문법, Tesniere의 배가 문법, Langacker의 인지 문법 등이 있다. 중국 내 문법 이론은 비록 줄곧 국외 언어학 이론의 영향하에 있었지만 자신의 발전 행적을 가지고 있는데, 그 대개의 맥락은 문장 성분 분석법—층차(层次) 분석법—변환 분석법—의미 특징과 의미 지향 분석법—격 문법—배가 문법—공범주 문법—인지 문법이다. 문법 연구의 중점도 규범형에서 묘사형으로, 다시 해석형으로 전이하는 과정을 거친다. 중국 학자는 국외 다른 문법 유파를 거울로 삼고 흡수할 때, 한어 특징과 결합하여 그들에 대하여 개조하고 한어 문법의 새로운 길을 힘써서 탐색하였다.

문법은 그 작문 목적이나 독자 대상의 다름에 따라서 교학 문법과 과학 연구 문법으로 나눌 수 있다. 교학 문법은 학교 문법이라고도 부르는데, 대부분 전통 문법을 채택하고, 규범을 확립하고, 사람의 언어 실행을 지도하는 데 뜻을 둔다. 과학 연구 문법의 독자는 문법 연구 종사자이고, 주의받지 않은 문법 현상을 발굴하고, 새로운 해석 이론을 제기하는 것을 중시한다. 일반적으로 말해서 교학 문법은 과학 연구 문법의 기초 부분이고, 실행과 검증을 거친 비교적 성숙하고 타당한 관점과 구조이며 과학 연구 문법의 연구 성과도 끊임없이 교학 문법의 내용을 충실하게 하고 새롭게 바꾸고 있다. 그 밖에 컴퓨터 과학의 발전에 따라서 사람이 작문하기 위한 문법 이외에 또 컴퓨터로 작문하기 위한 문법이 나타났고, 이런 문법은 내용이 더욱 세밀하고 더욱 격식화되는 것을 요구한다.

우리들이 배우려는 것은 현대화 민족 공통어에 대하여 정태 묘사하는 문법이고, 교학 문법에 속하며 전통 문법을 주요 틀로 하고, 동시에 새로운 관점과 방법을 흡수하였다. 공통어와 방언 문법은 거시적으로 보면 차이가 크지 않으나, 구체적으로 어떤 문법 현상 차이에 이르는 것도 작지 않다. 공통어의 문법을 학습하는 것은 앞으로 방언 문법을 연구하기 위하여 기초를 다질 수 있다고 생각한다. 구어와 서면어 이 두 가지 다른 문체는 문법상 또 매우 많은 다른 점이 있다. 예를 들면 구어 중에 일반적으로 개사 "被"를 사용하지 않고, 접속사 "因为……所以……", "无论", "如果" 등을 사용하지 않으며, 과학 연구 중에 구어와 서면어를 나누어 연구할 수 있다. 교학 문법 중에 우리는 양자를 함께 고려하고, 독해와 작문을 지도하는 것에서 출발하여 서면어에 약간 중점을 둔다.

3. 현대 한어 문법 연구 소개

중국에서 문법 사상의 새싹은 일찍이 선진 시기에 이미 나타났으나 체계를 이룬 과학 문법 저서의 탄생은 매우 늦어, 첫 번째 문법 저서는 청말 마건충(马建忠)이 지은 ≪마씨문통(马氏文通)≫으로, 1898년에 출판하였다. 현대 한어 문법은 五·四 시기의 시작에서 주의를 받았고, 중국 내에서 처음으로 체계적이고 영향력이 있는 현대 한어 문법 저서는 ≪신저국어문법(新著国语文法)≫으로 1924년에 출판되었다. 작가는 북경 사범 대학의 교수 여진희(黎锦熙)(1890~1978)이다. 이 책은 ≪马氏文通≫의 일부 논점을 계승하여 고쳤고, J.C. Nesfield의 ≪영어문법(英语语法)≫을 참고로 하였으며, 한어와 결합하여 "句本位"의 문법 체계를 설계하였다. 여진희의 문법은 20세기 1920년대에 해방초기까지 가장 크게 영향을 끼친 문법 체계이다. 해방 전 출판한 중요한 문법 저서는 또 왕력(王力)(1900~1986)의 ≪중국현대문법(中国现代语法)≫(1943)과 ≪중국문법이론(中国语法理论)≫(1944)이다. 전자는 문법 규칙의 설명에 치우쳤고, 후자는 이론상 진일보하여 분석하였으며, 책 속의 예문은 대부분 ≪홍루몽(红楼梦)≫과 ≪아녀영웅전(儿女英雄传)≫에서 선택하였다. 두 책은 먼저 능원식, 사성식, 체계식, 처치식, 피동식, 긴축식 등의 문형을 제기하였다. 여숙상(1904～1998)의 ≪중국문법요략(中国文法要略)≫(상권 1942, 하권 1944) 상권은 밖에서 안까지(형식에서 내용까지), 하권은 안에서 밖까지(내용에서 형식까지) 한어 통사론에 대하여 전면적인 구조와 의미 분석을 하였다. 이 책은 문장과 구의 전환을 명시하였고, 고금 문법 현상에 대한 관찰이 매우 세밀하다.

해방 후, 1951년 6월 6일 ≪인민일보(人民日报)≫는 ≪정확히 조국의 언어를 사용하고, 언어의 순결과 건강을 위하여 투쟁한다(正确使用祖国语言，为语言的纯洁和健康而斗争)≫라는 사설을 발표하였고, 전 국민들에게 문법 수사를 배우라는 호소를 하였으며, 아울러 여숙상・주덕희(1920～1992) 공저의 ≪문법수사강화(语法修辞讲话)≫를 연재하였다. 이 책은 당시에 언어 실행을 지도하는 규범 작용을 하였고, 매우 좋은 사회 효과와 이익을 발생시켰다. 20세기 1950년대의 중요한 문법 저서는 정성수(丁声树)(1909～1989)・여숙상(吕叔湘)・이용(李荣)(1920～2003) 등이 공저한 ≪현대한어문법강화(现代汉语语法讲话)≫이고, 이 책은 구조주의 언어학의 방법을 도입하여 단어의 분포에 따라 단어를 분류하고, 층차분석법을 채택하여, 예문은 정확하고 적절하며, 분석은 섬세하여, 매우 큰 영향을 끼쳤고, 아울러 품사(1953～1954), 주어와 빈어(1955～1956)에 대하여 두 차례 큰 토론을 하였다. 1956년 첫 번째 전국 통일의 교학 문법 체계 ≪잠의한어교학어법계통(暂拟汉语教学语法系统)≫을 만들었는데, 제정에 참여한 사람은 20여 명의 문법 학자이고, 소집한 사람은 장지공(张志公)(1918～1997)이다. ≪문법과 문법교학(语法和语法教学)≫(1956), ≪한어지식(汉语知识)≫(1959)은 이 계통을 반영하였다. ≪잠의계통(暂拟系统)≫은 중등학교에서 장기간 사용하고, 학습하는 인원수가 가장 많으며, 보급 면적이 매우 넓다.

20세기 1970년대 후기의 현대 한어 문법 연구는 회복에서 점차 번영 시기로 접어들었다. ≪중국어문(中国语文)≫, ≪중국언어학보(中国语言学报)≫, ≪어언교학여연구(语言教学与研究)≫, ≪어문연구(语文研究)≫, ≪한어학습(汉语学习)≫

등 정기 간행물에는 대량으로 우수 논문이 발표되었고, 각 논문집과 전문 저서가 우후죽순처럼 나타났다. 중요한 것은 여숙상(吕叔湘)의 ≪한어어법분석문제(汉语语法分析问题)≫, 여숙상이 책임 편집한 ≪현대한어팔백사(现代汉语八百词)≫, 주덕희(朱德熙)의 ≪현대한어어법연구(现代汉语语法研究)≫, ≪어법강의(语法讲义)≫, ≪어법답문(语法答问)≫, ≪어법총고(语法丛稿)≫, 장빈(张斌)·호유수(胡裕树)의 ≪한어어법연구(汉语语法研究)≫, 이임정(李临定)의 ≪현대한어구형(现代汉语句型)≫, ≪한어비교변환어법(汉语比较变换语法)≫, ≪현대한어동사(现代汉语动词)≫, 형복의(邢福义)의 ≪어법문제탐토집(语法问题探讨集)≫, ≪어법문제발굴집(语法问题发掘集)≫, 육검명(陆俭明)·마진(马真)의 ≪현대한어허사산론(现代汉语虚词散论)≫, 중국어문총서(中国语文丛书) ≪어법연구와 탐색(语法研究和探索)≫(1~6) 등이다. 20세기 1980년대 초 바로 두 가지 문장 분석 방법을 토론(1981~1982)할 즈음, 하얼빈에서 전국 문법과 문법교학 토론회(1981)를 열었고, 회의 후에 인민교육 출판사에서 ≪중학교학어법계통제요〈시용〉(中学教学语法系统提要〈试用〉)≫(1982)를 제정하였고, ≪잠의계통(暂拟系统)≫을 대체하여 전국에서 널리 시행하였다. 장지공(张志公)이 책임 편집한 ≪교학어법총서(教学语法丛书)≫(1990)는 전면적으로 ≪제요(提要)≫의 계통을 상세히 해석하였다.

21세기에 들어선 이후에 한어 문법학은 국외 문법 이론 방면을 도입하여 장족의 진보가 있었는데, 많은 국외 문법 이론을 응용하여 한어 문법 사실을 해석한 우수 전문 저서와 논문이 나왔고, 현대 한어의 기능 문법 연구, 배가 문법 연구, 인지 문법 연구, 구조식 문법 연구, 문법화 연구 등의 방면에서 모두 풍성한 성과를 얻었다. 한어 문법 사실의 발굴과 조사도 더욱 철저하고 세밀해졌으며, 한어 방언 문법 연구는 시작하자마자 상당히 높은 수준에 이르렀고, 한어 문법 연구를 위하여 풍부한 자료와 증거를 제공하였다.

현대 한어 문법 연구가 걸어온 노정을 회고하면 선배와 당대 학자의 노력을 두 가지로 귀결할 수 있는데, 바로 끊임없이 국외 선진의 문법학 이론을 참고로 하고, 한어 문법 자체의 특징을 탐색하였다. 1980년 이래로, 문법 연구는 이미 상당히 볼 만한 성취를 거두었으나, 이 학과는 아직 비교적 젊기 때문에 현재 있는 한어 문법 체계와 결론은 아주 완전한 것은 아니며, 내부에 일부 모순이 두드러지게 있음을 나타내고, 해석 능력은 아직 매우 강하지 않다. 현대 한어 문법학의 향후 연구는 여러 방법으로 문법 현상에 대하여 다각도로 각 방면의 고찰을 할 필요가 있고, 문법 · 음성 · 의미 · 화용의 몇 개 평면을 결합하여 큰 힘을 써서 연구의 깊이와 넓이를 향해 나아갈 필요가 있다. 우리는 더욱 많은 신생 역량의 투입에 따라 전도가 매우 유망한 이 학과가 반드시 더욱 크게 발전할 수 있고, 현대화 건설 각 방면의 요구에 적응할 것을 믿는다.

4. 현대 한어 문법의 특징

소위 문법 특징은 상대적이므로, 대비가 다른 언어는 다른 특징을 얻을 것이다. 예를 들면 러시아어와 서로 비교하여 한어의 어순은 비교적 고정적이고, 영어와 서로 비교하여 한어의 어순은 또 비교적 융통성이 있다. 우리가 접촉하는 언어는 일반적으로 영어 등 인구(印欧) 언어이기 때문에 우리들이 말하는 한어 문법의 특징은 실제로 인구 언어와 대비한 결과이다.

한어 문법의 가장 뚜렷한 특징은 형태 변화가 매우 적은 것이고, 인구어에 명사 · 동사 · 형용사의 그런 성 · 수 · 격 · 시태 · 인칭의 변화, 단어와 단어는 문법 의미 규칙에 부합하는 기초에서 직접적으로 조합하면 되는데, 예를 들면 한어의 동사 "写"는 "我写", "你写", "他写"이든, 또는 "今天写", "昨天写", "明天写"이든 그 자체는 결코 변화하지 않는다. "写是写不完的", 그중의 "写"는 어떤 한정식과 비한정식의 구분이 없다. 그리고 영어의 write는 문장에 들어간 후에 write, writes, wrote, writing, written 등의 변화 형식이 있다.

한어의 중요한 문법 수단으로서 어순은 허사와 중요한 지위를 차지하고 있다. 한어의 일반 문법 구조 중에 주어는 서술어의 앞에 있고, 빈어는 서술어의 뒤에 있으며, 수식어(한정어와 부사어를 포함한다)는 중심어의 앞에 있고, 보어는 서술어의 뒤에 있다. "주어+서술어+빈어" 구조는 한어에서 가장 자주 보는 문장 격식이다. 똑같은 단어는 어순이 다르기 때문에 단어와 단어의 문법 구조 관계는 늘 상응하여 변화가 발생한다. 예를 들면 "飞快发展(부사어+중심어)—发展飞快(주서술어)", "大眼睛(한정어+중심어)—眼睛大(주서술어)"이다. 허사는 다른 문법 관계를 나타내는데, 예를 들면 "我和老师"는 연합 관계이고 "我的老师"는 수식 관계이다. 허사는 특정한 문법 의미를 나타낼 수 있는데, "我把他开除了" 중의 "把"는 "他"가 "开除"

이 행위의 대상임을 나타내고, "我被他开除了" 중의 "被"는 "他"가 "开除" 이 행위의 집행자임을 나타낸다.

한어 통사 구조는 서로 뜻이 맞는 것을 중시하는데, 자주 분류 의미를 통사 구조에 들어가는 선택의 제한으로 삼는다. 예를 들면 "鲁迅绍兴人"은 주서술어 구조이고 "绍兴人鲁迅"은 수식 구조로, 이것은 전후 명사어의 의미 종류가 다른 것이 초래한 것이다. "鲁迅"이 나타내는 것은 하나의 구체적인 개념이고 개체적인 사람이다. "绍兴人"이 나타내는 것은 하나의 집합 개념이고, 동일한 본적의 모든 사람이다. 또 "爱干净"을 예로 들면 동빈 구조이고, "擦干净"은 동보 구조로, 이러한 차이가 생기게 된 것은 주로 "爱"와 "擦"의 의미류가 다르거나 혹은 그들의 의미 특징이 다르기 때문이다. 이러한 특징을 기본으로 하여 한어 문법을 연구하는 것은 특히 통사 의미의 분석을 반드시 중시하여야만 한다.

풍부한 양사와 어기사를 가지고 있는 것도 현대 한어의 두드러진 특징이다. 명사 앞에 수사를 더하면 일반적으로 양사로 단위를 나타내야 하는데, 많은 명사는 모두 전용의 양사가 있다. 예를 들면 "一辆车", "一支枪"이다. 동사도 양사로 동량을 나타내는데, 예를 들면 "去一次", "看一回"이다. 어기사는 문장의 어기를 나타낼 수 있고, 동시에 문장의 뜻을 나타내는 것에도 참여한다. 예를 들면 "他是大学生。" "他是大学生吗?" 앞 문장은 긍정적인 진술을 나타내고, 뒤 문장은 모르는 것의 질문을 나타낸다.

현대 한어 문법 특징을 밝히는 데에는 또 깊이 대비하여 연구하는 것이 요구된다. 한어는 일종의 조립형·분석형 언어로 외현적 문법 특징은 적고 내현적 문법 형식이 많다. 문법 형식은 자주 어휘 형식과 하나로 융합되는데, 문법 의미는 자주 어휘 의미 속에 숨어 있고, 어휘 호응은 엄격하고 복잡한 규칙이 있다. 우리들은 한어 문법의 세계 기타 언어 문법과의 공통성을 보아야 할 뿐만 아니라 인구어의 전통적인 안목을 돌파하고 한어 문법의 사실로부터 출발하여 한어 문법에 내재하는 매우 깊은 뜻을 탐색해야 한다.

5. 현대 한어 문법의 학습

≪현대한어(现代汉语)≫ 수업의 문법 부분은 주로 한어 각급 문법 단위의 구성,

용법과 분류 및 자주 보는 문법 실수 등을 소개한다. 일반적으로 한어의 문법 단위는 5급으로 그들은 형태소, 단어, 구, 문장, 문장군(句群)으로 여긴다. 단어의 구성 즉 조어법(构词法)의 내용이 어휘학과 문법학에 겸하여 속하는데, 우리들은 이미 어휘 부분에서 배운 적이 있다. 문장군이란 문법 단위는 현재 우리들이 그것에 대하여 연구한 것이 아직 부족하고 게다가 구조로 보면 복문과 기본적으로 유사하나, 이 책에서는 생략하고 논하지 않는다. 이 때문에 우리들이 배워야 하는 것은 주로 문법 중에 단어를 사용하여 문장을 만드는 규칙이다.

과학적인 문법학은 중국에서 비교적 늦게 건립되었기 때문에 현존하는 문법 체계는 또 아주 완전하지 않고, 매우 많은 사람들은 문법 학습의 중요성에 대한 인식이 부족하여 이것도 일부 지식 분자 안에 포함하고, "문법무용론(语法无用论)"이 늘 퍼져 있었다. 우리들은 전문적으로 문법 지식을 배우지 않고, 장시간의 실행 모색을 통하여 사람들도 객관적인 문법 규칙을 파악할 수 있고 정확한 어감을 건립하여 매끄러운 문장을 쓰지만 그것은 필경 너무 시간을 소비했다. 옛 사람이 오랫동안 고생스럽게 학문에 힘쓰는 것은 주로 어문으로, 또한 이해하지 못하는 수재가 그렇게 많이 있는데, "读书百遍, 其义自见(책을 여러 번 읽으면 그 뜻이 저절로 보인다)"의 방법은 근본적으로 현대 생활의 리듬에 적응할 수 없다. 문법학은 하나의 과학이고, 그것이 언어 실행을 지도하는 역할이 있다는 것에 대하여 의심할 필요가 없고, 문법을 배우지 않은 사람은 문법 규칙의 인식에 대하여 감성 단계에 머무를 뿐이고, 이성 인식으로 상승할 수 없기 때문에 또한 진정으로 철저히 깨닫지 못할 것이다.

한어 문법은 간단하고 쉽다는 일면이 있는데 예를 들면 많은 형태 변화가 없고, 단어와 단어를 직접적으로 조합하여 문장을 만들 수 있다는 것이다. 하지만 동시에 또 복잡한 일면이 있는데 매우 많은 내현성 문법 규칙이 있어, 예를 들면 "我在北京住了三年"과 "我在北京住了三年了" 이 두 문장은 하나의 "了"가 모자랄 뿐인데 전자는 "现在不在北京住了"의 뜻을 은연중 내포하고 있고, 후자는 "现在还住在北京"의 뜻을 내포하고 있다. "了" 이 허사의 용법은 아주 복잡하여, 명확하게 해석하는 것이 쉽지 않다. 외국인이 처음 한어를 배울 때 기괴한 병문을 지을 것인데, 국내에 어떤 저명한 작가의 작품과 영향이 비교적 큰 간행물에서도 한두 개의 병문을 발견하는 것은 전혀 어렵지 않다. 이것은 모두 한어 문법이 파악하기 쉽지 않다는 일면을 설명하고 있다.

문법을 공부하는 것은 필요한 전문 용어와 개념을 기억해야 할 뿐만 아니라, 더욱 중요한 것은 문제를 분석하고, 문제를 해결하는 능력을 배양하여야 하며, 각종 언어 현상을 주의하여 관찰하여야 하고, 자신이 배운 문법 지식을 활용하여 분석하고 해석하는 것이다. 자신이 말하고 작문할 때 문법의 각도에서 각 말마다 표현하는 것이 정확하고 잘못이 없는지를 고려해야 한다. 객관적인 문법 사실은 매우 복잡하고 문법책에서의 결론이 어떤 것은 초보적일 뿐이고, 누락되거나 실제와 부합하지 않은 상황이 출현하는 것을 면하기 어려우므로, 반드시 끊임없이 보충하고 수정해야 한다. 문법을 배우는 데 있어서 일반적인 것과 특수한 것을 구별하는 데 주의해야 하고, 소수 특례의 존재로 일반적인 규칙을 부정할 수 없고, 특수 현상에 대하여 그들의 출현 조건에 근거하여 특수한 규칙을 총괄해야 한다. 문법을 배우는 것은 논리적으로 사유하는 것을 훈련하는 일종의 경로로, 한 사람의 논리적인 사유 능력을 제고하는 데 매우 큰 장점이 있다. 처음 문법을 배우려면 하나의 체계로부터 착수하여, 하나의 체계를 파악한 후 다시 다른 저서를 참고하는 것을 배우고, 비교를 통하여 장점은 취하고 단점은 보충하며 시야를 넓히고, 끊임없이 자신의 문법 지식을 풍부히 하며 향후의 연구와 응용을 위하여 튼튼한 기초를 쌓아야 한다.

사고와 연습

1. 문법은 무엇인가?
2. 문법은 어떤 두 가지의 함의를 가지고 있는가?
3. 문법은 어떤 성질을 가지고 있는가?
4. 중국 첫 번째 문법 저서는 어떤 책인가? 저자는 누구인가? 어느 해에 출판되었는가? 중국 첫 번째 체계적인 현대 한어 문법 저서는 어떤 책인가? 저자는 누구인가? 어느 해에 출판된 것인가?
5. 한어 문법은 어떤 특징을 가지고 있는가?

6. 한어의 문법 단위는 모두 몇 급인가?
7. 왜 어떤 사람은 문법을 배운 적도 없는데 매우 좋은 문장을 쓰는가? "문법 무용론(语法无用论)"은 왜 중국에서 줄곧 매우 환영받는가? 당신은 어문 학습 중에 "淡化语法(문법을 약화시키다)" 해야 한다고 여기는가?
8. 어떻게 해야 문법을 잘 배울 수 있는가?

제2절 품사(상)

1. 품사를 구분하는 기준

(1) 품사의 구분

품사는 단어의 문법 분류이다. 단어는 다른 각도로부터 분류할 수도 있는데, 품사는 하나의 문법 전문 술어이고, 특히 문법 특징에 근거하여 주요 문법 기능으로 단어를 구분한 종류이다. 품사가 구분이 다 되면, 종류에 따라서 단어의 용법을 설명하고, 구체적인 어구를 구조 유형으로 추상화하여 개괄적인 문법 규칙을 얻을 수 있다. 품사 구분은 문법 분석의 기초이고 문법 연구에 없어서는 안 될 일환이다.

(2) 구분의 기준

영어, 러시아어 등 인구어에서 품사 구분은 주로 단어의 형태 변화를 근거로 한다. 예를 들면 영어의 가산 명사는 단복수의 변화가 있다. 동사는 3인칭 단수의 변화가 있고, 과거 분사가 있고, 현재 분사의 변화가 있다. 형용사는 비교급・최상급의 변화가 있다. 한어는 그렇게 풍부한 어형 변화가 없고, 만약 인구어의 방법을 완전히 그대로 옮겨 적용하면 통용되지 않을 것이지만, 그래도 한어에 적합한 방법을 채택할 필요는 있다. 한어 단어의 문법 특징은 주로 문법 기능에 나타난다. 소위 문법 기능이라고 하는 것은 단어가 상급 문법 단위(단어가 문장을 이룬다) 중의 분포 상황을 가리키고, 또 두 방면으로 나누는데, 하나는 단어와 단어의 조합 능력이고, 두 번째는 통사적 성분을 맡는 능력이다. 한어에서도 소량의 형태 변화는 있다. 이렇게, 한어의 품사 분류는 아래의 세 가지 기준을 채택할 수 있다.

① **조합 능력** : 단어의 호응 능력이다. 서로 다른 종류의 단어의 경우 앞에는 어떤 단어와 조합하고 뒤에는 어떤 단어와 조합하는지 상황이 아주 다르다. 예컨대 명사의 앞에는 일반적으로 명량(名量)을 나타내는 수량사구(数量词组)를 더할 수 있는데, 예를 들면 "一支钢笔", "两头牛", "一个想法"이고, 형용사의 앞에는 자주 "很, 太, 非常" 등의 정도를 나타내는 부사를 더할 수 있는데, 예를 들면 "很好", "太累", "非常愉快"이다. 동사 뒤에는 일반적으로 "一次, 一下, 一趟" 부류의 동량을 나타내는 수량사구를 더할 수 있는데, 예를 들어 "看一次", "打一下", "参观一趟"이다. 이런 기준의 활용은 순환 논증을 피해야 하고, 이미 아는 것과 수량이 제한적인 종류를 사용하여 아직 모르지만 수량이 방대한 부류를 판정해야 하고, 검정 작용이 있는 단어를 택하여 조합의 측정 항목으로 삼는다.

② **통사 기능** : 단어가 문장 성분을 맡을 수 있는지 어떤 문장 성분을 맡을 수 있는지의 상황을 가리킨다. 한어 실사・허사의 구분은 주로 문장 성분을 맡을 수 있는지의 여부에 근거한다. 한어 품사와 문장 성분의 대응 관계는 여러 가지가 뒤엉켜 복잡할지라도 여전히 순환되는 규칙이 있다. 만약 우리가 어떤 성분으로 쓰일 수 있는 것을 고려할 뿐만 아니라 자주 어떤 성분으로 쓰이는지를 고려하더라도, 품사 사이의 상호 차이는 여전히 분명하다. 예를 들어 명사는 자주 주어・빈어로 쓰이고, 동사는 자주 서술어로 쓰인다. 비록 명사가 때로 서술어로 쓰이기도 하고 동사도 주어・빈어로 쓰이기도 하지만 출현 빈도는 비교적 낮고 일정한 조건의 제한을 받는다.

③ **어형(词形) 변화** : 즉 중첩을 할 수 있는지, 어떤 방식에 따라 중첩을 하고, 중첩 이후의 문법 의미는 어떻게 다른지에 대한 것이다. 예를 들면 소수 단음절인 것을 제외하면 명사는 일반적으로 중첩할 수 없고, 동사・형용사는 일반적으로 중첩할 수 있으나 중첩의 방식은 다소 달라서, 단음절 동사는 AA식으로 중첩하는데 예를 들면 "走走, 跑跑"이고, 단음절 형용사는 AA(的)식으로 중첩하는데 예를 들면 "红红的, 轻轻的"이다. 쌍음절 동사는 일반적으로 ABAB식으로 중첩하는데 예를 들면 "讨论讨论, 研究研究"이고, 쌍음절 형용사는 일반적으로 AABB식으로 중첩하는데 예를 들면 "大大方方, 漂漂亮亮"이다.

이 세 가지 기준은 일반적인 상황 아래에서 조화하는 것이고, 그 결과는 일치한다. 그러나 또한 상당히 많은 상황이 있어, 기준 사이에 모순이 생길 것이므로 이것은 종합적으로 판단할 필요가 있다. 일반적으로 말해서 한 품사는 반드시 구비해야 하는 하나의 특징이 있고, 필요한 일부 특징이 있으며, 허용하지 않는 특징이 있으면 일부 허용할 수 있는 특징도 있을 수 있다. 명사를 들어 말하면, 주어와 빈어로 사용되려면 반드시 구비해야 하는 특징이 있는데, 앞에는 수량사를 더하여 수식한다. 한정어로 쓰일 수 있는 경우 필요한 특징으로, 앞에는 "不"를 더할 수 없어 허용하지 않는 특징이다. 어떤 명사 앞에는 직접 수사를 더할 수 있는데, 예를 들면 "一星期, 两年, 三人"으로 허용할 수 있는 특징이다. 한 품사에서 단어와 단어의 문법 특징도 자주 차이가 있는데 그중에 어떤 단어는 매우 전형적이고 어떤 단어는 전형적인 것을 벗어났다. 예를 들면 "小鸟"는 매우 전형적인 명사로 자유롭게 주어나 빈어로 쓰일 수 있다. 금속 원소를 말하는 "금, 은"은 그다지 전형적이지 않은 명사로 주로 한정어로 쓰이나 여전히 주어나 빈어의 특징을 간직하고 있는데, 예를 들면 "金是一种贵重金属", "外面镀上了一层银"이다.

(3) 단어 의미(词义)의 작용

단어의 어휘 의미는 품사와 밀접한 관계가 있고, 문법 특징이 서로 비슷한 단어는 어휘 의미에서도 공통점이 있다. 이 때문에 실제 작업 중에 사람들은 자주 앞질러 가는데, 먼저 단어 의미 개념 각도에서 초보적인 구분을 하고, 다시 세 기준으로 형식상의 검증을 한다. 예를 들면 "桌子, 老虎, 太阳" 이런 단어는 단어 의미 개념으로부터 그들을 명사라고 판정할 수 있고, "走, 跑, 散步" 이런 단어는 단어 의미 개념으로부터 그들을 동사라고 판정할 수 있으며, 반드시 형식 검증을 하여도, 결과적으로 어떤 의외가 있지 않을 것이다. 그러나 의미가 비교적 추상적인 매우 많은 단어 혹은 의미가 두 단어류 사이에 끼어 있는 단어도 있는데, 예를 들면 "所谓, 辩证, 惭愧, 后悔" 등으로, 의미만 의지하여서는 그들이 어떤 종류의 단어에 속하는지 판정하기가 매우 어렵다. 한 단어는 자주 몇 가지의 뜻이 있고, 사람들은 단어의 의미에 대한 이해가 일치하지 않는다. 의미에 근거하여 품사를 나누면 쉽게 임의성에 치우치기 쉬워 검증할 방법이 없다. 단어 의미는 우리들이 품사를 나누는 데 매우 도움이 될 수 있으나 엄격히 말해 과학적인 의미에서 품사 구분의 기준일 수는 없다.

단어 의미를 품사를 구분하는 기준으로 하지 않는 것이 품사가 단어의 의미를 절대로 고려하지 않거나 완전히 단어의 의미를 이탈해도 된다고 하는 것은 아니다. 사실상, 하나의 단어를 구분하는 대상으로 확정할 때, 우선 그것의 의미를 확정하는 것이 필요하다. "别"는 "핀 등으로 다른 물건을 종이, 천 등의 물체에 부착하거나 고정하다"의 의미를 나타낼 때는 동사이고, "别"가 금지나 그만두게 말릴 때는 부사이다. 그들은 단어 의미상 전혀 관련이 없는 두 단어이다. 또 서로 같은 통사 위치에 나타나는 다의어를 구분할 때가 있는데, 의미도 반드시 고려해야 하는 요소로, 예를 들면 "금 열쇠, 금 귀걸이" 중의 "金"이 만약 금으로 만든 것을 가리키면, 곧 명사이다. 만약 금색을 가리키면 형용사이다. 문법 연구는 반드시 형식과 의미가 서로 결합하는 원칙을 유지해야 하는데, 품사 구분도 예외가 아니다.

(4) 품사와 단어 성질

품사 구분은 이론적으로 말하면 언어 속의 모든 단어가 대상이다. 구체적으로 어떤 단어가 어떤 품사에 속하는지 판별하는 것은 단어를 품사 분류하거나 단어 성질을 확정한다고 한다. 품사는 총체적인 것을 고려하고 어떤 품사의 문법 특징은 많은 단어 성질에 근거하여 종합적으로 귀납한 것이다. 단어 성질은 개체적인 것을 고려하고 어떤 단어의 단어 성질은 이런 단어의 주요한 특징을 갖추고 있으나 모든 특징을 가지고 있는지는 확실하지 않다. 예를 들면 "美丽"는 한정어와 서술어로 쓰일 수 있고, 앞에 "不"와 "很"을 붙일 수 있으나 중첩할 수 없다. 하지만 우리는 여전히 그것을 형용사라고 정한다.

2. 실사와 허사

한어의 단어는 우선 실사와 허사 두 큰 부류로 나눌 수 있다. 실사의 의미는 비교적 실제적이고 허사의 의미는 비교적 변화무쌍하다. 통사 기능으로 보면, 실사는 모두 단독으로 문장 성분을 맡을 수 있고, 허사는 일반적으로 단독으로 문장 성분을 맡을 수 없다.

실사는 명사, 동사, 형용사, 수사, 양사, 대명사, 감탄사, 의성어 8가지 품사를 포함한다. 허사는 부사, 개사, 접속사, 조사, 어기사 5가지 품사를 포함한다. 부사는 실사와 허사의 사이에 끼어 있는데 우리는 그것을 허사에 포함한다.

허사는 모두 폐쇄적인 종류로, 각 품사의 구성원은 모두 제한적으로 열거할 수 있다. 실사 중의 양사・대명사・감탄사・의성어도 폐쇄적이고, 수사 중의 계수(系数)와 위수(位数)도 폐쇄적이다. 명사・동사・형용사는 개방적으로, 특히 명사의 구성원은 다 열거하기가 어렵거나 근본적으로 불가능하다.

실사는 대다수 자유 형식이며, 홀로 말할 수 있고, 독립적으로 문장이 될 수 있는데, 예를 들면 "太阳, 走, 好, 哎哟"이다. 허사는 대다수 의존(黏着) 형식으로 홀로 말할 수 없고, 독립적으로 문장을 이룰 수 없으며, 문장을 만들 때 반드시 실사와 조합하여 사용하는데, 예를 들면 "就, 才, 把, 了"이다.

실사와 허사를 합치면 모두 13가지로 이 13가지 단어는 또 차류(次类)와 소류(小类)로 구분할 수 있다.

3. 실사의 분류

(1) 명사

① **명사의 분류** : 명사는 사람, 사물, 시간, 공간 명칭을 나타내는 단어이다. 명사는 또 아래 부류로 나눌 수 있다.

1) 개체 명사는 가산 명사라고도 하는데, 일반적으로 모두 전용하는 개체 양사가 있다. 예를 들면 다음과 같다.

(一本) 书　(三朵) 花　(两支) 笔　(八匹) 马　(六张) 桌子

구어 중에 대다수는 모두 통용 양사 "个"로 전용 양사를 대체할 수 있다.

2) 집합 명사는 개체 양사를 더할 수 없고 집합 양사나 부정 양사 "对, 批, 部分, 些, 点" 등과 호응할 수 있다. 예를 들면 다음과 같다.

(一对) 夫妇　(一部分) 船只　(一些) 车辆　(一批) 人马

3) 산물 명사는 전용하는 개체 양사가 없으나 차용 양사, 도량사 혹은 부정 양사와 호응할 수 있다. 예를 들면 다음과 같다.

(一瓶) 酒　(一桶) 水　(一身) 土　(两立方米) 空气　(三袋) 面粉

이상 세 부류를 합하여 구체명사(具体名词)라고 한다.

4) 추상 명사는 종류(种类) 양사, 부정 양사 혹은 통용 양사 "个"와만 호응할 수 있다. 예를 들면 다음과 같다.

(一种) 礼节　(一些) 形式　(一种) 思想　(一点) 重量　(一个) 想法

5) 고유 명사는 보통 명사와 상대적이고 특정한 유일무이한 사물을 나타낸다. 예를 들면 다음과 같다.

北京　天安门　黄河　黎锦熙　≪语言论≫

6) 시간 명사는 시간사라고도 하고, "在", "到", "等到"의 뒤에 쓰일 수 있고, "这个时候", "那个时候"로 지칭할 수 있는데, 예를 들면 다음과 같다.

唐朝　立春　去年　星期一　现在　刚才　昨天　上午　目前

7) 장소 명사는 처소사라고도 하는데, "在", "到", "往"의 뒤에 쓰일 수 있고, 게다가 "哪儿"로 질문할 수 있고, "这儿", "那儿"로 대신하여 지칭하는 말이다. 장소 명사는 동시에 또 지명・기구를 나타내는 고유 명사이거나 지방으로 보는 보통 명사이다. 예를 들면 다음과 같다.

亚洲　中国　上海　颐和园　首钢　书店　厨房

8) 방위사는 방향과 위치 관계를 지칭하는 말이다. 단독으로 사용할 수 있고, 다른 말 주로 명사의 뒤에 부착하여 사용할 수도 있는데, 방위사 구를 이루어 장소・시간 혹은 수량 범위를 나타낸다. 예를 들면 다음과 같다.

① 前有班长带路, 我们跟在后边。(앞에 반장이 길을 안내하고, 우리는 뒤에 따라가고 있다.)

② 解放以前这里几乎没有什么工业。(해방 전에 여기는 거의 어떤 공업도 없었다.)

③ 学校北面是一座电影制片厂。(학교 북쪽에는 영화제작사가 있다.)

④ 这条鱼有二斤左右。(이 물고기는 두 근쯤 된다.)

방위사는 그 구성에 따라 단순적인 것과 합성적인 것 두 가지로 나뉜다. 단순 방위사는 다음과 같다.

东, 南, 西, 北, 上, 下, 左, 右, 前, 后, 里, 外, 中, 间, 内, 旁

합성 방위사는 파생한 것이고 그중에 어떤 것은 접두사 “以”, “之”를 가진 것이다.

以东 以西 以南 以北 以上 以下 以前 以后 以里 以外
以内 以远 以近 之东 之南 之西 之北 之上 之下 之前
之后 之内 之里 之外 之中 之间

어떤 것은 접미사 “边”, “面”, “头”를 가진다.

东边 南边 西边 北边 上边 下边 左边 右边 前边 后边
里边 外边 旁边 东面 南面 西面 北面 上面 下面 左面
右面 前面 后面 里面 外面 东头 南头 西头 北头 上头
下头 前头 后头 里头 外头

다른 한 부류는 복합적인 것이다.

底下 面前 跟前 头里 当中 当间 中间 上下 左右 里外
内外 开外

② 명사의 문법 특징

1) 명사는 일반적으로 명량을 나타내는 수량사구의 수식을 받으나 일부 예외도 있는데, 예를 들면 방위사, 고유 명사와 소수 시간 명사는 수량사구의 수식을 받을 수 없거나 자주 받지 않는다.

2) 명사는 “不”로 부정할 수 없는데, 예를 들면 “*不帽子”, “*不人民”이라 할 수 없고, “人不人, 鬼不鬼”, “不前不后”, “什么钱不钱的” 등은 특수 격식으로 늘 대구하거나 이어서 말한다.

3) 명사는 일반적으로 부사의 수식을 받는다. 부분 방위사는 “最”, “尽”의 수식을 받을 수 있다.

最前面 最后 最东边 尽东头

4) 명사는 통사 구조에서 자주 주어, 빈어와 한정어를 맡는다. 시간 명사와 장소 명사가 부사어로 쓰일 수 있다. 예를 들면 다음과 같다.

① 小王昨天迟到了。(왕군은 어제 지각했다.)

② 咱们图书馆见。(우리 도서관에서 만나.)

또 일부 명사는 방식을 나타낼 때 부사어로 쓰인다.

③ 我们俩经常电话联系。(우리들은 자주 전화로 연락한다.)

④ 这件事还得会议解决。(이 일은 회의하여 해결해야만 한다.)

5) 명사는 일반적으로 중첩할 수 없다. 소수가 양사의 성질을 가지고 있고, 앞에 직접 수사를 더할 수 있는 명사는 양사 중첩식에 따라 중첩할 수 있는데, 예를 들면 "人, 家, 年, 月, 天, 队, 县, 乡, 村"이고, 중첩 후에 "~마다(每)" 의미를 나타내는데, 예를 들면 "人人"은 "每个人"과 같다.

(2) 동사

동사는 사람이나 사물의 행위, 동작, 변화나 상호 작용을 나타내는 단어이다.

1 동사의 분류 : 동사는 서로 다른 각도에서 여러 부류로 나눌 수 있다.

1) **타동사와 자동사** : 빈어를 가질 수 있는 동사는 타동사로, 예를 들면 다음과 같다.

吃　喝　写　打　跑　坐　踢　戴　扔　捉　销售　处理　筹备　改变
打击　批评　分析

그들의 빈어는 나타나기도 하고 나타나지 않기도 한다. 또 일부 타동사는 반드시 빈어를 가져야 하는데, 예를 들면 다음과 같다.

费（力气）　尽（义务）　顾全（大局）　陷入（泥坑）

만약 빈어를 가질 수 있는지로만 타동과 자동을 구분하고 빈어의 의미 유형을 제한하지 않으면, 한어의 단음절 동사는 모두 타동사인데, 왜냐하면 그들은 늘 어떤 빈어를 가질 수 있기 때문이다.

자동사는 빈어를 가질 수 없는 동사로, 그들은 모두 쌍음절이거나 더욱 많은 음절인 것이다. 예를 들면 다음과 같다.

咳嗽　妥协　毕业　散步　感冒　着凉　发烧　受伤　作对
软着陆　荒漠化

2) **심리 동사** : 심리 동사는 심리 활동을 나타내는 동사이다. 이런 동사는 수많은 "很, 太"류의 정도 부사의 수식을 받을 수 있다. 예를 들면 다음과 같다.

爱　想怕　害怕　希望　同意　赞成　怀疑　觉得　讨厌　以为　知道　佩服

担心　情愿

심리 동사의 영형식은 이미 과거가 된 일을 나타내고, 동작 행위를 나타내는 동사와 다르다. 아래와 같이 비교할 수 있다.

我去图书馆 (미래)

我怕王厂长 (이미 두려워한다)

3) **연계(联系) 동사** : 연계 동사는 사람이나 사물 간의 논리적 관계를 나타내는 동사로, 연계 동사의 의미는 비교적 추상적이고, 통사 평면에서 주어와 빈어를 연계하는 작용을 한다. 예를 들면 다음과 같다.

是　有　在　为　姓　叫　等于　像　好像　好似　如同　如　犹如

即　非　在于　属于　不如　不比

"是"는 또 판단 동사라고 하고, 한어 중에 출현 빈도가 가장 높고, 가장 복잡한 동사이다. "是"는 주로 판단이나 긍정을 나타낸다. 판단을 나타낼 때, "是" 뒤의 성분은 "판단 빈어(判断宾语)"로 예를 들면 "我是中国人"이다. 긍정을 나타낼 때, "是"의 성질은 능원 동사에 해당하여 부사어로 쓰인다. 예를 들면 다음과 같다.

① 我是听懂了。(나는 이해했다.)

② 这花儿是挺漂亮。(이 꽃은 매우 예쁘다.)

4) **능원 동사** : 조동사라고도 하고 바람, 가능, 필요를 나타내는 동사이다. 예를 들면 다음과 같다.

能　能够　会　可以　可能　好　得(děi)　应该　应　该　应当

要　愿意　情愿　肯　敢

능원 동사는 동사・형용사와 능원구(能愿词组)를 이룰 수 있는데, 예를 들면 "愿意解决", "应该朴素"이다. 능원 동사는 문장에서 서술어 동사를 보조하여 조동사라고도 한다. 한어 문법은 습관적으로 서술어 앞의 능원 동사를 부사어로 분석하고, 둘 사이의 관계는 약간은 동빈 관계와 같다. 능원 동사도 단독으로 사용되어 서술어로 쓰일 수 있는데 예를 들면 "我愿意"이다. 능원 동사는 "×不×" 격식에 들어갈 수 있을 뿐만 아니라 "不×不" 격식에도 들어갈 수 있는데, 예를 들면 "能不能去?", "不能不去!"이다.

5) 방향 동사는 방향성이나 동작의 방향을 나타내는 동사이다. 방향 동사는 단순한 것과 합성적인 것 두 가지로 나뉘고 그 구성은 하나의 행렬이다.

	上	下	进	出	起	过	回	开
来	上来	下来	进来	出来	起来	过来	回来	开来
去	上去	下去	进去	出去		过去	回去	开去

행렬 중에서 "起去"는 없는데, "起去"는 근대 한어에서 존재한 적이 있으나 현재 이미 소실되었다. "开来, 开去"는 대부분 서면어 중에 많이 쓰인다. 예를 들면 "延伸开来", "从这点说开去"이다.

단순 방향 동사는 단독으로 서술어를 맡을 수 있는데 예를 들면 "我去"이다. 복합 방향 동사는 단독으로 서술어를 맡을 수 없어, "我出去"의 "出"는 서술어이고, "去"는 보어이다. 단순 방향 동사와 복합 방향 동사는 자주 동사의 뒤에 붙어 방향 보어를 맡는다. 예를 들면 "拿去", "走出来", "进行下去"이다. 그러나 동사 뒤의 방향 동사도 아마 보어가 아닐 수 있음을 주의해야 하는데, "休息来了", "同意来了"의 "来"는 각각 서술어와 빈어로 쓰인다. 방향 보어는 때로 의미가 비교적 추상적이어서 결코 방향을 나타내지 않고, "시작하다", "계속하다", "완성하다" 등의 역할을 하는데, 예를 들면 "吃上", "干起来", "算出来", "坚持下去", "开展起来"이다.

2 동사의 문법 특징

1) 동사 앞에는 부사가 올 수 있고, 부정부사 "不" 혹은 "没"의 부정을 받을 수 있다. 그러나 대다수는 정도 부사의 수식을 받을 수 없지만, 예외로 심리 동사와 일부 능원 동사는 정도 부사의 수식을 받을 수 있다. 그 밖에 일부 동사는 빈어나 보어를 가진 후 구성된 구가 "很"의 수식을 받을 수 있는데, 예를 들면 "很有些经验", "很卖了点力气"이다.

2) 동사 뒤에는 일반적으로 "着, 了, 过" 등 동태를 나타내는 조사를 가질 수 있다. 예를 들면 "吃着饭", "下了雨", "经历过"이다.

3) 동사는 자주 서술어로 사용되고 진술 작용을 하는데, 서술어를 담당하는 것은 동사로서 필요한 특징이다. 빈어를 가질 수 있는 것은 동사가 형용사와 구별되는 특징이다. 빈어를 가질 수 없는 자동사는 일반적으로도 각종 보어를 가지거나 삽입할 수 있다. 예를 들면 다음과 같다. "休息三天", "游了三次泳", "微笑了一下"이다.

4) 일부 동사는 중첩할 수 있고, “동작 시간이 짧고 잠시이다” 혹은 “시험 삼아 해보다”의 동태 의미를 나타낸다. 아울러 어기를 완화하는 작용을 가지고 있다. 단음절 동사의 중첩 형식은 AA(두 번째 음절은 경성)로, 예를 들면 다음과 같다.

听 — 听听　　看 — 看看　　说 — 说说　　想 — 想想

쌍음절 동사의 중첩 형식은 일반적으로 ABAB(뒤에 두 음절은 경성)로, 예를 들면 다음과 같다.

讨论 — 讨论讨论　　学习 — 学习学习

克服 — 克服克服　　宣传 — 宣传宣传

또 몇 개 동사의 중첩 형식은 AABB로 대부분 구어에 쓰이고, “마음대로 하다”, “임의로”의 동태 의미를 나타낸다. 예를 들면 다음과 같다.

吵嚷 — 吵吵嚷嚷　　溜达 — 溜溜达达

嘀咕 — 嘀嘀咕咕　　摇晃 — 摇摇晃晃

(3) 형용사

형용사는 성질, 상태 및 구별을 나타내는 단어이다.

① **형용사의 분류** : 형용사는 성질 형용사, 상태 형용사와 비위 형용사(구별사(区别词)) 세 종류로 나뉜다.

1) **성질 형용사** : 성질 형용사는 모두 “很”의 수식을 받을 수 있고, 나타내는 성질 그 자체는 일정한 한계가 없고, 인지는 주관성을 가지고 있다. 단음절과 쌍음절 두 종류로 나뉜다. 단음절은 예를 들면 다음과 같다.

大 小 多 少 高 低 快 慢 胖 瘦 粗 细 松 紧 轻 重

真 假 远 近 平 直 方 圆 早 晚 冷 热 强 弱 香 臭

红 黄 酸 甜 美 丑 亮 暗

쌍음절인 것의 예를 들면 다음과 같다.

美丽 诚实 朴素 严格 绝对 反感 明快 宏伟 结实 仔细 认真

平淡 平常 干净 清楚 积极 突出 宽敞 狭隘 平稳 自豪 深奥

漂亮 年轻 讨厌 卑鄙 龌龊 渺小 可怜 自私 凶残 黑暗

2) **상태 형용사** : 상태 형용사는 "很"의 수식을 받을 수 없는데 그 자체가 이미 정도를 나타내는 형태소를 함유하고 있기 때문이다. 상태 형용사는 편정식과 부철식 두 가지로 나뉜다. 편정식(偏正式)의 예를 들면 다음과 같다.

雪白　冰冷　笔直　漆黑　血红　嫩绿　碧蓝　滚烫　贼亮　稀烂
清冷　煞白　黢黑　酷热　铁青　湛蓝

부철식(附缀式)의 예를 들면 다음과 같다.

红彤彤　亮晶晶　傻呵呵　泪汪汪　毛茸茸　可怜巴巴　美不滋儿
臭了吧唧　黑不溜秋　白不呲咧　血哧呼啦　软咕囊唧　圆咕隆咚
糊里糊涂　慌里慌张　流里流气

3) **비위 형용사** : 구별사라고도 하는데, 비교적 특수한 형용사로 직접 서술어로 쓰일 수 없다. 한정어로만 쓰이는 것과 한정어와 부사어 두 문장 성분을 겸하여 쓰이는 것으로 나뉘는데, 한정어로만 쓰이는 것은 예를 들면 다음과 같다.

男　女　公　母　正　副　西式　大型　上等
初级　军用　民办　袖珍　彩色　高档　多功能

한정어와 부사어로 겸하여 쓰이는 것의 예를 들면 다음과 같다.

正式　硬性　同步　高速　定期　双边　廉价
急性　额外　非法　无记名　全方位　全天候

② 형용사의 문법 특징

1) 형용사 중의 성질 형용사는 일반적으로 정도 부사의 수식을 받을 수 있어, 예를 들면 "很聪明", "非常热情", "太狡猾"이다. 어떤 비위 형용사는 또 정도 부사의 수식을 받을 수 있는데 예를 들면 "最大型", "最初级", "非常正式"이다. 상태 형용사, 일반 비위 형용사 및 형용사의 중첩 형식은 정도 부사의 수식을 받을 수 없다.

2) 형용사는 일반적으로 모두 한정어로 쓰일 수 있고, 비위 형용사 이외에는 서술어로도 쓰일 수 있다. 일부 형용사는 부사어, 보어로 쓰일 수 있다. 성질 형용사는 한정어로 쓰인다.

3) 형용사는 빈어를 가질 수 없다. "繁荣经济", "活跃市场" 중의 "繁荣"과 "活跃"는 모두 동사로 바뀌어 사역 의미를 나타낸다. "红了脸", "直着腰" 중의 "红"과

"直"도 동사로 바뀌었다.

4) 일부 형용사는 중첩할 수 있다. 단음절 형용사의 중첩 형식은 AA 혹은 AA的/地이다. 예를 들면 다음과 같다.

好 — 好好（的 / 地）　红 — 红红的　慢 — 慢慢（地）　美 — 美美（地）

구어 중에 두 번째 음절은 자주 음평(阴平)으로 변하거나 얼화되는데 예를 들면 "好好儿的", "慢慢儿地"이다.

쌍음절 성질 형용사의 중첩 형식은 AABB로, 예를 들면 다음과 같다.

结实 — 结结实实　漂亮 — 漂漂亮亮　清楚 — 清清楚楚　和气 — 和和气气

구어 중에서 두 번째 음절은 자주 음평으로 바뀌고, 최후의 한 음절은 얼화 되는데, 예를 들면 "结结实实儿", "漂漂亮亮儿"이다.

쌍음절 상태 형용사의 중첩 형식은 ABAB로, 예를 들면 다음과 같다.

雪白 — 雪白雪白　贼亮 — 贼亮贼亮　漆黑 — 漆黑漆黑　冰凉 — 冰凉冰凉

형용사 중첩 형식의 문법 의미는 동사와 다른데, 일반적으로 정도의 가중이나 감정 색채의 강화를 나타낸다. 예를 들면 "高高的个子", "眼睛大大的", "狠狠地看了一眼", "贼亮贼亮的一盏灯", "烧得滚烫滚烫的"이다.

③ 3대류 실사의 구분

명사・동사・형용사 이 세 가지 실사 중에서 명사는 주로 지칭하는 것에 쓰이고, 동사는 주로 진술하는 것에 쓰이고, 형용사는 주로 수식하는 데 쓰이며 진술하는 데 쓰이기도 한다. 동사와 형용사는 역할이 유사할 뿐만 아니라 매우 많은 서로 같은 문법 특징을 가지고 있기도 하다. 동사는 형용사와 합하여서 서술어(谓词)라고도 한다. 명사와 서술어는 일련의 대응하는 문법 특징을 가지고 있다. 예를 들면 명사는 "不"로 부정을 할 수 없고, 일반적으로 중첩을 할 수 없으며, 긍정과 부정을 병렬하는 형식으로 질문할 수 없지만 서술어는 모두 가능하다. 서술어 중에서 동사와 형용사는 또 일부 각자의 같지 않은 문법 특징이 있는데, 예를 들면 동사는 빈어를 가질 수 있지만, 형용사는 가질 수 없고, 동사는 대다수 "很"의 수식을 받을 수 없지만 형용사는 대다수 "很"의 수식을 받을 수 있다. 실제 단어 성질을 감정하는 작업에서는 통상적으로 아래 몇 개의 주요 문법 특징에 근거하여 분석한다.

	명 사	동 사	형 용 사
"不"의 부정 여부	할 수 없다	할 수 있다	할 수 있다
"很"의 수식 여부	할 수 없다	대다수 할 수 없다	대다수 할 수 없다
중첩 여부	할 수 없다	AA식, 쌍음절 다수는 ABAB식	AA (的) 식, 쌍음절 다수는 AABB식
빈어를 가질 수 있는지의 여부	할 수 없다	대다수 할 수 있다	할 수 없다
자주 사용되는 문장 성분	주어, 빈어	서술어	한정어, 서술어

(4) 수사

수사는 수나 순서를 나타내는 말이다. 수가 얼마인지를 나타내는 것은 기수이다. 기수는 계수사(系数词)와 계수(系数)와 위수(位数)가 조합된 말을 포함한다. 계수는 "零(0), 半, 一, 二, 三, 四, 五, 六, 七, 八, 九, 十, 两"이다. 위수는 "十, 百, 千, 万, 亿, 兆" 등이 있다. 계수로 구성된 것은 단수의 수사이다. 계수와 위수로 조합된 말은 합성(合成) 수사이다. 합성 수사 중에서 계수는 위수의 앞에 있고, 양자는 곱하는 관계이다. 계수는 위수의 뒤에 있고, 양자는 더하는 관계이다. 예를 들면 "二, 十二, 二百一十二"이다. "十"는 계수이기도 하고 위수이기도 하며 계수로서 "万" 이상의 위수와 조합할 수 있을 뿐이다.

순서 전후를 나타내는 수사는 서수인데, 기수는 동시에 서수의 기능도 겸하고 있다. 서수는 일반적으로 기수 앞에 "第, 老, 初"를 더하는데 예를 들면 "第一, 第一百零一, 老五, 初七"이다. "初" 뒤의 수는 "十"를 넘을 수 없다. 천간 "甲, 乙, 丙, 丁……"과 지지 "子, 丑, 寅, 卯……"도 서수이다. 영어 자모 "A, B, C, D"는 현재 자주 서수로 쓰인다.

"二"과 "两"이 나타내는 수는 서로 같으나 용법은 다르다. 수를 세고 서수로 쓰일 때는 일반적으로 "二"이라 한다. "两块钱"을 "*二块钱"이라 할 수 없고 "两万个"는 "*二万个"라고 할 수 없다.

수사 중에 또 분수, 소수, 배수와 개수가 있다. 분수는 "几分之几"의 고정 격식으로 나타낸다. "2분의 1"은 "半"으로 나타낼 수 있다. 십분의 몇은 "几分"이나 "几成"

으로 말할 수 있다. 소수는 소수점 전후를 정수 부분과 소수 부분으로 나눈다. 소수 부분의 독법은 계수만 읽고, 위수를 읽지 않는다. 예를 들면 "3.1415926"이다. 배수는 기수에 "倍"를 더하여 나타낸다. 개수의 표시법은 여러 가지가 있다. "几, 好几, 若干"은 단독으로 쓸 수 있고, 위수 앞에 붙을 수도 있다. 예를 들면 "几十, 好几百, 若干万"이다. "几, 好几, 多, 来, 把, 上下, 左右"는 위수 뒤에 붙어서도 개수를 나타낸다. 예를 들면 다음과 같다.

十几　三十好几　六百多　一千来（个）　百把（人）　七十上下　三百左右

그 밖에 서로 이웃하는 숫자, 서로 멀리 떨어지지 않은 숫자나 위수의 연용도 개수를 나타낼 수 있다. 예를 들면 다음과 같다.

一两（个）　六七（张）　百八十　千八百　百十（号）

수사는 자주 양사와 조합하여 수량구(数量词组)를 이루고, 한정어・부사어 혹은 보어로 쓰인다. 예를 들면 다음과 같다.

三张纸　一把抓住　去两趟

수사는 직접 명사・동사・형용사 앞에 놓이는 상황도 있는데, 비교적 적다. 예를 들면 다음과 같다.

一手（托住）　三上（庐山）　（粉刷）一新

"一(yí), 俩, 仨"는 수량 합음사(数量合音词)로 각각 "一个, 两个, 三个"를 나타낸다. 직접 명사 앞에 붙고 양사를 다시 쓸 수 없다.

배수는 수량의 증가에만 쓰이고 수량의 감소에는 쓰일 수 없다. "*减少了三倍"라고 말할 수 없다. 기수, 분수와 개수는 증가를 나타낼 수도 있고 감소를 나타낼 수도 있다. 수량 증가를 나타낼 때, "增加(了)"는 "增加到", "增加为"와 다르다. "增加(了)" 뒤에는 증가한 수만을 쓰고, "增加到"와 "增加为" 뒤에는 밑수 안에 포함된 증가 후의 총수를 나타낸다. 수량 감소를 나타내는 "减少(了)", "降低(了)" 뒤에는 감소의 차액을 쓰고, "减少到", "减少为", "降低到", "降低为" 뒤에는 감소 후의 실제 액수를 나타낸다.

(5) 양사

양사는 계량 단위를 나타내는 말로, 단위사라고 부른다. 명량사와 동량사 두 종류로 나뉜다.

① **명량사** : 사람과 사물의 단위를 나타내며, 아래와 같이 세분할 수 있다.

1) **개체 양사** : 개체 양사는 개체 단위를 나타내며, 단일한 사물을 계량하고, 일반적으로 통용 양사 "个"를 써서 바꾸어 쓸 수 있다. 예를 들면 다음과 같다.

个 名 员 位 本 张 匹 枝 艘 扇 眼 盏 幅 条 把 片 块 棵 支 句 段 篇 章 首

2) **집합 양사** : 두 개 이상의 다수의 사물을 계량하는 데 쓴다. 예를 들면 다음과 같다.

双 套 批 堆 对 打(dá) 行 群 伙 班 组 副 帮 串 列 排 刀 系列

3) **종류 양사** : 种 类

4) **도량사** : 도량형 양사라고도 하며 기준 계량 단위를 나타낸다. 예를 들면 다음과 같다.

公里 米 吨 公斤 克 亩 升 平方米 立方米 角 元 人次 架次

5) **부정 양사** : 些 点 些个

6) **용기 양사** : 용기 안이나 용기 위에 놓인 물건을 계량하고, 대부분 보통 명사로 겸임한다. 예를 들면 다음과 같다.

杯 碗 瓶 袋 箱 柜 盆 勺

7) **범위 양사** : 범위 양사 앞의 수사는 일반적으로 "一"이고, 이 "一"는 "만(满), 정(整)" 즉 온, 전(全)의 뜻이다. 예를 들면 다음과 같다.

一桌子 (土) 一脸 (汗) 一鼻子 (灰) 一墙 (泥)

8) **차용 양사** : 차용 명사와 차용 동사 두 종류를 포함한다. 차용 명사는 예를 들면 다음과 같다.

车 幕 (一) 台 (戏) 船 车皮 火车

차용 동사는 예를 들면 다음과 같다.

捆　挑　抱　铲　捧　抹

② **동량사** : 동작 행위를 나타내는 단위로 아래와 같이 나누어진다.

1) **전용 동량사는 예를 들면 다음과 같다.**

次　回　趟　遍　番　下　阵　顿　遭　轮　通　场　气　圈　水　和 (huò)　把　道　(一) 面

2) **차용 명사는 예를 들면 다음과 같다.**

拳　脚　眼　句　声　刀　枪　笔　巴掌　指头　勺子　铁锹　鞭子　筷子　擀面杖

3) **동사를 중복한 것의 예를 들면 다음과 같다.**

(看一) 看　(想一) 想　(歇一) 歇　(摸一) 摸

③ **시량사** : 동작 행위가 지속되거나 간격을 두는 단위를 나타낸다. 예를 들면 다음과 같다.

年　天　小时　分　秒　(一) 会儿　(一) 阵子

풍부한 양사를 가지고 있는 것은 현대 한어 특징 중의 하나이다. 각 양사는 자주 사물의 형상 · 특징과 분류를 반영하고, 더욱 구체적으로 언어가 표현되게 한다. 예를 들면 "一粒米, 一口(头)猪, 一条(尾)鱼, 一枝(剪)梅, 一线(丝)希望"이다. 어떤 양사는 같은 음을 가진 명사를 구별하는 역할을 할 수 있다. 예를 들면 "一枝箭, 一口剑, 一个键" "一个部, 一尺布, 一克钚"이다.

양사는 수사의 뒤에 이어져 수량사구를 이룬다. 명량사로 이루어진 수량사구는 자주 한정어로서 명사를 수식한다. 양사는 명사와 호응할 때 매우 강한 선택의 제한이 있고, 반드시 하나하나 뚜렷하게 나누어야 한다. 예를 들면 다음과 같다.

一尊像　一堵墙　一盏灯　一出戏　一幢楼

통용 양사 "个"의 호응 범위는 매우 넓어 일반 명사에 모두 쓸 수 있다. 방언은 양사와 명사의 호응에서 매우 많은 차이가 있어, 예를 들면 민남어는 "一只飞机, 一门锁"가 있고, 객가 방언은 "一只人"의 화법이 있고, 표준어의 호응을 파악하는 데 주의해야 한다.

동량사로 이루어진 수량사구는 동사의 뒤에 이어져 보어로 쓰이는데, 예를 들면 "去一回", "走一遭"이다. 명사의 앞에 놓여 한정어로 쓰이는 소수의 양사가 있다. 예를 들어 "一次会议", "两趟上海"이다. 일부 도량사로 이루어진 수량사구는 형용사의 뒤에 놓여 보어로 쓰이는데, 예를 들면 "长了三寸", "多一斤"이다.

시량사구로 이루어진 수량사구는 명사의 앞에서 한정어를 맡을 수도 있어, 예를 들면 "一会儿工夫", "一天时间"이고, 동사의 뒤에서 보어로 쓰일 수도 있는데, 예를 들면 "干了一天", "歇了十分钟"이다.

일부 단음절 양사는 중첩할 수 있고, 중첩 후에 주어 · 한정어로 쓰이고 "~마다"의 뜻을 나타내는데, 예를 들면 "个个都是英雄汉", "门门功课考第一"이다. 서술어로 쓰이는 것은 "많다(多)"의 뜻을 나타내, 예를 들면 "掌声阵阵", "花儿朵朵"이다. 부사어로 쓰이는 것은 "일일이(逐一)"의 뜻을 나타내, 예를 들면 "步步紧跟", "代代相传"이다.

수량사구는 중첩할 수 있고, 한정어로 쓰여 수량이 많음을 나타내는데, 예를 들면 "一车一车的人"이다. 부사어로 쓰여 순서에 따라 진행하는 것을 나타내는데, 예를 들면 "一个一个地进去"이다. 수사는 "一"의 수량사구 중첩일 때, 뒤의 "一" 하나는 자주 생략하는데, 예를 들면 "一天天", "一座座"이다.

양사는 일반적으로 단독으로 한정어로 쓰일 수 없다. 수사 "一"의 수량사구는 동사와 빈어 사이에 놓일 때 "一"가 자주 생략되는데, 예를 들면 "拿块蛋糕来", "做个好学生"이다.

(6) 대명사

대명사는 대신 지칭하고, 다른 것을 가리키는 작용을 가진 말이다. 대명사는 세 가지로 나뉘는데, 사람이나 사물 명칭을 대신하는 것을 인칭 대명사라고 하고, 의문점을 나타내는 것을 의문 대명사라 하며, 사람 · 사물 · 시간 · 공간과 상황을 지시하거나 구별하는 것을 지시 대명사라고 한다.

① **인칭 대명사** : 세 가지 대명사를 포함한다.

1인칭 : 我　咱　我们　咱们

2인칭 : 你　您　你们　您们

3인칭 : 他　她　它　他们　它们　她们　别人　人家

이외에 또 재귀 대명사 "自己, 自个儿"과 총칭 대명사 "大家, 大伙儿, 大家伙儿"이 있고, 문언 대명사 "之"와 "其"가 있다.

3인칭 "他", "她", "它"는 다만 서면어 중의 차이이고, 음성상 차이는 없다. 만약 남녀가 모두 있으면, 3인칭은 "他们"을 사용해야 한다. 1인칭의 "我们"은 복수를 나타내고, 일반적으로 청자를 내부에 포함하지 않는 배제식이고, 때로 청자를 내부에 포함하는 포괄식으로도 쓰인다. "咱们"은 반드시 포괄식이다. "咱"은 때로 단수를 나타내고, 때로 복수를 나타내 "咱们"에 해당한다. "您"은 "你"의 존칭 형식이고, "您们"은 "你们"의 존칭 형식이다. 세 대명사는 모두 재귀 대명사와 연용하고, 대명사는 총칭 대명사와 연용할 수 있는데, 예를 들면 "我自己", "你们自己", "咱们大家"이다.

인칭 대명사는 일정한 장소에서 바꾸어 쓰는 현상이 있다. 예를 들어 논문을 쓸 때 작가는 자주 "我"를 "我们"이라 한다. "人家不愿意"의 "人家"는 "我"를 가리킬 수 있다. "我去劝她, 你怎么说她也不听" 중의 "你"는 실제로 "我"를 가리킨다.

인칭 대명사는 또 범지(泛指)와 허지(虛指) 현상이 있는데, 예를 들면 다음과 같다.

① 他们你一句我一句说上没完了。(그들은 서로 한 마디씩 말하며 끝까지 하였다.)

② 你还别说, 就这个不错。(너는 말하지 마, 이것만 괜찮아.)

③ 今天咱们玩他一宿。(오늘 우리 그와 밤새 논다.)

그중에 ㉮ ①의 "你"와 "我"는 범지이다. ㉮ ②의 "你", ㉮ ③의 "他"는 허지이다.

2 의문 대명사

谁　什么　哪　哪儿　哪里　几　几时　多　多么　多少　多会儿　怎么
怎样　怎么样

의문 대명사는 일반적으로 질문과 반문에 쓰인다. 예를 들면 "谁是最可爱的人?", "我怎么得罪你了?" 일부 비의문 용법도 있는데, 아래와 같은 용법을 포함한다.

1) **임의지칭 용법** : 보편적인 의미를 나타내고, 뒤에 "都" 혹은 "也"가 있어 호응하여 사용하는데, 예를 들면 다음과 같다.

① 谁也没有他认真。(누구도 그만큼 진지하지 않았다.)

② 什么你也不会。(어떤 것도 너는 할 줄 모른다.)

③ 怎么说他都不听。(어떻게 말해도 그는 듣지 않는다.)

2) **가상지칭 용법** : 명확히 지시할 수 없거나 명확히 지시하는 것을 원하지 않는 사람이나 사물을 대신한다.

④ 我就不说什么了。(나는 아무것도 말하지 않았다.)

⑤ 我好像在哪儿见过他。(나는 어디에서 그를 만난 적이 있는 것 같다.)

3) **범칭 용법** : 확정적이지 않은 사람이나 사물을 대신한다. 의문 대명사는 대다수 중첩할 수 있고, 중첩한 후에 "하나뿐만이 아니다"의 의미를 나타내, 또한 범지 용법이다.

⑥ 你想干什么就干什么。(너는 하고 싶은 것은 무엇이든지 해라.)

⑦ 谁做完了谁就走。(누구든지 다하면 가도 된다.)

⑧ 谁谁来了，谁谁走了，我心里有数。(누가 왔고, 누가 갔는지, 내 마음 속으로 알고 있다.)

⑨ 他告诉我上什么什么专业。(그는 나에게 어느 어느 전공을 듣는다고 알려주었다.)

4) **부정 용법** : "哪里"와 "什么"가 단독으로 쓰여 모두 부정을 나타낼 수 있다. 예를 들면 "哪里哪里。" "什么呀!"이다. "什么"는 명사와 명사성구 앞에 쓰이고, 동사·형용사나 서술어성 단어 뒤에도 쓰여 부정을 나타낸다. 예를 들면 다음과 같다. "什么好学生!" "跑什么!" "好什么!"이다.

③ 지시 대명사

지시 대명사는 가까운 것을 가리키는 "这", 먼 것을 가리키는 "那" 및 그들로 구성한 합성 지시 대명사를 포함한다.

这儿	这里	这边	这么	这会儿	这样	这么样
那儿	那里	那边	那么	那会儿	那样	那么样

또 "每, 各, 某, 另, 别, 凡, 本, 其他, 其余, 一切"가 있는데, 역시 모두 지시 대명사이다. 단순 지시 대명사는 양사와 지량구(指量组)를 구성하고, 뒤에는 "的"를 붙일 수 없다. "每"는 각 개체의 공통점을 강조하고, 전체에 치중한다. "各"는 개체의 개성이 다름을 강조하고, 개체에 치중한다. 예를 들면 다음과 같다.

① 每人交五块。(각자 5원을 낸다.)

② 各村有各村的高招儿。(각 마을에는 각각의 좋은 생각이 있다.)

"每"와 "各"가 부사어로 쓰일 때는 부사이고 대명사가 아닌 것에 주의해라. 예를 들면 다음과 같다.

③ 他们每到一个地方，都要帮助那里的老百姓脱贫致富。

(그들은 매번 한 곳에 이르러, 그곳 사람들이 가난에서 벗어나 부자가 되도록 도우려 한다.)

④ 两班各有一名留学生。(두 반에는 각각 한 명의 유학생이 있다.)

"某"는 정해지지 않았거나 가리키려는 대상을 말하고 싶지 않음을 나타내고, 주로 한정어로 쓰인다. 중첩식 "某某"는 주어와 빈어로 쓰인다. "某"와 "某某", "某人"은 성씨의 뒤에 쓰여 이름을 말하고 싶지 않거나 말할 가치가 없음을 나타내고, 스스로 일컬음에 쓰이기도 한다. 예를 들면 다음과 같다.

⑤ 这里一定有某种因素在起干扰作用。

(여기에는 반드시 어떤 요소가 방해하는 역할을 하고 있다.)

⑥ 某某一直在该单位充任要职。(모모는 줄곧 이 단위에서 요직을 맡고 있다.)

⑦ 王某某就是这个大学毕业的。(왕 아무개는 바로 이 대학을 졸업하였다.)

⑧ 我张某说话算话。(나 장 아무개는 말하면 말한 대로 한다.)

(7) 감탄사

감탄사는 감탄이나 부르거나, 응답 소리를 나타내는 단어이다. 예를 들면 다음과 같다.

唉　啊　哎呀　哎哟　喂　嗯　唔　哦　噢　呸

감탄사의 역할은 개인의 감정을 나타내거나, 다른 사람을 향하여 자신의 의도를 전달하는 데 쓰이는 것이다. 예를 들면 다음과 같다. "唉，糟了!" "咦，怎么回事?" "哼！叫你捣乱!" "嘘，别说话!"이다.

감탄사의 독립성은 매우 강하여 독립적으로 문장이 되어서 독립어로 쓰이기도 하며, 다른 단어와 구조적으로 관계를 가지지 않는다. 감탄사는 일반적으로 문장성분으로 쓰일 때, 감탄사의 특징을 잃고 이미 의성어로 바뀐다. 예를 들면 다음과 같다.

① 你别瞎哎哟了！(너 함부로 하지 마!)

② 这人说话老喂喂的，真没礼貌！(이 사람 말할 때, 자주 “야야” 하는데, 정말 예의 없다!)

(8) 의성어

의성어는 소리를 모방하는 단어로, 상성사(象声词)라고도 부른다. 예를 들면 다음과 같다.

轰 咣砰 哗啦 哐当 咣唧唧 叽叽喳喳 劈里啪啦 叮呤咣啷

“劈里啪啦”, “叮呤咣啷” 이런 의성어의 구성은 매우 규칙적으로, 1,3음절 성모가 같고, 2,4음절 성모가 같으며, 또 어떤 것은 1,3음절이 j, q, x와 g, k, h로 상대적인데, 예를 들면 “清令哐啷”, “稀里呼噜”이다.

의성어는 소리를 모방할 때, 어떤 때는 한 단어가 많은 것을 가리키는데 예를 들면 “呜”는 울음 소리, 바람 소리, 기차 기적 소리이다. 어떤 때는 많은 단어가 같은 것을 가리켜, 예를 들면 야채를 써는 소리는 “夺夺, 刷刷, 嗒嗒” 등으로 묘사할 수 있다. 또 어떤 때는 소리가 없는 것을 가리키는데, 예를 들면 “他的头发刷地立起来了(그의 머리가 스르르 일어났다)”이다.

의성어는 감탄사와 같이 자주 단독으로 문장을 이루거나 독립 성분으로 사용된다. 의성어는 또 서술어, 한정어, 부사어와 보어로 쓰일 수 있다. 예를 들면 다음과 같다.

① 砰！远处传来一声枪响。(펑! 먼 곳에서 총소리가 들려왔다.)

② 嗒，嗒，嗒，一阵清脆的脚步声越来越近。
(뚜거덕 뚜거덕, 한바탕 낭랑한 발소리가 점점 더 가까워졌다.)

③ 泉水叮咚，泉水叮咚，泉水叮咚响。(샘물이 똑똑, 샘물이 똑똑, 샘물이 똑똑 소리를 낸다.)

④ 轰隆隆的开山炮震动着大地。(우르르 산포를 쏘는 소리가 큰 산을 진동하고 있다.)

⑤ 小王抱着脑袋呜呜直哭。(왕군은 머리를 안고 엉엉 울었다.)

⑥ 早上天气太冷，把队员们冻得呲呲嗒嗒的。
(아침에 날씨가 너무 추워, 대원들이 얼어서 오들오들 떨었다.)

⑦ 他哎哟了一声，倒了下去。(그는 어머나 하며, 넘어졌다.)

㉮ ⑦은 감탄사가 의성어로 바뀐 예이다.

사고와 연습

1 품사는 무엇인가? 품사를 구분하는 기준은 무엇인가?

2 실사는 무엇이고, 허사는 무엇인가? 실사는 어떤 품사를 포함하고, 허사는 어떤 품사를 포함하는가?

3 명사, 동사, 형용사를 어떻게 구분하는가?

4 아래 문장의 단어를 나누고, 모든 실사를 찾고 단어 성질의 주를 표기하라.

你们在想要攀登科学高峰之前，务必把科学的初步知识研究透彻，还没有充分领会前面的东西时 就决不要动手做以后的事情。

5 "爱, 恨, 希望" 등은 동사인데 자주 정도 부사("很, 非常" 등)의 수식을 받고, "笔直, 雪亮, 红彤彤, 绿油油" 등은 형용사인데도 정도 부사의 수식을 받을 수 없는데, 왜 전자는 동사이고, 후자는 형용사라고 하는가?

6 아래 문장의 문법 착오를 가리키고 고쳐라.

(1) 这幅画不正寓意文艺工作者在浓墨重彩地描绘我们生气勃勃的春天吗？
(2) 前面河堤上开过来的拖拉机，惊慌了队伍里的枣红马。
(3) 第二天，他买了一本新的给那位同学，还向那位同学抱歉。
(4) 大胆地提出自己不明白不透彻的问题。
(5) 他们的岁数不同，秉性差异， 思想觉悟也不一样。
(6) 一位干过多年售票工作的老人很兴趣地凑上前说："真了不起，我要向你学习"！
(7) 昨天有四个同学们来看我。
(8) 我们对于研究文化遗产必须用历史唯物主义的观点。
(9) 这算是关于这件事情的全部官方的记录。
(10) 他手里拿着一把不太规格的锤子。
(11) 今年的总产量比去年大概可以增加到百分之五左右。
(12) 近四个月来，电的消耗减少了一倍，铸件增加了两成。
(13) 来稿要注意简练，一般不超过一千字左右。
(14) 他们俩个人在教室里讨论问题。

제3절 품사(하)

1. 허사

허사는 부사, 개사, 접속사, 조사, 어기사를 포함한다. 다수의 허사는 실재적인 어휘 의미가 없고, 다만 문법 의미를 표현하거나 문법 역할을 한다. 허사는 모두 폐쇄적인 품사로 그 구성원은 다 열거할 수 있다. 허사의 수량은 비록 적지만 사용 빈도는 비교적 높고, 역할도 상당히 중요하여, 문법학의 중요한 연구 대상이다. 허사 중에 부사는 실제적으로 허사와 실사가 한데 모이는 곳에 놓여 있고, 반은 실재적이고 반은 실재적이지 못하며 일부분은 비교적 실재적이지 않고, 또 다른 부분은 비교적 실재적이다.

(1) 부사

부사는 주로 동사·형용사를 수식하고 제한하는데, 일반적으로 부사어만을 맡는다. 정도, 범위, 시간, 빈도, 정황(情状), 어기, 관련과 부정 등을 나타내는 말이다.

① 정도 부사의 예를 들면 다음과 같다.

很 最 太 顶 极 特 更 挺 较 越 稍 略 愈 甚 颇 大 忒 好 多 老 满 够 还 殊 几 至 非常 十分 相当 万分 无比 大为 多么 格外 分外 过于 倍加 好不 何其 何等 极其 极度 极端 绝对 颇为 深为 甚为 特别 异常 至为 最为 不大 不甚 略略 略微 略为 稍稍 稍许 稍微 稍为 微微 些微 有些 大大 比较 较比 较为 更加 更其 更为 越发 越加 尤其 尤为 几乎 益发 愈加 愈益 愈为 有点儿

② 범위 부사의 예를 들면 다음과 같다.

总 都 全 只 净 皆 俱 仅 凡 就 才 足 统 悉 尽 独 专 但 徒 止 纯 概 唯 惟 遍 另 光 偏 通通 通共 统统 统共 拢共 全都 全然 凡是 大凡 唯有 唯独 总共 单独 单单 仅仅 偏偏 大半 多半 大体 大致 一共 一概 一律 大都 几乎 光光 只有 只顾 只管 只是 仅只 尽管 足足 就是 但凡 无非 不过 起码 独独 不仅 不止 不但 至多 至少 最多 最少 顶多 徒然 一并 一总 一道 一起 一齐

一同 一块儿

③ 시간 부사의 예를 들면 다음과 같다.

正 便 才 刚 已 在 就 永 将 曾 先 初 从 顿 乍 快 既 且 暂 权 时 本 姑 久 方 突 都 渐 马上 顷刻 顿时 稍顷 方才 立刻 永远 登时 然后 旋即 暂且 已经 曾经 早已 行将 新近 一向 一直 终日 起先 起初 向来 历来 从来 随即 终于 业已 迟早 早晚 霎时 刚刚 猛然 陡然 老早 原来 当即 正在 立即 立时 即刻 从此 先后 平时 应时 自来 至今 随后 仍然 仍旧 一朝 一旦 一度 一时 早早 久久 久已 逐渐 渐渐 渐次

④ 빈도 부사의 예를 들면 다음과 같다.

又 也 再 重 更 还 常 连 屡 频 老 屡次 不断 陆续 常常 经常 往往 每每 不时 有时 时时 偶尔 通常 往常 老是 总是 依次 相継 継而 接连 频频 一再 再三 再度 重新 从新

⑤ 정황 부사의 예를 들면 다음과 같다.

徒步 疾步 健步 快步 稳步 阔步 高声 尖声 低声 厉声 齐声 连声 悄声 同声 应声 随声 信口 亲口 矢口 顺口 绝口 白手 就手 供手 信手 亲手 袖手 随手 亲眼 正眼 另眼 定睛 亲耳 只身 凝神 撒腿 振臂 俯首 并肩 顺嘴 潜心 悉心 衷心 肆意 蓄意 执意 刻意 曲意 锐意 着意 决意 任意 酌情 拦腰 屈指 随处 随时 随地 就地 顺便 顺次 顺势 趁机 趁便 趁势 乘机 乘势 悉数 如数 急速 尽量 当众 互相 借故 逐一 逐个 逐步 逐条 逐日 逐年 日渐 日益 终日 终年 连日 连夜 连年 平素 率先 优先 预先 相机 擅自 径自 独自 私自 亲自 暗自 各自 照价 照样 照实 照常 照例 照章 按时 按期 按理 竭力 鼎力 极力 戮力 奋力 大力 及早 趁早 如实 如期 特地 彻夜 动辄 长年 多方 大肆 专程 成天 大举 毅然 慨然 傲然 昂然 断然 淡然 悄然 黯然 飘然 骤然 油然 喟然 哑然 迥然 俨然 猝然 倏然 偷偷 擅 迭 互 照 径

⑥ 어기 부사의 예를 들면 다음과 같다.

切 万 偏 竟 并 岂 倒 反 亏 却 恐 怕 直 正 许 约 可 像 准 定 诚 硬 愣 决 绝 好 也 又 还 才 就 都 非 刚 难怪 难道 究竟 索性 到底 简直 莫非

亏得 多亏 幸亏 幸而 幸好 反正 反倒 确然 确乎 居然 竟然 诚然 当然 固然 断然 断乎 果然 果真 或许 也许 兴许 恰恰 恰好 恰巧 刚巧 偏巧 偏偏 刚刚 好歹 确实 委实 其实 实在 甚至 约摸 大约 大概 宁肯 宁可 宁愿 高低 横竖 准保 管保 终究 终竟 终于 总算 似乎 倒是 还是 敢是 横是 可是 硬是 算是 真是 好像 仿佛 依稀 俨然 万万 千万 非得 必定 必须 的确 定然 一定 想必 务必 分明 明明 何必 何不 不妨 不愧 不免 未免 未必 无非 敢情 根本 只好 只得 本来 原来 只有 至少 至多 越发 是否

⑦ 관련 부사의 예를 들면 다음과 같다.
才 就 都 却 也 越 又 再 便

⑧ 부정 부사의 예를 들면 다음과 같다.
不 没 勿 未 别 甭 休 毋 非 莫 白 空 干 瞎 徒 虚 枉 没有 不堪 不消 不屑 不由 白白 徒然 枉然 空自 枉自 徒自 差点儿

부사는 동사나 형용사를 수식하는데, 예를 들면 "已经解决", "很好"이다. 일반적으로 명사를 수식할 수 없다. 어떤 범위 부사, 예를 들면 "仅仅", "凡是", "光" 등은 직접적으로 명사의 앞에 올 수 있다. 예를 들면 다음과 같다.

① 仅仅坦克就二百多辆。(탱크만이 2백여 대이다.)
② 凡是代表都可以免费参观。(무릇 대표는 모두 공짜로 참관할 수 있다.)
③ 来的光学生，没有老师。(온 사람은 학생뿐이고, 선생님은 없다.)

통사 기능으로 보면, 부사는 모두 부사어로 쓰일 수 있다. 보어로 쓰일 수 있는 것은 "很, 极, 万分"의 몇 개에 한정되어, 예를 들면 "好得很", "高兴极了", "激动万分"이다.

부사는 일반적으로 단독으로 문제에 대답할 수 없는데, 소수 부사는 대화 중에 단독으로 대답할 수 있다. 예를 들면 "当然, 也许, 大约, 必须, 未必, 不, 没有, 不必, 赶快, 赶紧" 등이다.

어떤 부사는 동시에 두 가지 이상의 역할을 겸하고 있는데, 예를 들면 "也, 就, 都, 才" 등이다. "就"는 범위 · 시간 · 어기 · 관련 등의 부사로 쓰기도 하여, 언어 환경에 근거하여 세밀하게 분별해야 한다. 예를 들면 다음과 같다.

④ 我们班就有一个人迟到。(우리 반은 한 사람이 지각했다.) (범위 부사)

⑤ 我已经通知他了，他就来。(나는 이미 그에게 알려주었는데, 그는 왔다.) (시간 부사)

⑥ 我就不去，你能把我怎么样？(내가 안 간다는데, 네가 나를 어쩌려고?) (어기 부사)

⑦ 只要考试及格，你就能拿到证书。(시험만 합격하면, 너는 증서를 취득할 수 있다.) (관련 부사)

부사와 형용사는 모두 부사어로 쓰일 수 있으나, 형용사는 한정어로 쓰일 수도 있지만 부사는 한정어로 쓰일 수 없어, 이 때문에 한정어로 사용될 수 있는가의 여부로 양자를 구분한다. "偶尔", "偶然" 모두 부사어로 쓰이는데, 예를 들면 "偶尔去过", "偶然去过"이다. 그러나 "偶然"은 한정어로도 쓰일 수 있는데 예를 들면 "偶然事件"이고, "偶尔"은 쓰일 수 없어 "偶尔"은 부사이고 "偶然"은 형용사이다.

어떤 단어는 한정어로 쓰이는 것과 부사어로 쓰일 때의 의미가 다르고, 의미가 어떤 관계가 있는지 알아낼 수 없는데, 예를 들면 "白纸"의 "白"와 "白说"의 "白"는 두 개의 단어로 보아야 하고, 한정어로 쓰일 수 있는 것은 형용사이고, 부사어로 쓰일 수 있는 것은 부사이다.

"没, 没有, 在"는 동사이기도 하고 부사이기도 하다. 부사어로 쓰일 수 있는 것은 모두 부사인데, 예를 들면 "我没去"이며, 또 예를 들면 "他在看书"이다. 단독으로 서술어로 쓰이는 것은 모두 동사인데, 예를 들면 "我没有钱"이며, 또 예를 들면 "妈妈在家"이다.

(2) 개사

개사는 전치사라고도 부르는데, 주로 명사나 명사성구 앞에 쓰이고, 공통으로 개사구를 이루며 동사 · 형용사의 수식 성분이나 보충 성분으로 쓰여서 장소, 방향, 시간, 상태, 방식, 원인, 목적, 범위, 근거, 행위자와 비행위자, 비교 대상, 배제 대상 등을 나타낸다. 개사 자체는 소개 역할을 하고, 단어 간의 의미 문법 관계를 나타낸다. 예를 들면 "从上海来"의 "从"은 "上海"를 "来"에게 소개해 주고 "从上海"는 "来"의 부사어로 "来"의 기점을 나타낸다. 개사는 아래의 몇 가지로 나뉜다.

1 시수(施受) 개사 : 행위자 주체, 비행위자 객체를 이끌어내는 개사이다. 예를 들면 다음과 같다.

把 将 被 叫 让 给 由

② **방식 개사** : 방식, 방법, 근거, 도구를 이끌어내는 개사이다. 예를 들면 다음과 같다.

按 照 依 随 拿 用 凭 靠 据 以 按照 依照 遵照 本着 根据 通过

③ **시공(时空) 개사** : 기점, 경유, 종점, 소재를 이끌어낸다. 예를 들면 다음과 같다.

由 打 从 且 起 自 往 朝 向 到 在 于 距 离 当 赶 趁 沿 顺 冲 奔 照 临 经过 由打 打从 且由 由从 自从

④ **대상 개사** : 수혜자, 비교대상을 이끌어낸다. 예를 들면 다음과 같다.

对 跟 和 同 与 问 管 比 给 替 为 对于 较之

⑤ **관련 개사** : 범위, 원인, 논제를 이끌어낸다. 예를 들면 다음과 같다.

论 就 除 连 因 为 由于 作为 关于 至于 除去 因为

개사는 일반적으로 동사가 문법화(虚化)하여 온 것으로, 수많은 개사는 아직 문법화의 과정 중에 있고, 흔히 동사와 관련이 있다. 이러한 개사는 "在, 比, 给, 用, 到, 拿, 通过, 由, 让, 朝, 往, 根据, 按照" 등이 있다. 일반적으로 말해서, 그들은 독립적으로 서술어로 쓰일 때는 동사이고, 그들의 뒤에 서술어 동사가 쓰일 때는 바로 개사라고 간주한다. 예를 들면 "他在家"의 "在"는 동사이고, "他在家看书"의 "在"는 개사이다.

어떤 개사의 뒤에는 "了"와 "着"가 올 수 있는데 이는 동사 특징이 남아 있는 것이고, "了"를 가질 수 있는 것은 "为, 在, 到, 除"가 있고, "着"를 가질 수 있는 것은 "为, 当, 顺, 随, 按, 照, 趁, 依, 沿, 朝, 冲, 就" 등이 있다. 다만 이런 "了", "着"는 동사 뒤의 "了", "着"와 약간은 다른데, 일반적으로 동태를 나타내지 않는다.

(3) 접속사

접속사는 연결사라고도 부르는데, 단어나 단어 이상의 언어 단위를 연결하는 언어 단위이고, 아울러 각종 논리 관계를 나타내는 단어이다. 어떤 접속사는 단어나 구만을 연결하는데, 이런 접속사에는 "和, 跟, 同, 与, 及"가 있다. 어떤 접속사는 단어와 구를 연결할 뿐만 아니라 단문도 연결할 수 있다. 예를 들면 "并, 而, 及, 而且, 因为, 由于, 无论, 即使" 등이다. 어떤 접속사는 단문 · 문장이나 문장군만을 연결할 수 있는데, 예를 들면 "既然, 虽然, 所以, 因此, 否则" 등이다. 접속사는 그 나타내는 관계에 근거하여 두 종류로 나눌 수 있다.

① 병렬 접속사의 예를 들면 다음과 같다.

和 跟 同 与 或 而 既 以及 而且 并且 或者 不但 与其
况且 何况 首先 然后 于是 此外 另外 同样 不仅 不只 不光
不单 反之 以及 而况 尚且 甚而 甚至 甚至于 甚而至于

② 편정 접속사의 예를 들면 다음과 같다.

如 倘 虽 管 就 要 任 凭 但 因 可 以 不然 可是 要不
就是 然而 假如 假使 只要 只有 一旦 除非 幸亏 如果 要是 若是
倘若 既然 任凭 别说 尽管 可见 从而 万一 因为 由于 虽然 虽说
果真 果然 固然 即使 即便 纵然 哪怕 不管 不论 无论 所以 因而
因此 这样 但是 然而 以致 以免 以便 省得 免得 虽说是 要不然

"和, 跟, 同, 与" 모두 접속사와 개사 두 용법이 있고, 아래 세 가지 측면에서 식별할 수 있다. 첫 번째, 접속사 전후의 단어는 병렬 관계이고, 서로 위치를 바꿀 수 있으나 뜻은 기본적으로 변하지 않는다. 예를 들면 "我和老张都参加了"는 "老张和我都参加了"로 변환할 수 있다. 두 번째, 개사 앞에는 부사어가 나올 수 있는데, 접속사는 안 된다. 예를 들면 "我曾和老张讨论过"이다. 세 번째, 개사 앞의 명사 주체는 생략할 수 있고, 접속사의 앞에 있는 단어는 생략할 수 없다. 예를 들어 "和老张一起去的是我"이다. 더욱 정확하게 표현하도록 하기 위하여 현재 일반적으로 "和"를 접속사로 쓰고 "同"을 개사로 쓰는 쪽으로 치우쳐 있다. "跟"은 구어 색채를 가지고 있어, 개사로 쓰이는 것이 적합하고, "与"는 서면어 색채를 가지고 있어, 대부분 접속사로 쓰이는 것이 적합하다.

(4) 조사

조사는 단어나 구의 전후에 붙어 문법 의미를 나타내는 단어이다. 조사는 모두 단독으로 말할 수 없고, 일반적으로 경성으로 읽는다. 조사는 아래의 몇 가지로 나뉜다.

① **구조 조사** : "的, 地, 得, 所, 似的, 一样, 一般"을 포함한다. "的, 地, 得"의 음성 형식은 모두 de이고, 서면어 속에서 구분해야 한다. "的"는 한정어의 표지이고, 예를 들어 "美丽的家乡", "祖国的未来"이다. 구성할 수 있는 자구(字词组)는, 예를 들면 "吃的", "卖菜的"이다. 또 형용사성 성분을 구성할 수 있는데 예를 들면 "雪白的", "清清楚楚的"이다. "地"는 부사어의 표지로 예를 들면 "辛勤地耕耘", "呼地站起来"이다. "得"는 보어의 표지로 예를 들면 "高兴得很", "哭得伤心极了"이다. 때로 단독으로 보어로 쓰이며 "할 수 있다"의 뜻이고, 부정식은 "不得"로 예를 들면 "这东西吃得", "这本书看不得"이다. 때로 보어가 생략되는 상황에서 여전히 동사나 형용사의 뒤에 오는데 예를 들면 "瞧他累得", "把你美得"이다.

"所"는 동사 앞에 부착되어 "所"자구를 구성하는데 예를 들면 "所见", "所需要"이다. 주술 구조의 사이에 쓰여 정중구(定中词组)를 구성할 수도 있는데 예를 들면 "大家所熟悉", "群众所喜爱"이고, 이런 정중구는 일반적으로 한정어로 쓰이고, 구성한 구는 예를 들면 "群众所喜爱的文艺形式", "这正是我们所希望的"이다. "所"는 또 개사 "为"나 "被"와 호응하여 "为(被)……所……"격식을 구성하여 피동을 나타낸다. 예를 들면 "这种技术已为广大农民所掌握"이다.

"似的", "一样", "一般"은 명사성 · 서술어성 성분이나 주술구의 뒤에 붙어 비황구(比况句)를 구성한다. "似的" 비황구가 부사어로 쓰일 때, 그중의 "似的"는 "似地", "兔子似地跑了"로 써야 한다. 그 나머지 상황은 "似的"로 쓴다.

② **동태 조사** : "了, 着, 过, 被, 给"를 포함한다.

"了"는 동사, 형용사의 뒤에 쓰여 동작, 변화의 완성이나 실현을 나타낸다. 예를 들면 "吃了", "红了", "回来了"이다.

"着"는 동사, 형용사의 뒤에 쓰여 동작, 상태의 지속을 나타낸다. 예를 들면 "看着", "站着", "摆着"이다.

"过"는 동사, 형용사 뒤에 쓰여 일찍이 경험하거나 발생한 것을 나타낸다. 예를 들면 "想过", "研究过", "繁荣过"이다.

"被"는 직접 동사 앞에 붙어 피동을 나타내는데, 예를 들면 "敌人全被消灭了(적은 전부 전멸되었다)", "这个队被称为'铁姑娘'队(이 팀은 '여걸'팀으로 불린다)"이다.

"给"는 직접 동사의 앞에 붙어 주동을 나타낼 수도 있고 피동을 나타낼 수도 있는데, 예를 들면 "他把衣服给晾干了", "杯子叫我给打碎了"이다.

③ 약약(约略) 조사 : "们, 来, 把, 等, 等等"을 포함한다.

"们"은 사람을 가리키는 명사나 구의 뒤에 쓰여 복수를 나타내는데 예를 들면 "工人同志们"이다. 문학 작품이 때로 사물을 나타내는 명사 뒤에 "们"을 붙이는 것은 수사(修辞) 용법인데, 예를 들어 鲁迅 ≪종백초원도삼미서옥(从百草园到三味书屋)≫ 중의 "我的蟋蟀们(나의 귀뚜라미들)", "我的覆盆子们和木莲们(나의 복분자들과 부용들)"이다. 老舍 ≪제남의 겨울(济南的冬天)≫ 중의 "山们(산들)"이다. 한어의 사람을 가리키는 명사는 "们"을 붙여서 복수를 나타내나, "们"을 붙이지 않아도 단수인지는 확실하지 않은데, 만약 명사의 앞에 수량사가 있으면 뒤에는 "们"을 붙일 수 없어, "*三个同学们"이라 할 수 없다.

"来", "把"는 개수를 나타내는데 예를 들면 "二十来个", "两尺来长", "百把个"이다.

"等", "等等"은 일반적으로 열거가 아직 다 되지 않은 것을 나타내는데 예를 들면 "参加会议的有校长, 书记, 院长等等(회의에 참가한 사람은 교장, 서기, 원장 등등이 있다)"이다. "等"은 때로 열거가 이미 다된 것을 나타내기도 하는데, 예를 들면 "考试课程有语文, 算术, 英语等三门(시험 교과목은 어문, 산술, 영어 등 세 과목이다)"이다.

(5) 어기사

어기사는 어기 조사라고도 부르는데 문장의 끝이나 중간의 멈추는 곳에 놓여 어기를 나타내는 말이다. "的, 了, 吗, 呢, 吧, 啊, 啦, 嘛, 么, 哎, 喽, 嘞, 罢了, 也罢, 也好, 着呢, 来着, 不成, 的话"를 포함한다.

어기사가 나타내는 어기는 주로 진술, 의문, 청원(祈使), 감탄 네 종류이다. "的"와 "了"는 모두 진술 어기를 나타내고, "的"는 긍정과 이미 발생한 것을 나타내는데, 예를 들면 "他要走的(그는 가려고 한다)", "他今天早上搬来的(그는 오늘 아침 이사 왔습니다)"이다. "了"는 일이 변화가 발생하거나 새로운 상황이 출현한 것을 나타내는데, 예를 들면 "他要走了(그는 갈 것입니다)", "他今天早上搬来了(그는 오늘 아침에 이사 왔습니다)"이다. "吗"와 "呢"는 모두 의문 어기를 나타내지만 분담하는 것이 약간 달라서, "吗"는 시비(是非) 의문문에 쓰이는데, 예를 들면 "他知道吗?(그는 압니까?)", "小王听课了吗?(왕군은 수업을 들었습니까?)"이고 "呢"는 특지(特指) 의문문과 선택 의문문에 쓰이는데, 예를 들면 "谁在教室念书呢?(누가 교실에서 공부합니까?)",

"你是先借书呢，还是先上医院呢?(너는 먼저 책을 빌리니, 아니면 먼저 병원에 가니?)"이다. "吧"는 시비(是非) 의문문, 청원문과 진술문 안에 쓰일 수 있어 상의, 청구, 추측, 인가, 가설 등의 여러 어기를 나타낸다. 예를 들면 "是你干的吧?", "这事还是你解决吧", "好吧，就这样吧", "告诉他吧，不好；不告诉他呢，也不好"이다.

"啊"는 각종 문형에서 쓰이는데, 감탄문 끝에 많이 쓰인다. "啊"는 일반적으로 앞 음절의 끝 음소에 따라서 음이 변한다. 모음이 "ɑ, e, i, ü" 뒤에 있으면 "呀"라고 한다. u와 ɑo 뒤에 있으면 "哇"라고 한다. n의 뒤에 있으면 "哪"라고 한다. ng 뒤에 있으면 ngɑ라고 한다. er 뒤에 있으면 rɑ라고 한다. 다른 곳은 여전히 "啊"이다. 예를 들면 "多好的战士呀!(얼마나 좋은 병사인가!)", "谁在那儿敲门哪?(누가 거기에서 문을 두드리나요?)", "你仔细听啊!(너 자세하게 들어!)", "你快点儿照哇!(당신 얼른 좀 찍으세요!)"이다.

어기사는 때로 연용할 수 있는데 예를 들면 "你也别躲躲闪闪的啦!"의 "啦"는 "了啊"의 합음이고 "的啦"는 세 어기사의 연용이다. 두 어기사 연용의 예는 "你听见小王刚才说什么了吗?", "这是要犯错误的呀!"이다.

어기사는 대부분 문장의 끝에 쓰이고 어떤 것은 문장의 중간에 쓰이기도 한다. 예를 들면 다음과 같다.

① 我呀，才没那么爱哭呢! (나는 그렇게 우는 것을 좋아하지 않아!)

② 小王也好，老张也好，总之你们得去个人吧!

(왕군도 좋고, 장씨도 좋아, 어쨌든 너희 중에 한 사람은 가야 한다!)

③ 这件事情嘛，我们早就作了结论了。(이 일은, 우리들이 벌써 결론을 내렸다.)

④ 桌上摆的什么木樨肉哇，辣子鸡丁啊，樟茶鸭呀，有十好几样儿菜。

(탁자 위에 차려진 것은 木樨肉, 辣子鸡丁, 樟茶鸭 등 십여 가지의 요리가 있다.)

⑤ 你们呢，就别再钱哪钱哪地叫个没完啦!

(너희들은, 다시는 "돈", "돈" 하며 끊임없이 부르지 마라!)

어기사 "罢了"는 "이와 같을 따름이다"를 나타내어, 일을 작은 것으로 말하는 의미를 가지고 있다. "着呢"는 긍정을 나타내고, 정도를 깊게 하며 과장하는 의미를 가지고 있다. 예를 들면 다음과 같다.

⑥ 不过是当个群众演员罢了。(다만 대중 배우가 되었을 뿐이다.)

⑦ 张老师的字写得棒着呢! (장선생님은 글자를 정말 잘 쓰신다!)

"也罢"와 "也好"는 용인하거나 다만 이와 같아야 함을 나타내어, 예를 들면 "他不同意也罢, 不必勉强(그가 동의하든 안하든, 억지로 할 필요 없다)"으로 두 개나 더 많은 것을 연용할 때 어떤 상황에서도 이와 같음을 나타내어 위의 예문 ②와 같다. "来着"는 일찍이 발생한 적이 있음을 나타내어, 예를 들면 "昨天我去游泳来着(어제 나는 수영하러 갔었다)"이다. "不成"은 문말에서 반문(反问) 어기를 나타내는 데 자주 쓰이는데 예를 들면 "我难道还怕你不成?(내가 설마 아직 너를 두려워하는 것은 아니겠지?)"이고, "的话"는 단문 끝에서 가설 어기를 나타내는 데 자주 쓰이는데 예를 들면 "你要是想去的话, 就赶紧做准备(네가 가고 싶으면, 얼른 준비해라)"이다.

어기사는 어기를 나타낼 뿐만 아니라, 문장의 구성과 의미를 나타내는 데도 중요한 역할을 한다. 예를 들면 "他刚才玩来着"에서 만약 "来着"를 삭제하면 문장은 성립할 수 없다. "好!", "好了!", ; "他不在", "他不在了" ; "小王!", "小王呢?"를 시험 삼아 상호 비교하면, 어기사가 없는 문장과 어기사가 있는 문장이 표현하는 뜻은 서로 매우 같지 않다.

어기사 "的", "了"는 동시에 또 조사이다. 구조 조사 "的"는 한정어와 중심어를 잇거나 "的"자구 뒤에 쓰이고, 어기사 "的"는 문장 끝이나 단문 끝에 쓰인다. 동태 조사 "了"는 동사·형용사의 뒤에서 완성·실현 등의 문법 의미를 나타내고, 습관적으로 "了$_1$"이라 한다. 어기사 "了"는 문장 끝이나 단문 끝에 쓰이고 일에 변화가 발생하였거나 새로운 상황이 출현하였음을 나타내고, 습관적으로 "了$_2$"라고 한다. 만약 동사·형용사의 뒤에 있기도 하고, 또 문장 끝에 있기도 하면 "了$_1$+了$_2$"라고 볼 수 있다. 예를 들면 다음과 같다.

⑧ 我吃了饭来的。(나는 밥 먹으로 온 것이다.) (了$_1$)

⑨ 外边下雨了。(밖에 비가 내렸다.) (了$_2$)

⑩ 我已经看了三遍了。(나는 이미 세 번을 봤다.) (了$_1$+了$_2$)

⑪ 我昨天去了。(나는 어제 갔다.) (了$_1$+了$_2$)

2. 단어의 겹품사와 활용

(1) 단어의 겹품사

한어 대다수 단어의 성질은 단순하여, 어떤 하나의 품사에 들 수 있다. 예를 들면 "工人", "书籍", "念", "写", "漂亮"의 단어 성질은 모두 단일하다. 그러나 기타 언어와 마찬가지로 한어도 일부 단어는 자주 두 가지 혹은 두 가지 이상의 단어 성질을 가지고 있어, 두 가지나 두 가지 이상의 품사로 분류할 수 있고, 아울러 단어의 의미는 서로 관련이 있다. 이것이 바로 겸품사(兼类) 현상이다. 이런 단어는 습관적으로 겸품사어(兼类词)라고 한다. 예를 들면 다음과 같다.

① 昨天下午我们在礼堂听了一个报告。(어제 오후 우리는 강당에서 보고서를 들었다.)

② 侦察兵向首长报告了敌人的兵力部署情况。
(정찰병은 대장에게 적의 병력 배치 상황을 보고하였다.)

㉧ ①의 "报告"는 앞에 수량사가 있고, 문장 중에 빈어로 쓰이는 명사이다. ㉧ ②의 "报告"는 문장에서 서술어로 쓰이고 빈어를 가지는 동사이다. "报告"란 단어의 명사 용법과 동사 용법은 모두 자주 보는 것이고 게다가 단어의 의미 간에 명확한 파생 관계가 존재하고 있기 때문에 "报告"는 겸품사어이다. 겸품사어는 어떤 단어의 모든 용법에 대하여 말한 것으로, 단어의 한 의미 항목 자체로 말하거나 일단 구체적인 위아래 문장에 들어가면 겸품사어의 단어 성질도 단일한 것이다. 어떤 겸품사어는 의미상 변화가 크지 않고 다만 문법 성질이 변하는데, 예를 들면 "很方便"의 "方便"과 "方便群众"의 "方便"은 어휘 의미에서는 별로 다르지 않은데 다만 두 번째 "方便"은 사역의 의미를 가지고 있다.

겸품사어는 공시적 각도로 본 것이고, 통시적 각도로 보면 겸품사는 실제로 종류가 바뀐 것으로서 하나의 단어 성질이 또 다른 단어 성질로 바뀌었다. 겸품사어는 각양각색의 종류를 겸하는데 예를 들면 다음과 같다.

명사와 동사에 겸하여 속하는 것 : 领导, 编辑, 工作, 发明, 贡献, 代表, 病, 锁……

명사와 형용사에 겸하여 속하는 것 : 科学, 精神, 经济, 理想, 幸福, 铁, 轴……

동사와 형용사에 겸하여 속하는 것 : 丰富, 繁荣, 端正, 明白, 稳定, 破, 红……

또 어떤 것은 세 가지 품사에 겸하여 속하는데, 예를 들면 "便宜", "方便"은 명사・동사・형용사의 세 품사에 겸하여 속한다. "在"는 동사・개사・부사 세 종류에 겸하여 속한다.

동음어와 겸품사어의 차이에 주의해야 하는데, 예를 들면 다음과 같다.

③ 他手里拿着一束花。(그는 손에 한 다발의 꽃을 들고 있다.)

④ 他把这个月的工资全花光了。(그는 이 달의 월급을 전부 다 써버렸다.)

예 ③의 "花"는 명사이고, 예 ④의 "花"는 동사로, 그들은 단어 의미에 있어 아무런 관계가 없고, 동음어이고 겸품사어가 아니다.

(2) 단어 성질 활용

단어 성질 활용은 단어가 특정한 언어 환경에서 임시로 단어 성질이 바뀌어 다른 종류의 단어로 쓰이는 것을 가리킨다. 예를 들면 다음과 같다.

① 我同时便机械地拧转身子，用力往外只一挤，觉得背后便已满满的，大约那弹性的胖绅士早在我的空处胖开了他的右半身了。(鲁迅：≪社戏≫)
(나는 동시에 기계적으로 몸을 틀어, 힘써서 밖으로 밀쳐보니, 등 뒤가 이미 가득찬 것을 느꼈는데, 대략 그 탄력 있는 뚱뚱한 신사가 일찍이 나의 빈 곳에 그의 우반신을 비집고 들어왔다.)

② 老栓，就是运气了你！(鲁迅：≪药≫) (전씨, 바로 당신을 운 좋게 했어!)

예 ①의 "胖"은 형용사인데, 여기에서는 임시로 동사로 사용되고 있다. 예 ②의 "运气"는 명사인데, 여기에서는 임시로 동사로 사용되고 있다. 단어 성질의 활용은 일종의 수사 현상으로 문법의 일상 규칙에 대한 돌파이며, 단어의 겸품사와는 다른 것이다. 단어 성질의 활용은 단어의 용법에 부여하는 임시적인 것으로 단어 자체가 가지고 있는 문법 특징이 아니어서 사전에 기입되지 않는다. 특정한 언어 환경을 떠나면 이 용법은 소실될 것이다.

사고와 연습

1. 부사는 무엇이고, 부사는 몇 종류로 나누어지는가?
2. 개사는 무엇이고, 개사는 몇 종류로 나누어지는가?
3. 접속사는 무엇이고, 접속사는 몇 종류로 나누어지는가?
4. 조사는 무엇이고, 조사는 몇 종류로 나누어지는가?
5. 어기사는 무엇이고, 어기사는 몇 종류로 나누어지는가?
6. 단어의 겸품사는 무엇인가? 단어의 활용은 무엇인가?
7. 아래 각 문장 중에 중점이 찍힌 단어는 단어 성질과 의미를 나타내는 면에서 어떤 다른 점이 있는지 비교하라.

   ① 这个人不会过日子。我去过上海。飞机飞过台湾海峡。

   ② 你的工作组织上会安排的。他是一个卖菜的。

   ③ 这个问题，他已经作了详细的分析。他的作业都完成了。我在北京住了十年了。

8. 아래 허사의 단어 성질을 가리키고, 그들로 각각 한 문장을 만들어라.

   关于　论　来着　同　通过　以免　否则　除了　即使

9. 아래 문장 중의 단어를 세로 선으로 나누고 단어 성질을 표시하라.

   不管我的梦想能否成为事实，说出来总是好玩儿的：

   春天，我将要住在杭州。二十年前，旧历的二月初，在西湖我看见了嫩柳与菜花，碧浪与翠竹。由我看到的那点儿春光，已经可以断定，杭州的春天必定会教人整天生活在诗与图画之中。所以，春天我的家应当是在杭州。

   夏天，我想青城山应当算作最理想的地方。在那里，我虽然只住过十天，可是它的幽静已拴住了我的心灵。在我所看见过的山水中， 只有这里没有使我失望。到处都是绿，目之所及，那片淡而光润的绿色都在轻轻地颤动，仿佛要流入空中与心中似的。这个绿色会像音乐，涤清了心中的万虑。

   秋天一定要住北平。天堂是什么样子，我不知道，但是从我的生活经验去判断，北平之秋便是天堂。论天气，不冷不热。论吃的，苹果，梨，柿子，枣儿，葡萄，每样都有若干种。论花草，菊花种类之多，花式之奇，可以甲天下。西山有红叶可见，北海

可以划船 — 虽然荷花已残，荷叶可还有一片清香。衣食住行，在北平的秋天，是没有一项不使人满意的。

冬天，我还没有打好主意，成都或者相当得合适，虽然并不怎样和暖，可是为了水仙，素心腊梅，各色的茶花，放佛就受一点儿寒冷，也颇值得去了。昆明的花也多，而且天气比成都好，可是旧书铺与精美而便宜的小吃远不及成都那么多。好吧，就暂这么规定：冬大不住成都便住昆明吧。

在抗战中，我没能发国难财。我想，抗战胜利以后，我必能阔起来。那时候，假若飞机减价，一二百元就能买一架的话，我就自备一架，择黄道吉日慢慢地飞行。

(节选自老舍 《住的梦》)

⑩ 아래 단어에 단어 성질을 주석으로 달아라.(겸품사인 것은 나누어 달아라.)

架次 其他 辩证 任何 正常 不断 修养 报告 继续 行动
刚刚 所谓 感慨 不宜 擅长 奢望 企图 然后 勇敢 可爱
等同 恋爱 根本 障碍 侥幸 居然 不惜 乐得 许多 密切
包裹 未免 上下 唯恐 从来 从此 全部 无限 光景 形象
努力 偶然 传统 消遣 一齐 自觉 故意 通知 始终 是否
格外 必定 几乎 完全 唯物 充分 不妨 集中 勇气 保险
宁可 节约 及格 一般 尽量 另外 从事 要紧 简直 只好
其余 必须 同样 忽然 个别 奖励 一度 狐疑 巩固 刚才
难免 相反 性急 擅自 来源 开外 勇于 明白 难怪 断然
乐于 善于 惭愧 后悔 乐意 差点儿 太 全 扇 各

제4절 구

1. 구(词组) 개론

구는 단어와 단어가 일정한 의미 호응 관계와 문법 구조 규칙에 따라 조합한 문법 단위이다. 임의적으로 두 단어가 결합하여 구를 이룰 수 있는 것은 결코 확실하지 않다. 예를 들면 "他们"과 "已经"이 결합한 "他们已经"은 구가 아니다. "已经"과 "出发"가 조합한 "已经出发", "他们"과 "出发"가 조합한 "他们出发"는 모두 구이다. 단어와 단어가 구를 조합하는 데 있어서 의미 호응 관계와 문법 구조 규칙의 제약을 받아야 하고 그렇지 않으면 구를 구성할 수 없다. 구는 "短语"라고도 부르는데, "短"은 처해진 문장에 상대해서 말하는 것으로 사실 확실히 "짧은" 것도 아니어서, 우리는 "词组"란 명칭을 채택한다.

구는 단어와 문장 사이에 끼어 있는 문법 단위이다. 구는 단어와 똑같이 모두 언어의 예비 단위로서, 정태 단위이며, 문장을 만드는 재료이고, 그 전체 기능은 늘 하나의 단어에 해당한다. 구와 문장은 모두 단어 조합으로 이루어진 구조체이고, 그 수량은 무한하며, 의미 호응과 문법 구조 관계만 부합한다면 구성될 수 있다. 한어는 수많은 중요한 통사적 의미 규칙이 구 단위에서 이미 나타나, 구는 한어 문법에서 중요한 지위를 차지하고 있다. 구에 대한 묘사와 연구는 품사에 대한 인식을 심화하고 검증할 수 있으며 문장의 구조 분석을 위하여 기초를 쌓았다.

구와 문장이 비록 구조 형식에서 서로 같은 점이 많이 있을지라도 필경 다른 평면상에 놓인 성질이 다른 언어 단위이다. 이론적으로 말하면 구는 문장 중에서 절취한 언어의 단편이다. 구는 어떤 것은 자유롭고 단독으로 말할 수 있다. 또 어떤 것은 의존적이어서, 홀로 말할 수 없다. 예를 들면 "对于他", "所喜欢", "刚才念", "春天来" 이 몇 개 구는 바로 의존적이어서 독립적으로 문장을 이룰 방법이 없다. 구는 문장이 가지고 있는 어기, 어조, 각종 독립 성분이 없고, 자유롭게 자리를 옮기거나 식을 바꾸거나 생략할 수 없고, 또 문장처럼 그렇게 현실 언어 환경과 직접적으로 관계하고 화용 함의를 얻을 수 없다. 이 때문에 구 분석은 문장 분석을 대체하며 구는 독립적으로 문장이 되고, 구와 문장 차이의 관점이 똑같이 단편적이라고 홀시하는 것은 한어 사실에 완전히 부합하지 않는다.

구는 구조체로서 직접 성분으로 이루어진다. 절대 다수의 구는 모두 2합으로 한 번에 두 개의 직접 성분으로 나눌 수 있어, 예를 들면 "人民 / 公仆" "讨论 / 语法问题"이다. 소수의 구는 여러 개를 합한 것으로 즉 3합이나 3합 이상으로, 예를 들면 "工人, 农民和知识分子"이다. 단어가 직접 성분을 충당하는 구는 간단구(简单句)라 하고, 구가 직접 성분을 충당하는 구는 복잡구(复杂句)라고 한다. 복잡구는 간단구를 확장한 결과이다. 구의 확장은 두 가지가 있는데, 하나는 하나의 중심을 향하여 수식어를 증가하는 확장으로, 예를 들면 "一顶帐篷"은 "一顶新式旅游帐篷"으로 확장되는데, 이런 확장은 구의 구조를 바꾸지 않는다. 또 다른 것은 한 중심을 떠나서 다시 또 다른 중심을 증가하는 확장으로, 예를 들면 “已经出发”는 “他们已经出发”로 확장되고, 이런 확장은 구의 구조를 바꾸었다.

구는 실사와 실사로 이루어질 수 있고, 실사와 허사로 이루어질 수도 있다. 한어 문법 학사에서 실사와 허사가 조합한 구는 일찍이 “구조(结构)”와 “개사구(介词结构)”라고 불렸고, 현재는 구라고 통틀어 말한다. 허사는 구에서 어떤 것은 직접 성분으로 쓰이는데, 예를 들면 “从北京”의 “从”, “好看的”의 “的”이다. 또 어떤 것은 직접 성분으로 쓰이지 않는데, 예를 들면 “老张和老王”의 “和”, “伟大的祖国”의 “的”이다. 직접 성분으로 쓰일 수 있는지는 허사가 구조의 한 면을 차지하는지를 보아야 하고, 개빈구(介宾词组) 중의 “개사”, 的자 구조의 “的”는 모두 직접 성분이다. 구는 세 각도로부터 문법 고찰을 한다. 첫째는 직접 성분의 품사, 둘째는 직접 성분 간의 관계, 셋째는 모든 구의 기능이다. 예를 들면 “认真学习” 이 구는 다른 각도로 관찰한 결과로부터 각각 “형용사+동사”, “수식관계”, “동사성구(动词性词组)”이다.

2. 구의 구조 분류와 기능 분류

(1) 구의 구조 분류

구의 구조 분류는 내부의 구조 관계에 따라 진행한 분류이다. 분류의 명칭은 구조 관계로 명명한 것이 있고, 특정한 표지어로 명명한 것도 있다.

1 주서술어구 : 주어와 서술어 두 부분으로 나뉜다. 주어는 “谁”, “什么”류의 문제에 대답하고 나타내는 진술의 대상이다. 서술어는 “怎么样”, “是什么”, “做什么”부류의 문제에 대답하고 나타내며 주어에 대하여 진술한다. 예를 들면 다음과 같다.

① 汽车行驶 (명사+동사) ② 阳光灿烂 (명사+형용사)
③ 今天春节 (명사+명사) ④ 发言踊跃 (동사+형용사)
⑤ 掌声阵阵 (명사+양사) ⑥ 剪彩开始 (동사+동사)
⑦ 肥胖危险 (형용사+형용사) ⑧ 八块一斤 (수량사+수량사)

주서술어 관계는 피진술과 진술의 관계이고, 직접 성분의 품사 호응에 이르러서는 여러 유형이 있다. 주서술어구를 식별하는 것은 특히 구조 관계를 파악하는데 특히 주의해야 한다.

② **동빈구** : 동사와 빈어 두 부분으로 나뉜다. 앞부분은 동사나 동사성 성분이고, 뒷부분은 동작 변화와 관련된 사물을 나타내는데, 즉 동사가 지배하고 관계하는 대상이다. "什么", "谁", "哪儿" 등의 문제에 대답한다. 예를 들면 다음과 같다.

① 发现真理 (동사+명사) ② 显得精神 (동사+형용사)
③ 支持我们 (동사+대명사) ④ 害怕批评 (동사+동사)
⑤ 来了客人 (동사+명사) ⑥ 端正态度 (동사+명사)
⑦ 加以解决 (동사+동사) ⑧ 繁荣市场 (동사+명사)

③ **수식구** : 아래 두 구로 나눌 수 있다.

1) **정중구**(定中词组) : 한정어와 중심어 두 부분으로 나뉜다. 중심어는 대부분 명사성 성분이다. 한정어는 중심어에 대하여 수식하고 제한을 하는 것으로 "谁的", "什么样的", "什么时候的", "哪儿的", "多少" 부류의 문제에 대답한다. 예를 들면 다음과 같다.

① 木头桌子 (명사+명사) ② 三斤黄瓜 (수량사+명사)
③ 北京的故事 (명사+명사) ④ 飞驰的汽车 (동사+명사)
⑤ 敌人的撤退 (명사+동사) ⑥ 他们的勇敢 (대명사+형용사)
⑦ 晴朗的天空 (형용사+명사) ⑧ 教材的出版 (명사+동사)

2) **상중구**(状中词组) : 부사어와 중심어 두 부분으로 나뉜다. 중심어는 대부분 동사성 · 형용사성 성분이다. 부사어는 중심어에 대하여 수식하고 제한하며, "怎么", "怎样", "怎么样", "为什么", "多么", "什么时候", "什么地方" 부류의 문제에 대답한다. 예를 들면 다음과 같다.

① 认真处理 (형용사+동사) ② 批判地继承 (동사+동사)
③ 明天道达 (명사+동사) ④ 非常积极 (부사+형용사)
⑤ 忽然离开 (부사+동사) ⑥ 已经三年 (부사+수량사)
⑦ 操场集合 (명사+동사) ⑧ 怎么操作 (대명사+동사)

④ **보충구** : 서술어와 보어 두 부분으로 이루어져, 앞부분은 동사 · 형용사성 성분이고, 뒷부분은 앞부분을 보충 설명한다. 예를 들면 다음과 같다.

① 坚持下来 (동사+동사)
② 写得认真 (동사+형용사)
③ 舒服得很 (형용사+부사)
④ 出去一趟 (동사+수량사)
⑤ 安静几天 (형용사+수량사)
⑥ 吃个痛快 (동사+형용사)
⑦ 长了三尺 (형용사+수량사)
⑧ 急得一头汗 (형용사+수량명구)

⑤ 연합구 : 두 개 혹은 두 개 이상의 부분으로 이루어진다. 각 부분의 문법 지위는 평등하고, 주된 것과 부차적인 것으로 나누지 않는다. 예를 들면 다음과 같다.

① 白菜跟萝卜 (명사+명사)
② 辱骂与恐吓 (동사+동사)
③ 既准确又生动 (형용사+형용사)
④ 継承并且发展 (동사+동사)
⑤ 一个或者两个 (수량사+수량사)
⑥ 爸爸、妈妈和我 (명사+명사+대명사)
⑦ 团结、友谊、进步 (동사+명사+동사)
⑧ 昨天、今天和明天 (명사+명사+명사)

연합구 내부는 세 가지 논리적인 관계를 포함한다. 병렬 관계는 예 ①, ②, ③, ⑥, ⑦, ⑧을 들고, 상용 접속사는 "和, 跟, 同, 与"로 연결된다. 점층(递进) 관계는 예 ④를 들고, "并, 并且, 而且"를 자주 사용하여 나타낸다. 선택 관계는 예 ⑤를 드는데, "或, 或者, (是) …… 还是"를 자주 사용하여 나타낸다. 연합구 중의 각 부분은 만약 관련어를 사용하여 연결하지 않으면 중간에 때로 끊어 읽기(모점, 쉼표로 나타낸다)가 있거나, 때로 끊어 읽기가 없다. 각 부분은 문법 구조에서 비록 지위가 평등하고, 원칙적으로 호환하나 의미나 화용 방면은 오히려 제약을 받아, 선후 순서는 늘 일정한데, 예 ④, ⑥, ⑧의 어순은 변동하여서는 안 된다.

주서술어, 동빈, 수식, 보충, 연합 이 다섯 개의 구조는 한어 구의 기본 구조 유형이다.

⑥ 동위구(同位词组) : 복지구(复指词组)라고도 하는데, 두 부분이나 몇 개의 부분으로 이루어진다. 각 부분은 다른 각도로 같은 사람이나 사물을 지칭하고, 함께 한 통사 성분으로 쓰인다. 예를 들면 다음과 같다.

① 科学家李四光 (명사＋명사)

② 人家王师傅 (대명사＋명사)

③ 为谁服务这个问题 (동사＋명사)

④ 你们三位 (대명사＋수량사)

⑤ 王小林同志 (명사＋명사)

⑥ 驾驶员小王他自己 (명사＋명사＋대명사＋대명사)

7 연술구(连谓词组) : 두 개 혹은 몇 개의 부분으로 이루어진 동사성 구의 연용이고, 또 때로 동사성과 형용사성 구의 연용이다. 각 부분 사이는 음성 끊어 읽기가 없고, 관련어가 없으며, 주서술어 · 동빈 · 보충 · 연합의 통사 관계도 없다. 예를 들면 다음과 같다.

① 上街买菜 (거리에 나가 장을 보다.)

② 打着雨伞去电影院看电影 (우산을 펴고 영화관에 영화를 보러 가다.)

③ 听了很高兴 (들으니 매우 기쁘다.)

④ 有信心完成这个任务 (이 임무를 완성할 자신이 있다.)

⑤ 赶到山坡上吃青草 (서둘러 산언덕에 올라 푸른 풀을 먹는다.)

⑥ 请到工厂当厂长 (공장에서 공장장이 되기를 청한다.)

연술구는 연동구(连动句)라고도 부르고, 각 부분은 대부분 선후의 동작이고 동일 주어가 동작하는 것으로 예 ①, ②를 든다. 각 부분의 주어가 불일치하는 것도 있는데, 예 ⑤, ⑥을 든다.

8 겸어구 : 겸어구는 두 부분으로 이루어지는데, 그것의 앞부분은 동빈구이고, 이 빈어는 또 뒷부분 서술어의 주어로 겸어라고 한다. 예를 들면 다음과 같다.

① 请对方注意 (상대방이 주의할 것을 요청한다.)

② 派小王到沈阳 (왕군을 심양에 파견 보낸다.)

③ 让人高兴 (사람을 기쁘게 한다.)

④ 有人不同意 (동의하지 않는 사람이 있다.)

⑤ 生个儿子大眼睛 (아들을 낳았는데 눈이 크다.)

⑥ 是他代替我 (그가 나를 대체한다.)

9 방위구 : 방위사가 단어 뒤에 부가되어 이루어진다. 예를 들면 다음과 같다.

① 教室里 (교실 안)　　② 桌子上边 (탁자 위)

③ 放假以前 (방학하기 이전)　　④ 富裕之后 (부유한 후)

방위사는 대부분 명사성 단어의 뒤에 부가하고 동사성 · 형용사성 단어의 뒤에도 부가하는데, ⓔ ③, ④를 든다.

⑩ **개빈구** : 개사와 그것이 매개하여 이끄는 빈어로 이루어진다. 예를 들면 다음과 같다.

① 在教室里 (看书)　　② 从今天 (开始)

③ 把问题 (搞清楚)　　④ 对月球 (的研究)

⑤ (来) 自边疆　　⑥ (生) 于1950年

개빈구는 동사의 앞에서 부사어로 쓰이는데, ⓔ ①을 든다. 동사의 뒤에서는 보어로 쓰이는데, ⓔ ⑤를 들어 "전상후보(前状后补)"설이 있다. "关于, 对于, 对, 同, 跟"으로 이루어진 개빈구도 자주 한정어로 쓰이는데, ⓔ ④를 든다.

⑪ **양사구** : 양사의 앞에 수사, 지시대명사, 의문대명사 혹은 형용사 "大, 小, 满" 등을 더하여 이루어진다. 수사는 양사를 더하여 수량구라고 하고, 지시 대명사는 양사를 더하여 지량구(指量句)라고 하며, 의문대명사는 양사를 더하여 문량구(问量句)라고 한다. 수량구(数量词组)는 수량사(数量词)라고도 약칭하는데, 예를 들면 다음과 같다.

三条　这只　哪个　那五本　一大块　这一小堆　一满杯

이상 양사구의 양사는 모두 명량사이다. 동량구로 이루어진 구도 있는데, 예를 들면 다음과 같다.

三回　这一趟　哪次　这两回

⑫ **"的" 자구** : 구조 조사 "的"가 단어의 뒤에 부가되어 이루어져 사람이나 사물을 지칭하는 데 쓰인다. 예를 들면 다음과 같다.

① 木头的 (家具)　　② 个体的 (商店)

③ 教英语的 (老师)　　④ 盛米的 (口袋)

⑤ 聪明的 (孩子)　　⑥ 他写的 (文章)

"的"자구 뒤에 자주 사람이나 사물을 나타내는 명사로 보충하면 정중구(定中句)

로 바뀔 수 있는데, 위에 각 예를 든다. 만약 언어 환경을 떠나면 "的"자구의 지칭은 굉장히 큰 개괄성을 가지고 있다. 예를 들면 "木头的"는 나무로 만든 일체의 물건을 대신하여 가리키고, "聪明的"는 모든 똑똑한 사람을 가리킨다. 조금 주의해야 하는 것은 무릇 정중구가 모두 생략하여 된 "的"자구라고 여겨서는 안 된다는 것이다. 예를 들면 "开车的技术"는 일반적으로 "开车的"라고 할 수 없고, 윗글에서 이미 설명한 것을 제외하고 특히 "技术"를 가리키는 것은 예를 들어 "各种技术他都会：开车的, 修车的"이다. "동빈구＋的"로 사람을 지칭할 때는 늘 존중하지 않는 의미를 가진다. 예를 들면 "卖菜的", "送信的"이다.

⑬ **"所" 자구**：구조 조사 "所"가 동사 앞에 부가되어 이루어진다. 예를 들면 "所见", "所想", "所采用", "所喜欢"이고, "所"자구는 자주 일부 문언 격식에 쓰이거나 동사 "有, 无"의 뒤에 쓰인다. 예를 들면 "所答非所问", "所言极是", "有所发现", "无所作为"이다. 더욱 많은 상황으로 하나는 뒤에 "的"를 더하여 "的"자구를 구성하거나 한정어로 쓰이는 것인데, 예를 들면 "所引用的都是名家的作品", "所谈的观点并不新鲜"이다. 두 번째는 "所"자구의 앞에 명사구를 더하여 수식구가 되는 것이다. 예를 들면 "他所发表的文章", "群众所喜欢的" 중의 "他所发表", "群众所喜欢"이다. 이런 편정구는 활용할 때 늘 뒤에 구조 조사 "的"를 더해야 한다.

⑭ **비황구(比况词组)**：구조 조사 "似的, 一样, (一)般"이 명사성 혹은 동사성 단어의 뒤에 부가되어 이루어진다. 예를 들면 "傻子似的", "有经验似的", "海一样", "排山倒海般", "像狐狸一般"이다.

(2) 구의 기능 분류

구는 단어와 똑같이 모두 문장을 만드는 단위이다. 어떤 구 자체는 능히 독립적으로 말이 될 수 있다. 어떤 구 자체는 독립적으로 말이 될 수 없고 다만 다른 단어나 구와 조합하여 문장을 만들 수 있고, 이러한 구는 의존구(黏着词组)라고 한다. 구의 기능 분류와 품사 분류의 기준은 일치해야 하는 것으로, 주요한 분류 근거는 구가 문장 성분을 맡는 능력 및 다른 단어나 구와의 조합 능력이다. 일반적으로 말해서 구의 내부 구조는 곧 이 구의 문법 기능을 결정하였고, 구조 유형이 서로 같은 구는 그 기능이 늘 서로 같다. 하지만 구조 유형이 서로 같은 구는 그 직접 성분이 같지 않은 것도 아마 기능상의 차이를 초래할 것이기 때문에, 여전히 구체적인 분석을 할 필요가 있다. 동시에 내부 구조가 다른 구는 그 기능이 오히려 서로 같을 것이다. 구 구조와 기능의 복잡한 대응 상황은 구의 기능 분류가 구의 문법 단위를 인식하는 것에 대하여도 매우 중요하다고 설명한다.

구의 기능 분류는 품사와 비교하고 대조하여 진행하는데 채택한 명칭도 품사의 명칭이다. 구의 기능 유형은 주로 "명사성구, 동사성구, 형용사성구, 부사성구" 네 가지이다.

1 **명사성구** : 명사성구의 기능은 명사에 상당하고, 대다수는 자유구이다.

1) **정중구** : 정중구는 문장에서 자주 주어, 빈어로 쓰이고, 한정어로도 쓰이며, 일정한 조건에서 서술어로 쓰이기도 하고, 소수는 보어로 쓰일 수도 있다.

정중구의 중심어는 일반적으로 명사나 명사성 단어로, 그 중심어의 기능은 구와의 전체 기능과 일치한다. 예를 들면 다음과 같다.

① 孩子的父亲 (孩子的父亲买来了学习用品 — 아이의 아버지는 학습용품을 사왔다.)

② 最出色的一个 (他是我们班里最出色的一个 — 그는 우리 반에서 가장 훌륭한 사람이다.)

③ 新版教材 (新版教材的征订已经开始了 — 신판 교재의 예약 구독 모집이 이미 시작되었다.)

상태 형용사(형용사 중첩식을 포함한다)는 한정어로 쓰이는 정중구 및 수량 명사구도 자주 서술어와 보어로 쓰인다. 예를 들면 다음과 같다.

④ 高高的个子 (老张高高的个子 — 장씨의 높은 키)

⑤ 雪白的墙壁 (屋子里面雪白的墙壁 — 방 안의 눈처럼 하얀 벽)

⑥ 一身汗 (老张累得一身汗 — 장씨는 피곤하여 온 몸에 땀이다.)

어떤 정중구의 중심어는 동사, 형용사, 동사성이나 형용사성 단어로, 예를 들면 다음과 같다.

⑦ 祖国的强大 (祖国的强大是我们的心愿 — 조국의 강대함은 우리들의 바람)

⑧ 他的微笑 (我永远不会忘记他的微笑 — 나는 영원히 그의 미소를 잊지 못할 것이다.)

⑨ 王老师的耐心辅导 (王老师的耐心辅导给了我很大帮助 — 왕 선생님의 참을성 있는 도움과 지도는 나에게 큰 도움을 주었다.)

⑩ 对方的拒绝合作 (对方的拒绝合作使谈判进入了僵局 — 상대방이 합작을 거절한

것은 회담으로 하여 교착 국면으로 접어들게 하였다.)

이런 언어 현상은 서면어 중에 많이 나타나고, 구 기능은 중심어의 기능과 불일치하고, 전체는 명사성이다.

2) **방위구** : 방위구는 주로 장소와 시간을 나타내는 데 쓰이는 것이고, 그 기능은 장소 명사와 시간 명사에 해당하며, 주어 · 빈어 · 한정어로 쓰일 수 있는 것 이외에 부사어로 쓰일 수도 있다. 예를 들면 다음과 같다.

① 解放以后，我们又回到了北京。(해방 이후에 우리는 또 북경에 돌아갔다.)

② 咱们屋里谈。(우리 방 안에서 이야기해요.)

3) **양사구** : 명량사로 구성한 양사구이다. 시간(시점(时点)과 시단(时段))을 나타내는 양사구로 예를 들면 "三天", "这一年", "五点"은 부사어로 쓰일 수 있고, 시단을 나타내는 것은 또 보어로 쓰일 수 있으며, 이것은 일반적인 명사와 다르다.

4) **"的"자구** : 사람이나 사물을 가리키고, 명사에 해당한다. 명사와 다른 것은 "的"자구의 뒤에 다시 "的"를 더할 수 없다는 것이다. 예를 들면 "卖菜的草帽"는 "*卖菜的的草帽"라고 할 수 없다.

5) **동위구** : 다른 각도로 동일한 사람이나 사물을 지칭하고, 그 직접 성분은 모두 혹은 최소한 하나는 명사성 성분이며 전체는 하나의 지칭이고, 일반적으로 주어 · 빈어 · 한정어로 쓰인다. 예를 들면 "为人民服务这个问题一定要解决好(사람들에게 봉사하기 위해서 이 문제는 다 해결되어야 한다)", "偷东西的就是驾驶员小王他自己(물건을 훔친 사람은 바로 운전사 왕군 자신이다)", "李大光教授的著作(이대광 교수의 저작)"이다.

6) **"所"자구** : "所"자구는 지칭하는 데 쓰이나 그것은 의존성으로서, 일반적으로 단독으로 문제에 대답할 수 없다. "所"자구 앞에 명사를 더할 때 한정어로만 쓰이거나 "的"자구를 구성한다. 예를 들면 "大家所喜欢的作品(모두가 좋아하는 작품)", "我们所反对的(우리들이 반대하는)"이다.

7) **연합구** : 명사나 명사성구가 직접 성분으로 쓰이는 연합구를 가리킨다. 개별 연합구는 직접 성분의 성질이 불일치한다. 다만 그중에 하나가 명사나 명사성이면, 구 전체 기능은 바로 명사성으로, 예를 들면 "团结，友谊，进步"이다.

8) **주서술어구** : 명사나 명사성구가 서술어로 쓰이는 주서술어 구조를 가리킨다. 예를 들면 다음과 같다.

① 十块钱三斤 (苹果十块钱三斤 — 사과는 10원에 3근이다.)

② 老张天津人 (老张天津人没错 — 장씨가 천진 사람이라는 것은 맞다.)

③ 今天星期天 (他说今天星期天 — 그는 오늘이 일요일이라고 말한다.)

2 동사성구 : 동사성구 기능은 동사와 같고, 일반적으로도 자유롭다. 문장에서 주로 서술어나 서술어 부분을 맡고 다른 문장 성분으로 쓰일 수도 있다.

1) **상중구**(状中词组) : 동사나 동사성 단어가 중심어로 쓰이는 상중구를 가리킨다. 예를 들면 다음과 같다.

① 认真地领会 (我们应该认真地领会文件精神 — 우리는 진지하게 문헌 정신을 이해해야만 한다.)

② 三点到达 (代表团三点到达 — 대표단은 3시에 도착한다.)

③ 已经完成 (这项工程已经完成 — 이 공정은 이미 완성되었다.)

④ 应该参加 (上级指示应该参加 — 상급자는 참가해야 한다고 지시한다.)

2) **동빈구** : 예를 들면 다음과 같다.

① 掌握技术 (掌握技术才能做好工作 — 기술을 장악해야 일을 다 할 수 있다.)

② 显得年轻 (刘教授显得年轻 — 유교수는 젊게 보인다.)

③ 开始上课 (现在我们开始上课 — 현재 우리는 수업을 시작한다.)

3) **보충구** : 동사가 보어를 가지는 보충구를 가리킨다. 예를 들면 다음과 같다.

① 拿出去 (他吩咐我们拿出去 — 그는 우리에게 가지고 나가라고 분부한다.)

② 干得好 (老师夸我们干得好 — 선생님은 우리가 잘하였다고 칭찬하신다.)

③ 打扫干净 (你们把教室打扫干净 — 우리는 교실을 깨끗하게 청소하였다.)

4) **연술구** : 예를 들면 다음과 같다.

① 来上学 (你明天可以来上学了 — 너는 내일 학교에 와도 된다.)

② 开门出去 (老李正打算开门出去 — 이군은 마침 문을 열고 나가려고 하였다.)

③ 听着高兴 (这消息会让他听着高兴 — 이 소식은 그로 하여금 듣고 기쁘게 할 것이다.)

5) **겸어구** : 예를 들면 다음과 같다.

① 请他来 (我们准备请他来 — 우리는 그에게 오라고 부탁하려고 준비한다.)

② 劝他戒烟 (劝他戒烟太难了 — 그에게 담배를 끊으라고 하는 것은 너무 어렵다.)

③ 买件衣服太小 (你爸爸买件衣服太小 — 너의 아빠는 옷을 사셨는데 너무 작다.)

6) **주서술어구** : 동사나 동사성 단어가 서술어를 맡는 주서술어 구조를 가리킨다. 예를 들면 다음과 같다.

① 我们考试 (我们考试的时间定在后天 — 우리가 시험 보는 시간은 마침 모레이다.)

② 自行车骑走了 (他告诉我自行车骑走了 — 그는 나에게 자전거를 타고 갔다고 알려주었다.)

③ 眼泪直流 (小王激动得眼泪直流 — 왕군은 감격하여 눈물을 줄곧 흘렸다.)

7) **연합구** : 동사나 동사성 단어가 직접 성분으로 쓰이는 연합구를 가리킨다. 예를 들면 다음과 같다.

① 讨论并通过 (这项决议已经讨论并通过了 — 이 결의는 이미 토론하고 통과되었다.)

② 学习和研究 (我们学习和研究现代汉语 — 우리들은 현대 한어를 공부하고 연구한다.)

③ 형용사성구 : 형용사성구의 기능은 형용사와 같고, 일반적으로 자유롭다. 문장에서 주로 서술어나 서술어 부분, 한정어와 보어로 쓰이고 다른 성분으로 쓰일 수도 있다.

1) **상중구**(状中词组) : 형용사나 형용사성 단어가 중심어로 쓰인 상중구를 가리킨다. 예를 들면 다음과 같다.

① 非常冷 (今天天气非常冷 — 오늘 날씨가 매우 춥다.)

② 很快 (这名前锋路跑得很快 — 이 선봉대는 매우 빨리 달린다.)

③ 不高 (我对这本书评价不高 — 나는 이 책에 대하여 평가가 높지 않다.)

2) **보충구** : 형용사가 보어를 가진 보충구를 가리킨다. 예를 들면 다음과 같다.

① 好得很 (退休干部的生活好得很 — 퇴직 간부의 생활은 매우 좋다.)

② 幸福极了 (王老师心里幸福极了 — 왕 선생님은 마음이 굉장히 행복하시다.)

③ 疼得直哭 (受伤的同学疼得直哭 — 다친 급우는 아파서 줄곧 운다.)

3) **비황구** : 예를 들면 다음과 같다.

① 公园一样 (公园一样的环境令人心旷神怡 — 공원과 같은 환경은 사람으로 하여금 마음이 후련하고 기분이 유쾌하게 한다.)

② 像喝水似的 (他喝酒像喝水似的 — 그는 술을 마시는 것이 물 마시는 것과 같다.)

③ 风卷残云般 (这帮人风卷残云般地吃了一屉花卷 — 이 사람들은 한꺼번에 깨끗이 쓸어 없애 버리듯이 한 시루의 꽃빵을 먹었다.)

4) **연합구** : 형용사나 형용사성 단어가 직접 성분인 연합구를 가리킨다. 예를 들면 다음과 같다.

① 又高又大 (他的身材长得又高又大 — 그의 몸매는 키가 크고 몸집이 크다.)

② 耐心细致 (她耐心细致地给我们解说 — 그녀는 참을성이 있고 세밀하게 우리들에게 해설을 해 준다.)

5) **주서술어구** : 형용사나 형용사성 단어가 서술어를 맡는 주서술어구를 가리킨다. 예를 들면 다음과 같다.

① 意志坚强 (他是一个意志坚强的人 — 그는 의지가 굳센 사람이다.)

② 发展迅速 (沿海经济发展迅速 — 연해 경제 발전은 신속하다.)

4 부사성구 : 부사성구의 기능은 부사와 같고, 개빈구 한 종류만 있다. 개빈구는 문장에서 주로 부사어나 보어로 쓰인다. 예를 들면 "我把东西放在桌子上"인데, 그중의 "把东西"와 "在桌子上" 모두 개빈구이다. 개빈구의 대다수는 모두 의존성이고 단독으로 문제에 대답할 수 없다. 어떤 "关于, 对于, 对, 跟, 同" 등 같은 개사로 구성한 개빈구는 한정어로 쓰일 수 있다. 예를 들면 "对这个问题的答复", "同战士们的谈话"이고, 이것은 부사 기능과 부합하지 않는다. "关于"로 구성한 개빈구는 자주 표제로 쓰이는데, 예를 들면 "关于农村的经济改革"이다. 이는 또한 다수 부사가 가지고 있지 않은 기능이다. 이 때문에 엄격히 말해서 개빈구는 부사어로 쓰이는 면에서 부사 기능과 같다.

구의 기능 분류는 대략적으로 구조 분류가 뚜렷한 것만 못하다. 개별 구 기능은 복잡하고, 분류하기 매우 어렵다. 예를 들면 동량구로 이루어진 구, "两次", "三趟", "一拳"은 주어 · 빈어 · 서술어 · 한정어 · 부사어 · 보어로 쓰일 수 있어, 간단히 어떤 종류로 구분하는 것은 좋지 않다.

3. 복잡구

(1) 복잡구(复杂词组)의 특징

구의 직접 성분 내부는 또 구를 포함하고 있는데, 이것이 바로 복잡구이다. 복잡구의 간단구(简单词组)와의 차이는 한편으로는 직접 성분의 구조에 나타나고, 또 한편으로는 구조 층차(层次)의 수량에 나타난다. 간단구의 직접 성분은 모두 단어이고, 이 때문에 이합이든 다합(多合)이든 간에 모두 하나의 구조 층차를 가지고 있고, 단층구이다. 복잡구는 최소 두 구조 층차를 가지고 있고, 다층구이다. 예를 들면 "团结/紧张/严肃/活泼"는 간단구이고, "伟大的/中国/人民"은 복잡구이다.

간단구는 확장을 거쳐 복잡구로 바뀔 수 있고, 복잡구는 확장을 거쳐 더욱 복잡하게 변한다. 예를 들면 다음과 같다.

完成任务 → 完成实验任务 → 完成重要的实验任务 → 完成非常重要的实验任务 → 完成一项非常重要的实验任务

표면적으로 보면, 확장은 일부 단어를 증가하고, 단어의 서열을 연장하였을 뿐이다. 분석을 거쳐 단계가 증가하는 현상을 관찰할 수 있다.

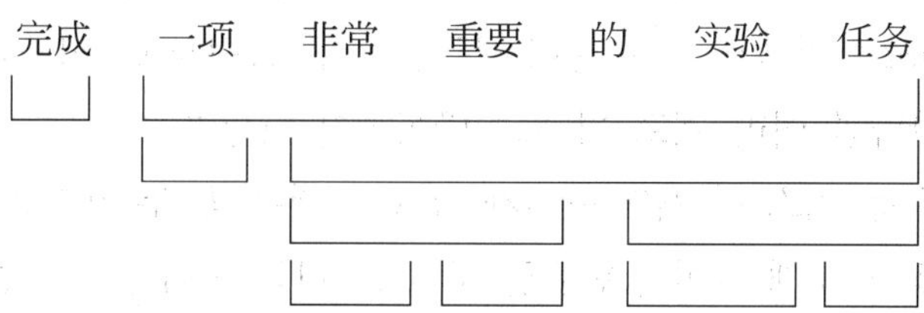

확장 후의 구는 네 단계가 있고, 모두 6개 조합이며, 그중에 세 번째 층과 네 번째 층은 각각 두 조합이 있다. 층차는 바로 구 중에 단어의 조합 순서라는 것을 볼 수 있다. 위에서 얻은 층차는 큰 것에서 작은 것으로 나눈 것으로, 만약 조합 순서를 따르면 작은 것에서 큰 것으로의 연결이어야 한다.

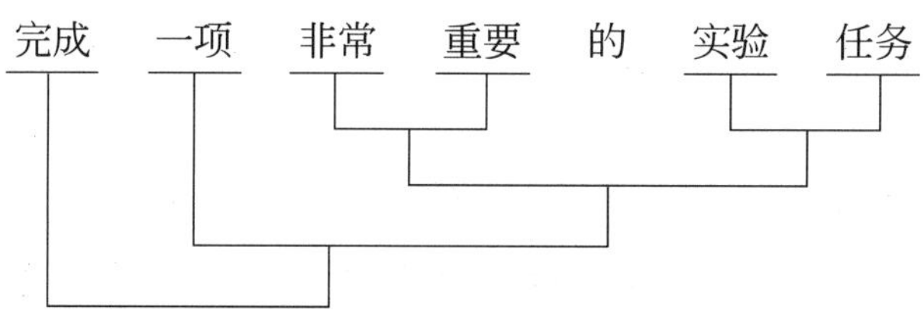

연결 분석이 얻는 층차는 나눔 분석과 일치한다.

복잡구의 구조 유형은 나눔이 얻은 첫 층차에 의거하여 확정된다. 이 때문에 "完成一项非常重要的实验任务"에서 확장 전의 "完成任务"는 동형구(同型句)이고, 모두 동빈 구조이다. 원래 구 기초에서 구 구조 유형을 바꾸지 않는 확장은 동형 확장이고 이와 반대는 동형 긴축이다. 동형 확장이나 긴축은 부가 성분, 연합 성분, 연술 성분 등을 증감하는 것으로, 기능이 서로 같은 단어나 구를 바꾸는 것을 말한다. 동형 긴축의 방법은 복잡구의 분석에서 대단히 유용하여, 이런 방법은 우리들이 복잡구의 구조 유형을 확정하는 것을 도울 수 있고, 주체와 중심을 찾아내며 문법 착오를 검사한다. 예를 들면 "研究分析最近出现的新情况" 이 복잡구는 그 중의 연합 성분과 부가 성분을 감축하였고, 그것을 "研究情况"으로 긴축하여 매우 빠르게 그 구조 유형을 확정하고 아울러 구조 중심을 찾아낼 수 있다.

(2) 복잡구의 분석 방법

복잡구의 분석은 직접 성분 분석법을 채택하는데, 단계 분석법이라고도 한다. 이 분석 방법의 핵심 내용은 구의 구조 단계를 드러내어 보이고, 단계에 따라서 직접 성분을 찾아내고 구조 유형을 분명히 지시한다. 단계 분석 진행은 큰 것에서 작은 것으로, 바깥에서 안으로 층층이 나누는 것을 요구하고, 이합을 만나면 이분하고 다합을 만나면 여러 개로 나누고 단어까지 나눈다.

하나의 복잡구는 최소 세 개의 단어가 있고, 이것은 곧 두 가지로 나눌 수 있다. 이론적으로 말하면, n개 단어를 함유한 구의 그 나눔 방법은 n－1종을 가지고 있다. 전체적으로 말해서 유효한 나눔은 반드시 아래의 세 원칙을 준수해야만 한다.

첫째, 나눈 부분은 반드시 문법 관계가 있어야 한다. 예를 들면 "我学语法" 이 구는 만약 "我学"와 "语法" 두 부분으로 나누면 마치 성립할 수 있을 것 같지만 두 부분이 어떤 문법 관계인지를 말할 수 없어 정확하지 않다. 정확한 나눔은 "我"와 "学语法" 사이를 나누어야 하고 양자는 주서술어 관계가 존재하고 있다.

둘째, 나누어진 각 부분은 반드시 한 단어나 구여야 하고, 일정한 뜻이 있어야 한다. 예를 들면 "一件新衬衫"인데, 만약 "一件新"과 "衬衫" 사이를 나누면, "一件新"은 하나의 구가 아니고 의미가 없다. 정확한 나눔은 "一件"의 뒤에서 해야 한다. 또 "能吃得很"을 예로 들면 "能 / 吃得很"으로 나누는데, "吃得很"은 의미를 나타내는 것이 뚜렷하지 않다. 정확한 나눔은 "能吃得 / 很"이다.

셋째, 나누어진 부분이 호응한다면 반드시 모든 구의 의미가 부합해야 한다. 예를 들면 "大红苹果"는 "大红"과 "苹果"로 나누고, 두 부분은 모두 의미가 있고 문법 관계도 있으나 이 구의 원래 뜻과 부합하지 않는다. 원래 뜻은 결코 "大红颜色的苹果"가 아니고 "大个儿的红苹果"로 나눌 때 먼저 "大"와 "红苹果"를 나누어야 한다.

우리는 나누어 분석할 때, 어느 곳에서 첫 칼을 써야 하는지가 대단히 중요하여 반드시 특별히 신중해야 한다. 왜냐하면 만약 첫 층을 잘못 자르면 곧 전 판을 패하고, 헛수고한다. 의미 구조의 신축성을 보면 나눔은 반드시 결합이 가장 느슨한 곳으로부터 시작해야 한다. 초보자는 개빈(介宾) 구조가 부사어로 쓰이는 상중 구조를 나눌 때, 예를 들어 "在教室看书"는 늘 개사 "在"를 먼저 나누는 것을 좋아해, 남은 "教室看书"는 처리할 방법이 없다. 정확한 나눔은 "在教室 / 看书"이다. 점차 늘어나는 다항 한정어나 부사어를 만날 때 왼쪽에서 오른쪽으로 통일하고 단계적으로 분석해 나가는데, 예를 들면 "一位优秀的小学语文教师" 이 구를 분석하면, 첫 번째 층은 먼저 수량사 "一位"를 나누어야 한다. 구 분석은 단어로 분석해야 하고, 일반 조사·접속사·어기사는 분석에 참가할 필요 없고, 분석할 때 그들은 비운다. 다만 "的"자구의 "的", 비황구의 "似的" 및 "所"자구의 "所"는 분석에 참가해야 하고, 직접 성분으로 여긴다.

(3) 복잡구 단계 분석 예문 들기

① 정중구

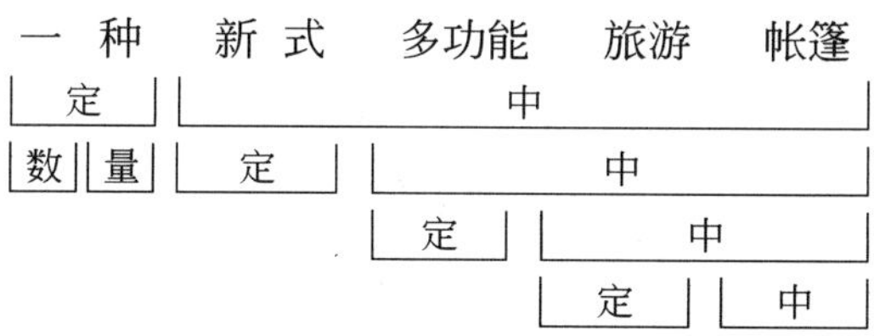

② 상중구

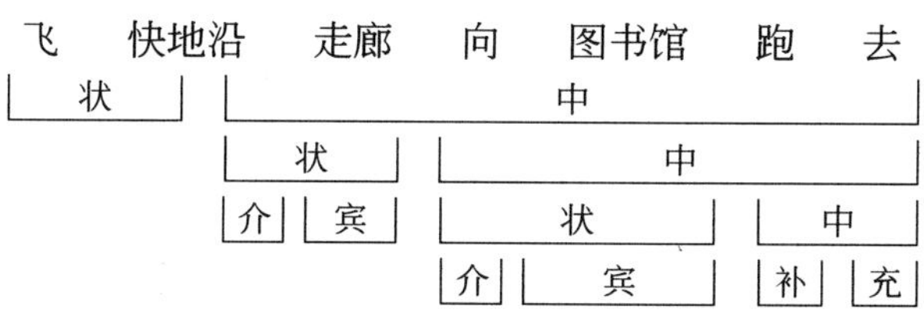

③ 이중 빈어 서술어문구

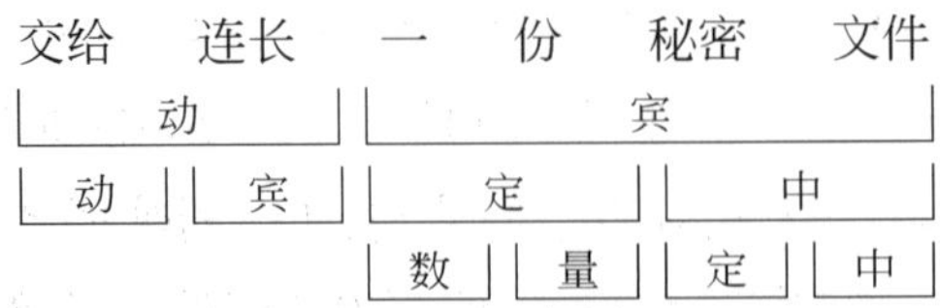

이중 빈어 서술어문구는 동빈구가 빈어를 가진 것으로 볼 수 있는데, 즉 두 빈어는 한 단계에 있지 않다.

④ 겸어구

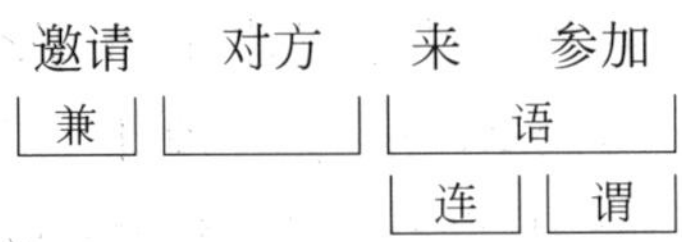

만약 겸어구를 특수한 연술구로 보면 2분도 가능하여, 즉 첫 칼을 "对方"의 뒤에서 나눈다. 하지만 그렇게 겸어구의 건너서 연결하는 관계를 반영할 수 없으면, 즉 겸어는 앞 동사의 빈어일 뿐만 아니라 또 뒤에 동사의 주어이기도 하여 이 때문에 그래도 셋으로 나누는 것이 좀 좋다. 단계 분석법이 겸어구를 분석할 때 변통하기가 어려움을 나타낸다.

⑤ 주서술어구(포함한 자구, 개사구, 방위구)

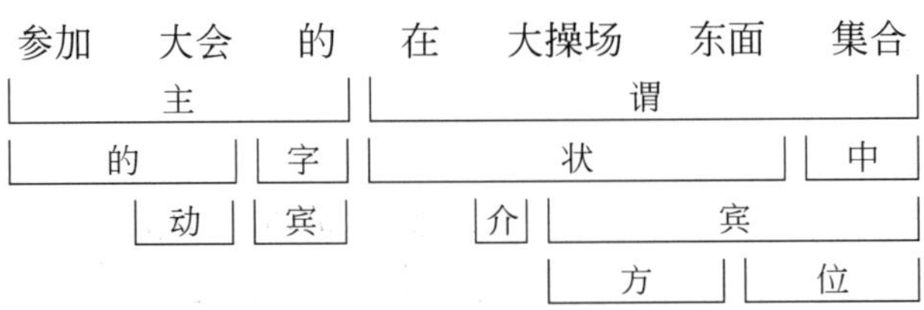

⑥ 상중구(동비구, 보충구, 동위구를 포함한다)

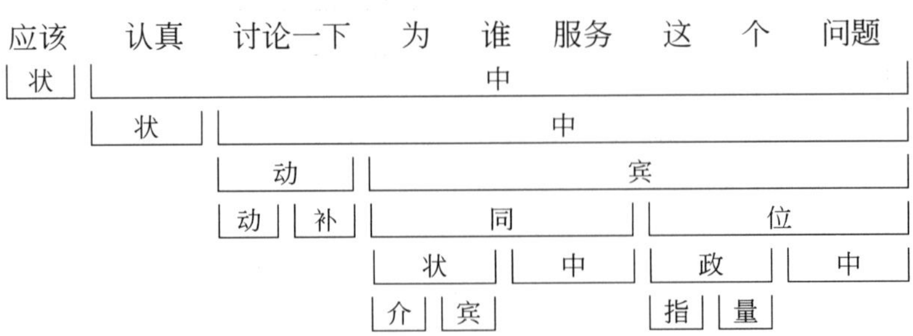

4. 다의구(多义词组)

다의구는 하나의 구가 다른 언어 환경 중에 여러 뜻을 가지고 있는 것을 가리킨다. 대다수의 다의구는 일단 구체적인 언어 환경에 들어가면 하나의 의미로 변한다. 만약 구체적인 환경 속에 여전히 여러 뜻을 가지고 있으면 이러한 구는 중의구(歧义词组)라고 한다. 중의구는 오해의 가능성을 유발하므로 정치・외교・법률・경제 등 중요 문건 중에는 절대로 사용해선 안 된다. 다의구에는 주로 아래의 유형이 있다.

① 단계가 서로 같고, 문법 관계가 다르다.

1) 学习 文件　　学习 文件
动 宾　　定 中

2) 工厂 幼儿园　　工厂 幼儿园
联 合　　定 中

② 단계가 다르고 문법 관계가 서로 같다.

1) 新 职工宿舍　　新职工 宿舍
定 中　　定 中

2) 穿好 衣服　　穿 好衣服
动 宾　　动 宾

③ 단계와 문법 관계가 모두 서로 같지 않다.

1) 咬死 了 猎人的狗　　咬死了猎人 的 狗
动 宾　　定 中

2) 对 售货员的意见　　对售货员 的 意见
介 宾　　定 中

④ 단계와 문법관계는 모두 서로 같으나 의미가 다르다.

1) 老李 要去采访 (老李本人采访) 老李 要去采访 (采访老李)
主 谓　　主 谓

2) 借他　十块钱（借给他十块钱）

动	宾

借他　十块钱（向他借十块钱）

动	宾

借他　十块钱（索性借十块钱）

动	宾

어떤 구의 다의 현상은 단어의 다의 현상이 유발한 것으로, 예를 들면 "他走了三个小时"는 "走"가 "전진하다", "떠나다"의 두 가지 뜻이 있다. "我不想吃饭"은 "饭"이 "밥과 반찬"과 "밥"의 두 가지 뜻이 있다.

사고와 연습

1. 구는 무엇인가? 구는 한어 문법에서 어떤 지위를 가지고 있는가? 구 분석은 문장 분석을 대체할 수 있는가?
2. 구는 어떤 구조 유형을 가지고 있는가?
3. 구는 어떤 기능 유형을 가지고 있는가?
4. 단계 분석법으로 아래 구의 단계와 관계를 분석하라.

(1) 恢复和发扬母校的优良传统

(2) 母亲那布满皱纹的慈祥的脸

(3) 牺牲在这块土地上的烈士

(4) 处理好工作学习两者的关系

(5) 用中国乐器演奏的西洋乐曲

(6) 积极地培育和正确地使用人才

(7) 那些充满幻想的诗句

(8) 交给连长一份秘密文件

(9) 发明能打出乐谱的打字机的人

(10) 周密的调查能解决问题

(11) 在人才集中的研究机关工作

(12) 把这个问题讲得又深又透

(13) 教室里有两个人在交谈

(14) 为国家和人类作出重大贡献的科学工作者

(15) 派他到镇上看一下市场情况

(16) 矿山建设者的豪迈誓言

(17) 不能磨灭的深刻印象

(18) 写出更多更好的作品

(19) 分析研究以下材料

(20) 严格控制基本建设的规模

(21) 争取取消西方对俄罗斯的歧视性政策

(22) 一间堆满了纸箱、木箱的仓库内

(23) 装着三只绿得像玉一样的蝈蝈

(24) 夏天和冬天温差都很大

(25) 世界珍稀动物熊猫的故乡中国

(26) 浓浓的长长的尾毛和一双不大不小的眼睛

(27) 在我们读书的教室里

(28) 那个特别红的让他拿走了

(29) 沿走廊走过去往右拐就到了

(30) 去图书馆借讲法律的书

(31) 命令部队迅速占领制高点阻击敌人

(32) 老师叫你去办公室交语文作业

(33) 擦着火柴去点已经熄灭的油灯

(34) 正当小船向着高塔下面的乡村流去时

(35) 请你陪小李上街买东西

(36) 刚刚打扫完教室的王芳

(37) 气氛紧张的会议室里

(38) 对国内外旅游者有着极大的吸引力

(39) 选你当组长最合适

5 아래 구가 존재할 가능성이 있는 두 다른 단계 관계를 분석하라.

(1) 三个报社的记者和编辑

(2) 看望陈老师的学生

(3) 打死老虎

(4) 爸爸和妈妈的同事

(5) 我们三个一组

(6) 我没有一次看完

제 5 절 문장 개론

1. 문장은 무엇인가

단어와 구는 모두 글을 짓는 재료로, 문장은 완성품이다. 사람들은 평상시에 말을 하는데, 모두 문장을 교제 단위로 하고, 한 마디를 다하는지 못하는지는 듣는 사람은 모두 느낄 것이다. 문장은 단어와 구로 구성되고, 하나의 상대적이고 완전한 뜻을 나타낼 수 있으며, 일정한 어조를 가지고 있고, 전후 모두 비교적 큰 끊어 읽기를 하는 언어 단위이다.

한 문장은 매우 짧을 수도 있는데, 한 단어나 간단한 구로 짧아질 수도 있고 매우 길어질 수도 있다. 긴 것과 짧은 것은 다만 양의 차이이다. 문장의 단어, 구와의 차이는 양에 있지 않고, 질에 있다. 질의 차이는 문장이 동태 단위인가에 달려 있고, 서술성을 가지고 있으며, 일정한 언어 환경과 서로 연관하여 사람들은 사상과 감정을 교류하는 언어의 기본 사용 단위로 쓴다.

문장은 뜻을 나타내는 방면에서 자족성을 가지고 있고, 그것은 구성 재료 자체의 뜻과 상호 호응하여 생긴 뜻을 포함할 뿐만 아니라, 또 언어 환경이 부여한 의미를 가지고 있다. 문장은 하나의 일을 표현하거나 진술하는 것으로서 하나의 문제를 제기하거나 하나의 부탁을 나타내고, 혹은 일종의 감정을 드러낸다. 문장의 형식표지는 하나의 특정한 어조를 가지고 있고, 아울러 전후에 비교적 큰 끊어 읽기를 한다. 서면어 중에 문장의 말미는 마침표, 물음표 혹은 감탄 부호로 어조와 끊어 읽기를 나타낸다.

2. 문장 성분의 구분

단어나 구는 문장에서의 구조 관계에 근거하여 문장은 같지 않은 구성 성분으로 나누어질 수 있고, 이런 구성 성분은 바로 문장 성분이다. 한어 전통 문법학이 문장을 분석하는 방법은 문장 성분 분석법이고, 그것은 구를 분석하는 직접 성분 분석법과 다르다. 이 방법은 먼저 피진술과 진술의 관계에 따라 문장을 주어 부분과 서술어 부분 두 부분으로 나눈다. 주어 부분에서 주어를 찾을 수 있고, 서술어 부분에서 서술어를 찾을 수 있다. 주어와 서술어는 문장의 주체 성분이고, 서술어 동사가 지배하고 관련된 대상은 빈어 부분이며, 빈어 부분에서 빈어를 찾을 수 있다. 서술어 뒤에서 서술어를 보충 설명하는 성분은 보어이다. 빈어와 보어는 문장의 연대 성분이다. 주어나 빈어를 수식하고 제한하는 성분은 한정어이다. 서술어를 수식하고 제한하는 성분은 부사어이다. 한정어와 부사어는 모두 문장의 부가 성분이다. 예를 들면 다음과 같다.

① (全班) 同学 ‖ [都] 做〈完〉了 (家庭) 作业。(반 전체 급우들은 모두 숙제를 다 하였다.)

그중에 "全班同学"는 주어 부분이고, "都做完了家庭作业"는 서술어 부분이다. "同学"는 주어이고, "做"는 서술어이다. "家庭作业"는 빈어 부분이고, "作业"는 빈어이다. "完"은 보어이다. "全班"과 "家庭"은 한정어이고, "都"는 부사어이다.

주어, 서술어, 빈어, 한정어, 부사어, 보어 이 6개 성분은 문장의 기본 성분이다. 기본 성분 이외에 문장은 때로 또 기본 성분과 구조 관계가 없는 특수 성분인 독립어를 가지고 있다. 예를 들면 다음과 같다.

② 你看, 小伙子 ‖ 长得〈多棒〉! (봐봐, 젊은이가 얼마나 잘 생겼는지!)

③ (这条) 鱼, 说真的, ‖ 有十来斤。(이 물고기는, 사실대로 말해, 십여 근이다.)

예 ②, ③ 중의 "你看"과 "说真的"는 독립어이다. 문장 성분 분석법은 문장 평면에서 한 번에 일곱 가지 다른 통사적 성분을 구분하고, 이로써 문장의 문형을 나타내는데, 그것의 해석 능력은 비교적 강하다. 문장 성분 분석은 심리학 방면의 근거가 있는데, 현대 인지 심리학에서 사람의 기억은 "chunk(组块)"를 단위로 하며, 짧은 시간 기억하는 용량은 일반적으로 7개 chunk쯤이라고 여긴다. 마침 吕叔湘 선생이 ≪한어어법분석문제(汉语语法分析问题)≫ 책에서 평가한 것과 같다. "이런 분석법은 좋은 점이 있고, 언어 교학에 유용할 뿐만 아니라 과학적으로 한 언어를 이해하는 것에 대하여도 적을 수 없는 것이다."

3. 문장의 구조 분류

문장의 내부 문형에 따라 진행한 분류는 구조 분류이다. 구조 분류가 귀납해 낸 유형은 문형이라고 한다. 문장은 우선 단문과 복문 두 개의 큰 부류로 나눌 수 있고, 복문에 대하여 우리는 이후에 전문적으로 학습하고, 여기에서는 단문 문형만 논한다. 문형을 확정하려면 우선 아래와 같은 몇 가지 원칙을 명확히 해야 한다.

첫째, 문장의 어기는 문형에 영향을 끼치지 않는다. 예를 들면 다음과 같다.

① 今天星期天。(오늘은 일요일이다.)

② 今天星期天? (오늘은 일요일인가?)

예 ①은 진술문이고, 예 ②는 의문문이고, 그들은 동일 문형에 속한다.

둘째, 문장에서 기능이 서로 같은 단어는 교체해도 문형에 영향을 끼치지 않는다. 예를 들면 다음과 같다.

③ 我念书。(나는 책을 읽는다.)

④ 他看报。(그는 신문을 본다.)

⑤ 小王打篮球。(왕군은 농구를 한다.)

모두 동일한 문형에 속한다.

셋째, 문장 중에 수식 성분(한정어와 부사어)의 유무는 문형에 영향을 끼치지 않는다. 예를 들면 다음과 같다.

⑥ 他擦桌子。(그는 책상을 닦는다.)

⑦ 他慢慢地擦桌子。(그는 천천히 책상을 닦는다.)

⑧ 他擦那张新桌子。(그는 그 새 책상을 닦는다.)

모두 동일한 문형에 속한다.

넷째, 문장 중의 독립어의 유무는 문형에 영향을 끼치지 않는다. 예를 들면 다음과 같다.

⑨ 他很累。(그는 매우 피곤하다.)

⑩ 他看起来很累。(그는 보아하니 매우 피곤하다.)

동일한 문형에 속한다.

다섯째, 문장의 화용 변환은 문형에 영향을 끼치지 않는다. 예를 들면 다음과 같다.

⑪ 厂长来了。(공장장이 왔다.)

⑫ 来了，厂长。(왔다, 공장장이.)

동일한 문형에 속한다.

(1) 주서술어문

단문은 주서술어문과 비주서술어문 두 부류로 나눈다. 주서술어문은 주어와 서술어를 가진 문장이고, 가장 자주 보는 문형이다. 주서술어문은 다른 각도로부터 다른 구조 특징에 따라 아래의 각종 문형으로 나눌 수 있다.

서술어의 성질로 보면 동사성 술어문, 형용사성 술어문, 명사성 술어문으로 나뉜다. 예를 들면 다음과 같다.

① 队伍出发了。(대열은 출발하였다.) (동사성 동사 서술어문)

② 我在宿舍拆被子。(나는 숙소에서 이불을 뜯었다.) (동사성 빈어를 가진 동사 서술어문)

③ 这种家具贵得很。(이 가구는 매우 비싸다.) (형용사성 보어를 가진 형용사 서술어문)

④ 老李性格真爽。(이씨는 성격이 정말 솔직하다.) (형용사성 주서술어 서술어문)

⑤ 鲁迅绍兴人。(노신은 소흥 사람이다.) (명사성 명사 서술어문)

주어가 나타내는 사람이나 사물은 행위자나 비행위자로 보고, 주동문과 피동문으로 나눌 수 있다. 주어는 행위자의 문장으로 주동문이라고 하고, 주어는 비행위자의 문장으로 피동문이라고 한다. 예를 들면 다음과 같다.

⑥ 我把文章写好了。(나는 문장을 다 썼다.) (주동문)

⑦ 棉花被雨淋湿了。(목화가 비에 젖었다.) (피동문)

주술문은 또 다른 각도로 생략문과 완전문, 변형문(变式句)과 상형문(常式句) 등으로 나뉜다. 생략문은 언어 환경의 도움으로 어떤 문장 성분을 생략한 문장이다. 예를 들면 다음과 같다.

⑧ 李师傅, 你们准备好了没有 ? — 准备好了。

(이 선생님, 당신들은 다 준비되셨나요? — 다 준비되었어.)

⑨ 马上青年们也都去洗。(곧 청년들도 모두 씻으러 간다.)

⑩ 赶快去打电话。(얼른 전화 걸러 가.)

예 ⑧ "准备"의 앞에는 생략한 주어 "李师傅"가 있어야 한다. 예 ⑨ "洗" 뒤에는 빈어를 생략하였고, 예 ⑩ "赶快" 앞에는 주어를 생략하였다. 그들이 생략한 성분은 일정한 위아래 문장에서 모두 보충할 수 있어, 그들은 모두 생략문이다.

변형문은 도치문, 역위문(易位句), 추가문(追补句)이라고 하는데 정상 문법 구조와 상반되는 문장이다. 예를 들면 다음과 같다.

⑪ 起来, 不愿做奴隶的人们! (일어나, 노예가 되고 싶지 않은 사람들이여!)

⑫ 吃了吗, 您 ? (식사하셨어요, 당신?)

⑬ 他们来了, 都! (그들은 왔어, 모두!)

구어 중의 변형문은 자주 가장 중요한 정보를 두드러지게 하기 위해서 다시 다른 정보를 추가하였다. 서면어에 이런 문장의 쉼표를 기록하는 것은 결코 음성 끊어 읽기를 나타내는 것이 아니고, 성분의 도치만을 나타내는 것이다. 예 ⑫, ⑬을 든다.

(2) 비주서술어문

비주서술어문은 주서술어문과 상대적이고, 주어와 서술어의 단문으로 나눌 수 없으며, 그것은 주서술어구 이외의 구나 단어로 구성되고, 아래의 몇 가지로 나눌 수 있다.

1 동사성 비주서술어구

이 문장은 주어를 생략하는 생략문과 다르고, 그것은 주어를 생략하는 것이 아니며, 근본적으로 주어가 없거나 적절한 주어를 보충할 방법이 없다. 이 문장은 자연 현상이나 사실 상황을 설명하는 데 자주 쓰이고 일반적인 요구나 금지를 나타내고, 자주 쓰는 높임말, 겸어 및 일부 속담 등을 포함한다. 예를 들면 다음과 같다.

① 下雨了。(비가 내렸다.)

② 散会了。(산회하였다.)

③ 谢绝参观。(참관을 사절한다.)

④ 请排队上车。(줄서서 차에 타세요.)

⑤ 种瓜得瓜 (오이를 심으면 오이가 난다.)

⑥ 不经一事，不长一智。(경험이 지혜를 낳는다.)

⑦ 劳驾！(죄송합니다.)

⑧ 对不起！(미안합니다!)

또 일부 겸어문, 존현문도 비주서술어문이다. 예를 들면 다음과 같다.

⑨ 有谁能跟他并肩媲美呢？(누가 그와 어깨를 나란히 하고 필적할 만하냐?)

⑩ 中午来了几个客人。(점심에 몇 명의 손님이 왔다.)

⑪ 在斜对门的豆腐店确乎终日坐着一个杨二嫂。
(비스듬히 건너편의 두부점에 확실히 杨二嫂가 종일 앉아 있다.)

2 형용사성 비주서술어문

형용사나 형용사성구로 이루어진다. 감탄, 청원, 응답 등에 자주 쓰인다. 예를 들면 다음과 같다.

① 糟糕！(야단났다!)　② 快！(빨리!)　③ 不对！(틀렸어!)

3 명사성 비주서술어문

하나의 명사나 명사성구로 구성된다. 사람이나 사물의 출현에 자주 쓰여 어떤 사물을 요구하거나 주는 것을 나타내고, 감탄·호칭·질책을 나타내며, 일이 발생하는 장소나 시간 등을 설명한다. 예를 들면 다음과 같다.

① 飞机！(비행기!)　② 好大的雾！(정말 짙은 안개야!)

③ 老张！(장씨!)　④ 秋天。(가을이다.)

⑤ 江南某地。(강남 어느 곳)　　⑥ 票！(표!)

⑦ 讨厌的东西！(귀찮은 물건!)

4 감탄사문

감탄사로 구성된다. 예를 들면 다음과 같다.

① 哎哟！(아이고!)　　② 喂！(여보세요!)

5 의성어문

의성어로 구성된다. 예를 들면 다음과 같다.

① 轰！(쾅!)　　② 砰！(펑!)

4. 문장의 어기 분류

문장은 어기에 따라서 진술문, 의문문, 청원문, 감탄문 네 유형으로 나뉜다. 문장의 어기는 용도와 함께 연관되어 있어, 이 때문에 어기 분류는 실제로 하나의 화용 기능의 분류이다. 어기 분류 중에 복문도 안에 포함한다.

(1) 진술문

진술문은 일을 설명하는 데 쓰인다. 어조는 평평하고, 문말은 약간 하강한다. 예를 들면 다음과 같다.

① 她是文学院的学生。(그녀는 문학원 학생이다.) (긍정 형식)

② 你这样做不对。(네가 이렇게 하는 것은 틀렸다.) (부정 형식)

③ 您不会不同情我的。(당신은 나를 동정할 것이다.) (이중 부정 형식)

④ 是父母把你培养成人的。(부모님이 당신을 사람으로 길러 내신 것이다.) (강조 형식)

⑤ 这样做也许不太好。(이렇게 하는 것은 아마 그다지 좋지 않을 것이다.) (위완(委婉) 형식)

(2) 의문문

의문 어기를 가지고 있는 문장은 모두 의문문에 속하는데, 의심하여 묻는 것과 의심하지 않는데 묻는 것을 포함한다. 의문문의 문말 어조는 대다수가 상승한다. 의문문은 문답의 상황과 구조 특징에 근거하여 시비 의문(是非问), 특지 의문(特指

问), 선택 의문과 반복 의문 네 가지로 나눌 수 있다.

1 판단 의문문 : 질문하는 사람은 하나의 상황을 설명하거나 하나의 견해를 제기하고, 상대방이 긍정적이거나 부정적인 대답을 하는 것을 요구하는데, 이런 의문문을 시비 의문문이라고 한다. 시비 의문문은 구조상 진술문과 같고, 문말에 어기사 "吗"나 "吧"를 쓸 수 있는데, 쓰지 않기도 한다. "吧"는 추측하여 물을 때 쓸 수 있다. 예를 들면 다음과 같다.

① 这两首歌你们都学会了吗？(이 두 곡의 노래를 너희들 모두 부를 줄 아니?)

② 他就是小王？(그가 바로 왕군인가?)

③ 你听见了吧？(너는 들었니?)

2 특지 의문문 : 질문하는 사람은 의문 대명사 "谁, 什么, 怎么, 怎么样, 为什么, 干吗, 哪" 등으로 의문점을 제기하고, 상대방에게 이런 의문점에 대하여 대답할 것을 요구하는데, 이런 의문문을 특지 의문문이라고 한다. 특지 의문문의 문말은 어기사 "呢" 혹은 "啊"를 쓸 수 있다. 예를 들면 다음과 같다.

① 刚才说话的是谁呀？(방금 말한 것은 누구야?)

② 他们什么时候回来的？(그들은 언제 돌아왔어?)

③ 你怎么这么瘦呢？(너 왜 이렇게 말랐어?)

④ 那本书在哪儿啊？(저 책은 어디에 있니?)

3 선택 의문문 : 질문하는 사람은 몇 개의 단문으로 몇 가지 일을 제기하고 상대방으로 하여금 대답하게 하는데, 이러한 의문문을 선택 의문문이라고 하고, "是……还是"를 자주 사용하여 몇 개의 단문을 연결시킨다. 문장 가운데와 끝에 어기사 "呢, 啊"를 쓸 수 있고, 쓰지 않을 수도 있다. 예를 들면 다음과 같다.

① 简单地说，还是详细地说？(간단하게 말해, 아니면 자세하게 말해?) (老舍)

② 是你求我，还是我求你？(네가 나에게 부탁하는 거니, 내가 너에게 부탁하는 거니?)

③ 有辫子好呢，没有辫子好呢？(땋은 머리가 있는 것이 좋아, 없는 것이 좋아?) (鲁迅)

④ 你究竟是个党员呀，还是个不觉悟的群众？
(너는 도대체 당원이니, 각성한 대중이니?) (赵树理)

4 반복 의문문 : 긍정과 부정이 병렬하는 방식으로 문제를 제기하여 사람에게 하나를 선택하여 답하게 하는 의문문을 반복 의문문이라고 하고, 정반 의문문이라

고도 한다. 반복 의문문은 복문 형식을 채택하지 않고, 긍정과 부정을 병렬하는 술어로써 질문하고, 문말에 어기사 "呢" 혹은 "啊"를 사용할 수 있고, 사용하지 않을 수도 있다. 예를 들면 다음과 같다.

① 咱俩组织个互助组好不好？(우리 호조회를 조직하는 것이 어때?) (王愿坚)

② 那是姓程的不是？(저 사람은 정씨가 아니니?) (老舍)

③ 你听不听我的话呀？(당신은 제 말을 들었어요?)

5 반어문에 관하여

반어문은 일종의 특수한 의문문으로, 의문문 중에서 하나의 형식을 사용할 수 있다. 반어문이 실제 나타내는 뜻은 의문이 없는 일종의 강조하는 진술이다. 만약 의문문 자체가 긍정이면 반어문의 뜻은 부정이고, 만약 의문문 자체가 부정이면 반어문의 뜻은 곧 긍정이다. 예를 들면 다음과 같다.

① 我怎么能负这个责任呢？(내가 어떻게 이 책임을 질 수 있어?) (특지 의문)

② 你不是喜欢他吗？(너는 그를 좋아하지 않아?) (시비 의문)

③ 你是来帮助我呢，还是来拆我的台呢？

(너는 나를 도와주러 온 거야, 아니면 나를 궁지에 빠트리려고 온 거야?) (선택 의문)

④ 这些人甘心当走狗，你说可恨不可恨？

(이런 사람은 앞잡이가 되는 것에 만족하는데, 혐오스럽지 않나요?) (반복 의문)

반어문은 부정의 뜻이 있고, 때로 어떤 의문 형식을 채택하는 것과 어떤 의문 대명사를 사용하는지는 오히려 중요하지 않아, 예를 들면 "谁打你了?" "打你了吗?" "哪儿打你了?"의 뜻은 모두 "没打你(너를 때리지 않았어)"이다. 반어문은 의문문의 형식을 채택하기 때문에 또 대답할 수 있어, 예를 들면 "谁打你了？— 你。(누가 너를 때렸어? — 네가)"이다.

(3) 청원문

청원문은 명령이나 청구를 나타내는 문장이다. 어조는 하강하고, 문말에 감탄 부호나 마침표를 사용한다. 청원문의 서술어는 사람의 동작이나 행위만을 나타낼 수 있는 동사이고, 일반적으로 말해서 긍정식에 들어가는 동사는 부정의 뜻일 수 없고, 부정식에 들어가는 동사는 긍정적인 의미일 수 없다. 문말에는 어기사 "吧",

"啊"를 쓸 수 있다. 예를 들면 다음과 같다.

① 求你们弄点吃的东西吧！(당신들에게 먹을 음식을 좀 해주시길 부탁드려요!)

② 滚出去！(꺼져 버려!)

③ 大爷，您可留点神啊！(어르신, 좀 조심하세요!)

(4) 감탄문

감탄문은 어떤 강렬한 감정을 토로하는 문장이다. 어조는 먼저 상승하고 나중에 하강한다. 문말에 감탄 부호를 사용한다. 문장 중간에 "好，多，多么，真" 등의 단어를 자주 사용하고, 문말에는 어기사 "啊"를 자주 사용한다. 예를 들면 다음과 같다.

① 这群小东西多听话！(이 작은 물건들은 얼마나 말을 잘 들어!)

② 好大的雨啊！(엄청나게 많은 비다!)

③ 今天可真够冷的！(오늘 정말 춥다!)

문장의 어기와 용도는 대응하는 부분이 있는 것을 제외하고는 뒤섞이는 일면도 있다. 예를 들면 반어문은 의문문의 어기로 진술문의 뜻을 나타낸다. 특정한 언어 환경 중에 감탄문·의문문도 청원문의 기능을 완성할 수 있는데, 예를 들면 상대방이 창문을 열었을 때 "屋子里太闷了！(방 안이 너무 답답해!)" 혹은 "屋里怎么这么闷啊？(방 안이 왜 이리 답답해?)"라고 말하기를 희망한다.

사고와 연습

1 아래의 문장 성분을 분석해 보라.

(1) 大门锁了。

(2) 嘈杂的人声惊醒了酣睡的渔妇。

(3) 季节不等人。

(4) 这事咱们上当了。

(5) 黑旋风拿住了。(老舍：≪龙须沟≫)

(6) 自行车他骑出去了。

(7) 铁锤往后一躲。

(8) 这是在明朝时候发生的事。

(9) 我们说的是北京话。

(10) 古老的泰山越发显得崔嵬了。

2 아래 문장의 어기 유형을 가리켜 보라.

(1) 你先换一换衣服。

(2) 是不是每人搞一门就利于深造？

(3) 我瞒过你什么事？

(4) 我过三五天准还你钱。

(5) 告诉你少管闲事!

(6) 三口铡刀多让人瘆得慌啊! (陈士和：≪评书聊斋志异≫)

(7) 我正扫院子迎接你嘛!

(8) 大家希望您去得愈早愈好。

3 아래 문장의 구조 유형을 가리켜 보라.

(1) 好香的干菜。(鲁迅：≪风波≫)

(2) 秋天。

(3) 是!

(4) 随手关门。

(5) 不用理她!

(6) 下课了。

(7) 活像谁欠了你二百吊似的。

(8) 热炕头上蹲着只猫。

(9) 这时又走来一位四十来岁的女先生。

제 6 절 단문 성분(상)

1. 주어와 서술어

문장의 피진술 부분은 주어 부분으로, 주어 부분은 하나의 정중구일 때 그 중심어는 주어이고, 다른 상황은 주어 부분이 바로 주어이다. 문장의 진술 부분은 서술어 부분이고, 서술어 부분은 하나의 상중구나 동사나 형용사 중심인 구일 때, 그 중심어는 서술어이고, 기타 상황은 서술어 부분이 바로 서술어이다. 주어와 서술어는 문장에서 가장 중요한 두 성분이다.

(1) 주어의 구성

대다수의 실사와 구는 모두 주어로 쓰일 수 있는데, 다만 정중구와 개빈구는 제외한다. 정중구는 주어 부분의 위치에서 일반적으로 한정어와 주어로 분화된다. 개빈구는 일반적으로 주어로 쓰일 수 없다. 그중에 명사와 명사성 단어가 주어로 쓰이는 것은 가장 빈번하다. 예를 들면 다음과 같다.

① 朱老忠呵呵笑着。(梁斌：≪红旗谱≫) (주로충은 허허 웃고 있다.)

② 难翻的老山界被我们这样笨重的队伍战胜了。(陆定一：≪老山界≫)
(뒤집기 어려운 낡은 산 경계에서 우리의 이 육중한 대열이 승리하였다.)

③ 他一连几夜没睡觉。(그는 연이어 며칠 밤을 잠자지 못했다.)

④ 这儿黑暗、龌龊。(杨沫：≪青春之歌≫) (여기는 어둡고 더럽다.)

⑤ 一天等于二十年。(하루가 20년이다.)

⑥ 铁路、公路都必须在八月底完工。(철로, 도로 모두 8월 말에는 완공되어야 한다.)

⑦ 闪光的不都是金子。(빛나는 것이 모두 금은 아니다.)

⑧ 村子里面乱得很。(마을 안이 매우 혼란스럽다.)

⑨ 所谈无非是一些生活琐事。(이야기하는 것은 단지 일부 생활 잡일에 지나지 않는다.)

⑩ 杨广这小子并不老老实实在龙舟上待着。
(양광 이 녀석은 결코 얌전하게 용선에서 기다리고 있지 않다.)

시간을 나타내는 단어와 장소를 나타내는 단어도 주어로 쓰일 수 있고, 진술 대상으로 쓰이는데, ㉱ ④, ⑤, ⑩이고, 또 다음과 같이 예를 든다.

⑪ 今天是国庆节。(오늘은 국경절이다.)

⑫ 天安门广场灯火辉煌。(천안문 광장은 불빛이 휘황찬란하다.)

만약 시간사와 장소사의 앞뒤에 기타 진술 대상이 있으면 시간사와 장소사는 부사어가 되는데, 예를 들면 다음과 같다.

⑬ 机械厂明年就能扭亏为盈。(기계 공장은 내년에 적자를 흑자로 돌릴 수 있다.)

⑭ 路灯下，两位老大爷正在下棋。(가로수 아래에서 두 어르신이 바둑을 두고 계신다.)

동사성 단어와 형용사성 단어는 모두 주어로 쓰인다. 예를 들면 다음과 같다.

⑮ 散步对身体很有好处。(산보는 몸에 매우 이로운 점이 있다.)

⑯ 讽刺是永远需要的。(풍자는 영원히 필요한 것이다.)

⑰ 热闹总比冷清好。(시끌벅적한 것은 아무튼 한산한 것보다 좋다.)

⑱ 你把我扔在这儿算怎么回事？(너는 나를 여기에 버려 어쩔 셈이냐?)

⑲ 栽培茶花一定也很难吧？(동백꽃을 재배하는 것은 반드시 매우 어렵지?)

⑳ 讨论一下很有必要。(좀 토론하는 것은 매우 필요하다.)

㉑ 向雷锋同志学习已蔚然成风。(뇌봉 동지에게 배우는 것은 이미 사회적 기풍이 되었다.)

㉒ 辱骂和恐吓绝不是战斗。(욕설을 퍼붓고 위협하는 것은 결코 전투가 아니다.)

㉓ 派小王去最合适。(왕군을 파견하는 것이 가장 적합하다.)

㉔ 躺着看书他习惯了。(누워서 책을 보는 것에 그는 습관 되었다.)

㉕ 一到任就夸夸其谈是主观主义的表现。

(부임하자마자 터무니없이 과장하는 것은 주관주의적인 표현이다.)

㉖ 把什么东西统统集中在中央或省市，不给工厂一点权力，一点机动的余地，一点利益，恐怕不妥。

(어떤 물건을 전부 중앙이나 성과 도시에 집중하고, 공장에 약간의 권력, 약간의 발동기로 움직이는 여지, 약간의 이익을 주지 않는다는 것은 적당하지 않을 것이다.)

서술어성 단어는 주어로 쓰이지만, 명사성 단어가 주어로 쓰이는 빈도보다 훨씬 낮고, 게다가 서술어에 대하여 일정한 제한이 있다. 상술한 예문에서 서술어성 주어의 문장은 그 서술어가 일반적으로 판단, 평가, 묘사 성질인 것을 볼 수 있다. 주어로 쓰이는 서술어성 구는 때로 비교적 복잡하고, 심지어 복잡한 형식인데, ㉮ ㉖과 같고, 이 문장은 복문과 경계를 명확히 하기가 그다지 쉽지 않고, 의미에 의거하여 서술어가 앞부분을 판단하고 설명하는지를 보고, 단문인지 복문인지를 결정할 필요가 있다.

(2) 서술어의 구성

대다수의 실사는 모두 서술어로 쓰일 수 있다. 동사와 형용사는 자주 서술어로 쓰인다. 예를 들면 다음과 같다.

① 我们爱自己的祖国。(우리들은 자신의 조국을 사랑한다.)

② 尤老二胃中的海参全冰凉了。(尤老二 위에 있는 해삼이 모두 얼음처럼 차가워졌다.)

③ 这个同学跑得相当快。(이 급우는 상당히 빠르게 뛴다.)

④ 广场上的灯光特别亮。(광장의 등불이 특히 밝다.)

서술어로 쓰이는 동사와 형용사 앞뒤에 자주 부가하거나 연대하는 단어가 있는데, 동사나 형용사가 서술어로 쓰이는 데 제한을 받고, 일반적으로 대구 격식이나 구어 대화에 쓰인다. 예를 들면 다음과 같다.

⑤ 桃花红，梨花白。(복숭아 꽃은 붉고, 배꽃은 희다.)

⑥ 我走。(나는 간다.)

동사성・형용사성 연합구도 자주 서술어로 쓰이는데, 예를 들면 다음과 같다.

⑦ 我们应该保持和发扬艰苦奋斗的作风。

(우리들은 고군분투하는 작풍을 유지하고 드높여야만 한다.)

⑧ 他的性格热情、直爽。(그의 성격은 열정적이고 솔직하다.)

주서술어구가 서술어로 사용되는 것은 한어의 일대 특색인데, 앞으로 또 전문적으로 설명하고, 여기에서는 두 예문만 든다.

⑨ 这个问题他心里有底。(이 문제는 그의 마음속에 자신이 있다.)

⑩ 他一口水也不喝。(그는 물 한 모금도 마시지 않는다.)

명사, 명사성구도 서술어로 쓰일 수 있으나 일정한 제한을 받는다. 명사가 서술어로 쓰이는 것은 매우 보기 드물어, 날짜・절기・장소・직업 등 간단한 문장을 설명하는 데 국한된다. 예를 들면 다음과 같다.

⑪ 十月一日国庆节。(10월 1일은 국경절이다.)

⑫ 今天又阴天。(오늘은 또 흐렸다.)

⑬ 北边北太平庄。(북쪽은 북태평장이다.)

⑭ 你干什么工作？— 我售货员。

(당신은 무슨 일을 하시나요? — 저는 판매원입니다.)

명사성구가 서술어로 비교적 많이 쓰이는데, 일반적으로 인물의 연령・본적・용모・성격을 설명하거나 사물의 상황・가격을 설명한다. 예를 들면 다음과 같다.

⑮ 鲁迅绍兴人。(노신은 소흥 사람이다.)

⑯ 老人花白的头发。(노인은 희끗희끗한 머리이다.)

⑰ 他这个人慢性子。(그 사람은 느림보이다.)

⑱ 我从事革命工作，已经十多年了。(나는 혁명 사업에 종사한 지 이미 십여 년이 되었다.)

⑲ 这件衣服刚买的。(이 옷은 막 구입한 것이다.)

⑳ 牛肉面三块八。(우육면은 3.8원이다.)

명사나 명사성구는 서술어로 쓰이고, 때로 앞에 수식하는 부사가 있다. 예 ⑫, ⑱과 같다. 이 문장은 모두 긍정문이고, 대다수 서술어 앞에 동사 "是"를 첨가하여 동사성 서술어문으로 변환된다. 예를 들면 "今天星期一"는 "今天是星期一"로 변환된다. 만약 부정문으로 변하면 "是"가 반드시 있어야 하는데, "今天不是星期一"와 같다.

(3) 주어의 의미 유형

문장의 주어 부분과 서술어 부분은 문법 각도로 보면, 피진술과 진술의 관계이다. 화용 각도로 보면 화제와 설명의 관계이다. 만약 의미 각도로 보면, 관계가 상당히 복잡하다. 서술어 및 그 부가하고 연대하는 성분 분석에 근거하면, 주어는 각종 의미 유형이 있다. 주어의 의미를 언급하면, 때로 주어 앞 한정어의 의미를 포함해야 되는데, 한정어의 의미는 이미 주어 의미 특징의 일부분이 되었기 때문이다. 주어는 대체로 아래의 의미 유형이 있다.

1 행위자 주어 : 주어는 동작의 발생자이다. 예를 들면 다음과 같다.

① 我们完成了任务。(우리는 임무를 완성하였다.)

② 小猫儿上房了。(작은 고양이가 지붕에 올라갔다.)

③ 汽车在马路上飞驰。(자동차가 길에서 나는 듯이 달린다.)

2 감사(感事) 주어 : 주어는 심리 활동을 나타내는 주체이다. 예를 들면 다음과 같다.

④ 我觉得这个人不错。(나는 이 사람이 괜찮다고 느낀다.)

⑤ 他特别害怕蛇。(그는 특히 뱀을 무서워한다.)

⑥ 我们担心他的身体。(우리들은 그의 건강을 걱정한다.)

3 당사 주어 : 주어는 비자주(非自主) 동작 변화를 나타내는 주체이다. 예를 들면 다음과 같다.

⑦ 这批货物昨天到了。(이 화물은 어제 도착했다.)

⑧ 东边那面墙塌了。(동쪽 그 쪽의 벽이 무너졌다.)

⑨ 老张已经醉了。(장씨는 이미 취했다.)

4) 비행위자 주어 : 주어는 동작을 받아들이는 대상이다. 예를 들면 다음과 같다.

⑩ 信写完了。(편지를 다 썼다.)

⑪ 敌人被我们打垮了。(적은 우리에게 섬멸되었다.)

⑫ 馒头都吃光了。(찐빵을 모두 다 먹어버렸다.)

5) 결과 주어 : 주어는 동작 행위의 결과를 나타낸다. 예를 들면 다음과 같다.

⑬ 竹筐已经编好了。(대광주리는 이미 다 엮였다.)

⑭ 包裹打得很结实。(소포를 아주 견고하게 포장하였다.)

⑮ 坑挖得很深。(구덩이는 매우 깊게 파졌다.)

6) 수혜자 주어 : 동작 행위의 대상을 나타낸다. 예를 들면 다음과 같다.

⑯ 这个学生，我教过他数学。(이 학생, 나는 그에게 수학을 가르친 적이 있다.)

⑰ 老张我以前没跟他说过话。(장씨는 내가 이전에 그와 말해 본 적이 없다.)

⑱ 小孩儿我给了压岁钱。(꼬마에게 나는 세뱃돈을 주었다.)

7) 도구 주어 : 동작이 의지하는 도구를 나타낸다. 여기서의 "도구"는 광의적이다. 이 주어(혹은 주어 부분) 앞에는 "用"을 붙여 부사어로 변할 수 있다. 예를 들면 다음과 같다.

⑲ 这把刀我切肉。(이 칼로 나는 고기를 썬다.)

⑳ 十块钱我买了纸了。(10원으로 나는 종이를 샀다.)

㉑ 这种方法我算了三遍了。(이 방법으로 나는 세 번을 세었다.)

8) 재료 주어 : 동작 행위가 채택하는 재료를 나타낸다. 여기서의 "재료"도 광의적이다. 이 주어(혹은 주어 부분) 앞에도 "用"을 붙여 부사어로 변할 수 있다. 예를 들면 다음과 같다.

㉒ 石灰水我刷了墙了。(석회수를 나는 벽에 칠했다.)

㉓ 这块布裁两条裤子。(이 천으로 두 벌의 바지를 재단했다.)

㉔ 面我揉了馒头了。(밀가루로 나는 찐빵을 빚었다.)

⑨ **장소 주어** : 동작이 소재하거나 이르는 장소를 나타낸다. 장소 주어(혹은 주어 부분) 앞에는 "在"나 "到"를 붙일 수 있어, 부사어로 변한다. 예를 들면 다음과 같다.

㉕ 这间宿舍谁住呢？(이 숙소에는 누가 사니?)

㉖ 总店您可以换。(본점에서 당신은 바꿀 수 있다.)

㉗ 台上坐着主席团。(단상에 의장단이 앉아 있다.)

⑩ **범위 주어** : 동작 행위의 범위를 나타낸다. 이 주어(혹은 주어 부분)의 앞에는 "在……里面"을 붙일 수 있고, 부사어로 변한다. 예를 들면 다음과 같다.

㉘ 全班的人他就佩服你。(반 전체의 사람에서 그는 너를 탄복한다.)

㉙ 所有这些书数这本最好。(모든 이런 책 중에서 이 책이 가장 좋다고 여긴다.)

㉚ 水果猕猴桃含维生素最多。(과일 중에 키위가 비타민 함유량이 가장 많다.)

⑪ **관련 주어** : 언급하는 영역, 방면을 나타낸다. 이 주어(혹은 주어 부분)의 앞에는 "关于, 对(于)"를 붙일 수 있고, 부사어로 변한다. 예를 들면 다음과 같다.

㉛ 这件事你别想说服我。(이 일에 대하여 너는 나를 설득하려 하지 마라.)

㉜ 丢钱的事有线索没有？(돈을 잃어버린 것에 대하여 실마리가 있나요?)

㉝ 这篇论文我有点儿想法。(이 논문에 대하여 나는 약간의 견해가 있다.)

⑫ **목적 주어** : 동작 행위의 목적을 나타낸다. 이 주어(혹은 주어 부분)의 앞에는 "为了"를 붙일 수 있고, 부사어로 변한다. 예를 들면 다음과 같다.

㉞ 孩子转学的事跑了一整天。(아이가 전학하는 일을 위하여 온 종일 뛰어 다녔다.)

㉟ 一张票排了三个小时。(표 한 장을 위해서 세 시간 동안 줄을 섰다.)

㊱ 三百块钱命都不要了。(300원을 위해서 목숨도 버렸다.)

⑬ **원인 주어** : 원인을 나타낸다. 이 주어(혹은 주어 부분)의 앞에는 "因为"를 붙일 수 있고, 부사어로 변한다. 예를 들면 다음과 같다.

㊲ 什么事又要开会？(무슨 일 때문에 또 회의를 여나?)

㊳ 一个人她害怕。(한 사람 때문에 그녀는 무서워한다.)

㊴ 经费问题工程要停。(경비 문제 때문에 공정은 멈춰야 한다.)

⑭ **따름(遵循) 주어** : 따르는 사물을 나타낸다. 이 주어(혹은 주어 부분)의 앞에는 "按照"를 붙일 수 있고, 부사어로 변한다. 예를 들면 다음과 같다.

㊵ 官府的规矩就得打。(관청의 규칙에 따라 때려야 한다.)

㊶ 上级精神这房要拆。(상부의 정신에 따라 이곳을 해체해야 한다.)

㊷ 他的意思你们就得离婚。(그의 뜻에 따라 너희들은 이혼해야 한다.)

⑮ 판단 주어 : 판단하고 설명하는 대상을 나타낸다. 예를 들면 다음과 같다.

㊸ 他是李厂长。(그는 이 공장장이다.)

㊹ 小明二十岁了。(소명은 20세이다.)

㊺ 今天星期三。(오늘은 수요일이다.)

㊻ 这双鞋是模压底的。(이 신발은 압축 성형한 바닥이다.)

⑯ 묘사 주어 : 묘사의 대상을 나타낸다. 예를 들면 다음과 같다.

㊼ 我们的前程无限美好。(우리의 장래는 매우 좋다.)

㊽ 小伙子们精神焕发。(젊은이들이 생기를 발산한다.)

㊾ 天空碧蓝碧蓝的。(하늘이 굉장히 선명하다.)

2. 빈어와 보어

빈어 부분은 서술어 동사가 지배하거나 관련된 대상이다. 빈어 부분이 정중구일 때, 그 중심어는 빈어이고, 다른 상황에서 빈어 부분은 바로 빈어이다. 보어는 서술어 뒤에서 서술어를 보충하여 설명하는 성분이다. 빈어와 보어는 모두 서술어의 후치(后置) 성분이다.

(1) 빈어의 구성

대다수의 단어와 구는 모두 빈어로 쓰일 수 있는데, 다만 정중구와 개빈구를 제외한다. 자주 빈어로 쓰이는 것은 명사나 명사성 단어이다. 예를 들면 다음과 같다.

① 大姐已经打好了三件毛衣。(큰 누나는 이미 세 벌의 스웨터를 다 짰다.)

② 我们永远不会忘记他们。(우리는 그들을 영원히 잊지 못할 것이다.)

③ 二加三等于五。(2+3=5이다.)

④ 光脚的不怕穿鞋的。(맨발인 사람은 신발 신은 사람을 무서워하지 않는다.)

⑤ 山脚下修建了饭店，商店和停车场。(산기슭 아래에 호텔, 상점과 정거장을 건축했다.)

⑥ 你把书放桌子上。(너는 책을 책상 위에 놓아라.)

빈어를 구성하는 재료는 주어와 비슷하고, 세밀하게 고찰하여도 약간의 차이가 있는데, 아래의 단어가 바로 주어로만 쓰일 수 있고 빈어로는 쓰일 수 없는 것과 같다.

첫째, 지시 대명사 "这"와 "那"이다. 대구하는 상황을 제외하고 "问这问那"는 일반적으로 빈어로 쓰일 수 없다. 예를 들면 다음과 같다.

⑦ 这我听说了。(이것을 나는 들어봤다.) (*我听说了这。)

둘째, 명사나 양사의 중첩 형식이다. 예를 들면 다음과 같다.

⑧ 家家都按了煤气灶。(집집마다 모두 가스레인지를 설치했다.)

⑨ 个个都那么有精神。(하나하나 모두 그렇게 활발하다.)

빈어로 쓰이는 "*我们访问了家家"는 성립할 수 없다. 아동에게 말하는 "过家家", "戴帽帽" 등은 여기에 나열하지 않는다.

셋째, "有的＋명사" 및 그 생략식 "有的"이다. 예를 들면 다음과 같다.

⑩ 有的同志是第一次到北京。(어떤 동지는 처음 북경에 온다.) (*第一次到北京时有的同志)

⑪ 这批饮料已经过期，有的完全变质了。

(이 음료수는 이미 유효기간이 지난 것인데, 어떤 것은 완전히 변질되었다.)

동사 및 동사성구도 빈어로 쓰일 수 있다. 동사성구가 빈어로 쓰일 수 있는지는 주로 서술어 동사와 관련이 있다. 일부 동사는 전문적으로 동사성 빈어를 가질 것을 요구하는데, "加以, 予以, 不堪, 不禁, 禁止, 遭受, 遭到, 遭, 提议, 妄图, 打算, 懒得" 등과 같다. 또 일부 동사는 동사성 빈어를 가질 수도 있고, 명사성 빈어도 가질 수 있는데, "爱, 怕, 进行, 停止, 准备, 得到, 失去, 学习, 鉆研" 등과 같다. 예를 들면 다음과 같다.

⑫ 这个问题一定要加以解决。(이 문제는 반드시 해결해야만 한다.)

⑬ "文化大革命"期间不少老干部遭受迫害。

("문화대혁명" 기간에 적지 않은 원로 간부가 박해를 받았다.)

⑭ 此地禁止钓鱼。(이곳에선 낚시를 금지한다.)

⑮ 我最恨撒谎。(나는 거짓말하는 것을 가장 싫어한다.)

⑯ 我军的大炮开始发射了！(우리 군의 대포가 발사되기 시작하였다!)

형용사, 형용사성구가 빈어로 쓰이는 것은 서술어 동사에 대하여도 제한이 있어, 그들은 일반적으로 주관적 느낌과 표정이 드러내는 의미를 나타내는 동사로 "爱, 讨厌, 觉得, 感觉, 显得, 恢复" 등과 같다. 예를 들면 다음과 같다.

⑰ 我爱清静。(나는 조용한 것을 좋아한다.)

⑱ 演员们显得无精打采。(배우들은 기운이 없어 보인다.)

⑲ 战士们感觉累得很。(전사들은 매우 피곤하다고 느낀다.)

주서술어구가 빈어로 쓰이면 동사 뒤에서 끊어 읽기를 할 수 있고, 서술어 동사는 일반적으로 언어 활동, 심리 활동, 감각 의미, 과시 의미를 나타내는 동사로, 예를 들면 "说, 讲, 提出, 指出, 强调, 想, 怕, 知道, 明白, 同意, 承认, 怀疑, 觉得, 感觉, 感到, 看见, 信, 发现, 显示, 证明, 表明, 意味着" 등이다. 예를 들면 다음과 같다.

⑳ 她们都说她是猜谜的专家。(그녀들은 모두 그녀가 수수께끼를 푸는 전문가라고 한다.)

㉑ 我不明白他为什么要这么慷慨，更不明白他为什么要这么激动。

(나는 그가 왜 이렇게 관대한지 이해하지 못한다.)

㉒ 都是认为他比较聪明。(모두 그는 비교적 총명하다고 여긴다.)

㉓ 这就充分证明文风问题不单纯是语言问题。

(이것은 문풍(文风) 문제가 단순히 언어 문제가 아니라는 것을 충분히 증명한다.)

어떤 문장의 서술어 뒤에는 두 개의 빈어가 나온다. 예를 들면 다음과 같다.

㉔ 老洪给了他一支烟。(홍씨는 그에게 담배 한 가치를 주었다.)

이 문장은 "이중 빈어 서술어문"이라 하고, 이후에 전문적으로 토론한다.

(2) 빈어의 의미유형

서술어 동사와 빈어(혹은 빈어 부분) 사이의 관계는 지배하거나 관련하는 관계로, 이것은 문법 의미에서 요약한 것이다. 의미 각도로 보면, 다양한 관계를 포함한다. 이것에 근거하여 빈어에 같지 않은 의미 유형을 귀납해 줄 수 있다.

① 비행위자 빈어 : 동작 행위를 받아들이는 대상을 나타낸다. 예를 들면 다음과 같다.

① 我从鸭圈里抓出一只鸭子。(나는 오리 우리로부터 한 마리 오리를 잡아냈다.)

② 这些事情压垮了他。(이 일은 그를 망가트렸다.)

③ 老张给单位解决了许多难题。(장씨는 부서에게 많은 난제를 해결해 주었다.)

2 수혜자 빈어 : 동작 행위의 대상을 나타낸다. 예를 들면 다음과 같다.

④ 我教初级班。(나는 초급반을 가르친다.)

⑤ 那批书我给图书馆了。(저 책을 나는 도서관에 주었다.)

⑥ 窍门我都告诉小王了。(나는 요령을 왕군에게 알려주었다.)

3 결과 빈어 : 동작 행위가 야기한 결과를 나타낸다. 예를 들면 다음과 같다.

⑦ 女人们在场里院里编者席。(孙犁：≪荷花淀≫)

(여자들이 마당과 뜰에서 돗자리를 짜고 있다.)

⑧ 除夕之夜全家在一起包饺子。(제야에 온 가족이 함께 만두를 빚는다.)

⑨ 我近几年写了几本通俗小说。(나는 최근 몇 년 몇 권의 통속 소설을 썼다.)

4 행위자 빈어 : 동작의 발생자를 나타낸다. 예를 들면 다음과 같다.

⑩ 对面站着李老师和他的学生。(맞은 편에 이 선생님과 그의 학생이 서 있다.)

⑪ 水里又蹿出一条鱼。(물 속에서 물고기 한 마리가 뛰어 올랐다.)

⑫ 正在这时，天空突然出现了架直升机。

(마침 이때, 하늘에서 갑자기 헬리콥터 한 대가 나타났다.)

5 도구 빈어 : 동작 행위가 의지하는 도구를 나타낸다. 예를 들면 다음과 같다.

⑬ 这个箱子已经捆上了绳子。(이 상자는 이미 줄로 묶었다.)

⑭ 你把锅盖上锅盖。(너는 솥을 뚜껑으로 덮어라.)

⑮ 牛肉面我吃大碗。(우육면을 나는 큰 그릇으로 먹었다.)

6 재료 빈어 : 동작 행위가 채택하는 재료를 나타낸다. 예를 들면 다음과 같다.

⑯ 柜子我刷了油漆。(캐비넷에 나는 페인트를 칠하였다.)

⑰ 花已经浇了水。(꽃에 이미 물을 주었다.)

⑱ 地面铺了瓷砖。(지면에 타일을 깔았다.)

7 장소 빈어 : 동작 행위가 소재하거나 이르는 장소를 나타낸다. 예를 들면 다음과 같다.

⑲ 下月我去趟成都。(다음 달에 나는 성도에 한 번 간다.)

⑳ 这些孩子天天中午吃食堂。(이 아이들은 매일 점심을 식당에서 먹는다.)

㉑ 课上你应该多写黑板。(수업에서 너는 칠판에 써진 것을 더 많이 써야 한다.)

8 방식 빈어 : 동작 행위의 방식을 나타낸다. 예를 들면 다음과 같다.

㉒ 通过主席台的时候要走正步。(의장단을 통과할 때 바른 걸음으로 걸어야 한다.)

㉓ 王先生平常写行书。(왕 선생님은 평상시에 행서로 글을 쓰신다.)

㉔ 包裹用绳子捆十字。(소포는 줄을 사용하여 십자로 묶었다.)

9 원인 빈어 : 동작 행위의 원인을 나타낸다. 예를 들면 다음과 같다.

㉕ 你得好好地养病。(너는 잘 요양해야만 한다.)

㉖ 他哭他父亲。(그는 그의 아버지 때문에 운다.)

㉗ 我们给他庆祝生日。(우리는 그에게 생일을 경축해 준다.)

10 목적 빈어 : 동작 행위의 목적을 나타낸다. 예를 들면 다음과 같다.

㉘ 电影院门口那么多人排电影票。(영화관 입구에 그렇게 많은 사람이 영화표를 위해 줄을 선다.)

㉙ 我们班的同学下午打扫卫生。(우리 반의 급우는 오후에 위생을 위해 청소한다.)

㉚ 不少学生都申请公费。(적지 않은 학생들이 모두 국비를 신청한다.)

11 역할 빈어 : 활동의 역할, 신분을 나타낸다. 예를 들면 다음과 같다.

㉛ 他在我们这出戏里演大春。(그는 우리들 이 연극에서 봄을 연기한다.)

㉜ 这位著名球星今天踢中锋。(이 저명한 선수는 오늘 중앙 공격수로 경기한다.)

㉝ 老王再次当选主席。(왕씨는 다시 한 번 주석으로 당선되었다.)

12 판단 설명 빈어 : 판단 설명의 대상을 나타낸다. 예를 들면 다음과 같다.

㉞ 我们是中国人。(우리는 중국 사람이다.)

㉟ 得冠军的就是这位运动员。(우승한 사람은 바로 이 운동선수이다.)

㊱ 他母亲姓慕容。(그의 어머니는 성이 복성이다.)

빈어는 이 의미 유형뿐만이 아니다. 동빈 사이에 또 일부 습관성 호응이 있어, 의미상 해석하기가 쉽지 않은데, 예를 들면 "闯红灯, 闹肚子, 恢复疲劳" 등이다. 빈어의 의미 유형은 "계(系)"라고 하며, 하나의 서술어 동사는 몇 가지 의미 유형의 빈어를 가질 수 있는데, 즉 동사의 계는 한정적인 것이다. "捆"이 4계 동사인 것과 같다. 예를 들면 捆井字(방식), 捆草绳(도구), 捆捆儿(결과), 捆书(비행위자)이다. 하지만 구체적인 구조에서 동사 뒤에는 1계에 속하는 빈어만을 용납할 수 있다.

(3) 보어의 유형

보어는 서술어 뒤에서 서술어를 보충하여 설명하는 성분이다. 보어 앞의 서술어는 동사나 형용사가 맡는다. 보어 그 자체의 구성은 비교적 복잡하고, 동사성, 형용사성 단어, 개빈구와 부사 "很, 极" 모두 보어로 쓰일 수 있다. 동작 행위의 결과, 방향, 수량, 시간, 장소, 상태를 설명하거나 성질의 정도 등을 설명한다. 우리는 구성 및 의미에 근거하여 보어를 아래의 몇 가지 유형으로 나눌 수 있다.

1 결과 보어 : 동작, 행위의 결과를 나타낸다. 형용사나 동사가 사용된다. 결과 보어와 서술어 동사는 직접적으로 함께 조합되는데, 결합이 비교적 긴밀하다. 예를 들면 다음과 같다.

① 他赶紧把酒预备好。(그는 얼른 술을 다 준비하였다.)

② 她又被人救活了。(그녀는 또 사람에 의해 생명이 구조되었다.)

③ 他们在遵义城被我一、三军团吃掉两个师。

(그들은 준의성에서 나의 1, 3군단에 의해 두 사단을 해치워 버렸다.)

2 방향 보어 : 동작, 행위의 방향, 동태나 성질, 상태의 변화를 보충하여 설명한다. 방향 동사로 충당한다. 예를 들면 다음과 같다.

④ 大竹杠又向他劈下来了。(鲁迅：≪阿Q正传≫)

(큰 대나무 멜대가 또 그에게 쪼개어졌다.)

⑤ 月亮升起来。(달이 떠오르기 시작한다.)

⑥ 赵家的狗又叫起来了。(조가의 개는 또 짖기 시작하였다.)

⑦ 灯光逐渐暗下去了。(불빛이 점차 어두워져 갔다.)

3 가능 보어 : 서술어의 가능성을 보충하여 설명한다. 가능 보어에는 세 가지가 있다.

1) "得/不＋결과보어/방향보어"로 구성된다. 예를 들면 다음과 같다.

⑧ 虎妞说得出来就行得出来。(老舍：≪骆驼祥子≫)

(호뉴는 말로 할 수 있으면 행동해 낼 수 있다.)

⑨ 我这些年的苦不是你拿钱算得清的。(曹禺：≪雷雨≫)

(나의 요 몇 년의 고생은 당신이 돈으로 분명하게 계산할 수 있는 것이 아니다.)

⑩ 那里水浅，大船过不去。(孙犁：≪荷花淀≫)

(거기에 물은 얕아서 큰 배가 지나갈 수 없다.)

2) “得/不＋了(liǎo)”로 구성된다. 예를 들면 다음과 같다.

⑪ 但是，比起无限丰富的精神生活来，那算得了什么！(吴伯箫：≪歌声≫)

(그러나, 무한히 풍부한 정신생활과 비교하면 별거 아니다.)

⑫ 掌柜说，样子太傻，怕侍候不了长衫主顾，就在外面做点事罢。

(鲁迅：≪孔乙己≫)

(사장님이 모양이 너무 멍청하여, 긴 적삼의 단골 고객을 시중들 수 없음을 두려워하여, 밖에서 일을 좀 하고 있을 뿐이라고 한다.)

3) “得/不得”로 구성된다. 예를 들면 다음과 같다.

⑬ 和尚动得，我动不得？(鲁迅：≪阿Q正传≫)

(스님이 움직일 수 있는데, 나는 움직일 수 없어?)

⑭ 三仙姑羞得只顾擦汗，再也开不得口。

(삼선고는 부끄러워 땀만 닦고, 다시는 입을 열 수 없었다.)

④ 상태 보어 : 서술어가 나타내는 상태를 나타낸다. “得”, “得个”, “个”로 보어를 이끈다. 예를 들면 다음과 같다.

⑮ 他看得呆了。(그는 멍하게 본다.)

⑯ 后面大船来得飞快。(孙犁：≪荷花淀≫) (뒤에 큰 배가 나는 듯이 빠르게 왔다.)

⑰ 你自然想不到，侍萍的相貌有一天也会老得连你也不认识了。

(曹禺：≪雷雨≫)

(너는 자연스럽게 시평의 용모가 어느 날 늙어서 너도 알아보지 못하게 될 것이라고 생각할 수 없다.)

⑱ 你得给我们酒呀！让我们喝个足，喝个饱，喝个痛快！

(당신은 우리에게 술을 좀 주셔야 합니다! 우리가 충분히 마시고, 배부르게 마시고, 통쾌하게 마시게요!)

⑲ 其结果，把几千年封建地主的特权，打得个落花流水。(毛泽东：≪湖南农民运动考察报告≫)

(그 결과 몇 천 년 봉건 지주의 특권을 여지없이 때려눕혔다.)

상태 보어와 가능 보어의 긍정식은 모두 "得"자를 붙일 수 있어, 이 때문에 "得"를 가지는 술보 격식은 아마도 다른 뜻이 있을 것이다. 예를 들면 "写得好"가 상태 보어로서의 부정식은 "写得不好"이고, 가능 보어로서의 부정식은 "写不好"이고, 상태 보어의 일정한 언어 환경 중에서 아마 생략될 것이다. 예를 들면 "你看他急得", "给他吓得"이다.

⑤ 정도 보어 : 형용사나 심리 동사로 충당하는 서술어의 뒤에 쓰이고, 도달하는 정도를 나타낸다. 동사성·형용사성 단어를 사용하고, 부사 "很, 极"나 수량사구 "一些, 一点"을 사용하기도 한다. 예를 들면 다음과 같다.

⑳ 绛紫色的山峰衬托着这一团雾，真美极了。
(적갈색의 산봉우리는 이 안개에 의해 두드러져 정말 아름답다.)

㉑ 过去，那个地方脏透了。(과거에, 그곳은 정말 더러웠다.)

㉒ 我想，熟门熟路，比生手实在好得多。
(나는 어떤 곳에 매우 익숙한 것이 초보자보다 실제로 훨씬 더 좋다.)

⑥ 수량 보어 : 수량 보어에는 두 가지가 있다. 하나는 동작·행위나 변화의 수량을 나타내고, 혹은 성질이 초과하여 미치지 못하는 수량을 나타낸다. 예를 들면 다음과 같다.

㉓ 她尖叫了一声。(그녀는 한 번 비명을 질렀다.)

㉔ 他把课文读了三遍。(그는 본문을 세 번 읽었다.)

㉕ 他本来也打柴为生，比她小十岁。
(그는 본래 나무를 하는 것을 생업으로 하는데, 그녀보다 10살이 어리다.)

또 한 종류는 동작이나 상태 시간의 길이를 나타내는 것이 있는데, 시단(时段)이다. 예를 들면 다음과 같다.

㉖ 这一病，整整病了三个多月。(이 병은 꼬박 3개월여를 앓았다.)

㉗ 他们的眼睛都已老花多年了。(그들의 눈은 모두 노화된 지 이미 여러 해가 되었다.)

⑦ 개빈구 보어 : 개빈구로 충당하고, 주로 동작 행위 발생의 시간(지점)이나 장소를 나타내는 데 쓰인다. 예를 들면 다음과 같다.

㉘ 荪甫和竹斋、阿萱就先走到码头上。(茅盾：≪子夜≫)
(손보, 죽재와 아훤은 먼저 부두로 걸어갔다.)

㉙ 鲁迅生于1881年，死于1936年。(노신은 1881년에 태어나 1936년에 죽었다.)

㉚ 我们同学来自全国各地。(우리 급우는 전국 각지에서 왔다.)

(4) 보어의 의미 지향

보어는 서술어와 보충·피보충의 관계이고, 이것은 문법 각도로 개괄한 것이다. 의미 각도로 보면 보어가 설명한 성분은 서술어일 뿐만 아니라, 보어는 여러 의미 지향을 가지고 있다.

1 서술어를 지향한다. 예를 들면 다음과 같다.

① 水生笑了〈一下〉。(孙犁：≪荷花淀≫) (수생은 좀 웃었다.)

② 我们还穷得〈很〉。(우리는 아직 매우 가난하다.)

③ 她兴奋〈起来〉了。(그녀는 흥분하기 시작하였다.)

2 주어를 지향한다. 예를 들면 다음과 같다.

④ 这姑娘生得〈皮肤很黑〉。(이 아가씨는 태어나서는 피부가 매우 검었다.)

⑤ 牲口都是养得〈肥肥壮壮的〉。(가축 모두 굉장히 튼실하게 길렀다.)

⑥ 这两年，他们的日子过得〈很富裕〉。(요 몇 년 그들의 생활은 매우 부유하게 지냈다.)

3 빈어를 지향한다. 예를 들면 다음과 같다.

⑦ 我们打〈通〉了她的思想。(우리는 그녀의 생각을 납득시켰다.)

⑧ 你洗〈干净〉了手再吃。(너는 먼저 손을 깨끗이 씻고 먹어라.)

⑨ 建设者们修〈通〉了铁路。(건설자들은 철로를 개통하였다.)

4 겸어를 지향한다. 예를 들면 다음과 같다.

⑩ 这事使他们高兴得 〈跳起来〉。(이 일은 그들로 하여금 기뻐서 뛰게 하였다.)

⑪ 疾病让他变得〈憔悴〉。(질병은 그로 하여금 초췌하게 변하게 하였다.)

5 부사어를 지향한다. 예를 들면 다음과 같다.

⑫ 我们把她气得〈大哭〉。(우리는 그녀를 화나게 하여 통곡하였다.)

⑬ 红方将蓝方打得〈喘不上气来〉。(홍측이 청측을 공격하여 숨이 가쁘다.)

(5) 빈어와 보어가 함께 출현하는 격식

어떤 문장은 서술어 동사 뒤에 빈어가 있기도 하고 또 보어가 있기도 한데, 그들 양자가 모두 출현할 때는 배열순서의 문제가 있다. 한어 문장에서 보어가 먼저 있고 빈어가 나중에 있는 격식이 있기도 하고, 빈어가 먼저 있고 보어가 나중에 있는 격식도 있다. 어떤 격식을 채택하는 것은 때로는 보어에 달려 있고, 때로는 빈어에 달려 있기도 하다.

1 "서술어+보어+빈어" 식 : 이것은 가장 자주 보는 순서이다. 결과 보어, 가능 보어 모두 빈어의 앞에 있고, 방향 보어도 아마 빈어의 앞에 있다. 수량 보어의 위치는 빈어의 성질과 관련이 있는데, 만약 빈어가 명사이면 때로 "서술어+보어+빈어" 격식을 채택한다. 예를 들면 다음과 같다.

① 我们很多人没有学好语言。(우리 매우 많은 사람은 언어를 잘 배우지 못했다.)

② 亏他说得出那种话。(그를 손해 보게 하여 그런 말을 꺼내다.)

③ 昨天，我去了一趟琉璃厂。(어제 나는 유리공장에 한 번 갔다.)

④ 咱们队伍开过来一个师。(우리 부대는 한 사단을 데리고 왔다.)

2 "서술어+빈어+보어" 식 : 빈어는 대명사이고, 수량 보어는 빈어의 뒤에 놓여야 한다. 빈어가 명사이면, 때로 "서술어+빈어+보어" 격식을 채택하기도 하고, 방향 보어 "来, 去"는 보어로 쓰인다. 아마 빈어의 뒤에 있을 것이다. 예를 들면 다음과 같다.

⑤ 康大叔瞥了小栓一眼。(鲁迅：≪药≫) (강대숙은 소전을 한번 힐끗 보았다.)

⑥ 我们等了他半天。(우리는 그를 한참 기다렸다.)

⑦ 我们仅仅施仁政于人民内部。(우리는 인민 내부에 선정을 베풀 뿐이다.)

⑧ 上级早就说要给我派个助手来。(상급자는 벌써 나에게 조수를 파견하였다고 한다.)

3 "서술어+보어+빈어+보어" 식 : 이 격식은 합성 방향 동사가 나누어져 빈어에 삽입한 상황에만 제한된다. 이 격식의 두 보어는 결코 하나의 단계에 있지 않고 그중의 "보어+빈어+보어"는 세 층차에 나누어 속한다. 예를 들면 다음과 같다.

⑨ 她于是淌下眼泪来。(그녀는 그리하여 눈물을 흘렸다.)

⑩ 这种话她始终没有说出口来。(이 말을 그녀는 시종 꺼내지 않았다.)

4 "서술어+빈어+서술어+보어" 식 : 이 격식은 중동식이라고도 불리는데, 서술어 동사를 한 번 중복하여 각각 빈어와 보어를 가지는, 일종의 연술문의 특수

형식이다. 예를 들면 다음과 같다.

⑪ 我看小说看了一天。(나는 하루 동안 소설을 보았다.)

⑫ 他一个月去天津去了两趟。(그는 한 달에 천진을 두 번 갔다.)

(6) 빈어와 보어의 분별

빈어와 보어는 모두 서술어 동사의 후치 성분으로, 빈어는 대개 명사성 단어가 맡고, 보어는 대개 서술어성 단어를 사용하여, 양자는 일반적으로 구분하기가 쉽다. 그러나 때로 빈어와 보어는 구성 성분이 같거나 비슷한데, 예를 들면 빈어도 서술어성 단어를 사용할 수 있고, 빈어와 보어 모두 수량사를 쓸 수 있는데, 이것은 양자를 판별하는 데 일정한 어려움을 가져왔다. 정확하게 빈어와 보어를 판별하려면 아래의 세 가지 방면에 주의해야 한다.

1 서술어와 후치 성분의 문법 의미를 분석하는 데 주의해야 한다.

"他喜欢干净(그는 깨끗한 것을 좋아한다)"과 "我们把教室打扫干净(우리는 교실을 깨끗하게 청소하였다)" 이 두 문장과 같이 서술어의 후치 성분은 모두 "干净"이다. 그러나 전자의 "干净"은 서술어 동사 "喜欢"이 관련되는 대상이다. "打扫干净" 중의 "干净"은 "打扫"의 결과로, "打扫"를 보충하여 설명하고 이 때문에 전자는 빈어이고 후자는 보어이다. 예를 들면 다음과 같다.

① 他浪费了三天。(그는 3일을 낭비하였다.)

② 他休息了三天。(그는 3일을 쉬었다.)

③ 他用了三天。(그는 3일을 사용하였다.)

④ 他写了三天。(그는 3일을 썼다.)

⑤ 他买了三米。(그는 3m를 샀다.)

⑥ 这个比那个长三米。(이것은 저것보다 3m 더 길다.)

2 수량사 중의 명량사와 동량사를 구분하는 데 주의해야 한다.

만약 명량사를 사용한다면 일반적으로 빈어이다. 만약 동량사를 사용한다면 보어로, 예를 들면 다음과 같다.

⑦ 他写了三遍。(그는 세 번을 썼다.)

⑧ 一天他吃了三顿。(그는 하루에 세 끼를 먹었다.)

⑨ 电影他看了两场。(그는 영화를 두 번 보았다.)

⑩ 他写了三遍。(그는 세 번을 썼다.)

⑪ 他把孩子教训了一顿。(그는 아이를 한바탕 꾸짖었다.)

⑫ 他要大干一场。(그는 한바탕 하였다.)

예 ⑦, ⑧, ⑨는 모두 물량사(物量词)이며, 수량구는 빈어이고, 예 ⑩, ⑪, ⑫는 모두 동량사이고, 수량사구는 보어이다.

3 접미사 "得"와 구조 조사 "得"를 구분하는 데 주의해야 한다.

구조 조사 "得"는 보어의 문법 표지이고, 어떤 동사 역시 단어를 구성하는 접미사 "得"를 가지고 있는데, 예를 들면 "获得, 懂得, 晓得, 值得, 记得, 认得, 使得, 舍得, 懒得" 등이고, 그들은 형식상의 유사함 때문에 자주 헷갈린다. 예를 들면 아래의 문장이다.

⑬ 他显得很高兴。(그는 매우 기뻐 보인다.)

⑭ 我们玩得真高兴。(우리는 정말 기쁘게 놀았다.)

⑮ 我觉得不太好。(나는 그다지 좋지 않다고 느꼈다.)

⑯ 他写得不太好。(그는 그다지 잘 쓰지 못한다.)

⑰ 我们取得了胜利。(우리는 승리하였다.)

⑱ 他疼得直哭。(그는 아파서 줄곧 운다.)

예 ⑬, ⑮, ⑰의 서술어 동사는 접미사 "得"를 가지고 있고, 뒤의 성분은 빈어이다. 예 ⑭, ⑯, ⑱의 "得"는 구조 조사이고, 뒤의 성분은 보어이다.

사고와 연습

1 아래 문장의 주어와 서술어를 가리키고, 아울러 주어의 의미 유형을 설명하라.

(1) 你这后院谁住呢？

(2) 这事儿暂且保守秘密。

(3) 咱俩动物园见。

(4) 原来今天是中秋节了。

(5) 咱俩组织个"互助组"好不好？

(6) 这支笔不能写大字。

(7) 淑彬的病也要彻底治好。

(8) 水像无边的跳荡的水银。

(9) 蜜蜂这东西，最爱劳动。(杨朔：≪荔枝蜜≫)

(10) 今天都星期五啦。

(11) 母亲和宏儿都睡着了。

(12) 朦胧中听见广播说，到了奉节。

(13) 兴国的同志们创造了第一等工作。

(14) 这来得便是闰土。(鲁迅：≪故乡≫)

(15) 建立一个没有剥削的社会，曾经是世界上的劳动人民和进步人类千百年来的梦想。

(16) 白蛇娘娘被装在一个小小的钵盂里了。

2 아래 문장 중에서 문법 착오를 지적하고 고쳐라.

(1) 经过周密调查，终于使我们弄明白了事实真相。

(2) 群众的人力，畜力和水车等工具，都有不同程度困难。

(3) 看见这些情形，触动了我的正义感。

(4) 中国古代在天文学上的成就，自有其辉煌卓越的贡献。

(5) 在过去这种遗址的破坏，有一大部分毁在盗掘手里。

(6) 这个被严重烧伤、生命垂危的病人，由于中国各科医生的紧密合作，全力抢救，终于挽救了他的生命。

3 아래 문장에서 빈어와 보어를 가리키고, 보어의 유형을 설명하라.

(1) 这时候我已经明白他就是罗才叔叔了。

(2) 以后每个民兵都要学会埋雷。

(3) 她保持着最大限度的冷静。

(4) 我那箱子在那里摆了一辈子了。

(5) 她救过妹妹两次。

(6) 孔乙己便涨红了脸。(鲁迅：≪孔乙己≫)

(7) 我这些话，说得农民都笑起来。

(8) 我九天卖九趟煤。

(9) 孩子的脸红得像要落下来的果子。

(10) 从前拜倒在绅士权力下面的人，现在却拜倒农民权力之下。

제 7 절 단문 성분(하)

1. 한정어와 부사어

한정어와 부사어는 모두 문장의 부가 성분이고 한정어는 주어와 빈어를 수식하고 제한하는 성분이며, 부사어는 서술어를 수식하고 제한하는 성분이다. 정중구(定中词组)는 만약 주어 부분의 위치에 놓이면 구의 한정어는 문장 한정어로 바뀌고, 상중구(状中词组)가 만약 서술어 부분의 위치에 놓이면 구의 부사어는 문장의 부사어로 바뀌지만 다른 상황에서는 바뀌지 않는다. 다시 말해서 문장 성분의 한정어·부사어가 구의 한정어·부사어의 개념과 완전히 같은 것은 아니다.

(1) 한정어의 구성과 표의 역할

일반적으로 실사와 구는 모두 한정어로 쓰일 수 있다. 한정어가 나타내는 의미에 근거하여 한정어를 묘사성 한정어와 제한성 한정어 두 개의 부류로 나눌 수 있다.

묘사성 한정어는 묘사성 역할을 한다. 이 한정어를 사용할 때, 화자가 착안하는 것은 주로 묘사되는 사물 그 자체이고 주어와 빈어가 "어떠한 것"인 것을 명확히 가리킨다. 형용사 및 형용사성구가 사용되는 한정어는 자주 묘사성이다. 예를 들면 다음과 같다.

① 她戴了一条（非常漂亮）的围巾。(그녀는 매우 예쁜 목도리를 둘렀다.)

② 我的老师是一位（性情温和）的长者。(나의 선생님은 성정이 온화하신 연장자이시다.)

③（高大）的英雄树盛开着（耀眼）的红花。
(높고 큰 영웅수에 눈부신 붉은 꽃이 활짝 피었다.)

제한성 한정어는 주로 구별 작용을 하고, 주어나 빈어는 "어떤 것"인지를 명확히 가리키며, 시간・장소・종속・환경・범위・용도・재료 등을 나타낸다. 일반적으로 말해서, 명사성 단어와 동사성 단어는 한정어로 쓰여 제한성이다. 예를 들면 다음과 같다.

④ (屋里) 的人都睡着了。((방안)의 사람들은 모두 잠들었다.)

⑤ 这是 (老张) 的帽子吗? (이것은 (장씨)의 모자입니까?)

⑥ 孔乙己还欠 (十九个) 钱呢! (鲁迅 : ≪孔乙己≫) (공을기가 (19원)의 빚을 갚았어!)

⑦ 它标志着 (全国人民) (对先烈) 的怀念。
(그것은 (전국 인민)의 (선열에 대한) 회고를 명시하고 있다.)

한정어는 비록 문장의 부가 성분이지만 뜻을 나타내는 데 중요한 역할을 한다. 특히 일부 추상적인 사물을 나타내는 단어가 주어와 빈어로 쓰일 때, 만약 한정어가 없으면 문장은 늘 성립할 수 없다. 예를 들면 다음과 같다.

⑧ 会场洋溢着欢乐的气氛。(* 会场洋溢着气氛。)
(회의장에는 즐거운 분위기가 넘쳐흐르고 있다.)

⑨ 过去的事, 就让它过去吧。(* 事, 就让它过去吧。)
(과거의 일, 그냥 지나가 버리라고 해.)

⑩ 我们要发扬艰苦奋斗的精神。(* 我们要发扬精神。)
(우리는 고군분투하는 정신을 드높여야 한다.)

(2) **한정어와 구조 조사** "的"

한정어는 중심어와 조합하고, 자주 구조 조사 "的"를 가지는데, "的"는 한정어의 문법 표지이나 모든 한정어의 뒤에 반드시 "的"를 가지는 것은 아니다. 한정어가 "的"를 가지느냐의 여부에는 여러 제약 요소가 있는데, 어떤 것은 반드시 가지고, 어떤 것은 가질 수도 있고 가질 수도 없어 규칙이 비교적 복잡하다. 대체적으로 말해서 "的"를 가지고 안 가지는 것은 한정어 자체의 속성과 관련이 있고, 한정어와 중심어의 음절 수량과 관련이 있으며, 조합한 내부 의미와 관련이 있고, 위아래 문장 환경과 관련이 있다.

단음절 형용사는 한정어로 쓰이고 일반적으로 "的"를 가지지 않는데, 예를 들면 "白纸, 红上衣, 新同学, 好办法" 등이다. "的"를 가지는 것은 곧 묘사를 강조하는 역할이 있다. 예를 들면 "你看有什么好的办法", "她穿了一件红的上衣"이다. 쌍음절 형용사 및 형용사 중첩식은 일반적으로 "的"를 가져야 하는데 예를 들면 "伟大的祖国, 晴朗的天空, 优美的旋律, 雪白的墙, 淡淡的颜色" 등이다. 호응이 비교적 튼튼한 조합은 곧 "的"를 생략하는데 예를 들면 "光荣传统", "干净水", "重要文件" 등이다.

명사는 한정어로 쓰이고 재료・속성을 나타내는 것은 일반적으로 "的"를 가지지 않는데, 예를 들면 "木头桌子, 羊皮夹克, 铁椅子, 孩子脾气, 外国汽车"이다. 재료 한정어는 만약 "的"를 가지면 "木头的桌子, 羊皮的夹克, 铁的椅子"라고 하는데, 강조를 나타낸다. 영속을 나타내는 명사는 한정어로 쓰이고 일반적으로 "的"를 가지어, 예를 들면 "哥哥的同学, 祖国的边陲, 老张的性格, 同学的铅笔"이다. 일부 종속을 나타내는 한정어가 만약 "的"를 삭제하면 아마 영속을 나타내는 한정어로 바뀔 가능성이 있는데, 의미가 완전히 달라진다. 예를 들면 "孩子的脾气≠孩子脾气 外国的汽车≠外国汽车 狐狸的尾巴≠狐狸尾巴"이다.

대명사는 한정어로 쓰이고 종속을 나타내는 것은 일반적으로 "的"를 가지는데, 예를 들면 "我的帽子, 他的自行车, 我们的朋友"이다. 만약 중심어가 가족의 호칭 혹은 단체・단위의 명칭이면 "的"를 가지지 않는데, 예를 들면 "我爸爸, 他姐姐, 你们学校"이다. 인칭 대명사는 명사와 같아, 만약 뒤에 지시 대명사나 시간・장소를 나타내는 한정어가 바로 이어지면, 일반적으로 또 "的"를 사용하지 않는데, 예를 들면 "他这学期的成绩, 他在广州的亲戚, 老师50年代的文章"이다.

동사는 한정어로 쓰이면, 일반적으로 "的"를 가지는데, 그렇지 않으면 동빈 관계가 될 가능성이 높다. 예를 들면 "起草的文章, 升起的太阳, 参观的工厂"이다. 만약 의미적으로 오해하지 않으면 동빈 관계가 되거나 이미 습관적인 조합이 된 것을 자주 사용하고, "的"를 사용하지 않기도 한다. 예를 들면 "烤白薯, 烧茄子, 创作经验, 学习计划, 接受能力, 开拓精神"이다.

구가 한정어로 쓰이면 일반적으로 "的"를 가져야 하는데, 예를 들면 "我们班的同学, 新买的小说, 桌子上的钢笔"이다. 하지만 양사구가 한정어로 사용되면 "的"를 가지지 않는데 예를 들면 "这条胡同, 三幅油画"이다.

이상에서 말한 규칙은 특정한 위아래 문장에서 자주 예외가 있다. 한정어가 "的"를 가지고 안 가지고는 또 음절의 조화 및 문장이 "的"를 연용하는 수와 관련이 있다. 단계가 비교적 많은 복잡한 한정어에서 생략할 수 있는 "的"를 최대한 생략해야만 한다. 예를 들면 다음과 같다.

① 我们学校（的）教龄最长（的）有丰富教学经验的三位优秀（的）语文教师。

(우리 학교 교직의 근속 연수가 가장 길고 풍부한 교학 경험이 있는 세 분의 우수한 어문교사)

② 新盖（的）大楼（的）地下室的通风（的）设备很先进。

(새로 지은 큰 건물 지하실의 통풍 설비는 매우 선진적이다.)

병렬 한정어("白的, 黑的, 红的, 蓝的, 紫的各色旗帜"와 같다. 흰색, 검은색, 붉은색, 남색, 자주색의 각색 깃발)를 제외하고, 한 단문 중에 병렬하지 않는 한정어가 가지는 "的"의 수는 최대 세 개를 초과해서는 안 되고, 세 개를 초과하면 생략할 수 있다.

(3) 다항 한정어의 순서

소위 다항 한정어란 하나의 중심어(주어 혹은 빈어) 앞에 여러 항목의 수식 제한 성분이 있는데, 이런 한정어는 나누어 중심어에 부가한다. 예를 들면 "这篇论文涉及一些与此有关的其他问题"인데 문장에서 빈어 "问题" 앞에 세 개의 한정어 "一些", "与此有关", "其他"가 있다. 그들 사이에는 병렬하여 연합구를 구성할 수 없고, 몇 개 한정어는 모두 직접 "问题"와 호응한다.

다항 한정어는 배열 앞뒤의 순서 문제가 있다. 만약에 "他的一件新的呢子大衣"의 네 한정어는 "종속 — 수량 — 성상 — 재료"의 순서에 따라서 배열한 것으로, 마음대로 바꿀 수 없다. 다항 한정어의 배열 순서 문제는 비교적 복잡하다. 중심어의 가장 먼 곳으로부터 보면 다항 한정어의 일반적인 순서는 다음과 같다.

(1) 영속을 나타내거나 시간, 장소를 나타내는 명사, 대명사나 구

(2) 지시 대명사나 수량구

(3) 동사성 단어, 개빈구

(4) 형용사성 단어

(5) 속성을 나타내는 명사

예를 들면 아래와 같다.

① （我们厂）（一辆）（刚从上海买来）的（新型）轿车开过来了。

(우리 공장에 막 상해에서 사온 한 대의 신형 자동차가 들어왔다.)

② 在这缅怀周总理、学习周总理的日子里，我们回忆起（三十一年前）（随同周总理）（从延安到重庆）的（一次）（不平凡）的航行。
(이 주총리를 기리고 학습하는 날에, 우리는 31년 전 주총리와 동행하며 연안에서 중경까지 한 차례 평범하지 않은 항해한 것을 회상한다.)

③ 橱窗里摆着（外国友人送）的（很精致）的（两个）小银盘。
(진열장에 외국 친구가 보낸 매우 섬세한 작은 두 개의 은쟁반이 진열되어 있다.)

④（他）（那本）（新近出版）的（写末代皇帝）的（中篇）（历史）小说很受欢迎。
(그의 그 최근에 출판된 마지막 황제를 쓴 중편 역사소설은 환영을 받는다.)

다항 한정어의 순서는 주로 논리적인 의미 제약을 받는다. 일반적으로 말해서 구별성이 큰 특징은 구별성이 작은 특징의 앞에 배열하고, 외재적이고 두드러진 특징은 내재적이고 은현 중에 내포한 특징의 앞에 배열하며, 임시적이고 변하기 쉬운 특징은 안정적이고 변하지 않는 특징의 앞에 배열한다. 문법 형식으로 보면 종속·시간·지점을 나타내는 명사성 단어와 양사구를 제외하고 "的"를 가지는 한정어는 늘 "的"를 가지지 않는 한정어의 앞에 배열한다. 중심어와 결합이 느슨한 문제는 결합이 긴밀한 문제의 앞에 배열하고, 그중에 위치가 비교적 융통성이 있는 것은 양사구로, 위의 ㉵ ④는 "他新近出版的那本写末代皇帝的中篇历史小说很受欢迎" 혹은 "他新近出版的写末代皇帝的那本中篇历史小说很受欢迎"이 모두 가능하다고 말하는 것과 같다.

(4) 부사어의 구성과 표의 역할

부사어는 서술어를 수식하고 제한하는 성분이다. 부사의 주요 기능은 부사어로 쓰이는 것인데, 형용사와 형용사구, 시간 명사, 방위사, 능원 동사, 개빈구도 자주 부사어로 쓰인다. 예를 들면 다음과 같다.

① 她 [非常] 恐惧。(그녀는 매우 걱정한다.)

② 十八把大刀 [一齐] [在敌群中] 飞舞。(18개의 칼이 적군 중에서 춤추며 난다.)

③ 同学们 [热烈] 地鼓起掌来。(급우들이 열렬하게 박수치기 시작한다.)

④ 他 [今天早晨] [刚] 走。(그는 오늘 아침 막 갔다.)

⑤ 你 [以后] [不要] [再] 拿东西了。(너는 앞으로 다시는 물건을 가지고 가지 마라.)

⑥ 你们 [应该] [把书上的东西] [好好] 地消化吸收。
(너희들은 책에 있는 것을 잘 소화하고 흡수해야 한다.)

⑦ 我 [越来越深刻] 地认识到这一点。(나는 점점 깊게 이 점을 인식하였다.)

명사는 일반적으로 부사어로 쓰이지 않는다. 시간 명사는 자주 부사어로 쓰이고, 장소 명사는 부사어로 쓰이는데 구어 대화에 제한되어 있다. 소수 방위사, 수량 명사구는 부사어로 쓰일 수 있다. 두 명사가 대구하는 것도 부사어로 쓰일 수 있다. 예를 들면 다음과 같다.

⑧ 球赛今天晚上直播。(구기 경기는 오늘 저녁 생방송된다.)

⑨ 白天气温太高。(낮 기온이 너무 높다.)

⑩ 咱们办公室谈。(우리는 사무실에서 이야기한다.)

⑪ 你前面带路。(너는 앞에서 길을 안내해라.)

⑫ 他一口气跑了三千米。(그는 단숨에 3000m를 뛰었다.)

⑬ 他们整天大米白面地吃着。(그들은 온종일 쌀을 얼굴에 붙이며 먹고 있다.)

어떤 도구・근거・범위・방식을 나타내는 명사는 부사어로 쓰일 수 있는데, 이런 현상은 많이 볼 수는 없지만 증가하는 추세에 있다. 예를 들면 다음과 같다.

⑭ 两国将政治解决领土争端。(양국은 정치적으로 영토 분쟁을 해결한다.)

⑮ 我们要历史地看待这个问题。(우리는 역사를 파헤치며 이 문제를 다룰 것이다.)

⑯ 咱们俩电话联系。(우리는 전화로 연락한다.)

⑰ 亲爱的观众掌声鼓励一下。(친애하는 관중 여러분 박수 소리로 격려해 주세요.)

수량사구는 부사어로 쓰일 수 있는데, 때로 중첩 형식을 사용하여 차례대로 진행하는 것을 나타낸다. 예를 들면 다음과 같다.

⑱ 鸡在一声一声地长鸣。(닭이 소리소리 길게 운다.)

⑲ 老王一把抓住了我的手。(왕씨는 나의 손을 텁석 잡았다.)

⑳ 饭要一口一口地吃。(밥은 텁석텁석 먹어야 한다.)

동사성 단어는 일반적으로 부사어로 쓰이지 않고, 개별적으로 부사어로 쓰이면 반드시 "地"를 더해야 한다. 예를 들면 다음과 같다.

㉑ 我们要批判地継承文学艺术遗产。(우리는 비판하며 문학예술의 유산을 계승해야 한다.)

㉒ 他不停地挥动着扇子。(그는 멈추지 않고 부채를 부치고 있다.)

기능이 부사, 형용사, 시간 명사, 장소 명사에 해당하는 대명사 "这儿, 那儿, 哪

儿, 这会儿, 那会儿, 多会儿, 这么, 那么, 怎么, 这样, 那样, 怎样, 这么样, 那么样, 怎么样"도 부사어로 쓰인다. 예를 들면 다음과 같다.

㉓ 这东西哪儿来的？(이 물건은 어디에서 왔니?)

㉔ 你们怎么出来的？(너희들은 어떻게 나왔니?)

㉕ 这孩子这么不懂事。(이 아이는 이렇게 철이 없다.)

부사어는 그 표의 역할에 따라 제한성 부사어와 묘사성 부사어로 나뉜다. 제한성 부사어는 시간, 장소, 범위, 대상, 목적, 방식, 정도, 정태, 어기, 부정 등을 나타내고, 주로 부사, 시간 명사, 능원 동사, 개빈구가 사용된다. 예를 들면 다음과 같다.

㉖ 我们现在还没到山脚下呢。(우리는 지금 아직 산기슭 아래에 도착하지 않았다.)

㉗ 女人在船梢头烧饭。(여자는 배 끝에서 밥을 짓는다.)

㉘ 她心里非常高兴。(그녀는 마음이 매우 기쁘다.)

㉙ 我和白求恩同志只见过一面。(나와 백구은 동지는 한 번 만난 적이 있을 뿐이다.)

㉚ 今天对瑶民, 我也要试一试。(오늘 진귀한 대중에 대하여 나도 좀 시험해 봐야 한다.)

㉛ 焦裕禄不愿意走。(초유록은 가기를 원하지 않는다.)

㉜ 他用脚把球向左一拨。(그는 발로 공을 좌측으로 밀었다.)

㉝ 为了争取新的胜利, 要在党的干部中间提倡放下包袱和开动机器。(새로운 승리를 쟁취하기 위하여 당 간부 사이의 부담을 내려놓고 기계를 가동하기를 제창해야 한다.)

㉞ 这本比那一本好。(이 책은 저것보다 좋다.)

㉟ 敌人设下的障碍都被我军突破了。(적이 설치한 장애물은 모두 우리 군에게 돌파되었다.)

묘사성 부사어는 주로 동작의 상황이나 동작자가 행동할 때의 정태(표정, 태도, 심정, 자태)에 대하여 묘사한다. 자주 형용사성 단어, 의성어가 맡는다. 예를 들면 다음과 같다.

㊱ 大家七嘴八舌地议论着。(사람들은 의견이 분분하여 논의하고 있다.)

㊲ 小李悄悄地溜进教室。(이군은 살며시 교실로 들어왔다.)

㊳ 春雨刷刷地下着。(봄비가 쏴쏴 내리고 있다.)

㊴ 机关枪像暴风雨一样地卷向对岸。(기관총이 폭풍우처럼 맞은 편 기슭을 휩쓸었다.)

㊵ 他坚决不参加这种活动。(그는 단호하게 이 활동에 참가하지 않는다.)

㊶ 我模模糊糊听见有人敲门。(나는 모호하게 어떤 사람이 노크하는 것을 들었다.)

제한성 부사어는 형식적으로 대다수가 구조 조사 "地"를 가지지 않고, 개별적인 명사・동사가 방식 부사어로 쓰일 때만 "地"를 가지는데 ㉠ ⑮, ㉑, ㉒와 같다. 묘사성 부사어는 일반적으로 "地"를 가져 묘사성을 강조할 때는 반드시 "地"를 가진다.

(5) 부사어의 위치와 다항 부사어의 순서

부사어는 문장에서 자주 두 위치에 놓이는데, 하나는 서술어의 앞과 주어의 뒤에 놓이며, 이런 부사어는 문중 부사어라고 한다. 또 하나는 주어의 앞에 놓이는 것인데, 문두 부사어라고 한다. 예를 들면 "今天他没来上课", "他今天没来上课", "在北京我住了二十多年", "我在北京住了二十多年"이다. 어떤 단어는 문중 부사어로만 사용되는데 "把, 被"로 이루어진 개빈구, 정도 부사, 범위 부사, 빈도 부사와 같다. 예를 들면 "同学们已经做好了作业", "风把门吹开了"이다. 어떤 단어는 "关于", "至于"로 이루어진 개사구가 문두 부사어로만 쓰일 수 있는 것과 같다. 예를 들면 "关于目前的形势, 我们已经作了详细的分析", "至于这个问题, 报告里已经说得很清楚了"이다.

다항 부사어는 한 문장에 두 개 이상의 부사어가 있는 것을 가리킨다. 다항 부사어의 배열 순서는 규칙의 제약을 받을 뿐만 아니라 일정한 융통성이 있고, 표의의 수요에 근거해 바뀔 수 있다. 때로 위치가 다르면 뜻도 다른데, 예를 들어 "我们都不参加"와 "我们不都参加"의 두 문장은 뜻이 다르다. 다항 부사어의 일반적인 배열 순서는 다음과 같다.

(1) 시간을 나타내는 명사, 부사, 방위구, 개빈구
(2) 장소를 나타내는 개빈구, 방위구, 명사, 대명사
(3) 어기, 관련을 나타내는 부사
(4) 조건, 방식, 범위, 목적, 대상, 관계를 나타내는 개빈구와 부사
(5) 정태(情态)를 나타내는 형용사, 동사

예를 들면 다음과 같다.

① 工人师傅们 [昨天] [在车间里] [又] [把设备] [仔仔细细] 地检查了一遍。
(노동자들이 어제 작업장에서 또 설비를 자세하게 한 번 검사하였다.)

② 小王 [上星期] [已经] [把东西] [悄悄] 地拿走了。
(왕군은 지난 주에 이미 물건을 몰래 가져갔다.)

이러한 순서는 일부 문장에서 약간은 바뀌는데, 어떤 부사가 맡는 부사어는 장소 부사어와 곧 위치를 호환할 수 있는 것과 같다. 예를 들면 “他在家已经吃了”와 “他已经在家吃了”이다. 어떤 정태를 나타내는 형용사 부사어와 대상을 나타내는 부사어도 위치를 호환할 수 있는데, 예를 들어 “小王把东西悄悄地拿走了”도 “小王悄悄地把东西拿走了”로 말할 수 있다.

(6) 문두 부사어와 주어의 차이

시간·장소를 나타내는 단어는 문두에 있을 때, 문장의 부사어 또는 주어로서, 진지하게 판별해야만 한다. 이런 단어는 시간 명사, 장소 명사 및 이것과 기능이 같은 대명사, 방위사구와 정중구를 포함하는데, 예를 들면 “早晨, 刚才, 现在, 北京, 图书馆, 这儿, 那里, 院子里, 桌子上边, 长江以南, 黄河上游” 등이다. 판별하는 방법은 주로 서술어의 성질, 구성 및 이 단어가 위치를 이동할 수 있는지를 관찰하는 것이고, 그 밖에 시간 단어와 장소 단어의 상황도 서로 같지 않음을 주의해야 한다. 아래 상황에서는 문두의 시간·장소 단어 모두 주어로 분석해야만 한다.

1 서술어는 명사나 명사성구로, 문두의 시간·장소 단어에 대하여 설명한다. 예를 들면 다음과 같다.

① 今天星期三。(오늘은 수요일이다.)

② 会场上一派节日的气氛。(회의장은 온통 기념일의 분위기이다.)

③ 春天，万物复苏的季节。(봄은 만물이 소생하는 계절이다.)

④ 院子里一棵千年的古柏。(정원에는 한 그루 오래된 측백나무가 있다.)

⑤ 场院上白花花的一片。(마당은 온통 새하얗다.)

2 서술어는 형용사나 형용사성구로, 문두의 시간·장소 단어에 대하여 묘사를 한다. 예를 들면 다음과 같다.

⑥ 昨天真冷。(어제 정말 추웠다.)

⑦ 教室里安静得很。(교실은 매우 조용하다.)

⑧ 集市上像过节似的。(장터는 명절을 쇠는 것과 같다.)

⑨ 路上很安全。(길은 매우 안전하다.)

3 서술어는 "是", "成", "成为", "变成" 등 동사이고, 혹은 서술어 동사 앞에 능원 동사가 부사어로 쓰이고 있으며, 문두의 시간·장소 단어에 대하여 판단과 평의를 진행한다. 예를 들면 다음과 같다.

⑩ 台子上是摆放纪念品的地方。(탁자 위가 기념품을 나열할 장소이다.)

⑪ 春节是汉族人民的传统节日。(춘절은 한족의 전통 명절이다.)

⑫ 这里已成为著名的旅游观光景点。(여기는 이미 저명한 여행 관광지가 되었다.)

⑬ 体育馆可以容纳一万八千名观众。(체육관에는 18,000명 관중을 수용할 수 있다.)

⑭ 星期五能借书吗？(금요일에 책을 빌릴 수 있니?)

4 서술어는 하나의 주서술어구로, 문두의 시간·장소 단어는 또 서술어 앞으로 옮길 수 없다.

⑮ 街道上枪声不断。(거리에는 총 소리가 끊이지 않는다.)

⑯ 文艺舞台上星光灿烂。(문예 무대 위에는 별빛이 찬란하다.)

⑰ 昨天天很冷。(어제 날씨가 매우 추웠다.)

⑱ 广场上红旗招展。(광장에는 홍기가 휘날린다.)

5 문두의 시간·장소 단어는 서술어 동사의 행위자 주체이다. 예를 들면 다음과 같다.

⑲ 春天给大地又披上了绿装。(봄은 대지에게 또 푸른빛을 띠게 하였다.)

⑳ 学校里对教师的生活很关心。(학교에선 교사의 생활에 대하여 매우 관심을 갖는다.)

㉑ 班里发给每位同学一件纪念品。(반에서 각 급우에게 기념품을 보내주었다.)

㉒ 20世纪90年代向青年们提出了更高的要求。
(20세기 90년대는 청년들에게 더욱 높은 요구를 하였다.)

6 문장은 어디에서 출현하고, 존재하고 어떤 사람이나 사물이 소실되었는지를 나타내고, 문두의 장소어가 주어로 쓰이는지 보아야 한다. 예를 들면 다음과 같다.

㉓ 教室里有人在看书。(교실에서 어떤 사람이 책을 본다.)

㉔ 荷叶上凝聚着晶莹的露珠。(연잎 위에 영롱하게 반짝이는 이슬이 맺혀 있다.)

㉕ 天空中飞来一只小鸟。(하늘에 한 마리의 작은 새가 날아다닌다.)

㉖ 东边客店里走了一批客人。(동쪽 객점에 손님들이 갔다.)

상술한 상황에 속하지 않는 문두의 시간・장소 단어는 모두 부사어로 분석해야 한다.

2. 독립어

독립어는 문장 6대 성분 밖에 독립하여, 6대 성분과 구조 관계를 발생하지 않는 특수 성분이다. 독립어의 위치는 비교적 융통성이 있고, 문두・문중 혹은 문말에 있을 수 있다. 독립어의 표의 역할에 근거하여 아래의 네 종류로 나눌 수 있다.

(1) 삽입어

1 상대방 주의를 야기한다. "你看, 你想, 你说, 你听, 你知道, 你记着, 你猜怎么着" 등을 자주 쓴다. 예를 들면 다음과 같다.

① 你看, 我不是听你的话进来了么？(니가 보기에, 내가 네 말을 듣고 들어온 것이 아니니?)

② 一个女子, 你记着, 不能受两代的欺侮。

(너는 기억하고 있어, 한 여자는 2대의 능욕을 받을 수 없다.)

2 상황에 대한 추측과 예측을 나타낸다. "看来, 算起来, 我想, 充其量, 少说一点, 往少里说" 등을 자주 쓴다. 예를 들면 다음과 같다.

③ 其间耳闻目睹的所谓国家大事, 算起来也很不少。(鲁迅：≪一件小事≫)

(그 사이에 직접 귀로 듣고 눈으로 본 소위 국가 대사가, 세어보아도 매우 적지 않다.)

④ 我看樱花, 往少里说, 也有几十次了。

(내가 앵두 꽃을 본 것이 적게 말해도 몇 십번이다.)

3 강조를 나타낸다. "特别是……, 尤其是……, 首先是……" 등을 자주 사용한다. 예를 들면 다음과 같다.

⑤ 无产阶级革命家, 特别是列宁, 对这个问题早就做过明确的论断。

(무산계급 혁명가, 특히 레닌은 이 문제에 대하여 일찍이 명확한 논증을 하여 결론을 내린 적이 있다.)

⑥ 广大职工, 尤其是青年职工, 对这次劳动竞赛非常重视, 正在抓紧练兵。

(광대한 노동자, 더욱이 청년 노동자들은 이번 노동 경쟁 시합에 대하여 매우 중시하여, 마침 군인을 서둘러 훈련을 시키고 있다.)

④ 정보의 근원 혹은 근거를 나타낸다. "听说, 据说, 据可靠消息, 据有关人士披露" 등을 자주 사용한다. 예를 들면 다음과 같다.

⑦ 据可靠人士透露，今后北京将在二环路以内限制建设建筑面积超过6000平方米的大型商业设施。(믿을 만한 인사가 폭로한 것에 근거해, 향후 북경은 제2 순환 도로 이내에 건축 면적이 6000평방미터를 초과하는 대형 상업 시설 건설을 제한할 것이다.)

⑧ 苏州园林据说有一百多处。(소주에는 원림이 백여 곳이 있다고 한다.)

⑤ 주석, 보충, 예를 드는 것을 나타낸다. "包括……, 正如……, 即……, 例如……" 등을 자주 사용한다. 예를 들면 다음과 같다.

⑨ 宣统三年九月十四日 — 即阿Q将褡裢卖给赵白眼的这一天 — 三更四点，有只大乌篷船到了赵府上的河埠头。

(선통 3년 9월 14일 아큐가 전대를 조백안에게 팔던 이 날 삼경 네 시 한 척의 검은 칠을 한 뜸을 씌운 큰 배가 조부상의 강 부두에 도착했다.)

⑩ 参加这次会议的代表，包括正式代表和列席代表，共有七百多人。

(이번 회의에 참가하는 대표는 정식 대표와 열석 대표를 포함하여 모두 7백여 명이다.)

⑥ 태도를 나타낸다. "毫无疑问, 不可否认, 不用说, 十分明显, 老实说, 严格地说, 不错" 등을 자주 사용한다. 예를 들면 다음과 같다.

⑪ 十分明显，不大大提高中华民族的科学文化水平，四个现代化就是一句空话。

(중화민족의 과학 문화 수준을 크게 향상하고, 4개 현대화는 공론이 아님이 역력하다.)

⑫ 毫无疑问，周恩来总理的光辉形象将永远铭记在亿万人民的心中。

(주은래 총리의 찬란한 형상이 영원히 수많은 사람의 가슴에 아로새겨질 것이라는 것은 조금도 의문이 없다.)

⑦ 앞의 문장을 받아서 뒤 문장을 잇거나 혹은 종결을 나타낸다. "总之, 总而言之, 由此可见, 换言之, 反之, 此外" 등을 자주 사용한다. 예를 들면 다음과 같다.

⑬ 总而言之：我将不能常到百草园了。

(총괄적으로 말하면, 나는 자주 많은 초원에 이를 수 없을 것이다.)

⑭ 此外，防火安全问题也是很重要的。(이외에 방화 안전 문제도 매우 중요하다.)

(2) 호응어

상대방을 부르거나 응답하는 것으로 예를 들면 다음과 같다.

① 朋友们，为做一个祖国的英雄而奋发努力吧，不会有比这再光荣的了。(魏巍)
(친구들이여, 조국의 영웅이 되기 위하여 분발하여 노력하세요, 이것보다 더 영광스러운 것은 없을 거예요.)

② 嗯，我是天津人。(그래, 나는 천진사람이야.)

(3) 감탄어

감탄사로 나타낸다. 예를 들면 다음과 같다.

① 啊，多么激动人心的场面啊！(아, 얼마나 사람의 마음을 감동시키는 장면인가!)

② 哎哟，你踩我脚了！(아야, 니가 내 발을 밟았어!)

(4) 의성어

의성어로 나타낸다. 예를 들면 다음과 같다.

① 砰，远在传来一声枪声。(멀리서 펑 하고 총 소리가 들려왔다.)

② 哗啦，哗啦，晶莹的泉水从巨石上翻滚下来。
(주룩 주룩 빛나고 투명한 샘물이 큰 돌로부터 용솟음쳐 내렸다.)

독립어는 비록 구조적으로 다른 문장 성분과 관계가 없지만 의미를 나타내는 면에서는 오히려 아주 중요하다. 적당하게 독립어를 활용하면, 표현이 더욱 정확하고 명확하며, 생동적이고 구체적인 동시에 또 문장의 정보량을 늘릴 수 있다.

3. 문장 성분의 기능과 변환

(1) 문장 성분의 기능

문장 성분 중에 주어・빈어는 모두 지칭으로, 사람과 사물을 지칭하는 것이다. 서술어는 진술로, 동작・행위・변화를 설명하는 것이다. 보어도 일종의 진술로 서술어에 다음가며, 동작・행위・변화를 보충하여 설명하는 것이다. 한정어・부사어는 모두 수식하는 성분으로, 각각 주어와 빈어를 수식하고 서술어를 수식한다. 독립어도 수식을 하는데, 문장에 덧붙여서 구조와 관련 없는 수식을 한다.

주어는 한편으로 서술어와 상대적이다. 또 한편으로는 빈어와 상대적이다. 정상적인 어순의 문장에서 주어 부분의 위치는 서술어의 앞에 있고, 이미 아는 정보를 나타낸다. 서술어 부분은 주어의 뒤에 있고, 아직 모르는 정보를 나타낸다. 주어는 일반적으로 한정적인 개념이고, 문장의 화제나 시작하는 말(起词)(주어의 옛 문법 용어)이다. 빈어는 일반적으로 비한정의 개념이고, 문장의 술제(述题)이며 말을 그치는 말이다. 주어와 빈어는 모두 지칭이고, 다시 말해서 기능적으로 그것을 명사어(名词语)로 볼 수 있다. 동사성・형용사성 단어는 주어와 빈어의 위치에 놓여서 곧 기능적으로 "명물화(名物化)"를 발생할 것이고, 그들은 결코 구체적인 동작이나 성질을 서술하는 것이 아니고, 전체를 동작・행위로 간주하는 지칭이다. 예를 들면 "打太极拳对身体很有好处" 이 문장 중에 "打太极拳"은 바로 이런 체육 활동으로서의 지칭이다. "我喜欢打太极拳" 중의 "打太极拳" 역시 명물화의 지칭이다.

문장의 구조 핵심은 서술어이고, 서술어는 문장 성분의 자리 배정을 결정한다. 예를 들면 "写"란 동사는 서술어로 쓰이며 앞에 주어가 있을 수 있어 "누구"를 쓰고, 뒤에는 빈어가 있을 수 있어 "무엇"을 쓸 것을 결정하였다. 예를 들면 "我写字"이다. 다시 예를 들면 "给"란 동사는 서술어로 사용되고, 앞에 주어가 있으며, 뒤에는 하나의 근빈어와 원빈어로, 두 개의 빈어가 있을 수 있음을 결정하였다. 예를 들면 "他给我一个苹果"로 서술어 동사의 앞에 주어가 나타나거나 나타나지 않아야 하는데, 이 주어가 없는 자리는 영주어(空主语)라고 부른다. 서술어 동사의 뒤에는 빈어가 나오거나 나오지 않아야 하는데, 이 빈어가 없는 자리는 영빈어(空宾语)라고 부른다. 예를 들면 "给我一个苹果"의 문두에는 하나의 영주어가 있고, "我给他"의 문말은 하나의 영빈어가 있다.

(2) 문장 성분의 변환

문장 성분 사이에는 자주 변환이 발생한다. 예를 들면 다음과 같다.

① 铁路通西藏了 (철로가 서장으로 개통되었다.) → 西藏通铁路了。(주어 → 빈어)

② 王冕的父亲死了 (왕면의 아버지가 돌아가셨다.) → 王冕死了父亲。
(주어 → 빈어, 한정어 → 주어)

③ 我们把敌人消灭了 (우리는 적을 섬멸하였다.) → 敌人被我们消灭了。
(주어 → 부사어, 부사어 → 주어)

④ 我吃早饭了 (나는 아침을 먹었다.) → 早饭我吃了。(빈어 → 주어)

⑤ 哥哥今天在沙发睡 (형은 아침에 소파에서 잔다.) → 哥哥今天睡沙发。(부사어 → 빈어)

상술한 예문으로부터 동일한 의미 유형인 것은 명사어로 구성한 문장 성분이 자주 자리를 옮겨 변환한 것이고, 변환 전후 문장의 의미 변화는 크지 않음을 볼 수 있다. 이렇게 자리를 옮겨 변환하는 것은 주로 주어, 빈어, 개빈구 부사어 사이에 진행되는 것이다. 예를 들면 "我们消灭了敌人", 주어는 행위자이고 빈어는 비행위자로, "我们把敌人消灭了"로 변환하는 것는 비행위자 빈어가 부사어로 변환하는 것이다. "敌人被我们消灭了"로 변환하는 것은 비행위자 빈어가 주어로 변환하는 것이고, 행위자 주어가 부사어로 변환하는 것이다.

의미 유형으로 보면, 행위자 · 당사(当事) · 감사(感事)는 통상적으로 주어의 위치를 차지하고 있고, 전형적인 주어이다. 비행위자 · 수혜자 · 결과는 통상적으로 빈어의 위치를 차지하고 있고, 전형적인 빈어이다. 도구 · 재료 · 장소 · 방식 등은 통상적으로 부사어의 위치를 차지하고 있고, 전형적인 부사어이다. 문장 중에 비전형 주어, 비전형 빈어와 비전형 부사어가 출현할 때, 모두 문장 성분이 자리를 옮겨서 변환한 결과라고 간주한다.

사고와 연습

1 아래 문장의 성분을 분석하라.

(1) 我曾在城里学校当过一年教员。

(2) 宋师父病了的消息，很快就传遍了全村。

(3) 母亲那种勤劳俭朴的习惯，母亲那种宽厚仁慈的态度，还在我心中留有深刻的印象。

(4) 他想再跟杨辉详详细细地谈一谈。

(5) 抗日战争爆发以后，革命的文艺工作者来到延安各个抗日根据地的多起来了。

(6) 自从早晨散会以后，菊英就在后院奶奶家里等候通知。

(7) 我毫不犹豫地和她一齐走了出去。

(8) 结结巴巴的，他把昨晚的事说了一遍。

(9) 在市中心大医院急诊室里，到处挤满了人。

(10) 他们昨天在教室里就考试问题热烈讨论起来。

(11) 水面上露出个小脑袋来。

(12) 我正要问你一件事。

(13) 这后一句话给芳林嫂很大的鼓励。

(14) 您掐给我一点儿葱叶儿。

(15) 他的沉着和冷静的面孔，炯炯的双目，以及他的花马剑柄，用旧了的牛皮箭筒，绵甲上的黄铜护心镜，都在暗沉沉的夜影中闪着光亮。

(16) 语法的特点在于，它得出词的变化的规则，而这不是指具体的词，而是指没有任何具体性的一般的词；它得出造句的规则，而这不是指某些具体的句子，例如具体的主语、具体的谓语等等，而是指任何的句子，不管某个句子的具体形式如何。

(17) 而所有其他的观点，说得更确切些，在因果性问题上的另一条哲学路线，即否认自然界的客观规律性、因果性、必然性的路线，被费尔巴哈公允地列为信仰主义的流派。

(18) 总司令也激动地和大家一道使劲地鼓掌。

(19) "开轩面场圃，把酒话桑麻"，这是唐代大诗人孟浩然《过故人庄》中的两句名诗。

(20) 文艺复兴时代，意大利的科学大师伽利略，十九岁时发现了单摆定律。

(21) 突然，滴铃铃，滴铃铃，一阵急促的电话铃声，把老杨从回忆中惊醒过来。

(22) 我看樱花，往少里说，也有几十次了。

2 아래 문장의 문법 착오를 가리키고 고쳐라.

(1) 那里有肥沃的大片土地，有许多小李的亲人。

(2) 他就外语学习的问题，在班里，昨天又详细地谈了自己的意见。

(3) 他从厨房里把刚蒸好的馒头，热乎乎地端了出来。

(4) 纺织厂的广大职工，为四化建设鉆研技术，大量纺出了优良高级纱。

(5) 五月底的会议上，大家研究了目前应加强图书馆的建立。

(6) 他那白色的裹头毛巾，黑色的棉衣棉裤，完全是北方农村朴实的农民。

(7) 同学们很快掌握和提高了外语单词和翻译能力。

(8) 他不顾危险，勇敢地抢救战友的生命安全。

(9) 张明去火车站跑得很快。

(10) 你注意记得这个字，不要忘了。

3 아래 문장을 다른 형식의 문장으로 변환하라.

(1) 我知道他考上大学了。

(2) 他用绳子捆这堆书。

(3) 老张打碎了这只瓶子。

(4) 这把刀小王削皮。

(5) 小王的学生证不小心丢了。

(6) 你们不能在冰上走。

(7) 电子表我送同学了。

(8) 他用石灰水往墙上刷。

4 아래 단어는 서로 다른 어순에 따라 몇 개 문장을 선택할 수 있는가?

(1) 送、我、他、书、的、是

(2) 蔚蓝、几片、天空、这时、白云、的、飘过

5 아래 요구에 따라 문장을 만들어라.

(1) 动词做主语

(2) 形容词做状语

(3) 名词做谓语

(4) 数量词做宾语

(5) 副词做补语

제8절 자주 보는 문형

문형은 어떤 구조 특징을 가지고 있는 문장 격식이다. 그중에는 구조 유형을 특징으로 하는 것이 있고, 어떤 것은 특정한 표지어(标志词)를 특징으로 하는 것이 있다. 동일한 문형은 일반적으로 같은 문형에 속하고, 두 가지 이상의 문형을 뛰어넘는 소수의 문형도 있다. 현대 한어 중에는 상당히 풍부하며 독특한 특색을 가진 문형이 있고, 문형을 배우는 것은 문법의 중요한 내용을 배우는 것이다. 본 절에서는 몇 가지 자주 보는 단문 문형을 소개한다.

1. 주서술어 서술어문

(1) 주서술어 서술어문의 성질

주서술어 서술어문은 주서술어구가 서술어로 쓰이는 문형이다. 그 격식은 다음과 같다.

대주어(전문주어)＋소주어＋소서술어

소주어(小主语)는 소서술어(小谓语)와 합하여 하나의 큰 서술어로 여겨지는데, 즉 전문 서술어(全句谓语)이다.

주서술어 서술어문은 소서술어의 성질에 근거하여 명사성・동사성・형용사성 서술어문으로 나누어 속한다. 예를 들면 다음과 같다.

① 苹果两块钱一斤。(사과는 한 근에 2원이다.) (명사성 서술어문)

② 这位同志我见过。(이 동지를 나는 만난 적이 있다.) (동사성 서술어문)

③ 他性情温和。(그는 성정이 온화하다.) (형용사성 술어문)

(2) 주서술어 서술어문의 구성

주서술어 서술어문의 구성은 일정한 제한을 받는데, 자주 보는 것은 아래의 몇 가지 유형이다.

1 주어가 비행위자이고 소주어는 행위자로, 예를 들면 다음과 같다.

① 这本小说我看过。(이 소설은 내가 본 적이 있다.)

② 一口水他都不喝。(한 모금의 물도 그는 마시지 않는다.)

2 대주어는 행위자이고 소주어는 비행위자로, 예를 들면 다음과 같다.

③ 他一个字也不认识。(그는 한 글자도 모른다.)

④ 老张什么场面都见过。(장씨는 어떤 상황도 겪은 적이 있다.)

이런 문장의 비행위자는 동사 앞에 놓아 보편성을 가지고 있음을 나타낸다.

3 대주어는 소주어와 종속 관계를 가지고 있는데, 예를 들면 다음과 같다.

⑤ 售货员态度很和蔼。(판매원의 태도는 매우 상냥하다.) (→ 售货员的态度很和蔼。)

⑥ 姑娘眼睛哭肿了。(아가씨의 눈은 울어서 부었다.) (→ 姑娘的眼睛哭肿了。)

4 대주어는 어떤 대상이나 범위를 가리키고, 주서술어 서술어문은 그것에 대하여 서술이나 묘사를 한다. 예를 들면 다음과 같다.

⑦ 这种事，中国人民的经验太多了。(이런 일, 중국 사람의 경험은 굉장히 많다.)

⑧ 夏日的夜空，繁星闪烁。(여름의 밤 하늘, 수없이 많은 별들이 빛나고 있다.)

5 소주어나 소빈어(주서술어 서술어문 중의 빈어)는 대명사 재지시(复指) 대주어이다. 예를 들면 다음과 같다.

⑨ 祖国，这是多么神圣的名字！(조국, 이 얼마나 신성한 이름인가!)

⑩ 这两个同志，我好像见过他们。(이 두 동지, 나는 그들을 만난 적이 있는 것 같다.)

6 주서술어 서술어의 소주어는 소빈어와 동형이다. 예를 들면 다음과 같다.

⑪ 咱们俩谁也别忘了谁。(우리 서로 누구도 누구를 잊지 말자.)

⑫ 军队和人民心连心。(군대와 국민은 마음이 서로 통한다.)

7 소주어는 동사성 단어이고, 대주어와 주서술어 관계를 구성할 수 있다. 예를 들면 다음과 같다.

⑬ 王师傅干活认真。(왕씨 아저씨는 일하시는 것이 진지하다.)

⑭ 这小伙子办事老练。(이 젊은이는 일하는 것이 능숙하다.)

8 소서술어는 명사성 단어 성질이고, 구어 중에 많이 나타난다. 예를 들면 다음과 같다.

⑮ 土豆多少钱一斤？(감자는 한 근에 얼마인가?)

⑯ 小王说话大舌头。(왕군은 말하는 것이 똑똑하지 않다.)

(3) 주서술어 서술어문의 분석

주서술어 서술어문은 문장 성분 분석법으로 분석하는 것이 비교적 간단한데, 서술어 부분은 주서술어구이기 때문에 중심을 찾을 수 없고, 전체가 서술어로 쓰인다. 예를 들면 다음과 같다.

① 自行车 ‖ 他骑出去了。(그는 자전거를 타고 나갔다.)

② 他 ‖ 一句英语也不会说。(그는 한 마디 영어도 할 줄 모른다.)

매우 많은 주서술어 서술어문은 모두 다른 유형의 문장으로 변환되는데, 예를 들면 다음과 같다.

③ 这种笔我使过。(이 펜은 내가 사용한 적이 있다.) (→我使过这种笔。)

④ 中国，我为你自豪。(중국, 나는 너 때문에 긍지를 느낀다.) (→我为中国自豪。)

⑤ 馒头，我喜欢吃热的。(찐빵, 나는 뜨거운 것 먹는 것을 좋아한다.) (→我喜欢吃热的馒头)

또 다른 유형의 문장으로 전환할 방법이 없는 일부 주서술어 서술어문이 있는데, 예를 들면 다음과 같다.

⑥ 我们俩谁也没见过谁。(우리 둘 누구도 누구를 만난 적이 없다.)

⑦ 这老狐狸心眼儿太多。(이 교활한 사람은 속마음이 너무 많다.)

2. 이중 빈어 서술어문

(1) 이중 빈어 서술어문의 성질

서술어 동사가 두 개의 빈어를 가지고 있는 문장으로, 이중 빈어 서술어문이라고 한다. 그중에 동사와 가까운 빈어는 근빈어(近宾语)나 간접 빈어라고 부르고, 서술어 동사로부터 거리가 떨어져 있는 빈어는 원빈어(远宾语)나 직접 빈어라고 한다. 예를 들면 다음과 같다.

① 老洪给他一支烟。(홍씨는 그에게 담배 한 가치를 준다.)

② 他欠我一百块钱。(그는 나에게 199원을 빚졌다.)

이중 빈어 서술어문의 근빈어와 원빈어는 단계별 분석 각도로 보면, 하나의 단계에 있지 않으며, 하나의 동빈구는 또 하나의 빈어를 가지고 있다. 일반적인 상황에서 근빈어는 사람을 가리키는 것이고, 원빈어는 사물을 가리키는 것인데, 때로 또 두 빈어 모두 사람을 가리키거나 모두 사람 이외의 사물을 가리키고 있다. 예를 들면 다음과 같다.

③ 既然你们那里人手不够，我再给你两个人吧。

(너희들 있는 곳에 일손이 부족한 이상, 나는 너에게 두 사람을 더 보내 줄게.)

④ 给鸡一点儿米把。(닭에게 약간의 쌀을 좀 주어라.)

근빈어는 자주 대명사이고, 대명사의 앞에는 일반적으로 수식어가 쓰이지 않기 때문에 근빈어는 대부분 비교적 간단하다. 명사가 근빈어로 쓰이면 그 앞에는 한정어가 있을 수 있다. 예를 들면 다음과 같다.

⑤ 王大爷带给托儿所的孩子一大包糖。

(왕씨 어르신은 탁아소의 아이에게 한 봉지의 큰 사탕을 주신다.)

근빈어는 사물을 가리키기도 하고 상황을 가리키기도 하여, 이 때문에 비교적 복잡할 가능성이 있다. 예를 들면 다음과 같다.

⑥ 妈妈后来告诉我，您一直保持着乐观，不向权势折腰，几次申请要去农村落户。

(어머니는 나중에 당신은 줄곧 낙관적이셨고, 권세에 허리를 굽히지 않으시며, 낙향하신다고 몇 차례 신청했었다고 나에게 알려주셨다.)

근빈어와 원빈어의 위치는 도치될 수 없는 것이다. 한어 방언 중에서 오 방언, 민 방언, 월 방언 등은 이중 빈어 서술어문의 어순이 표준어와 상반되고, 사물을 나타내는 빈어는 앞에 있고, 사람을 가리키는 빈어는 뒤에 있는 것을 가리킨다. 예를 들면 다음과 같다.

⑦ 伊拨本书我。(上海话) (그는 나에게 한 권의 책을 나누어 준다.)

⑧ 畀一本书我。(广东话) (나에게 한 권의 책을 준다.)

(2) 이중 빈어 서술어문의 구성

이중 빈어 서술어문을 구성할 수 있는 동사는 제한적이다. 의미적으로 보면 대체로 다음과 같이 네 가지가 있다.

1 "주다"의 의미를 나타내는 것으로, 예를 들어 "送, 交, 给, 派, 卖, 还, 退, 付, 赔, 输, 分配, 吐, 吓" 등이다. 예를 들면 다음과 같다.

① 上级领导给了我们很高的荣誉。(상부 지도자는 우리들에게 매우 높은 영예를 주었다.)

② 假行家啐这孩子一脸唾沫。(가짜 전문가는 이 아이의 온 얼굴에 침을 뱉었다.)

2 "얻다"의 의미를 나타내는 것으로, 예를 들어 "买, 拿, 罚, 收, 骗, 赚, 偷, 抢, 扣, 赢, 求, 托, 欠" 등이다. 예를 들면 다음과 같다.

③ 八路军不拿群众一针一线

(팔로군은 대중에게 아주 보잘 것 없는 재물도 가져가지 않는다.)

④ 骗子骗走老太太50块钱。(사기꾼은 할머니의 50원을 속여 빼앗았다.)

3 "서술하다"의 의미를 나타내는 것으로, 예를 들어 "问, 教, 告诉, 嘱咐, 回答, 报告, 通知, 打听, 请教" 등이다. 예를 들면 다음과 같다.

⑤ 我问老师一道数学题。(나는 선생님께 수학 문제 하나를 물어보았다.)

⑥ 芳林嫂没有告诉凤儿她要远走。

(방림 형수는 봉에게 그녀가 멀리 갈 거라고 알려주지 않았다.)

4 "부르다"의 의미를 나타내는 것으로, 예를 들어 "叫, 称, 称呼" 등이다. 예를 들면 다음과 같다.

⑦ 人们叫她当代的保尔。(사람들은 그녀를 당대의 폴이라고 부른다.)

⑧ 我们称呼她王师母。(우리들은 그녀를 왕 사모님이라고 부른다.)

5 "보존하다"의 의미를 나타내는 것으로, 예를 들어 "种, 插, 写, 画, 放, 搁, 留, 存, 扔" 등이다. 예를 들면 다음과 같다.

⑨ 解放军种山沟里几百棵树。(해방군은 산에 몇 백 그루의 나무를 심었다.)

⑩ 老师写纸上几个字。(선생님께선 종이에 몇 글자를 적으셨다.)

⑪ 老板扔地下十块钱。(사장님은 땅에 10원을 버렸다.)

이런 문장의 근빈어는 모두 장소를 나타내는 방위사구이다.

3. 연술문

(1) 연술문(连谓句)의 성질

두 개 혹은 두 개 이상의 서술어가 연용되는데, 각각의 서술어는 모두 이 문장의 주어와 진술 관계가 있는 문장을 "연술문"이라고 한다. 예를 들면 다음과 같다.

① 黄参谋写好报告交给站在旁边的通讯员。

(황 참모는 보고서를 다 써서 옆에 서 있는 통신원에게 건네주었다.)

② 小王笑着跑开了。(왕군은 웃으면서 뛰어갔다.)

③ 我挣钱养活你。(나는 돈을 벌어 너를 부양한다.)

④ 他拿出一本书放在桌子上。(그는 책을 한 권 꺼내어 탁자 위에 놓았다.)

⑤ 周老师听了这个消息很高兴。(주 선생님께서 이 소식을 듣고 매우 기뻐하신다.)

⑥ 我们有信心完成这项任务。(우리는 이 임무를 완성할 자신감이 있다.)

⑦ 张先生写汉隶写得特别好。(장 선생님께서는 예서를 특히 잘 쓰신다.)

연술문은 두 동사 서술어를 연용하는 것을 매우 자주 보아서, 또 연동문이라고 한다. 또 어떤 문장은 뒤의 서술어가 형용사로 예 ⑤와 같다. 연술문의 두 개나 여러 개의 서술어가 진술하는 것은 하나의 공통된 주어이다. 서술어 사이에는 명확한 끊어 읽기가 없고 지면상에 표현하는 것은 끊어 읽기로 나눌 수 없다. 전후 서술어의 순서는 일반적으로 바꿀 수 없다. 서술어와 서술어 사이에는 연합·주서술어·동빈·보충 등의 문법 관계가 없고, 관련어가 없다. 아래의 문장은 모두 연술문이 아니다.

⑧ 大娘推开门，走了出去。(큰 어머니께서 문을 여시고, 걸어 나가셨다.)

⑨ 我们都喜欢写小说。(우리들은 모두 소설을 좋아한다.)

⑩ 他一出门就碰上了同学。(그는 문을 나서자 급우를 만났다.)

전형적인 연술문의 격식은 "주어＋서술어$_1$＋서술어$_2$" 중에 "서술어$_1$"과 "서술어$_2$"는 모두 빈어를 가질 수 있는데 예 ③과 같고, 그중의 하나가 빈어를 가질 수도 있는데 예 ⑤와 같다. 서로 같은 동사일 수도 있어, 중동식(重动式)이라고도 한다. 서술어$_1$은 "着"를 가질 수 있는데 예 ②와 같고, 서술어$_2$는 일반적으로 가질 수 없다. 서술어$_1$이 "有"인 문장은 예 ⑥과 같고, 자주 아래와 같이 변환할 수 있다.

我们有信心完成这项任务 → 我们有完成这项任务的信心。

(2) 연술문 내부의 의미 관계

연술문 중의 전후 서술어 사이에는 여러 가지 의미 관계가 존재하고 있다. 예를 들면 다음과 같다.

① 金生取了笔记本走了。(김생은 공책을 찾아서 갔다.)

② 他摇晃着大脑袋傻笑。(그는 큰 머리를 흔들며 실없이 웃는다.)

③ 军长披着一件大衣走进来。(군단장은 외투를 걸치고 걸어 들어왔다.)

④ 我们回家路过南京。(우리는 귀가하는데 남경을 거친다.)

⑤ 他们靠墙根儿站着。(그들은 담장 밑에 기대어 서 있다.)

⑥ 明天我早起背单词。(내일 나는 일찍 일어나 단어를 외울 것이다.)

⑦ 他不识字吃了大亏。(그는 글자를 몰라서 큰 손해를 보았다.)

⑧ 妈妈又闭着嘴不说话。(엄마는 또 입을 다물고 말을 안 하신다.)

⑨ 他关上门倒在床上蒙着头哭。(그는 문을 닫고는 오히려 침대에 누워 머리를 덮고 운다.)

그중에 가장 자주 보는 것은 시간의 선후 관계인데 선후 발생한 동작이나 행위를 나타내어, 예 ①과 같다. 어떤 문장 앞의 서술어가 나타내는 것은 최후 서술어의 방식이나 상태로 예 ②, ③과 같다. 어떤 문장은 앞 서술어가 뒤 서술어의 시간이나 장소로 예 ④, ⑤와 같다. 또 어떤 문장 전후 서술어는 목적이나 인과 관계로 예 ⑥, ⑦과 같다. 또 어떤 문장 전후 서술어의 의미는 서로 같고, 두 개의 서로 다른 각도로부터 주어에 대하여 진술하는데, 예 ⑧과 같다. 다항 서술어의 연술문은 그 서술어 사이에도 이상의 이런 의미 관계를 배제하지 않아 예 ⑨와 같고, 앞의 세 서술어 사이는 시간의 선후 관계이고, 세 번째 서술어가 나타내는 것은 네 번째 서술어의 상태이다.

4. 겸어문

(1) 겸어문의 성질

두 개 혹은 두 개 이상의 서술어를 가지고 있고, 앞의 서술어는 빈어를 가지고 있으며, 이 빈어는 동시에 또 뒤 서술어의 주어인데, 이런 구조의 문장은 겸어문이다. 예를 들면 다음과 같다.

① 领导上派我接替老王的工作。(지도자는 나를 파견하여 왕씨의 일을 인계하게 하였다.)

㉠ ①의 "我"는 앞 서술어 "派"의 빈어일 뿐만 아니라 뒤 서술어 "接替"의 주어이기도 하여, 그래서 겸어라고 한다. 겸어를 가지고 있는 것은 겸어문의 특징이다. 겸어문은 연술문과 똑같이 두 개 혹은 두 개 이상의 서술어를 가지고 있으나 겸어문의 서술어가 진술하는 것은 동일한 주어가 아니어서, ㉠ ①의 "派"가 "领导上"을 진술하고 "接替"는 곧 "我"를 진술하는 것이다.

(2) 겸어문의 구성

전형적인 겸어문 격식은 "주어＋서술어$_1$＋서술어$_2$"이다. 그중에 서술어$_1$은 동사가 사용되고, 겸어문의 서술어$_1$을 구성하는 것은 제한이 있다. 겸어문은 서술어$_1$을 맡는 동사에 근거하여 분류할 수 있다. 의미 각도로 보면, 서술어$_1$은 아래와 같은 유형이 있다.

1 서술어$_1$은 움직임이나 사역 의미를 나타내는 동사로, 가장 자주 보는 동사는 "请, 让, 叫, 使, 要, 派, 劝, 逼, 惹, 招, 催, 求, 托, 养, 收, 送, 放, 赶, 找, 拉, 约, 留, 扶, 强迫, 督促, 责成, 纵容, 鼓舞, 鼓励, 支持, 要求, 请求, 央求, 吸收, 服侍, 营救, 指定, 吩咐, 嘱咐, 告诉, 指示, 提拔, 提升, 分配, 培养, 推选, 邀请, 动员, 组织, 召集" 등이다. 예를 들면 다음과 같다.

① 这使我有点失望。(이것은 나로 하여금 약간 실망하게 하였다.)

② 母亲叫闰土坐。(鲁迅：≪故乡≫) (어머니는 윤토로 하여금 앉으라고 하셨다.)

③ 我求他给我讲解。(나는 그로 하여금 나에게 해설해 달라고 부탁하였다.)

④ 他家养了一只猫捉老鼠。(그의 집에는 고양이 한 마리를 쥐를 잡도록 길렀다.)

⑤ 告诉你少管闲事！(당신은 쓸데없는 일에 참견하지 말라고 알립니다.)

⑥ 矿上分配我下井劳动。(광산은 나에게 갱에 내려가 일하도록 배치하였다.)

⑦ 老师留我在他家吃饭。(선생님은 나로 하여금 그의 집에 남아서 밥을 먹으라고 하셨다.)

2 서술어$_1$은 심리, 정서 의미를 나타내는 동사이다. 이런 동사는 "爱, 恨, 嫌, 怪, 烦, 夸, 骂, 笑话, 喜欢, 讨厌, 佩服, 感谢, 称赞, 责备, 祝贺, 原谅, 欺负, 可怜"

등이다. 예를 들면 다음과 같다.

⑧ 我恨我没有看出你这个人。(나는 내가 너를 알아차리지 못한 것을 원망한다.)

⑨ 我只可怜她没有知识。(나는 그녀가 지식이 없음을 불쌍히 여길 뿐이다.)

⑩ 编辑嫌我的论文太长了。(편집자는 내 논문이 너무 긴 것을 싫어한다.)

⑪ 我感谢你告诉了我这个消息。(나는 네가 나에게 이 소식을 알린 것에 감사한다.)

3 서술어$_1$이 유무, 존현, 판단 의미를 나타내는 동사이다. 이런 동사는 "有, 没有, 生, 来, 死, 起, 送, 买, 雇, 聚, 领, 需要, 缺, 剩, 是" 등이다. 예를 들면 다음과 같다.

⑫ 他有个女儿在郊区工作。(그는 교외에서 일하는 딸이 하나 있다.)

⑬ 小飞蛾生了个女儿叫艾艾。(어린 나방은 艾艾라고 하는 딸을 낳았다.)

⑭ 动物园里死了一只熊猫叫伟伟。(동물원에 伟伟라고 부르는 한 마리 팬더가 죽었다.)

⑮ 他买了个凳子三条腿。(그는 의자의 세 다리를 샀다.)

⑯ 柱子取了个媳妇没文化。(柱子는 문화가 없는 아내에게 장가들었다.)

⑰ 是劳动群众创造了人类的历史。(노동자들이 인류의 역사를 창조하였다.)

(3) 겸어문과 연동문의 교차와 적용

겸어문은 연동문과 차이도 있고, 관련도 있다. 겸어문의 서술어$_2$가 만약 겸어와 진술하는 관계가 있는 동시에 또한 주어와 진술하는 관계가 있어 연술 겸어 교차문(连谓兼语交叉句)을 만들었다. 예를 들면 다음과 같다.

⑱ 小王随新来的厂长出差。(왕군은 새로 온 공장장을 따라서 출장 간다.)

⑲ 我陪他去参观展览。(나는 그를 모시고 전람회를 참관하러 갔다.)

⑳ 老向导早带我们走进一座挺幽雅的院子。

(나이 든 가이드가 일찍 우리를 데리고 매우 그윽하고 품위 있는 정원에 걸어 들어갔다.)

㉑ 我帮他修好自行车。(나는 그를 도와 자전거를 다 고쳤다.)

이 문장은 두 가지 분석을 할 수 있는데 겸어문이나 연술문이다. 이런 문장을 구성하는 서술어$_1$은 일반적으로 "带, 领, 带领, 率领, 领导, 陪, 陪同, 随, 伴随, 陪伴, 跟随, 跟, 伙同, 串联, 帮, 帮助" 등의 동사이다.

겸어문은 연술문과 또 함께 겹쳐져 두 문형이 포개어 쓰인 문장을 구성할 수 있다. 예를 들면 다음과 같다.

㉒ 大家叫我去图书馆借书。(사람들은 나로 하여금 도서관에 가서 책을 빌리도록 하였다.)

㉓ 老乡们开开门让我们进去。(한 고향 사람들은 문을 좀 열어 우리들이 들어가도록 하였다.)

예 ㉒는 겸어가 연술 구조를 포갠 것으로, 그것의 서술어$_1$과 서술어$_2$ 사이에 겸어 "我"가 있고, 예 ㉓은 연술 구조가 겸어를 포갠 것인데, 그것의 서술어$_2$와 서술어$_3$ 사이에는 겸어 "我们"이 있다.

5. "把" 자문

(1) "把"자문의 성질

개사 "把"로 구성한 개빈구가 서술어 동사 앞에서 부사어를 충당하는 문장은 "把"자문이다. "把"자문은 개사 "把"가 특정한 표지어로서 그것의 역할은 주로 서술어 동사 뒤의 빈어를 서술어 동사의 앞에 놓는 것이다. 예를 들면 다음과 같다.

① 你把屋子打扫打扫。(너는 방을 좀 청소해라.)

② 祥子把钱又数了一遍。(상자는 돈을 또 한 번 세었다.)

③ 小王把眼泡哭肿了。(왕군은 울어서 눈두덩이 부었다.)

④ 经理把我们几个叫去。(사장님은 우리들 몇 명을 부르러 간다.)

이상 몇 개 예문은 모두 주서술어 서술어문이 빈어를 이동하여 변환한 것으로 간주할 수 있다.

你打扫打扫屋子。→ 你把屋子打扫打扫。

祥子又数了一遍钱。→ 祥子把钱又数了一遍。

小王哭肿了眼泡。→ 小王把眼泡哭肿了。

经理叫我们几个去。→ 经理把我们几个叫去。

하지만, 상당한 일부분은 把자문 개사 "把"가 빈어를 이동하는 과정이 비교적 복잡하다. 어떤 것은 중간에 여러 번 자리를 이동하여 변환하였고, 어떤 것은 다른 구조나 문장과 병합하였으며, 어떤 것은 첨삭을 하였다. 이러한 "把"자문은 간단하게 직접 빈어를 이동하여 형성한 것으로 볼 수 없다. 이 때문에 매우 많은 "把"자문에서 "把"의 빈어는 서술어 동사의 뒤로 옮겨 변환할 방법이 없고, 어떤 것은 "把"자문 서술어 동사 자체가 빈어를 가지고 있다. 예를 들면 다음과 같다.

⑤ 大娘把鸡蛋放在篮子里。(큰어머니는 계란을 바구니에 놓으셨다) → *大娘放鸡蛋在篮子里。

⑥ 我们要把家乡建设成花果山。(우리들은 고향을 화과산으로 지으려고 한다.) → *我们要建设家乡成花果山。

⑦ 他把存款都取了出来。(그는 예금을 모두 찾았다.) → *他都取了出来存款。

⑧ 王师傅把炉子生上火。(왕씨 아저씨는 난로에 불을 지폈다.) → *王师傅生上炉子火。

또 한편으로 모든 "주어+서술어+빈어" 구조의 문장이 모두 "把"자문으로 결코 변환할 수 있는 것도 아니다. 예를 들면 다음과 같다.

⑨ 他们热爱家乡。(그들은 고향을 뜨겁게 사랑한다.) → *他们把家乡热爱。

⑩ 熊猫吃竹子。(팬더는 대나무를 먹는다.) → *熊猫把竹子吃。

이것으로 비록 "把"자문이 이론적으로 주서술어문이 빈어를 이동하여 형성한 것으로 볼지라도, 그것은 결코 완전히 주술빈 구문과 같지 않아, "把"자문은 한어에서 일종의 상당히 특색을 가진 독립 문형임을 볼 수 있다.

(2) "把"자문의 특징

"把"자문의 구성과 활용은 일정한 조건의 제약을 받는다. 개괄하면 "把"자문은 아래와 같은 특징을 가지고 있다.

1 의미 방면의 처치성(处置性)

"把"자문의 서술어 부분은 특별히 서술어 동사가 대부분 "把"의 빈어에 대하여 처치하는 의미를 함유하고 있다. 소위 처치라 함은 서술어 동사가 나타내는 동작 행위가 "把"가 이끈 대상에 대하여 영향을 주고, 그것으로 하여금 어떤 결과를 만들게 하고 어떤 변화를 발생하거나 어떤 상태에 처하게 하는 것을 가리킨다. 비교해 보라.

① 我打碎了茶杯。(나는 찻잔을 깨뜨렸다.) → 我把茶杯打碎了。

② 我看见了茶杯。(나는 찻잔을 보았다.) → *我把茶杯看见了。

예 ①이 성립하는 것은 "茶杯"가 "打碎"의 처치를 받기 때문이고, 예 ②가 성립할 수 없는 것은 "看见"이 "茶杯"에 대한 처치를 말할 나위가 못 되기 때문이다. 다시 예를 들면 아래 "把"자문의 어폐도 모두 처치성 규칙을 위반하여 초래한 것이다.

③ *我把这个消息知道了。 ④ *你把这匹马骑骑。

"把"자문의 처치성은 관대히 이해해야만 한다. 소수 "把"자문 "把"의 빈어는 행위자・도구・재료나 장소이고, 소수 "把"자문의 서술어 동사는 인지・심리 활동을 나타내는 동사이고, 그 처치성은 비교적 약하거나 명확하지 않고, 그러나 자세하게 분석하면, 또 모두 "~한 결과가 되다", "사용하다" 등의 함의를 가지고 있다. 예를 들면 다음과 같다.

⑤ 你们可别把犯人跑了。(너희들은 범인들을 도망가게 하지 마라.)

⑥ 把他乐得手舞足蹈的。(그는 기뻐서 손과 발이 춤을 춘다.)

⑦ 奶奶把水都浇花儿了。(할머니가 물을 모두 꽃에다가 주셨다.)

⑧ 宣传队员们把墙上贴满了标语。(선전대원들은 벽 위에 표어를 가득 붙였다.)

⑨ 调查组已经把问题搞清楚了。(조사팀은 이미 문제를 분명히 밝혔다.)

2 "把"자 빈어의 한정성

소위 유정성은 "把"가 이끈 빈어가 일반적으로 이미 아는 것, 명확히 가리키는 사람이나 사물이고, 아직 모르는 것, 일반적으로 가리키는 것이 아니다. 예를 들면 "他把书拿走了"는 그 속의 "书"는 구체적으로 가리키는 책으로, 뜻대로의 어떤 책은 아니다. "把"자문과 다르고, 주술빈 문형 중에서의 빈어는 자주 비한정성을 가지고, 이러한 문장은 "把"자문으로 변환할 수 없는 것이다. 예를 들면 다음과 같다.

⑩ 你递给我一张报纸。(너는 나에게 신문 한 장을 건네주어라.)

→ *你把一张报纸递给我。

⑪ 他看了几个朋友。(그는 몇 명의 친구를 보았다.)

→ *他把几个朋友看了。

⑫ 树底下再画上些小草。(나무 아래에 또 약간의 새싹을 그렸다.)

→ *树底下再把些小草画上。

3 서술어 동사의 비원형성

"把"자문의 서술어 동사는 원형(光杆) 동사로 충당할 수 없다. "把家还", "把手招" 등의 논법은 시가나 희곡 언어 중에서만 나타난다. "把"자문의 서술어 동사는 앞에 부사어가 있거나 뒤에 보어・빈어가 있거나 뒤에 동태 조사가 오거나 중첩 형식이다. 예를 들면 다음과 같다.

⑬ 他不小心把腿摔了。(그는 조심하지 않아 넘어졌다.)

⑭ 我军把敌人远远甩在后面。(아군은 적을 뒤에 떼어 놓았다.)

⑮ 把这些烂纸生火吧! (이 헌 종이들을 불을 피워라!)

⑯ 你把这几道题算算! (너는 이 몇 문제를 계산 좀 해!)

⑰ 李科长把脸板着, 把文件往桌上一放。(이 과장은 정색을 하고, 문서를 책상 위에 놓았다.)

⑱ 我们一定要把敌人的防线摧毁。(우리는 반드시 적의 방어선을 때려 부수어야만 한다.)

어떤 동보 구조의 동사는 "서술어+보어"의 구조와 서로 같기 때문에, 예를 들면 "推翻, 夸大, 摧毁, 消灭" 등인데, 그래서 단독으로 "把"자문의 서술어로 쓰일 수도 있다. ㉮ ⑱과 같다.

6. "被" 자문

(1) "被"자문의 성질

개사 "被"로 행위자를 이끌어내거나 "被"를 직접 서술어 동사의 앞에 붙여 피동을 나타내는 문장은 "被"자문이다. "被"자문은 피동문의 한 종류에 속한다. 한어의 피동문은 "被"자문을 포함하고 또 주어가 비행위자인 다른 문장을 포함한다. 예를 들면 다음과 같다.

① 玻璃被我打碎了。(유리는 나에 의해 깨졌다.)

② 玻璃被打碎了。(유리는 깨졌다.)

③ 玻璃打碎了。(유리가 깨졌다.)

그중에 ㉮ ①은 개사 "被"로 행위자를 이끈 문장이고, "被我"는 문장에서 부사어로 쓰인다. ㉮ ②는 구조 조사 "被"가 서술어 동사의 앞에 붙어 부사어로 쓰이는 문장이다. 그들은 모두 "被"자문이다. ㉮ ③은 비행위자 주어문으로, 이 세 문장은 모두 피동문에 속한다. "被"자문의 "被"는 서면어에서 상용하고, 구어 중에서 곧 "叫(教), 让, 给"로 "被"를 대체한다. 예를 들면 다음과 같다.

④ 放在棚上，万一叫耗子拉去呢？(천막에 놓았다가 만일 쥐가 가져간다면?)

⑤ 房子早让人给拆了。(집은 일찍 다른 사람에게 해체되었다.)

⑥ 这事儿早给别人知道了。(이 일은 일찍이 다른 사람이 알게 되었다.)

(2) "被"자문의 특징

"被"자문은 "把"자문과 똑같이, 의미와 구조적으로 모두 일정한 제한을 받으며, 자신의 특징을 가지고 있다.

1 의미적으로 뜻대로 되지 않는 성질

"被"자문이 나타내는 일은 표현하는 사람이나 문장 주어로 말하면 자주 뜻대로 되지 않는 것이고, 기대하지 않는 것이다. 예를 들면 침범을 당하거나 속임을 당하거나 손해를 보거나 불리한 결과를 야기하는 등이다. 예를 들면 다음과 같다.

① 我昨天被骗了。(나는 어제 속았다.)

② 小弟被别的孩子打了。(동생이 다른 아이에게 맞았다.)

③ 会议内容被他知道了。(회의 내용을 그가 알게 되었다.)

④ 吃的全被老张拿走了。(장씨가 모두 먹는 것을 가져갔다.)

㉮ ①, ②의 서술어 "骗", "打"는 주어에 대하여 말하면 모두 뜻대로 되지 않는 것이다. ㉮ ③, ④의 "知道", "拿走"는 표현하는 사람에 대하여 말하면 또한 기대하지 않는 것이다.

한어와 인구어의 접촉이 증가함에 따라 사람들은 "被"자문을 상용하여 인구어의 피동문을 대역하고 이 때문에 "被"자문의 사용 범위는 점차로 확대되는 추세에 있고, 일부 "被"자문은 뜻대로 되는 내용을 표현할 수도 있다. 예를 들면 "他被评为劳动模范", "弟弟被批准入团了"이다. 이런 문장도 합격이다. 그러나 총제적으로 보면 "被"자문 중에서 뜻대로 되지 않는 의미를 나타내는 것은 아직도 대다수를 차지한다.

2 주어의 비행위자성과 한정성

"被"자문의 주어는 이념적으로 대부분 서술어 동사에게 처치 혹은 영향을 주며 동작을 받아들이는 대상이다. 예를 들어 앞의 ㉮ ④ "吃的"는 곧 "拿走"의 비행위자이다.

어떤 "被"자문의 주어는 서술어 동사의 직접적인 비행위가 아니다. 예를 들면 다음과 같다.

⑤ 小王被汽车撞伤了腿。(왕군은 차에 치어서 다리를 다쳤다.)

⑥ 大娘被她哭得心都碎了。(백모는 그녀에 의해 울어 마음이 찢어졌다.)

⑦ 大门口被报名的人围得水泄不通。(대문 입구는 신청자에 의해 둘러 싸여 물샐틈이 없다.)

㉮ ⑤의 서술어는 비행위자 빈어 "腿"를 가지고 있으나, "腿"는 주어 "小王" 신체의 일부분에 속한다. ㉮ ⑥의 "大娘"은 비록 "哭"의 직접적인 비행위자는 아니지만, "哭"의 영향은 "心都碎了"를 야기한다. ㉮ ⑦의 "大门口"는 "둘러싸인" 장소로, 이상 세 예문의 주어는 모두 광의적인 비행위자로 볼 수 있다.

"被"자문의 주어는 일반적으로 확실하게 가리키는 것, 한정적인 것이다. 일반적으로 가리키는 것, 비한정적인 것을 나타내는 단어는 일반적으로 주어로 사용될 수 없다. 예를 들면 다음과 같다.

⑧ *几本书被他借走了。(那几本书被他借走了。(그 몇 권의 책은 그에 의해 빌려 갔다.))

⑨ *一件事被老师知道了。(那件事被老师知道了。(그 일은 선생님에 의해 알게 되었다.))

3 서술어 동사의 타동성과 긍정성

"被"자문의 서술어 동사는 일반적으로 타동사 중의 행위 동사이다. 자동사 및 존재・방향을 나타내는 동사는 일반적으로 서술어를 맡을 수 없다. 예를 들면 다음과 같다.

⑩ *她被突如其来的情况呆住了。

⑪ *一清早，我就被机器的轰鸣声吵醒了。

"被"자문 중의 부정・시간을 나타내는 부사 및 능원 동사는 "被"자의 앞에만 나타날 수 있고, 서술어 동사의 앞에는 나타날 수 없다. 예를 들면 다음과 같다.

⑫ 发票可能被我弄丢了。(영수증은 아마 나에 의해 잃어버렸다.) *发票被我可能弄丢了。

⑬ 我还一次也没有被人家抓到过。(나는 아직 한 번도 사람들에 의해 잡힌 적이 없다.)

*我还一次也被人家没抓到过。

(3) "被"자문과 "把"자문의 관계

"被"자문과 "把"자문은 두 가지 다른 유형의 문형이지만, 그들의 주요한 구조와 의미 성분은 모두 대응 관계가 존재하고 있고, 두 문형의 제약 조건도 서로 같은 점이 있기 때문에 이 두 문형은 자주 서로 변환할 수 있다. 예를 들면 다음과 같다.

① 衣服被钉子剐了个口子。(옷은 못에 의해 한 군데 찢어졌다.)

→ 钉子把衣服剐了个口子。

② 他被敌人关在牢房里。(그는 적에 의해 감옥에 갇혔다.)

→ 敌人把他关在牢房里。

③ 我都被他气糊涂了。(나는 그에 의해 화가 나 혼란스러워졌다.)

→ 他都把我气糊涂了。

또 일부 문장은 서로 변환할 수 없는데, 예를 들면 다음과 같다.

④ 我们的谈话被他听见了。(우리들의 이야기는 그가 듣게 되었다.)

→ *他把我们的谈话听见了。

⑤ 我把他衣服上的土掸掸。(나는 그 옷의 흙을 좀 털었다.)

→ *他衣服上的土被我掸掸。

⑥ 他把腰弯得很低。(그는 허리를 낮게 굽혔다.)

→ *腰被他弯得很低。

이렇게 변환할 수 없는 문장은 두 문형이 가지고 있는 차이를 반영하였다.
"被"와 "把"는 동시에 한 문장에 나타날 수도 있다. 예를 들면 다음과 같다.

⑦ 笔记本被孩子把皮撕掉了。(공책은 아이에 의해 표지가 찢어졌다.)

⑧ 他让门框把脑袋磕出个包。(그는 문틀에 머리를 부딪쳐 부풀어 올랐다.)

7. "是" 자문

동사 "是"로 구성하여 판단을 나타내거나 긍정을 나타내는 문형을 "是"자문이라고 한다. 동사 "是"는 한어에서 사용 빈도가 가장 높은 동사이고, 용법도 매우 복잡하다. 여기에서 9가지 종류의 "是"자문을 소개한다.

(1) **동등함을 나타내는 "是"자문**

이런 "是"자문의 격식은 "명사$_1$＋是＋명사$_2$"로 "是"는 "같다"를 나타낸다. 예를 들면 다음과 같다.

① 中华人民共和国的首都是北京。(중화 인민 공화국의 수도는 북경이다.)

② 神枪沙子龙是我的师傅。(老舍：≪断魂枪≫) (신창 사자용은 저의 선생님입니다.)

③ ≪阿Q正传≫的作者是鲁迅。(≪아큐정전≫의 작가는 노신이다.)

위의 예문 중의 주어와 빈어가 나타내는 것은 동일한 사람이나 사물이고, 양자는 앞뒤 위치를 바꿀 수 있다.

(2) **분류를 나타내는 "是"자문**

그 격식도 "명사$_1$＋是＋명사$_2$"이다. 명사$_2$는 한 부류의 명사이고, 명사$_1$은 구성원으로 "是"가 나타내는 것은 "～속하다" 혹은 "포함되다"이다. 예를 들면 다음과 같다.

① 小张是北师大的学生。(장군은 북사대의 학생입니다.)

② 鲸是哺乳动物。(고래는 포유동물이다.)

③ 他们都是语言学家。(그들은 모두 언어학자이다.)

이런 "是"자문 빈어의 외연은 주어보다 크고, 주어와 빈어의 위치는 바꿀 수 없다. 만약 빈어의 앞에 수량을 나타내는 말을 붙일 수 있으면, 동등을 나타내는 "是"자문으로 바꿀 수도 있다. ㉠ ①과 같다.

小张是北师大的学生 → 小张是北师大的一名学生。

"的"자구는 명사성이고, 명사$_2$가 "的"자구인 "是"자구도 이 부류에 속하여, 예를 들면 다음과 같다.

④ 他是卖晚报的。(그는 저녁 신문을 파는 사람이다.)

⑤ 这虾是新鲜的。(이 새우는 신선하다.)

⑥ 那窗户是铝合金的。(저 창문은 알루미늄 합금이다.)

⑦ 自行车是老张的。(자전거는 장씨 것이다.)

(3) 비치는 것을 나타내는 "是"자문

이런 "명사$_1$＋是＋명사$_2$"의 "是"자문은 명사$_1$과 명사$_2$가 두 개의 대응 관계가 있는 집합에 나누어 속하여, 예를 들면 다음과 같다.

① 小王是曹操，小李是刘备。(왕군은 조조이고, 이군은 유비이다.)

② 黄瓜是八毛。(오이는 80전이다.)

③ 3号桌是红烧肉，4号桌是干炸鸡。
(3번 테이블은 훙사오러우이고, 4번 테이블은 후라이드 치킨이다.)

④ 我是公园年票。(나는 공원 연 입장권이다.)

⑤ 老张是一身蓝西装。(장씨는 남색 정장이다.)

예 ①의 명사$_1$과 명사$_2$는 배우와 역할의 두 대응하는 집합에 나누어 속한다. 예 ②는 곧 야채 품종과 가격의 대응이다. 이런 "是"자문이 만약 명사$_2$가 은연중 내포한 집합 명칭이 나타나게 되면 동등을 나타내는 "是"자문으로 바뀔 수 있다. 예 ①과 같다.

小王是曹操，小李是刘备。→ 小王的角色是曹操，小李的角色是刘备。

이상 세 종류 "是"자문은 모두 논리 관계를 나타내는 판단문이다.

(4) 존재를 나타내는 "是"자문

이러한 "是"자문의 명사$_1$은 장소나 방위를 나타내는 말이고, 명사$_2$는 존재를 나타내는 사람이나 사물이다. 예를 들면 다음과 같다.

① 山坡上是一片油松。(산비탈은 전부 만주 흑송이다.)

② 遍地是肥壮的牛羊。(도처에 튼실한 소와 양이다.)

③ 教室里都是三班的学生。(교실에는 모두 세 반의 학생이다.)

(5) 은유(暗喻)를 나타내는 "是"자문

"是"는 비유를 나타내는 말로서 은유를 나타내고, "像"에 해당한다. 예를 들면 다음과 같다.

① 解放军是祖国的钢铁长城。(해방군은 조국의 강철 장성이다.)

② 生活是一个大课堂。(생활은 하나의 큰 학습의 장이다.)

③ 郭主任是茶壶里煮饺子，肚里有，嘴上倒不出。

(곽 주임은 찻주전자에서 만두를 삶는 격으로, 뱃속에는 있는데 입으로는 털어놓을 수 없다.)

(6) 확인이나 강조를 나타내는 "是"자문

이런 문장의 "是"는 동사 · 형용사 혹은 서술어성 구의 앞에 사용되고, 어떤 동작이나 행위 · 성상에 대하여 확인하거나 강조하는 역할을 한다. "是"의 역할은 조동사에 해당하고, 부사어로 분석해야 한다. 예를 들면 다음과 같다.

① 他这个人是聪明。(그 사람은 총명하다.)

② 小华是去看电影了。(화군은 영화를 보러 갔다.)

③ 我是过一天算一天。(나는 하루살이이다.)

④ 这儿的冬天是冷。(여기의 겨울은 춥다.)

⑤ 他这个人不是笨，他是不用功。

(그 사람은 멍청한 것이 아니고 열심히 공부하지 않는 것이다.)

"是" 뒤는 형용사가 쓰인 문장이고, 긍정과 부정을 동시에 사용할 때 부정식을 사용할 수 있는데 ㉮ ⑤와 같고, 단독으로 쓰이면 곧 부정식을 사용할 수 없어 ㉮ ④가 "这儿的冬天不是冷"이라고 할 수 없는 것과 같다.

(7) 양보나 전환을 나타내는 "是"자문

"是"의 앞뒤는 동일한 동사나 형용사이고, "是"는 "비록"의 뜻을 나타내며, 양보나 전환의 역할을 한다. 예를 들면 다음과 같다.

① 这件衣服好是好，就是贵了点儿。(이 옷이 비록 좋지만 다만 좀 비싸다.)

② 我们去是去，可你不用准备饭。(우리는 비록 가지만 너는 밥을 준비할 필요 없다.)

(8) "是"가 문두에 위치하는 "是"자문

"是"는 전체 문장의 문두 위치에 놓인다. 예를 들면 다음과 같다.

① 是王老师教会了我怎样使用计算机。

(왕 선생님은 내가 어떻게 컴퓨터를 사용하는지를 가르쳐 주었다.)

② 是困难和挫折促使我们这支队伍成熟起来。

(어려움과 좌절은 우리 이 단체로 하여금 성숙하게 하였다.)

③ 是咱们班要跟三班赛球吗？(우리 반은 3반과 구기 경기를 해야 한다.)

④ 还是咱们厂的产品质量好。(그래도 우리 공장 제품의 질이 좋다.)

이런 문장의 내부는 또 차이가 있다. 예 ①, ②의 "是"는 뒤의 명사성 단어를 강조하고 겸어문으로 분석할 수 있다. 예 ③, ④는 전체 문장 내용에 대한 확신이다.

(9) "是……的"문

"是……的"문은 앞에서 이야기한 명사$_2$가 "的"자구인 판단문을 포함하고, 그중의 "的"는 구조 조사이다. 또 "的"가 어기사인 비판단문을 포함한다. 비판단문의 "是……的"문은 아래와 같은 특징을 가지고 있다.

1 "是" 앞뒤의 성분은 논리적으로 판단을 구성하지 않고, "等于", "从属于"나 "对应于" 등과 관계가 없다.

2 "是……的" 사이에 들어가는 것은 서술어성 단어이다.

3 "是"와 "的"를 삭제해도 문장은 여전히 성립할 수 있다. 예를 들면 다음과 같다.

① 他的经验是相当丰富的。(그의 경험은 상당히 풍부하다.)

② 李先生是昨天动身去上海的。(이 선생님은 어제 출발하여 상해에 갔습니다.)

③ 张思德同志是为人民的利益而死的，他的死是比泰山还要重的。(毛泽东：≪为人民服务≫) (장사덕 동지는 인민의 이익을 위해 죽은 것으로, 그의 죽음은 태산보다 더 중하다.)

8. 존현문

(1) 존현문의 성질

어떤 곳에 존재하고 나타나거나, 어떤 사람이나 사물이 소실되는 것을 나타내는 문장을 존현문이라고 한다. 존현문은 "장소 단어+동사+명사성 단어"의 격식을 자주 본다. 예를 들면 다음과 같다.

① 客厅里有两位客人。(거실에는 손님 두 명이 있다.)

② 墙上挂着一幅国画。(벽에는 한 폭의 중국화가 걸려 있다.)

③ 大树后闪出来一个人影。(큰 나무 뒤에 한 사람의 그림자가 나타났다.)

④ 这天，我们村死了一个老太太。(이 날, 우리 마을에는 할머니 한 분이 돌아가셨다.)

문두에서 장소나 방위를 나타내는 말은 전체 문장의 진술 대상으로 주어이다. 중간의 서술어 동사는 반드시 존재 · 출현 혹은 소실을 나타내는 동사이고, 이런 동사 뒤에는 자주 조사 "了, 着, 过"를 가지고, 또 어떤 것은 방향 보어나 결과 보어를 가진다. 뒤의 빈어는 존재 · 출현 · 소실을 나타내는 사람이나 사물이고 그들은 대부분 확실하지 않은 것을 가리키는 것으로, 앞에는 자주 수량사구를 가지고 있다. 존현문은 존재문(存在句)과 은현문(隐现句) 두 종류로 나눌 수 있다. 존재문은 어떤 곳에 어떤 사람이나 사물이 존재하는 것을 나타내는데 예 ①, ②와 같다. 은현문은 어떤 곳에 어떤 사람이나 사물이 출현하거나 소실하는 것을 나타내는데 예 ③, ④와 같다.

(2) 존현문의 특징

존재문의 문두에는 반드시 장소를 나타내는 말이 있어야 하는데, 그렇지 않으면 문장이 성립할 수 없다. 서술어 동사 뒤에는 일반적으로 동태조사 "着"를 가진다. 존재문의 서술어 동사는 어떤 것은 정지 상태를 나타내고 어떤 것은 운동 상태를 나타내는데, 이것에 근거하여 또 존재문을 정태(静态) 존재문과 동태(动态) 존재문의 작은 부류로 나눌 수 있다. 정태 존재문은 예를 들면 다음과 같다.

① 桌子上摆着一瓶花儿。(책상 위에는 꽃 병 하나가 놓여 있다.) (*摆着一瓶花儿。)

② 柜台后面站着两个服务员。(계산대 뒤에는 종업원 두 명이 서 있다.)

③ 仓库里堆了一大堆东西。(창고에 물건이 산더미 같이 쌓여 있다.)

정태 존재문에서 서술어 동사는 동작을 나타내지 않고 존재의 방식을 나타내고, 뒤에 덧붙인 동태 조사 "着"와 "了"는 상호 교체해도 문장 의미는 변하지 않는다. 예 ①은 "桌子上摆了一瓶花儿"이라고 할 수 있고, 예 ③도 "仓库里堆着一大堆东西"라고 할 수 있다. 동태 존재문 중의 서술어 동사는 동작이 지속하여 진행하는 것을 나타내고, 그 뒤의 "着"는 "了"로 바꿀 수 없다. 예를 들면 다음과 같다.

④ 天空中飞着一群鸽子。(하늘에는 한 무리의 비둘기가 날고 있다.)

⑤ 公路上跑着几个运动员。(도로에는 몇 명의 운동선수가 뛰고 있다.)

⑥ 山谷里回荡着我尖厉的喊声。(산골짜기에는 내 앙칼진 함성이 메아리치고 있다.)

은현문의 문두에는 일반적으로 장소사가 있으나, 없을 수도 있다. 출현을 나타내는 서술어 동사 뒤에는 일반적으로 방향 보어를 가지거나, 자체가 방향 동사이고 소실을 나타내는 서술어 동사 뒤에는 일반적으로 동태조사 "了"를 가진다. 빈어는 일반적으로 행위자이고, 앞에는 자주 수량사구가 있으나 때때로 없을 수도 있다. 예를 들면 다음과 같다.

⑦ 每个枪眼里都飞出子弹。(각 총구에서 총알이 날아갔다.)

⑧ 这时走来一位四十来岁的女先生。(이때 40여 세의 한 여선생님이 걸어왔다.)

⑨ 小王家丢了一台彩电。(왕군 집은 컬러 TV 한 대를 잃어 버렸다.)

존현문 문두의 장소사 앞에 만약 "在", "从" 등의 개사가 나타나면, 그것은 문두 부사어가 되고, 전문은 주어가 없는 문장이 된다. 예를 들면 다음과 같다.

⑩ 从门缝里钻出来一个铁一样黑亮的圆脑袋。

(문틈으로 철 같이 까맣고 빛이 나는 한 둥근 머리가 뚫고 들어왔다.)

⑪ 在信纸上渐渐地浮现出一个面孔来。(편지지에 점점 한 얼굴이 떠올랐다.)

존현문 문두에 시간을 나타내는 단어는 부사어로만 쓰일 수 있고, 이 때문에 문두에 시간 부사어만 있는 문장도 주어가 없는 문장으로 위의 ㉮ ⑧과 같다.

사고와 연습

1 아래 문장의 성분을 분석하라.

(1) 曹将军吃晚饭就带了少数战士袭击敌人去了。

(2) 他得在坡里砍几根棍子回去修补一下。

(3) 小凤紧紧靠在一棵树上站着。

(4) 我师完全有力量担负解放封山岛的任务。

(5) 我求她给我讲解。

(6) 姚长庚的行事越发叫姚大婶不称心。

(7) 所有这些都使我们两国的友好关系与日俱增。

(8) 赵立明特别介绍袁延发和党委书记相见。

(9) 其次要推出人来拟电稿。

(10) 震海随手把头上的大草帽摘下递给了媳妇。

2 아래 문장 중에서 어떤 것이 연동식이고, 어떤 것이 겸어식이고, 어떤 것이 연동식과 겸어식의 혼용이고, 어떤 것이 주서술어구가 빈어로 쓰인 것인가?

(1) 他鼓励我写。

(2) 五月的一天，小梅到区上发动做劳军鞋。

(3) 事实证明他无罪。

(4) 大家知道他没有去。

(5) 卫生员把身上的棉衣取下来给指导员盖上。

(6) 通讯员去打电话请他来参加讨论。

(7) 然后看三爷喜欢你去做什么。

(8) 缝好那一天，我争着让姥姥打发我送去的。

3 아래 문장 중에서 어떤 것이 병문인가? 병문 중의 문법 착오를 가리키고 고쳐라.

(1) 办公楼的后边是足球场和游泳池。

(2) 显然，摆在翻译工作者面前的任务就是如何提高翻译工作质量的问题了。

(3) 这套房子是两个阳台。

(4) 我觉得这个答复，和对这些问题的调查处理，都是一种不负责任的态度。

(5) 这一带有许多辽代城址和贵族的坟墓。

(6) 小家伙长得真快呀，都有桌子那么高了。

(7) 从北京到天津没有五百里路。

(8) 听说那个新来的小王很没有经验。

(9) 听说那个新开的书店很没有书。

(10) 同学们有没有就这个问题展开讨论？

4 기본적인 뜻을 고치지 않는 조건에서 아래의 문장을 "把"자문 혹은 "被"자문으로 고쳐라.

(1) 敌人炸伤了他的左脚。

(2) 他拉住我不让我走。

(3) 我拉的那辆车您租给别人吧。

(4) 雨水淋透了他的衣裳。

(5) 同志们批评了他一顿。

(6) 小张借走了≪西游记≫。

제 9 절 복문

1. 복문 개설

(1) 복문은 무엇인가

복문은 두 개나 두 개 이상의 의미가 밀접하게 관련되고, 구조적으로 서로 포함되지 않는 단문 형식으로 이루어진 문장이다. 복문을 구성하는 단문 형식은 "分句(분문)"라 하고, "小句"라고도 한다. 복문도 문장의 특징을 가지고 있고, 하나의 완전한 뜻을 나타낼 수 있으며, 하나의 통일된 전문의 어조를 가지고 있고, 양끝에는 모두 끊어 읽기가 있다. 복문 문말의 끊어 읽기는 지면에 마침표, 감탄부호와 물음표로 나타낸다. 분문 사이에는 비교적 짧은 끊어 읽기가 있고, 지면상 쉼표, 세미콜론으로 나타낸다. 예를 들면 다음과 같다.

① 只要年轻人说他几句，他就不说话了。

(젊은이가 그에게 몇 마디만 하였고, 그는 말하지 않았다.)

② 我希望每个人都能像松树一样具有坚强的意志和崇高的品质；我希望每个人都成为具有共产主义风格的人。(陶铸：≪松树的风格≫)

(나는 각 사람이 모두 소나무처럼 굳센 의지와 숭고한 품성을 가질 수 있기를 희망한다. 나는 각 사람이 모두 공산주의 기풍을 지닌 사람이 되기를 희망한다.)

③ 蓝天，远树，金色的麦浪。(푸른 하늘, 먼 나무, 금색의 보리 이삭의 물결.)

④ 如果还没有研究清楚，就不应该盲目地推广。

(만약 아직 분명히 연구하지 못했다면, 맹목적으로 보급해서는 안 된다.)

단문은 주서술어문일 수 있어 ㉥ ①, ②와 같고, 주서술어문의 생략형식 — 생략문일 수 있어 ㉥ ④와 같다. 비주서술어문일 수 있고, ㉥ ③과 같다. 단문 사이의 논리 관계는 관련어구로 나타낼 수 있는데 예 ①, ④와 같다. 어순을 통하여 직접적으로 조합할 수 있고, 즉 "의합법(意合法)"을 채택하는데 예 ②, ③을 채택한다.

(2) 복문과 단문의 구분

단문과 복문을 구분하려면 문장의 길이를 보지 말고, 구조를 보아야 한다. 단문은 단일한 단어나 구로 구성되었고, 그것의 내부(독립어문 제외)는 문장 성분으로 나눌 수 있다. 복문은 단문으로 이루어져 있고, 단문 사이에는 논리 관계가 있으나 문장 성분 관계는 없고 서로 성분으로 쓰일 수 없다. 단문과 복문을 구분하는 것은 결코 어렵지 않으나 때로 쉽게 뒤엉켜, 분명하지 않은 약간의 문제를 만나기도 할 것이다. 아래에서 요점을 찔러 좀 논해 보자.

1 단문 성분을 분문(分句) 성분으로 오인하지 마라.

단문 문장 성분 사이에 자주 비교적 짧은 끊어 읽기를 하여, 멈추어서 나누어지게 되는 문장 성분은 자주 독립된 단문으로 오인되기 쉽다. 예를 들면 다음과 같다.

① 你还在梦中沉睡的时候，清洁工人们早已在清扫街道了。

(네가 아직 꿈속에서 깊게 잘 때, 환경미화원들은 벌써 거리를 청소하고 있었다.)

② 住进疗养院以后，他的病情开始好转。

(요양원에 입원한 후에 그의 병세는 호전되기 시작했다.)

③ 伟大而光明的祖国啊，愿你永远"如日之升"!

(위대하고 밝게 빛나는 조국이여, 영원히 빛나는 앞날이 바야흐로 다가오고 있기를 원합니다!)

④ 好吧，我们接受你的建议。(좋아요, 우리는 당신의 건의를 받아들입니다.)

⑤ 毛主席亲自去重庆，更是为国家民族而置个人安危于度外的大义大勇的行为。

(모주석이 친히 중경에 간 것은, 국가와 민족을 위해서 개인의 안위 범위를 생각하지 않는 대의이고 용감한 행위이다.)

⑥ 我相信，他们若能提高文化，不久一定会成为写散文的好手。

(나는 그들이 만약 문화 수준을 향상할 수 있다면, 머지않아 반드시 산문을 쓰는 달인이 될 것이라고 믿는다.)

예 ①, ②의 전반 부분은 문장의 부사어이고, 예 ③, ④의 전반 부분은 문장의 독립어이며, 예 ⑤는 주서술어구가 주어로 쓰인 것이고, 예 ⑥은 복문 형식이 빈어로 쓰인 것으로, 그들은 모두 단문이다. 예 ⑤의 주어와 예 ⑥의 빈어는 역시 문장 형식이지만 그들은 단문 속에 포함되어 독립한 단문이 아니다.

2 관련어구(关连词语)가 있는 문장이 반드시 복문은 아니다.

복문 중의 분문에서 상용하는 관련어구로 연결되었거나 관련어구가 있는 문장이 반드시 복문은 아니다. 우리가 앞에서 이야기한 복문 형식이 문장 성분으로 쓰이는 상황을 제외하고, 관련어구도 단문 내의 관련성분이나 성분 내의 관련어구를 연결할 수 있다. 예를 들면 다음과 같다.

⑦ 就是徐霞客也没有亲眼看见蝴蝶会的盛况。

(서하객(徐霞客)도 직접 자신의 눈으로 호접회의 성황을 보지 못했다.)

⑧ 只有在共产党的领导下，亿万人民才能解决温饱问题。

(공산당의 지도 아래에서만이 셀 수 없을 만큼 많은 인민이 끼니 문제를 해결할 수 있다.)

⑨ 无论饮水的时候，走动的时候，它们从没停止过演奏。

(물을 마실 때나 걸을 때나 그들은 이제껏 연주를 멈춘 적이 없다.)

⑩ 这是虽在北方风雪的压迫下却保持着倔强挺立的一种树。(茅盾：≪白杨礼赞≫)

(이것은 비록 북방의 눈과 바람의 압박 아래에서도 오히려 강하고 굳건하게 우뚝 서 있는 나무를 지키고 있다.)

㉮ ⑦의 관련어구가 연결한 것은 주어와 서술어이고, ㉮ ⑧, ⑨가 연결한 것은 문두 부사어와 다른 성분이며, ㉮ ⑩이 연결한 것은 한정어 내부의 단어이다.

3 음성 끊어 읽기는 단문과 복문을 구분하는 중요한 표지이다.

음성 끊어 읽기의 구분은 단문과 복문 중에 매우 중요한 역할을 하고, 때로는 심지어 유일한 구분 근거이다. 예를 들면 다음과 같다.

⑪ 吴吉昌立刻放了草筐，向棉田走去。(오길창은 즉시 멱서리를 놓고 목화밭으로 걸어갔다.)

⑫ 我温了酒，端出去，放在门槛上。(나는 술을 데워 받쳐 들고 나가 문턱에다 놓았다.)

⑬ 小李一面擦汗，一面反驳。(이군은 한편으론 땀을 닦으면서 한편으론 반박한다.)

⑭ 葛梅一边拿笔在本子上写，一边吃着枣儿。(갈매는 펜으로 공책에 쓰면서 대추를 먹는다.)

상술한 예문은 모두 복문이다. ㉮ ⑪, ⑫가 만약 중간에 끊어 읽기(쉼표)가 없으면 단문 중의 연술문으로 바뀐다. ㉮ ⑬, ⑭에서 만약 쉼표를 삭제하면 연합구가 서술어로 쓰이는 단문이 된다.

(3) 단문 주어의 이동과 은현

복문에서 각 단문의 주어가 서로 같을 때, 주어는 일반적으로 그중 하나의 단문 중에서만 나타나고, 나머지 단문은 주어를 생략할 수 있다. 예를 들면 다음과 같다.

① 江涛挥着两只拳头，睁开两只发亮的眼睛，盯着刺刀尖上的光芒向前闯，一点没有惊惶的神色。(梁斌：≪红旗谱≫)

(강도는 두 주먹을 휘두르며 빛나는 두 눈을 뜨고 날창 끝의 빛을 주시하며 앞으로 돌진하는데, 조금도 당황하는 기색이 없다.)

② 走一会儿，坐一会儿，他始终懒得张罗买卖。

(잠시 걷다가, 잠시 앉으며 그는 시종 장사하는 것을 싫어한다.)

③ 听了妈妈的话，我惊奇极了，也伤心极了。

(엄마의 말을 듣고 나는 굉장히 놀라며 의아해하였고, 또한 많이 상심하였다.)

㉠ ①의 주어는 첫 번째 단문의 문두에만 나타났고, 이후의 단문에는 다시 나타나지 않았다. 습관적으로 이런 현상을 "앞을 이어 생략(承前省)"이라 한다. ㉠ ②의 주어는 최후의 한 단문에만 나타나는데 습관적으로 "뒤를 가리어 생략(蒙后省)"이라고 한다. ㉠ ③의 주어는 중간의 단문에만 나타나는데, "뒤를 가리어 생략"이 있기도 하고 "앞을 이어 생략"이 있기도 하다.

복문 중에 서로 같은 주어가 만약 반복하여 나타난다면, 이 주어를 강조하는 의미가 있다. 예를 들면 다음과 같다.

④ 它是站在海岸遥望海中已经看得见桅杆尖头的一只航船，它是立于高山之巅远看东方已见光芒四射喷薄欲出的一轮朝日，它是躁动于母腹中的快要成熟了的婴儿。

(그것은 해안에 서서 멀리 바다를 바라보는 중에 이미 돛대가 끝이 뾰족함을 볼 수 있는 한 척의 나룻배이고, 그것은 높은 산꼭대기에 서서 멀리 동쪽을 보니 이미 빛이 사방으로 비치며 지평선에서 솟아오르려 보이는 아침 해이며, 그것은 엄마의 뱃속에서 끊임없이 움직이며 곧 성숙하는 갓난아기이다.)

복문 중에 각 단문의 주어가 다를 때, 이런 서로 다른 주어는 일반적으로 모두 출현해야 한다. 예를 들면 다음과 같다.

⑤ 我于是日日盼望新年，新年到，闰土也就到了。(鲁迅：≪故乡≫)

(나는 그리하여 매일 새해를 간절히 바랐는데, 새해가 오자, 윤토도 도착했다.)

⑥ 蝉儿噤声，苍蝇逃走，蚊子躲起来，人身上像剥落了一层壳那么爽。
(매미가 울지 않고, 파리가 날아가고, 모기가 숨어, 사람 몸의 껍질 한 층이 벗겨진 것처럼 그렇게 상쾌하였다.)

그러나 때로 뒤 단문의 주어도 앞 단문의 주어 이외의 어떤 성분을 이어받아 생략할 수 있다. 예를 들면 다음과 같다.

⑦ 船里装着新米，把船压得很低。(배에 새 쌀을 실어서, 배가 깊이 가라앉아 있다.)

⑧ 看树丛里还有偶尔闪光的露珠，就像在雾夜中耀眼的星星一样。
(수풀을 보니 아직 우연히 빛나는 이슬이 있는데, 안개 낀 밤중에 눈부신 별과 같았다.)

⑨ 她的体质是弱的，也并不美丽。(그녀의 체질은 허약하며 결코 아름답지도 않다.)

⑩ 党把我送进矿上办的养老院，欢度幸福的晚年。
(당은 나를 광산에 지은 양로원에 들여보내, 행복한 노년을 즐겁게 보내게 하였다.)

⑪ 赶快请他回来，没有走多远。(얼마 멀리 가지 못했으니, 빨리 그에게 돌아오라고 해라.)

이런 주어를 이어받아 생략하는 상황은 매우 복잡하다. 위의 ㉮ ⑦, ⑧은 분문의 빈어를 이어받아 생략하는 것이고, ㉮ ⑨는 한정어를 이어받아 생략하는 것이며, ㉮ ⑩은 부사어 중에 개빈구의 빈어를 이어받아 생략하는 것이고, ㉮ ⑪은 겸어를 이어받아 생략하는 것이다.

또 어떤 문장은 단문 중에 나타나지 않은 주어가 위에 문장의 어떤 성분이 아니고 따로 가리키는 것이 있다. 예를 들면 다음과 같다.

⑫ 我们家对面就是商场，很方便。(우리 집 맞은편은 바로 가게가 있어 매우 편리하다.)

"很方便" 앞의 주어는 "买东西", "购物" 등의 단어이고, 더욱 큰 언어 환경으로부터 이해하거나 연상하여 얻은 것이다.

요컨대, 복문 중에 다른 주어가 숨었다 나타났다 하는 것과 전환은 매우 미묘하여 다른 뜻이 생기지 않고, 상대방이 깨닫는 상황하에 주어는 생략하여 나타나지 않을 수 있다. 예를 들면 다음과 같다.

⑬ 老太太有三个女儿，S_1 都在外地工作，S_2 已经打电话去了，S_3 今天下午就能赶到。
(할머니는 딸이 세 명으로, 모두 외지에서 일하는데, 이미 전화하여, 오늘 오후에 서둘러 도착할 수 있다.)

S_1은 "三个女儿(딸 세 명)"을 가리키고, S_2는 어떤 사람인지 모르고, S_3은 또 "三个

女儿”을 가리킨다.

(4) 관련어구

복문 중에 각 분문의 조합은 일반적으로 관련어구의 도움을 받아야 한다. 관련어구는 단문 형식을 복문 형식으로 조합하는 중요한 문법 수단이고, 분문 사이의 논리와 사리 관계를 나타낸다. 소위 관련어구라고 하는 것은 관련 역할을 할 수 있는 것으로서 논리 관계를 명시하는 어구의 총칭으로, 아래의 몇 가지 어구를 포함한다.

① 접속사로 “因为, 所以, 不但, 而且, 虽然, 但是, 无论” 등이다.
② 연결 작용을 하는 부사로 “又, 也, 才, 就, 都, 还” 등이다.
③ 구는 “一方面, 另一方面, 如果说, 正因为, 之所以” 등이다.
④ 동사 “是” 및 “是”를 포함한 구로 “是, 还是, 不是, 就是, 而是” 등이다.
⑤ 비의문 용법에 사용하는 의문 대명사로 “谁, 哪里” 등이다.

관련어구는 복문 중에 자주 두 개가 호응하여 사용되는데, 즉 전후 두 개나 더욱 많은 단문 중에서도 사용하고, 앞뒤가 호응하여 이것을 합용(合用)이라고 한다. 또 어떤 관련어구는 한 단문 중에서만 단독으로 사용하는데 이것을 단용(单用)이라고 한다. 한 쌍을 이루는 관련어 중에 어떤 것은 합용할 수 있고, 한 개를 단용할 수도 있는데, 예를 들면 “虽然……但是”, “因为……所以”이다. 어떤 것은 합용할 수 있고, 뒤의 하나를 단용할 수도 있는데, 예를 들면 “不但……而且……”, “既然……就……”, “一方面……另一方面……”이다. 어떤 것은 일반적으로 합용하는데, 예를 들면 “一边……一边……”, “不是……就是……”, “谁……谁……”이다.

2. 복문의 유형

복문은 단문 사이의 의미 관계에 근거하여 연합 복문과 수식 복문의 큰 두 가지의 유형으로 나눌 수 있다. 연합 복문은 두 개나 두 개 이상의 단문으로 이루어져 각 분문 사이의 구조 관계는 평등한 것, 주된 것과 부차적인 것으로 나누지 않아 등립(等立) 복문이라고도 한다. 수식 복문은 두 개나 두 분문으로 이루어져 종속절

(偏句)과 주절(正句) 두 부분으로 나누고, 그들 사이의 관계는 불평등하여, 주된 것과 부차적인 것으로 나누고, 종속절은 종속의 지위에 놓여 주절을 설명하고 제한한다. 주절은 전문의 요지가 있는 곳이다. 수식 복문의 일반적인 순서는 종속절이 앞에 있고, 주절은 뒤에 있다. 두 가지의 큰 복문의 유형을 또 세분할 수 있다.

(1) 연합 복문

1 병렬 관계

병렬 관계 복문의 각 분문은 각각 몇 가지 일, 몇 가지 상황이나 동일한 사물의 몇 개 방면을 설명한다. 그들 사이는 서로 같거나 서로 비슷하거나 다르거나 상대적일 수 있는 병렬 관계이다.

병렬 관계 복문이 사용하는 관련어구는 만약 단독으로 사용하는 것이면 자주 뒤의 단문에 사용하는데, "也, 又, 还, 同时, 同样, 另外" 등이 있다. 예를 들면 다음과 같다.

① 从来就没有什么救世主，也不靠神仙皇帝。(欧仁・鲍狄埃 :≪国际歌≫)

(여태까지 어떤 구세주도 없었고 신선 황제도 의지하지 않았다.)

② 我们提倡学生尊敬老师，同时也提倡老师爱护学生。

(우리들은 학생은 선생님을 존중하고, 동시에 선생님은 학생을 잘 보살펴야 한다고 제창한다.)

쌍을 이루어 호응하여 사용하는 것은 아래와 같다.

也……也……　又……又……

既……又（也）……　一方面……（另）一方面……

一边……一边……　不是……而是……

是……不是……

예를 들면 다음과 같다.

③ 它既不需要谁来施肥，也不需要谁来灌溉。

(그것은 누가 비료를 주러 올 필요도 없고, 물을 대러 올 필요도 없다.)

④ 老张一面开车，一面大发感慨。(장씨는 한편으론 차를 몰고, 한편으론 한껏 감격해 한다.)

⑤ 不是人们的意识决定人们的社会存在，而是人们的社会存在决定人们的意识。

(사람의 의식이 사람의 사회 존재를 결정하는 것이 아니라 사람의 사회 존재가 사람의 의식을 결정한다.)

⑥ 我是来工作的，不是来吃饭的。(나는 일하러 온 것이지 밥 먹으로 온 것이 아니다.)

또 어떤 병렬 복문은 관련어구를 사용하지 않고도, 직접 뜻이 통한다. 예를 들면 다음과 같다.

⑦ 山朗润起来了，水涨起来了，太阳的脸红起来了。(朱自清：≪春≫)

(산이 밝고 윤이 나기 시작하였고, 물이 불기 시작하였고, 태양의 얼굴이 붉어지기 시작하였다)

⑧ 它没有婆娑的姿态，没有屈曲盘旋的虬枝。(茅盾：≪白杨礼赞≫)

(그것은 잘 어우러진 자태가 없고, 구부러져서 선회하는 규룡의 가지가 없다.)

⑨ 真的勇士，敢于直面惨淡的人生，敢于正视淋漓的鲜血。(鲁迅：≪纪念刘和珍君≫)

(참된 용사는 대담하게 참담한 인생에 직면하고 줄줄 흐르는 선혈을 직시한다.)

2 연관 관계

연관 관계는 또 순승(纯承) 관계나 승접(承接) 관계라고 한다. 연관 복문의 몇 개의 단문은 시간·공간이나 논리 사리의 순서에 따라 연속하는 동작이나 상관하는 상황을 서술한다.

연관 복문은 일반적으로 연접식(鱼贯式)으로 배열하는데 관련어구를 사용하지 않는다. 예를 들면 다음과 같다.

⑩ 他回到家里，用一个瓦盆装了土，把棉籽埋进去，放在坑头上。

(그는 집에 돌아가서, 하나의 질버치에 흙을 담아 목화씨를 묻고, 구덩이 위에 놓았다.)

⑪ 场院屋的门大开着，屋里弥漫着一股火药味儿，遍地是被践踏乱了的干草，草上还有星星点点的几点鲜血和几颗亮晶晶的手枪弹壳。

(마당방의 문이 활짝 열려져 있고, 방 안에는 화약 냄새가 가득하며, 도처에는 짓밟혀서 혼란해진 건초가 있고, 풀 위에는 넓게 퍼진 몇 방울의 선혈과 몇 개의 반짝이는 권총 탄피가 아직 있다.)

⑫ 湖水滋润着湖边的青草，青草喂胖了羊群，羊奶哺育着少女的后代子孙。(碧野：≪天山景物记≫)

(호수에는 호숫가의 푸른 풀이 촉촉히 젖어 있고, 푸른 풀은 양떼를 배불리 먹였고, 양젖은 소녀의 후손을 양육하고 있다.)

연관 복문도 관련어구를 사용하는 것이 있다. 단용하는 것은 "就，便，才，于是，然后，后来，终于，随后，接着，跟着" 등이고, 뒤의 단문에 많이 사용한다. 예를 들면 다음과 같다.

⑬ 过了那林，船便弯进了叉港，于是赵庄便真在眼前了。
(그 숲을 지나 배는 곧 叉港에 굽어 들어가, 조장은 정말로 눈앞에 있었다.)

⑭ 高山的雪水汇入湖中，又从像被刀劈开的峡谷岩石间泻落到千丈以下的山涧里。
(고산의 설수가 호수에 모여 또 칼에 의해 쪼개진 것 같은 협곡의 암석 사이로부터 급격히 낮은 계곡물로 쏟아져 내렸다.)

합용한 것은 아래와 같다

首先……然后…… 起先……后来…… 一……就……

예를 들면 다음과 같다.

⑮ 到了刑场，陈铁军同志首先向周围前来送别的群众道别，然后深情地凝视着亲密的战友周文雍同志，将自己的围巾披在他身上。
(형장에 도착하여 지철군 동지는 우선 주위에 송별하러 온 대중에게 작별 인사를 하고, 애틋하게 친밀한 전우 주문용 동지를 응시하며 자신의 목도리를 그의 몸에 걸쳤다.)

⑯ 一进门，他就看见了陈天寿。(문에 들어서자마자 그는 진천수를 보았다.)

3 점층 관계

뒤의 단문이 앞의 단문 뜻보다 한 단계 들어간 것을 "점층 관계 복문"이라고 부른다. 점층 관계는 일반적으로 관련단어를 사용하여 나타내는데, 단용하는 것은 "而且, 并且, 何况, 况且, 甚至, 甚至于, 更, 还, 反而"등이 있다. 예를 들면 다음과 같다.

⑰ 我不知道为什么家里的人要将我送进书塾里去了，而且还是全城中称为最严厉的书塾。(鲁迅：≪从百草园到三味书屋≫)
(나는 왜 집안사람들이 나를 서당에 들여보내는지 모르겠고, 게다가 여전히 전 성에서 가장 엄격한 서당이라고 불리는 곳이다.)

⑱ 松树的干是用途极广的木材，并且是很好的造纸原料。(陶铸：≪松树的风格≫)
(소나무의 줄기는 용도가 극히 광범위한 목재이고, 게다가 양호한 제지 원료이다.)

"连……也(都)……"도 자주 점층 복문 중에서 뒤의 분문 중에 사용된다. 예를 들면 다음과 같다.

⑲ 吴吉昌日夜在棉田里观察研究，连吃饭都端着碗蹲在地头。(오길창은 밤낮으로 목화밭에서 관찰하고 연구하는데, 밥도 그릇을 받쳐 들고 땅에 쪼그리고 앉아 먹는다.)

합용한 것은 비교적 강하게 점층한 것을 나타낸다.

不但(非但, 不仅, 不只, 不光, 不单, 不独) ……而且(并且, 还, 又, 也, 更, 甚至) ……

不但不(不但没有) …… 反而(反倒) ……

既 …… 更 ……

합용은 점층의 그 반대 면을 묘사함으로써 정면을 표현하는 것을 나타낸다.

尚且 …… 何况(更不用说, 还) ……

别说(漫说, 不要说) …… 连(就是) …… 也(都) ……

예를 들면 다음과 같다.

⑳ 马克思不但参加了革命的实际运动, 而且进行了革命的理论创造。
(마르크스는 혁명의 실제 운동에 참가했을 뿐만 아니라 혁명의 이론을 창조하기도 했다.)

㉑ 科研所不仅为家乡培育良种, 还承担了国家研项目。
(과학 연구소는 고향에서 우량종을 재배하기 위함일 뿐만 아니라 또 국가 연구 프로젝트를 맡았다.)

㉒ 滥用方言和"歇后语"的结果, 非但不能达到丰富语汇的目的, 反而使得文学语言流于粗糙庞杂。(방언과 헐후어를 남용한 결과 어휘를 풍부하게 하는 목적에 도달할 수 없었을 뿐만 아니라 문자언어로 하여 조잡하고 번잡하도록 하였다.)

㉓ 一个小的发明创造尚且要经过不少挫折, 何况是一场政治体制的改革?
(하나의 작은 발명이나 창조조차도 적지 않은 좌절을 겪어야 하는데, 하물며 정치 체제의 개혁은 어떻겠는가?)

㉔ 阿Q不独是姓名籍贯有些渺茫, 连他先前的"行状"也渺茫。(鲁迅：≪阿Q正传≫)
(아큐는 성명과 원적이 약간 막연할 뿐만 아니라 그의 예전의 행장마저도 막연하다.)

4 선택 관계

선택 관계 복문은 두 개나 두 개 이상의 분문으로 이루어져, 각 분문은 하나의 상황을 설명하여 선택하도록 한다. 선택 관계는 또 유정(有定) 선택과 미정(未定) 선택, 두 종류로 나누어진다.

유정 선택은 취사선택 관계라고도 부르며, 복문은 두 분문으로 이루어져 화자가 두 부문에 대하여 제기한 상황은 다소 취사선택하는 것이다. 앞의 항을 선택하고 뒤의 항을 버리는 것에 "宁可(宁愿, 宁肯) …… 也不(不愿, 不肯, 不, 决不, 不可) …… " 등 관련어구를 사용하여 나타내고, 뒤의 항을 선택하고 앞의 항을 버리는 것에 "与其 …… 不如(无宁, 毋宁, 何如, 宁肯, 宁可, 宁愿) ……" 등 관련어구를 사용하여 나타낸다. 예를 들면 다음과 같다.

㉕ 老王宁可受穷, 也不去挣那昧心的钱。

(왕씨는 가난에 시달릴지언정 그 양심을 속이는 돈을 벌러 가지는 않는다.)

㉖ 我宁愿三年不理发, 也不愿意让您多等一分钟。

(내가 3년을 이발하지 않는 것을 원할지언정 당신으로 하여금 1분을 더 기다리게 하는 것을 원하지 않는다.)

㉗ 与其造那么多炼不出铁的小高炉, 还不如给老百姓盖一点房, 改善居住条件呢!

(그렇게 많은 철을 정련해 낼 수 없는 작은 고로를 단조하느니, 백성에게 집을 좀 지어주고, 거주조건을 개선해 주는 것만 못하다!)

㉘ 杜审言傲慢夸大的性格对于杜甫与其说是有利的, 毋宁说是有害的。

(두심언의 오만하고 과장하는 성격은 두보에 대하여 유리하다고 말하느니 차라니 유해하다고 하는 편이 낫다.)

미정 선택은 일부 상황 아래서 이것도 선택할 수 있고 저것도 선택할 수 있어, 화자가 주관적으로 취사선택하지 않음을 나타낸다. 어떤 것은 이것이나 저것인데, 몇 가지 가능성이 존재한다. 어떤 것은 이것이 아니고 즉 저것으로, 제 3종의 가능성을 배제한다. 단독으로 쓰이는 관련어는 "或者, 或, 或则, 或许, 还是, 也许, 要么" 등이고, 합용하는 것은 "或者……或者……", "是……还是……", "不是……就是……", "要么(要就是)……要么(要就是)……"이다.

예를 들면 다음과 같다.

㉙ 在右边一栏里, 写上许多引文, 或者补充许多新的内容。

(우측의 한 난 속에 매우 많은 인용문을 쓰거나 여러 새로운 내용을 보충한다.)

㉚ 其结果或者是游击队失败, 或者是红军的某些战役失败, 或者是根据地丧失。

(그 결과는 유격대의 실패이거나 홍군의 어떤 전역 실패이거나 근거지 상실이다.)

㉛ 她是从四叔家出去就成了乞丐的呢, 还是先到卫老婆子家然后再成乞丐的呢? (鲁迅：≪祝福≫) (그녀는 사숙의 집에서 나가 거지가 된 것이니, 또는 먼저 위 노파의 집에 간 후에 다시 거지가 된 것이니?)

㉜ 他不是在系里开会, 就是去图书馆查资料。

(그는 과에서 회의를 연 것이 아니고, 도서관에 가서 자료를 찾은 것이다.)

㉝ 要么被困难吓倒，要么拿出勇气来战胜困难。

(어려움으로 놀라 뒤로 물러서든지, 용기를 내어 어려움을 이기든지 해라.)

예 ㉙, ㉚이 나열한 상황은 피차 서로 받아들여 동시에 공존할 수 있는 것이고, 예 ㉛, ㉜, ㉝은 서로 배척하고 공존할 수 없다.

5 해설관계

일부 분문은 다른 부분의 분문에 대하여 해석 · 설명 혹은 개괄을 하는데, 이런 관계는 해설관계라고 한다. 해설 복문은 일반적으로 의합법(意合法)을 채택하고 관련어를 사용하지 않는데, 해설식과 총분식(总分式) 두 유형으로 나눈다.

해설식은 뒤의 단문이 앞의 단문에 대하여 해석하거나 설명한다. 예를 들면 다음과 같다.

㉞ 许多红色的星星很大很大，有的可以装得下八十万万个太阳。

(매우 많은 빨강색별이 매우 큰데, 어떤 것은 80억 개의 태양을 담을 수 있다.)

㉟ 北师大校门口原来有一对铁狮子，大炼钢铁时当废铁拉走了。

(북사대 교문 앞에는 원래 한 쌍의 철사자가 있었는데 대련강철(大炼钢铁) 때 파쇠로 여겨 운반해 갔다.)

총분식은 어떤 것은 먼저 개괄하여 말하고, 나중에 나누어 말한다. 예를 들면 다음과 같다.

㊱ 接着就走上两个女人来，一个不认识，一个就是卫老婆子。(鲁迅：≪祝福≫)

(연이어 두 명의 여자가 왔는데, 한 명은 모르고 한 명은 위씨 할머니이다.)

㊲ 早市上非常热闹，有卖菜的，有理发的，有卖早点的，还有卖服装的。

(아침 시장은 매우 시끌벅적하여 채소를 파는 사람, 이발하는 사람, 아침 식사를 파는 사람이 있고, 또 옷을 파는 사람이 있다.)

어떤 것은 먼저 나누어 말하고, 뒤에 개괄하여 말한다. 예를 들면 다음과 같다.

㊳ 她一手提着竹篮，内中一个破碗，空的；一手拄着一支比她更长的竹竿，下端开了裂；她分明已经纯乎是一个乞丐了。(鲁迅：≪祝福≫)

(그녀는 한 손에는 대나무 광주리를 들었는데, 안에는 깨진 그릇인데 빈 것이다. 한 손에는 그녀보다 더 긴 대나무 장대가 걸려 있는데, 하단이 갈라졌다. 그녀는 분명히 이미 완전히 거지이다.)

㊴ 你是山东人，我是山西人，咱们都是中国人。

(너는 산동 사람이고, 나는 산서 사람인데, 우리는 모두 중국 사람이다.)

(2) 수식 복문

① 전환 관계

주절이 나타내는 뜻은 종속절이 나타내는 뜻과 상반되거나 상대적인데, 이러한 복문은 전환 관계 복문이다. 전환 관계는 양보 전환과 일반 전환 두 가지로 나뉜다. 양보 전환 복문의 종속절은 먼저 어떤 사실을 승인하고, 주절은 다시 상반하는 뜻으로 바꾸고, 양보 전환 복문은 합용의 관련어구를 사용한다.

虽然(虽, 虽说, 虽说是, 虽则, 尽管, 固然, 诚然) …… 但是(但, 可是, 然而, 而, 却) ……

예를 들면 다음과 같다.

① 虽然二诸葛说是千合适万合适，小二黑却不认账。(赵树理：≪小二黑结婚≫)

(비록 둘째 제갈은 정말 적합하다고 하지만 소이흑은 오히려 인정하지 않는다.)

② 尽管吴吉昌不断进行斗争，但是缚在他身上的绳索还是越捆越紧。

(오길창이 끊임없이 투쟁할지라도 그의 몸에 묶인 밧줄은 감을수록 조여졌다.)

일반 전환 복문의 종속절은 관련어구를 사용하여 전환의 제시로 삼지 않고, 다만 주절에 전환을 표시하는 관련어구를 사용하는데, “然而, 但是, 可是, 偏离, 就是, 但, 可, 却, 而” 등을 포함하고, 또 전환 의미가 경미한 “不过, 只是, 倒” 등이 있다.

예를 들면 다음과 같다.

③ 我是喜欢短文章的，但我也并不反对长文章。

(나는 짧은 문장을 좋아하나 긴 문장을 반대하지도 않는다.)

④ 他已经不知道喝了几气儿凉水，可是又跑到茶馆去。(老舍：≪骆驼祥子≫)

(그는 이미 냉수를 몇 번 마셨는지 모르지만, 또 찻집에 뛰어 갔다.)

⑤ 李成娘跟这口箱子的关系很深，只是金桂不知道罢了。

(이성 아가씨가 이 상자와의 관계는 매우 깊은데, 다만 김계만 모를 뿐이다.)

② 인과 관계

인과 관계 복문 중에 하나의 분문은 일의 원인을 이야기하고, 다른 하나의 분문은 일의 결과를 말한다. 인과 관계는 설명 인과와 추론 인과 두 가지로 나뉜다.

설명 인과 복문은 두 상황의 인과 관계에 대하여 설명하고, 종속절은 원인을 설명하고, 주절은 결과를 설명한다. 이런 복문은 종속절에서 "因为, 由于" 등의 관련어구를 단독으로 사용하고, 주절에서 "因此, 因而, 所以, 从而, 以致, 致使" 등의 관련어구를 단독으로 사용하며, "因为……所以……", "由于……因此(因而, 所以, 就, 便, 于是)……", "之所以(其所以)……是因为……" 등의 관련어구를 함께 쓰기도 한다. 예를 들면 다음과 같다.

⑥ 因为她身材高大结实，还能挑水挑粪。

(그녀의 몸집이 크고 튼튼하기 때문에, 물을 질 수 있고 똥을 질 수 있다.)

⑦ 由于一两个零件没完成，耽误了一台复杂机器的出厂时间。

(한두 개 부품이 완성되지 않았기 때문에, 복잡한 기계 한 대의 출고 시간을 허비하였다.)

⑧ 歌声拖得很长很长，因此能听得很远很远。(吴伯箫：≪歌声≫)

(노랫소리를 굉장히 길게 끌었기 때문에, 정말 먼 곳에서도 들을 수 있다.)

⑨ 因为马克思有了广博的知识做基础，所以他能建筑起他的学术大厦。

(마르크스는 해박한 지식을 기초로 하였기 때문에, 그래서 그는 그의 학술 건물을 지을 수 있었다.)

⑩ 由于各拱相连，所以这种桥叫联拱石桥。

(각각 둘러싸고 이어졌기 때문에, 이 다리는 연공 돌다리라고 부른다.)

⑪ 散文之所以比较容易写，是因为它更接近我们口中的语言。

(산문이 비교적 쓰기 쉬운 것은, 그것이 우리 입 속의 언어에 더욱 접근하였기 때문이다.)

설명 인과 복문도 관련어구를 사용하지 않을 수 있는데, 의합법에 의거하여 인과 관계를 나타낸다. 예를 들면 다음과 같다.

⑫ 我应该感激母亲，她教给我与困难作斗争的经验。

(나는 어머니에게 감격해야만 하는데, 그녀는 나에게 곤란과 투쟁하는 경험을 가르쳐 주셨다.)

⑬ 这雨来得又突然又猛烈，震击得人们手忙脚乱。

(이 비는 갑작스럽고 맹렬하게 와서, 진동하고 두드리는 것이 사람들을 허둥지둥하게 한다.)

추론 인과 복문은 두 상황이 내재하는 인과 관계에 대하여 주관적으로 추론하는 것이고, 이런 복문은 어떤 것은 일정한 원인으로 이것에서 생긴 결과를 추론하고, 어떤 것은 일정한 객관적인 상황으로 이런 상황이 생긴 원인을 추측한다. 관련어구는 "既然 …… 那么(就, 可见) ……"를 자주 사용하고, "可见"을 단독으로 사용하기도 한다. 원인에서 결과를 추측하는 것으로, 예를 들면 다음과 같다.

⑭ 姑娘，既然天上没有什么好，你就不用回去了。

(아가씨, 날씨가 그다지 좋지 않은 이상, 당신은 돌아갈 필요가 없어요.)

⑮ 党和国家既然给了青年这样优越的条件，青年就应该为社会主义作出更多的贡献。(당과 국가는 청년들에게 이렇게 우월한 조건을 부여한 이상, 청년들은 사회주의를 위해서 더 많은 공헌을 해야 한다.)

결과에서 원인을 추측하는 것을 예를 들면 다음과 같다.

⑯ 现在大家纪念他，可见他的精神感人之深。(毛泽东：≪纪念白求恩≫)

(현재 사람들은 그를 기념하여 그의 정신이 매우 사람들을 깊이 감동시키는 것을 볼 수 있다.)

⑰ 既然党组织叫他联系，一定没有问题。

(당 조직이 그로 하여 연락하게 하였으니 반드시 문제가 없다.)

추론 인과 복문도 관련어구를 사용하지 않는 것이 있다. 예를 들면 다음과 같다.

⑱ 你不同意这个方案，为什么还要投赞成票呢?

(너는 이 방안에 동의하지 않는데, 왜 아직도 찬성표를 던지려고 하니?)

⑲ 那儿下午不营业，咱们就不必去了。

(거기는 오후에 영업하지 않아, 우리들은 갈 필요가 없다.)

3 가설 관계

가설 관계 복문의 종속문은 한 가설의 상황을 제기하고, 주절은 이 상황으로 생긴 결과를 설명한다. 가설 복문은 "연관 가설, 양보 가설, 대비 가설"의 세 가지 유형으로 나눌 수 있다.

연관 가설에서 앞의 단문은 가설을 제기하고, 뒤의 단문은 이 가설이 실현된 후에 생길 결과를 설명한다. 앞뒤가 일치하고, 의미가 연관이 있다. 상용하는 관련어구는 아래와 같다.

如果(如若，假如，假使，倘若，要是，要) …… (的话)，就(便，那么，那) ……

不 …… 不 ……　　要不是 …… 就 (还) ……　　万一 …… 就 ……

그중의 한 관련어구를 단독으로 사용할 수도 있다. 예를 들면 다음과 같다.

⑳ 如果还没有研究清楚，就不应该盲目地推广。

(만약 아직 뚜렷하게 연구하지 못했다면, 맹목적으로 널리 보급할 필요가 없다.)

㉑ 要是他不垫，就不能完成全组换稻种的计划。

(만약 그가 보충하지 않으면, 전 조의 볍씨 교환 계획을 완성할 수 없다.)

㉒ 要我当政委的话，那你就得服从我啦。

(내가 만약 정치위원이라면, 너는 나에게 복종해야만 한다.)

㉓ 不见茶花，你是不容易懂得“春深似海”的妙处的。(杨朔：≪茶花赋≫)

(동백꽃을 못 본다면, 너는 “바다같이 봄기운이 짙다”의 절묘한 대상을 이해하기가 쉽지 않다.)

㉔ 白娘子要不是游西湖遇雨，怎能碰见许仙?

(백낭자가 서호를 거닐다 비를 만나지 않았으면, 어떻게 허선을 만날 수가 있겠는가?)

㉕ 万一出了毛病，我就扛着药箱送去!

(만일 고장이 나면, 나는 약 상자를 메고 배웅하러 갈게!)

㉖ 如果把几个花市长度累加起来，“十里花街”恐怕是名不虚传了。

(만약 몇 개 꽃시장의 길이를 점차 늘린다면, “십리화가”는 아마 명불허전일 것이다.)

㉗ 这叛徒多活一天，咱们的人就要多受一天损失。

(이 반역자가 하루 더 산다면, 우리 사람이 하루 더 손해를 보아야 한다.)

양보 가설의 종속절은 어떤 양보·가설의 상황이 참임을 확인하고, 주절은 전환되어 가설과 상반되는 하나의 결과를 말한다. 상용하는 관련어는 아래와 같다.

即使(即便，即或，即令，就是，就算，哪怕，纵然，纵令，纵使，便是) …… 也(还，又，仍然，总，却) ……

再 …… 也(还，仍，总) …… 万一 …… 也 ……

예를 들면 다음과 같다.

㉘ 凉风，即使是一点点，也给了人们许多希望。(老舍：≪骆驼祥子≫)

(시원한 바람이 설사 아주 조금일지라도, 사람들에게 매우 많은 희망을 주었다.)

㉙ 就是下尖刀子，我也要按日子完成。

(상황이 굉장히 열악할지라도, 나는 날짜에 맞추어 완성해야 한다.)

㉚ 哪怕是比群众和战士多吃一口青菜，他也感到不安。

(대중과 전사들보다 한 입 더 야채를 먹을지라도, 그는 불안해하였다.)

㉛ 工作再忙，也不能挤掉学习。(일이 더 바빠질지라도, 공부를 밀어 제치면 안 된다.)

㉜ 万一起义失败了，敌人的力量也会受到削弱的。

(만일 무장혁명이 실패한다면, 적의 힘도 약화될 것이다.)

대비 가설은 비교적 특수한 가설 복문으로, 가설 복문의 형식으로 두 일을 함께 놓고 대비하여 뒤의 일을 강조하고 두드러지게 하는데, 사용되는 관련어구는 "如果说 …… 那么(就) ……"이다. 예를 들면 다음과 같다.

㉝ 如果说瞿塘峡像一道闸门，那么巫峡简直像江上一条迂回曲折的画廊。

(만약 취탕샤가 갑문이라면, 우샤는 강 위에 에돌아 구불구불한 복도와 같다.)

㉞ 如果说我在泰山路上是翻着什么历史稿本，那么现在我才算翻到我们民族的真正宏伟的创业史。(만약 내가 태산로에서 어떤 역사초고를 펴고 있다고 한다면, 지금에서야 나는 우리 민족의 진정으로 장엄한 창업사를 펼친 셈이다.)

4 조건 관계

조건 관계 복문의 종속절은 하나의 조건을 제기하고, 주절은 이 조건에서 만들어진 결과를 말한다. 구체적으로 또 "충분조건, 필요조건, 무조건"의 세 조건 관계로 나눌 수 있다.

충분조건 복문의 종속절은 하나의 충족 조건을 제시하고, 주절은 이 조건을 구비하고 상응하는 결과를 만들 수 있음을 설명한다. 관련어구는 "只要 …… 就 ……", "一…… 就 ……"를 사용하고 "就, 才" 등을 단독으로 사용하기도 한다. 예를 들면 다음과 같다.

㉟ 只要在什么时候再听到那种歌声，那声音的影片便一幕幕放映起来。(吴伯箫：≪歌声≫)

(언제 다시 그런 노랫소리를 듣기만 하면 그 소리의 영화는 한 장면 한 장면 방영될 것이다.)

㊱ 往年，在人民广场一开群众大会，公安局就要宣布断绝交通。(왕년에 인민 광장에서 대중 대회를 열자마자, 공안국에선 교통이 차단됨을 선포하려 하였다.)

㊲ 内容正确，就具备了说服读者的基本条件。

(내용이 정확하면, 독자를 설득할 기본 조건을 구비하는 것이다.)

필요조건 복문의 종속절은 반드시 구비해야 하는 하나의 필요조건을 제기하고, 주절은 상응하는 결과를 말한다. 사용하는 관련어구는 "只有(唯有)……才……", "除非……才……"이고, "才"를 단독으로 사용하기도 한다. 예를 들면 다음과 같다.

㊳ 只有在思想和思想方法上经过苦心的锻炼，才能把文章写好。

(사상과 사상 방법에서 힘들여 단련한다면 문장을 잘 쓸 수 있다.)

㊴ 除非大山崩溃，它才会随之毁灭。(큰 산이 붕괴되어야, 그것이 따라서 훼멸될 것이다.)

㊵ 必须战胜这些敌人，才能完成我国的资产阶级民主革命。
(반드시 이런 적과 싸워 이겨야 우리나라의 무산계급 민주혁명을 완성할 수 있다.)

무조건 복문의 종속절은 먼저 모든 조건을 배제하고, 주절은 어떤 조건에서 모두 만들어질 결과를 설명한다. 사용하는 관련어구는 "无论(不论, 不管, 任凭, 任) …… 都(总, 也, 还) ……"이고, 그중에 하나를 단독으로 사용하기도 한다. 예를 들면 다음과 같다.

㊶ 在白色恐怖弥漫的年代里，无论环境怎样险恶，鲁迅先生一直把密信和文稿珍藏着。(백색 공포가 가득한 시대에, 환경이 아무리 험악해도, 노신 선생은 줄곧 밀서와 원고를 소중히 간직하였다.)

㊷ 不管认识不认识，见到谁都打招呼。(알든지 모르든지 누구를 만나면 인사한다.)

㊸ 任你怎样诬害，陈毅同志的光辉形象永远屹立在我们心中。
(네가 어떻게 모함하든지, 진의 동지의 찬란한 형상은 영원히 우리의 마음속에 우뚝 솟아 있다.)

㊹ 怎么忍，也忍不住喉咙的哽噎。(어떻게 참든지, 음식이 인후에 걸리는 것을 참을 수 없다.)

5 목적 관계

목적 관계 복문의 종속절은 어떤 행위를 나타내고, 주절은 행위의 목적을 설명한다. 목적 복문의 목적은 "적극 목적과 소극 목적" 두 가지로 나눌 수 있다.

적극 목적 복문의 주절이 설명하는 것은 도달하려는 목적이다. 상용하는 관련어구는 "以便, 以, 用以, 借以, 以求, 为的, 为的是, 是, 好" 등이다. 예를 들면 다음과 같다.

㊺ 老赵尽力使车子跑得平稳，以便总指挥睡得安宁。
(조씨는 최선을 다해 차가 평온하게 달리게 하였는데, 총사령관이 편하게 주무시게 하기 위해서이다.)

㊻ 毛竹年年长，为的是向敌人示威：井冈山是压不倒、烧不光的。
(죽순대가 매년 자라는 것은 적을 향해 정강산은 압도할 수 없고, 소진될 수 없음을 시위하기 위해서이다.)

㊼ 孩子们急切地盼望那炷香快些焚尽，好早些分摊给月亮娘娘享用过的东西。
(아이들이 절박하게 그 향이 곧 다 타버리기를 간절히 바라는데, 좀 일찍 달 여신에게 누린 적이 있는 물건을 할당해 주기 위해서이다.)

소극 목적 복문의 주절이 설명하는 것은 피해야 하는 일이다. 상용하는 관련어구는 "以免, 以防, 免得, 省得" 등이 있다. 예를 들면 다음과 같다.

⑱ 必须坚持写仿宋体，以免被敌人发现笔迹。

(반드시 방송체를 쓰는 것을 고수해야 하는데, 적들에 의해 필적이 발견되지 않기 위해서이다.)

⑲ 任务完成后要及时和厂里联系，免得同志们担心。

(임무 완성 후에 즉시 공장에 연락하여, 동지들이 걱정하지 않도록 하였다.)

⑳ 应该总结一下教训，以免再发生类似的问题。

(교훈을 마땅히 좀 총결산하여야 하는데, 유사한 문제가 재발생하지 않도록 하기 위해서이다.)

6 연쇄 관계

연쇄 관계 복문은 두 개 혹은 두 개 이상의 분문으로 이루어져, 앞뒤 분문은 어떤 서로 같은 관련어구를 가져 서로 호응하고 의미적으로 서로 관련된다. 앞 본문은 의변(倚变)(변화되는 상황에 맞춘다는 의미)의 조건이나 근거이고, 뒤 분문은 의변의 결과이다. 상용하는 관련어구는 "越(愈)……越(愈)……", "谁……谁……", "哪里……哪里……", "怎么……怎么……" 등이다. 예를 들면 다음과 같다.

51 我弹得越响，他吼得越凶。(내가 점점 더 크게 연주할수록 그는 더 사납게 소리 질렀다.)

52 哪里有困难，哪里就有解放军。(어려움이 어디에 있든지 간에 해방군이 있다.)

53 领导怎么说，他就怎么做。(지도자가 말하는 대로 그는 행한다.)

수식복문의 일반 어순은 종속절이 앞에 있고, 주절은 뒤에 있다. 그러나 때로 표현의 필요 때문에 어떤 수식복문의 종속절도 주절의 뒤로 움직일 수 있다. 예를 들면 다음과 같다.

54 长的草里是不去的，因为相传这园里有一条很大的赤练蛇。(鲁迅：≪从百草园到三味书屋≫)

(긴 풀 속에는 가지 말아야 하는데, 이 밭에는 매우 큰 능구렁이가 한 마리 있다고 전하기 때문이다.)

55 他没法穿上，除非自己给他送去。

(자신이 그에게 보내지 않으면 몰라도 그는 입을 방법이 없다.)

56 科学当然包括社会科学，虽然这次会议由于时间匆促没有邀请社会科学家。

(과학은 당연히 사회과학을 포함하는데, 이번 회의는 비록 시간이 촉박하기 때문에 사회 과학자를 초청하지 못했다.)

⑰ 在原则问题上，我郑维中从来是不含糊的，即使是对你!

(원칙문제에서 나 정유중은 여태까지 대충하지 않았는데, 설사 너일지라도 열심히 할 것이다!)

⑱ 她原是可以救活的，如果及时送到医院的话。

(그녀는 원래 생명을 구할 수 있었어, 만약 즉시 병원에 보내졌다면.)

⑲ 到哪里都行，只要是给党办事。(어디에 가도 된다, 당에게 일을 해 줄 수만 있다면.)

이런 어순의 수식복문 중에 종속절은 일반적으로 단독으로 사용하는 관련어구를 가지고 있다.

3. 다중 복문

(1) 다중(多重) 복문은 무엇인가

세 개 혹은 세 개 이상의 분문으로 이루어지고, 아울러 두 개 혹은 두 개 이상의 구조 층차를 가진 복문은 다중 복문이다. 다중 복문은 바로 다층차 복문으로, 이와 반대로 한 개의 구조 층차만 있는 복문은 일중(一重) 복문이다. 예를 들면 다음과 같다.

① 要是句子短些，文章短些，文章就生动活泼。

(만약 문장이 좀 짧다면, 글이 좀 짧고, 글은 생동적이고 활발할 것이다.)

② 他的父亲是开锡箔店的，听说现在已经做了店主，而且快要升到绅士的地位了。(鲁迅：≪从百草园到三味书屋≫)

(그의 아버지는 석박점을 여셨는데, 지금 이미 점주가 되셨고, 게다가 곧 유지의 지위로 승진하신다고 하더라.)

③ 倘若描写，也是衣服是劳动人民，面孔却是小资产阶级知识分子。(毛泽东：≪在延安文艺座谈会上的讲话≫)

(만약 묘사하면, 옷은 역시 노동인민이고, 얼굴은 오히려 소자산계급과 지식인이다.)

④ 车夫急着上雨布，铺户忙着收幌子，小贩们慌手忙脚地收拾摊子，行路的加紧往前奔。(老舍：≪骆驼祥子≫)

(인력거꾼은 급히 방수포를 덮고, 상점은 현수막을 거두어들이며, 소상인들은 황급히 노점을 정리하고, 길 걷는 사람은 서둘러 앞으로 내달린다.)

예 ①, ②는 모두 세 개의 분문과 두 개의 층차가 있는 다중 복문이다. 예 ③은 하나의 층차만 있고, 예 ④는 비록 네 개의 분문으로 이루어졌지만 하나의 층차만 가지고 있어, 그들은 모두 일중 복문이다.

(2) 다중 복문의 분석

다중 복문의 분석은 복잡구의 분석과 유사한데, 분문 사이의 구조 단계와 구조 관계를 지적해야만 한다. 다중 복문의 폭은 크고, 용량이 크며, 내부 의미는 복잡하여 분석하는 난이도는 더욱 크다. 다중 복문을 분석하는 데는 아래 몇 개의 순서에 따라 진행해야 한다.

1 총체적으로 전체의 국면을 보고, 문장을 완전하게 몇 번 보면서, 대략적인 뜻을 이해한다. 만약 어기를 가지고 낭독할 수 있고, 어조(중음, 끊어 읽기, 어조를 포함)를 읽어내면, 곧 분석하는 데 더욱 도움이 된다.

2 단문의 한계와 수를 확정하라. 숫자로 단문 앞에 순서 번호를 표기하여라.

3 각 단문의 관련어구를 찾아라. 서로 다른 층차의 관련어구는 다른 부호(첫 번째 단계 "·"을 사용하고, 두 번째 단계 "O"를 사용하고, 세 번째 단계 "△"를 사용하고……)를 사용하여 표기하고 구별을 나타낸다.

4 전문에 대하여 첫 번째로 나누어라. 첫 단계는 홑 세로 긋기 선 "|"를 사용하여 나누고, 세로선 아래에 어떤 관계 유형인지를 명기하라.

5 첫 단계 앞뒤 두 부분(혹은 몇 부분)을 각각 한 전체로 하여 상술한 방법에 따라 두 번째로 나누고, 즉 쌍세로선 "‖"으로 나누고 아울러 관계를 주석하라.

아래의 순서는 이것에 근거하여 유추하고, 줄곧 하나의 분문까지 분석하기에 이른다. 이런 복문 분석 방법은 줄여서 가선법(加线法)이라고 한다. 예를 들면 아래와 같다.

① a. 如果把自己看做群众的主人， ‖ b. 看做高踞于“下等人”头上
并列
的贵族， | c. 那么，不管他们有多大的才能， ‖ d. 也是群众所不需
假设 条件
要的， ‖ e. 他们的工作是没有前途的。
并列

(만약 자신을 대중의 주인으로 간주하고, 하등인의 머리 위에서 군림하는 귀족으로 간주하면, 그들은 또 재능이 얼마나 크든지간에 대중이 필요가 없는 것이고, 그들의 일은 전망이 없다.)

다중 복문을 분석하는 과정에서 분문의 한계와 수를 확정하는 것은 필요한 전제 조건이다. 만약 분문이 잘못 나뉘면 전체 복문의 분석은 반드시 틀린 것이다. 분문은 형식적으로 단문과 같고, 주서술어문 · 비주서술어문은 일부 성분을 생략할 수도 있다. 의미적으로 보면 분문이 나타내는 뜻은 비록 완전하지 못하나 상대적으로 독립적이고, 진술성을 가지고 있다. 분문과 분문 사이에 서로 성분의 관계가 없다. 분문 사이에 끊어 읽기는 쉼표 · 세미콜론 · 콜론으로 나타내고, 모점으로 나타내지 않는다. 이런 특징에 근거하여 세심하게 분별해야 한다. 아래 복문 중에 점을 가진 마디를 보라.

② 这批服装质量很好，尽管贵，还是受到顾客的欢迎，很快便被抢购一空。

(이 옷들의 질은 매우 좋아, 비싸더라도 여전히 고객에게 환영을 받고, 매우 빨리 다 팔려버렸다.)

③ 我们党所以历尽艰难而百折不挠，从根本上来说，就是因为能够保持党的团结，党以全心全意为人民服务的宗旨和实践，赢得了人民的拥护和支持。

(우리 당은 곤란함을 두루 다 겪고 의지가 매우 강하여, 근본적으로 말하면, 능히 당의 단결, 전심전력으로 인민을 위해 봉사하는 당의 취지와 실행을 유지할 수 있었기 때문에 인민의 옹호와 지지를 받았다.)

④ 要坚持在法律面前人人平等，不管是什么人，也不管是什么人的子弟，只要触犯了刑律，就要严肃查究，决不姑息。

(법률 앞에서 사람들이 평등함을 유지하려면 어떤 사람이든지, 어떤 사람의 자제이든지 간에 형법을 어기면 엄숙하게 진상을 규명해야 하고, 절대로 관용을 베풀어서는 안 된다.)

㉠ ②의 "尽管贵"는 관련어를 삭제한 이외에 다만 하나의 형용사만 있으나 그것은 생략문의 서술어이기 때문에 그래서 하나의 분문으로 분석해야 한다. ㉠ ③의 "从根本上来说"는 문장 중의 독립 성분이다. "党以……宗旨和实践"은 분문 내의 주어와 부사어이고, 모두 분문이 아니다. ㉠ ④의 "就要严肃查究，决不姑息"는 두 개의 분문으로 보아야 하는데, 만약 중간의 쉼표를 모점으로 바꾸면 병렬한 서술어는 하나의 분문으로 보아야 한다.

다중 복문을 분석하는 데 있어 특히 관련어구의 역할을 중시해야 한다. 관련어구는 분문 사이의 의미 관계를 지시해 줄 뿐만 아니라, 층차를 나누는 데도 이용할 수 있다. 우리는 이미 "一……就……", "万一……就……" 등 소수 합용 관련어구가 여러 관계를 나타낼 수 있는 것을 제외하고, 다수 합용 관련어구는 복문 관계 유형과 일대일로 대응하고, 어떤 관련어구가 어떤 관계를 나타내는지를 안다. 다중 복문 중에 고단계의 관련어구가 덮고 있는 분문은 많고, 저단계의 관련어구가 덮은 분문은 적은데, 이 때문에 관련어의 덮는 면적에 근거하여 상응하는 층차 나눔을 확정한다. 예를 들면 다음과 같다.

⑤ a. 如果我们既放下包袱, ‖ b. 又开动了机器, ‖ c. 既是轻
并列 并列
装, ‖ d. 又会思索, | e. 那我们就会胜利。
并列 假设

(만약 우리가 부담을 내려놓고 기계를 가동하고, 가벼운 옷차림으로 사색한다면, 우리는 승리할 것이다.)

예 ⑤의 "如果……那……"는 전체 복문을 덮을 수 있고, 그중에 "如果"는 앞 네 개의 분문을 덮어, 이 때문에 첫 단계는 넷째, 다섯째 단문 사이에서 나누어야 가설 관계이다. 복문 속에 두 "既……又……"가 있는데, 각 단어는 하나의 분문을 덮을 뿐인데, 세 번째 단계여야 하고, 그들 사이는 두 번째 단계이다.

만약 복문 중에 관련어구가 없거나 모자라면, 첨가하는 방법을 사용하여 분석하는 것을 도울 수 있다. 아래의 예문 중에 괄호 안의 단어는 곧 첨가한 것이다.

⑥ a. 我于是日日盼新年, | b. (因为) 新年 (一) 到, ‖ c. 闰土也就到了。
因果 条件

(우리는 그리하여 매일 새해를 바라고, 새해가 왔기 때문에 윤토도 도착했다.)

⑦ a. (如果) 车摇慢了, ‖ b. 线抽快了, ‖ c. 线就会断头; |
并列 假设 并列
d. (如果) 车摇快了, ‖ e. 线抽慢了, ‖ f. 毛卷、棉条就会拧成
并列 假设
绳, ‖ g. 线就会打成结。
并列

((만약에) 물레를 천천히 돌리고 실을 급하게 뽑는다면 실이 끊어질 것이고, (만약에) 물레를 급하게 돌리고 실을 천천히 뽑는다면 털뭉치, 소면이 끈으로 뒤틀어져 실이 엉켜버릴 것이다.)

관련어구를 이용하는 것을 제외하고 분문 의미 결합의 긴장도를 고찰해도 층차를 판단할 수 있다. 결합이 느슨한 곳은 층차가 높고, 결합이 견고한 곳은 층차가 낮다. 의미 결합이 가장 느슨한 곳은 곧 첫 단계에 소재한다. 첫 단계의 나눔은 전체 복문의 분석에 영향을 미치기 때문에 특히 중시해야만 한다.

4. 긴축 복문

두 개 혹은 세 개 단문이 함께 긴축하여 중간에는 멈추지 않는데, 이러한 문장은 긴축 복문이라고 하고 긴축문(紧缩句)이라고도 한다. 긴축문은 일종의 특수한 복문으로, 복문의 의미를 나타내고 형식은 단문 같다. 그것의 각 단문 내에는 자주 관련어가 있고, 각 단문 사이에는 가설 · 조건 · 전환 · 인과 · 연관 · 연쇄 등의 관계가 존재하고 있다. 만약 단문 사이에 적당한 단어나 문장 부호를 더하면 일반적인 복문으로 변환할 수 있다. 예를 들면 다음과 같다.

① 再苦再累我也心甘情愿。(또 힘들고 피곤해도 나는 기꺼이 원한다.)

② 老师一讲他就懂了。(선생님께서 강의하시자 그는 이해했다.)

③ 谁先干完谁先走。(누구든 먼저 다하면 먼저 간다.)

긴축 복문은 관련어구의 유무에 따라 세 가지 유형으로 나눌 수 있다.

1 관련어구로 고정격식을 구성한 것

자주 보는 것은 가설 관계를 나타내는 “非……不……”, “不……不……”, “不……也……”, “再……也……”이고, 조건 관계나 연관 관계를 나타내는 “一……就……”, 연쇄 관계를 나타내는 “越……越……”, “谁……谁……” 등이다. 예를 들면 다음과 같다.

④ 这事非你去解决不可。(이 일은 네가 반드시 해결하러 가야 한다.)

⑤ 他这个人不撞南墙不回头。(그 사람은 남쪽 벽에 부딪치지도 머리를 돌리지도 않았다.)

⑥ 你不说我也知道你想什么。(너는 나도 네가 무엇을 생각하는지 안다고 말하지 않는다.)

⑦ 小琴一说话脸就红。(소금은 말하자마자 얼굴이 빨개진다.)

⑧ 这孩子越长越像他爸爸了。(이 아이는 자랄수록 그의 아빠를 닮았다.)

2 하나의 관련어로 연결한 것

상용하는 것은 "就, 也, 才, 还" 등이 있다. 예를 들면 다음과 같다.

⑨ 没有调查就没有发言权。(조사하지 않으면 발언권이 없다.) (가설 관계)

⑩ 现在你说什么他也听不进去。(지금 네가 무엇을 말해도 그는 듣지 않는다.) (조건 관계)

⑪ 多练习才能取得好成绩。(여러 번 연습해야 좋은 성적을 거둘 수 있다.) (조건 관계)

⑫ 他穿上棉袄还直发抖。(그는 솜저고리를 입고 줄곧 떤다.) (전환 관계)

3 관련어구를 사용하지 않고 연결한 것

⑬ 出了问题我负责。(문제가 생기면 내가 책임진다.) (가설 관계)

⑭ 你们吃完我收拾。(너희들이 다 먹으면 내가 치운다.) (연관 관계)

⑮ 他们不干我们干。(그들이 하지 않았기 때문에 우리들이 한다.) (인과 관계 혹은 가설 관계)

⑯ 车坏了没法来。(차가 고장 나서 올 방법이 없다.) (인과 관계)

긴축 복문 각 단문의 주어는 서로 같을 수도 있고 다를 수도 있으며, 관련어구를 쓰지 않고 연결하는 긴축 복문 주어는 일반적으로 서로 같지 않다.

사고와 연습

1 아래 복문과 단문 사이의 관계와 관련어구를 가리켜라.

(1) 从此牛郎在地理耕种, 织女在家里纺织。

(2) 华大妈候他喘气平静, 才轻轻地给他盖上了满幅补丁的夹被。(鲁迅：≪药≫)

(3) 只有自己是完全正派的, 然后才能矫正别人的不正派。(刘少奇：≪论共产党员的修养≫)

(4) 宁可自己一个人担风险, 也不能让王主任有个三长两短。

(5) 不管日子怎么艰难, 我的脊柱也还是有某种硬度的。

(6) 那些不了解他的人, 要么对他产生误解, 要么被他的才华惊倒。

(7) 只要我活着, 只要我还捧着公家的饭碗, 你就休想跟腊月结婚!

(8) 几个人的笑谈没能继续下去, 因为又开来了一辆引人注目的汽车。

(9) 她既爱好音乐, 那么就从音乐方面去打动她的心。

⑽ 他虽然只有三十六岁，却已经在球场上打了十八九年。

⑾ 你傲慢蛮横的做法对于你的领导与其说是在帮助他，毋宁说是在拆他的台。

⑿ 叫我名字的陌生声音自然是常有的，然而都不是美女蛇。

② 가선법으로 아래의 다중 복문을 분석하라.

⑴ 他才三十出头，而且既没有什么学历，又没有多少工作经验，但是不管他干什么，总是非常负责，所以段所长总是把一些重要的任务交给他。

⑵ 经过的年月一多，话更无从说起，所以虽然有时想写信，却又难以下笔。

⑶ 掌柜是一副凶脸孔，主顾也没有好声气，教人活泼不得；只有孔乙己到店，才可以笑几声，所以至今还记得。(鲁迅：≪孔乙己≫)

⑷ 由于激光具有高温的特点，在烧开皮肉的同时就封住了血管，因此出血量只有一般手术的十分之一，而且由于手术时间短，病人一点也不感到疼痛。

⑸ 虽然是满月，天上却有一层淡淡的云，所以不能朗照；
但我以为这恰是到了好处 — 酣眠固不可少，小睡也别有风味的。

⑹ 固然，如果不认识矛盾普遍性，就无从发现事物运动发展的普遍原因或普遍的根据，但是，如果不研究矛盾的特殊性，就无从确定一事物不同于其他事物的特殊本质，就无从发现事物运动发展的特殊原因。

⑺ 内容有分量，尽管文章短小，也是有分量的；如果内容没有分量，不管写多长，也没有分量，所以不能只看量，要讲求质。

⑻ "理直气壮"看来无可非议，但若运用于人民内部，"气壮"往往效果不佳，使对方难以接受，甚至发生纠纷。

⑼ 我们很多人没有很好学习语言，所以我们在写文章做演说时没有几句生动活泼切实有力的话，只有死板板的几条筋，像瘪三一样，瘦得难看，不像一个健康的人。

⑽ 只要他们不觉得厌烦，我甚至愿意跟他们谈谈我在探索人生方面曾经走过的弯路，以使他们少付出一些不必要的代价。

⑾ 只要我们在今后进一步改善对青年的思想教育工作，把国家的真实情况告诉他们，并且努力纠正我们工作中的错误，我们就一定能够帮助广大青年自觉地克服自己的弱点，勇敢地迎接自己的战斗任务。

⑿ 现在一些中低焦油含量的香烟虽然减少了对肺部的损害，但并不等于此类香烟无毒，因为只要香烟燃烧，就会产生大量的一氧化碳和其他有毒物质，就会对肌体继续造成损害。

⒀ 他早想在路上拾得一注钱，但至今还没有见；他想在自己的破屋里忽然寻到一注

钱，慌张地四顾，但屋里是空虚而且了然。(鲁迅：≪阿Q正传≫)

(14) 塑料不腐烂可能是一大长处，因为塑料垃圾被深埋时，它永远不会变成任何有毒的化学物质污染人类生存的环境，即使是被焚烧，大部分塑料也不会释放出有毒的气体。

(15) 宋师傅毕竟是一个快乐的人，虽然也苦恼了几天，装了几天病，但过了那股劲，憎恨的情绪慢慢的也淡了，对小娥也管得不那么紧了。

(16) 拉车的人们，只要今天还不至于挨饿，就懒得去张罗买卖：有的把车放在有些阴凉的地方，坐在车上打盹；有的鉆进小茶馆去喝茶；有的根本没有拉出车来，只到街上看看有没有出车的可能。

(17) 如果只站在水边，先是一阵子呆看，再发一阵子空想，即使能够想出一大堆“道理”来，自己也还是不会游泳，对于别的游泳的人也没有好处。

(18) 北京是美丽的，我知道，因为我不但是北京人，而且到过欧美，看见过许多世界的名城。

(19) 这座桥有1600多公尺长，上下两层，上层是公路桥面，可容纳六辆汽车并排通过；下层是铺设双轨的复线铁路，铁道两侧还有人行道。

(20) 倘或安适之还没来，她一定死死地盯在那预约见面的地方，纵使发生了火灾，洪水，地震，或者爆炸了一颗氢弹，只要她不死，她一定牢牢地站在那儿，站在那儿等待他的到来。

3 아래 각 문장은 단문을 가지고 있고, 다중 복문이 있으며, 병문(병문은 *를 가지고 있다)이 있다. 가선법으로 단문의 문장 성분을 분석하라. 다중 복문의 층차를 분석하고, 분문 사이의 논리 관계와 상응하는 관련어구를 나누어라. 병문을 고치고, 문법 착오를 지적하라.

(1) 在这个矛盾的旋涡里，我曾经付出过沉重的代价。

(2) 我们的战士说：我连飞机，大炮都不怕，还会让蚊子，苍蝇吓倒?

(3) *我们要采取各种措施来培养和提高师资水平。

(4) 城里有许许多多的事他不明白，听朋友们在茶馆里议论更使他发糊涂，因为一个人一个说法，而且都说得不到家。

(5) 干部处的花名册告诉我，这九连的指导员是空位。

(6) 我们有正确的思想路线，政治路线和组织路线，只要大胆而谨慎地工作，只要经过周密的调查研究，广泛听取群众的意见，就完全有把握把大批优秀的中青年干部提拔起来 保证我们的事业后継有人。

제10절 자주 보는 문법 착오

문법 착오는 문법 규칙을 위반하였기 때문에 생긴 언어 결점이다. 문법 착오가 있는 문장은 대다수 언어 사용자의 어감에 부합하지 않고 매끄럽지도 않다.

일반적으로 말해서 사람들은 평상시에는 말이 통하지 않는 문장이 비교적 적고, 문장을 쓸 때 이런 저런 문법 착오가 나타나기가 매우 쉽다. 이것은 구어 중의 단어와 문형이 대부분 상용하는 것이고, 문장이 비교적 짧으며, 조직 안배가 좀 쉽기 때문이다. 서면어에서는 자주 생소하고, 추상적인 말이 있고, 문장이 늘 비교적 길며, 성분 사이의 호응, 어순의 안배를 장악하기가 어렵다. 현대 한민족 공통어는 전형적 현대 백화문 저서를 문법 규범으로 하여 서면어 규범의 인도 작용을 강조하는 이 현실 상황에서 출발한 것이다.

한 문장이 문법 착오가 있는지 없는지는 늘 어감에 따라 판단해 낸다. 어감은 어떤 신비한 물건이 아니고, 그것은 사람들이 장기간의 언어 실행 중에서 획득한 언어의 감성 지식이다. 우리들은 문법 착오를 검사할 때, 충분히 어감을 이용해야만 한다. 다만 어감은 필경 다만 일종의 감각과 인상이고, 문법 분석을 대체할 수 없다. 병문의 문법 착오를 검사하고 고쳐 종합적으로 문법 지식 및 다른 관련 지식을 활용할 필요가 있다.

문장의 문법 착오를 검사하는 데 병문에 대하여 구조 분석을 하는 것 이외에 또 간축법(简缩法), 유비법(类比法), 분설법(分说法), 변환법 등의 방법을 이용할 수 있다.

간축법은 문장의 골간 성분, 즉 주어 · 서술어 · 빈어를 찾아내고, "주간(主干)"을 검사한 후 다시 "가지와 잎"을 보면서, 차례차례 검사하면, 문장의 결점을 쉽게 알아차리게 된다. 예를 들면 다음과 같다.

① *我感到了功课不好的学生, 在严格的老师面前所常有的那种诚惶诚恐的心情。

본 문장은 한정어를 삭제한 후 "我感到了……心情"으로 긴축하고, 분명히 호응이 적당하지 않은 실수를 했다.

유비법은 한 문장의 구조에 의심이 있을 때, 원 문장의 방식에 따라 약간의 문장을 모조하고, 함께 놓고 비교하고, 만약 모조한 문장이 통하지 않으면, 원래 문장을 설명해도 문제가 있다. 예를 들면 다음과 같다.

② *他检查了作业三个小时。

우리는 이 문장에 근거하여 "*他玩了球十分钟", "*他看了书三天"을 모조한다. 그들은 모두 통하지 않는데, 이것은 이 문장 격식 자체가 틀린 것임을 증명한다.

분설법은 연합구를 분해하여 합설(合说)을 단설(单说)로 바꾸는 것이다. 예를 들면 다음과 같다.

③ *由于果树的生长情况不同, 剪枝的方法和时间也应有所不同, 应根据实际情况灵活采用。

"方法和时间"은 하나의 연합구로, 나누어 말한 결과이고, "方法"는 "灵活采用" 할 수 있는데, "时间"은 오히려 채택할 수 없어, 호응할 수 없기 때문에 이것은 하나의 병문이다.

변환법은 바로 원래 문장의 어순을 바꾸는 것으로, 하나의 구를 다른 구로 바꾸고, 한 문형을 다른 문형으로 바꾸는 것이다. 예를 들면 다음과 같다.

④ 这几种解题方法, 我们都尝试过了。

(우리는 이 몇 가지 문제를 푸는 방법을 시험해 본 적이 있다.)

우리는 비행위자 주어 "方法"를 빈어로 바꾸고, "尝试"와 동빈구 "尝试方法"를 이루어 검증하는데, 검증한 결과 서로 호응할 수 없어, 원문은 병문이라고 설명한다.

병문을 고칠 때 세 가지 원칙을 지켜야 한다. 첫째, 이 문장이 표현하려는 뜻에 부합해야 한다. 둘째, 가능한 원문의 단어와 문형을 보류해야 하고 오직 만부득이 한 것을 제외하고, 크게 삭제하고 크게 움직일 수 없다. 셋째, 고친 문장은 매끄럽고 자연스러우며, 문법에 부합하고, 표현이 분명해야 한다.

병문을 고치는 데 우선 표현자가 어떤 뜻을 나타내려는지 이해해야 하고, 고칠 때는 의미의 중점을 뽑아내는 방법을 사용하여 의미의 제요를 늘어놓을 수 있다. 이 의미에 근거하여 언어 형식 중에서 착오가 어디에 있는지 보고, 가능한 최소한의 수정과 조정을 통하여 문장이 서로 잘 통하게 한다. 수정할 때 문법 착오를 고쳐야 할 뿐만 아니라 겸하여 문장을 다듬어야 하고 표현이 좋지 않은 곳을 전부 잘 고쳐야만 한다. 병문을 수정하는 것은 하나의 문장을 쓰는 것이 아니고, 문장을 고치는 데 관건이 있다. 당연히, 어떤 병문은 만약 문제가 너무 많으면 또 하는 수 없이 다시 구조를 구성해야 하나, 상황이 이러할지라도 반드시 원문의 기초 아래 가장 작은 폭으로 변경을 해야 한다.

현재 문법 연구의 수준에 한하여 우리는 매우 많은 문법 착오가 발생하는 원인에 대하여 아직 깊고 설득력 있는 해석이 부족하다. 언어 사실로부터 출발하여 자주 보는 문법 착오를 몇 가지 유형으로 귀납하면, 이런 유형을 초보적인 원인으로 함과 동시에 또 이것을 기초로 진일보하여 병문 어폐가 만든 더욱 섬세한 병리와 병인을 탐구한다.

1. 실사 활용의 착오

(1) 명사, 동사 형용사의 오용

명사, 동사, 형용사는 자주 단어 성질과 용법을 이해하지 못하여 오용한다. 예를 들면 다음과 같다.

① *祖国河山分外锦绣。

② *她理想得到一份称心的工作。

③ *老王极力冷静着自己。

④ *他散步种种捏造，妄图破坏我们的友谊。

예 ①은 명사가 형용사로 오용된 것으로, "锦绣"는 정밀하고 산뜻하며 아름다운 견직물을 가리킨다. 비록 때로 "山河"와 "前程" 등의 한정어로 쓰이지만 여전히 명사이고, 여기에서 정도부사 "分外"의 수식을 받고 형용사처럼 서술어로 쓰이는 것은 타당하지 않다. "美丽"나 "妖娆"로 고쳐야만 한다. 예 ②는 명사 "理想"을 동사로 오용하여 서술어로 사용하였는데, "幻想"이나 "希望"으로 고쳐야 하고, "她的理想是……"로 고칠 수도 있다. 예 ③은 형용사 "冷静"을 동사로 오용하여 서술어로 쓰여 빈어를 가지는데, "克制"로 고쳐야 한다. 예 ④는 동사 "捏造"를 명사로 오용하여 빈어로 사용하였는데 "谣言"으로 고쳐야 한다.

(2) 수사, 양사 사용 부당

수사 "二"과 "两"이 나타내는 수는 서로 같으나 용법이 다르다. 예를 들면 다음과 같다.

① *我们学校派去了二名教师前去辅导。

② *全年任务的两分之一已经完成。

㉠ ①의 "二"은 "两"으로 고쳐야 하고, ㉠ ②의 "两"은 "二"로 고쳐야 한다. "二"과 "两"의 분포 규칙은 대체로 이러한데, 단독으로 일반 양사의 앞에 사용할 때는 "两"을 사용하고 "二"을 사용하지 않는다. 단독으로 "位"와 도량형 양사의 앞에 사용할 때는 "二"과 "两" 모두 가능하다. 만약 도량형 양사를 연용하면, 앞에는 일반적으로 "二"과 "两"이 모두 가능하고, 뒤에 하나는 반드시 "二"을 사용해야 하는데, 예를 들면 "两块两毛二分"이다. 분수와 서수를 나타낼 때는 "二"을 사용하고 "两"을 사용하지 않는다.

"俩", "仨"은 "두 개", "세 개"의 뜻으로, 아래 문장 속의 "俩"는 "两"으로 고쳐야 한다.

③ *他们俩个人说好来看我。

수량사 사용이 적절하지 않은 것도 자주 보는 일부의 문제이다. 예를 들면 다음과 같다.

④ *这个月的生产成本比上月降低了两倍。

⑤ *调资后，每人的月薪将增加到20%。

⑥ *张老师最近又完成了一部大约四十万字左右的书稿。

⑦ *近二十多名同学先后通过了英语测试。

수의 감소는 배수를 사용할 수 없는데, ㉠ ④의 "两倍"는 "百分之五十"나 "一半"으로 고쳐야 한다. ㉠ ⑤는 "到", "增加到"를 삭제하고 원래의 밑수를 포함해야 하고, ㉠ ⑥의 "大约"와 "左右"는 의미가 중복되어 하나를 보류하고 하나는 삭제해야 하고, ㉠ ⑦의 "近"과 "多"의 의미는 앞뒤가 모순되어 하나를 삭제해야 한다.

(3) 대명사 사용 부당

대명사 사용은 대신 지칭하는 것이 명확하지 않은 것, 인칭이 틀리고, 대명사를 잘못 쓰는 등의 문법 착오를 피하는 것에 주의해야 한다. 예를 들면 다음과 같다.

① *小王和小李是好朋友，在工作上他一直是支持他的。

② *李秀成临刑时是不是表现很英勇呢？从一些历史记载看，并不是这样。

③ *王师傅说他二十岁那年得了一场大病，是李大夫把我救活的。

④ *此时此刻，获奖同志们的心情是什么呢？

⑤ *我站在办公室的窗前向操场看去，同学们正在这里做课间操。

㉮ ①에는 두 개의 "他"가 나오는데, 도대체 어떤 것이 "小李"를 가리키고, 어떤 것이 "小王"을 가리키는지 뚜렷하지 않아서, 그중에 하나를 "小李"나 "小王"으로 고쳐야 한다. ㉮ ②의 앞 문장은 하나의 선택 의문문이고, 두 가지 가능성이 존재하는데, "这样"은 어떤 것이 명확하지 않은가를 가리키므로, "是不是"를 삭제해야 하고, "呢"를 "吗"로 고친다. ㉮ ③의 뒤 문장은 직접 인용어로, 1인칭 "我"를 사용한 것이 틀리므로, 3인칭 "他"를 사용해야 한다. ㉮ ④의 대명사 "什么"는 사용이 적절하지 않은데, "什么"는 사물을 묻는 것으로 여기에선 상황을 묻는 "怎么样"을 사용해야 하고, "……心情怎么样呢?" 혹은 "……心情是什么样的呢?"로 고쳐야 한다. ㉮ ⑤는 근칭과 원칭 대명사의 오용인데, 근칭의 "这里"를 원칭의 "那里"로 고쳐야 한다.

2. 허사 활용의 착오

(1) 부사 오용

[1] 부사 혼용 : 예를 들면 다음과 같다.

① *他看完了电影再走的。 ② *今天下这么大雨，他果然还来了。

㉮ ①의 "再"는 "才"로 고쳐야 하고, 시간이 늦음을 나타낸다. ㉮ ②의 "果然"은 "居然"으로 고쳐야 하고, 뜻밖임을 나타낸다.

[2] 부사가 형용사로 오용 : 예를 들면 다음과 같다.

③ *这种意外事故的发生是很偶尔的。

④ *他这种艰苦奋斗的作风是一向的。

예 ③의 "偶尔"은 형용사 "偶然"으로 고쳐야 하고, 예 ④의 "一向"은 형용사 "一贯"으로 고쳐야 한다.

3 부정 부사 오용 : 예를 들면 다음과 같다.

⑤ *难道谁能否认地球不是绕太阳转的吗?

⑥ *谁也不能不相信, 语言不是交际工具。

이중 부정은 긍정을 나타내고, 삼중 부정은 여전히 부정을 나타낸다. 다중 부정을 사용하는 목적은 문장의 어기를 강화하는 데 있다. 예 ⑤는 "否认, 不" 이중 부정을 사용하였고, 또 "难道……吗?"를 사용하여 반문 어기를 나타내는 일중(一重) 부정으로, 전문은 삼중 부정을 가지며, 뜻을 표현하는 것이 사리에 부합하지 않아, 부정 부사 "不"를 삭제해야만 한다. 예 ⑥은 삼중 부정을 가지고 있고, 뜻은 부정이고, 표현하려는 원래의 뜻과 부합하지 않고, "不相信"이나 "不是" 중 하나의 "不"를 삭제해야만 한다.

(2) **개사 오용**

1 对, 对于 : 이 두 개사는 모두 동작의 대상, 혹은 관련된 대상을 끌어들이고, 자주 호환할 수 있다. 그러나 "对"의 활용 범위는 "对于"보다 넓고, "对"를 사용하는 곳은 "对于"를 사용할 수 없다. 예를 들면 다음과 같다.

① *我下车间的时候, 工人同志对于我都非常热情。

② *校长对于我们说的话, 我将永志不忘。

이 두 예문 중에 "对于"는 모두 "对"로 고쳐야 하는데, 그중에 예 ①의 "对"는 "对待"의 뜻이고, 예 ②의 "对"는 "向"의 뜻으로, 이 두 가지 뜻의 "对"는 일반적으로 "对于"로 교체할 수 없다.

개사 "对, 对于"를 사용할 때 또 아래의 문법 착오가 나타나기 쉽다.

③ *这个问题对于我们完全不了解。

④ *参观者对位于巴黎市中心的公共图书馆留下了深刻的印象。

⑤ *犯罪分子拒不投降, 公安人员对他们发出了警告。

예 ③은 주체와 대상을 도치하여, “我们对于这个问题完全不了解”로 고쳐야 한다. 예 ④의 “对……图书馆留下……印象”은 통하지 않아 “位于巴黎市中心的公共图书馆给参观者留下深刻的印象”으로 고칠 수 있다. 예 ⑤의 “对”는 사용이 적절하지 않아 개사 “向”으로 바꾸어야 한다.

2 关于, 对于 : “关于”는 관련되고 관계된 사물을 끌어들이는 데 쓰이고, 일부 문장에서 “关于”와 “对于”는 서로 바꿀 수 있다. 예를 들면 다음과 같다.

⑥ 关于节约能源的建议，大家都很赞成。

예 ①의 “关于”는 “对于”로 바꿀 수 있다. 하지만 “关于”가 서로 관련된 사물을 끌어들이는 문장과 “对于”가 행위 대상을 끌어들이는 문장에서는 양자는 서로 바꿀 수 없다.

예를 들면 다음과 같다.

⑦ *对于校舍问题，我直接跟老王联系。

⑧ *关于个别违法乱纪的人，我们将给予严厉制裁。

예 ⑦의 “对于”는 “关于”로 바꾸어야 하고, 예 ⑧의 “关于”는 “对于”로 바꾸어야 한다. “关于”가 구성한 개빈구는 부사어로 쓰이고, 주어의 앞에서만 쓰일 수 있다. “对于”가 구성한 개사구는 부사어로 쓰이고, 주어 앞뒤에 고르게 쓰인다. 예를 들어 아래의 문장에서 “关于”는 “对于”로 바꾸어야 한다.

⑨ *我关于中草药知道的很少。

“关于”가 구성한 개빈구는 단독으로 제목으로 쓰일 수 있고, “对于”가 구성한 개빈구 뒤에는 반드시 명사를 더해야 제목으로 쓰일 수 있다. 예를 들면 다음과 같다.

⑩ *对于提高教学质量

이 제목의 “对于”는 “关于”로 고쳐야 한다. 만약 “对于”를 보류한다면, 뒤에 “的几点建议”를 더할 수 있다.

3 在 : 개사 “在”는 자주 방위 명사 “上, 中, 下”와 구성한 방위사구가 개사구를 이루고, 동작과 행위를 하는 시간·장소·방위·조건이나 범위 등을 나타낸다. “在……上” 중간에 들어가는 것은 대부분 명사성 단어이고, 그중에 일부 명사와

동사 겸류사를 포함하는데, 예를 들어 "工作, 学习, 研究, 训练" 등이다. 구어에서 때로 "在吃上", "在穿衣服上" 등의 용법이 나타나는 것을 제외하고는, 일반적으로 동사성 단어를 삽입하여 어떤 방면을 나타낼 수 없다. 예를 들면 다음과 같다.

⑪ *他在对付欧洲选手上很有办法。

⑫ *在提高产品质量上, 我们厂一直抓得很紧。

예 ⑪은 "在"와 "上"을 삭제해야 하고, 혹은 "上"을 "方面"으로 고친다. 예 ⑫는 "质量" 뒤에 "问题"란 단어를 붙여야 한다.

"在……下"는 자주 조건을 나타내는 데 사용되고, 중간에 들어가는 것은 정중구로, 그 중심어는 일반적으로 "情况, 条件, 背景, 形势" 등의 명사이고, 혹은 "领导, 监督, 督促, 帮助, 培养, 教育, 启发, 带领, 压迫, 剥削, 影响, 打击" 등의 동사로, 조건을 나타내는 "在……下" 중간에는 단일한 단어를 삽입할 수 없고, 동사성구를 삽입할 수 없으며, 상술한 두 종류의 중심어 이외의 정중구를 삽입할 수 없다. 예를 들면 다음과 같다.

⑬ *在运动员奋力拼搏下, 又一项世界纪录被刷新。

⑭ *这个团在紧张的战备训练下, 也没有忘记组织战士学文化。

⑮ *在钟声下, 农民一早就投入了抢收战斗。

예 ⑬은 "在"와 "下"를 삭제해야 한다. 예 ⑭는 "训练"의 뒤에 "情况"을 더한다. 예 ⑮는 "钟声" 뒤에 "催促"를 더해야 한다.

(3) 접속사 오용

1 和 : 접속사 "和"는 대부분 명사성 단어를 연결하는 데 쓰이고, 일정한 조건에서 동사나 형용사를 연결하기도 한다. "和"로 연결한 동사, 형용사는 자주 주어나 빈어로 쓰인다. 예를 들어 "教和学相辅相成", "我喜欢安静和清洁"이다. 만약 서술어로 쓰이면, 쌍음절에만 한정되고, 게다가 앞뒤는 반드시 부가나 연대하는 성분이 있어야 하는데, 그렇지 않으면 병문을 만들 것이다. 예를 들면 다음과 같다.

① *他的话简洁和明确。

② *这部作品受到读者的欢迎和得到评论家的肯定。

③ *课上我们听和写英语。

㉮ ①은 "明确" 앞에 "十分" 단어를 더하거나 "和"를 "而"로 고칠 수 있다. ㉮ ②는 "和"를 "并"으로 고쳐야 한다. ㉮ ③은 "听和写"를 "听说和读写"로 고친다.

2 和, 或 : "和"는 병렬관계를 나타내고, 병렬하는 각 항은 그중에 일부분을 취하고 버릴 수 없다. "或"는 선택 관계를 나타내고, 선택한 각 항은 그 중에 일부분을 취하고 버릴 수 있다. 간단하게 "和"는 합하여 취하는 것을 나타내고, "或"는 나누어 취하는 것을 나타낸다. 두 단어는 용법이 다르므로, 잘못 쓰는 것을 피해야 한다. 예를 들면 다음과 같다.

④ *第一次购买月票者应持本人的工作证和学生证。

⑤ *联绵词包括双声词，叠韵词或非双声叠韵词。

㉮ ④의 "和"는 "或"로 고쳐야 하고, "工作证"이나 "学生证" 중에 하나만 있으면 된다. ㉮ ⑤의 "或"는 "和"로 고쳐야 하고, 연면어는 모두 세 가지로 나뉘는데, 합하여 취해야 하고, 하나를 줄일 수 없다.

(4) 조사 오용

1 的, 地, 得 : 이 세 구조 조사는 서면어에서 명확한 분담이 있는데, 각각 한정어, 부사어, 보어의 표지이다. 정확하게 구분하는 것은 언어의 정확성을 향상시키고, 다른 해석을 피하는 데 유리하다. 하지만 어떤 사람은 자주 잘못 사용한다. 예를 들면 다음과 같다.

① *别看花钱不多，可吃的挺舒服。

② *大门外传来一阵急促地汽车喇叭声。

③ *我已经把我所知道得都毫无保留地告诉你了。

④ *同学们正在紧张的夏习，准备考试。

㉮ ①의 "的"는 "得"로 고쳐야 하고, 뒤에는 보어이다. ㉮ ②의 "急促地"는 한정어이고, "地"를 "的"로 고쳐야 한다. ㉮ ③의 "得"는 "的"로 고쳐야 하고, "我所知道的"는 "的"자구이다. ㉮ ④의 "的"는 "地"로 고쳐야 하고, "紧张地"는 부사어이다.

그 밖에, 이 세 개의 조사는 또 사용해야 하는 데 사용하지 않고, 사용하지 말아야 하는 데 오히려 사용한 상황이 있다. 예를 들면 다음과 같다.

⑤ *今年，他考上了北师大举办作家函授班。

⑥ *这次比赛成绩极大震动了体育界，也深深地教育了我。

⑦ *王师傅每天早晨把她负责的几条街打扫干干净净。

⑧ *这是我们两国之间第一次的友好合作，具有深远意义。

예 ⑤의 "举办" 뒤에 "的"를 붙여야 한다. 예 ⑥은 "极大" 뒤에 "地"를 붙여야 한다. 예 ⑦은 "打扫" 뒤에 "得"를 붙여야한다. 예 ⑧은 "第一次" 뒤의 "的"를 삭제해야 한다.

2 了：동태조사 "了"는 동작・변화의 완성이나 실현을 나타내고, "了"는 문장의 다른 단어와의 조화가 일치하여 모순이 나타나지 않는 것에 주의해야 한다. 예를 들면 다음과 같다.

⑨ *我们全厂正在开展了一个新的增产节约的运动。

⑩ *客人们一边吃了点心，一边欣赏了节目。

예 ⑨의 "了"는 "正在"와 모순되어, "了"를 삭제해야 한다. 예 ⑩의 "一边……一边"은 두 행위가 동시에 진행하는 것을 나타내고, "吃"와 "欣赏" 뒤의 "了"를 삭제해야 한다.

"了"의 용법은 복잡하기 때문에 일정한 조건에서 있을 수도 있고 없을 수도 있어, 이 때문에 사용해야 하는 데 사용하지 않았고, 사용해선 안 되는 데 오히려 사용한 어폐가 나타나기 쉽다. 예를 들면 다음과 같다.

⑪ *昨天我们学校召开大会，会上表扬三好学生，演出文艺节目。

⑫ *他睡醒了觉以后，出了门去拜访朋友。

⑬ *从门外走了进来两位女同志。

예 ⑪의 "召开", "表扬", "演出" 뒤에는 모두 "了"를 붙여야만 한다. 예 ⑫의 뒤에 "了"는 반드시 삭제해야 되고, 앞에 "了"도 삭제해야 한다. 예 ⑬ 속의 "走了进来"는 "走进来"로 "了"를 삭제해야 한다.

3. 단문 구조에서 자주 보는 착오

(1) 호응 부당

호응이 적절하지 않은 것은 주로 문장 성분 사이의 호응을 가리키고, 문장 성분 내부의 구 성분 사이의 호응을 포함하기도 한다. 호응이 적절하지 않음을 야기하는 원인은 단어 조합의 선택 제한을 위반하였기 때문이다. 의미 각도로 보면, 두 호응 항목은 반드시 서로 모순되는 의미 특징을 함유하고 있고, 호응 항목의 의미 분석을 거쳐 곧 모순되는 특징을 찾을 수 있다.

1 주서술어 호응 부당 : 예를 들면 다음과 같다.

① *他的崇高品质经常在我脑海中浮现。

② *参加长跑的运动员在公路上驰骋。

㉮ ①의 주어 "品质"는 추상적인 사물로, "추상"의 의미 특징을 가지고 있다. 그리고 서술어 "浮现"은 곧 "형상"의 의미 특징을 가지고 있어, 이 때문에 호응할 수 없다. "品质"를 "形象"으로 고칠 수 있다. ㉮ ②의 주어 "运动员" 앞에는 한정어 "오래 달리기 경주에 참가하는"이 있고, "运动员"은 "오래 달리기 경주"의 의미 특징을 가지고 있다. 서술어 "驰骋"은 "말을 타다"의 의미 특징을 가지고 있고, 주어와 모순된다. "驰骋"을 "飞奔"이나 "奔跑"로 고칠 수 있다.

2 동빈 호응 부당 : 예를 들면 다음과 같다.

③ *张峰一直仔细观察着对方的每一句话。

④ *中国队在比赛中发扬了自己的风格和水平，取得了冠军。

㉮ ③의 서술어 "观察"는 "시각"의 의미 특징을 가지고 있고, 빈어 "话"는 "청각"의 의미 특징을 가지고 있어, 양자는 호응할 수 없다. "观察"를 "听"으로 고치거나 "每一句话"를 "每一个表情"으로 고친다. ㉮ ④의 빈어는 연합구로 그중에 "风格"는 "发扬"과 어울리고, "发扬"은 "발전하다", "선양하다"의 뜻을 가지고 있고, "범위"의 특징을 가지고 있으며, "水平"은 "척도", "고저"의 특징을 가지고 있어 호응할 수 없고, "和水平"을 삭제하거나 "发扬"을 "打出"로 고친다.

3 한정어와 중심어, 부사어와 중심어, 중심어와 보어가 호응하지 않는다. 예를 들면 다음과 같다.

⑤ *葡萄沟人民今年又提出了响亮的战斗任务。

⑥ *今后我要努力地生活，报效伟大的祖国。

⑦ *老师笑得那么慈祥，笑得那么耐心。

예 ⑤의 한정어 "响亮"은 "소리"의 특징을 가지고 있고, "任务"는 "소리"의 특징을 가지고 있지 않으므로 호응할 수 없어, "任务"를 "口号"로 고친다. 예 ⑥의 "努力"는 "힘을 들이다"의 특징을 가지고 있고, "生活"가 포괄하는 것은 비교적 넓고, "费力"의 "工作, 学习" 등을 포함할 뿐만 아니라 "不费力"의 "休息, 娱乐" 등도 포함하기 때문에 호응할 수 없어, "生活"를 "工作"로 고친다. 예 ⑦의 서술어 "笑"는 "유쾌하다"의 특징을 가지고 있고, "耐心"은 "인내하다", "참다"의 특징을 가지고 있어 서로 모순되어, "耐心"을 "开心"으로 고쳐야 한다.

④ 주어와 빈어가 호응하지 않는다.

예를 들면 다음과 같다.

⑧ *五月的沈阳，是繁花似锦、气候宜人的季节。

⑨ *他的革命精神，受到全国人民的爱戴。

예 ⑧은 동등을 나타내는 "是"자구이나 주어 "沈阳"은 "地方"이고, 빈어 "季节"는 "时冷"으로 서로 호응하지 않아, "五月的沈阳"을 "沈阳的五月"로 고쳐야 한다. 예 ⑨의 주어 "精神"은 "추상적인 사물"에 속하고, 빈어 "爱戴"의 대상은 "사람"이어야 한다. 선택 제한을 위반하였고 호응할 수 없어, "爱戴"를 "景仰"으로 고쳐야 한다.

(2) 성분 불완전

예를 들면 다음과 같다.

① *在信息产业飞速发展的新形势下，对技术人员的计算机水平提出了更高的要求。

② *看到老教授们夜以継日地工作，使我很受感动。

③ *民警李秀英抱着小兰兰一条胡同一条胡同地找孩子的家，最后终于在麻线胡同找到了，一进门就扑到妈妈怀里哭了起来。

④ *她整天在家做饭、挑水、扫地等琐碎的家务活，一天忙到晚。

⑤ *高分子材料用在医药上，大致可分为机体外使用与机体内使用。

⑥ *在改革大潮中，新事物涌现出来。

예 ①의 문두는 개빈구로서 주어로 쓰일 자격이 없고, 주어가 모자람을 야기하고, "在"와 "下"를 삭제할 수 있어, 개빈구 속에 가둔 주어를 해방한다. 예 ②는 사역문이 주어가 모자람을 야기하는 것을 남용하였기 때문에 "使"나 "看到"를 삭제해야 한다. 예 ③은 적당하지 않게 주어를 생략하여 마지막 단문은 주어 "小兰兰"을 보충해야 한다. 예 ④는 서술어가 부족하여 "做饭" 앞에 "干"을 더하여 서술어로 사용해야 한다. 예 ⑤는 빈어가 부족하고, 문말에 "两种"을 더해야 한다. 예 ⑥은 부사어가 모자라, "涌现"의 앞에 부사어 "不断"을 더해야 한다.

(3) 성분 여분

예를 들면 다음과 같다.

① *按照早期教育的观点，儿童六岁入学问题并不算早。

② *中国队获得参加决赛阶段的资格。

③ *当时我们正在剧场进行排练新戏。

④ *成立业余体校两年来的今天，我们共培养专业运动员二十多名。

⑤ *参加会议的既有老一代革命家，也有年轻的青年干部。

예 ①의 "问题"는 여분이고, 게다가 호응이 부당하여 삭제해야 한다. 예 ②의 "参加决赛"는 이미 매우 뚜렷하여, "阶段"은 여분이므로 삭제해야 한다. 예 ③은 "进行"을 삭제하고, "排练"을 서술어로 사용해야 된다. 예 ④의 "的今天"은 여분이므로 삭제해야 한다. 예 ⑤의 "年轻的青年干部"는 의미가 중복되어 "年轻干部"나 "青年干部"로 고쳐야 한다.

(4) 어순 부당

예를 들면 다음과 같다.

① *领操员的口号划破了寂静的清晨。

② *全体同学深刻地受到一次爱国主义教育。

③ *他便瞪了我狠狠的两眼。

④ *林小梅成为造船厂出色的第一个女气焊工。

⑤ *一列火车轰隆隆地突然从东面开过来。

㉮ ①의 "寂静"은 "清晨"과 위치를 바꾸어서 "清晨的寂静"으로 고쳐야 한다. ㉮ ②의 부사어 "深刻地"는 한정어여야 해서, "受到一次深刻的爱国主义教育"로 고친다. ㉮ ③의 한정어 "狠狠的"는 부사어여야 해서 "他便狠狠地瞪了我两眼"으로 고친다. ㉮ ④의 다항 한정어는 순서가 부당하여 "……第一个出色的女气焊工"으로 고친다. ㉮ ⑤의 다항 부사어는 순서가 부당하여, "轰隆隆地"를 "开过来"의 앞에 놓아야 한다.

(5) 문형이 뒤섞이다

예를 들면 다음과 같다.

① *造成肥胖的主要原因是因为血液循环不畅的缘故而引起了新陈代谢缓慢。

② *我们应该经常开展群众性体育活动也是十分必要的。

③ *她的脸色惨白得十分吓人。

㉮ ①의 주저하며 결정짓지 못하는 것은 문장 구조가 혼란한 것을 야기하여 "的缘故"를 삭제한다. ㉮ ②는 중도에 방법을 바꾸는 것으로, 두 문형이 함께 뒤섞였는데, 두 가지의 고치는 방법이 있다. "我们应该"를 삭제하거나 "也是十分必要的"를 삭제한다. ㉮ ③은 두 문장을 한 문장으로 붙여 "惨白" 뒤에 쉼표로 나누고 "得"를 삭제해야 한다.

4. 복문 활용의 착오

(1) 단문 사이에 밀접한 의미 관계가 부족

예를 들면 다음과 같다.

① *因为对语文学习缺乏正确的认识，所以至今我的写作水平仍然很低。

② *教研组是开展教学研究的重要组织形式，也应该提高教研活动的质量。

③ *在上山的路上，我欣赏着四周的美景，又是一阵阵花香。

㉮ ①의 앞뒤 두 단문은 인과 관계가 없고, 앞 문장을 "因为没有认真地学习语文"으로 고친다. ㉮ ②의 두 문장은 연계할 수 없고, 중간에 한 단문 "既要经常开展教研活动"을 더한다. ㉮ ③은 문형 선택이 부당하여 의미가 연관되지 못하였다. 뒤의

단문을 "闻到了一阵阵花香"으로 고친다.

(2) 구조 층차 혼란

예를 들면 다음과 같다.

① *张教授的研究成果不仅在国际上处于领先地位，而且填补了国内这方面研究的空白。

② *我们应该継承前辈学者的优良传统，刻苦鉆研，发愤读书，发扬光大。

③ *他刚到学校的时候，数学常不及格，学习上遇到不少困难，语文课又听不懂。

㉥ ① 앞뒤 두 단문의 점층 관계는 도치되었고, "……不仅填补了国内这方面研究的空白，而且在国际上也处于领先地位"가 되어야 한다. ㉥ ②의 "发扬光大"는 첫 번째 단문 뒤에 바로 이어야 하고, "刻苦鉆研"은 "发愤读书"의 뒤에 놓고 "并"자, "并发扬光大"를 더해야 한다. ㉥ ③의 "学习上遇到不少困难"은 개괄로서 첫 번째 단문이 되어야 하고, 다시 구체적으로 해설하면 최후의 한 단문으로 먼저 나누어 말하고, 다시 총괄한다.

(3) 관련어 사용의 착오

1 관련어 호응 부당

예를 들면 다음과 같다.

① *不管天气多么冷，运动员们却能坚持训练。

② *只有顾客说声满意，我就会把疲劳忘得一干二净。

③ *因为它的身体体形特殊，运输，饲养极不容易，因此被列为珍贵动物。

㉥ ①의 "不管"은 "都"와 호응해야 하고, "却"를 "都"로 고쳐야 한다. ㉥ ②의 "只有……就……"는 호응이 적절하지 않으므로, "只有"를 "只要"로 고쳐야 한다. ㉥ ③의 "因为……因此……"는 호응이 적절하지 않으므로, "因为"를 "由于"로 고쳐야 한다.

2 필요한 관련어가 부족

예를 들면 다음과 같다.

④ *即使班主任老师不来，我们应该把这次班会开好。

⑤ *他不单是代表他自己，是代表十多亿中国人民在国际讲坛上发言。

㉾ ④의 "即使"는 "也"와 호응하고, 두 번째 단문에서 "应该" 앞에 "也"를 더해야 한다. ㉾ ⑤의 두 번째 분문 시작점에서 "而且"를 사용하지 않아, 보충해야 한다.

3 관련어를 잘못 쓰다

예를 들면 다음과 같다.

⑥ *那年发大水，我家被水淹了，为了无法维持生活，我们一家人到了东北。

⑦ *从那以后，我上班再也没有迟到过，反而每天总是早到十分钟，把上班的准备工作做好。

㉾ ⑥의 "为了"는 잘못 사용하여, 원인을 나타내는 "由于"로 고쳐야 한다. ㉾ ⑦의 "反而"은 잘못 사용되어 앞뒤 전환관계가 없으므로, 점층을 나타내는 "而且"로 바꾸어야 한다.

4 관련어를 남용하였다

예를 들면 다음과 같다.

⑧ *因为老张家里有事, 所以不能来参加会了, 因此刚才来电话让我们替他请个假。

⑨ *虽然三年过去了，但是他始终没有给我来信，所以我估计他在国外还没有找到一份比较理想的工作。

㉾ ⑧의 "因为", "所以", "因此"는 여분이므로, 삭제하면 문장이 오히려 깔끔하다. ㉾ ⑨의 "虽然", "但是", "所以"도 삭제해야 한다.

5 관련어 위치가 틀리다

예를 들면 다음과 같다.

⑩ *不但我们要像学生传授科学文化知识，而且要帮助学生树立正确的人生观、价值观。

⑪ *工厂一方面要尽快拿出办法解决排污问题，另一方面市有关部门也应该在财力，土地上给予必要的支持。

㉾ ⑩의 "不但"은 "我们"의 뒤에 놓아야 한다. ㉾ ⑪의 앞 단문 중에 "一方面"은 문두에 놓아야 하는데, 즉 "工厂"의 앞이다.

사고와 연습

1 아래 문장 중에서 문법 착오를 지적하고 고쳐라.

(1) 小张虽然把这些责怪他的话听见了，但他并不埋怨别人，而是检查自己。

(2) 他半笑半恼地批评我："你真行，把人家的名字都记不住!"

(3) 朋友们送我的那幅描绘祖国大好河山的风景画，被我一直挂在书房的墙壁上。

(4) 我对上大学的希望是没有了。

(5) 不用说，契诃夫一开始就是一个庸俗和丑恶的抗议者，不过，愈到后来，在他作品里的抗议因素愈强烈而已。

(6) 关于以上两门课程，内容都是相当丰富的，而且都是于实际有帮助的。

(7) 他们做了大量调查工作和分析了各种情况。

(8) 进入本游泳池一律凭本校师生员工的工作证和学生证。

(9) 在渔民们起早睡晚，终日劳动下，生产计划终于超额完成。

(10) 不管当地气候条件极端不利，探险队员终于胜利完成了任务。

(11) 搞科学研究，一定要有丰富的材料，况且要有正确的观点。

(12) 国家为我们准备了那么好的学习条件，我们再不学好，否则就对不起国家和人民。

(13) 我当时认为组织上既然这样看重我，所以经过考虑后，从三月一日便到读者来信组工作了。

(14) 至于戏曲舞台上那更是丰富多彩，既出现了不少优秀的现代剧目，更创作了不少表现历史题材的作品和整理出了不少杰出的传统剧目。

(15) 在敌人实行了惨无人道的"三光"政策下，金山卫镇曾遭到空前的浩劫。

(16) 看完电影后，我仿佛还感到有一个没有出场的人物，那就是作者自己。

(17) 由于电子仪器的微型化，使导弹的控制在20世纪70年代进入了一个暂新的时期。

(18) 一个人在学习中进步快慢，关键在于内因起决定作用。

(19) 当民族危急的关头，只有人民才能担当拯救民族危亡的命运。

(20) 流行歌曲也有一定社会意义的作品，有些曲子是写得很不错的。

2 아래 복문의 문법 착오를 지적하고 고쳐라.

(1) 如果你不同意这样做，那你为什么要答应他呢?

⑵ 这篇文章无论在突出主题方面，而且在运用和选择材料方面都是做得比较好的。

⑶ 不但我们要使学生具有坚实的基础知识，还要注意培养学生分析问题解决问题的能力。

⑷ 这个班的学习风气很好，学生们一方面爱动脑筋，经常讨论学习中碰到的问题；另一方面老师们都注意培养他们良好的学习习惯。

⑸ 他因为不爱说话，所以你如果不问他，他就不理你。

⑹ 假使一个连长丢掉一挺机关枪，那不消说是有罪的；然而一个医生对伤员的生命可以这样忽视吗?

CHAPTER 05

수사

05 수사

CHAPTER

제 1 절 수사와 수사학

1. 수사는 무엇인가

수사(修辭)는 표현 효과를 강화하기 위하여 언어에 대하여 선택하고 가공하는 일종의 활동이다.

우리는 평상시에 말을 하는데, 말은 어떻게 해야 뚜렷하게 자신의 뜻을 나타낼 수 있으며, 어떻게 이야기해야 듣는 이로 하여금 이해하게 할 수 있고, 말하는 목적에 이르는지를 고려해야 한다. 말을 잘하기 위해서 반드시 어휘를 배치하는 데 주의하고, 말하는 방식을 중시해야 한다. 문장을 쓰는 것은 더욱 이와 같아, 우리들은 작문 중에서 만족할 때까지 말이나 글을 신중히 잘 다듬고, 반복하여 가공하고, 고칠 필요가 있다. 이러한 모든 노력은 모두 언어의 표현 효과를 향상시키기 위하여 자각하든 자각하지 않든 수사 활동을 하는 것이다.

수사는 여러 상황에서 일종의 선택 활동이라고 볼 수 있다. 언어 활용 중에 하나의 뜻, 하나의 생각은 늘 다른 언어 형식으로 표현되고, 이런 표현 형식은 자신의 특징과 표현 효과가 있다. 이상적인 효과를 추구하기 위해서 적당한 표현 형식을 선택할 필요가 있다. 이것은 그중에 각종 언어 재료와 표현 방식의 선택을 포함하고 있다. 수사도 일종의 가공 활동이라고 이해할 수 있어, 즉 각종 방법·기교와 규칙을 활용하여 언어를 조정하고 수식하며, 언어 형식으로 알맞고 완미하게 변하게 하여, 사람에게 깊은 인상과 예술의 미감을 준다. 선택과 가공은 사실 결코 모순되지 않고 다만 문제를 보는 시각이 다를 뿐이다. 선택은 공시적이고 표현할 필요가 있을 때 특히 두드러진다. 가공은 통시적으로 문장을 고칠 때 특히 두드러진다.

수사의 결과는 언어 사실에 반영되는데 곧 수사 현상이다. 수사 현상은 언어학의 연구 대상 중의 하나이다. 이로부터 언어학의 계열 학과인 수사학이 생겼다.

수사학은 언어 표현 효과를 향상시키기 위해서 활용하는 방법, 기교, 규칙을 연구한다. 사람들은 수사 활동 이외에 수사 현상과 수사학도 자주 수사라고 일컫는다.

2. 수사의 원칙

수사는 자신의 규칙이 있어, 특정한 원칙을 좀 따라야 하는데, 그중에는 적절(适切) 원칙, 심미 원칙과 비교 원칙을 포함한다.

(1) 적절 원칙

수사는 언어 표현 효과를 향상시키는 것을 목적으로 하여, 수사 효과의 잘잘못을 형량하는 것은 표현하려는 생각과 표현이 처한 언어 환경을 떠날 수 없다. 언어 재료와 표현 방식 그 자체는 좋고 나쁨을 말할 수 없고, 무엇을 표현하고, 어떤 상황에서 활용되어 쓰이는지 전부 본다. 이 때문에 확정한 취지(题旨)・정경(情境)은 수사 활동을 진행하는 전제로 할 수 있어, 수사는 적응과 적절한 취지・정경을 가장 중요한 원칙으로 한다.

이른바 취지는 언어가 표현하는 생각이다. 생각과 표현 형식 양자 사이에서 생각은 주도적인 역할을 한다. 마침 노사 선생이 말한 "我们用什么话说, 是决定于我们写什么的(우리들이 무슨 말을 하는 것은 우리들이 무엇을 쓰는가로 결정한다)"(≪나는 어떻게 언어를 공부하는가(我怎样学习语言)≫)로, 수사 과정에서 언어 형식의 선택과 가공은 반드시 생각의 수요에 적응해야 하는데, 그렇지 않으면 일체의 노력은 모두 근본적인 것을 버리고 지엽적인 것을 추구한다. 성공적인 수사 모범 예문도 모두 매우 좋게 나타내려고 하는 생각을 표현하였다. 예를 들면 다음과 같다.

① 在我的后园, 可以看见墙外有两株树。一株是枣树, 还有一株也是枣树。(鲁迅：≪秋夜≫)
(나의 후원에선 담 밖에 두 그루의 나무가 있는 것을 볼 수 있다. 한 그루는 대추나무이고, 또 한 그루도 대추나무이다.)

이 말은 ≪추야(秋夜)≫의 시작 문장이다. 왜 이런 중복을 피하지 않는 문형을 채택해야 하고, 단도직입적으로 "可以看见墙外有两株枣树"를 쓰지 않는가? 이런 문형의 안배는 더욱 좋게 대추나무의 형상을 뚜렷하게 하기 때문에, 다음 문장은 대추나무가 "直刺着奇怪而高的天空，一意要制它的死命(이상하고 높은 하늘을 찌르며, 온 마음으로 그것의 사명을 만들려고 한다)" 이런 흑암 세력과 완강하게 투쟁하는 정신을 묘사하기 위하여 밑바탕을 잘 만들고 동시에 일종의 완만하고 적막한 분위기를 만들며, 작가의 답답하고 무거운 기분을 나타내었다. 문형의 선택은 완전히 문장 주제를 표현하기 위해서 봉사한다.

정경은 주로 처한 객관적인 환경을 나타내는 것을 가리키고, 언어 활용 속의 시간 지점, 장소, 교제 대상 및 위아래 문장 등의 요소를 포함한다. 이런 요소는 객관적으로 언어 표현을 제약하고 있고, 또 언어 환경 의의의 발생을 위하여 조건을 창조하였다. 수사는 반드시 정경에 적응해야 할 뿐만 아니라 충분히 정경을 이용해야 하고, 이 상황에서야 어떤 특수한 표현 효과를 얻는다. 예를 들면 다음과 같다.

② 沿着荷塘，是一条曲折的小煤屑路。这是一条幽僻的路；白天也少人走，夜晚更加寂寞。(朱自清：≪荷塘月色≫)

(연못을 따라서 굽은 작은 석탄 부스러기 길이다. 이것은 한적하고 외진 길이다. 낮에도 인적이 드문데, 밤에는 더욱 적막하다.)

㉮ ②의 "寂寞"는 일반적으로 사람을 형용하는 심정으로, 여기에서 "路"를 형용하는 데 쓰이는데, "安静, 寂静" 등의 단어를 사용하지 않았다. 이것은 여름밤의 연못이 그다지 "寂静"하고 소리가 없을 가능성이 없기 때문이고, 다음 문장에서 작가는 매미 소리와 개구리 소리를 묘사하였다. "寂寞"는 정확하고 언어 환경에 적합하며 동시에 더욱 중요한 것은 작가가 현실에 만족하지 못하여, 현실 초탈을 환상하는 "적막"한 심정을 반영하였다.

(2) 심미 원칙

수사는 선택이든 가공이든, 모두 언어미를 구축하는 활동이고, 언어를 활용하는 예술이다. 수사는 충분히 언어의 심미 가치를 이용하여 사람의 미감 수요를 만족시키는 것으로, 심미 원칙은 수사의 기본 원칙이다.

사람들은 일반적으로 모두 가지런하고 평형하며 변화가 풍부한 것을 아름다움으로 보는데, 언어 형식의 심미적인 느낌도 똑같이 이와 같다. 매우 많은 수사 수단의 활용은 모두 언어 형식미를 추구하기 위한 것이다. 예를 들어 단어 선택에 같은 음은 서로 조화하고, 첩음은 상응하고, 같은 운은 서로 압운하는 음운미를 조성하는데, 문형의 선택은 문장 배열의 정제미, 들쭉날쭉한 미, 대구, 정진(顶真)(앞 문장의 끝 단어가 뒤에 문장의 첫머리 단어로 되게 함), 반복하여 순환하는(回环) 등의 수사법을 이루어 어구의 균형미, 절제미, 운율미를 만들고, 모두 수사 활동의 심미 특징을 구체적으로 드러냈다.

수사는 언어 표현의 효과를 향상시키는데 이것은 막연하게 말한 것이다. 구체적으로 보면 곧 구체적인 효과를 가지고 있는데, 예를 들어 정확하고, 선명하고, 생동적이고, 익살맞고, 완곡하고, 함축적임 등으로, 이런 효과는 모두 심미적인 원칙으로 해석한다. 아름다움은 여러 가지가 있는데, 사람의 언어미에 대한 수요는 다방면이다. 좋은 수사 효과는 반드시 사람으로 하여금 유쾌하거나 기쁘거나 만족함을 얻게 하고, 실패한 수사는 반드시 미를 추구하는 방향에 위배된다.

수사의 심미 원칙은 또 변이(变异) 수사에 두드러지게 나타난다. 변이 수사는 수사 활동 중에 언어 문말을 타파하고, 문법에 맞지 않고, 논리에 맞지 않거나 사리에 맞지 않은 언어 형식을 이용하여 사고와 감정을 나타내는 현상을 가리킨다. 예를 들어 단어 성질의 활용, 수사격 중의 비유, 과장, 염연(拈连), 모방어 등은 모두 변이 수사의 범위에 속한다. 변이 수사의 발생은 전체적으로 보아, 사람의 심미 수요를 만족시키기 위해서이다. 사람들은 언어 교제 중에서 적당히 관습과 관례를 나타내는 돌파를 필요로 하고, 참신하고 기묘한 표현 방식을 구성하여 미감을 구한다. 독자가 이러한 표현을 이해하는 것을 들을 때, 또 관용을 나타낼 것이고, 새롭게 규칙을 해석하는 것을 조정하고, 심미한 각도로 비합리적이고 미묘한 표현 효과를 감상하는 데에 역점을 둔다. 변이 수사는 개체적인 발생의 각도로 보면 또 다른 심미 추구에서 나온다. 추상적인 사물을 구체적이고 생동적인 형상으로 바꾸거나, 있는 힘을 다하여 사람들의 감정이나 느낌을 두드러지게 강조하거나, 어떤 사물을 빌려 기묘한 연상이 생기거나, 교묘하게 논리적인 문법 오류를 사용하여 정취를 늘리거나 …… 이런 서로 다른 수법은 언어 심미의 다양화 기준을 반영한다. 요컨대, 전체적으로나 개체적으로 관찰하든, 심미 원칙은 모두 변이 수사가 존재하는 것을 믿는 기초이다. 예를 들면 "欢乐的马头琴在歌唱(즐거운 마두금이 노래를 부르고 있다)" 이 문장은 만약 문말에 따라 분석하면 사리상 터무니없는 것이고, 문법적으로 호응이 적절하지 않은 것이다. 그러나 심미 관점으로 보면,

이런 표현 방식은 사물에 남의 심정을 변화시키고, 사물을 빌려 의인화하고 사람 내심의 느낌을 구체화하고 형상화하여, 몽고족 사람의 즐거운 마음을 나타낸다. 이런 현상은 수사격에서 이취(移就)라고 하는데, 마침 심미 가치가 그것의 존재는 합리적이고 수사 규칙에 부합한다고 결정하였다.

(3) 비교 원칙

수사는 비교를 떠날 수 없고, 선택과 가공의 실질은 모두 두 가지나 몇 가지 표현을 비교하여 효과가 더욱 좋은 한 가지를 확정하여, 모두 비교의 과정을 거쳐야 한다. 효과가 좋은 표현이라고 하는 것은 늘 효과가 일반적이거나 좋지 않은 표현에 상대적으로 말하는 것으로 효과의 좋고 나쁨은 비교를 통해서만 평가할 수 있다.

수사 연구도 비교를 필요로 하고, 수사 현상을 분석하는 기본적인 방법은 바로 비교이다. 단어와 문장의 선택을 고찰하여, 반드시 참조할 같은 뜻의 언어 형식이 있어야 한다. 수사격 참조는 수사법을 활용한 표현을 수사법을 활용하지 않은 표현과 대비하는데, 이렇게 하면 효과가 같지 않음을 볼 수 있다. 작가가 논지를 바꾸는 것은 수사를 연구하는 중요한 자료이고, 작품의 원문과 수정문(改文)을 비교하여 많은 수사 규칙을 발견할 수 있고, 언어를 활용하는 방법과 기교를 배울 수 있다. 이외에 수사격 사이의 비교, 다른 문체 사이의 비교, 작가나 작품 풍격의 비교는 모두 수사 연구의 중요한 내용이다.

수사는 언어 표현이 좋고 나쁜 문제, 문법 착오가 있는 것, 언어 규칙에 부합하지 않는 수사 규칙이 내재하여 포함하는 표현은 당연히 좋지 않음을 연구하나, 비교적 좋다와 좋은 것, 좋음과 더욱 좋음 사이의 한계는 더욱 분명하지 않고, 다만 정도에서 차이가 있다. 수사 중에 무릇 적절한 원칙과 심미 원칙의 표현은 좋은 것을 말해야 하는데 "가장 좋다"에 이르러서는 상대적이다. 수사의 노력은 끝이 없고, 함부로 좋은 표현이 "가장 좋다"로 일컬어진다고 보아선 안 된다. 과학적인 태도는 현존하는 표현을 비교하고 그중에서 상대적으로 더 좋은 한 가지를 찾는 것이다. 수사 중의 퇴고, 연마는 사실 끊임없이 반복적으로 비교하는 중에 선택하고 가공하는 것이다. 비교는 언어 표현으로 "가장 좋다"에 접근하게 하고, 상대적으로 완전한 경계로 나누어진 확실하고 믿을 만한 방법에 이르게 한다.

3. 수사학

수사학은 오래되고 또 젊은 학과이다. 일찍이 기원전 4세기 고대 그리스에서 수사학의 전문 저서가 나타났다. 중국은 선진 시기에 "수사"의 개념이 있었고, ≪역경≫에서 말하는 "修辞立其诚, 所以居业也(문장을 쓰는 데 작가의 진의를 표현해야만 한다.)"는 옛 사람의 수사관을 반영하였고, 수사의 입성(立诚) 원칙을 제기하였다. "诚"은 먼저 신용으로 이것은 오늘날에도 매우 의의가 있다. 사기꾼이 사람을 속이며 허황되게 말하는데, 최종적으로 그 효과는 하나의 역효과임이 폭로된다. 당연히 입성 중에도 신용이 있고, 사람을 정성으로 대하는 태도를 포함하고 있으며, 또 상대방의 느낌도 고려하고, 예의도 주의해야 한다. "修辞立其诚"은 현대 회화 원칙 중의 합작 원칙과 예의 원칙을 포함하고 있다고 말할 수 있다. 공자는 수사에 대하여 매우 많은 의견을 발표하였는데, 가장 중요한 것은 "辞达"(辞达而已矣(말은 그 뜻이 상대에게 전달되는 것으로 족함))와 "言文"(言之无文, 行而不远(말을 곱게 꾸며야 멀리 전해질 수 있음을 이르는 말))이고, 이것은 현대 수사학 양대 분야(소극 수사와 적극 수사)의 요구에 완전히 부합하는 것이다. 대대로 많은 수사 저서를 지었는데, 남조 유협의 ≪문심조룡(文心雕龙)≫, 남송 진규의 ≪문즉(文则)≫ 등이 눈부신 성과를 올렸다. 그러나 중국에서 진정으로 과학적인 방법으로 수사를 연구한 것은 그래도 "5·4" 이후이다. 1923년 당월(唐钺)이 ≪수사학(修辞学)≫을 출판하였는데, 이것이 중국 현대 수사학 연구의 시작이다. 1932년 출판한 진왕도(陈望道)의 ≪수사학요지(修辞学发凡)≫는 중국 현대 수사학의 기초를 잡은 작품으로, 수사학사의 절정이다. 신중국 성립 이후 여숙상·주덕희의 ≪어법수사강화(语法修辞讲话)≫는 문법을 강의하는 동시에 수사 문제를 논하였다. 장환일(张瓌一(张志公))은 ≪수사개요(修辞概要)≫(1953), 장궁(张弓)은 ≪현대한어수사학(现代汉语修辞学)≫(1963), 이 모두 광범위한 영향을 끼쳤다. 한어 수사학은 20세기 1970년대 말부터 1990년대까지 번영시기에 접어들어, 전공 잡지 ≪수사학습(修辞学习)≫이 출현하였고, 각종 논저가 연이어 출판되었는데, 그 수량이 매우 많았다. 현대 한어 수사를 주요 연구 대상으로 하는 것은 예를 들어 예보원(倪宝元)의 ≪수사≫(1980), 정이수(郑颐寿)의 ≪비교수사≫(1982), 왕희걸(王希杰)의 ≪한어수사학≫(1983), 오사문(吴士文)·풍빙(冯凭)의 ≪수사문법학≫(1985), 오사문의 ≪수사격

론석≫(1986), 정이수・임승장(林承璋)이 책임 편집한 ≪신편수사학≫(1987), 담영상(谭永祥)의 ≪한어수사미학≫(1992) 등이다. 신시기의 수사학 연구는 끊임없이 전통 연구의 틀을 돌파하고, 수사학의 상관 학과와의 연계에 주의하고, 다른 각도에서 예컨대 심리・미학・논리・문화・논리・교제・사회・민속 등 방면에서 수사를 연구하여, 최대한도 수사학의 영역을 개척하였고, 사람으로 하여금 주목하게 하는 성적을 올렸다.

수사학은 언어 응용학과에 속하고, 표현 방식, 표현 효과의 각도로부터 언어 활용을 연구하는 것이다. 그것은 언어 세 요소의 관계와 병렬하거나 종속하는 것이 아니다. 음성, 어휘, 문법은 모두 수사의 자료와 수단이다. 수사는 세 요소를 이용하여 언어에 대하여 종합 예술적인 가공을 하고, 동시에 또 세 요소를 구체적으로 드러내어, 수사는 세 요소와 밀접한 관계가 존재하고 있다. 수사는 세 요소의 각도로부터 음성 수사, 어휘 수사와 문법 수사로 나눌 수 있다. 음성 수사는 음성 형식을 이용하여 수사 효과를 향상하는데, 예를 들어 화음・쌍음・첩운・압운・평측・어조・리듬 등으로, 어휘는 곧 단어의 선택・연마 및 모든 수사 방식을 위하여 조건을 제공하고, 수사 체계 중에서 일정한 지위를 차지한다. 수사는 어휘로 하여금 활용 중에 비범하고 탈속하게 하며, 새로운 의의를 지니고 일정한 역할을 하게 한다. 수사는 문법을 기초로 하여, 문법에 맞는 것은 수사의 선결 조건이고, 수사는 또 자주 문법 관례를 극복하고, 문법에 부합하지 않는 새로운 "문법"을 야기한다. 문법은 수사를 위해 표현 형식을 제공하는데 반대로 수사의 수요는 또 문법 형식이 어떻게 조직되고 안배되는가를 결정하고 있다.

수사학 학습은 말하고 작문하는 능력을 향상하는 데 유용하고, 독해・감상 능력을 향상하는 데 도움이 되며, 사회 정보의 전파 효율에도 도움이 되고, 언어 문명을 수양하는 수준을 향상하는 데도 유용하다. 수사는 결코 신비하지 않고, 수사 현상은 없는 곳이 없다. 수사는 결코 화려한 수식을 추구하지 않고, 문체 요구에 적응하는 기초에서 형식과 내용의 완벽한 통일을 이룬다. 수사학 내부에는 매우 많은 부분과 영역이 있고, 우리는 본 교재에서 다만 단어의 선용과 연마, 문형의 선택, 수사격 이 세 방면의 내용을 언급한다.

사고와 연습

1. 수사는 무엇이고, 수사는 어떤 함의를 가지고 있는가?
2. 수사의 원칙은 무엇인가?
3. "修辞立其诚"을 어떻게 이해하는가?
4. 공자가 제기한 "辞达"와 "言文"을 어떻게 이해하는가?
5. 현대 수사학의 기초를 잡은 책은 어떤 책이고 누가 썼는가?
6. 수사학과 음성, 어휘, 문법 세 요소의 관계를 설명하라.

제2절 어구의 선용과 연마

1. 어구의 선용

어구는 뜻을 나타내는 기본 단위와 문장을 이루는 기본 재료이다. 어구의 활용이 좋고 나쁨이 직접적으로 모든 문장의 표현 효과에 영향을 끼친다. 고금의 유명한 작가 모두 어휘 수사를 매우 중시하였다. 모택동, 노신, 노사 등 언어 대가는 현대 한어 어휘 활용 방면에서 모두 훌륭한데도 더 훌륭하게 하려 하고, 조금도 소홀히 하지 않았다.

어구 선용은 어구 수사의 중요한 경로이다. 한어의 풍부한 어휘는 우리가 자유롭게 표현하는 것을 위하여 굉장히 유리한 조건을 창조하였다. 우리는 표현하려고 하는 뜻을 늘 적당한 어휘를 찾아 표현할 수 있다. 두 개나 몇 개 어구는 모두 어떤 언어 환경에서 나타날 수 있을 때, 그중에 더욱 적절하고, 표현 효과가 훨씬 더 좋은 하나를 선택할 필요가 있다. 어구 선용은 일반적으로 아래 몇 개 방면의 문제를 고려해야만 한다.

(1) 어구의 함의를 파악한다.

문장 중의 각 어구는 모두 특정한 함의가 있다. 함의는 어구 자체의 개념 의미를 포괄할 뿐만 아니라 언어 환경이 어구에 부여하는 언어 환경 의미도 포함한다. 판단어구 선용의 적합 여부는 먼저 어구의 함의를 고려해야 한다. 우리들은 같은 의미의 어구는 의미상 일반적으로 차이가 있음을 아는데, 어구를 선용할 때 설령 매우 미세한 차이라도 반드시 중시해야 한다. 언어 활용 중에 이러한 상황은 자주 나타나고, 한 어구가 문장에 쓰여서 어떤 큰 흠은 없으나 의미 표현상 결코 매우 적절하거나 알맞지 않으면, 이것은 심혈을 기울여 적합한 어구를 선택하여 바꿀 필요가 있다. 예를 들면 다음과 같다.

① 但我是向来不爱放风筝的，不但不爱，并且嫌恶它。因为我以为（知道）是没有出息孩子所做的玩艺。(鲁迅：≪风筝≫)
(하지만 나는 여태까지 연 날리는 것을 좋아하지 않았는데, 좋아하지 않았을 뿐만 아니라 그것을 혐오하였다. 왜냐하면 나는 아이가 만든 물건이 장래성이 없다고 여겼기 때문이다.)

② 另一位先生听得厌烦。把嘴里的香烟屁股扔（掷）到街心，睁大了眼睛说……(叶圣陶：≪多收了三五斗≫) (다른 선생님께선 싫증이 나셨다. 입의 담배꽁초를 거리의 한 가운데 버리고, 눈을 크게 뜨고 말씀하시길……)

예 ①의 "以为"는 원고에서 "知道"로 사용되었는데, 위아래 문장으로 보면 문중의 "我"는 연을 날리는 것을 "没有出息孩子所做的玩艺"로 보는 일종의 편견이다. "知道"는 객관 사실, 도리에 대한 이해로 사용되어, 여기에 쓰인데도 큰 잘못이 없지만, 주관 인식을 나타내는 "以为"가 정확함만은 못하다. 예 ②의 "扔"은 원고에서 "掷"이고, "掷"은 일반적으로 목표 있게 던지는 것을 가리키지만, 이곳의 "香烟屁股"는 분명히 마음대로 버리는 것으로 "扔"으로 고치는 것이 더욱 실제에 적합하다.

언어 활용에서 함의가 적절한 어구를 선택하는 것은 정확하게 사상과 감정을 나타내고, 언어 표현력을 강화하는 것에 굉장히 큰 역할을 한다. 예를 들면 다음과 같다.

③ 那人一只大手，向他摊着；一只手却撮着一个鲜红的馒头，那红的还是一点一点的往下滴。老栓慌忙摸出洋钱，抖抖的想交给他，却又不敢去接他的东西。那人便焦急起来，嚷道："怕什么？怎的不拿!" 老栓还踌躇着；黑的人便抢过灯笼，一把扯下纸罩，裹了馒头，塞与老栓；一手抓过洋钱，捏一捏，转身去了。(鲁迅：≪药≫)

(그 사람의 큰 손 하나는 그를 향해 펴고, 한 손은 새빨간 찐만두를 집고, 그 빨간 것은 여전히 한 방울 한 방울 아래로 떨어졌다. 노전은 허둥지둥 은화를 만지며 부들부들 떨면서 그에게 건네주려고 했으나 감히 그의 것을 받지 못하였다. 그 사람은 조급해 하며, "뭘 겁내? 왜 안 가져가!"라고 소리쳤다. 노전은 또 망설이는데, 검은 사람은 등롱을 붙잡고, 한 줌 종이 덮개를 찢어, 찐빵을 싸고, 돈을 쑤셔 넣었다. 한 손은 은전을 꽉 쥐고, 좀 만지작거리며, 몸을 돌리어 갔다.)

노신은 여기에서 연이어 십여 개 의미가 서로 비슷한 동사를 사용하였고, 그들은 대다수 모두 "拿"로 바꾸었으나 만약 이렇게 쓰면 생동적인 문자로 하여 암연하고 본래의 색을 잃어버리게 할 것이다. 이렇게 공들여 선용한 동사는 미세하게 인물의 행동거지와 표정, 태도와 상호 관계를 새기거나 그렸다. 망나니 강대숙(康大叔)은 탐욕스럽고 흉포하며, 노전(老栓)은 겁내고 의심하는 형상을 활발하고 생동감 있게 나타냈다. 당연히 만약 객관 사물에 대한 세심한 관찰이 없고, 어구 의미에 대한 깊은 이해가 없으며, 각 어구에 대한 사용도 진지하고 엄숙한 태도를 가지고 있는 것이 아니라면, 이러한 경지에 이를 수 없다.

(2) 어구의 감정적 색채를 이해하다

어구의 감정적 색채는 긍정적인 뜻, 부정적인 뜻, 중성으로 나누는데, 그것은 사람들의 객관적인 사물 및 그 규칙에 대한 주관적인 평가 태도를 반영하고 있다. 어구를 사용할 때의 감정적 색채는 어구 자체의 감정적 색채와 결코 완전히 일치하지는 않고, 변화할 가능성이 있다. 긍정적인 뜻은 나쁜 뜻인 부정적인 뜻으로 변할 것이고, 부정적인 뜻은 긍정적인 뜻으로 변하며, 중성은 긍정적인 뜻이나 나쁜 뜻으로 변할 것이다. 어구를 선용할 때 감정적 색채를 주의하면, 입장・감정과 태도를 매우 좋게 표현할 수 있다. 예를 들면 다음과 같다.

① 而共产主义者的鲁迅，却在这一"围剿"中成了中国文化革命的伟人。(毛泽东：≪新民主主义论≫)

(공산주의 노신은 오히려 이 포위하여 토벌하는 중에서 중국 문화 혁명의 위인이 되었다.)

② 它的事业，只是以伶俐的皮毛获得贵人豢养，或者中外的娘儿们上街的时候，脖上拴了细链子跟在脚后跟。(鲁迅：≪论"费厄泼赖"应该缓行≫)

(그것의 일은 피상적인 지식으로 귀인을 매수하거나, 중국이나 외국의 아녀자들이 거리로 나갈 때, 목 위에 얇은 쇠사슬을 묶고 발꿈치를 뒤따르는 것이다.)

예 ①은 “伟人”의 긍정적 의미의 어구를 선용하여, 모택동 동지의 노신 선생에 대한 숭고한 평가를 나타내었다. 예 ②의 “娘儿们”은 즉 작가가 이 귀부인에 대해 경멸하는 태도를 드러내었다.

어구의 감정적 색채 변화를 나타내는 것은 예를 들면 다음과 같다.

③ 为了寻找侵略的根据, 艾奇逊重复说了一大堆“友谊”, 加上一大堆“原则”。(毛泽东 : ≪“友谊”, 还是侵略?≫)

(침략의 근거를 찾기 위해서, 애기손은 “우정”을 많이 중복하여 말하였고, 많은 “원칙을” 더하였다.)

④ 我们全党全民要把这个雄心壮志牢固地树立起来, 扭着不放, “顽固”一点, 毫不动摇。(邓小平 : ≪目前的形势和任务≫)

(우리 전당 전 국민은 이 웅대한 뜻을 단단히 세우고, 비틀고 놓지 않으며, 좀 “완고”하여, 조금도 동요하지 않는다.)

예 ③의 “友谊”는 긍정적 의미의 어구이고, “原则”는 중성어에 속하고, 장중한 색채를 함유하고 있다. 그렇지만 “一堆”의 수식에서 모두 나쁜 뜻을 가지고 있고, 값어치가 없는 물건을 비유하며, 게다가 풍자 의미를 가지고 있다. 예 ④의 “顽固”는 부정적 의미의 어구를 긍정적으로 사용하고, 두드러지게 평정하는 신념을 나타냈다. 이렇게 말하면 익살맞고 재미있는 동시에, 또 “文革” 시기에 자주 간부를 “顽固不化的走资派(고집불통인 주자파)”로 비방하는 것에 대한 반격이다.

어구의 감정 색채는 간단하게 긍정과 부정에 따라 구분할 뿐만 아니라 때로는 상당히 복잡하고 섬세하며, 깊이 이해하고 판별하여 살펴볼 필요가 있다. 예를 들면 다음과 같다.

⑤ 几个女人有点失望, 也有些伤心, 各人在心里骂着自己的狠心贼。(孙犁 : ≪荷花淀≫)

(몇 명의 여자가 좀 실망하고 상심하며, 각자 마음속에서 자신은 잔인한 악인임을 욕하고 있다.)

⑥ 人家卖西瓜都是卖完一个再切一个。他一块儿八个全宰了。(侯宝林 : ≪改行≫)

(사람들은 수박을 파는데 모두 하나를 다 팔면 또 하나를 잘랐다. 그는 합쳐서 모두 8개를 바가지 씌웠다.)

예 ⑤의 “狠心贼”는 표면적으로 긍정적 의미의 욕하는 말로 실제로 꾸짖고 또 아주 친밀한 부부 감정을 나타냈다. 예 ⑥의 “宰”는 “切”를 사용하지 않아 수박을 파는 배우가 문외함을 설명할 뿐만 아니라 동시에 또 대화검(大花脸)을 놀라게 하는 위엄을 생동적으로 표현해 냈다.

(3) 어구의 문체 색채에 주의하다

문체는 서로 다른 교제 목적, 내용, 범위에 적응할 필요로 형성한 언어 풍격 유형이다. 문체는 대체적으로 구어와 서면어 두 개의 부류로 나뉜다. 구어는 또 일상 담화체와 강연체로 나누고, 서면어는 정론(政论) 문체, 과기(科技) 문체, 공문사물(公文事物) 문체, 문예 문체 네 가지로 나눈다. 각 문체가 보편적으로 사용하는 어구는 통용어구로, 다만 어떤 문체 중에 사용하는 전용어이다. 수사는 구어와 서면어의 각도로도, 통용어와 전용어의 각도로도 어구의 문체 색채를 고찰할 수 있다. 일반적으로 말해, 문체 색채를 가지고 있는 어구는 같은 그 문체와 안정적인 적응 관계를 가지고 있고, 다른 문체와 서로 배척한다. 이 때문에 어구의 선용은 충분히 어구의 문체 색채와 글 문체의 일치를 고려하여야 표현 풍격의 조화를 나타낼 수 있다. 예를 들면 다음과 같다.

① 所谓形而上学的或庸俗进化论的宇宙观，就是用孤立的，静止的和片面的观点去看世界。这种宇宙观把世界一切事物，一切事物的形态和种类，都看成是永远彼此孤立和永远不变化的。(毛泽东：≪矛盾论≫)

(소위 형이상학적이거나 범속한 진화론의 세계관은, 고립적이고 정지되어 있으며 단면적인 관점으로 세계를 보는 것이다. 이런 세계관은 세계의 모든 사물, 모든 사물의 형태와 종류를 모두 영원히 서로 고립적이고 영원히 불변하는 것으로 보았다.)

② 鲁贵：我看，你先回家去。(有把握地) 矿上的事由你爸爸在这儿替你张罗。回头跟你妈，妹妹聚两天，等你妈走，你回到矿上，事由还是有你的。(曹禺：≪雷雨≫)

(노귀 : 나는 네가 먼저 집에 가야 한다고 봐. (자신있게) 갱 일은 너의 아버지께서 여기에서 대신 처리하신대. 돌이켜서 엄마와 누이동생과 이틀 보내고, 엄마가 가시면 갱으로 돌아와도 네가 할 일이 있어.)

㉮ ①은 정론 문체이고, 그중의 철학 용어와 서면어는 문체와 부합한다. ㉮ ②는 구어 속의 일상 담화체로 "事由", "张罗", "回头" 등은 모두 구어 색채를 가지고 있는 말로서 매우 적당하게 선용하였다.

때로, 어떤 풍격을 조성하거나 수사 효과를 얻기 위해서 일부러 어떤 문체 색채를 가지고 있는 말을 선용한다. 예를 들면 다음과 같다.

③ 他换了新车。从一换车那天，他就打听明白了，像他赁的那辆 — 弓子软，铜活地道，雨布大帘，双灯，细脖大铜喇叭 — 值一百出头；若是漆工与铜活含忽一点呢，一百元就可以打住。(老舍：≪骆驼祥子≫)

(그는 새 차로 바꾸었다. 차를 바꾼 그날부터 그는 물어보고 알았는데, 그 활과 같이 부드럽고, 구리 세공품은 질이 높고, 방수포와 큰 발, 두 개의 등, 가는 목의 큰 구리 경적기의 그가 의지하는 차는 줄곧 100여 일이 막 지났다. 만약 페인트공과 구리 세공이 좀 소홀히 함이 있으면 100원만으로 바로 해낼 수 있다.)

④ 疯子：四嫂言之有理! 如此，大妈，四嫂，娘子。我就暂且失赔了! (老舍：≪龙须沟≫)

(광인 : 넷째 형수 말은 일리가 있어요! 큰 어머니, 넷째 형수, 아내가 이와 같아요. 저는 잠깐 실례하겠습니다!)

⑤ 在"吃不饱"看来，她这位丈夫也不能算是最满意的，只能说是"比上不足比下有余" — 所以只把他作为"过渡时期"的丈夫。(赵树理：≪锻炼锻炼≫)

("배불리 먹을 수 없다"로 보면, 그녀의 남편도 가장 만족하다라고 할 수 없고, 다만 "현 상황에 만족하다"라고 말할 수 있다. 그래서 그를 "과도시기"의 남편이라고만 한다.)

㉠ ③은 소설 중의 서술 언어로 서면어를 사용할 수 있으나 인력거꾼의 사유 활동을 묘사하였기 때문에 작가는 일부러 구어 어구를 골라 썼는데, 예를 들면 "地道" "出头" "含忽" "打住" 등으로 더욱 인력거꾼의 말에 부합하고, 인력거꾼의 생활에 접근하는 것을 요구한다. ㉠ ④는 일부 문언어를 선용하여, 담화체와 일치하지 않으나 정광인은 일찍이 설창 연예인을 한 적이 있는 사람으로, 평상시 정신 나간 것 같은 인물의 특징을 모두 나타내었다. ㉠ ⑤의 "过渡时期"는 정치 용어로 문체 색채의 부조화는 익살맞고 풍자하는 효과를 만들었다.

또 어떤 때는 표현 수요에 근거하여 끊임없이 다른 문체 색채의 어구를 변환 사용함으로써 또 매우 좋은 수사 효과를 볼 수도 있다. 예를 들면 다음과 같다.

⑥ 人民解放军横渡长江，南京的美国殖民政府如鸟兽散。司徒雷登大使老爷却坐着不动，睁起眼睛看着，希望开设新店，捞一把。司徒雷登看见了什么呢? 除了看见人民解放军一队一队地走过，工人，农民，学生一群一群地起来之外，他还看见了一种现象，就是中国的自由主义者或民主个人主义者们也大群地和工农兵学生等人一道喊口号，讲革命。总之是没有人去理他，使得他"茕茕孑立，形影相吊"，没有什么事做了，只好夹起皮包走路。(毛泽东：≪别了，司徒雷登≫)

(인민해방군은 가로로 장강을 건너고, 남경의 미국 식민지 정부는 제멋대로 뿔뿔이 흩어졌다. 사도 뇌등 대사 나리는 오히려 앉아서 움직이지 않고 눈을 크게 뜨고 보면서, 신점이 개설되어 횡재하기를 희망하였다. 사도 뇌등은 무엇을 보았나? 인민 해방군이 한 대열씩 지나가고, 노동자 · 농민 · 학생이 한 무리씩 일어나는 것 이외에 그는 중국의 자유주의자나 민주 개인주의자들도 큰 무리로 노동자 · 농민 · 군인과 학생 등의 사람과 함께 구호를 외치고, 혁명을 논하는 현상을 보았다. 종합적으로 말하면 그를 이해하려는 사람도 없고, 그로 하여 기댈 곳도 없어 외롭게 하고, 별로 할 일이 없어, 하는 수 없이 가죽 핸드백을 겨드랑이에 끼고 길을 걸었다.)

㉠ ⑥에는 서면어 어구도 있고 구어 어구도 있는데, 여기에서는 양자를 교묘하게 변환하여 사용하고, 문언과 백화가 서로 뒤섞여, 장중하면서 풍취가 있는 효과를 만들고, 언어로 하여 생동적이고 활발하게 하여, 신랄한 풍자를 함유하기도 하고, 익살맞고 함축적임을 나타낸다.

(4) 어구의 조화를 고려하다

언어 활용 중에 어떤 어구를 선용하는 것은 자주 고립되어 고려하는 것이 아니고, 한 문장 중에서 앞뒤 어구의 호응, 위아래 문장 어구의 상호 호응을 고려해야 하는 것이다. 이것은 예를 들면 고수가 바둑을 둘 때 한 수를 놓는 것이 반드시 전체의 판국을 고려해야 하는 것과 같다. 어구의 호응은 다방면으로 의미상의 호응이 있고, 음성상의 호응이 있으며, 또 조어 형식의 호응이 있다. 개괄하면 아래의 몇 가지 상황이 있다.

1 동의상별(同义相别) : 이런 배합은 위아래 문장에 뜻을 나타내는 것이 서로 같은 두 어구이고, 중복을 피하기 위해서 다른 동의어를 선용하여 차이를 나타낸다. 예를 들면 다음과 같다.

① 她从外屋转到里屋，又从里屋走到外屋，东摸摸，西碰碰，看看玻璃窗，瞧瞧门扇。(周立波：≪诸葛亮会≫)

(그녀는 바깥방에서 안방으로 옮기고, 또 안방에서 바깥방으로 걸어가, 동쪽을 좀 만져보고, 서쪽을 좀 건드려 보며, 유리창을 좀 보고, 문짝을 좀 본다.)

② 您如果没有领略过泰山观日出的风采，可以到西山休会一下。(≪北京晚报≫)

(당신이 만약 태산에서 일출을 보는 풍채를 깨달은 적이 없다면, 서산에 가서 체득할 수 있다.)

㉠ ①, ②에서 점을 가진 어구는 모두 동의어가 서로 어울린 것으로, 언어의 중복이 틀에 박힌 것을 피하였고, 동시에 언어의 표현력을 강화하였다.

② 반의상대(反义相对) : 위아래 문장에서 반의어를 이용하는 상호 대치는 호응을 이룬다. 예를 들면 다음과 같다.

③ 四嫂：我听您的话! 要是您善劝, 我臭骂, 也许更有劲儿! (老舍：≪龙须沟≫)

(넷째 형수 : 저는 당신의 말을 들을게요! 당신이 자비롭게 권하시면, 저는 호되게 욕하고, 아마 더욱 힘이 날 거예요!

④ 真的, 善的, 美的东西总是在同假的, 恶的, 丑的东西相比较而存在, 相斗争而发展的。(毛泽东：≪关于正确处理人民内部矛盾的问题≫)

(진짜, 착한, 아름다운 물건은 언제나 가짜, 악한, 추한 물건과 비교하여 존재하는데, 서로 투쟁하며 발전한다.)

이 두 예는 반의어의 호응을 선용하여, 언어 표현의 대응이 고르고, 대비가 선명하고, 효과를 강하게 한다.

③ 양의상보(两义相辅) : 위아래 문장에서 앞뒤의 어구는 어구의 의미에서 호응하고, 상호 보조하고, 보강하는 작용을 한다. 예를 들면 다음과 같다.

⑤ 门开了, 胖胖的孟副主任侧着身体挤了进来。(鲁迅：≪阿Q正传≫)

(문이 열렸고, 매우 뚱뚱한 맹 부주임이 몸을 기울이며 비집고 들어왔다.)

⑥ 他飘飘然的飞了大半天, 飘进土谷祠。(鲁迅：≪阿Q正传≫)

(그는 득의 양양하게 한참을 날았고, 토곡사에 휘청거리며 들어갔다.)

예 ⑤의 앞에는 "胖胖"의 형용하는 말이 있고, 뒤에는 다음 문장 "侧着身体挤"의 동작이 있는데, 앞뒤가 호응하고, 맹 부주임의 뚱뚱한 것을 더욱 두드러지게 나타내었다. 예 ⑥의 "飞"와 "飘"는 앞뒤로 호응하고, 아큐 정신 승리 후에 자만하여 자신의 처지를 잊은 표정과 태도를 생생하게 묘사해 내었다.

④ 음절상조(音节相调) : 어구를 선용할 때 음절의 상호 조화에 주의하는 것을 가리킨다. 예를 들면 다음과 같다.

⑦ 告诉你, 以后在布市上, 晓市上, 是大伙好好做生意的地方, 不准再有偷, 抢, 讹, 诈。(老舍：≪龙须沟≫) (너는 앞으로 포시, 새벽시장의 모두 장사를 잘할 곳에서 훔치고, 빼앗고, 사취하고, 사기 치면 안 된다고 알린다.)

⑧ 三月下旬, 时晴时雨, 桃树上的粉红的花朵和翠青的嫩叶常滴落着水珠。农村里正式开花的时节, 也是农忙的时节。(周立波：≪民兵≫)

(3월 하순에는 때로 맑고 비오고, 복숭아나무의 분홍색 꽃과 진녹색의 어린 나뭇잎은 자주 물방울을 똑똑 떨어뜨린다. 농촌에서 정식으로 꽃이 피는 계절은 또 농번기이다.)

이 두 문장 중에 점을 가진 어구는 음절의 상호 조화를 고려하였고, 사람에게 가지런한 미감을 준다.

5 동음상해(同音相谐) : 화음을 이용하여 어구 사이의 상호 호응을 구성한다. 예를 들면 다음과 같다.

⑨ 今天咱们团长的成绩也不错。人家打飞机，他也打飞鸡；人家打下了一架飞机，他倒打下了两架飞鸡，正在锅里炖着哩。(魏巍：≪东方≫)

(오늘 우리 단장의 성적도 괜찮다. 사람들이 비행기를 타면, 그도 날으는 닭을 탔다. 사람들이 비행기 한 대를 떨어뜨리면, 그는 오히려 두 마리의 나는 닭을 떨어뜨리는데, 마침 솥에 삶고 있다.)

⑩ 李三：改良！改良！越改越凉，冰凉！(老舍：≪茶馆≫)

(이삼 : 개량하자! 개량하자! 고칠수록 차가워져, 얼음처럼 차갑다!)

이 호응은 화음의 교묘함을 빌려 표현의 효과를 강화하였다. 예 ⑨는 익살맞고 재미있는 효과를 만들었다. 예 ⑩은 정치 시국에 대한 철저한 실망을 표현하였다.

6 동운상압(同韵相押) : 압운을 이용하여 호응을 이루고, 운문에 제한될 뿐만 아니라 산문도 이런 호응 방식을 채택한다. 예를 들면 다음과 같다.

⑪ 而且已经有人计划在沟里建立酿造厂，把野苹果酿造成大量芬芳的美酒，让这大自然的珍品化成人们的营养，增进人们的健康。(碧野：≪天山景物记≫)

(게다가 이미 어떤 사람은 계곡에 양조장을 지을 것을 계획하고 있고, 야생 사과로 대량의 향기로운 좋은 술을 빚었는데, 이것은 대자연의 진귀한 물건으로 하여금 사람들의 영양이 되게 하고 사람들의 건강을 증진시킨다.)

"酿造厂", "营养", "健康"이 누른 것은 "唐"운이고, 음악미를 만들며, 작가는 미래의 아름다운 전망에 대한 동경을 나타내었다.

7 첩음상응(叠音相应) : 첩음 어구를 이용하여 서로 호응한다. 예를 들면 다음과 같다.

⑫ 医生听了通讯员的心脏，默默地站起身说："不用打针了。"我过去一摸，果然手都冰冷了。新媳妇却像什么也没看见，什么也没听到，依然拿着针，细细地，密密地缝着那个破洞。(茹志鹃：≪百合花≫)

(의사는 통신원의 심장 소리를 듣고, 묵묵히 몸을 일으켜 세우며 "주사를 놓을 필요가 없다"고 말했다. 내가 가서 만지니 과연 손도 얼음처럼 차가웠다. 새 색시는 오히려 어떤 것도 보지 않고, 어떤 것도 듣지 않은 것처럼, 여전히 바늘을 들고 세세하고 빽빽하게 그 찢어진 구멍을 꿰매고 있다.)

예 ⑫의 "细细"와 "密密" 첩음 형용사의 호응은 새 며느리가 옷을 수선할 때의 집중하는 표정과 태도를 묘사하였고, 그녀의 전사에 대한 진지한 감정을 나타내었으며, 매우 강한 감화력을 일으켰다.

8) 동소상배(同素相配) : 조어 형식에서 서로 같은 형태소를 가진 어구 사이의 호응을 이용한다. 예를 들면 다음과 같다.

⑬ 刚提出引滦入津要在三年完成时，有人曾认为这是奇谈，而今，奇谈变成了奇迹。

(막 난하의 물을 천진에 끌어들여 3년 걸려 완성해야만 한다고 제의하였을 때, 어떤 사람은 일찍이 이것은 진기한 이야기라고 여겼는데, 지금은 진기한 이야기가 기적으로 변하였다.)

"奇谈"이 "奇迹"로 바뀌어, 이 동일한 형태소어의 호응이 난하의 물을 천진에 끌어들이고, 공정 규모가 거대하며, 공정 진전이 신속함을 나타낸다.

9) 동사복현(同词复现) : 동일한 어구가 중복 출현하여 서로 호응하는 것을 채택하는데, 이런 호응은 어구의 형식이기도 하고, 어구의 의미이기도 하다. 예를 들면 다음과 같다.

⑭ 虽然在寨子上种地远了许多，但劳动不曾停止过一天，因为手一停止，嘴也将跟着停止了。(柳青：≪一个女英雄≫)

(비록 촌락에 농사를 지은 지가 오래 되었지만, 일찍이 노동을 하루도 멈춘 적이 없는데, 손이 쉬기 시작하면 입도 장차 따라서 멈출 것이기 때문이다.)

예 ⑭의 앞뒤 세 "停止"는 두드러지게 "노동"과 "밥 먹는 것"의 인과 관계를 강조하였다. 여기에 "没有吃的"라고 말하지 않고, "饿肚子"도 말하지 않아, 앞 말과 호응하여 "嘴也跟着停止了"라고 하여, 선명하고 생동적으로 "手"와 "嘴" 사이의 연계를 명시하였다.

(5) 허사의 선용을 중시한다

허사의 수는 많지 않고, 절대 다수의 허사는 구체적인 개념을 나타내지 않으나 그들은 어구나 문장 중의 출현 빈도가 상당히 높아, 그 역할이 매우 중요하다. 어구 선용 중에 허사의 선용은 유달리 중시를 받아야 한다.

허사는 고립적으로 보면, 어구 의미는 매우 변화무쌍하나 문장에 들어간 이후에 실재적인 의미를 나타낸다. 허사의 표의 작용은 문장에 대하여 말하면 아주 중요하고 게다가 늘 실사가 대체할 수 없다. 때로 하나의 허사를 첨삭하면 심지어 문장 의미가 완전히 바뀌는 것을 야기할 것이기 때문에 특정한 수사 가치를 가진다. 예를 들면 다음과 같다.

① "好了，好了!" 看的人们说，大约是解劝的。

("좋았어, 좋아!"라고 보는 사람들은 말하여, 대략 진정시킨 것이다.)

"好, 好!" 看的人们说, 不知这是解劝, 是颂扬, 还是煽动。(鲁迅：≪阿Q正传≫)

("좋아, 좋아!"라고 보는 사람들은 말하는데, 이것이 진정시키는 것인지, 찬미하는지, 선동하는 것인지 모른다.)

아큐와 D군이 싸워, "보는 사람들(看的人们)" 중에 어떤 사람은 "好了, 好了!"라 하고 어떤 사람은 "好, 好!"라 하는데, 어기사 "了"가 있고 없고가 완전히 다른 뜻을 나타낸다. "好" 뒤에 "了"가 있으면 권유를 나타내고, "好" 뒤에 "了"가 없으면 지지나 찬양을 나타낸다. 노신은 "了"의 기묘한 역할을 이용하여 손님들을 보는 다른 태도를 나타내어, 매우 좋은 수사 효과를 보았다.

실사는 실사와 호응하여 복잡하고 미묘한 사상과 감정을 나타내고, 의미심장하여 자세히 맛볼 만한 함의를 생기게 한다. 우수한 작가는 허사의 선용에 매우 주의하고, 그 매우 고생스러운 속셈, 깊고 두터운 솜씨를 자주 허사의 선용에서 반영해 냈다. 예를 들면 다음과 같다.

② 大门外立着一伙人，赵贵翁和他的狗，也在里面，都探头探脑的挨近来。

(鲁迅：≪狂人日记≫)

(대문 밖에는 한 패거리가 서 있고, 조귀옹과 그의 앞잡이도 안에 있는데, 모두 수상스럽게 사방을 둘러보며 가까이 다가온다.)

③ 他总仍旧是偷。这一回，是自己发昏，竟偷到了丁举人家里去了。他家的东西，偷得的么? (鲁迅：≪孔乙己≫)

(그는 늘 여전히 훔친다. 이번에 자신이 이성을 잃고, 뜻밖에도 정거인 집에 훔치러 갔다. 그 집의 물건을 훔칠 수 있을까?)

예 ②의 접속사 "和"는 아주 좋게 선용하였다. 하나의 "和"자는 "赵贵翁"과 "他的狗"를 병렬하여 동류로 보고, "광인"의 조귀(赵贵) 노인에 대한 극단적인 증오를 나타냈다. 예 ③의 부사 "竟"은 사람들이 공을기(孔乙己)가 거인 집의 물건을 훔친 것에 대하여 표현한 경이로움과 예상 밖임을 나타내었고, 또 측면으로부터 정거인(丁举人)이 패권을 부르짖으며 고향 사람들을 두렵게 하는 위세를 반영하였다.

대다수 허사의 중요한 역할은 문법 관계와 어기를 나타내는 것이다. 허사를 잘 선용하면, 어구로 하여 자유분방하고 운치가 있으며, 유창하게 연결되게 한다. 예를 들면 다음과 같다.

④ 这个军队具有一往无前的精神，它要压倒一切敌人，而决不被敌人所屈服。不论在任何艰难困苦的场合，只要还有一个人，这个人就要継续战斗下去。(毛泽东：≪论联合政府≫)

(이 군대는 용왕매진하는 정신을 가지고 있는데, 그것은 모든 적을 압도하여 결코 적에 의해 굴복되지 않는다. 어떤 어렵고 곤란한 장소에서도, 한 사람만 있다면, 이 사람은 계속 전투해 나갈 것이다.)

⑤ 车既是自己的心血，简直没有什么不可以把人与车算在一块的地方。(老舍：≪骆驼祥子≫)

(수레는 자신의 심혈인 이상, 그야말로 사람과 수레를 한곳에 있다라고 여겨서는 안 되는 어떤 것이 없다.)

예 ④는 "而", "决", "不论", "只要", "还", "就" 등의 접속사와 부사를 사용하였기 때문에, 문장이 소리의 고저, 장단이 있고 소리가 리듬 있게 울려퍼지며 힘이 있어, 연관된 기세와 확고한 태도로 "용왕매진"하는 영웅 기개와 불요 불굴하는 전투 정신을 나타내었다. 예 ⑤의 접속사 "既"는 사실을 승인하고, "简直"는 긍정적인 어기로 결론을 추측하여 의심할 여지 없이 상자(祥子)와 인력거가 분할할 수 없는 관계임을 설명하였다. 상술한 허사는 이 두 예문에서 모두 쓰지 않아도 된다. 하지만 만약 삭제하면, 어구는 즉시 암연해지고 본래의 색을 잃어버리며, 효과가 크게 감소한다. 허사의 수사 역할은 여기에서 일부분을 통해 전체를 짐작할 수 있다.

2. 어구의 연마(锤炼)

어구의 연마는 어구 선용의 심화이다. 연마는 어구를 선용할 때 반복하여 퇴고

하고 생각한 후에 가부나 취사를 결정하는 과정으로, 일반 선용과의 차이로 연마는 평범한 어구를 예술화하여, 이것으로 하여 문말과는 서로 다른 뜻과 용법을 얻게 하였다. 연마를 거친 어구는 대부분 풍부한 내포와 두드러진 수사 효과를 가지고 있다.

중국은 자고이래로 시사(诗词) 창작에서 "퇴고하는(炼字)" 전통을 가지고 있다. 당대 시인 가도(贾岛) "僧敲月下门"의 "敲"자, 송대 시인 왕안석(王安石) "春风又绿江南岸"의 "绿"자, 송기(宋祁) "红杏枝头春意闹"의 "闹"자, 이 모두가 "炼字"의 본보기이고, 후인에 의하여 오랜 세월 구전되었다. 이런 전통은 현대 및 근대 문학 작품에서 계승과 발양하고, 우수 작가들은 옛 사람들의 "吟安一个字, 捻断数根须(알맞은 글자 하나 읊조리자면, 몇 가닥 수염 비비 꼬여 끊어져버린다)", "语不惊人死不休(절묘한 문구가 떠오를 때까지 포기하지 않다.)" 정신으로 어구를 연마하고, 현대 한어 수사학을 위하여 지극히 귀중한 연구 자료를 제공하였다.

어구의 연마는 일종의 복잡한 활동으로, 그것은 사람들이 객관적인 사물에 대하여 깊은 관찰과 인식을 하고, 깊고 두터운 문화 수양과 언어 수완을 축적하여, 충분히 예술 상상력을 발휘하고 아울러 창작 영감을 포착하는 것을 필요로 한다. 일종의 수사 현상으로서 어구 연마는 순환하는 규칙이 있다. 진지하게 선인들의 논술을 총괄하고, 현대 언어학 관점으로 다시 자세히 보고 깊이 연구하여야만 한다. 아래에 몇 가지 자주 보는 어구 연마의 방법을 소개한다.

(1) 비유를 포함하다

비유를 포함하는 것은 어구를 활용할 때, 본래 갑 사물과 호응하는 어구를 을 사물과 호응하고, 암암리에 을 사물을 갑 사물의 현상으로 비유하는데, 예를 들면 다음과 같다.

① 秋天的黄昏，晚霞烧红了西方的天空。(和谷岩：≪枫≫)

(가을의 황혼, 저녁 노을은 서쪽의 하늘을 붉게 태웠다.)

② 我们已经走出树丛，现在是在被月光洗着的马路上了。(巴金：≪苏堤≫)

(우리들은 이미 나무 숲에서 걸어 나와, 지금은 달빛에 의해 씻긴 큰길에 있다.)

③ 因为这是雷达军人用生命和碧血守卫的地方，这里的每一寸土地都浸透着他们的爱。(이것은 레이더 군인이 생명과 푸른 피로 지킨 곳이기 때문에 여기의 일촌 토지마다 모두

그들의 사랑이 스며들어 있다.)

예 ①은 저녁 노을이 하늘을 "映红"이나 "照红"하였다고 하지 않고, "烧红"을 사용하여 암암리에 저녁 노을을 "불(火)"에 비유하였고, 사람에게 구체적인 느낌을 주었다. 예 ②는 달빛이 길에 비치는 것을 "洗着"라고 하여 은근히 "月光如水"의 비유를 내포하고, 큰길이 달빛 아래서 깨끗하고 참신한 것을 적었고, 동시에 상쾌하고 태연한 심경을 나타내었다. 예 ③은 "侵透"를 사용하여 "爱"의 추상적인 감정을 구체적인 액화 물질에 비유하여 윗글 내용에 연계하고, 사람에게 주는 느낌은 레이더 군인의 사랑이 피와 땀으로 변화하여 여기의 매 일촌 토지에 뿌려짐으로써, 레이더 군인의 진지에 대한 깊고 두터운 감정을 묘사하였다.

(2) **우번어간**(寓繁于简)

어구 활용 중에 심혈을 기울여 선용하여 나타내려는 개념을 나타낼 수 있을 뿐만 아니라, 더욱 풍부한 의미 내용을 포함하고, 연상되는 어구를 일깨울 수 있다. 예를 들면 다음과 같다.

① 他不回答, 对柜里说："温酒, 要一碟茴香豆。" 便排出九文大钱。(鲁迅：≪孔乙己≫)

(그는 대답하지 않고, 카운터에 "술을 데우고, 회향두 한 접시오."라고 하였다. 9문의 큰돈을 차례로 놓았다.)

② 他从汤河上的家乡起身的时候, 根本没预备住店的钱。他想：走到哪里黑了, 什么地方不能随便滚一夜吧? (柳青：≪梁生宝买稻种≫)

(그는 당하의 고향에서 출발했을 때, 근본적으로 여관에 묵을 돈을 준비하지 않았다. 그는 어디까지 가서 날이 저물면, 어떤 곳이든 자유로이 하룻저녁 뒹굴 수 없을까? 생각한다.)

③ 天色将黑, 他睡眼朦胧的在酒店门前出现了, 他走进柜台, 从腰间伸出手来, 满把是铜的和银的, 在柜台上一扔, 说, "现钱, 打酒来!" (鲁迅 :≪阿Q正传≫)

(날이 저물 무렵 그는 게슴츠레한 눈으로 술집 문 앞에 나타나, 계산대에 가서 허리춤에서 손을 꺼냈는데, 한 줌의 동전과 은화를 계산대에 던지며 말하길, "현금, 술 좀 주세요!"라고 하였다.)

예 ①의 "排"는 잘 사용하였는데, 본래 엽전을 지불하는 것은 "交出", "付出" 등의 어구를 사용할 수 있다. 하지만 "排"의 동작을 통하여 우리는 표면적인 것 뒤의 매우 많은 것을 이해할 수 있다. 우아하고 정중한 지불 방식은 공을기의 고지식하고, 진지하며, 소박하고, 착한 성격을 나타낸다. 그가 9문의 큰 돈을 손에 넣기가 쉽지 않음을 설명한다. 또 그 자신이 독서인이라고 여기는 것을 반영하여, "短衣帮"의 고결하고 청렴한 표정과 태도와 다르다. "排"의 역할은 신기하다고 할 수 있다. 예 ②의 "滚"은 "睡"의 뜻이 있기도 하고 사람에게 연상하게 하기도 하는데, "滚"은 아마 장소를 가리지 않고, 침구가 없고, 옷을 입은 채로 눕고……그럭저럭 잠을 자다이다. 예 ③은 "满把是钱"이라 하지 않고 "满把是铜的和银的"이라고 하였다. "铜的和银的"는 윗글 "天色将黑", "他睡眠朦胧"과 호응하였고, 황혼 중에 동전과 은화의 번쩍이는 금속 광택을 묘사묘출하는 동시에 또 매우 풍부한 사고의 함의를 나타냈다. 아큐는 도시에 가서 의외로 돈을 버는데, 돈 버는 것이 그다지 힘들지 않고, 쓰기 시작하니 물 쓰듯 쓰고, 게다가 그는 줄곧 경시를 받고 모욕을 받는 지위에 처해 있다가 단번에 돈이 생기자, 그는 자신의 사치스러움을 좀 자랑하려고 하였다. 노신 선생은 매우 평범한 어구로 아큐의 당시 심리 상태를 생동적으로 묘사하였다.

(3) **우정어동**(寓静于动)

동태(动态)를 나타내는 어구로 정태(静态)의 사물을 나타내고, 자주 정태 사물로 기품이 충만하고, 살아있는 것처럼 생동하게 하였다. 예를 들면 다음과 같다.

① 这原来是一条里外全新的新花被子，被面是假洋缎的。枣红底，上面撒满白色百合花。(茹志鹃：≪百合花≫)

(이것은 원래 안팎으로 전부 새로운 신화이불인데, 이불보는 모조 서양 비단이다. 대추색의 밑바탕에, 위에는 흰색 백합이 가득 퍼져 있다.)

② 原以为茶花一定很少见，不想在游历当中，时时望见竹篱茅屋旁边会闪出一枝猩红的花来。(杨朔：≪茶花赋≫)

(원래 동백꽃은 분명 희귀하다 여겨지는데, 뜻밖에도 여러 곳을 다니다가, 늘 대나무 울타리를 친 초가집 옆에 한 송이 새빨간 꽃이 갑자기 나타나는 것을 멀리서 본다.)

③ 这条渐远无穷的石子路，在深山幽谷间盘旋，忽高忽低；在芭茅草丛里伸展，时隐时现。(袁鹰：≪井冈山记≫)

(이 점점 멀어지고 끝이 없는 자갈길은, 심산유곡에서 맴도는데, 높아졌다 낮아졌다 한다. 파초와 띠의 수풀 속에서 뻗어, 사라졌다 나타났다 한다.)

예 ① 대추색의 밑바탕 이불보에 흰색 백합화는 정물이고, 동태를 나타내는 “撒”자를 사용하여, 꽃이 정말 똑같이 위에 놓인 것처럼 사람이 느끼게 한다. 예 ②의 “猩红的花”는 사실 정지한 것으로 하나의 “闪”을 사용하여, 생동감이 매우 강하고, 꽃이 곱고, 시선을 끄는 것을 나타내며, 또 작가가 유람할 때 동백꽃을 발견한 놀람과 기쁨을 나타낸다. 예 ③은 산간의 돌길을 “盘旋”, “伸展”으로 쓰고, 구체적이고 생동적으로 돌길이 심산유곡 사이에 구불구불 기복이 있는 광경을 묘사한다.

(4) 느낌을 가지고 있다

어구를 선용하는 것은 객관적인 사물을 나타냄과 동시에 또 사람의 주관적인 느낌을 가지고 있다. 예를 들면 다음과 같다.

① 蓬的一声，头上着了很粗的一下，他急忙回转身去，那秀才便拿了一支大竹杠站在他面前。(鲁迅：≪阿Q正传≫)
(“펑”하는 소리와 함께, 머리 위에 매우 굵은 것이 닿았는데, 그가 급히 몸을 돌리니, 그 수재는 대나무 멜대를 하나 들고 그의 앞에 서 있었다.)

② 潘月亭 — 一块庞然大物裹着一身绸缎。(曹禺：≪日出≫)
(반월정, 대단히 거대한 물건은 온몸에 비단을 휘감고 있었다.)

③ 但他钻到第三 — 也许是第四 — 层，竟遇见一件不可动摇的伟大东西了，抬头看时，蓝裤腰上面有一座赤条条的很阔的脊背，脊背上还有汗正在流下来。(鲁迅：≪示众≫) (하지만 그는 3층이나 아마 4층으로 들어갔는데, 뜻밖에 동요할 수 없는 위대한 것을 만나, 머리를 들어 보았을 때, 남색 바지허리 위에 벌거벗은 매우 넓은 등이 있고, 등 위에는 또 마침 흘러내린 땀이 있었다.)

예 ①은 아큐가 오씨 아줌마(吴妈)에게 구애한 후, 일이 좋지 않음을 스스로 알고, 허둥대며 방아를 찧는 것을 요구하는데, 이때에 머리 위를 대나무 멜대로 얻어맞았다. “很粗的一下”는 진실하게 그의 느낌을 묘사하였는데, 그는 뒤에서 누가 어떤 물건으로 그를 때렸는지 모르고, 접촉한 면적으로 판단하면 사람을 때리는 물건은 매우 굵었다. 예 ②는 반월정(潘月亭)을 묘사할 때, “一块”, “裹”로 방관자의 느낌은 매우 뚱뚱하고 크며, 조금도 화내지 않고, 산송장 같은 인물 형상을 적었다. 예 ③은 한 초등학생이 사람의 무리 속에 직접 뚫고 들어가 갑자기 장애를 만나자, 여기에 "一件不可动摇的伟大东西"를 사용하여 초등학생의 느낌을 생동적으로 나타내었는데, 아주 재미있다.

(5) 어구 성질 활용

일정한 언어 환경 중에 어구의 용법이 일반적인 것을 타파하고, 임시로 어구 성질을 바꾼다. 예를 들면 다음과 같다.

① 我同时便机械的拧转身子，用力往外只一挤，觉得背后便已满满的，大约那弹性的胖绅士早在我的空处胖开了他的右半身了。(鲁迅：≪社戏≫)
(나는 동시에 기계적으로 몸을 틀어 힘들여 밖으로 비집어보니, 등 뒤는 이미 빽빽함이 느껴졌는데, 대략 그 탄력 있는 뚱뚱한 신사가 일찍이 내 빈곳에 그의 우측 상반신을 차지하고 있었다.)

② 指点江山，激扬文字，粪土当年万户侯。(毛泽东：≪沁园春 · 雪≫)
(정권의 잘잘못을 평론하고 글의 좋고 나쁨을 비평하며, 당시의 관료들을 하찮은 것으로 경시한다.)

③ 这个连长太"军阀"了！年纪不大，脾气可不小！(曲波：≪山呼海啸≫)
(이 중대장은 너무 "군벌"같다! 나이가 많지 않지만 성질은 정말 약하지 않다)

㉮ ①의 "胖"은 본래 형용사이고, 방향 보어 "开"와 빈어 "右半身"을 가져 동사로 활용하였다. "胖"의 뜻은 변하지 않았으나 표현력은 더 강해졌고, 뚱뚱한 신사의 "弹性"을 생생하게 묘사하였다. ㉮ ②는 명사 "粪土"를 동사로 사용하고, 뜻이 동사인 용법이며, 청년 지식인이 당시 집권자에 대하여 간결하고 세련되며 힘이 있게 비할 바 없이 멸시하는 격앙된 정서를 나타내었다. ㉮ ③의 "军阀"는 여기에서 임시로 형용사로 쓰이고, "太'军阀'了"는 "军阀作风太严重了"의 뜻으로, 간결하고 명쾌함을 가진 구어 특색을 나타낸다.

이상 귀납한 방법은 다만 초보적인 것으로서 멀리 어구 연마의 모든 내용을 개괄할 수 없다. 어구 연마의 이런 복잡한 수사 현상에 대하여는 다른 각도, 다른 방면으로 연구할 수 있다. 일부 어구 연마의 방법은 수사격 중에 포함되어 토론한다. 설명할 필요가 있는 것은 어구 선용과 연마 사이에 결코 아주 분명한 한계가 없고, 연마가 좋은 어구는 자연적으로도 선용이 성공한 것이다. 연마 방법 간에도 자주 서로 교차하고 있다. 우리는 구체적인 문제를 구체적으로 분석하고, 대량의 수사 현상을 분석하고 연구하는 기초에서 어구 수사의 과학적인 체계를 구축해야만 한다.

사고와 연습

1 아래 문장이 수정 전후 사용한 어구의 함의를 분석하라.(주 : [ ] 내의 어구는 나중에 삭제한 것이고, 아래에 점을 가진 어구는 나중에 바꾼 것이다.)

(1) 从此就看见许多[新]陌生的先生，听到许多[新]新鲜的讲义。(鲁迅：≪藤野先生≫)

(2) 还不够，就有燃烧弹，硫磺弹，从飞机上[掷下去]扔下来，像上海一・二八的大火似的，够烧几天几晚。(鲁迅：≪火≫)

(3) ……成绩早已发表了，同学一百余人之中，我在中间，[总算是]不过是没有落第。(鲁迅：≪藤野先生≫)

2 다음 문장이 아래에 점을 가진 어구를 첨삭한 원인을 간단명료하게 분석하고 설명하라.

(1) "不迟不早，偏要在这时候，一这就可见是一个谬种!" 我先是诧异，接着是很不安，似乎这话与我有关系。试望门外，谁也没有。好容易待到晚饭前他们的短工来冲茶，我才得了打听消息的机会。(鲁迅：≪祝福≫)

(2) 我们中国的文字，对于大众，除了身份，经济这些限制之外，却还要加上一条高门槛，难，单是这条门槛，倘不费他十来年功夫，就不容易跨过。(鲁迅：≪门外杂谈≫)

3 아래 문장 중에서 선용이 좋은 어구를 가리키고 아울러 분석하라.

(1) 孔乙己……争辩道，"窃书不能算偷……窃书!……读书人的事，能算偷么?" (鲁迅：≪孔乙己≫)

(2) 我最佩服北京双十节的情形，早晨警察到门，吩咐道"挂旗!" "是，挂旗!" 各家大半懒洋洋的踱出一个国民来，撅起一块斑驳陆离的洋布，这么一直到夜，一收了旗关门，在下几家偶然忘却的，便挂到第二天的上午。(鲁迅：≪头发的故事≫)

(3) 我到了自家的房外，我的母亲早已迎接出来了，接着便飞出了八岁的侄儿宏儿。(鲁迅：≪故乡≫)

(4) 船靠岸了，一条卵石大路由码头直伸向村里。(张岐：≪金灿灿的贝壳≫)

(5) 火更大了，烟子弥漫着房间，通红的火舌快要舔着楼板了。(周立波：≪民兵≫)

(6) 地上的水过了脚面，湿裤子裹住他的腿，上面的雨直砸着他的头和背，横扫着他的脸。(老舍：≪骆驼祥子≫)

(7) 老栓又吃一惊，睁眼看时，几个人从他面前过去了。一个还回头看他，样子不甚

分明，但很像久饿的人见了食物一般眼里闪出一种攫取的光。老栓看着灯笼，已经熄了。按一按口袋，硬硬的还在。(鲁迅：≪药≫)

(8) 我独不解中国人何以于旧况那么心平气和，于较新的机运就这么疾首蹙眉，于已成之局那么委曲求全，于初兴之事就那么求全责备？(鲁迅：≪这个与那个≫)

(9) “已经借来了，再送回去，倒叫她多心。”我看他那副认真，为难的样子，又好笑，又觉得可爱。不知怎么的，我已从心底爱上了这个傻乎乎的小同乡。(茹志鹃：≪百合花≫)

(10) 月光洒在少霞苗条的身上，既高雅，又妩媚。月光迷恋地把她挽留在院子里，轻轻地抚慰着这个小灵魂。(芦笛：≪晚霞灿烂≫)

(11) 车队像一条河，缓缓地流在深冬的风里。(李瑛：≪一月的哀思≫)

(12) 她觉得自己的夏天已经过去，生命的晚霞就要暗下来。(曹禺：≪雷雨≫)

(13) 几天来，我不断地漫步山野，巡行田间。(峻青：≪秋色赋≫)

(14) 当时上海的报章都不敢载这件事，或者也许是不愿，或不屑载这件事。(鲁迅：≪为了忘却的记念≫)

(15) 东京也无非是这样。上野的樱花烂漫的时节，望去却也像绯红的轻云，但花下也缺不了成群结队的“清国留学生”的速成班，头顶上盘着大辫子，顶得学生制帽的顶上高高耸起，形成一座富士山。也有解散辫子，盘得平的，除下帽来，油光可鉴，宛如小姑娘的发髻一般，还要把脖子扭几扭。实在标致极了。(鲁迅：≪藤野先生≫)

(16) 这时候，我的脑海里忽然闪出一幅神异的图画来：深蓝的天空中挂着一轮金黄的圆月，下面是海边的沙地，都种着一望无际的碧绿的西瓜，其间有一个十一二岁的少年，项戴银圈，手捏一柄钢叉，向一匹猹尽力地刺去。(鲁迅：≪故乡≫)

(17) 青年们到三仙姑那里去，要说是问神，还不如说是去看圣像。三仙姑也暗暗看透了大家的心思，衣服穿得更新鲜，头发梳得更光滑，首饰擦得更明，官粉擦得更匀。(赵树理：≪小二黑结婚≫)

(18) 打从去年，队里推行责任制，他也步步登高了。过的日子活像发酵的面呼呼啦啦往上涨：碗里扒的是白花花的，锅里舀的是香辣辣的，身上穿的是响嚓嚓的。(朱华山：≪田二哥听戏≫)

(19) 这是一个特定的，历史性的动作，概括了当那个伟大的历史转折时期到来的时候，领袖，同志，战友，以及广大的革命群众之间，无间的亲密，无比的决心，无上的英勇。(方纪：≪挥手之间≫)

(20) 那晚月儿已瘦削了两三分，她晚妆才罢，盈盈地上了柳梢头。天是蓝得可爱，放佛一汪水似的；月儿便更出落得精神了。(朱自清：≪桨声灯影里的秦淮河≫)

제3절 문형의 선택

수사가 말하는 문형과 문법학 중에서 말하는 문형은 다소 달라서 광범위하게 이해하여야 하고, 무릇 구조나 어기에서 어떤 특징을 가진 문장 형식은 모두 문형이라고 한다. 문형은 어구 이외의 또 일종의 매우 중요한 수사 자료이다.

언어 활용에서 같지 않은 뜻은 자연적으로 다른 문형을 사용하여 나타내나, 대체로 서로 같은 의미도 다른 문형으로 나타낸다. 동의 문형은 풍격 색채, 표현 효과에서 늘 차이가 존재한다. 사람들은 수사 활동 중에 문형에 대하여 선택과 조정을 하는데, 뚜렷하게 중점을 강조하는 것이 목적으로, 위아래 문장 수요에 적응하고 어구 기세가 잘 통하며 표현력이 강화됨으로써 이상적인 표현 효과를 얻는다.

현대 유명한 작가는 그들의 작품 실행에서 많은 자구를 다듬는 미담을 남긴다. 곽말약 선생이 역사극 ≪굴원(屈原)≫을 창작할 때, 자태가 아름다움을 쓰며 송옥(宋玉)에게 화내며 꾸짖는 대사 한 마디는 "你是没有骨气的女人!(너는 줏대 없는 여자야!)"인데, 배우와 반복하여 서로 토론하고 연구하는 것을 거쳐 최후에 "你这没有骨气的文人!"으로 고쳐서, 판단을 나타내는 "是"자문을 질책을 나타내는 명사성 재지시(复指) 독립 어문으로 바꾸어, 증오하는 감정이 유달리 강렬하게 하였다. 주자청 선생은 ≪구유잡기자서(欧游杂记自序)≫에서 "楼上正中一间大会议厅(위층 정중앙 한 칸은 대회의실이다)"을 이야기하고 "楼上正中是一间大会议厅", "楼上正中有一间大会议厅", "一间大会议厅在楼的正中"이라고도 말하며, 주선생은 뒤에 세 문형이 자주 쓰이는 것이 음울하게 보인다고 여기고, 그는 첫 문장 "盼望给读者整个的印象, 或者说更具体的印象(독자에게 전체적인 인상이나 더욱 구체적인 인상을 주는 것을 간절히 바란다)"을 선용하였다. 노사 선생은 일찍이 한 서구화 장문을 들어 사람들로 하여금 수정하게 하였는데, 원문은 "被我认为已经失落了三年之久的那支蓝色的笔管的粗笔尖的钢笔却被我意外地找到了。(내가 이미 3년의 시간 동안 잃어버렸다고 생각한 그 파란색 펜대의 굵은 펜촉 만년필은 뜻밖에도 내가 찾았다)"이다. 원래의 뜻을 잃어버리지 않고 순조롭게 고치는 것은 확실히 쉽지 않은데, 노사 선생 자신은 시험 삼아 "天意中, 我找到了那支蓝管, 粗笔尖的钢笔。三年了, 我总以为它是丢失了。"로 고쳤다. 상술한 세 작가를 포함하여 대단히 많은 현대 및 근대 작가 모두 문형의 수사 역할을 매우 중시하였고, 그들의 작품에서 극히 풍부한 문형 수사 현상을 간직해 두고 있어, 우리는 진지하게 연구해야 한다.

한어의 문형은 종류가 대단히 많고, 각 문형마다 자신의 표의 특징과 수사 기능을 가지고 있으며, 서로 다른 교제 목적과 장소에 적용한다. 문형 선택은 늘 매우 큰 선회의 여지가 있는데, 매우 많은 규칙과 기교를 포함한다. 여기에서 자주 보는 몇 개 조의 동의 문형의 선택 문제를 이야기한다.

1. 상형(통상의 법식)문(常式句)과 변형문(变式句)

한어 문장의 일반적인 순서는 주어가 앞에 있고 서술어가 뒤에 있다. 한정어가 앞에 있고, 주어나 빈어가 뒤에 있다. 수식 복문의 종속절은 앞에 있고, 주절은 뒤에 있다. 이 순서에 부합하는 문장을 상형문이라고 한다. 본래 상형문을 구성할 수 있으나, 수사상의 수요를 위하여 문장 성분이나 단문 위치를 바꾼 문장을 변형문이라고 한다. 수사상 말하는 상형문과 변형문은 주로 문장의 순서 변화에 착안하고, 변형문의 고찰과 아울러 비문법학상 엄격한 구조 묘사에 중점을 둔다. 일반적으로 말해서 변형문의 활용은 모두 문장의 이위(移位) 성분이나 분문을 강조하고 두드러지게 하여 표현상의 수요를 만족시키기 위해서이다.

(1) 주서술어 도치의 변형문

예를 들면 다음과 같다.

① 鼓动吧, 风! 咆哮吧, 雷! 闪耀吧, 电! 把一切沉睡在黑暗怀里的东西, 毁灭, 毁灭, 毁灭呀! (郭沫若：≪雷电颂≫)
(선동하라, 바람아! 포효하라, 천둥!, 빛을 발하라, 번개! 모든 암흑의 품에서 깊이 잠든 것을 파괴시켜라, 파괴시켜라, 파괴시켜라!)

② 终于过去了, 中国人民哭泣的日子, 中国人民低头的日子。(何其芳：≪我们最伟大的日子≫)
(중국 인민이 흐느껴 우는 날, 중국 인민이 머리 숙이는 날이 마침내 지나갔다.)

③ 水生笑了一下。女人看出他笑得不像平常, “怎么了, 你?” (孙犁：≪荷花淀≫)
(수생은 잠시 웃었다. 여인이 그가 웃는 것이 평소 같지 않은 것을 보고 “왜 그래, 당신?”이라고 했다.)

④ 见鬼去吧，三分杂念，半斤气馁，一己生命！(郭小川：≪秋歌≫)

(이 따윈 집어치워! 3분의 잡념, 반근의 낙심 그리고 자신의 명예들 다 꺼져버려!)

예 ①은 서술어 "鼓动", "咆哮", "闪耀"를 각각 주어의 앞에 놓아서, 굴원의 가슴 속에 가득 찬 격한 노여움과 강렬한 반항 정신을 토로하였다. 예 ②는 서술어 "终于过去了"를 주어의 앞에 언급하여 해방된 중국 인민이 굴욕과 압박에서 벗어난 후의 기쁘고 안심되며 스스로 긍지를 느끼는 감정을 나타내었다. 예 ③에서 수생(水生) 아내의 질문은 주서술어 도치의 문형을 채택하여 그녀가 급히 원인을 분명하게 묻는 절박한 심정을 나타내었다. 예 ④는 "见鬼去吧"를 앞에 이야기하여, 작가가 철저하게 개인의 이해득실만 따지는 생각의 확고한 신념을 두드러지게 표현하였다.

(2) 한정어 후치의 변형문

예를 들면 다음과 같다.

① 我们曾和党的机会主义倾向作斗争，右的和"左"的。(毛泽东：≪论人民民主专政≫) (우리는 일찍이 당의 기회주의 경향과 투쟁하였는데, 우측과 좌측이다.)

② 说巧也巧，我们正好走进一座柏树林，阴森森的，亮了的天又变黑了，好像黄昏提前到了人间……(李健吾：≪雨中登泰山≫)

(교묘하다면 교묘한데, 우리가 마침 측백나무 숲으로 걸어 들어가니, 음산하고, 밝았던 날은 또 어두워졌는데, 황혼이 인간 세상에 미리 온 것 같았다……)

③ 周朴园：你告诉她在我那顶老的箱子里，纺绸的衬衣，没有领子的。(曹禺：≪雷雨≫)

(주박원 : 너는 그녀에게 내 오래된 낡은 상자 안에, 옷깃이 없는 평직물의 와이셔츠가 있다고 알려줘.)

④ 满怀深仇把救星找，找到了共产党走上革命的路一条。(京剧：≪智取威虎山≫)

(깊은 원한이 가슴에 맺혀 구세주를 찾다가, 공산당이 혁명으로 나아가는 길 하나를 찾았다.)

예 ①은 "机会主义倾向"의 한정어 "右的和'左'的"를 후치하여 강조하고, 기회주의 경향은 한 방면에서 왔을 뿐만 아니라 다른 입장으로도 나타났다는 것을 뚜렷하게 설명하였다. 예 ②의 "阴森森的"는 "柏树林"의 한정어로 후치하여 실제로 다른 분문의 서술어가 되었다. 후치는 어두운 면의 형상을 두드러지게 했을 뿐만 아니라 시간 순서에도 부합하여 먼저 걸어 들어가고 나중에 느낌이 있다. 예 ③은 "衬衣"의 한정어 "没有领子的"가 뒤에 나와 추가적인 설명을 하였다. 예 ④의 한정어 "一条"는 후치하였는데, 앞의 문장과 압운을 하기 위해서이다.

(3) 부사어 전치나 후치의 변형문

예를 들면 다음과 같다.

① 愣头磕头的(地)，他"啊"了一声，忽然全明白了。(老舍：≪骆驼祥子≫)
(어리둥절해하며, 그는 "아"하고 소리 내며, 문득 이해하였다.)

② 如果我能够，我要写下我的悔恨和怨哀，为子君，为自己。(鲁迅：≪伤逝≫)
(만약 내가 나의 회한, 원망과 슬픔을 쓸 수 있고, 쓰려 한다면, 자군과 자신을 위해서이다.)

③ 瑞宣晓得是北平人的软弱，可是他也晓得在最软弱的人里也会有敢冒险去牺牲的，在亡了国的时候。(老舍：≪四世同堂≫) (서선은 북경 사람의 연약함을 알고 있으나, 가장 연약한 사람 속에서도 과감하게 위험을 무릅쓰고 희생하러 가는 사람이 있을 것을 그도 알고 있는데, 나라가 망했을 때이다.)

④ 是个星期一吧，伙计们都出去踩烟土，进了个傻大黑粗的家伙，大摇大摆的。(老舍：≪上任≫)
(월요일이지, 친구들은 모두 나가 생아편을 밟고, 거무튀튀하고 투박한 녀석들이 들어가는데, 어깨를 으쓱거리며 걷는다.)

예 ①의 "愣头磕头的(地)"는 원래 문장 부사어이고, 문두에 놓아 상자의 표정과 태도를 더욱 분명하게 나타내었다. 예 ②의 "为子君，为自己"는 본래 두 문장의 부사어로, 문말로 옮겨 주인공의 무한히 슬프게 느끼는 심정을 표현하였다. 예 ③은 "在亡了国的时候"를 후치하여 강조하고, 서선(瑞宣)의 강렬한 애국 감정을 나타내었다. 예 ④는 부사어 "大摇大摆的"를 문말에 놓고, 인물 형상으로 하여금 더욱 선명하고 분명하게 하였다.

(4) 종속문 후치의 변형문

예를 들면 다음과 같다.

① 我喜欢这绚丽灿烂的秋色，因为它表示着成熟和繁荣，也意味着愉快和欢乐。(峻青：≪秋色赋≫) (나는 이 화려하고 아름다우며 찬란한 가을빛을 좋아하는데, 그것은 성숙

과 번영을 나타내고 있고, 유쾌하고 즐거움을 의미하고 있기 때문이다.)

② 今晚却很好，虽然月光也还是淡淡的。(朱自清：≪荷塘月色≫)

(오늘 저녁은 매우 좋은데, 달빛도 여전히 아주 희미하지만.)

③ 孩子是要别人教的，毛病是要别人医的，即使自己是教员或医生。(鲁迅：≪安贫乐道法≫)

(아이들은 다른 사람이 가르치기를 원하고, 결함은 다른 사람이 치료하기를 원하는데, 설사 자신이 교원이나 의사일지라도.)

④ 过去打仗也好，现在搞工业也好，我都不喜欢站在旁边打边鼓，而喜欢当主角，不管我将演的是喜剧还是悲剧。(蒋子龙：≪乔厂长上任记≫)

(과거 전쟁하는 것도 좋고, 현재 공업에 종사하는 것도 좋아, 나는 모두 옆에 서서 부추기는 것을 좋아하지 않고 주역을 맡는 것을 좋아하는데, 내가 연기할 것이 희극인지 비극인지 관계없다.)

㊀ ①은 인과 복문의 원인 분문을 도치하여, 사람들이 원인에 대한 탐구를 야기하고, 논리에 부합하는 해답을 얻은 후에 만족을 얻는다. ㊀ ②는 종속문의 후치 전환 때문에 작가의 같지 않은 이전의 낙관적인 심정을 나타내었다. ㊀ ③은 뒤에 가설의 상황을 보충하여 양보를 강조함으로부터 앞의 논점을 더욱 강조하였다. ㊀ ④의 조건 분문 후치는 교광박(乔厂朴)이 개인 득실의 영예와 치욕을 계산하지 않고 대담하게 많은 성격적 특징을 들추어내는 것을 분명하게 표현하였다.

2. 긴축문과 이완문

긴축문[紧句]은 문장 성분 조직이 치밀하고, 어기가 급박하며, 문장 중에 끊어 읽기가 비교적 짧은 문형이다. 이완문[松句]은 문장 성분 조직이 느슨하고, 어기가 완만하며, 문장 중에 끊어 읽기가 비교적 긴 문형이다. 예를 들면 다음과 같다.

① 中国共产党是伟大，光荣，正确的党。

(중국 공산당은 위대하고, 영광스럽고, 정확한 당이다.)

② 中国共产党是伟大的党，中国共产党是光荣的党，中国共产党是正确的党。

(중국 공산당은 위대한 당이고, 중국 공산당은 영광스러운 당이며, 중국 공산당은 정확한 당이다.)

㊀ ①은 긴축문이고, ㊀ ②는 이완문이다. 조금 비교하면, 수사 효과가 다른 것을 볼 수 있다. ㊀ ①은 초점이 집중되고 글이 거침없으며 수미가 일관되어 사람에

게 완전한 인상을 준다. 예 ②는 침착하고, 반복하여 강조하여, 사람에게 선명하고 깊은 인상을 준다.

긴축문의 구성은 일반적으로 두 가지 수단이 있는데, 하나는 연합구로 문장 성분을 맡게 하는 것이다. 예를 들면 다음과 같다.

③ 抗日战争的前线后方，有谁没有听过，没有唱过那种从延安唱出来的歌呢？（吴伯箫：≪歌声≫）

(항일전쟁 전선의 후방에는, 누구도 들은 적도 불러 본 적도 없는 연안에서부터 부른 그런 노래가 있는가?)

④ ≪水浒≫里的武松，李逵，解珍，解宝等英雄人物打虎，杀虎，猎虎的壮举，就是最典型的艺术反映。（霍松林：≪打虎的故事≫）

(≪수호≫ 속의 무송, 이규, 해진, 해보 등 영웅 인물이 호랑이를 공격하고, 죽이고, 사냥하는 용기 있는 행위는, 바로 가장 전형적인 미적 반영이다.)

⑤ 麦穗和刺刀，可以算作北方人的希望与忧惧的象征。（老舍：≪骆驼祥子≫）

(보리 이삭과 총검은 북방인의 희망, 걱정과 두려움의 상징이라고 할 수 있다.)

예 ③의 연합구는 "没有听过，没有唱过"가 서술어로 쓰여, 문장이 치밀하고 간결하며 세련되어 보인다. 예 ④는 네 인물의 세 용기 있는 행위를 함께 말하는데, 풍부한 정보량을 포함한다. 예 ⑤는 본래 나누어 말해야 하는 두 문장을 함께 합하여, 두 대립물은 이 점에서 통일된다.

긴축문을 구성하는 또 다른 수단은 긴축 문형을 이용하는 것이다. 예를 들면 다음과 같다.

⑥ 主任说："不要说我！我来不来你们该怎么办还怎么办！"（赵树理：≪锻炼锻炼≫）

(주임은 "나까지 포함하지 마! 내가 오든 말든 너희들은 해야 할 대로 해!"라고 한다.)

⑦ 老实说，我情绪一来就会乱，而他却层次清楚，不显雕琢。（赵丹：≪地狱之门≫）

(솔직히 말해, 나는 마음이 쭉 혼란스러웠으나, 그는 단계가 분명하고, 지나치게 꾸민 것이 드러나지 않는다.)

⑧ 资料不是绍兴老酒，越陈越香越好吃。（周嘉俊：≪独特的旋律≫）

(자료는 소흥주가 아닌데, 오래 묵을수록 맛이 좋아지고 맛있어진다.)

예 ⑥의 "我来不来你们该怎么办还怎么办!"은 실제로 "不管我来不来，你们该怎么办还怎么办!"의 긴축문이고, 무조건 관계이다. 예 ⑦은 "一……就……"로 구성한

긴축문이고, 매우 정제되고 치밀하다. ⓔ ⑧의 세 "越"가 응축한 고정 격식은 어기가 연관되고, 표현력이 매우 강하다.

이완문의 구성에는 두 가지 수단이 있는데, 첫 번째는 일부 어구를 중복하여 문장을 이완시키는 것이다. 예를 들면 다음과 같다.

⑨ 我十分憎恨地主, 憎恨资本家, 憎恨一切卖国军阀；我真诚地爱我们阶级兄弟, 爱我们的党, 爱我们中华民族。(方志敏：≪狱中记实≫)
(나는 매우 지주를 증오하고, 자본가를 증오하며, 모든 매국 군벌을 증오한다. 나는 진정으로 우리 계급인을 사랑하고, 우리 당을 사랑하며, 우리 중화 민족을 사랑한다.)

⑩ 延安的歌声, 是革命的歌声, 战斗的歌声, 劳动的歌声, 极为广泛的群众的歌声。(吴伯箫：≪歌声≫) (연안의 노랫소리는 혁명의 노랫소리, 전투의 노랫소리, 노동의 노랫소리, 극히 폭넓은 대중의 노랫소리이다.)

ⓔ ⑨에서 "憎恨"을 세 번 중복하고 "爱"도 세 번 중복하여 이완문을 구성하고, "憎恨"과 "爱"의 대상을 분명하게 하였다. ⓔ ⑩에서는 "歌声"을 세 번 중복하여 강조하였고, 노랫소리의 속성도 강조되었다.

두 번째는 기본적으로 서로 같은 사물이나 과정을 상세하게 서술하거나 묘사하는 것으로, 중복을 피하지 않고 완만하게 뜻의 진전을 추진한다. 예를 들면 다음과 같다.

⑪ 毛主席向前走了几步, 转过身来, 向战士们挥手；毛主席在向前走了几步, 又转过身来向战士们挥手；毛主席继续向前走了几步, 第三次转过身来, 向战士们挥手。(≪伟大的航程≫)
(모주석은 앞으로 몇 걸음을 걸어가, 방향을 바꾸어, 병사들을 향해 손을 흔들었다. 모주석은 앞으로 몇 걸음 걸어가 또 방향을 바꾸어 병사들에게 손을 흔들었다. 모주석은 계속 앞으로 몇 걸음 걸어가 세 번째 방향을 바꾸어 병사들에게 손을 흔들었다)

⑫ ……于是看小旦唱, 看花旦唱, 看老生唱, 看不知什么角色唱, 看一大班人乱打, 看两三个人互打, 从九点多到十点, 从十点到十一点, 从十一点到十一点半, 从十一点到十二点 — 然而叫天竟还没有来。(鲁迅：≪社戏≫) (……그리하여 젊은 여자가 노래 부르는 것을 보고, 화단이 노래 부르는 것을 보고, 노생이 노래 부르는 것을 보고, 어떤 역할인지 모르는 사람이 노래 부르는 것을 보았고, 한 무리의 사람이 두드리는 것을 보고, 두세 사람이 서로 때리는 것을 보았는데, 9시부터 10시가 넘어서까지, 10시부터 11시까지, 11시부터 11시 30분까지, 11시 30분에서 12시까지, 천경이라는 사람은 아직 안 왔다)

⑬ 从门到窗子是七步，从窗子到门是七步。(伏契克：≪二六七号牢房≫)

(문에서 창까지는 일곱 걸음이고, 창에서 문까지는 일곱 걸음이다.)

예 ⑪은 완만한 문형을 선용하여, 세밀하게 모주석이 군함을 떠날 때 세 번 고개를 돌려 전사들에게 손을 흔드는 잊을 수 없는 장면을 세밀하게 기록하고, 위대한 지도자가 전사들에게 헤어지기 서운해하는 깊고 두터운 감정을 표현하였다. 예 ⑫는 여섯 개의 "看"을 적었는데, 네 구를 나누어 시간의 지속을 적고, 매우 진실하게 소년들이 오래 기다려서 매우 귀찮아하는 마음을 표현하였다. 예 ⑬은 단조롭게 중복한 문형을 사용하여 감방의 협소하고 어두움을 묘사하였고, 감방 생활의 참기 어려운 고독・적막을 반영하였다.

긴축문과 이완문의 표현 효과는 다르고, 각자 용도가 있으므로, 수요에 근거하여 적당히 선용한다. 문장에서 긴축문과 이완문을 동시에 병용할 수도 있다. 예를 들면 다음과 같다.

⑭ 十八年来，我们党是逐步学会了并坚持了武装斗争，我们懂得，在中国，离开了武装斗争，就没有无产阶级的地位，就没有人民的地位，就没有共产党的地位，就没有革命的胜利。(毛泽东：≪〈共产党人〉 发刊词≫)

(18년 동안 우리 당은 점차 무장 투쟁을 습득하고 유지하였는데, 우리들은 중국에서 무장 투쟁을 떠나면, 무산 계급의 지위가 없고, 인민의 지위가 없으며, 공산당의 지위가 없고, 혁명의 승리가 없다는 것을 이해한다.)

예 ⑭의 앞은 "긴장하다"이고 뒤는 "이완하다"로, 긴장함과 느슨함이 있고, 긴장했다 이완했다 하고, 정확하고 치밀하기도 하고, 믿음직하고 힘이 있다.

3. 장구(长句)와 단구(短句)

장구는 어구가 많고, 구조가 복잡한 단문이나 분문을 가리킨다. 단구는 어구가 적고, 구조가 간단한 단문이나 분문을 가리킨다. 장구와 단구는 각각 장점이 있다. 일반적으로 말해서 장구는 뜻을 나타냄이 풍부하고, 정확하며, 치밀하다. 단구는 간결하고, 명쾌하며, 힘이 있다. 예를 들면 다음과 같다.

① 所谓团结，就是团结跟自己意见分歧的，看不起自己的，不尊重自己的，跟自己闹过别扭的，跟自己作过斗争的，自己在他面前吃过亏的那一部分人。(毛泽东：

≪增强党的团结，継承党的传统≫)

(소위 단결은 자신의 의견과 일치하지 않는, 자신을 무시하는, 자신을 존중하지 않는, 자신과 의견 차이가 난 적이 있는, 자신과 투쟁한 적이 있는, 자신이 그의 앞에서 손해를 본 적이 있는 일부 사람을 말한다.)

② 今天，这里有没有特务？你站出来！是好汉的站出来！你出来讲，凭什么要杀死李先生？(厉声，热烈的鼓掌) 杀死了人，又不敢承认，还要诬蔑人，说什么“桃色事件”，说什么共产党杀共产党，无耻啊！无耻啊！(热烈的鼓掌) 这是某集团的无耻，恰是李先生的光荣！(闻一多：≪最后的讲演≫)

(오늘 여기에 간첩이 있나? 너 일어나! 사내 대장부 일어나! 너 나와서 무엇을 근거로 이 선생님을 죽였는지 말해? (엄하고, 열렬하게 박수를 치며) 사람을 죽였는데, 아직 대담히 승인하지 않고, 또 사람을 모독하려 하며, 무슨 “치정 사건”이라 하고, 어느 공산당이 공산당을 죽였다고 하는데, 뻔뻔스럽긴! 뻔뻔스럽긴! (열렬하게 박수를 친다) 이것은 어떤 집단의 뻔뻔스러움이고, 바로 이선생님의 영예이다!)

예 ①은 긴 단구이고, 빈어 “人” 앞에는 하나로 길게 이어진 긴 한정어가 있고, 다른 각도로 나누어 단결해야 하는 사람의 범위・표현이 매우 치밀하고, 주도면밀한 것을 열거하였다. 예 ②는 이어지는 단구로 구성되어 의분이 가슴에 가득한 문일다(闻一多)의 격앙된 정서를 나타내고, 간단하고 짧고 힘 있는 문장은 반동 통치 집단에 쏘는 한 알 한 알의 총알들과 같다.

장구의 형성은 비록 분명히 외래어의 영향을 받았지만 주로 여전히 사람들의 사유 정밀화와 한어 자체의 발전으로 생긴 필연적 결과 때문이다. 장구의 수사 효과는 그것이 비교적 정부 문장이나 과학 논문에 적용되고, 때로 또 문예 문체의 묘사와 서정성의 논의에 적용될 것을 결정하였다. 단구는 비교적 일상 담화, 강연, 토론과 문예 작품의 대화에 적용한다.

장구는 긴데, 통상적으로 두 가지 원인 때문이다. 하나는 수식어가 많거나 복잡하고, 두 번째는 연합 성분이 많이 쓰인다. 예를 들면 다음과 같다.

③ 马克思列宁主义是从客观实际产生出来又在客观实际中获得了证明的最正确最科学最革命的真理。(毛泽东：≪什么是知识≫) (마르크스 레닌주의는 객관적인 현실로부터 발생하여 또 객관적인 현실 중에서 가장 과학적이고 혁명적으로 증명된 진리를 얻었다.)

④ 秦岭西部太白山的远峰和松坡，渭河上游平原的竹林、村庄和市镇，都笼罩在茫茫的春雨中了。(柳青：≪梁生宝买稻种≫) (진령 서부 태백산의 먼 산봉우리와 소나

무 언덕, 웨이허강 상류 평원의 대나무 숲, 마을과 큰 읍에서 이리저리 다니는 것 모두 아득한 봄비 속에 뒤덮인다.)

㉮ ③의 빈어 "真理" 앞에는 길게 이어진 한정어가 있는데, 마르크스 레닌주의가 어떠한 진리인지를 설명하였다. ㉮ ④의 주어는 삼합의 연합구로 연합구 앞 항목의 중심어는 이합 연합구이고, 뒤의 항목 중심어는 삼합 연합구로, 문장은 이 때문에 비교적 길다. 장구 형성의 원인을 이해하였으면 우리는 수요에 근거하여 단구를 장구로 바꾸거나 장구를 단구로 바꾼다. 장구는 형체가 길고 구조가 복잡하기 때문에 활용할 때 비교적 통제하기가 어렵다. 일반적으로 말해서, 사상과 감정을 충분히 표현하는 것을 방해하지 않는 상황에서 말하고 문장을 짓는 것은 단구를 많이 쓰는 것이 좋다. 이 때문에 "장구의 단구화"는 하나의 매우 유용한 수사 수단이다. 자주 보는 "장구의 단구화" 방법은 다음 두 가지가 있다.

첫째, 수식어 독립 성분으로 분문이 되게 하거나 단독으로 말이 되게 한다. 예를 들면 다음과 같다.

⑤ 我们所要的理论家是能够依据马克思列宁主义立场, 观点和方法, 正确地解释历史中和革命中所发生的实际问题, 能够在中国的经济, 政治, 军事, 文化种种问题上给予科学的解释, 给予理论的说明的人。
(우리가 원하는 이론가는 마르크스 레닌주의 입장・관점・방법에 의거하여 정확하게 역사와 혁명 중에 발생한 실제적인 문제를 해석하고, 중국의 경제・정치・군사・문화 갖가지 문제에 대하여 과학적으로 해석하고, 이론적으로 설명하는 사람이다.)

짧게 하면 다음과 같다.

⑥ 我们所要的理论家是这样的人, 他们能够依据马克思列宁主义的立场, 观点和方法, 正确地解释历史中和革命中所发生的实际问题, 能够在中国的经济, 政治, 军事, 文化种种问题上给予科学的解释, 给予理论的说明。

다시 예를 들면 다음과 같다.

⑦ 那个蓄着山羊胡子, 骑着小毛驴, "爱管人间不平事, 要为穷人出口气"的阿凡提形象, 赢得了许许多多小朋友的心。(저 염소 수염을 기르고 있고, 작은 당나귀를 타고 있으며, 세상의 평탄하지 않은 일을 관여하기를 좋아하고, 가난뱅이를 위해 화풀이하는 아범제 형상은 매우 많은 꼬마의 마음을 얻었다.)

짧게 하면 다음과 같다.

⑧ 阿凡提的形象，赢得了许许多多的小朋友的心。他蓄着山羊胡子，骑着小毛驴，“爱管人间不平事，要为穷人出口气”。

둘째, 연합구를 분해하여, 이와 호응하는 성분을 중복하고 첩용하는 문형을 구성한다. 예를 들면 다음과 같다.

⑨ 这部影片一开始就向观众展现了北大荒那广袤的田野和知识青年们为开垦荒地，建设粮食基地而艰苦劳动的动人场面。(이 영화는 시작하자마자 관중에게 북대황 그 넓은 들과 지식 청년들이 황무지를 개간하고, 양식 기지를 건설하기 위하여 가난하고 고생스럽게 노동하는 사람을 감격적인 장면으로 나타내었다.)

다음과 같이 고칠 수 있다.

⑩ 这部影片一开始就向观众展现了北大荒那广袤的田野，展现了知识青年们为开垦荒地，建设粮食基地而艰苦劳动的动人场面。

장구와 단구는 서로 바꿀 수 있고, 표현의 수요에 적응한다. 장구와 단구도 교차하여 사용할 수 있고, 문형의 변화가 많으며, 양자의 장점을 겸하여 취한다. 예를 들면 다음과 같다.

⑪ ……但忽然得到一个可靠的消息，说柔石和其他二十三人，已于二月七日夜或八日晨，在龙华警备司令部被枪毙了，他的身上中了十弹。原来如此……（鲁迅：≪为了忘却的记念≫）

(하지만 갑자기 믿을 만한 소식을 들었는데, 유석과 다른 23명이 이미 2월 7일 밤이나 8일 새벽에, 용화경비 사령부에서 총살되었다. 그의 몸에 10개의 총알을 맞았다고 한다. 알고 보니 이렇다……)

⑫ 我们中国人是有骨气的。许多曾经是自由主义者或民主个人主义者的人们，在美国帝国主义者及其走狗国民党反动派面前站起来了。闻一多拍案而起，横眉怒对国民党的手枪，宁可倒下去，不愿屈服。朱自清一身重病，宁可饿死，不领美国的“救济粮”。唐朝的韩愈写过≪伯夷颂≫，颂的是一个对自己国家的人民不负责任，开小差逃跑，又反对武王领导的当时的人民解放战争，颇有些“民主个人主义”思想的伯夷，那是颂错了。我们应当写闻一多颂，写朱自清颂，他们表现了我们民族的英雄气概。(毛泽东：≪别了，司徒雷登≫)

(우리 중국 사람은 패기가 있다. 일찍이 자유주의자이거나 민주개인주의자인 사람들이 매우 많았는데, 미국 제국주의자 및 그 주구인 국민당 반동파 앞에서 일어났다. 문일다는 일어나 반항하여, 눈썹

을 치켜세우며 국민당의 권총에 대하여 분노하고, 쓰러질지언정 굴복하길 원하지 않는다. 주자청의 온몸은 중한 병이 걸려 굶어죽을지언정, 미국의 "구제미"를 받지 않는다. 당조의 한유는 ≪백이송≫을 쓴 적이 있는데, 자신의 국가 사람들에 대하여 책임을 지지 않고, 탈영하여 도망가고, 또 무왕이 인도한 당시의 인민 해방 전쟁을 반대하고, 자못 약간의 "민주개인주의" 사상이 있는 백이이므로, 그것은 잘못 칭송한 것이다. 우리는 문일다를 칭송하고 주자청을 칭송해야만 하는데, 그들은 우리 민족의 영웅 기개를 표현하였다.)

㉠ ⑪은 유석(柔石) 등 혁명 작가가 잔혹하게 살해된 사실을 서술할 때 중간에 장구를 사용하였고, 최대한 상세하고 정확하게 시간・지점・경과를 설명하고, 뒤에 또 단구 "原来如此"를 사용하여 끝을 맺어, 슬프고 분한 것이 최고조인 작가의 심정을 표현하였다. ㉠ ⑫의 문형은 길기도 하고 짧기도 하며, 길고 짧은 것이 결합하여 말이 격앙되고 힘이 있고, 논술은 엄밀하고 함의는 깊으며, 두 문형은 서로 돕고 보충하며 쌍방의 장점을 더욱 잘 나타내고 있어, 장단구가 호응하여 사용된 성공적인 모범 예문이다.

4. 정문과 산문

정문(整句)은 구조가 서로 같거나 유사하고, 가지런하게 배열된 한 조의 문장이다. 구조가 가지런하지 않고, 각 문형이 교차 사용된 한 조의 문장은 산문(散句)이라고 한다.

정문 형식은 가지런하고, 어기가 관통하고, 소리가 잘 어울리고, 뜻이 분명하다. 시가・가사를 부르는 데 대량 활용하는 것 이외에, 산문과 일반 문장 중에도 자주 사용한다. 예를 들면 다음과 같다.

① 它既不需要谁来施肥，也不需要谁来灌溉。狂风吹不倒它，洪水淹不没它，严寒冻不死它，干旱旱不坏它。它只是一味地无忧无虑地生长。松树的生命力可谓强矣！松树要求于人的可谓少矣！这是我每看到松树油然而生敬意的原因之一。(陶铸：≪松树的风格≫)

(그것은 누가 비료를 줄 필요도 없고, 물을 대줄 필요도 없다. 광풍은 그것을 쓰러트릴 수 없고, 홍수도 그것을 침수시킬 수 없으며, 심한 추위가 그것을 얼려 죽일 수 없고, 가뭄이 그것을 건조시켜 상하게 할 수 없다. 그것은 단순히 걱정 없이 성장하고 있다. 소나무의 생명력은 정말 강하다고 할 수 있다! 소나무는 사람에게 요구하는 것이 적다고 할 수 있다! 이것은 내가 매번 소나무 기름을 보고 정중한 마음이 생기는 원인 가운데 하나이다.)

② 谁家办喜事，他登门祝贺。谁家遭不幸，他安慰周济。谁家屋漏，逢到雨季他必须去检查。谁家有病人，他都去探视。(管桦：≪挂甲屯的爱和恨≫)
(누구 집이 결혼식을 하면, 그는 방문하여 축하한다. 누구 집이 불행을 만나면, 그는 위로하고 도와준다. 누구 집이 방이 새는데, 우기를 만나면 반드시 검사하러 가야 한다. 누구 집에 환자가 있으면, 그는 모두 살펴보러 간다.)

㉮ ①은 세 번 정문을 사용하였고, 격정이 충만하여 소나무의 굳세고 사심이 없는 숭고한 품성을 찬양하였다. ㉮ ②는 가지런한 문형으로 팽덕회(彭德怀) 동지가 인민을 열애하고 관심이 미세한 것에까지 이르지 않음이 없는, 인민의 혁명가 풍채와 도량에 찬송하였다. 정문은 대구, 대구법, 층체(层递) 등의 수사법을 포함하는데, 우리는 뒤에서 다시 상세하게 토론하자.

산문은 형식적으로 정문과 상대적으로, 그것은 형식의 변화가 많고, 표현이 융통성이 있으며, 흩어져 있으나 혼란스럽지 않고, 힘써 단조롭고 고지식함을 피하고, 가지런하지 못한 아름다움이 풍부하다. 예를 들면 다음과 같다.

③ 我们都忘了看红叶。红叶就在高头山坡上，满眼都是，半黄半红的，倒还有意思。可惜叶子伤了水，红得又不透。要是红透了，太阳一照，那颜色该有多浓。
(杨朔：≪香山红叶≫) (우리는 모두 단풍 보는 것을 잊었다. 높은 산비탈이 모두 단풍이 들었는데, 반은 노랗고 반은 붉어서 더욱 재미있다. 아쉽게도 잎이 물을 너무 많이 머금으면 붉은 색이 또 나타나지 않는다. 만약 붉게 되면 햇빛이 비치자, 그 색은 굉장히 짙어진다.)

㉮ ③의 문형은 일률적인 것을 요구하지 않고, 붓 가는 대로 써서, 어기는 매우 자연스럽고 활발하다.

사람들은 작문 중에 늘 정문과 산문을 합하는 것을 좋아하고, 문형이 들쑥날쑥하게 하여 정취가 있게 하고, 언어의 표현 효과를 강화한다. 예를 들면 다음과 같다.

④ 在和煦的阳光下，田野里东一片，西一片，都是菜园。芥兰开满了白花，白菜簇生着黄花，椰菜在卷心，枸杞在摇曳，鹅黄嫩绿，蝶舞蜂喧，好一派艳阳天景色！(秦牧：≪古战场春晓≫)
(따스한 햇볕 아래, 들의 동쪽이나 서쪽은 모두 채소밭이다. 개(芥)난은 흰 꽃이 만발하였고, 배추에는 노란 꽃이 무더기로 자라고 있고, 캐비지는 속을 감고 있으며, 구기는 하늘거리고 있고, 담황색을 띠고 파르스름하며, 나비가 춤추고 벌이 시끄러운데, 정말 밝은 태양 하늘의 풍경이다!)

예 ④는 분산 중에 가지런함이 있고, 가지런함 중에 흩어짐이 있으며, 하나의 격식에 구애되지 않아, 아름다운 전원의 봄 경치를 전개하였다.

5. 직진문(直陈句)과 의문문

문장은 어기에 따라 네 가지 유형으로 나뉜다. 그중에 진술문, 청원문, 감탄문은 모두 품고 있는 말을 툭 털어놓고 말하는데, 합쳐서 직진문(直陈句)이라 한다. 의문문은 "의심되어 묻다"와 "의심되지 않는데 묻다"의 두 종류가 있다. 그중에 "의심되지 않는데 묻다"의 의문문과 직진문 사이에 변환 관계가 존재하고, 표현 수요에 근거하여 양자 사이에서 선택을 한다. "의심되지 않는데 묻다"의 의문문은 또 반어문과 설문문(设问句) 두 문형을 포함한다.

반어문은 의문문의 형식을 사용하여 긍정의 뜻을 표현하는 것이고, 질문 중에 이미 답안을 포함한다. 문형 선택 중에 직진문이나 반어문을 활용하고, 수사 원칙에 근거하여 진지하게 퇴고해야 한다. 일반적으로 말해서 반어문의 어기는 비교적 강렬하고, 감격한 감정을 나타내는 데 알맞다. 직진문 어기는 비교적 온화하고, 말을 완곡하게 하는 데 도움이 된다. 예를 들면 다음과 같다.

① 你不觉得我们的战士是可爱的吗? 你不以我们的祖国有着这样的英雄而自豪吗? (魏巍：≪谁是最可爱的人≫)

(너는 우리의 병사가 귀엽다고 생각하지 않니? 너는 우리 조국에 이러한 영웅이 있어 자랑스럽다고 여기지 않니?)

② "胡闹！胡闹!" 四铭忽而怒得可观, "我是'女人'么?" (鲁迅：≪肥皂≫)

("말썽이다! 말썽이야!" 사명은 갑자기 굉장히 분노하여, "내가 '여자'냐?")

③ ……毛病不大, 就不要给人家添麻烦了, 先对付着推吧。(浩然：≪车轮飞转≫)

(……고장이 크게 나지 않아, 사람들을 귀찮게 하지 않았으니, 먼저 대처하여 밀어봐.)

예 ①은 작가가 지원군 영웅사적의 감동으로 생긴 감정을 나타내었는데, 반어문을 사용하는 것은 적당하다. 예 ②의 반어문은 사명(四铭)이 성내는 것을 표현했고, 만약 직접 진술 "我不是'女人'"을 사용하면 효과는 분명히 반어문만 못하다. 예 ③의 직접 진술 "就不要给人家添麻烦了"는 원래 반어문 "为什么还要给人家添麻烦?"인데, 직접 진술을 사용하여 태도가 상냥하게 보인다.

직진문은 또 먼저 의문하고 다시 대답하는 문장으로 바꿀 수 있다. 설문문은 상대방의 주의와 사고를 야기할 수 있고, 언어가 생동적이고 활발하게 보인다. 예를 들면 다음과 같다.

④ 想和做怎样才能联结起来呢？ 我们常常听说："从实际出发"这句话，这就是想和做联结起来的一条路。(胡绳：≪想和做≫)

(생각하고 행하는 것은 어떻게 해야 연결할 수 있는가? 우리들은 자주 "실제로부터 출발한다"는 이 말을 듣는데, 이것이 바로 생각하는 것과 행하는 것이 연결되는 길이다.)

⑤ 谁是我们最可爱的人呢？我们的部队，我们的战士，我觉得他们是最可爱的人。(魏巍：≪谁是最可爱的人≫)

(누가 우리가 가장 귀여워하는 사람인가? 우리의 부대, 우리의 병사, 나는 그들이 가장 귀여운 사람이라고 생각한다.)

예 ④는 만약 첫 번째 의문을 빼면 직접 진술로 변하여, 사람의 주의와 사고를 이끄는 효과가 없다. 예 ⑤는 먼저 설문하고 다시 대답하여, 작가가 부대 병사를 찬양할 때의 가슴속에 가득 찬 격정을 나타낸다.

6. 긍정문과 부정문

긍정문은 사물에 대하여 긍정적인 판단을 하는 문장이고, 부정문은 사물에 대하여 부정적인 판단을 하는 문장이다. 긍정과 부정은 상호 연계하고 있어, 무엇을 긍정하는 것은 동시에 무엇을 부정하는 것을 의미하고 있고, 그래서 긍정문과 부정문은 상호 자주 바꿀 수 있다. 예를 들면 다음과 같다.

① 老李干劲真大 ↔ 老李干劲真不小。

② 人人都赞成 ↔ 没有人不赞成。

예 ①의 두 문장의 뜻은 비슷하나 효과는 완전히 서로 같지 않고, 긍정문을 사용하는 것이 부정문의 어기보다 강하다. 예 ②는 하나는 긍정문이고, 하나는 이중 부정문으로 뜻은 기본적으로 일치하나 이중 부정문의 어기는 긍정문보다 강하다. 말하고 문장을 쓸 때 긍정문과 부정문을 활용한다면 진지하게 선택해야 한다. 표현 효과를 강하게 하기 위하여, 사람들은 자주 고의로 일부 긍정과 부정 문형의 선택기교를 활용하는데, 아래에 몇 가지를 소개한다.

(1) 긍정과 부정 대비법

이 방법은 긍정과 부정 두 문형을 앞뒤로 출현하게 하여 서로 잘 어울리고, 보충하게 한다. 예를 들면 다음과 같다.

① 历史必将证明，是人类消灭核武器，而不是核武器消灭人类。

(인류가 핵무기를 소멸시키고, 핵무기가 인류를 멸망시키지 않는다는 것을 역사는 반드시 증명할 것이다.)

② (蜜蜂) 不是为自己，而是在为人类酿造最甜的生活。(杨朔：≪荔枝蜜≫)

((꿀벌) 자신을 위한 것이 아니고, 인류를 위해 가장 달콤한 생활을 만들고 있는 것이다.)

㉮ ①은 부정의 화법으로 두드러지게 하고, 긍정의 화법을 보충하여, 어기를 더욱 확고하게 한다. ㉮ ②는 먼저 자기를 위해서라는 것을 부정하고, 그런 후에 다시 인류를 위해 가장 달콤한 생활을 만드는 것으로 승화시키고, 열정적으로 꿀벌의 숭고한 소질을 찬양한다.

(2) 이중 부정

이중 부정은 두 개의 서로 호응하는 부정어로 긍정의 어기를 표현하는 것이다. 마침 수학의 "负负得正(마이너스에 마이너스를 하면 플러스를 얻는다)"과 똑같이 두 부정사는 서로 비긴다. 그러나 이중 부정은 단순 긍정과 서로 비교하여 어기가 강렬해야 한다. 예를 들면 다음과 같다.

① 从前线回来的人说到白求恩，没有一个不佩服，没有一个不为他的精神所感动。晋察冀边区的军民，凡亲身受过白求恩医生的治疗和亲眼看过白求恩医生的工作的，无不为之感动。(毛泽东：≪纪念白求恩≫)

(전선에서 돌아온 사람들은 백구언에 탄복하지 않지는 않고, 그의 정신에 의해 감동받지 않지는 않는다고 한다. 진찰기(晋察冀) 변경 지역의 군민은 모두 백구언 의사의 치료를 몸소 받은 적이 있고 직접 자신의 눈으로 백구언 의사가 일하는 것을 본 적이 있어. 모두 이 때문에 감동하였다.

② 如果我们承认上面说的一番话可以站得住，那么，我们也不能不承认短篇小说要写得好，实在非下苦功不可。(茅盾：≪杂谈短篇小说≫)

(만약 우리가 위에서 한 말이 타당하다고 인정한다면, 우리도 단편 소설을 잘 써야 하는 것을 인정하지 않을 수 없고, 실제로 반드시 애써야 한다.)

㉮ ①은 세 개의 이중 부정문을 사용하여 백구언(白求恩)의 정신이 사람을 깊게

감동시킴을 강조하였다. 예 ②의 "不能不承认"은 "应该(必须)承认"에 해당하고 "非下苦功不可"는 "应该(必须)下苦功"에 해당하나, 양자를 서로 비교하면 이중 부정의 어기가 강하고, 표현 효과는 좋다.

(3) 긍정 부정 교차 점층

"긍정 — 부정 — 재긍정"의 격식으로 재긍정은 마치 앞 긍정에 대한 수정인데, 실제는 긍정의 진전이다. 예를 들면 다음과 같다.

① 再说我们那两库水，它不是水，它是黄澄澄的粮食啊！(李准：≪耕云记≫)
(우리의 그 두 창고 물을 다시 한 번 말하면, 그것은 물이 아니고, 금빛 찬란한 양식이다!)

② 冼星海同志指挥得那样有气派，姿势优美，大方；动作有节奏，有感情。随着指挥棒的移动，上百人，不，上千人，还不，仿佛全部到会的，上万人，都一齐歌唱。(吴伯箫：≪歌声≫) (세성해 동지가 그렇게 패기만만하게 지휘하는데, 자세는 우미하고, 대범하다. 동작은 리듬이 있고, 감정이 있다. 지휘봉의 이동에 따라서 수백 명의 사람이, 아니, 수천 명의 사람이, 또 아니, 마치 전부 회의에 나온 수만 명의 사람이 모두 일제히 노래를 부른다.)

예 ①은 먼저 긍정하는 것은 "两库水"이고, 계속하여 부정하고, 다시 긍정하는 것은 "粮食"로, 생동적으로 수리 건설과 농업 생산의 밀접한 관계를 설명한다. 예 ②는 긍정과 부정을 교차 활용하여, 점차 노래 부르는 사람 수를 확대하고, 문장의 의미도 점차 확대하고 깊게 한다.

(4) 긍정을 강조하거나 부정을 강조한다.

"긍정 — 是的 — 긍정" 혹은 "부정 — 是的 — 부정"의 격식이다. 예를 들면 다음과 같다.

① 眼前有靳开来这样的勇士，懦夫也会壮起胆来！是的，越怕死越不灵，与其窝窝囊囊地死，倒不如痛痛快快地拼！(李存葆：≪高山下的花环≫)
(눈앞에 아끼는 이 용사가 있는데, 겁쟁이도 용기를 낼 것이다! 그렇다, 죽는 것을 두려워할수록 영민하지 못하고, 무능하게 죽는 것보다는 차라리 통쾌하게 목숨을 거는 것만 못하다.)

② 这个敏感的精灵，— 它从雷声的震怒里，早就听出了困乏，它深信，乌云遮不住太阳，— 是的，遮不住的。(高尔基：≪海燕≫) (이 민감한 정령, 그것은 천둥소리의 진노로부터 벌써 곤란함을 듣고, 그것은 먹구름이 태양을 가릴 수 없다고 깊게 믿었다. 맞다, 가릴 수 없다.)

예 ①은 먼저 긍정적인 평가를 한 후에 "是的"를 사용하여 철리(哲理)성의 견해를 이끌어낸다. 예 ②는 부정 판단 "乌云遮不住太阳"의 뒤에 "是的"를 사용하여 강조하고, 다시 한 번 이 부정을 중복하여 혁명 승리에 대하여 자신감이 충만한 낙관주의 정신을 표현하였다.

사고와 연습

1 아래 문장을 다른 문형의 문장으로 고치고, 아울러 간단명료하게 원문의 수사 효과를 분석하고 설명하라.

(1) 国王一不高兴，做官的谁还敢来饯行?（郭沫若：≪虎符≫）

(2) 一个人能力有大小，但只要有这一点精神，就是一个高尚的人，一个纯粹的人，一个有道德的人，一个脱离了低级趣味的人，一个有益于人民的人。(毛泽东：≪纪念白求恩≫)

(3) 无产阶级的最尖锐最有效的武器只有一个， 那就是严肃的战斗的科学态度。(毛泽东：≪反对党八股≫)

(4) 小草偷偷地从土里鉆出来，嫩嫩的，绿绿的。(朱自清：≪春≫)

(5) 祥子现在知道怎样对人瞪眼，对车座儿，对巡警，对任何人，他决定不再老老实实的敷衍。(老舍：≪骆驼祥子≫)

(6) 在妇女代表队伍里，我看见从农村来的一位伟大的母亲，她坚持了十三年斗争，把亲爱的独子贡献给解放战争，她自己为革命经历了无数次战争和监狱的考验。(刘白羽：≪北京的春天≫)

2 아래 문장은 어떤 문형 수사를 사용하였는가? 그 수사 효과를 분석해 보라.

(1) 它既不需要谁来施肥，也不需要谁来灌溉。狂风吹倒它，洪水淹不没它，严寒冻不死它，干旱旱不坏它。它只有一味地无忧无虑地重复生长。松树的生命力可谓强矣！松树要求于人的可谓小矣！这是我每看到松树油然而生敬意的原因之一。(陶铸：≪松树的风格≫)

(2) 在斗争中，劳动中，生活中，时常会有东西触动你的心，使你激昂，使你欢乐，使你忧愁，使你深思，这不是诗又是什么呢?(杨朔：≪东风第一枝≫ 小跋)

(3) 所长是谁? 官僚兼土匪。小赵? 骗子兼科员。张大哥? 男性的媒婆。吴太极? 饭桶兼把式匠。孙先生? 流氓兼北平俗语搜集着。邱先生? 苦闷的象征兼职员。(老舍：≪离婚≫)

(4) 一位人大代表呼吁道：截流须堵源，受贿犯罪固然可恶，应从严惩处；但没有人行贿，或者没有人敢于行贿，世界上哪来的受贿呢? 那些贪官哪里去受贿呢?

3 아래의 장구를 단구로 바꾸어라.

(1) 看到宁夏某县级市的一位副市长率领各级领导，分乘9辆轿车到基层视察农田建设，迎面遇上一位女中学生，女孩为躲避车队，不幸坠入水渠身亡，而这位副市长也因没有及时组织抢救丢了官的报道，心里有很多感触，也想发表一些感想。

(2) 32集电视剧 ≪五月槐花香≫ 以20世纪40年代北平古街琉璃厂为背景，讲述了古玩商佟奉全与满清遗老范五爷兄妹邂逅，钟情妹妹莫荷，被人陷害入狱，经菇二奶奶赎出，出于怜惜与菇二奶奶成婚，因得罪国际文物叛贩子再次遭难，解放后重新回到琉璃厂，为国家修复文物，终于洗清冤案的曲折经历，是一部京味十足的电视作品。

제4절 수사법

수사법은 "사격(辞格)"이라고도 하는데, 규칙성을 가진 특수한 수사 격식이다.

수사법은 이런 세 가지 특징을 가지고 있다. 먼저 그것은 다른 수사 수단과 같이 언어의 표현력을 강화하고, 언어의 표현 효과를 향상시키기 위하여 활용된다. 그 다음, 수사법은 객관적인 언어 사실로부터 귀납해 낸 것으로, 규칙성을 가진 수사 현상이다. 이런 규칙성은 어떤 것은 의미 방면에 속하고, 어떤 것은 형식 방면에 속하며, 음성・문자・어휘・문법 제요소에 관련된다. 그리고 수사법이 일반적인 표현과 어구・문형 선택과 다른 점은 그것이 늘 어떤 특수한 격식을 거쳐 특정한 수사 의미를 나타낸다는 것이다. 예를 들면 "知识像大海(지식은 큰 바다와 같다)"의 비유는 바로 "甲像乙(갑은 을과 같다)"의 격식을 사용하는 것으로, 지식의 깊고 넓음에 대해 이렇게 구체적인 형상으로 묘사하여, "知识的深广如同大海的深广一样(지식의 깊고 넓음이 대해의 넓고 깊음과 같다)"과 같은 수사 의미를 표현하였다. 어떤 사격, 즉 반복 · 대구법 등이 가리키는 수사 현상은 우리들이 어구와 문형 선택의 내용 중에서 이야기한 적이 있지만, 토론한 각도가 서로 완전히 같지는 않다. 사격은 규칙적인 현상으로, 격을 설치하고 연구하는 것은 그 언어 사실 중에 자연스럽게 형성한 특수 수사 격식이다.

수사법은 수사학 연구의 중요한 대상이고, 전문적으로 수사법을 연구하는 학설은 사격론(辞格论)이라 한다. 사격론은 전체 수사격 연구 중에서 가장 많이 연구가 되었고, 내용이 가장 풍부한 구성 부분이다. 중국 고대에 매우 많은 수사 저서가 수사법을 거론하였는데, 예를 들어 남조 양대 유협(刘勰)의 ≪문심조룡(文心雕龙)≫은 적지 않은 사격과 관련된 명칭을 제기하였고, 남송 진규(陈骙)의 ≪文则≫은 비유를 10가지로 나누었다. 수사법의 명칭은 당월(唐钺)이 ≪修辞格≫(1923)에서 처음 제기한 것이다. 진왕도의 ≪修辞学发凡≫은 사격을 토론하는 데 제한되지 않았는데, 그중에 사격에 대한 논술은 가장 계통적이고 주도면밀하여, 모두 38종의 사격을 제기하였다. 현대 한어 수사격의 연구는 몇 대 학자의 노력을 거쳐 오늘에 이르러, 이미 발견한 70종 이상의 사격이 발현하였고, 신격은 또 끊임없이 나타나고 있다. 우리가 이 책에서 공부하려는 것은 상용하는 20종의 수사격이다.

1. 비유 의인법 환유법 과장

(1) 비유

① 비유란 무엇인가

비유는 바로 평상시에 말하던 예를 드는 것인데, 본질로는 다르나 서로 유사점을 가진 또 다른 사물을 사용하여 이 사물을 설명하거나 묘사하는 수사법이다.

비유는 일반적으로 본체, 비유 대상, 비유어 세 부분을 포함한다. 예를 들어 "我们的祖国像花园(우리의 조국은 화원과 같다)"이란 비유에서 "我们的祖国"는 본체이고 "花园"은 비유 대상, "像"은 비유어이다. 비유를 구성한다면 반드시 아래 두 조건에 부합해야 한다.

첫째, 본체와 비유 대상은 반드시 본질이 다른 두 종류의 사물로, 같은 종류의 사물은 일반적으로 비유를 구성할 수 없다. 예를 들면 "小王像他哥哥", "这件衣服

跟那件一样"은 모두 비유가 아니다.

둘째, 본체와 비유 대상 사이에는 반드시 유사점을 가지고 있어야 하는데, 즉 비유 대상은 반드시 어떤 점에서 본체와 유사해야 본체를 설명하고 묘사할 수 있다. 예를 들면 "我们的祖国"와 "花园" 사이의 유사점은 바로 "美丽"이다. 유사점은 비유의 영혼이다.

어떤 비유는 유사점이 비교적 뚜렷하여 명확하게 밝힐 필요가 없이, 청자와 독자가 마음속으로 깨닫는다. 예를 들면 다음과 같다.

① 高松年的脸像虾蟹在热水里浸了一浸。(钱钟书：≪围城≫)

(고송년의 얼굴은 새우와 게가 뜨거운 물속에서 좀 잠긴 것과 같다.)

② 刘玉翠回到村里，就好比是住进了监牢里。(康濯：≪春种秋收≫)

(유옥취가 마을로 돌아간 것은 마치 감옥에 가는 것 같았다.)

예 ①의 유사점은 바로 "变红"(붉게 변함)이다. 예 ②의 유사점은 "失去自由和欢乐"(자유와 환락을 잃는 것)이다.

어떤 비유는 유사점이 비교적 명확하지 않아 마음속으로 깨닫기 어려워, 해석할 필요가 있다. 또 어떤 비유는 유사점이 비록 명확하지만 분명하게 강조하기 위하여 여전히 반복하여 명확하게 밝힌다. 예를 들면 다음과 같다.

③ 请他吃的饭未必像尼罗河里的面包，过些日子会加了倍浮回原主。(钱钟书：≪围城≫)

(그와 먹기를 청한 밥은 반드시 나일강의 빵 같지는 않고, 생활하는 것은 배가하여 주인에게 떠돌아 갈 것이다.)

④ 这里溪流缓慢，萦绕着每一个山脚，在轻轻荡澜着的溪流的两岸，满是高过马头的野花，红，黄，蓝，白，紫，五彩缤纷，像绵延的织锦那么华丽，像天边的彩霞那么耀眼，像高空的长虹那么绚烂。(碧野：≪天山景物记≫)

(여기의 개울은 완만하고, 각 산기슭을 감돌고, 가볍게 졸졸 흐르는 시냇물의 양안에 말머리보다 큰 들꽃이 가득한데, 빨강・노랑・파랑・흰색・보라, 오색찬란하고, 길게 이어져 있는 비단처럼 그렇게 화려하고, 하늘가의 아름다운 노을처럼 그렇게 눈부시고, 고공의 무지개처럼 그렇게 찬란하다.)

예 ③의 점을 가진 부분은 곧 유사점에 대한 해석이고, 만약 해석하지 않으면 비유한 것을 이해하기가 매우 어렵다. 예 ④는 만약 점을 가지고 있는 부분이 없다면 비유한 것도 이해할 수 있고, 명확하게 밝힌 후에도 유사점을 더욱 두드러지게 한다.

② 비유의 유형

비유는 기본 유형과 특수 유형 두 개의 부류로 나눌 수 있다. 기본 유형은 직유, 은유, 차유 세 종류가 있다.

1) 직유(明喻)

직유는 뚜렷한 비유로 그것의 본체, 비유 대상, 비유어가 모두 나타나는데, 비유어는 자주 "像, 好像, 如, 宛如, 仿佛, 好比" 등이 있고, 때로 뒤에 또 "一样, 一般, 似的" 등의 어구를 사용하여 호응한다. 예를 들면 다음과 같다.

⑤ 转眼光景，整个海洋上卷起千万堆雪浪，简直就像那刚刚裂桃的大片棉花田，白花花的，一望无际。(杨朔：≪雪浪花≫)

(눈 깜짝할 사이에 풍경은 전 바다에 엄청나게 큰 흰 파도가 치는데, 그야말로 그 복숭아를 막 가른 큰 목화밭처럼, 새하얗고, 아득히 넓어서 끝이 없는 것 같다.)

⑥ 出洋好比出痘子，出痧子，非出不可。(钱钟书：≪围城≫)

(해외로 나가는 것은 마치 천연두를 앓고, 홍역을 앓는 것과 같아, 반드시 나가야 한다.)

⑦ 黄维苦心经营的一次大反击，像只氢气球一样破灭了。(谢雪畴：≪"老虎团"的结局≫) (황유가 심혈을 기울여 경영한 한 차례의 대반격은, 수소 공같이 깨졌다.)

2) 은유(暗喻)

은유는 표면적으로 보면 판단, 서술, 혹은 설명으로 암암리에 비유 관계를 포함하고 있다. 은유의 본체와 비유 대상이 모두 나타나, 직유와의 차이는 그것의 비유어가 "是, 成了, 成为, 变为, 当成, 变成" 등 어구가 사용된다는 것이다. 예를 들면 다음과 같다.

⑧ 作为精神食粮，散文是谷类，作为战斗武器，散文是步枪。我们生活里常用散文。在文艺园地里，散文也应当是万紫千红中繁茂的花枝。(吴伯箫：多写些散文≫)

(정신 식량으로서 산문은 곡류이고, 전투 무기로서 산문은 소총이다. 우리 생활 속에 산문을 상용한다. 문예 칼럼에서 산문도 온갖 꽃이 만발하여 울긋불긋하며 무성한 꽃가지여야 한다.)

⑨ 大王庄这个阵地成为一颗锐利的钉子，牢牢地钉进了黄维兵团的脑门心。(谢雪畴：≪"老虎团"的结局≫)

(대왕장 이 진지는 예리한 못이 되어, 견고하게 황유 병단의 이마 속에 못박았다.)

⑩ 十个被鲜血泡起的手指头肿的变成了大熊掌。(杨沫：≪青春之歌≫)

(선혈에 의해 담가진 10개의 손가락이 부어서 큰 곰발바닥으로 변했다.)

3) 차유(借喻)

차유의 본체는 나타나지 않고, 비유어를 쓸 필요도 없으며, 비유 대상을 본체가 나타나야 하는 위치에 직접적으로 사용한다. 예를 들면 다음과 같다.

⑪ 其缺点是见树木不见森林，拣了芝麻，绿豆却丢了西瓜。(吴晗：≪谈读书≫)

(그 결점은 부분만 보고 전체를 보지 못하는 것으로 대단히 어리석었다.)

⑫ 看吧，狂风掀起一层层巨浪，恶狠狠地把它们甩到悬崖上，把这些大块的翡翠摔成尘雾和碎末。(高尔基：≪海燕≫)

(봐봐, 미친 듯이 층층이 거대한 파도가 출렁거리고, 표독스럽게 그것을 벼랑으로 내던지고, 이런 큰 비취를 운무와 가루로 내동댕이쳐진다.)

기본 유형 이외에, 비유는 또 일부 특수 유형이 있다.

4) 인유

인유는 구조가 평행한 문형을 채택하는 것으로, 비유 대상과 본체를 배열하고, 비유 대상을 본체로 끌어낸다. 인유는 본체와 비유 대상에만 나타나고, 비유어는 없다. 예를 들면 다음과 같다.

⑬ 各方的溪涧汇成了河流，各地劳动人民的创造汇成了灿烂的文明。(秦牧：≪花城≫)

(각 측의 시냇물은 강물이 되었고, 각지 노동자들의 창조는 찬란한 문명이 되었다.)

⑭ 射箭要看靶子，弹琴要看听众，写文章做演说倒可以不看读者不看听众么?(毛泽东：≪反对党八股≫)

(화살을 쏘려면 과녁을 봐야 하고, 피아노를 치려면 청중을 봐야 하는데, 문장을 쓰고 연설을 하는데 독자를 보지 않고 청중을 보지 않을 수 있나?)

5) 도유(倒喻)

바로 본체와 비유 대상을 바꾼 비유이다. 예를 들면 다음과 같다.

⑮ 上海人叫小瘪三的那种角色，也很像我们的党八股，干瘪得很，样子十分难看。(毛泽东：≪反对党八股≫)

(상해 사람으로 소별삼이라고 부르는 그 역할은 우리 당 팔고와 비슷하여, 매우 비쩍 말랐고, 모습은 매우 못생겼다.)

⑯ 灿烂的阳光下盛开的百花就是您的笑容，巨大的气锤起落的铿锵就是您的声音；解放军前进的队列就是您的步伐，葱郁耸立的名山就是您的身影。(白桦：≪周总理，您在亿万人心中永生≫)

(찬란한 햇빛 아래 만개한 백화는 바로 당신의 미소이고, 거대한 공기 망치가 오르내리는 소리가 낭랑한 것은 바로 당신의 소리이며, 해방군이 전진하는 대열은 바로 당신의 발걸음이고, 울창하게 우뚝 솟은 명산은 바로 당신의 모습이다.)

6) 수식유

수식구 형식을 사용하여 구성한 비유를 가리킨다. 본체는 수식어를 사용하고, 비유 대상은 중심어가 쓰인다. 예를 들면 다음과 같다.

⑰ 在朝鲜的每一天，我都被一些事情感动着；我的思想感情的潮水，在放纵地奔流着。(魏巍：≪谁是最可爱的人≫) (조선에서 나는 매일 일부 일에 의해 감동받고 있다. 나의 생각과 감정의 조수는 구애받음 없이 세차게 흐르고 있다.)

⑱ 有时简直形成歌的河流，歌的海洋。(吴伯箫：≪歌声≫)

(때로는 정말 노래의 강물, 노래의 바다를 이룬다.)

7) 동위유(同位喻)

동위구 형식을 사용하여 구성한 비유를 가리킨다. 본체, 비유 대상은 각각 동위구의 두 성분을 담당한다. 예를 들면 다음과 같다.

⑲ 散文这枝花，现在自然也和“文学树”上各个枝丫的花一样，都在盛开。(秦牧：≪海阔天空的散文领域≫)

(산문, 이 꽃은 현재 자연히 또 “문학 나무”의 각 잔가지의 꽃과 같이 모두 만개하고 있다.)

⑳ 小林，好好努力吧，不久，北平这座火山就会在敌人的心脏里爆发。(杨沫：≪青春之歌≫)

(소림, 잘 노력해 봐, 머지않아, 북경 이 화산이 적의 심장에서 폭발할 것이야.)

8) 반유(反喻)

바로 부정 문형을 사용하여 비유를 구성하는 것이다. 예를 들면 다음과 같다.

㉑ 打江山不是容易的，并不是别人做好一碗红烧肉放在桌上，等待你坐下去狼吞虎咽。(姚雪垠：≪李自成≫)

(정권을 차지하는 것은 쉽지 않아 결코 다른 사람이 홍사오러우를 한 그릇 다하여 탁자 위에 놓

고, 네가 앉아 게걸스럽게 먹기를 기다리는 것이 아니다.)

㉒ 秋并不是名花，也并不是美酒，那一种半开半醉的状态，在领略秋的过程中，是不合适的。(郁达夫：≪古都的秋≫)

(가을은 결코 진귀한 꽃이 아니고, 결코 좋은 술도 아닌데, 반이 피고 반이 취한 그 상태는 가을을 이해하는 과정에서 적합하지 않다.)

9) 교유(较喻)

바로 비교의 방식을 사용하여 비유하는 것이다. 본체, 비유 대상은 유사할 뿐만 아니라 비교하여 사물의 특징을 두드러지게 한다. 예를 들면 다음과 같다.

㉓ 清凉的水沁入肺腑，这是比甘露还要甜，比美酒还要香的天山雪水。(袁鹰：≪戈壁水长流≫)

(시원한 물이 폐에 스며들어 가는데, 이것은 감로보다 더 달고, 좋은 술보다 더 맛있는 천산 설수이다.)

㉔ 我们四川人还有用牛粪作燃料的，至于那些又臭又长的文章，恐怕连牛粪也不如。(郭沫若：≪关于文风问题答〈新观察〉记者问≫)

(우리 사천 사람은 아직 소똥을 연료로 사용하는데, 조잡하기도 하고 길기도 한 그 문장에 이르러서는, 아마 소똥만도 못할 것이다.)

10) 박유(博喻)

바로 몇 개의 비유 대상이 다른 각도로부터 반복하여 동일한 본체를 묘사하고 설명하는 것이다. 박유는 특징을 강조하고, 기세를 강화하는 데 사용된다. 예를 들면 다음과 같다.

㉕ 一株巨大的白丁香把花开在了屋顶的灰色的瓦瓴上，如雪，如玉，如飞溅的浪花。(王蒙：≪春之声≫)

(한 그루 거대한 백정향은 꽃을 지붕 회색의 기와 물동이에 피웠는데, 눈 같고, 구슬 같고, 사방으로 흩날리는 물보라와 같다.)

㉖ "砰"一声，郎平的一记重扣，激起了全场经久不息的欢呼声和鼓掌声，像海涛击岸，像山洪爆发，像飞瀑倾泻。(鲁光：≪中国姑娘≫)

("펑"하는 낭평의 힘찬 덩크슛에 전 경기장에 지속적인 환호성과 박수 소리가 일었는데, 바다의 큰 파도가 해안에 부딪치는 것과 같았고, 산의 홍수가 폭발하는 것과 같았으며, 아주 높은 곳에서 세차게 떨어지는 폭포가 빠르게 쏟아져 내리는 것과 같았다.)

11) 호유(互喻)

먼저 비유 대상을 사용하여 본체와 비유하고 다시 본체를 사용하여 비유 대상과 비교하는데, 이렇게 앞뒤 두 비유 형식을 호유라고 한다. 예를 들면 다음과 같다.

㉗ 远远的街灯明了，好像是闪着无数的明星。天上的明星现了，好像是点着无数的街灯。(郭沫若：≪天上的街市≫)

(아주 먼 가로등이 밝게 빛나면, 무수한 밝은 샛별이 빛나고 있는 것과 같다. 하늘의 샛별이 나타나면 마치 무수한 가로등을 켜는 것과 같다.)

㉘ 早晨的花云潭是粉红色的，云溪中流下来的云像花一般艳丽，花泉里淌出来的花像云一般轻盈，它们汇在一起，像万花筒一般奇幻，最能勾起人心中的遐想了…… (王小鹰：≪金泉女与语小溪妹≫)

(새벽의 화운담은 분홍색인데, 구름 시내에서 흘러내린 구름은 꽃같이 아름답고 고우며, 꽃샘에서 흘러내린 꽃은 구름처럼 가벼우며, 그들은 함께 모여, 만화경처럼 기이하고 변화무쌍하여, 가장 사람의 마음속의 상상을 불러일으킬 수 있다.)

12) 곡유(曲喻)

곡유는 비유 대상의 어떤 방면에서부터 전이하여, 또 다른 방면을 연상하는데, 이런 전이・연상을 거쳐 비유 대상과 본체로 하여금 비유 관계가 생기게 한다. 예를 들면 다음과 같다.

㉙ 除了向日葵以外，天下怕没有像陆伯麟那样亲日的人或东西。(钱钟书：≪人・兽・鬼≫)

(해바라기 이외에 온 세상이 두려워하는 것은 육백린 같은 그런 친일파나 물건이 아니다.)

㉚ "你呀，真是记吃不记打，又买这'砖头'回来干什么?" 柳茵一见≪辞海≫，火就像沾了油，噌噌地蹿的老高。(肖复兴：≪书市风波≫)

("너는, 정말 먹는 것을 기억하고 때리는 것을 기억하지 못하는데, 또 이 '벽돌'을 사서 돌아와 무엇 하려고?" 유인이 ≪사해≫를 보는데, 불은 기름이 스며, 쑥쑥 솟구쳐 오르는 고씨 같았다.)

3 비유의 역할

비유는 표현적으로 아래와 같은 역할이 있다.

(1) 그것은 언어를 구체화하고, 사람이나 사물을 더욱 구체적인 형상으로 묘사한다. (2) 그것은 심오한 이치를 간단명료하게 알기 쉽게 말한다. (3) 그것은 사물의 본질을 매우 좋게 명시한다. (4) 그것은 선명하게 작가의 감정과 입장을 표현한다. 예를 들면 다음과 같다.

㉛ 她的脸上大概又擦了粉，被灯光照得显出点灰绿色，像黑枯了的树叶上挂着

层霜。（老舍：≪骆驼祥子≫）

(그녀의 얼굴에 대충 분을 바른 것이, 불빛에 비추어져 약간 회녹색으로 보이는데, 검게 시들은 나뭇잎에 서리가 덮인 것과 같았다.)

㉜ 真正的好文章是不随便用，甚至干脆不用形容词和典故的，好像真正美丽的人用不着多施脂粉，乱穿衣服一样。（老舍：≪我怎样学习语言≫）

(진정 좋은 문장은 마음대로 사용하는 것이 아니고, 심지어 아예 형용사와 전고를 사용하지 않는 것으로, 마치 정말 예쁜 사람이 많이 화장하거나 옷을 무질서하게 입을 필요가 없는 것과 같다.)

㉝ 这四种权力 — 政权，族权，神权，夫权，代表了全部封建宗法的思想和制度，是束缚中国人民特别是农民的四条极大的绳索。（毛泽东：≪湖南农民运动考察报告≫）

(정권, 가부장권, 신권, 부권 이 네 권력은 전체 봉건 종법 사상과 제도를 대표하는데, 중국 인민 특히 농민을 구속하는 네 가지 지극히 큰 속박이었다.)

㉞ 尤其是县政府豢养的警察，警备队，差役这班恶狗，他们怕下乡，下乡也不敢再敲诈。（毛泽东：≪湖南农民运动考察报告≫）

(특히 현 정부가 매수한 경찰, 경비대, 심부름꾼 이 나쁜 놈들, 그들은 하향하는 것을 두려워하는데, 하향해도 감히 다시는 사기를 치지 못한다.)

예 ㉛의 비유는 구체적으로 호뉴(虎妞)가 분을 바르는 검은 얼굴을 묘사하였다. 예 ㉜는 비유를 사용하여 매우 분명하게 이야기하기 어려운 이치를 명명백백하게 이야기하였다. 예 ㉝은 "绳索"의 비유를 사용하여 급소를 찔러 봉건 종법 사상과 제도의 본질을 가리켰다. 예 ㉞는 본체를 "恶狗"로 비유하고, 작가가 이런 흉악한 사람인 노비를 도운 것을 굉장히 원망함을 표현하였다.

4 비유의 활용

비유는 사용이 가장 광범위한 수사법으로 그 근본 임무는 사물을 더욱 생동적이고 구체적으로 묘사하거나 이치를 더욱 분명하고 확실하게 하는 데 있다. 비유를 활용함에 있어 일반적으로 다음의 몇 가지 문제에 주의해야 한다.

⑴ 익히 알고 통속적인 사물을 선택하여 낯설거나 심오한 이치를 비유한다. 만약 비유 대상이 일반인이 모두 잘 알지 못하는 사물이면, 청자와 독자는 유사점을 찾아 비유를 이해할 방법이 없다. 예를 들어 어떤 비유는 개인을 큰 바다 속의 "하나의 원자"로 비유하고, 사람의 눈을 "오징어 알"에 비유한 것은 모두 "쉬운 것

으로 어려운 것을 비유하다(以易喻难)"의 원칙을 위반하였다.

(2) 본체와 비유 대상에 대하여 진지한 고찰을 하고, 양자 사이의 유사점을 확보하는 것에 주의해야 한다. 유사점이 뚜렷하고 두드러질수록 비유는 딱 맞게 된다. 어떤 비유는 본체와 비유 대상의 유사점이 부족하고, 어떤 것은 어떤 유사점이 있지만 유사하기에 충분하지 않고, 이러한 것은 모두 알맞게 비유를 할 수 없다. 예를 들면 "他像离弦的箭一样坚决要求到边疆去工作(그는 시위를 떠난 화살처럼 단호히 국경 지대에 가서 일할 것을 요구한다)" 라는 비유는 본체와 비유 대상 사이에 곧 어떤 유사점을 찾을 수 없어 적절하지 않다.

(3) 비유는 힘써서 신선한 것을 구해야 하고, 최대한 다른 사람이 이미 사용한 적이 있는 비유를 중복하지 마라. 비유의 구성은 그다지 신비하지도 않아서, 두 사물의 본질이 다르기만 하면, 유사점을 가지고 있어, 기본 조건을 구비한다. 이 때문에 대담하게 상상력을 발휘하는데, 심지어 기묘하고 과장된 상상으로, 예를 들면 전중서(钱钟书) 선생이 "请人吃的饭(사람에게 먹기로 청한 밥)"을 "尼罗河里的面包(나일강의 빵)"로 비유한 것이나 친일의 "陆伯麟(육백린)"을 "向日葵(해바라기)"로 비유한 것은, 비유를 사용하여 진부한 틀에 박히지 않고, 사람으로 하여 귀와 눈이 새로운 느낌을 가지게 하였다.

(2) 의인법(비교)

의인법은 상상에 근거하여 사물을 사람으로 모작하고, 사람을 사물로 모작하거나, 갑(甲) 사물을 을(乙) 사물로 모작하는 수사법이다. 의인법은 의인과 의물 두 개의 종류로 나뉜다.

1 의인

의인은 사물을 사람으로 여겨 쓰는 것으로, 사물을 인격화하고 사물에게 사람의 언행이나 생각과 감정을 부여하는 것이다. 이것은 가장 자주 보는 의인법 형식이다. 예를 들면 다음과 같다.

① 波浪一边歌唱，一边冲向高空，去迎接那雷声。(高尔基：≪海燕≫)
(파도가 노래를 하면서, 고공을 향하는데, 저 천둥소리를 맞으러 간다.)

② 远远地还听见敌人飞机的叹息，大概是在叹息自己的命运；为什么不到抗日战线上去显显身手呢？(陆定一：≪老山界≫)

(아주 멀리서 또 적기가 탄식하는 소리가 들리는데, "왜 항일전선에 재능을 좀 펼치러 가지 않나"라며 대략 자신의 운명을 탄식하고 있다.)

③ 矮小而年高的垂柳，用苍绿的叶子抚摸着快熟的庄稼；密厚的芦苇，细心地护卫着脚下偷偷开放的野花。(郭小川：≪团泊洼的秋天≫)

(왜소하고 나이가 많은 수양버들은 짙푸른 잎으로 곧 익을 농작물을 어루만지고 있다. 빽빽하게 두터운 갈대는, 세심하게 발밑에 몰래 핀 들꽃을 호위하고 있다.)

④ 这里叫教条主义休息，有些同志却叫他起床。(毛泽东：≪反对党八股≫)

(여기는 교조주의를 쉬게 하는데, 어떤 동지는 오히려 그에게 일어나라고 한다.)

예 ① "波浪"을 사람으로 여기고 그것으로 하여금 사람의 활동 "歌唱", "迎接那雷声"을 하게 하였는데, 혁명지사가 용감하게 돌격하여 적진 깊숙이 들어가 적을 함락시키는 영웅형상을 전개하였다. 예 ②는 적기의 모터 소리를 "叹息"로 쓰고, 비행기가 사람의 생각을 가지고 있는데, 국민당 정부가 항일을 위반하고, 오로지 내전을 하는 의롭지 못한 행위를 함을 풍자하고 비판하였다. 예 ③은 "垂柳" "抚摸"로 하여, "芦苇"와 "护卫"로 하여, "矮小而年高"를 사용하여 "垂柳"를 수식하고 "偷偷"를 사용하여 "开放"을 수식하였는데, 모두 의인 수법의 활용으로, 이런 예술형상을 거쳐 분쟁 시기 문예 창작을 보호하고, 사회주의 성과를 수호한 전 세대 혁명가와 광대한 대중들을 찬양하였다. 예 ④의 "教条主义"는 본래 추상적인 개념이고, 여기에서 "休息", "起床"의 의인 묘사를 사용하여 추상적이고 무미건조한 이론 논술로 하여금 생동적이고 활발하며 의미심장하게 하여 자세히 음미해 볼 만하게 하였다.

2 의물

의물은 사람을 사물로 여겨 쓰는 것으로, 사람으로 하여금 사물의 상태와 동작을 가지게 하거나, 갑 사물을 을 사물로 간주하여 쓰는 것이다. 사람을 사물로 간주하여 쓰는 것은, 예를 들면 다음과 같다.

⑤ 她们看见不远的地方，那宽厚肥大的荷叶下面，有一人的脸，下半截身子长在水里。(孙犁：≪荷花淀≫) (그녀들은 멀지 않은 곳에 그 넓고 튼튼하며 비대한 연잎 아래 한 사람의 얼굴이 있는 것을 보았는데, 하반신이 물속에서 성장하고 있다.)

⑥ 小D和妹妹常常没有晚饭吃，将门锁了，把自己焊在礁石上，听潮起潮落，看日沉日升。(舒婷：≪梦入何乡≫)

(D군과 누이동생은 자주 먹을 저녁밥이 없어, 문을 잠그고, 자신을 암초에 붙여 앉아, 만조가 되고 간조가 되는 것을 듣고, 해가 지고 떠오르는 것을 보았다.)

예 ⑤는 사람을 "长在水里"라 하여, 유격대원이 매우 잘 엄폐하여 연꽃과 이미 완전히 한 덩어리로 융합되었다. 예 ⑥의 "把自己焊在礁石上"은 그들이 정물처럼 긴 시간 암초에서 움직이지 않고 기다리는 표정과 태도를 적었다.

갑 사물을 을 사물로 적은 것을 예로 들면 다음과 같다.

⑦ 罗马经历过战争, 流血, 唯物主义者 — 战士布鲁诺的思想在自由的人民当中翱翔。(郑文光：≪火刑≫) (로마는 전쟁, 유혈, 유물주의자를 거쳤다. 전사 브루노의 생각은 자유로운 인민 가운데 선회한다.)

⑧ 他拉过一条板凳, 在她身边坐下。两个人都没有说话, 有滋有味地咀嚼着一秒一秒流来的时间, 而这时间也就一秒一秒地流去。(张贤亮：≪河的子孙≫) (그는 걸상을 끌어와 그녀의 곁에 앉았다. 두 사람 모두 말하지 않았고, 아주 맛있게 음식물을 씹으며 일초 일초 흘러온 시간을 씹고 있으며, 이 시간도 일초 일초 흘러갔다.)

예 ⑦은 생각을 "빙빙 돌며 나는(翱翔)" 새로 여기는데 일종의 찬양이다. 예 ⑧은 시간을 매우 맛있게 씹는 음식물로 여겨 두 사람이 함께 앉아 있는 아름다운 느낌을 적었다.

의인법은 상상의 결과이다. 그것은 상상에 의지하여 사물에게 사람의 특징을 부여하고, 사람에게 사물의 특징을 부여하며, 한 사물에게 다른 사물의 특징을 부여한다. 그 주요한 목적은 사람의 감정이나 느낌을 나타내기 위해서이다. 의인법을 거쳐 사람의 감정과 느낌을 사물의 세계 속에 충분히 토로하고, 경물 묘사와 감정 토로가 융합되어, 물건에 빠진다. 정확하게 의인법을 활용하는 것은 청자와 독자로 하여금 이런 감정과 느낌을 체득하게 함으로써 감동받고, 공감을 일으키게 하기 위해서이다.

의인법을 활용하려면 의체(拟体)와 피의체(被拟体)가 연상하는 객관적인 기초를 구비해야 하는 데 주의해야 하고, 양자는 반드시 어떤 특징에서 확실히 유사한 곳이 있어야 한다. 예를 들면 아동을 작은 새로 비유하여 즐겁게 "날아 나오다(飞出来)"는 적당하지만, 똑같은 비유가 노인 몸에 쓰이면 적합하지 않다. 대나무를 굳센 전사로 비유하여, 그것은 허리를 굽히지 않고 머리를 숙이지 않음을 말하는데, 대나무의 줄기가 똑바로 서고, 꺾일지라도 굽히지는 않는 특징에 부합하지만, 수양

버들이 허리를 굽히지 않고 머리를 숙이지 않는다고 하면 연상 기초가 모자라고, 도리에 맞지 않다. 의인법의 활용은 또 어색한 것을 방지하는 데 주의해야 하고, 의인법은 반드시 자신의 진실한 감정을 자연적으로 드러내는 것이고, 반드시 묘사하는 사물에 대하여 절실한 느낌이 있어야 한다.

(3) 환유법

환유법은 어떤 사람이나 사물의 명칭을 직접 말하지 않고, 그것과 서로 밀접한 관련이 있는 사물의 명칭을 빌려 대신하는 수사법으로 "환명(换名)"이라고도 한다. 예를 들면 "红领巾"을 사용하여 "少先队员"을 대신한다. 그중에 대체된 "少先队员"은 본체라 하고, 대신하여 사용한 "红领巾"은 환유 대상(借体)이라고 한다.

환유법은 객관 사물 사이의 여러 가지 관계를 이용하여 교묘하게 언어적인 미적 환명(换名)을 구성한다. 이러한 환명은 사물의 특징을 두드러지게 하고, 사람의 연상을 유발하여, 언어의 형상성을 강화하고, 언어로 하여금 생동적이고 활발하게 하며, 풍부하게 변화하게 한다. 환유법은 주로 아래의 몇 가지 유형이 있다.

1 특정 부분이 본체를 대신한다 : 환유법은 본체의 어떤 특징, 표지로 본체를 대신하여 쓰인다. 예를 들면 다음과 같다.

① 郭全海把玉石眼追了回来，人马都气喘吁吁。(周立波：≪分马≫)

(곽전해는 옥석안을 뒤따라 돌아왔는데, 인원 모두 숨을 가쁘게 몰아쉬었다.)

② "义哥是一手好拳棒，这两个，一定够他受用了。" 壁角的驼背忽然高兴起来。(鲁迅：≪药≫) ("의형은 좋은 무술가로, 이 둘은, 반드시 그가 이득을 얻기에 충분해 벽 모서리의 곱사는 갑자기 기뻐하기 시작했다.)

③ 先生，给现钱，袁世凯，不行吗? (叶圣陶：≪多收了三五斗≫)

(선생님, 현금을 주세요, 원세개, 안 되나요?)

예 ①의 "玉石眼(옥석 눈의 말)"은 말의 특징으로, 그 말을 대신한다. 예 ②는 체형 특징 "驼背(곱사)"로 사람을 대신한다. 예 ③은 은화에 새겨진 원세개(袁世凯) 두상을 사용하여 은화를 대신한다.

2 부분이 전체를 대신한다 : 사물의 어떤 부분을 사용하여 사물 전체를 대신한다. 예를 들면 다음과 같다.

④ 中国同志必须将朝鲜的事情看做自己的事情一样，教育指挥员战斗员爱护朝鲜的一山一水一草一木，不拿朝鲜人民的一针一线，如同我们在国内的看法和做法一样，这就是胜利的政治基础。(毛泽东：≪中国人民志愿军要爱护朝鲜的一山一水一草一木≫)

(중국 동지는 반드시 조선의 일을 자신의 일같이 간주하고, 교육 지휘관 전사는 조선의 모든 산천초목을 소중히 하고, 조선 인민의 아주 보잘것없는 재물을 가져가지 말아야 하는데, 우리들 국내에서의 견해나 방법과 같아, 이것이 바로 승리하는 정치의 기초이다.)

⑤ 二孔明也叫二诸葛，原来叫刘修德，当年做过生意，抬脚动手都要论一论阴阳八卦，看一看黄道黑道。(赵树理：≪小二黑结婚≫)

(이공명도 둘째 제갈이라 불리는데, 원래 유수덕이라고 하였고, 그 당시 장사를 한 적이 있는데, 다리를 들거나 손을 대는 데 모두 음양팔괘를 좀 논하고, 황도와 불법 행위를 좀 보았다.)

예 ④의 "一山一水一草一木"는 조선의 국토・자원을 대체하고, "一针一线"은 가정재산을 대신한다. 예 ⑤의 "抬脚动手"는 일하는 것을 대신한다.

3 구체적인 것이 추상적인 것을 대체한다 : 객관적으로 존재하는 구체적인 사물을 사용하여 추상적이고 개괄적인 사물을 대신한다. 예를 들면 다음과 같다.

⑥ 正像延安人们跟我说的"你该记得从前那烂袄袄，皮裤裤的年月吧!" (刘白羽：≪红玛瑙≫)

(마침 연안 인민들이 나와 말하던 "너는 종전에 그 닳아 해진 도포들과 가죽 바지들의 세월을 기억해야 해"하는 것과 같다.)

⑦ 鲁迅的骨头是最硬的，他没有丝毫的奴颜和媚骨，这是殖民地半殖民地人民最可宝贵的性格。(毛泽东：≪新民主主义论≫)

(노신의 뼈는 가장 단단하여, 그는 추호도 남에게 비굴하게 알랑거리지 않았는데, 이것은 식민지와 반식민지 인민에게 가장 소중한 성격이다.)

예 ⑥의 "烂袄袄，皮裤裤"는 고생스런 생활을 대신한다. 예 ⑦의 "骨头"는 의지와 품성을 대신한다.

4 고유 명사가 총칭을 대신한다 : 전형적인 사람이나 사물에 사용하고 있는 전용 명칭이 본체 사물의 명칭을 대신한다. 예를 들면 다음과 같다.

⑧ 中国人民中间，实在有成千上万的"诸葛亮"。(毛泽东：≪组织起来≫)

(중국 인민 속에 실제로 수많은 "제갈량"이 있다.)

⑨ 你们杀死一个李公朴，会有千百万个李公朴站起来! (闻一多：≪最后的讲演≫)

(너희들이 이공박을 죽이면, 무수한 이공박이 일어날 것이다!)

예 ⑧의 "诸葛亮"은 지혜의 화신으로 광대하게 총명과 기지를 가진 대중을 대신하는 데 쓰인다. 예 ⑨의 두 번째 "李公朴"는 민주 정의를 주장하는 인사를 가리킨다.

5 결과가 원인을 대신한다 : 일이 생긴 결과를 사용하여 일 자체를 대신한다. 예를 들면 다음과 같다.

⑩ 警备队, 警察, 差役一概敛迹, 不敢下乡敲诈。…… 他们看见农民的梭镖就发抖。(毛泽东 : ≪湖南农民运动考察报告≫)

(경비대, 경찰, 심부름꾼은 모조리 종적을 감추었고, 감히 하향하여 사기를 치지 못하였다. …… 그들은 농민의 긴 창이 떨리는 것을 보았다.)

⑪ 有的人是嘴巴和手脚相脱离, 说的一套, 做的又是一套 : ……这些人在伟大领袖毛主席和敬爱的周总理的遗像面前, 应该脸红。(罗瑞卿 : ≪党的三大作风的楷模 — 回忆周总理≫)

(어떤 사람은 입이 손발과 서로 떨어져서, 말하는 것과 하는 것이 다르다. 이 사람들은 위대한 지도자 모주석과 경애하는 주총리의 유상 앞에서 붉은 얼굴을 해야 한다.)

예 ⑩의 "发抖(떨다)"는 "害怕(두려워하다)"의 결과로 "害怕"를 대신한다. 예 ⑪의 "脸红"은 원인인 "惭愧(부끄러워하다)"를 대신한다.

6 작가가 작품을 대신한다 : 예를 들면 다음과 같다.

⑫ 李坚弹肖邦, 弹李斯特, 弹莫扎特, 也弹中国乐曲, 他的琴声使热爱音乐的欧洲听众如痴如醉 …… (赵丽宏 : ≪团圆秦鸣曲≫)

(이견은 쇼팽, 리스트, 모차르트를 연주하고, 중국 악곡도 연주하는데, 그의 피아노 소리는 음악을 열애하는 유럽 청중으로 하여금 정신이 나가고 음악에 빠지게 하였다……)

⑬ 何况现在学的不是孔夫子, 学的是新鲜的国语, 历史, 地理和自然常识, 这些文化课学好了, 到处有用。(毛泽东 : ≪整顿党的作风≫)

(하물며 현재 공자를 배우는 것이 아니고, 새로운 국어, 역사, 지리와 자연 상식을 배우는 것인데, 이런 문화 수업을 배워서 익히면, 도처에 유용하다.)

예 ⑫의 "肖邦", "李斯特"는 모두 그들의 작품을 가리킨다. 예 ⑬의 "孔夫子"는 공자의 저서를 가리킨다.

7 상호가 본체를 대신한다 : 예를 들면 다음과 같다.

⑭ 洗了家伙，到自己屋中坐下，一气不出吸了多少根“黄狮子”！(老舍：≪骆驼祥子≫)

(녀석은 씻고, 자신의 방에 앉아, 잠시 나가지 않고 몇 개비 “황사자”를 피웠다!)

⑮ 回头你和老太爷同坐一八八九号， 让四妹和我同车， 竹斋带阿萱。(茅盾：≪子夜≫)

(고개를 돌려 너와 어르신은 함께 1889호를 타고, 넷째 누이동생과 나는 같은 차에 타게 하고, 죽재는 아훤을 데리고 갔다.)

예 ⑭의 “黄狮子”는 “香烟(담배)”을 대신한다. 예 ⑮의 “一八八九号”는 “汽车(기차)”를 대신한다.

8 재료, 도구가 본체를 대신한다. 예를 들면 다음과 같다.

⑯ 我把这心思去跟一位擅长丹青的同志商量，求她画。(杨朔：≪茶花赋≫)

(나는 이 생각을 단청에 뛰어난 동지와 상의하여 그녀가 그림을 그리기를 부탁하였다.)

⑰ 自从给枪炮打破了大门之后，又碰了一串钉子，到现在，成了什么都是“送去主义”了。(鲁迅：≪拿来主义≫)

(총포가 대문을 때려 부순 후로부터 또 많은 난관에 부딪쳤고, 지금까지 무엇이 되면 모두 “보내기 주의”였다.)

예 ⑯의 “丹青(빨강고 파란 안료)”은 “수묵화”를 대신한다. 예 ⑰의 “枪炮”는 “제국주의”를 대신한다.

환유법에는 또 다른 유형이 있는데, 여기에선 더 들지 않겠다.

환유법 활용은 환유 대상의 명확성에 주의해야 하고, 환유 대상은 본체와 밀접한 관계가 있어야 하며, 본체는 위아래 문장에서 다소 교대하고, 독자로 하여 갑작스럽거나 무슨 말인지 모르게 하면 안 된다. 그 밖에 또 환유 대상의 긍정・부정 색채와 사용 장소에 주의해야 한다. 매우 많은 환유 대상은 익살스러운 성질을 가지고 있어, 장중하고 정식적인 문체 중에 사용하여서는 안 된다.

(4) 과장

더욱 두드러지거나 선명하게 생각과 감정을 표현하기 위하여 말이 고의로 과장되어 사실과 맞지 않게 하는 수사법을 과장이라고 부른다. 과장은 사실이 아니고 뚜렷하게 객관적인 사실을 위배하는 것이나, 과장은 또 진실성을 기초로 하고, 그것이 추구하는 것은 예술의 진실이다. 과장의 목적은 결코 사실을 객관적으로 묘사하는 것이 아니고, 작가의 감정과 느낌을 토로하고, 사물의 특징과 본질을 두드러지게 강조하는 데 있다. 마침 노신 선생이 말한 바와 같이 "'燕山雪花大如席'是夸张，但燕山究竟有雪花，就含着一点诚实在里面，使我们立刻知道燕山原来有这么冷，如果说 '广州雪花大如席'，那可就变成笑话了。"('燕山雪花大如席'는 과장이나, 옌산에 도대체 눈꽃이 있는지는 약간의 진실함이 속에 포함되어 있어, 우리로 하여 즉시 옌산은 원래 이렇게 추웠다는 것을 알게 하고, 만약 '广州雪花大如席'라고 하면, 우스갯소리가 된다.)(≪漫谈"漫画"≫)이다.

과장은 의미에 따라 세 부류로 나눌 수 있다.

1 **확대 과장** : 고의로 사물을 크고, 많고, 빠르고, 높고, 길고, 강한……것으로 말한다. 예를 들면 다음과 같다.

① 石油工人一声吼，地球也要抖三抖。(王进喜诗)

(석유 노동자가 큰 소리로 소리치면, 지구도 세 번이나 벌벌 떤다.)

② 老泰山应声说："好了。" 就用大拇指试试剪子刃大声对我笑着说："瞧我磨的剪子，多快。你想剪天上的云霞，做一床天大的被，也剪得动。" (杨朔：≪雪浪花≫)

(노태산은 "좋아."라고 대답하고 엄지손가락으로 가위 날을 시험 삼아 해보고 큰 소리로 나에게 웃으며 "내가 간 가위를 봐봐, 얼마나 예리한지. 네가 하늘의 꽃구름을 잘라서, 한 채의 엄청 큰 이불을 만들고 싶어도, 자를 수 있어."라고 하였다.)

예 ①은 과장 수법을 사용하여 대경(大庆) 석유 근로자의 늠름한 영웅주의 기개를 표현하였고, 동시에 또 구체적으로 착정기(凿井机)가 우르릉 대지를 진동하는 장면을 묘사하였다. 예 ②의 노태산(老泰山)은 자신의 가위가 예리함에 대해 과장을 함으로써 노태산의 정밀하고 깊은 기예와 낙관적이고 명랑한 성격을 표현하였다.

2 **축소 과장** : 고의로 사물을 작고, 적고, 느리고, 짧고, 약한……것으로 말한

다. 예를 들면 다음과 같다.

③ 不行！满喜你也请回去歇歇吧！活儿我不做了！三颗粮食，收不收有什么关系？(赵树理：≪三里湾≫)

(안 돼! 모두 너를 좋아해도 돌아가서 좀 쉬어! 난 이제 일을 하지 않겠어! 세 톨의 양식을 받든 안 받든 무슨 관계야?)

④ 汪先生的脸开始发红，客人都局促地注视各自的碗筷，好几秒钟，屋子里静寂得应该听得见蚂蚁在地上爬 — 可是当时没有蚂蚁。(钱钟书：≪围城≫)

(왕선생님의 얼굴은 붉어지기 시작하였고, 손님은 모두 어색하게 각자의 그릇과 젓가락을 주시하는데, 수초간 방안은 개미가 땅에서 기어다니는 것을 들을 수 있을 정도로 고요하였다. 하지만 당시엔 개미가 없었다.)

예 ③의 "三颗粮食"는 과장 수법을 사용하여 양식 생산량이 너무 적은 것을 강조한다. 예 ④의 "应该听得见蚂蚁在地上爬"는 과장하여 방안의 적막함을 형용하고, 손님들의 어색함과 부자연스러움을 두드러지게 하였다.

3 앞서는 과장

뒤에 나타난 일을 먼저 나타났다고 하거나 동시에 출현하였다고 말한다. 예를 들면 다음과 같다.

⑤ "嗬！行家嘛！你什么时候学会抽烟的？" "在娘肚子里我就会抽两口了！" (陈放：≪白与绿≫)

("허! 전문가네! 너 언제 담배 피우는 것을 배웠지?" "엄마 뱃속에서 나는 두 모금을 피울 수 있었어!")

⑥ 我刚来这个片儿管户籍的时候，回民大院的"院长"就是白大妈，她是属爆仗的，一点就着。碰上院里搬来个陈大爷，捻儿更急，你还没点哪，他就炸了。(陆明生：≪大院今昔≫) (내가 막 이 지역에 와서 호적을 관리할 때, 회족 한 울안의 "원장"은 바로 백씨 아줌마인데, 그녀는 폭죽에 속하여 불을 붙이자마자 붙는다. 울안에 이사 오신 진씨 어르신을 우연히 만났는데, 도화선은 더 급하여, 네가 아직 불을 붙이지 않았어도, 그는 곧 터졌다.)

예 ⑤는 앞서는 과장을 사용하여 자신이 매우 일찍 담배 피우는 것을 터득하였다고 강조한다. 예 ⑥의 "你还没点哪，他就炸了"는 진(陈)씨 어르신의 성깔이 조급함을 두드러지게 묘사하였다.

과장은 형식에 따라 직접 과장과 간접 과장 두 종류로 나눌 수 있다.

1) **직접 과장** : 직접 과장은 다른 수사법의 힘을 빌리지 않고 직접 진행한 과장이다. 예를 들면 다음과 같다.

⑦ 谢惠敏的两撇眉毛险些飞出脑门，她瞪圆了双眼望着张老师。(刘心武：≪班主任≫)

(사혜민의 두 팔자 눈썹은 거의 이마로 날아가는데, 그녀는 두 눈을 동그랗게 뜨고 장선생님을 바라보고 있다.)

⑧ 同车的人告诉她："黑龙江人常说，这里的土插根筷子都会发芽。" (丁玲：≪杜晚香≫)

(같은 차의 사람은 그녀에게 "흑룡강 사람은 여기의 흙은 젓가락을 꽂아도 싹이 날 것이라고 자주 말한다"는 것을 알려준다.)

㉮ ⑦과 ㉮ ⑧은 모두 객관적인 현실 중에서 출현할 수 없는 사실을 묘사하는 것을 통하여 직접적으로 과장하는 것이다.

2) **간접 과장** : 간접 과장은 다른 수사법을 통하여 과장을 하는 것이다. 예를 들면 다음과 같다.

⑨ 侍者上了鸡，碟子里一块像礼拜堂定风针上铁公鸡施舍下来的肉，鲍小姐用刀割不动。(钱钟书：≪围城≫)

(하인이 닭을 내왔는데, 접시 안에 예배당 평안한 정풍침에 구두쇠가 베푼 한 덩어리의 고기는, 포씨 아가씨가 칼로 자를 수 없다.)

⑩ 小飞蛾抬头看看他的脸，看见他的眼睛要吃人，吓得她马上没有答上话来，张木匠的锯梁子早就打在她的腿上了。(赵树理：≪登记≫)

(작은 불나방은 머리를 들어 그의 얼굴을 좀 보는데, 그의 눈이 사람을 먹으려고 하는 것을 보고, 놀라서 그녀는 즉시 대답하지 못하였고, 장 목수 톱의 손잡이로 일찍이 그녀의 다리를 때렸다.)

㉮ ⑨는 비유를 통하여 과장을 하고, 닭고기의 딱딱함을 묘사하였다. ㉮ ⑩은 의인법을 활용하여 과장하고, "他的眼睛要吃人"을 사용하여 장(张) 목수 눈빛의 흉악함을 형용하였다.

적당하게 과장을 활용하면 감정을 토로할 수 있고, 사물의 특징과 본질을 명시할 수 있는 것 이외에 독자의 상상력을 일깨우고, 언어의 생동성을 증가시킬 수 있다.

과장을 활용하는 데 반드시 객관적인 사실을 기초로 하는 것에 주의해야 하고, 과장은 입에서 나오는 대로 거침없이 말하는 것이 아니어서, 그것이 강조하고 부각하는 느낌이나 감정은 마땅히 진실한 것이어야 한다. 과장의 오묘함은 진실이 아니고 진실보다 나은 데 있다. 과장의 내용이 반드시 사실은 아니나 동시에 너무 허망해서도 안 된다는 것을 사용하는 사람은 판단해야 한다. 예를 들어 사람의 눈이 탐조등과 같이 대지를 밝게 비친다고 쓰면 너무 지나쳐 보인다. 이런 느낌은 생활의 기초가 없는 것이다.

2. 반복, 대구, 대구법, 층체(层递)

(1) 반복

반복은 고의로 동일한 어구나 문장을 중복하여 어떤 뜻을 강조하거나 어떤 감정을 토로하는 수사법이다. 반복은 연속 반복과 간격 반복 두 종류로 나눌 수 있다.

1 연속 반복 : 연속 반복은 연속하여 서로 같은 어구나 문장을 중복하고, 중간에는 다른 어구 간격의 반복이 없다. 예를 들면 다음과 같다.

① 我们肃立在您老人家遗体之前，透过泪水看到您老人家还是那样慈祥而庄严，久久不愿离去啊，时间再长也总感到太短，太短！(毛岸青，邵华：≪我们爱韶山的红杜鹃≫)

(우리 숙립은 당신 어르신의 시신 앞에서, 눈물을 통과하여 어르신이 여전히 거기에 자상하고 장엄한 것을 보았고, 오랫동안 떠나길 원하지 않는데, 시간이 다시 길어도 너무 짧고, 너무 짧다고 늘 느꼈다!)

② 唉！七毛钱竟买了你的生命 — 你的血肉之躯竟抵不上区区七个小银元么？生命真太贱了！生命真太贱了！(朱自清：≪生命的价值七毛钱≫)

(후! 7마오로 결국 너의 목숨을 샀다. 네 피와 살로 이루어진 사람이 결국 얼마 안 되는 7개의 작은 은을 갚을 수 없어? 목숨이 정말 싸다! 목숨이 정말 싸!)

㉮ ①의 "太短，太短!"은 연속 반복을 통하여 아들 며느리가 부친 모택동 주석에 대한 깊은 사모와 숭배하고 존경함을 나타냈다. ㉮ ②의 연속 감탄 "生命真太贱了!"는 작가가 내심으로부터 나온 불쾌함과 의분을 말하였다.

2 간격 반복 : 간격 반복은 중복하여 활용하는 어구나 문장 중간에 사이를 두고 다른 어구나 문장이 있다. 예를 들면 다음과 같다.

③ 风雪一天比一天大，人们的干劲一天比一天猛，砍下的毛竹一天比一天堆得高，

为竹滑道修的架在两座高山之间的竹桥，也在一天比一天往上长。(袁鹰：≪井冈翠竹≫)

(눈보라가 나날이 커지고, 사람들의 열정은 하루하루 맹렬해지며, 자른 죽순대는 나날이 높게 쌓이고, 대나무 활강로를 위해 수리한 선반은 높은 산 사이의 죽교에 설치되어, 또 나날이 위로 길어지고 있다.)

④ 敌人把你的城镇变成了废墟, 你没有哭；敌人把你的国家烧成了灰, 你没有哭；敌人杀死了你的亲人, 你没有哭；敌人把你绑在大树上, 烧你, 烤你, 你没有哭；你真是一把拉不断的硬弓, 一座烧不毁的金刚! (魏巍：≪依依惜别的深情≫)

(적이 너의 도시와 읍을 폐허로 만들었는데, 너는 울지 않았다. 적이 너의 국가를 불태워 재가 되었는데, 너는 울지 않았다. 적이 너의 친족을 죽였는데, 너는 울지 않았다. 적이 너를 큰 나무에 묶어 너를 불태우고 굽는데도 너는 울지 않았다. 너는 정말 당겨서 끊을 수 없는 강궁이고, 태워 버릴 수 없는 하나의 금강이다!)

예 ③의 "一天比一天"은 네 번 출현하였는데, 정강산(井冈山) 사람이 고생스런 환경 아래 혁명적인 전통을 발휘하고, 조국 건설의 가속화를 위하여 죽순대를 생산하는 하늘을 찌르는 열성을 표현하였다. 예 ④는 간벽 반복 "你没有哭"를 사용하여 조선인이 침략자 앞에서 굳고 굴복하지 않는 고귀한 품성을 찬양하였다.

연속 반복과 간격 반복도 교차하여 사용할 수 있다. 예를 들면 다음과 같다.

⑤ 沉默啊! 沉默啊! 不在沉默中爆发, 就在沉默中灭亡。(鲁迅：≪记念刘和珍君≫)

(침묵이여! 침묵이여! 침묵 중에 폭발하지 않고, 침묵 중에 멸망한다.)

⑥ 我的全身似乎是被复仇之火烧焦了，我的脑子里也只有一个念头：复仇! 复仇! 复仇! 为老大娘复仇! 为小佳复仇! 为昌滩平原上所有被蒋匪杀害了的群众复仇! (峻青：≪黎明的河边≫)

(내 온몸은 거의 복수의 불에 의해 까맣게 탔고, 나의 머리에는 한 생각만 있다. 복수! 복수! 복수! 할머니를 위해 복수한다! 소가를 위해 복수한다! 창탄 평원에서 장(蔣)나라 도적에게 살해된 대중을 위해 복수한다!)

예 ⑤는 연속 반복과 간격 반복을 결합하여, 작가가 침묵 속에 격렬한 분노를 참고, 폭발하는 강렬한 감정을 기다리는 것을 토로하였다. 예 ⑥은 연속 반복과 간격 반복을 사용하고, 또 반복과 대구법을 결합하여, "我"가 이때 "被复仇之火烧焦"의 격분한 심정, 성나서 눈을 동그랗게 뜬 한 복수 전사의 형상이 글 속에 생생하게 표현되었다.

반복은 생각과 감정을 두드러지게 하고, 리듬감을 강화하고 층차가 분명해지는 효과를 가지고 있다. 적당히 반복을 활용하면 강렬하고 깊은 감정을 나타내고, 주제 사상을 강조하고 선율미를 구성하는 역할을 할 수 있다. 반복은 중복과 다른데, 중복은 말이 많은 것으로 일종의 어폐이다. 반복을 활용하는 데 반복하고 또 반복하는 것을 힘써 피하고, 반드시 충실한 생각과 강렬한 감정을 가져야 하고, 표현의 실제적인 수요로부터 출발하여 활용 여부를 결정해야만 한다.

(2) **대구**(对偶)

글자 수가 같고 구조가 서로 같거나 기본적으로 서로 같고, 의미가 서로 관련 있는 두 구나 문장을 쌍을 이루어 배열하여 구성한 수사법을 대구라고 한다.

대구는 의미적으로 보아 앞뒤 두 부분이 밀접하게 관련이 있고, 간결하게 모여 매우 강하게 개괄하는 기능을 가지고 있다. 형식적으로 보면 앞뒤 두 부분이 가지런하고 고르며, 소리가 조화롭고, 물체 운동의 강한 리듬과 법칙의 느낌이 있다. 대구는 일종의 한민족 언어 특색을 충분히 드러내는 수사법이다. 한어는 하나의 한자가 한 음절이고, 통사가 융통성이 있으며, 어순은 적당히 도치를 조정할 수 있고, 대구를 구성하기 쉽다. 엄격한 대구는 또 평측을 중시하고, 한어 성조의 수사 작용을 충분히 이용하였다. 대구는 광대한 대중을 위해서 기쁜 마음으로 듣고 보고, 각종 문체 중에 광범위하게 활용된다.

대구 앞뒤 두 부분 의미 관계가 서로 다름에 근거하여 대구는 일반적으로 세 종류로 나눈다.

1 정대(正对) : 의미가 서로 같거나 유사한 앞뒤 두 부분으로 구성한 대구를 정대라고 한다. 예를 들면 다음과 같다.

① 为了搭起滑道，他们翻越了多少陡峭的悬崖绝壁；为了找寻水路，他们踏遍了多少曲折的幽谷荒滩。(袁鹰：≪井冈翠竹≫)

(활강로를 만들기 위해서 그들은 깎아지른 듯 가파른 몇 벼랑을 넘었다. 수로를 찾기 위하여 그들은 구불구불한 산골짜기의 몇 백사장을 답파하였다.)

② 我们伫立橘子洲头，漫步湘江两岸；回清水塘，登岳麓山，徘徊板仓小径，依恋韶山故园…… (毛岸青，邵华：≪我们爱韶山的红杜鹃≫)

(우리는 귤주에 오랫동안 서 있었고, 상강 양안에서 한가롭게 거닐었다. 맑은 연못으로 돌아가, 악록산에 오르고, 가파른 오솔길을 배회하고, 사오산 고향을 그리워한다……)

예 ①은 대구를 사용하여 정강산 인민이 온갖 방법으로 죽순대를 운송하여 조국 건설을 지원하는 혁명 열정을 표현하였다. 예 ②는 세 의미가 서로 비슷한 대구를 연용하여 그들이 호남에 돌아가 모택동과 양개혜(杨开慧) 혁명 유적을 방문하는 과정을 서술하였다.

2 반대 : 의미가 서로 반대이거나 상대적인 앞뒤 두 부분으로 구성한 대구를 반대라고 한다. 예를 들면 다음과 같다.

③ 在这生死关头，我们敬爱的周恩来同志毫不犹豫地把生的希望让给别人，把死的威胁留给自己。(≪一次难忘的航行≫)

(이 생사의 고비에서, 우리 경애하는 주은래 동지는 조금도 망설이지 않고 삶의 희망을 다른 사람에게 양보하고, 죽음의 위협을 자신에게 남겼다.)

④ 我们是旭日东升，霞光万丈；他们是日落西山，气息奄奄。(于敏：≪第一个回答≫)

(우리는 아침 해가 동편에서 막 떠오르고, 노을빛이 만 갈래로 비쳤다. 그들은 해가 서산에 지고, 숨이 끊어지려 한다.)

예 ③은 정반 대립의 두 방면으로부터 주은래 동지가 생사의 문제를 대하는 것에서 표현해 낸 숭고한 품성을 찬양하였다. 예 ④는 대구를 사용하여 선명한 대조를 형성하고, "我们"과 "他们"의 본질이 다른 것을 표명하였다.

3 천대(串对) : 천대는 의미적으로 연관, 점층, 인과, 조건, 전환 등 관계가 있는 앞뒤 두 부분이 구성한 대구로 "유수대(流水对)"라고 부르기도 한다. 예를 들면 다음과 같다.

⑤ 为有牺牲多壮志，敢叫日月换新年。(毛泽东：≪七律・回韶山≫)

(희생과 원대한 포부가 있기 때문에 새로운 시대로 접어들 수 있다.)

⑥ 沉睡地下七千万年，一朝面世昙花一现
遗憾！中江恐龙化石群被浇筑。(北京晚报)

(지하에서 깊이 잠들어 7천만년, 어느 날 월하미인이 세상에 나타났지만, 유감이다! 중강 공룡 화석군은 콘크리트를 틀에 붓게 되었다.)

예 ⑤는 우리나라 인민이 희생을 두려워하지 않고, 용감하게 대자연을 정복하는 영웅의 기개를 표현하였으며, 앞뒤 문장은 인과 관계가 있다. 예 ⑥은 문물을 훼손하는 행위에 대하여 비탄하고, 앞뒤 문장은 전환 관계이다.

엄격한 대구는 평측 조화를 요구하여, 고대 변려문체문과 율시가 사용한 것은 엄격한 대구이다. 현대 한어 시문이 대구를 사용하는 것은 이미 일부 제한을 타파하였고, 글자 수가 같기만 하면, 구조는 대체적으로 같고, 성운은 기본적으로 조화하면 된다. 대구 활용은 형식과 내용의 통일을 주의해야 하고, 사(辞)로 뜻을 해치고, 단순히 형식적인 공정을 추구하여 경대(硬对)현상이 출현하여서는 안 된다. 적당하게 대구를 활용하여 언어로 하여금 고르고 깔끔하며, 리듬이 선명하고, 음조가 낭랑하며, 읽기 좋고 듣기 좋게 하여 언어의 표현력을 크게 증강하였다.

(3) 중문(排比)

구조가 서로 같거나 비슷하고, 어기가 일치하며, 의미가 밀접하게 관련이 있는 세 개나 세 개 이상의 문장이나 문장 성분을 배열하여 기세를 증강하고, 의미를 강조하며, 감정을 심화한 수사법을 "중문(排比)"이라 한다. "중문"은 일종의 표현력이 풍부한 수사법이다. 서술에 쓰이고, 조리가 뚜렷하게 사실을 서술한다. 사물 묘사에 사용되고, 사물을 질서정연하게 모사한다. 이치를 따지는 것에 쓰여 사리를 상세히 해석한다. 감정을 표현하는 것에 쓰여, 정감을 남김없이 다 드러낸다.

"중문"은 두 종류로 나뉜다.

1 문장 성분의 중문 : 예를 들면 다음과 같다.

① 锣鼓声，鞭炮声，口号声，欢笑声，在长安街汇成滚滚洪涛，又翻腾冲击着散向四面八方。(袁鹰：≪十月长安街≫)

(징과 북 소리, 폭죽 소리, 구호 소리, 즐겁게 웃는 소리는 장안가에 모여 큰 파도가 용솟음치며, 또 출렁이고 세차게 부딪치며 사방팔방으로 분산된다.)

② 延安的歌声，是革命的歌声，战斗的歌声，劳动的歌声，极为广泛的群众的歌声。(吴伯箫：≪歌声≫)

(연안의 노랫소리는 혁명의 노랫소리, 전투의 노랫소리, 노동의 노랫소리로 하여 극히 폭넓은 대중의 노랫소리가 되었다.)

③ 鲁迅是在文化战线上，代表全民族的大多数，向着敌人冲锋陷阵的最正确，最勇敢，最坚决，最忠实，最热忱的空前的民族英雄。(毛泽东：≪新民主主义论≫)

(노신은 문화 전선에서 대다수의 온 민족을 대표하고, 적을 향해 정의로운 일을 위해 용감하게 투쟁하는 가장 정확하고, 가장 용감하며, 가장 단호하고, 가장 충실하며, 가장 열정적인, 전무한 민족 영웅이다.)

㉮ ①은 주어의 중문이다. ㉮ ②는 빈어의 중문이다. ㉮ ③은 한정어의 중문이다.

② 문장이나 분문의 중문 : 예를 들면 다음과 같다.

④ 大理花多，多得园艺家定不出名字来称呼；大理花艳，艳得美术家调不出颜色来点染；大理花娇，娇得文学家想不出词来描绘；大理花香，香得外来人一到这苍山下，洱海边，顿觉飘飘然不酒而醉。

(달리아가 많은데, 원예가가 이름을 정하여 호칭할 수 없을 정도로 많다. 달리아는 예쁜데, 미술가가 색깔을 배합하여 색칠할 수 없을 정도로 예쁘다. 달리아는 사랑스러운데, 문학가가 단어를 생각하여 그릴 수 없을 정도로 사랑스럽다. 달리아는 향기로운데, 외지에서 온 사람이 이 푸른 산, 이해(洱海) 가에 오면, 공중에 떠다니는 듯하며 술 마시지 않고도 취하는 것을 문득 느낀다.)

⑤ 西湖胜景很多，各处有不同的好处，即使一个绿色，也各有不同。黄龙洞绿得幽，屏风山绿得野，九曲十八涧绿得闲。不能一一去说。(宗璞：≪西湖漫笔≫)

(서호에는 아름다운 풍경이 매우 많은데, 각각 서로 다른 장점이 있어, 설사 하나의 녹색일지라도, 각각 다르다. 황용동은 그윽하게 푸르고, 병풍산은 거칠게 푸르며, 구곡십팔동은 한가하게 푸르다. 하나하나 말할 수 없다.)

⑥ 一个有觉悟的工人，不管他来到哪个国家，不管命运把他招到哪里，不管他怎样感到自己是异邦人，言语不通，举目无亲，远离祖国，一 他都可以凭≪国际歌≫的熟悉的曲调，给自己找到同志和朋友。(列宁：≪欧仁・鲍狄埃≫)

(각성한 노동자는 그가 어떤 국가에 왔든지, 운명이 그를 어디로 오게 하는지, 그 자신이 이방인으로, 언어가 통하지 않고, 의지할 만한 사람이 아무도 없으며, 조국을 멀리 떠난 것을 어떻게 느끼는지에 관계없이, 그는 ≪국제가≫의 잘 아는 곡조에 의거하여 자신에게 동지와 친구를 찾을 수 있다.)

㉮ ④는 네 문장의 중문이다. ㉮ ⑤는 "黄龙洞", "屏风山", "九曲十八涧"을 쓴 세 분문의 중문이다. ㉮ ⑥의 세 "不管……"은 무조건 단문의 "排比"이다.

중문 문장 중에서 자주 서로 같은 어구가 반복하여 출현하는데, 일반적으로 "제설어(提挈语)"라고 한다. 예를 들면 다음과 같다.

⑦ 赶超，关键是时间，时间就是生命，时间就是速度，时间就是力量。(郭沫若：≪科学的春天≫)

(추월하는 것의 관건은 시간이고, 시간은 곧 생명이며, 시간은 바로 속도이고, 시간은 바로 힘이다.)

그중에 "时间就是"는 곧 "제설어"이고, 제설어의 활용은 긴밀하게 중문 항을 연결하는 데 도움이 되고, 의미가 서로 통하게 하며, 기세는 강한 반복과 중문 양자의 결합이다.

중문을 활용하는 목적은 더욱 좋게 감정을 표현하고, 내용을 강조하기 위해서인데, 무리하게 긁어모으거나, 쓸데없이 중복하거나, 형식만 고려하고 내용은 고려하지 않아서는 안 된다. 만약 중문 항이 지나치게 많으면 필요한 것을 고르고, 문말은 생략부호를 사용할 수 있다. 이렇게 여지를 남겨두어 반대로 독자의 사색을 야기할 수 있다. 예를 들면 다음과 같다.

⑧ 我一步一步艰难地走着，不怕三头怪兽，不怕黑色魔鬼，不怕蛇发女怪，不怕赤热沙地……我经受了几年的考验，拾回来“丢开”了的“希望”，终于走出了“牛棚”。(巴金：≪十年一梦≫)

(나는 한 걸음 한 걸음 어렵게 걷는데, 머리 셋인 괴수를 두려워하지 않고, 검은 색 마귀를 두려워하지 않으며, 뱀 머리 여괴수를 두려워하지 않고, 적열 모래땅을 무서워하지 않는다……나는 몇 년의 시련을 겪어냈고, 잃어 버렸던 희망을 주워 돌아와, 마침내 외양간을 걸어 나갔다.)

(4) 층체

세 개나 세 개 이상의 구조가 서로 비슷하고, 의미가 점점 상승하거나 점점 내려가는 어구나 문장이 순서대로 함께 배열되어, 층층이 차례로 나아가는 내용을 나타내는데, 이런 수사법을 층체라고 한다.

층체는 형식상 중문과 기본적으로 일치하고, 차이는 그것이 의미적으로 층층대 성질을 가지고 있어 점점 상승하거나 점점 하강한다. 층체는 때로 구조적으로 확실히 중문처럼 요구하는 것이 그렇게 엄격하지는 않은데, 구조적으로 약간의 차이가 있으나 의미적으로 체증하는 것은 여전히 순서대로 나가는 것에 속한다. 층체는 체승(递升)과 체강(递降) 두 부류로 나눈다.

1 체승 : 작은 것에서 큰 것으로, 적은 것에서 많은 것으로, 낮은 곳에서 높은 곳으로, 가벼운 것에서 무거운 것으로, 얕은 것에서 깊은 것으로……층층이 수량의 지표를 높이며 유사어구를 배열한다. 예를 들면 다음과 같다.

① 保卫家乡！保卫黄河！保卫华北！保卫全中国！(光未然：≪黄河大合唱≫)

(고향을 지켜라! 황하를 지켜라! 화북을 지켜라! 전 중국을 보위하라!)

② 这种作风，拿了律己，则害了自己；拿了教人，则害了别人；拿了指导革命，则害了革命。(毛泽东：≪改造我们的学习≫)

(이런 기풍은 자신을 단속함을 들어 자신을 해쳤고, 사람을 가르치는 것을 들어 다른 사람을 해쳤다. 지도 혁명을 들어 혁명을 해쳤다.)

③ 不过要读者容易接受，也还得靠好的表现形式，还得在布局上，逻辑上，修辞上再花些功夫，才能使文章的每一句，每一段，一直到全篇，一下子打进读者的脑筋。(何其芳：≪谈修改文章≫)

(다만 독자가 쉽게 받아들여야 하고, 또 좋은 표현 형식에 기대야 하고, 구도・논리・수사 방면에서 또 공을 좀 들여야 문장의 매 구절, 매 단락, 줄곧 한 편 전체까지, 단숨에 독자의 머리에 입력되게 한다.)

㉦ ①은 지키는 범위가 점차 확대되어, 항일 민중의 책임감을 불러일으켜 고향을 지키고 조국을 지킨다는 결심을 나타내었다. ㉦ ②는 자신을 해하고, 사람을 해하고, 혁명을 해하는 정도의 상승을 사용하여 주관주의 풍격의 심각한 위해성을 분석하였고, 논리가 투철하고 깊이가 있어 정곡을 찌르고, 사람으로 하여 깊이 깨닫게 해준다. ㉦ ③은 "매 구절, 매 단락, 줄곧 한 편 전체까지" 확대하며 상승시켜, 표현 형식이 문장 표현 효과에 대하여 일으킨 중요한 작용을 강조하였다.

2 체강 : 큰 것에서 작은 것으로, 많은 것에서 적은 것으로, 높은 곳에서 낮은 곳으로, 무거운 것에서 가벼운 것으로, 깊은 곳에서 얕은 곳으로 …… 층층이 삭감하여 서로 비슷한 어구를 배열한다. 예를 들면 다음과 같다.

④ 确实的，现在我们队伍中确有许多同志被这种作风带坏了。对于国内外，省内外，县内外，区内外的具体情况，不愿作系统的周密的调查和研究，仅仅根据一知半解，根据"想当然"就在那里发号施令，这种主观主义的作风，不是还在许多同志中间存在吗？(毛泽东：≪改造我们的学习≫)

(확실히, 현재 우리 대열 중에 매우 많은 동지가 이 기풍에 의해 물들었다. 국내외, 성내외, 현내외, 구내외의 구체적인 상황에 대하여 계통적이고 주도면밀한 조사와 연구를 하길 원하지 않고, 다만 많이 알지 못하는 것에 근거하고, "당연하다고 생각하는" 것에 근거하여 거기에서 불호령을 내리는데, 이런 주관주의 기풍은 아직 많은 동지 속에서 존재하지 않습니까?)

⑤ 老师又说，自然科学的皇后是数学。数学的皇冠是数论。哥德巴赫猜想，则是皇冠上的明珠。(徐迟：≪哥德巴赫猜想≫)

(선생님께서 자연과학의 황후는 수학이라고 또 말씀하셨다. 수학의 왕관은 수론이다. 골드바흐의 추측은 바로 왕관의 명주이다.)

㉦ ④의 "国" 내외로부터 "省", "县", "区" 내외까지 범위는 점차 축소되고, 조사

연구를 자세히 하여, 구체적인 상황을 파악해야 한다. ㊐ ⑤의 "皇后" "皇冠" "皇冠上的明珠" 세 비유는 전체로부터 부분으로 축소되었고, 이것은 골드바흐가 자연과학 중의 첨단 지위를 추측하고, 이 "猜想(추측)"의 난이도를 분명하게 강조하여 증명한다.

상승하든 하강하든 층체의 작용은 모두 한 걸음 한 걸음 추진하는 것을 빌려 사람의 사상 인식으로 하여 점차 심화하게 하는 데 있고, 청자와 독자로 하여금 표현하는 사상 내용에 대하여 깊은 인상을 남기는 것이다. 층체 활용은 특히 어구의 배열 순서에 주의해야 하고 반드시 승화하거나 하강하는 의미 요구에 부합해야 하고, 논리 순서를 중시하지 않고 함부로 삽입하고 배역하는 것을 방지해야 한다.

3. 쌍관, 반어, 방사, 완곡

(1) **쌍관**(双关)

음성이나 의미의 연계를 이용하여 고의로 어구로 하여 동시에 겉과 속 두 가지 뜻에 관심을 쏟게 하는데, 이것을 말하고 저것을 가리키는 수사법을 쌍관이라고 한다.

쌍관은 화음 쌍관과 의미 쌍관 두 종류로 나뉜다.

1 화음 쌍관 : 음이 같거나 비슷한 것을 이용하여 조성한 쌍관은 화음 쌍관이다. 예를 들면 다음과 같다.

① 我失骄杨君失柳，杨柳轻扬直上重霄九。(毛泽东：≪蝶恋花 · 答李淑一≫)
(나는 사랑하는 아내 양개혜(杨开慧)를 잃고, 당신은 사랑하는 남편(柳直荀)을 잃었다. 그 둘의 사상은 높이 날아가 구충천까지 올라가 사람들의 찬송을 받는다.)

② 这就是文人学士究竟比不识字的奴才聪明，党国究竟比贾府高明，现在究竟比乾隆时候光明：三明主义。(鲁迅：≪言论自由的界限≫)
(이것이 바로 문인학사가 필경 글자를 모르는 노비보다 총명하고, 당국은 필경 가부보다 훌륭하고, 현재가 필경 건륭 때보다 환하다는 삼명주의이다.)

㊐ ①의 "杨柳"는 표면적으로 "杨花柳絮(백양나무의 꽃과 버들개지)"를 가리키고, 실제로 양개혜(杨开慧) · 유직순(柳直荀) 두 열사를 가리킨다. ㊐ ②의 "三明主义"는 "三民主义"와 발음이 비슷한데, 무정하게 반동 통치자가 삼민주의 간판을 때리

는 것과, 언론 자유의 흉악한 면모 및 신월사 문인이 당권자를 위해 전심전력으로 힘쓰는 노비 얼굴을 말살하는 것을 폭로하였다.

② **의미 쌍관** : 어구나 문장이 언어 환경 속에서 형성한 이중 함의가 조성한 쌍관은 의미 쌍관이다. 예를 들면 다음과 같다.

③ 我刚打算往下跳，只见她扭回头来。两眼直盯着被惊呆了的孩子，拉长了声音说："孩子，好好地听妈妈的话啊!"

(나는 막 아래로 뛰어내릴 작정이었는데, 오직 그녀가 고개를 돌린 것만을 보았다. 두 눈은 놀라서 어리둥절해진 아이를 주시하며, 소리를 길게 끌며 "얘야, 엄마의 말을 잘 들어라!" 말했다.)

④ 小俞已经意识到事情的不妙，她和道静两个同时哭了。夜是这样黑暗，阴沉，似乎要起暴雨。多么难挨的漫漫长夜啊！（杨沫：≪青春之歌≫）

(도둑은 이미 일이 심상치 않은 것을 눈치챘는데, 그녀와 도정 둘은 동시에 울었다. 밤은 이렇게 어둡고, 음침하여, 마치 폭우가 내리려는 것 같았다. 얼마나 새기 어려운 긴긴 밤인가!)

㉮ ③의 "好好地听妈妈的话啊!"는 표면상 아이에게 신신당부하는 것이고, 실제로 "我"는 당의 말을 잘 듣고, 명령에 복종한다. ㉮ ④의 "夜"는 당시의 시간을 가리킬 뿐만 아니라 반동 통치를 가리키기도 한다. "暴雨"는 표면의 뜻 이외에 갑작스런 일을 암암리에 가리킨다.

화음 쌍관과 의미 쌍관은 모두 반드시 언어 환경에 의지하여야만 구성될 수 있다. 쌍관은 형식적으로 이것을 나타내고 저것을 숨기며, 의미적으로 이것을 빌려 저것을 말하고, 구불구불한 오솔길이 풍광이 아름다운 곳으로 나 있는 일석이조의 절묘함이다. 교묘한 것 이외에 좋은 쌍관은 또 늘 깊고, 그것은 사고를 일깨우고, 사람에게 교훈과 이익을 준다. 예를 들면 다음과 같다.

⑤ 母亲和宏儿都睡着了。我躺着，听船底潺潺的水声，知道我在走我的路。（鲁迅：≪故乡≫）

(어머니와 총아는 모두 잠들었다. 나는 누워서 배의 밑바닥에 졸졸 흐르는 물소리를 듣고, 내가 내 길을 걷고 있다는 것을 알았다.)

㉮ ⑤ 중에 "知道我在走我的路"는 이중으로 의미를 내포하고 있는데, 외관상 고향을 떠나, 배를 타고 수로를 가고 있다. 또 "我"는 마침 인생길에서 자신의 길을 걷고 있는 것을 가리킨다. 함의는 의미심장하고, 자세히 음미할 가치가 있다. 적당하게 쌍관을 활용하여, 함축적이고 복잡하게 생각과 감정을 표현하고, 환경의 수요

에 적응한다.

쌍관 활용은 교묘하게 음과 의미 두 경로를 이용하여 겉과 속에 이중의 뜻을 조성한다. 그 실제 함의는 속에 품어 겉으로 나타내지 않고 살펴서 얻을 수 있어야 한다. 만약 쌍관이 빗대어 말하는 일을 청자와 독자가 이해할 수 없다면, 쌍관의 가치를 잃었다.

의미 쌍관은 차유법과 다소 다르다. 차유법이 말하는 것은 비유 대상이고, 나타내는 것은 본체로, 비유 대상으로 본체를 대신하고, 비유하고 비유되는 관계이다. 쌍관이 표현하는 것은 두 가지 뜻으로 한 어구의 뜻은 두 사물에 관심을 쏟는다. 하지만 양자는 때로 교차할 것이고, 만약 차유법의 비유 대상은 표면상 풀어서 통하고, 동시에 두 사물에 관심을 쏟으면 바로 차유법을 통하여 형성한 쌍관이다. 예를 들어 경극 ≪홍등기(红灯记)≫의 가사 "困倦时留神门户防野狗，烦闷时等候喜鹊唱枝头。"의 "防野狗"는 암암리에 항일 거짓 스파이를 가리키고, "等候喜鹊唱枝头"는 암암리에 승리의 소식을 기다리는 것을 가리키는데, 차유법이기도 하고 쌍관이기도 하다.

(2) 반어

본래 뜻과 상반된 어구와 문장을 사용하여 본래 뜻을 나타내는 수사법을 반어라고 부른다. 속칭 "설반어(说反话)"라 한다. 반어가 나타내는 뜻은 그것의 반대 어구와 같다. 반어는 역설적으로 말하며 두 종류로 나뉜다.

1 풍자성 반어 : 이런 반어는 좋은 낱말과 글을 이용하여 나쁜 사람이나 사물을 말하여 조롱하고, 풍자하며, 증오하고, 멸시하는 등의 감정을 나타낸다. 예를 들면 다음과 같다.

① 有几个"慈祥"的老板到菜场去收集一些菜叶，用盐一浸，这就是他们难得的佳肴。(夏衍：≪包身工≫)

(몇 명의 자상한 사장님이 채소 시장에 가 채소 잎을 수집하여, 소금으로 절이는데, 이것이 바로 그들이 얻기 어려운 훌륭한 요리이다.)

② 也有解散辫子的，盘得平的，除下帽来，油光可鉴，宛如小姑娘的发髻一般，还要将脖子扭几扭，实在标致极了。(鲁迅：≪藤野先生≫)

(땋은 머리를 푼 사람도 있는데, 접시 같이 평평한 사람은, 모자를 벗으니 찬란하게 윤이 흐르는데, 마치 젊은 아가씨의 상투 같고, 또 목을 몇 번 비틀어 돌리는데, 실제로 매우 예쁘다.)

③ 国民党当局对作家格外“优待”，几乎每个作家都有个特务“保护”着。一来二去，作家就被“护送”到监狱或集中营去“享受”毒刑与杀戮。(老舍：≪十年百花荣≫)
(국민당 당국은 작가에 대하여 각별히 우대하는데, 거의 작가마다 모두 보호하고 있는 특수 요원이 있다. 계속 접촉하는 가운데 작가는 감옥이나 강제 수용소에 호송되어 잔혹한 형벌과 살육을 누린다.)

④ 我告诉您了，根据报纸上官方介绍，他是天底下头等大好人，浑身上下毫无缺点，连肚脐眼都没有。(宗福先：≪于无声处≫)
(나는 너에게 알려주었는데, 신문의 정부 당국의 소개에 근거하여, 그는 하늘 아래 첫째가는 매우 좋은 사람으로 온몸 위아래로 조금도 단점이 없고, 배꼽조차도 없다.)

㉠ ①의 “慈祥”은 “흉악하다”의 뜻이고, “佳肴”는 곧 “돼지 먹이”이며, 반어는 자본가가 “포공제(包工制)”에서 일하던 노동자를 잔인하게 착취하는 것에 대하여 증오하는 태도를 표현하였다. ㉠ ②의 “标致极了(매우 예쁘다)”는 실제로는 “难看极了(매우 흉하다)”의 동의어이다. ㉠ ③의 인용 부호를 가진 어구는 모두 바른 것을 반대로 말하여, 국민당 반동파가 작가를 박해하는 죄악 행위를 폭로하였다. ㉠ ④의 “他是天底下头等大好人，浑身上下毫无缺点，连肚脐眼都没有”는 사실 “他是一个大坏蛋，尽做坏事(그는 일개 몹시 나쁜 놈이고, 온갖 악행을 저지른다)”를 말한다.

풍자성 반어는 비판·폭로에 많이 사용하고, 일반적으로 대적하여 투쟁할 때 사용하고, 또 어떤 것은 좋은 뜻의 비평과 조소로, 위의 ㉠ ②와 같다. 이 두 풍자의 입장, 태도, 어기는 다르다.

2 애호성 반어 : 나쁜 낱말과 문장을 이용하여 좋은 사람이나 사물을 서술하여 애호하고, 친절하고, 찬양하고, 우스갯소리 하는 등의 감정을 나타낸다. 예를 들면 다음과 같다.

⑤ 最后，张腊月无可奈何地笑骂道：“我现在才认识你，你是个顶坏顶坏的女人啊!”她们两人，虽说只相处了一天，可她们的友谊是那么诚挚深厚。(王汶石：≪新结识的伙伴≫)
(마지막으로, 장납월은 “나는 지금 너를 아는데, 너는 최고로 나쁜 최고로 나쁜 여자이다!”라고 그녀 둘을 어쩔 수 없이 비웃고 욕하였는데, 비록 함께 지낸 지 하루라고 하지만, 그녀들의 우정은 그렇게 성실하고 진실하며 두텁다.)

⑥ 成岗迟疑了一下，又提出新的要求，“把收听广播的任务也交给我吧，我的工作的确不重!”

"你简直是野心勃勃! 才给别人写信致敬, 可又叫别人'失业'? 我早就看穿了你的思想活动!" 李敬原眼前透出一丝笑意, 但很快就消失了。(罗广斌, 杨益言 : ≪红岩≫)

(성강은 잠시 망설였고, 또 새로운 요구를 제시하였는데, "방송을 듣는 임무를 나에게 넘겨 줘, 내 일은 확실히 비중이 크지 않아!" "너는 참으로 야심만만이다! 비로소 남에게 편지를 써서 경의를 표하는데, 또 남으로 하여금 '실업'하게 해? 나는 일찍이 너의 사상 활동을 간파하였다! 이경은 원래 눈앞에서 약간의 웃음기를 나타냈으나 매우 빨리 사라졌다.)

㉠ ⑤의 "你是个顶坏顶坏的女人啊"는 친근하고 우애로움을 나타내는 반어이다. 목화 재배의 두 명수 장납월(张腊月)과 오숙난(吴淑兰)의 매우 친밀하여 조금의 격의도 없는 우의를 나타냈다. ㉠ ⑥의 "野心勃勃"는 실제로 성강(成冈)이 주동적으로 중대한 임무를 떠맡고, 혁명을 위하여 일을 많이 하는 것에 대한 칭찬이다.

반어의 형식은 겉으로 그리 드러나지 않고, 표현은 함축적이며 곡절이 있고, 자주 감정이 격동하는 생산물이다. 반어는 특히 풍자에 적합하다. 반어의 활용은 대상을 분명히 나누고, 태도와 분수에 주의해야 한다. 반어는 반대되는 것으로, 주로 언어 환경을 통하여 현시되는 것이다. 이 때문에 언어 환경을 창조하고 설명이 명백하여야, 사람들로 하여금 정확히 이해하게 할 수 있다. 서면어에서는 문장 부호인 인용 부호, 방점의 도움을 빌리고, 구어에서는 표정, 손짓, 어기 등의 수단을 이용하여 반어에 대한 청자와 독자의 주의를 끈다.

(3) **방사**(仿词)

기성 어구, 교체 어구 속의 어구나 형태소에 의하여 임시로 새로운 어구를 만드는데, 이런 수사법을 방사라고 부른다. 방사가 만든 어구는 대부분 반대 의미의 연상을 기초로 한 것이고, 만들어낸 새로운 어구는 언어 속에서 없는 것으로, 임시로 사용하는 것이다. 모방되는 어구와 신조어는 앞뒤로 나타나, 반대 의미가 상대적으로 서로 잘 어울리어, 사람들로 하여금 연상하게 하는 역할을 한다. 예를 들면 다음과 같다.

① 一个阔人说要读经, "嗡"的一阵一群狭人也说要读经。(鲁迅 : ≪这个于那个≫)

(한 부자는 경전을 읽어야 한다고 말하는데, 한 바탕 "웡웡"하는 한 무리의 문인도 경전을 읽어야 한다고 말한다.)

② 有些天天喊大众化的人, 连三句老百姓的话都讲不来, 可见他就没有下过决心

跟老百姓学，实在他的意见仍是小众化。（毛泽东：≪反对党八股≫）
(일부 매일 대중화를 외치는 사람은, 세 마디 국민의 말조차 말할 수 없다는 것을 볼 수 있고, 그는 국민에게 배워야 한다고 결심한 적이 없으며, 실제로 그의 의견은 여전히 소중화이다.)

③ "您真是个天才!" 戈勒校长笑道，"您的胆量令人钦佩，女士。" "我是'地才'，博士!" 女科学家冷冷一笑，"正如生命起源于大地一样，我的认识也是脚踏实地摸索出来的。" （张扬：≪第二次握手≫）
("당신은 정말 천재예요!" 과륵 교장은 "당신의 담력은 사람으로 하여금 탄복하게 해요, 여사님", "저는 '지재'에요, 박사님!"이라고 웃으며 말하는데, 여과학자는 "마침 생명이 대지에서 기원하는 것과 꼭 같고, 저의 인식도 착실하고 진지하게 모색해 낸 것이에요."라며 냉랭하게 웃는다.)

예 ①은 "阔人" 어구에 근거하여, 상대적인 "狭人"을 모방하고, "阔人"은 권세 있는 사람, "读经救国"를 제창하는 사람을 가리키고, "狭人"은 곧 권세가 없고 부화뇌동하는 어용 문인을 가리킨다. 방사를 사용하여 작가의 이 사람에 대한 풍자와 멸시를 나타냈다. 예 ②는 "大众化"를 모방하여 "小众化"를 지어내고, 재미있게 그 구두(口头)로 매일매일 대중화를 부르짖는 것을 비평하였는데, 그들은 실제적으로 대중을 이탈하고, 대중에게 배우지 않는 사람들이다. 예 ③은 "天才"와 대비하여 "地才"라고 어구를 모방하고, 자신의 성취는 착실한 노력에 의지하여 취득한 것이고 어떤 "天才"에 의거한 것은 아니라고 표명한다.

어떤 방사는 피방사 어구가 나타나지 않고, 잠재적으로 작용을 한다. 예를 들면 다음과 같다.

④ 牛棚生活千头万绪，归根到底无非是"老三样"，挨批斗写交代和无休止的劳动。（顾行：≪记"棚友" 萧军≫） (외양간 생활은 얼기설기 뒤엉키고, 결국 "오래된 세 모습"에 불과하여, 즉 비난을 받고 보고를 쓰고 그리고 끝없는 노동이다.)

예 ④의 "老三样"은 "文革" 시기의 습관용어 "老三篇"을 모방하여 지은 것이다.

어떤 방사는 반대 의미의 연상에 의하여 방조한 것이 아니고, 어구의 성분을 뽑아서 다른 것과 바꾸어 방조한 것이다. 예를 들면 다음과 같다.

⑤ 有些人可以到工厂农村去看一看，转一转，这叫"走马看花"，总比不走不看好。另外一些人可以在工厂农村里住几个月，在那里作调查，交朋友，这叫"下马看花"。（毛泽东：≪在中国共产党全国宣传工作会议上的讲话≫） (어떤 사람은 공장과 농촌에 가서 좀 보고, 둘러볼 수 있는데, 이것을 "주마간화"라 하고, 가지 않는 것보다

잘 보지 못한다. 그 밖에 어떤 사람은 공장과 농촌에서 몇 개월을 사는데, 거기에서 조사를 하고, 친구를 사귀는데, 이것은 "하마간화"라고 한다.)

⑥ 那时, 因为有个她, 我处处显得财大气粗：文艺晚会么? 咱有杨悦, 保准曲惊四座, 胜券稳操；作文竞赛么? 只要有杨悦上场, 别班只好望"杨"兴叹。(方伟：≪忏悔≫)

(그때, 그녀가 있었기 때문에 나는 곳곳마다 금전적인 여유가 있어 말에 힘이 실려 보여 "문예야회라고? 우리는 양열이가 있잖아, 그의 노래가 주위를 놀랍게 하여 승산에 자신이 있지"하였다. 작문 시합은? 양열이 출장하기만 하면, 다른 반은 '양'을 바라보고 탄식할 수밖에 없어.)

㉮ ⑤의 "下马看花"는 "走马看花(달리는 말 위에서 꽃을 본다. 즉 사물의 겉면만 훑어보고, 그 깊은 속은 살펴보지 않음을 비유)"를 모방하여 짓고, 구체적이고 생동적으로 기층조사 연구에 깊이 들어가는 일종의 방식을 소개하였다. ㉮ ⑥의 "望'杨'兴叹"은 화음 쌍관 방사를 이용하여, "望洋兴叹(일이 쉽지 않아 개탄하다)"의 "洋"을 "杨悦"의 "杨"으로 바꾸었다.

방사는 대비를 거쳐 모순을 드러내고, 언어로 예리하게 핵심을 찌르게 한다. 방사는 사람에게 신선한 느낌을 주고, 어구로 하여 저절로 흥취를 더하고, 생동적이며 활발하게 한다. 방사는 영감의 생산물이고, 청자와 독자의 연상과 사색을 야기할 수 있다. 방사 활용은 표현의 수요로부터 출발하고, 사물의 본질을 명시하는 것에 주의해야 한다. 그 밖에 모방되는 어구는 명확해야 하고, 대조의 효과를 발생할 수 있다.

(4) 완곡(婉曲)

고의로 직접적이지 않게 설명하고, 다른 논법의 도움을 빌려 완곡하고 복잡하게 뜻을 표현해 내는 수사법을 완곡이라 한다. 완곡은 고의로 그 말을 하고, 그 어구를 얼버무리고, 본래의 뜻을 암시해 내어, 교제의 수요에 적응한다.

완곡은 본래 뜻을 표현하는 방식에 근거하여 완언과 공어 두 유형으로 나눈다.

1 완언(婉言) : 완언은 직접 본의를 말하지 않고, 함축적이고 완곡한 말을 사용하여 말하려는 말을 옆에서 부각시키는 일종의 수사 수법이다. 예를 들면 다음과 같다.

① "长妈妈生得那么胖, 一定很怕热罢? 晚上的睡相, 怕不见得很好罢? ……" 母

亲听到我多回诉苦之后，曾经这样问他。我也知道这意思是要她多给我一些空席。(鲁迅：≪阿长与山海经≫)

("장씨 엄마는 선천적으로 그렇게 뚱뚱해, 분명 더운 것을 두려워하지? 저녁의 잠자는 모습은, 매우 좋지는 않을 것이 두렵지?……" 어머니는 내가 여러 번 쓰라린 마음을 하소연하는 것을 들으시고, 일찍이 이렇게 그에게 물었었다. 나도 이 뜻이 그녀가 나에게 일부 빈자리를 주려고 하는 것임을 알았다.)

② 那就一天给我挑两趟水 …… 挑到我儿子娶媳妇，挑到我闺女出门子，给我挑一辈子。(电影：≪归心似箭≫)

(그러면 하루에 나에게 두 번 물을 지게 해라……내 아들이 장가들 때까지 지고, 내 딸이 시집갈 때까지 지며, 나에게 한평생을 지게 해라.)

③ 孔乙己一到店，所有喝酒的人便都看着他笑，有的叫道："孔乙己，你脸上又添上新伤疤了!"(鲁迅：≪孔乙己≫)

(공을기가 가게에 이르니 술 마시는 모든 사람은 곧 그가 웃는 것을 보고, 어떤 사람은 "공을기, 네 얼굴에 또 새 흉터가 생겼네!"라고 소리쳤다.)

㉮ ①에서 어머니의 묻는 말은 실제로 완곡하게 장씨 엄마가 한 이불 속의 "我"에게 좀 더 빈자리를 남기는 것이다. ㉮ ②는 "给我挑一辈子"의 완곡 논법으로 위득승(魏得胜)이 남아 그녀와 결혼하기를 희망함을 나타낸다. ㉮ ③의 "你脸上又添上新伤疤了!"가 암시하는 말은 공을기(孔乙己)가 또 두들겨 맞았다는 것이다.

2 곡어(曲语)：곡어는 직접 말하지 않거나 직접 말하기를 원하지 않는 말을 다른 말로써 대체하는 일종의 수사 수법이다. 예를 들면 다음과 같다.

④ 聂耳以二十三岁的青春年华，过早的写下他生命的休止符。(何为：≪他的进军号≫)

(섭이는 23살의 청춘 시절로, 너무 이르게 그의 생명의 쉼표를 썼다.)

⑤ 王三胜不怕：他看得出别人有功夫没有，可更相信自己的本事，他是沙子龙手下的大将。"下来玩玩，大叔!" 王三胜说的很得体。(老舍：≪断魂枪≫)

(왕삼승은 두려워하지 않는다. 그는 다른 사람이 재주가 있는지 없는지를 알 수 있고, 자신의 능력을 더욱 믿으며, 그는 사자용 수하의 대장이다. "내려와서 좀 노세요, 아저씨!" 왕상승은 매우 적절하게 말하였다.)

⑥ 这次冲锋，像从云端中跃出的闪电，使黄维摆在双堆集上的那些重炮和坦克，统统被取消了发言权。这次冲锋，像个疾雷，使一向狂妄猖獗的"老虎团"，在这锐不可当的一击下面被勾销了"户头"。(谢雪畴：≪"老虎团"的结局≫)

(이번 돌격은 구름 속에서 뛰어오른 번개 같아, 황유로 하여금 쌍두이지에 배치하게 한 그 중포와 탱크는 전부 발언권이 취소됐다. 이번 돌격은 빠른 천둥과 같고, 줄곧 아주 거만하게 제멋대로 날뛰는 "호랑이 무리"로 하여, 이 기세등등하여 막아낼 수 없는 일격 아래 "계좌"를 없애게 됐다.)

예 ④는 "写下他生命的休止符"를 사용하여 음악가의 사망함을 말하였다. 예 ⑤의 "玩玩(놀다)"은 실제로 "较量较量(대결하다)"을 말하고, 고의로 말을 매우 홀가분하고 우호적으로 한다. 예 ⑥은 적의 중포와 탱크가 때려 부수어진 것을 말하지 않고 "统统被取消了发言权"이라 말하고, "老虎团"이 섬멸되었다고 하지 않고 "被勾销了'户头'"라고 하여, 아주 익살맞고 재미있게 나타내었다.

완곡 활용은 완곡하게 자신의 뜻을 표현하고, 구어 교제 중에 상용하는 수사법으로, 또한 서면어로 하여금 함축적이고 우아하게 하는 중요한 방식이다. 완곡의 활용은 장소에 주의해야 하는데, 만약 완전히 완곡할 필요가 없으면, 일반적으로 여전히 단도직입적으로 품고 있던 말을 토로하고, 성격이 호쾌한 사람은 말도 시원시원하게 하는 것이 좋다.

4. 염연, 정진, 회환, 착종

(1) **염연**(拈连)

염연은 위아래 문장의 연계를 이용하여, 갑 사물에 적용하는 말을 교묘하게 을 사물에 사용하는 일종의 수사법이다. 갑 사물은 일반적으로 구체적이고, 앞에 위치한다. 을 사물은 추상적이고, 뒤에 위치한다. 염연은 본래 호응할 수 없는 두 말을 교묘하게 호응시켜, 특정한 수사 의미를 발생하였다. 염연 중의 갑을 사물과 호응하는 각각의 어구를 염사라고 부른다. 염사는 갑 사물과 구성한 정상적인 호응을 전제라고 하고, 염사(拈词)가 을 사물과 구성한 비범한 호응을 염구(拈句)라고 부른다. 염연은 엄식과 관식 두 종류로 나뉜다.

[1] 엄식(严式) : 염사는 각각 전제와 염구 중에서 나타난다. 예를 들면 다음과 같다.

① 清晨，枯草上凝着霜花，一位老大娘肩着竹耙，从古道上走来了。她搂起茅草，搂起豆茬，搂起少吃缺穿的日子。(王兆军：≪沙净天≫)

(이른 아침 마른 풀에 서릿발이 서 있는데, 할머니 한 분이 대나무 갈퀴를 메고, 오래된 길로부터

걸어오셨다. 그녀는 띠를 긁어모았고, 콩 그루터기를 긁어모았으며, 덜 먹고 모자라게 입는 생활을 긁어모으고 있다.)

② 当年毛委员和朱军长带领队伍下山去挑粮食，不就是用这样的扁担吗？他们肩上挑的，难道仅仅是粮食?不，他们挑的是中国的无产阶级革命。(袁鹰：≪井冈翠竹≫)

(그해에 모 위원과 주군단장이 군대를 이끌고 하산하여 양식을 메었는데, 이러한 멜대를 사용하지 않았는가? 그들이 어깨에 멘 것이 설마 양식뿐인가? 아니다, 그들이 멘 것은 중국의 무산 계급 혁명이다.)

③ 哼！你别看我耳朵聋 — 可我的心并不“聋”啊！(郭澄清：≪大刀记≫)

(흥! 너는 내 귀가 먹었다고 보지 마라, 내 마음은 결코 귀 먹지 않았어!)

④ 这条隧道把滦河水系和海河水系沟通了，把军民的感情沟通了，把昨天，今天，明天沟通了！(李延国：≪在这片国土上≫)

(이 굴은 난하의 수계와 해수를 연결하였고, 군민의 감정을 소통하였고, 어제・오늘・내일을 연결하였다.)

예 ①의 “搂起茅草，搂起豆茬”는 모두 정상적인 호응이고, “搂起少吃缺穿的日子”는 비범한 호응으로 농민이 종일 고생하나 오히려 계속 빈곤한 날을 벗어날 수 없는 곤경을 적었다. 예 ②는 “挑粮食”에서 “挑的是中国的无产阶级革命”까지, 혁명 지도자가 산을 내려와 양식을 메는 이 일을 무산 계급 혁명과 긴밀하게 연계하였다. 예 ③ “心并不‘聋’”은 마음속으론 잘 이해하는 수사 논법이다. 예 ④의 앞에 “沟通”은 전제이고, 뒤에 두 개는 모두 점구로, 난하의 물을 천진에 끌어들이는 공정의 위대한 의미를 설명하였다.

2 관식(宽式) : 관식은 형태가 완비되지 않거나 전형적이지 않은 염연으로 전제가 생략되거나 염사가 생략된다. 예를 들면 다음과 같다.

⑤ 我只是伫立凝望，觉得这一条紫藤萝瀑布不只我眼前，也在我心上流过。(宗璞：≪紫藤萝瀑布≫)

(나는 오랫동안 서 있으며 주시하기만 하는데, 이 보라색 등나무 폭포는 내 눈 앞에서 뿐만 아니라 내 마음에서도 흐른다고 느꼈다.)

⑥ 薛倩住乡下，薛莹住城里，姐弟间你来我往，由这条元宝船维系着。船尾一把橹，橹片浸没在水里，摇过了数十年茫茫生活。(姜滇：≪水巷≫)

(설천은 시골에 살고, 설옥은 도시에 사는데, 누나와 남동생 사이에 서로 오가는 것은, 이 으뜸의 귀중한 배로 유지하고 있었다. 선미에 노가 있고, 노가 물속에 잠겨, 수십 년의 아득한 생활을

흔들었다.)

⑦ 咚—咚—咚咚咚。声音单调吗? 一点也不觉得。因为每一声咚咚都敲出对旧事物的诅咒，敲出对新生的人民共和国美好的祝愿。(萧乾：≪鼓声≫)
(쿵 쿵 쿵쿵쿵. 소리가 단조롭나? 조금도 단조롭지 않다고 생각해. 쿵쿵거리는 소리마다 모두 낡은 사물에 대한 저주를 두드려 낸 거고, 갓 태어난 인민공화국의 아름다움에 대한 축복을 두드려 낸 것이기 때문이야.)

㉮ ⑤의 전제 중에 염사 "流"가 생략되었다. ㉮ ⑥ "摇过了数十年茫茫生活"의 전제 "摇过了这段水路"가 생략되었다. ㉮ ⑦은 앞에 전제 "每一声咚咚都敲出节奏"를 생략하였다고 인정할 수 있다.

염연이 언어에 부여한 새로운 뜻은 주관적으로 형성한 것이고 일정한 언어 환경 아래 발생한 것으로, 그것은 언어를 생동적이고 구체적이게 하고, 우의를 깊게 하고, 표현력이 풍부하게 한다. 동시에 또 교묘하게 위아래 문장을 연결하고, 의미 도약을 완성하며, 간결하고, 명쾌하며, 어구로 하여 연관되게 하는 효과를 가진다.

(2) 정전(顶真)

앞 문장 끝의 어구를 사용하여 다음 문장의 시작으로 하고, 서로 인접한 문장의 처음과 끝으로 하여금 연속하게 하고, 위에서 넘겨 아래서 연결하는 이런 수사법을 정전이라 부르고, 연주(联珠)라고도 부른다. 정전은 한어 전통 수사법의 하나로, 예로부터 "정전속마(顶真续麻)"의 논법이 있었고, 계속 지금까지 유전되어 대중의 애호를 깊이 받는다.

정전은 사물 사이의 관계를 반영할 수 있고, 이치를 밝히는 연관성 · 엄밀성의 서사를 강화하고, 표현이 밀접하게 연결되게 하고, 명쾌하고 유창하게 한다. 예를 들면 다음과 같다.

① 他小心地揭开一个木头蜂箱，箱里隔着一排板，板上满是蜜蜂，蠕蠕地爬动。(杨朔：≪荔枝蜜≫) (그는 조심스럽게 나무 벌 상자를 열었는데, 상자 안에는 한 열의 판이 사이를 두고 있는데, 판에는 온통 꿀벌이고, 꿈틀거리며 기어다닌다.)

② 他比先前并没有什么大改变，单是老了些，但也还未留胡子，一见面时寒暄，寒暄之后说我"胖了"，说我"胖了"之后即大骂其新党。(鲁迅：≪祝福≫)
(그는 예전보다 그다지 크게 변한 것이 없는데, 다만 좀 늙었으나, 아직 수염을 기르지 않았고, 만났을 때 인사말을 나누고, 인사말을 나눈 후에는 내가 "살쪘네"라고 하고, 내가 "살쪘네"라고 말한 후에

바로 그 신당을 욕설을 퍼부었다.)

③ 四嫂：也没什么难懂的，反正说的都离不开修沟，修沟反正是好事，好事反正就得拍巴掌，拍巴掌反正不会有错儿，是不是？老太太！（老舍：≪龙须沟≫）

(넷째 형수 : 별로 이해하기 어렵지 않고, 아무튼 말하는 것은 모두 도랑을 수리하는 것을 떠날 수 없는데, 도랑을 수리하는 것은 여하튼 좋은 일이고, 좋은 일은 어쨌든 손뼉을 쳐야 하고, 손뼉을 치는 것은 아무튼 잘못이 없을 것이지? 노부인!)

④ 咱们做的事越多，老百姓就来得越多；老百姓来得越多，咱们的力量就越大；咱们的力量越大，往后做的事也就越多。（欧阳山：≪高干大≫）

(우리가 하는 일이 점점 더 많아질수록, 국민들은 점점 더 많이 오고, 국민들이 더 많이 올수록, 우리의 힘은 점점 더 커지고, 우리의 힘이 점점 더 커질수록, 앞으로 할 일도 더 많아질 것이다.)

㉠ ①은 정전 수법을 사용하여 밖에서 안의 순서로 벌통의 장면을 서술하고, 층층이 깊이 들어가고, 조리 정연함을 서술하였다. ㉠ ②는 "我"와 "四叔"가 만난 후에 담화하는 상황을 서술하였는데, "四叔"가 말하는 전후 순서는 정전격(顶真格)을 사용하여 "四叔"의 허위 · 냉담과 "신당"에 대하여 적대시함을 표현하였다. ㉠ ③은 넷째 형수가 회의를 여는 것에 대한 견해를 적었는데, 정전의 활용은 그녀의 논리적인 추리 과정을 표현하였고, 그녀가 당과 정부에 대한 소박한 인식이 있고, 정부가 수로를 만드는 결정에 대하여 마음속으로 옹호함을 설명한다. ㉠ ④는 단문의 정전으로 사물 사이의 논리 관계가 아주 단단히 연결되어 있음을 드러내어 보였다.

정전 중의 넘겨주고 연결하는 어구로서, 어떤 것은 어구로 ㉠ ①과 같고, 어떤 것은 구로 ㉠ ②와 같다. 또 어떤 것은 분문으로 ㉠ ④와 같다. 다만 앞뒤 두 문장 서두가 연속하는 정전은 단연정전(单连顶真)이라 하고, 세 개나 세 개 이상의 문장 서두에 연속하는 것은 관련정전(串连顶真)이라 한다. 위에 각 예는 모두 관련정전이고, 단연정전의 예를 들면 다음과 같다.

⑤ 大雪压青松，青松挺且直。要知松高洁，待到雪化时。（陈毅：≪冬夜杂咏 · 青松≫）

(큰 눈은 푸른 소나무를 누르고, 푸른 소나무는 꼿꼿하고 곧다. 소나무가 고결한 것을 알려면, 눈이 녹을 때까지 기다린다.)

(3) **회환**(回环)

회환은 문장 서두와 말미 어구를 이용하여 순서를 바꾸는 것으로, 배열 순서가 다른 어구를 바짝 함께 연결하여, 사람들에게 순환 왕복하는 느낌을 주는 수사법이다. 회환은 회문이라고도 부르는데, 예를 들면 다음과 같다.

① 从我一生的经历，我悟出了一条千真万确的真理：只有社会主义才能解放科学，也只有在科学的基础上才能建设社会主义。科学需要社会主义，社会主义更需要科学。(郭沫若：≪科学的春天≫)

(내 일생의 경험으로부터 나는 천만번 지당한 진리를 터득하였다. 사회주의만 있으면 과학을 해방할 수 있고, 또 과학의 기초에서만 사회주의를 건설할 수 있다. 과학은 사회주의를 필요로 하고, 사회주의는 과학을 더욱 필요로 한다.)

② 井冈山的毛竹，同井冈山人一样坚贞不屈。血雨腥风里，毛竹青了又黄，黄了又青，不向残暴低头，不向敌人弯腰。(袁鹰：≪井冈翠竹≫)

(정강산의 죽순대는 정강산 사람과 똑같이 굴하지 않는다. 참혹한 전쟁터에서 죽순대는 푸르러지면 또 노랗고, 노래지면 또 푸르며, 잔학함을 향해 머리를 숙이지 않고, 적에게 허리를 굽히지 않는다.)

③ 理性认识依赖于感性认识，感性认识有待于发展到理性认识，这就是辨证唯物论的认识论。(毛泽东：≪实践论≫)

(이성 인식은 감성 인식에 달려 있고, 감성 인식은 이성 인식으로 발전하기를 기대하고 있는데, 이것이 바로 변증유물론의 인식론이다.)

④ 啊呀啊呀，真是愈有钱，便愈是一毫不肯放松，愈是一毫不肯放松，便愈有钱…… (鲁迅：≪故乡≫)

(우와! 우와!, 정말 돈이 많을수록 조금도 긴장을 풀려 하지 않고, 조금도 긴장을 풀려 하지 않을수록, 돈이 많아진다……)

㉎ ① "科学"와 "社会主义"는 회환을 형성하였고, "科学"와 "社会主义" 간에 상호 의존하고 상호 촉진하는 관계를 드러내 보였다. ㉎ ②의 작가는 회환격 "青了又黄，黄了又青"을 사용하여 죽순대가 해마다 끊임없이 자라는 완강한 생명력을 힘있게 나타내었고, 정강산 사람의 굳고 굴복하지 않는 혁명 정신을 찬양하였다. ㉎ ③은 "理性认识"와 "感性认识"의 회환 왕복으로 간명하고 투철하게 양자 사이의 변증 관계를 상세히 해석하였다. ㉎ ④는 양(杨)씨 작은 형수가 재물을 요구하는데 얻지 못하여 하는 말로, "我"가 "돈이 있을수록 인색하고 인색할수록 돈이 있는(越有钱越吝啬，越吝啬越有钱)" 것을 풍자하고, 양(杨)씨 작은 형수의 말주변이 뛰

어나고 총명하며 신랄한 성격 특징을 나타내었다.

회환 수사법은 서사에 사용하기도 하고, 이치를 따지는 것에 사용하기도 하여, 매우 좋게 두 사물을 나타낼 수 있고, 두 현상이 서로 의존하고 서로 작용하는 변증 관계임을 표현할 수 있다. 회환, 순환, 왕복의 언어 형식은 교묘하게 어구와 문형을 이동하는 결과로, 사람들에게 깊은 인상을 남기고 매우 강한 표현력을 가지고 있다.

(4) **착종**(错综)

고의로 가지런하지 못하여 교착하는 어구와 문장을 사용하여 언어가 단조롭고 딱딱한 것을 피하는 수사법을 착종이라고 부른다. 착종은 동일한 어구와 문형이 반복 출현하는 것을 애써 피하고, 본래 가지런하고 고르게 쓴 문장을 고의로 가지런하지 못하게 써서, 언어 형식으로 하여금 생동적이며 활발하게 하고, 변화가 풍부하게 하는 것을 목적으로 한다. 착종은 어구 착종과 문형 착종 두 가지로 나뉜다.

1 어구 착종 : 동의어의 배합으로 동일한 개념을 표현하여, 동일한 어구를 자주 중복하는 것을 피한다. 예를 들면 다음과 같다.

① 厌恶和反对这种利己主义“庸人哲学”的大有人在，敢于摒弃“老好人”作风，坚持原则，勇于顶不正之风的也不乏其人。(≪人民日报≫)

(이런 “용인철학”의 그와 같은 사람은 많이 있다는 이기주의를 혐오하고 반대하며, 대담하게 “무골호인” 기풍을 버리고, 원칙을 고수하며, 용감하게 비리와 대립각을 세우는 사람도 적지 않다.)

② 老龚同志! 有些吹捧你的话，给你戴高帽子的话，不一定句句是真。(蒋金彦：≪三人行≫)

(공씨 동지! 약간 너를 치켜세우면, 너에게 비행기를 태운다면, 마디마디가 반드시 참인 것은 아니다.)

③ 真的猛士，敢于直面惨淡的人生，敢于正视淋漓的鲜血。(鲁迅：≪记念刘各珍君≫)

(정말 용사로, 대담하게 참담한 인생에 직면하고, 대담하게 줄줄 흐르는 선혈을 똑바로 본다.)

㉥ ①의 “大有人在”와 “不乏其人”은 같지 않은 어구를 채택하여 중복을 피하였다. ㉥ ②의 “吹捧你”는 “给你戴高帽子”와 같은 뜻이다. 여기에 착종 수법을 사용하여 말을 한 번 강조하고 중복하여 인상을 깊게 하였다. ㉥ ③의 “直面”과 “正视”는 서로 착종이다.

② **문형 착종** : 상호 연결한 구조 · 어기가 서로 같은 문장을 고의로 문장 중에 같지 않은 가지런하지 못한 문형으로 바꾼다. 예를 들면 다음과 같다.

④ 射箭要看靶子，弹琴要看听众，写文章做演说倒可以不看读者不看听众么?(毛泽东：≪反对党八股≫)

(활을 쏠 때는 과녁을 봐야 하고, 피아노를 칠 때는 청중을 봐야 하지만, 문장을 쓰고 연설을 할 때는 오히려 독자를 보지 않고 청중을 보지 않아도 됩니까?)

⑤ 你在瞧，那在天边隐约闪亮的不就是黄河吗? 那在山脚缠绕不断的自然是汶河。(杨朔：≪泰山极顶≫)

(너 봐봐, 저기 하늘가에 희미하게 반짝이는 것은 바로 황하가 아니냐? 저 산 밑에 둘둘 감아 끊임없는 자연은 문하이다.)

⑥ 这是什么精神? 这是国际主义的精神，这是共产主义的精神，每一个中国共产党员都要学习这种精神。(毛泽东：≪纪念白求恩≫)

(이것은 무슨 정신인가? 이것은 국제주의 정신이고, 이것은 공산주의 정신으로, 각 중국 공산당원은 모두 이런 정신을 배워야 한다.)

예 ④의 세 번째 단문은 본래 또 앞 두 단문과 똑같은 문형으로 적으나, 여기에서는 고의로 뒤섞어 반어문으로 써서 문형의 단조롭고 딱딱함을 피하였다.

예 ⑤의 두 번째 문장은 만약 또 반어문을 사용하면 바로 앞 문장과 일치하므로, 긍정을 나타내는 판단문을 사용하여 가지런하지 못한 효과를 형성하였다.

예 ⑥ 최후의 한 단문은 순조롭게 이어져 와도 "这是每一个中国共产党员都要学习的精神"으로 적고, 뒤섞인 문형은 끝 문장에서 보낸 호소를 더욱 두드러지게 하였다.

착종은 일종의 비교적 상용하는 수사법으로, 광범위하게 각종 문체에 활용하고, 적당하게 활용하여 어구의 딱딱하고 단조롭고 무미건조함을 피하고, 언어 물결로 하여 기복이 있게 하고, 참신하고 활발하게 한다. 착종은 앞에서 말한 적이 있는 대구, 반복, 중문 등의 수사법과 대립된다. 대구 등은 언어를 가지런하게 하고, 언어 형식의 균형미를 추구한다. 그러나 착종은 고의로 균형을 타파하는데, 그것이 추구하는 것은 언어 형식의 가지런하지 못한 아름다움이다. 사람들이 추구하는 언어미는 다양화되었고, 한 가지 방법에만 구애되지 않고, 균형미와 가지런하지 못한 아름다움 모두 언어미의 형성 부분이다.

5. 통감, 이취, 인용, 도탈

(1) 통감(通感)

일종의 감각 기관의 감각을 묘사하는 어구를 사용하여 다른 감각 기관의 감각을 묘사하는 수사법을 통감이라고 한다. 통감은 또 이각(移觉)이라고도 부른다. 사람들은 시각, 청각, 촉각, 미각, 후각의 오감을 통하여 외부 세계의 사물을 감지하고, 일반적인 상황에서 각종 감각은 각자 맡은 바 업무를 완수하나, 때로 한 감각의 자극은 다른 감각의 반응을 유발한다. 예를 들면 사람이 귀를 자극하는 소리를 들을 때, 몸에 아마도 닭살이 돋을 것이다. 사람의 안구가 압박을 받을 때, 눈앞에 여러 가지 색을 가진 빛……이 나타날 것이다. 이런 심리 현상은 사람의 감각이 상통할 수 있음을 설명한다. 통감은 바로 이런 심리 현상을 이용하는 것이고, 다른 감각 기관의 감각을 소통하고, 한 감각을 다른 감각으로 전이하여, 언어 이 두 번째 신호 계통의 감각 기관에 대한 자극을 증강하고, 표현 효과를 제고한다. 예를 들면 다음과 같다.

① 但光和影有着和谐的旋律，如梵婀铃上奏着的名曲。(朱自清：≪荷塘月色≫)
(하지만 빛과 그림자는 조화로운 선율이 있어, 바이올린으로 연주되고 있는 명곡과 같다.)

② 微风过外，送来缕缕清香，仿佛远处高楼上渺茫的歌声似的。(朱自清：≪荷塘月色≫)
(미풍이 스치고 지나가자, 끊임없이 맑은 향기가 나는데, 마치 먼 곳의 높은 누각에서 전해오는 아득한 노랫소리와 같다.)

③ 女子们朗朗的笑声，像水上的波纹，在工地上空荡漾开去。(魏钢焰：≪绿叶赞≫)
(여자들의 낭랑한 웃음소리가 물 위의 물결과 같고, 공사 현장에서 휑뎅그렁하게 출렁거리어 간다.)

④ 每逢看见蜜蜂，感情上疙疙瘩瘩的，总不怎么舒服。(杨朔：≪荔枝蜜≫)
(언제나 꿀벌을 보게 되면, 감정적으로 매끄럽지 못하고, 늘 그다지 편하지 않다.)

⑤ 一分钟之内，他讲了这么多话。纯正的北京方言，那股特有的柔和劲儿，有股子甜味。听他讲话，简直像在嚼一串北京的冰糖葫芦。(陈旭明：≪马路指挥家≫)
(1분 이내에 그는 이렇게 많은 말을 하였다. 순수 북경 사투리, 그 특유의 연하고 부드러운 맛은 한 갈래 단맛이 있다. 그가 말하는 것을 들으면, 그야말로 북경의 삥탕후루 한 꼬치를 씹는 것 같다.)

㉮ ①은 시각을 청각으로 옮긴 것으로, 달빛의 부드럽고 아름다움을 적었다. ㉮

②는 후각을 청각으로 옮겨, "清香"의 미묘함을 적었다. 예 ③은 청각을 시각으로 옮긴 것인데, "水上的波纹"을 사용하여 웃는 소리의 은은함을 적었다. 예 ④는 시각을 촉각으로 옮긴 것인데, 생동적으로 불편한 감각을 묘사하였다. 예 ⑤는 청각을 미각으로 옮긴 것으로 "그(他)"가 말한 북경어가 사람에게 주는 달콤한 감각을 적었다.

한 감각이 다른 감각과 소통하는 것 이외에, 또 동시에 두 가지 이상의 감각이 소통하여 여러 감각의 자극을 조성하는 것은, 다매체가 형성하는 입체 효과와 같다. 예를 들면 다음과 같다.

⑥ 方鸿渐看唐小姐不笑的时候，脸上还依恋着笑意，像音乐停止后袅袅空中的余音。许多女人会笑得这样甜，但她们的笑容只是面部肌肉的柔软操……（钱钟书：≪围城≫）

(방홍은 당씨 아가씨가 웃지 않을 때를 차차 보니, 얼굴에 아직 웃음기를 그리워하고 있는데, 음악이 정지한 후에 소리가 가늘고 길게 이어지는 공중의 여운과 같다. 매우 많은 여자가 이렇게 달콤하게 웃을 줄 아나, 그들의 웃음은 다만 얼굴 근육의 유연한 행위이다.)

⑦ 灰白色的沉重的晚云中间时时发出闪光，接着一声钝响，使送灶的爆竹；近处燃放的可就更加强烈了，震耳的大音还没有息，空气里已经散满了幽微的火药香。(鲁迅：≪祝福≫)

(회백색의 무거운 저녁 구름 속에서 늘 섬광을 내고, 계속하여 한 번 펑하는 소리가 나는데, 조왕신에게 제사지내고 하늘로 올려 보내게 하는 폭죽이 가까운 곳에서 터트리는 것은 더욱 강렬하였고, 쩌렁쩌렁 울리는 큰 소리가 아직 멈추지 않았으며, 공기 속에는 이미 은은한 화약 향기가 가득 퍼졌다.)

⑧ 我在朦胧中，又隐约听到远外的爆竹声连绵不断，似乎合成一天音响的浓云，夹着团团飞舞的雪花，拥抱了全市镇。(鲁迅：≪祝福≫)

(나는 모호한 중에 또 희미하게 먼 곳의 폭죽 소리가 끊임없이 나는 것을 들었는데, 마치 하루 음향을 합성한 짙은 구름 같고, 빙빙 돌며 공중에 흩날리는 눈송이를 더하며, 전 읍을 껴안았다.)

예 ⑥의 "笑意"는 얼굴에서 보는 시각 형상이고, "余音"은 청각 형상으로 바뀌었고, "甜"은 또 미각 형상으로, 이 세 감각은 함께 당효부(唐晓芙)의 웃음을 묘사하여 우리들로 하여금 매우 비슷하고 뚜렷하게 당씨 아가씨의 이 웃음기가 끝이 없음을 느끼게 하였다. 예 ⑦은 ≪祝福≫ 시작 부분의 묘사로, "灰白色"는 시각이고 "沉重"은 촉각이며 "闪光"은 시각이고 "一声钝响"은 청각이며 "火烧香"은 미각으로, 입체 전방위의 통감은 우리를 음력 새해의 밤으로 데리고 가는 것처럼 묘사한다.

㉮ ⑧은 ≪祝福≫ 결말 부분의 묘사로, "爆竹声"의 청각 형상은 합쳐서 "一天音响的浓云"이 되었고, 청각과 시각은 완전히 한 덩어리로 융합되고, 폭죽 소리는 설을 쇠는 뜨거운 분위기를 과장하였으며, 상림(祥林) 형수 인생이 비극적으로 처참한 것을 더욱 두드러지게 하였다.

통감 수사법은 자주 비유 · 의인법 · 과장 등의 수사법으로 표현하고, 이런 종합적인 활용은 그것의 표현력을 더욱 강화하였다. 통감 수사법은 심리 수사의 전형적인 형상이고, 언어 표현은 본래 심리 현상으로, 심리학은 수사학과 아주 밀접한 관계를 가지고 있다.

(2) **이취**(移就)

이취는 사람의 감정과 느낌을 수식어를 통하여 사물에 옮겨간 일종의 수사법이다. 사물에 감정을 기탁하는 것은 사람 감정이 누설되는 중요한 경로로, 외부 세계로 사람의 주관적인 의식을 가져 가게 하고 사물로 하여금 사람의 사상과 감정에 따라 활동하게 하는 일종의 사유 관성이다. 수사 현상을 이용하면 한편으로는 묘사하는 사물로 하여금 사람의 사상과 감정을 가지게 하고, 또 한편으로는 사람의 느낌으로 사물의 형태를 가지게도 한다. 예를 들면 다음과 같다.

① 明天早上，辛楣和李梅亭吃了几颗疲乏的花生米，灌半壶冷淡的茶，同出门找本地教育机关去了。(钱钟书：≪围城≫)

(내일 아침에, 신미와 이매정은 몇 알의 쪼글쪼글한 땅콩을 먹고, 반 주전자의 차가운 차를 부어 넣고, 함께 집을 나서 본고장 교육 기관을 찾아 갔다.)

② 多情的月光，从窗口斜射进来，在房间里越拉越长。(谭谈：≪小道弯弯≫)

(다정한 달빛이 창문으로 비스듬히 비쳐 들어오고, 방안에선 끌수록 길어진다.)

③ 战士举枪瞄准敌人，射出了仇恨的子弹。

(병사는 총을 들고 적을 조준하고, 증오하는 총알을 쏘았다.)

④ 所谓回忆者，虽说可以使人欢欣，有时也不免使人寂寞，使精神的丝缕还牵着已逝的寂寞的时光，又有什么意味呢，…… (鲁迅：≪呐喊≫自序)

(소위 추억이라는 것은, 사람을 유쾌하게 할 수 있고, 때로 적막하게도 하고, 정신의 실로 하여금 또 이미 지나간 쓸쓸한 시간을 끌게 하고, 또 무슨 의미가 있나, ……)

㉮ ①의 "疲乏" "冷淡"은 신미(辛楣) 등 일행의 "내일 아침"의 느낌이고, 동시에

또 땅콩 알맹이가 바짝 말라 쪼글쪼글한 것과 여인숙 인정의 담담함을 적었다. 예 ②는 다정한 사람들이 보기에, 달빛은 연하고 부드러우며 다정한 것이다. 예 ③의 총알 자체는 원한이라고 할 수 없으나, 사람의 원한은 총알에 덧붙여, 동시에 총알의 발사도 원한이 폭발하는 맹렬함을 두드러지게 하였다. 예 ④의 "时光" 자체는 감정이 없고, 사람의 적막함은 세월로 하여금 쓸쓸함으로 변하게 한다.

이취는 중문 중의 의인과 다른데, 의인은 사물을 사람으로 여겨 묘사하는 것으로서 주로 동작 행위를 묘사하고, 이취는 사람의 감정을 사용하여 수식어의 방식으로 사물을 묘사하는 것이다. 예를 들면 다음과 같다.

⑤ 杜甫川唱来柳林堡笑, 红旗飘飘把手招。(贺敬之：≪回延安≫)

(두보천이 노래하고 유림보가 웃으며, 홍기는 펄럭이며 여기 오는 사람들을 환영하고 있다.)

⑥ 我们过了个愉快的夏天。(우리는 즐거운 여름을 보냈다.)

예 ⑤는 의인으로, 지명으로 사람의 동작을 하게 하는 것이다. 예 ⑥은 이취로 수식어의 형식을 사용하여 "我们"과 "愉快"의 심정을 "夏天"에 옮긴다.

(3) 인용

인용은 현존하는 어구를 인용하여 일의 도리를 설명하는 일종의 수사법으로, 인용은 매우 상용하는 수사법이다. 인용하는 어구는 증명할 수 있는 자료와 사실의 근거로서 표현의 신용도와 설득력을 강화할 수 있고, 특히 유명 인사의 권위적인 어구를 인용하면 더욱 뚜렷한 효과가 있다. 시문과 경전을 인용하여 선인과 타인의 지혜를 거울로 삼아, 말이 깊고 치밀하게 되고, 화려한 색채가 풍부하게 한다. 기성 어구를 인용하는 것은 청자와 독자의 기억과 경험을 옮길 수 있고, 복잡한 표현을 여러 번 들어 귀에 익혀 자세하게 말할 수 있게 하거나 이해를 쉽게 한다. 인물의 말을 인용하여, 사람으로 하여금 화자의 어기와 표정을 헤아리게 하고, 뚜렷한 형상의 느낌을 얻게 한다. 인용은 형식이 같지 않음에 근거하여 명인, 암인, 의인 세 가지로 나뉜다.

1 명인(明引) : 명인은 직접 원문을 인용한 것으로서 출처와 작가, 인용한 것에 대해 상세하게 주석을 단다. 예를 들면 다음과 같다.

① 立名, 是人生的第一要义。≪论语≫中说"君子疾末世而名不称焉", 就是这个

意思。屈原在≪离骚≫中说："老冉冉其将至兮，恐修名之不立。" 这一位大文豪，也不曾忘记了他的"修名"。……所以，在社会上稍有成就的人，稍有地位的人，都懂得爱惜他们的名誉。(冯英子：≪且说名誉≫)

(이름을 세우는 것은 인생의 첫 번째 중요한 이치이다. ≪논어≫에서 "君子疾末世而名不称焉(군자는 세상을 마치도록 이름이 남에게 일컬어지지 않음을 근심한다)"라고 하는데, 바로 이 뜻이다. 굴원은 ≪이소≫에서 "老冉冉其将至兮，恐修名之不立。(늙음이 점점 다가오고, 좋은 이름 세우지 못함이 두렵네)"라고 하는데 이 대문호도 일찍이 그의 "훌륭한 명성"을 잊지 못했다.……그래서, 사회에서 성과가 좀 있는 사람, 지위가 좀 있는 사람 모두 그들의 명예를 소중히 여기는 것을 이해한다.)

② 我们中国有句农谚："不行春风，难得秋雨。" 这句话，不只提出了气候上的一条规律，也是人类生活中的一条哲理。(峻青：≪秋色赋≫)

(우리 중국에 농업에 관한 속담 "봄 바람을 허락하지 않고, 가을 비를 얻기는 어렵다"는 말이 있는데, 기후의 규칙을 제기했을 뿐만 아니라, 인류 생활 중의 철리이다.)

③ 俗话说："到什么山唱什么歌。" 又说："看菜吃饭，量体裁衣。" 我们无论做什么事情都要看情形办理，文章和演说也是这样。(毛泽东：≪反对党八股≫)

(속담은 "상황에 맞게 융통성 있게 처리하자"라 하고, 또 "환경에 따라 처리한다"라고 한다. 우리는 무슨 일을 하든지 간에 정황을 보고 처리해야 하는데, 문장과 연설도 이러하다.)

④ 在近代工业的错综复杂的工艺过程中，往往就不是像泡茶和喝茶那么简单了。任务多了，几百几千，甚至有好几万个任务。关系多了，错综复杂，千头万绪，往往出现"万事俱备，只欠东风"的情况。(华罗庚：≪统筹方法≫)

(근대 공업의 마구 뒤얽혀 복잡한 공예 과정에선, 늘 차를 우리고 차를 마시는 것 같이 그렇게 간단하지 않다. 임무는 늘어나, 몇 백 몇 천, 심지어 수만 개의 임무가 있다. 관계는 많아져, 마구 뒤얽혀 복잡하고, 얼기설기 뒤엉켜, 늘 "모든 준비를 마쳤으나 마지막으로 중요한 조건이 갖춰지지 않다"의 상황이 나타난다.)

㉮ ①은 ≪논어(论语)≫와 ≪이소(离骚)≫의 말을 인용하였고, "立名"을 설명하는데, 개인 명예를 소중하게 여기는 것은 고금 유명 인사가 매우 중요시하는 문제로, ≪논어≫는 공자의 언행을 기록한 책이라고 모든 사람이 다 알기 때문에, 공자가 말한 바를 설명할 필요가 없다. ㉮ ②의 설명은 농사일과 관계있는 속담을 인용한 것이고, ㉮ ③의 설명은 속담을 인용한 것으로, 그들은 모두 노동자 지혜의 결정이고, 역사 실천을 거쳐 증명한 진리이다. ㉮ ④의 "万事俱备，只欠东风"은 ≪三国演义≫ 적벽 대전에서 주유가 조조군 전함을 불로 공격할 것을 준비하는 이야기에서 나온 것으로, 이것은 누구나 다 아는 성어로 출처는 주석하여 밝힐 필요가

없다.

② 암인(暗引) : 암인은 직접 원문을 인용하나 인용 부호를 붙여 표기하지 않고, 또 출처와 작가의 인용을 주석하여 밝히지 않는다. 암인과 인용하지 않은 내용과의 연계는 매우 긴밀하고, 이미 일체로 융합되어 만약 인용문에 익숙하지 않으면, 아마도 발견해 낼 수 없을 것이다. 예를 들면 다음과 같다.

⑤ 周德求没有回家。遗憾。也许，更好。人生不相见，动如参与商。她哪里想到这次错过相见的机会，竟会像星辰与星辰相逢一样困难了。莫非，三年前的洒泪相逢，竟成了他们终生最后一次见面了吗？(肖复兴：≪生当做人杰≫)

(주덕구는 집에 돌아가지 않았다. 유감이다. 아마 더 좋을 것이다. 인생에서 서로 만나지 못하는데, 사람이 한번 이별한 후에는 다시 만날 수 없다. 그녀가 어디에서 이번에 서로 만나는 기회를 놓쳤다고 생각하면, 필경 별과 별이 서로 만나는 것 같이 어려울 것이다. 설마 3년 전에 눈물을 흘리고 만난 것이, 필경 그들이 평생 마지막으로 한 번 만났던 것이란 말인가?)

⑥ 再如身陷囹圄的方志敏烈士，既不为非人的待遇所屈服，又不为高官厚禄所利诱，表现了崇高的革命气节。心底无私天地宽，抛弃私欲才能刚刚正正，在各种袭击面前岿然不动。(杨东光：≪无欲则刚≫)

(또 감옥에 갇힌 방지민 열사를 예로 들면, 비인간적인 대우에 의해 굴복되지 않았을 뿐만 아니라, 고위 관직과 후한 녹봉에 의해 유혹되지 않았고, 숭고한 혁명 절개를 나타냈다. 마음속은 사심이 없고 천지는 넓어, 사욕을 버려야 매우 강하고 정직할 수 있으며, 각종 습격 앞에서 우뚝 서서 흔들리지 않는다.)

⑦ 于是，当年被奉若神明的老拔贡，一下子被弃之如敝屣，打起行囊铺盖，古道西风瘦马，回北京孵豆芽去了。(刘绍棠：≪瓜棚柳巷≫)

(그리하여, 그해에 신처럼 모시게 된 발공씨는 단숨에 마치 헌신짝 버리듯 버려졌고, 짐과 침구를 싸들고, 실의에 빠져, 북경에 콩나물을 재배하러 돌아갔다.)

㉮ ⑤의 "人生不相见，动如参与商"은 당대 두보의 시 ≪赠卫八处士≫에서 인용하여, "参商"은 영원히 서로 만나지 못하는 두 별을 가리킨다. ㉮ ⑥의 "心底无私天地宽"은 도주(陶铸) 동지의 시구이다. ㉮ ⑦의 "古道西风瘦马"는 원대 마치원(马致远)의 ≪天净沙 · 秋思≫ 중의 시구로 실의에 빠진 정황을 형용한다.

③ 의인(意引) : 의인은 직접적으로 원문을 인용한 것이 아니고, 인용한 문자는 주요한 의미만을 인용하여 설명하나 원래 의미의 인용을 벗어나지 않는다. 의인은 일반적으로 모두 출처를 설명한다. 예를 들면 다음과 같다.

⑧ 记得朱自清先生形容荷塘月色，比做小提琴上奏着的名曲。那时因为塘中的月

色并不均匀，光与影有着和谐的旋律。今夜的月色均匀得出奇：海平滑如镜，什么都没有，自然不会有影。(吴荫循：≪月夜垂钓≫)

(주자청 선생이 연못의 달빛을 형용한 것을 기억하는데, 바이올린으로 연주하는 명곡에 비교하였다. 그때 못 속의 달빛은 그다지 고르지 않았기 때문에 빛은 그림자와 조화로운 선율을 가지고 있었다. 오늘 저녁의 달빛은 무척 고르다. 바다가 거울같이 매끈매끈하고, 아무것도 없어, 당연히 그림자도 없다.)

⑨ 烧掉房子的事，据宋人的笔记说，是开始于蒙古人的。因为他们住着帐篷，不知道住房子， 所以就一路的放火。然而， 这是诳话。(鲁迅：≪关于中国的两三件事≫)

(집을 태워버린 일은 송나라 사람의 기록에 근거하여 말하면, 몽고인에 의해 시작된 것이다. 그들은 텐트에서 살아 집에 사는 것을 모르기 때문에, 도중에 불을 지른 것이다. 하지만 이것은 허풍이다.)

㉧ ⑧은 주자청이 연못 달빛을 인용한 몇 마디 말로, 주요한 의미이나 뜻대로 자연스럽게 보인다. ㉧ ⑨는 송나라 사람 기록의 화법을 인용한 것으로, 의인을 사용하여 그 줄거리를 인용하고 서술하며, 깊이 따지지 않았다. 의인을 사용하는 동시에 어떤 중요한 어구에 대하여 명인을 상용한다. 예를 들면 다음과 같다.

⑩ 其实，有“三把火”总比没有“三把火”好。范仲淹在≪岳阳楼记≫中提到的那个滕子京，贬官到巴陵，本可以忘情于山水，悄然以终，但他却“不以物喜，不以己悲”，不忘上任后的“三把火”。于是，“越明年，政通人和，百废俱兴”。他的谋政精神，不仅感动了范仲淹，就是在今天，不也被人们广为称道吗！(李志远：≪“三把火”别议≫)

(사실 “하나의 횃불”이 있는 것은 “세 개의 횃불”이 없는 것보다 좋다. 범중엄이 ≪악양루기≫에서 제기한 그 등자경은 파릉으로 좌천되었고, 본래 산수에 감정이 북받쳐, 조용히 수명을 다 마쳤으나 그는 “사물의 득실과 자기의 승진이나 강등 때문에 기뻐하거나 슬퍼하지 않는다”하여, 부임한 후에도 “세 개의 횃불”을 잊지 못했다. 그리하여 “내년을 뛰어넘어, 국태민안(国泰民安)하고, 방치되거나 지체된 각종 일들이 모두 다시 시행되었다.” 그의 정치를 모색하는 정신은 범중엄을 감동시켰을 뿐만 아니라, 현재라도 사람들에 의해 널리 칭송되지 않겠는가!)

㉧ ⑩은 ≪岳阳楼记≫ 중 등자경(滕子京)의 내용을 묘사할 때 의인을 사용하였고, 때때로 명인을 사용하기도 하여 그 대의를 사용하였을 뿐만 아니라 중점을 부각하기도 하였다.

인용은 정인(正引)·반인(反引)의 구분이 있는데, 정인은 작가가 긍정하거나 동의하는 문자를 인용하는 것이고, 반인은 부정하거나 동의하지 않는 문자를 인용하는 것이다. 이상 각 예는 모두 정인의 예이고, 반의의 예를 들면 다음과 같다.

⑪ 不道国民党政府却在十二月十八日通电各地军政当局文里，又加上他们"捣毁机关，阻断交通，殴伤中委，拦劫汽车，攒击路人及公务人员，私逮刑讯，社会秩序，悉被破坏"的罪名，而且指出结果，说是"友邦人士，莫名惊诧，长此以往，国将不国"了！（鲁迅：≪"友邦惊诧"论≫）

(뜻밖인 것은 국민당 정부가 12월 18일 각지 군정당국에 통보한 내용문에 또 그들이 "기관을 때려 부수고, 교통을 차단하고, 중앙 위원회를 때려서 상처를 입히고, 길을 막고 차를 강탈하고, 행인과 공무원을 모아서 치고, 사적으로 고문하는 것을 붙잡고, 사회 질서, 모두 파괴되다"의 죄명까지 추가됐고, 게다가 결과를 지적하면, "우호국 인사는 놀라고 의아해서 말로 표현할 수가 없는데, 계속 이 상태로 나아가면, 나라가 망하려 한다"고 말했다.)

⑫ 有些事情，换一句话说就不大合适，所以君子不憎恶人的"道破"。其实，"君子远庖厨也"就是自欺欺人的办法：君子非吃牛肉不可，然而他慈悲，不忍见牛的临死的觳觫，于是走开，等到烧成牛排，然后慢慢的来咀嚼。牛排是决不会"觳觫"的了，也就和慈悲不再有冲突，于是他心安理得，天趣盎然，剔剔牙齿，摸摸肚子，"万物皆备于我矣"了。（鲁迅：≪病后杂谈≫）

(어떤 일은 바꾸어 말하면 그다지 적합하지 않아서 군자는 사람의 "폭로하다"를 증오하지 않는다. 사실 "군자는 부엌을 멀리 한다"는 바로 스스로도 믿지 못할 것으로 남을 속이는 방법이다. 군자는 반드시 소고기를 먹어야 하나 그는 자비로워, 소가 죽게 되어 벌벌 떠는 것을 보는 것을 참지 못하여 지나가고, 스테이크가 요리되기를 기다린 후에 천천히 씹는다. 스테이크는 절대 벌벌 떨지 않을 것이고, 또한 자비함과 다시 충돌하지 않고, 그리하여 그럴듯하다고 스스로 좋아하고, 자연의 정취가 넘쳐나며, 이를 좀 쑤시고, 배를 좀 만지고, "만물이 모두 나에게 준비하다"이다.)

㊕ ⑪의 인용은 모두 노신 선생이 애석해하며 반박하는 잘못된 의론으로 반인이다. ㊕ ⑫는 ≪맹자 · 양혜왕상(孟子 · 梁惠王上)≫에서 맹자가 논술한 허위성에 대하여 사정없이 비난하는 것을 암인하는 것이다.

인용 활용을 너무 많이 지나치게 사용하여, 자신의 내용과 관점을 파묻는 것을 극력 피한다. 인용할 때 원문의 원래 뜻에 충실하도록 주의해야 하고, 제멋대로 첨삭하고 수정해서는 안 된다. 인용은 자신의 논술과 교묘하게 결합해야 하고, 일체가 되어, 필요할 때 창조성을 발휘하기도 하고, 옛것을 뒤집어 새것이 되고, 내용을 인용하여 새로운 해석을 한다.

(4) **도탈**(跳脱)

도탈은 사태나 심정이 신속히 변화하기 때문에 문장이 중단되고, 문장 의미가 완전하지 않게 되는 일종의 수사법이다. 도탈은 한 마디가 일부분을 말했을 뿐이나 언어 환경을 결합하여, 사람들은 그중에 포함된 사상과 감정을 체득한다. 도탈은 특정한 언어 환경에서 형성한 언어의 변형 형태로, 그것은 말할 때 형성된 형식적으로 산산이 흩어진 문장을 진실하게 재현해 내고, 이 문장은 완전하지 않지만 오히려 "완정하다"의 정취를 느낄 수 있고, 청자와 독자가 이것에 근거하여 언외의 뜻이 들어 있음을 포착하게 한다. 도탈은 대체적으로 급수, 돌전, 차단의 세 유형으로 나뉜다.

1 급수(急收) : 화자는 반을 말하고, 어떤 원인 때문에 갑자기 말을 멈춘다. 예를 들면 다음과 같다.

① "哦, 您, 您就是? ……" 我结结巴巴的, 欢喜得快要跳起来了。(阿累：≪一面≫)

("오, 당신, 당신은 바로?……" 나는 말을 더듬으며, 기뻐서 곧 뛰어오르려 하였다.)

② 他明白，近八百名旅客的生命和价值百万元的国家财产得救了！损失被减少到了最低程度。而我们的司机却…… (陈建国：≪瞬间≫)

(그는 알았다, 800명 가까이의 여행객의 생명과 보험가액 100만원의 국가재산이 구제되었음을! 손실은 최저 정도로 감소되었다. 그러나 우리의 기사는 오히려……)

③ 乐声渐渐稳定，已经能够听清吹的是一支传统的民歌。好清丽的旋律！多绚烂的色彩！我心头立即闪过一个奇迹的影子，万一真是……！我几乎激动得全身颤栗了。(白榕：≪唢呐曲≫)

(음악 소리는 점점 안정되었고, 불어서 연주하는 것은 한 곡의 전통적인 민가라는 것을 이미 분명히 들을 수 있다. 얼마나 청아하고 수려한 선율인가! 얼마나 찬란한 색채인가! 나는 마음속에 즉시 한 기적적인 그림자가 스치는데, 만일 정말……! 나는 감격하여 거의 온몸이 전율하였다.)

예 ①의 작가 아루(阿累)가 갑자기 자신과 이야기한 사람이 존경하는 노신 선생님이란 것을 인식하였을 때, 감격하여 말을 더듬으며 말을 더 해나갈 수 없어, 반문 "您就是"로 멈추었는데, 바로 이 반 마디가 생생하게 작가가 격동하여 무엇을 말해야 좋을지 모르는 심정을 표현하였다. 예 ②의 "他"는 기분이 침통하기 때문에 속말을 하고 싶지 않고, 여기의 도탈도 회피하는 역할을 가지고 있다. 예 ③의 도탈은 "万一真实" 뒤에 "他"자를 생략하여, 여러 해의 이별을 진실되게 표현하고,

의외의 재회는 "我"로 감동받게 하고, 놀라기도 하며, 기쁘기도 하고, 반신반의하는 정서를 나타내었다.

② **돌전(突转)**: 화자가 반을 말하였는데, 어떤 원인 때문에 갑자기 화제를 급히 바꾸어 다른 하나의 일을 말한다. 예를 들면 다음과 같다.

④ "好香的干菜, 一听到风声了么?" 赵七爷站在七斤后面的七斤嫂的对面说。(鲁迅：≪风波≫)

(정말 맛있는 말린 채소, …… 바람소리를 들었어? 칠근 영감은 칠근 뒤에 있는 칠근 형수의 맞은편에 서서 말한다.)

⑤ 你拿钱, 我们滚。你不 — 不用说了, 咱们心照。(老舍：≪上任≫)

(네가 돈을 가져오면, 우리는 나갈게. 너는 더……말할 필요 없어, 우리는 마음으로 이해해.)

⑥ 杜善人走到门边, 又回转头来问道："他瞎编些啥?" 老孙头反问："谁?" 杜善人说："我那傻儿吧咭小子。" 老孙头眯着左眼说："他说呀……咳……" 才说这一句, 看到郭全海冲他使眼色, 连忙改口影影绰绰地说道："他么? 可也没说啥。"(周立波：≪暴风骤雨≫)

(두선인이 문가에 걸어와 또 고개를 돌려 "그는 뭘 제멋대로 꾸미는가?" 노손두는 "누구?"라고 되물었다. "내 그 멍청한 아들 파길이 놈"이라고 두선인이 대답했다. 노손두는 왼쪽 눈을 가늘게 뜨며 "그가 말하는데……하……" 겨우 이 한 마디를 말하고, 곽전해가 그를 향해 눈짓을 하는 것을 보았고, 급히 말을 바꿔 희미하게 "그는? 또 아무것도 말하지 않았다"라고 말했다.)

㉠ ④에서 전제(前帝)의 유신 칠근 영감은 장훈(张勋)이 다시 제위에 오른 후에 급하게 그의 원수 칠근(七斤)을 찾는데, 칠근 등의 사람이 마침 밥을 먹는 것을 보고는, 막 "好香的干菜"라 하며, 한시도 지체할 수 없어 황제가 조정에 앉아서 하는 일을 말하고, 급히 말머리를 돌려 "听到风声了么?"라고 하며, 칠근 영감은 참을 수 없이 급하다는 표정을 나타내었다. ㉠ ⑤는 토비들이 우(尤)씨 둘째를 찾아 이 땅을 떠날 여비를 요구하는데, "你拿钱, 我们滚"이라고 한 후의 "你不"는 본래 위협하는 말이어서, 생각하자마자 직접 말하면 서로 감정이 틀어져서 공개적으로 말다툼하기 쉬운데, 화제를 돌려 "不用说了, 咱们心照"를 사용하여 완곡하게 뜻을 설명하였다. ㉠ ⑥의 노손두(老孙头)는 본래 두선(杜善)인 사내아이가 한 말을 말하고 싶었는데, 곽전해(郭全海)를 보자 그에게 눈짓을 하고, 즉시 중도에 방법을 바꾸어 "他么?可也没说啥。"라고 말투를 바꿔 말하여, 노손두가 입은 가벼우나 또 매우 원만하다는 특징을 나타내었다.

③ 차단(岔断) : 화자가 절반을 말하자, 다른 사람이나 일이 갑자기 끼어들어와 마침 하는 말이 끊긴다. 예를 들면 다음과 같다.

⑦ 我说："你有时太聪明，有时太愚蠢，有时太勇敢，有时太怯懦；有时太……"
"你有时太知足!" 他拦住了我的话头说。（肖克凡：≪黑砂≫）
(나는 "너는 때로 너무 총명하고, 때로 너무 어리석으며, 때로 너무 용감하고, 때로 너무 겁이 많으며, 때로 너무……"라고 말했는데, "너는 때로 너무 만족스럽게 여긴다!"라며 그는 내 말머리를 가로막고 말했다.)

⑧ 梁家龙像对别人，又像自言自语地说："鬼子在搞什么名堂，怎么不打炮啦? 这征候……"
小牛说："我知道，多半是大炮变了潮，点不响。"
梁家龙还在沉吟着说："这征候好像是……"
小牛又说："我知道，是怕咱进攻，才拼命打照明弹，好照着亮。"
梁家龙说："你知道什么? 就爱插嘴。我揣摸着，这时候倒不是怕进攻，只怕是要进攻咱们……"
小牛说："进攻才好呢。我正想捉个美国鬼子，拿绳子拴着，看看是个什么样子。"（杨朔：≪洗兵马≫）
(양가용은 다른 사람을 대하는 것처럼, 또 혼잣말로 "놈이 무슨 일을 꾸미는데, 왜 대포를 쏘지 않지? 이 증후는……"라고 말한다. 우군은 "내가 아는데, 대부분 대포가 습하게 되면, 불을 붙일 수 없는 거야."라고 말한다. 양가용은 아직 낮게 읊조리며 "이 증후는 마치……"라 하였다. 우군은 또 "내가 아는데, 우리가 공격하는 것을 무서워해, 필사적으로 조명탄을 쏘아, 매우 밝게 비추고 있어."라고 말한다. 양가용은 "네가 뭘 알아? 말참견하는 것만 좋아하지. 나는 깊이 헤아리며, 이 때 공격하는 것을 무서워하는 것이 아니라, 오직 우리를 공격하려는 것을 우려하는 것이야……라고 말한다. 우군은 "공격하는 것이 좋다. 나는 꼭 미국놈을 사로잡아, 밧줄로 묶고 어떤 모습인지 좀 보고싶어."라고 말한다.)

예 ⑦의 "他"는 분명히 상대방이 자신에 대한 평가를 동의하지 않아, 한시도 지체할 수 없어 상대방의 말을 끊고, 이열치열로 자신의 견해를 말하는데, 마침 상대방이 너무 만족스럽게 여겨서 자신에 대한 여러 가지 견해를 나타낼 것이다. 이 차단은 "他"는 대담하게 도전하며, 현상에 만족하지 않는 사람임을 두드러지게 나타내었다. 예 ⑧은 양가용(梁家龙)이 말하자 우군에 의해 차단되었는데, 전사 우군이 천진하고 단순하며, 하룻강아지 범 무서운 줄 모르며 조금도 두려워하지 않는 정신을 구체적으로 나타내었다.

도탈 수사법은 반 마디가 나타내는 뜻을 사용하여 사실 이미 사람들로 하여금 그것이 나타내려는 뜻을 이해할 수 있게 하였고, 그 의미 공백이 총명한 청자와 독자에게 남긴 것은 아직 하지 않은 말이 아니라, 더욱 많은 언어 뒤의 생각이다. 도탈 수사법 활용은 언어 교제에서 인물의 생각을 표현하는 유용한 수법이고, 또한 구어로 교제하는 특징을 진실하게 반영하는 일종의 수사 수단이다.

이상 소개한 20가지 수사법 이외에, 일부 수사법 교재는 또 "设问" "反问" "倒装" 등을 상용 수사법에 포함시켰는데, 우리들은 이미 문형 수사법 중에서 이런 수사 현상을 제시하였기 때문에 수사법 단독으로는 열거하지 않는다. 다른 수사법도 매우 많은데, 흥미 있는 급우는 진왕도의 ≪수사학요지(修辞学发凡)≫나 당영상(谭永祥)의 ≪한어수사미학(汉语修辞美学)≫을 참고해도 된다.

6. 수사법(修辞格)의 종합 활용

하나의 언어 마디에서 수사법을 한 번에 그치지 않고 사용하거나 하나의 수사법을 사용하는 것에 그치지 않는 것을 수사법의 종합 활용이라고 한다. 수사법의 종합 활용 상황은 복잡하고 형식도 다양한데, 자주 보는 것은 연용, 겸용, 응용 세 가지 유형이다.

(1) 수사법의 연용

동일한 수사법이나 같지 않은 수사법이 한 단락의 말에서 연결되어 활용되는 것을 가리킨다.

1 동일 수사법 연용 : 예를 들면 다음과 같다.

① 葡萄呢，就更加绚丽多彩，那种叫"水晶"的，长得长长的，绿绿的，晶莹透明，真像是用水晶和玉石雕刻出来似的；而那种红玫瑰的，则紫中带亮，圆润可爱，活像一串串紫的珍珠…… (峻青：≪秋色赋≫)

(포도는, 더욱 현란하고 다채로우며, 그 "수정"이라고 하는 것은 매우 길고, 파릇파릇하며, 빛나고 투명하여, 정말 수정과 옥석을 사용하여 조각해 낸 것과 같다. 그 붉은 장미는 보랏빛 속에 빛나는데, 매끄럽고 사랑스러운 것이, 아주 주렁주렁한 보라색의 진주 같다.)

② 他长着一对阴阳眼，左眼的上皮特别长，永远将眼珠囚禁着一半，右眼没有特色，一向是照常上班。(老舍：≪离婚≫)

(그는 한 쌍의 음양눈을 가지고 있는데, 왼쪽 눈꺼풀은 특히 길어, 영원히 눈알의 반을 덮고 있고, 오른쪽 눈은 특색이 없이, 줄곧 평소대로 출근한다.)

③ 山峦爽朗, 湖水清净, 日里披满阳光, 夜里缀满星辰。(碧野：≪天山景物记≫)

(죽 잇대어 있는 산은 명랑하고, 호수는 청정하고, 낮에는 햇빛이 가득 퍼지고, 밤에는 별이 빽빽하다.)

예 ①은 두 비유의 연용이다. 생동적으로 포도의 구체적인 형상을 묘사하였다. 예 ②의 "囚禁" "照常上班"은 중문의 연용으로 음양안의 특징을 익살맞고 재미있게 나타내었다. 예 ③은 두 대구의 연용으로 각각 "山峦", "湖水", "日里", "夜里"를 적었다.

2 서로 다른 수사법 연용 : 예를 들면 다음과 같다.

④ 摇动的车轮, 旋转的锭子, 争着发出嗡嗡嘤嘤的声音, 像演奏弦乐, 像轻轻地歌唱。(吴伯箫：≪记一辆纺车≫)

(흔들리는 차바퀴, 회전하는 방추, 윙윙 짹짹거리는 소리를 다투어 내며, 현악을 연주하는 것 같고, 가볍게 노래를 부르는 것 같다.)

⑤ 我麻木的神经在清醒, 我滚滚的热血在沸腾! 奇耻大辱, 大辱奇耻, 如毒蛇之齿, 撕咬我的心! (李存葆：≪高山下的花环≫)

(나는 마비된 신경이 깨어, 구르는 뜨거운 피는 들끓고 있다! 크나큰 치욕, 큰 치욕은 특별히 부끄러워, 독사의 이와 같이, 내 마음을 물어뜯는다.)

⑥ 千锤百炼吧, 中国的"铁榔头"! 有朝一日, 当祖国人民需要你 "一锤定音"时, 切盼你敲得重重的, 响响的, 敲出我们的国威来! (鲁光：≪中国姑娘≫)

(시와 글 등을 치밀하게 다듬어라, 중국의 "거포"여! 언젠가는 조국 인민이 "어떤 일에 대한 의견이 분분해도 결론은 권위자에 의해 내려진다"는 것으로 너를 필요로 할 때, 네가 매우 세고 크게 두드리며, 우리의 국위를 두드려 내기를 간절하게 바란다.)

예 ④는 대구, 중문 두 비유를 연용하였다. 예 ⑤는 대구, 회환, 비유의 연용이다. 예 ⑥은 비유, 중문과 염연 세 수사법을 활용하였다.

같지 않은 수사법의 연용은 각종 수사 효과를 한곳에 모아서, 앞뒤로 협력하고, 서로 보충하며, 표현이 풍부하고 다채로우며 선명하고 힘 있게 한다.

(2) 수사법의 겸용

수사법의 겸용은 동일한 언어 표현 형식이 몇 가지의 수사법을 겸용하는 것으로, 겸격(兼格)이라고도 한다. 겸격은 이 각도로 보면 갑격이고 다른 각도로 보면 을격으로, 동시에 몇 가지 수사법의 특징을 겸하고 있고, 그 수사 효과는 단일한 수사법보다 더 두드러진다. 예를 들면 다음과 같다.

① 这时，春风送来沁鼻的花香，满天的星星都在眨眼欢笑，仿佛对张老师那美好的设想给予着肯定和鼓励。(刘心武：≪班主任≫)

(이때, 봄바람이 코에 스며드는 꽃향기를 보내오고, 온 하늘의 별은 모두 눈을 깜빡이며 즐겁게 웃는데, 마치 장선생님의 그 아름다운 상상에 대해 긍정하고 격려를 해 주는 것 같다.)

② 蓝海靠在车椅背上打盹。一根根铁丝般的胡子在饱经风霜的脸上竖着，就像是一排排钢筋。(苏叔阳：≪旅途≫)

(푸른 바다는 차 의자 등받이에 기대어 존다. 줄줄이 철사 같은 수염이 고생에 찌든 얼굴에 세워진 것이, 바로 줄지어 늘어선 철근 같다.)

③ 你是革命第一，工作第一，他人第一，而在有些人却是出风头第一，休息第一，与自己第一。(毛泽东：≪给徐特立同志的一封信≫)

(너는 혁명이 가장 중요하고, 일이 제일이고, 다른 사람이 가장 중요하지만, 어떤 사람은 앞에 나서는 것이 제일이고, 쉬는 게 최고이고, 자신이 가장 중요하다.)

㉳ ①의 "满天的星星都在眨眼欢笑"는 중문일 뿐만 아니라 과장이다. ㉳ ②의 "就像是一排排钢筋"은 비유와 과장을 겸용하였다. ㉳ ③의 "革命第一，工作第一，他人第一"와 "出风头第一，休息第一，与自己第一"는 모두 중문이고, 그중에 "第一"는 또 반복이다.

(3) 수사법의 응용

수사법의 응용은 한 수사법 안에 다른 수사법을 포함하고 있는 것을 가리키는데, 큰 것이 작을 것을 씌우고 있는 포용 관계를 형성한다. 응용은 층차를 나눈 것의 결합이다. 예를 들면 다음과 같다.

① 看吧，狂风紧紧抱着一层层巨浪，恶狠狠地将它们甩到悬崖上，把这些大块的翡翠摔成尘雾和碎末。(高尔基：≪海燕≫)

(봐봐, 세찬 바람은 커다란 파도를 층층이 꼭 껴안고 있고, 모질게 그것들을 벼랑에 내동댕이치고, 이런 큰 덩어리의 비취를 먼지, 안개와 분말에 내던졌다.)

② 桃树，杏树，梨树，你不让我，我不让你，都开满了花赶趟。红的像火，粉的像霞，白的像雪。（朱自清：≪春≫）

(복숭아나무, 자두나무, 배나무, 너는 나에게 양보하지 않고, 나는 너에게 양보하지 않으며, 모두 꽃을 만개하여 제 시간에 대었다. 붉은 것은 불과 같고, 분홍인 것은 노을과 같고, 흰 것은 눈과 같다.)

③ 这些动人的关于泥土的故事，使人对五色土发生了奇异的感情，仿佛它们是童话里的角色，每一粒土壤都可以叙述一段奇特的故事，或者唱一首美好的诗歌一样。（秦牧：≪土地≫）

(이 감동적인 진흙에 관한 이야기는, 사람으로 하여금 오색토에 대하여 기이한 감정을 발생시켰는데, 마치 그것들이 동화 속의 역할과 같이, 각 토양마다 한 단락의 독특한 이야기를 서술할 수 있거나 한 곡의 아름다운 시가를 노래 부르는 것과 같다.)

㉮ ①은 의인법(의인) 중에 비유를 씌우고 있어, "这些大块的翡翠"는 "一层层巨浪"을 비유하는 것이다. ㉮ ②의 "红的像火，粉的像霞，白的像雪"는 중문(排比)이고, 그중에 각 단문은 또 비유이다. ㉮ ③의 "仿佛" 뒤에는 모두 비유이고, "每一粒土壤都可以叙述一段奇特的故事，或者唱一首美好的诗歌"는 의인법 중의 의인이고, 전체로 보면 비유하는 데 의인법을 씌우고 있다.

(4) 수사법 종합 활용의 분석

종합 활용의 수사법 분석은 아래의 몇 가지에 주의해야만 한다.

1 전체로 파악하고, 각 수사격 사이의 상호 관계를 뚜렷하게 한다. 수사법은 주종의 구분이 있고, 내현과 외현의 구분이 있으며, 순서에 따라 단계를 나누어 분석한다.

2 분석할 때, 분석 각도를 바꾸는 것에 주의해야 한다. 예를 들어 의미 방면으로 시작할 수도 있고, 형식 방면으로 시작할 수도 있다. 어구에 착안할 수도 있고, 문형에 착안할 수도 있다. 절대로 하나의 수사격을 발견하여 다른 수사법을 잃어서는 안 된다.

3 수사법의 식별은 반복하여 퇴고하는데, 수사법을 사용하지 않거나 다른 수사법을 사용하는 표현과 비교할 수 있다. 이미 발견한 수사법에 대하여 제 때에 주석하여 밝힘으로써, 잊어버리는 것을 방지하여 한층 더 분석의 기초로 삼는다.

④ 활용 도해법을 분석한다. 예를 들면 다음과 같다.

春分刚刚过去，清明即将到来。

대구

"日出江花红胜火，春来江水绿如蓝"。

비유 비유

대구 인용

这是革命的春天，这是人民的春天，这是科学的春天！

비유, 쌍관 비유, 쌍관 비유, 쌍관

중문, 층체

（郭沫若：≪科学的春天≫）

사고와 연습

① 비유와 의인법의 차이를 예를 들어 설명하라.

② 환유와 차대의 차이를 예를 들어 설명하라.

③ 염연과 회환의 차이를 예를 들어 설명하라.

④ 중문과 층체의 차이를 예를 들어 설명하라.

⑤ 통감과 이취의 차이를 예를 들어 설명하라.

⑥ 아래의 각 언어 마디에 사용된 수사 수법을 지적하고 그 수사 효과를 분석하라.

(1) 处处干燥，处处烫手，处处憋闷，整个老城像烧透了的砖窑，使人喘不过气来，狗趴在地上吐出红舌头，骡马的鼻孔张得特别大，小贩们不敢吆喝，柏油路晒化了，甚至于铺户门前的铜牌好像也要晒化。（老舍：≪骆驼祥子≫）

(2) 在他面前，我感到自己愤慨是那么无力，心痛也显得虚弱，只有默然，让羞愧在沉默中爬到脸上。（茹志鹃：≪出山≫）

(3) 对人民，你比炭火更温暖，对敌人，你比钢刀更锋利！（李瑛：≪一月的哀思≫）

(4) 现在学生负担太重，孩子们的童年虽然不在"三味书屋念子曰诗云"，却也得不到"百草园"的乐趣。

⑸ 山坡上卧着些小村庄，小村庄的房顶上卧着点雪。对，这是张水墨画，也许是唐代的名手画吧。(老舍：≪济南的冬天≫)

⑹ 那些新芽，条播的行列整齐，撒播的万头攒动，点播的傲然不群，带着笑，发着光，充满了无限生机。一棵新芽简直就是一颗闪亮的珍珠。“夜雨剪春韭”是老杜的诗句吧，清新极了；老圃种菜，一畦菜怕不就是一首更清新的诗？(吴伯箫：≪菜园小记≫)

⑺ 他没有别的办法，只好去投降。一切的路都封上了，他只能在白雪的地上去找黑塔似的虎妞。(老舍：≪骆驼祥子≫)

⑻ 荒野上开着一片野生的牵牛花，都是一律的蓝色。这花是只知道有清晨，不知道有炎昼和黑夜的，一万个清洁的小喇叭，齐向云天奏着朝歌。(郭沫若：≪前线归来≫)

⑼ 桃树，杏树，梨树，你不让我，我不让你，都开满了花赶趟儿，红的像火，粉的像霞，白的像雪。(朱自清：≪春≫)

⑽ 摇动的车轮，旋转的锭子，争着发出嗡嗡嘤嘤的声音，像演奏弦乐，像轻轻地唱歌。(吴伯箫：≪记一辆纺车≫)

⑾ 好个“友邦人士”！日本帝国主义的兵队强占了辽吉，炮轰机关，他们不惊诧，阻断铁路，追炸客车，捕禁官吏，枪毙人民，他们不惊诧，中国国民党治下的连年内战，空前水灾，卖儿救穷，砍头示众，秘密杀戮，电刑逼供，他们也不惊诧。在学生的请愿中有一点纷扰，他们就惊诧了。(鲁迅：≪“友邦惊诧论”≫)

⑿ 事情就是这样，他来进攻，我们把他消灭了，他就舒服了。消灭一点，舒服一点；消灭的多，舒服的多；彻底消灭，彻底舒服。(毛泽东：≪关于重庆谈判≫)

⒀ 有的石头像莲花瓣，有的像大象头，有的像老人，有的像卧虎，有的错落成桥，有的兀立如柱，有的侧身探海，有的怒目相向，有的什么也不像，黑湖的，一动不动，堵住你的去路。(李健吾：≪雨中登泰山≫)

⒁ 从未见过开得这样盛的藤萝，只见一片辉煌的淡紫色，像一条瀑布，从空中垂下，不见其发端，也不见其终极，只是深深浅浅的紫，仿佛在流动，在欢笑，在不停地生长。紫色的大条幅上，泛着点点银光，就像蹦溅的水花。仔细看时，才知那是每一朵紫花中最淡的部分，在和阳光互相挑逗。(宗璞：≪紫藤萝瀑布≫)

⒂ 果然，雨过天又青。天都突兀而立，如古代将军。绯红的莲花峰迎着阳光，舒展了一瓣瓣的含水的花瓣。轻盈的云海隙处，看得见山下晶晶的水珠。休宁的白岳

山，青阳的九华山，临安的天目山，九江的匡庐山。远处如白练一条浮着的，正是长江。这时彩虹一道，挂上了天空。七彩鲜艳，银海衬底。妙极！妙极了！（徐迟：≪黄山记≫）

⒃ 逛山的味道实在比游湖好。瑞士的湖水一例是淡蓝的，真正平得像镜子一样。太阳照着的时候，那水在微风里摇晃着，宛然是西方小姑娘的眼。（朱自清≪瑞士≫）

⒄ 果不出杨子荣的判断，这凶恶的匪徒，眼光又凶又冷地盯着杨子荣冷冷一笑："好一个胡彪！你 — 你 — 你不是……""什么我的不是，"杨子荣在这紧要关头摸了一下手里的二十响，发出一句森严的怒吼，把话岔到题外，"我胡彪向来对朋友讲义气，不含糊，不像你姓栾的，当初在梨树沟你三舅家，我劝你投奔三爷，你却硬要拉我去投蝴蝶迷，这不能怨我胡彪不讲义气？……"（曲波：≪林海雪原≫）

⒅ 不多一会儿，马达声响动了，机器上的钢带挽着火柴杆儿，一小束一小束的密密地排得很整齐，就像子弹带似的，辘辘地滚着滚着。周仲伟的感想也是滚得远远的。他那过去生活的全部，一一从他眼前滚了过去了……（茅盾：≪子夜≫）

⒆ 今年三月间，我出差到扬州，经过六号公路时，汽车像喝醉酒似的歪歪扭扭，跌跌撞撞，只听得车轮下面发出咯喳咯喳的声音。那不是路在呻吟，路在呼痛吗？（风章：≪路在呼喊≫）

⒇ ≪文化列车≫破格的开到我的桌面上面，是十二月十日开车的第三期。（鲁迅：≪答杨村人先生公开信的公开信≫）

현대한어 부록

한어 병음 방안

(1957년 11월 1일 국무원 전체 회의 제60차 회의 통과)
(1958년 2월 11일 제1회 전국 인민 대표 대회 제5차 회의 비준)

1. 자모표

자모	Aa	Bb	Cc	Dd	Ee	Ff	Gg
명칭	ㄚ	ㄅㄝ	ㄘㄝ	ㄉㄝ	ㄜ	ㄝㄈ	ㄍㄝ
	Hh	Ii	Jj	Kk	Ll	Mm	Nn
	ㄏㄚ	ㄧ	ㄐㄧㄝ	ㄎㄝ	ㄝㄌ	ㄝㄇ	ㄋㄝ
	Oo	Pp	Qq	Rr	Ss	Tt	Uu
	ㄛ	ㄆㄝ	ㄑㄧㄡ	ㄚㄦ	ㄝㄙ	ㄊㄝ	ㄨ
	Vv	Ww	Xx	Yy	Zz		
	ㄪㄝ	ㄨㄚ	ㄒㄧ	ㄧㄚ	ㄗㄝ		

• V는 외래어, 소수민족언어, 방언을 맞춤법에 따라 표기하는 데 사용한다.
• 자모의 필기체는 라틴자모의 일반 쓰기 습관에 따른다.

2. 성모표

b	p	m	f	d	t	n	l
ㄅ玻	ㄆ坡	ㄇ摸	ㄈ佛	ㄉ得	ㄊ特	ㄋ讷	ㄌ勒
g	k	h		j	q	x	
ㄍ哥	ㄎ科	ㄏ喝		ㄐ基	ㄑ欺	ㄒ希	
zh	ch	sh	r	z	c	s	
ㄓ知	ㄔ蚩	ㄕ诗	ㄖ日	ㄗ资	ㄘ雌	ㄙ思	

• 한자에 발음을 표시할 때 병음식을 간편하게 하기 위하여, zh ch sh는 ẑ ĉ ŝ로 생략할 수 있다.

3. 운모표

	i ㄧ 衣	u ㄨ 乌	ü ㄩ 迂
a ㄚ 啊	ia ㄧㄚ 呀	ua ㄨㄚ 哇	
o ㄛ 喔		uo ㄨㄛ 窝	
e ㄜ 鹅	ie ㄧㄝ 耶		üe ㄩㄝ 约
ai ㄞ 哀		uai ㄨㄞ 歪	
ei ㄟ 欸		uei ㄨㄟ 威	
ao ㄠ 熬	iao ㄧㄠ 腰		

ou ㄡ 欧	iou ㄧㄡ		
an ㄢ 安	ian ㄧㄢ 烟	uan ㄨㄢ 弯	üan ㄩㄢ 冤
en ㄣ 恩	in ㄧㄣ 因	uen ㄨㄣ 温	ün ㄩㄣ 晕
ang ㄤ 昂	iang ㄧㄤ 央	uang ㄨㄤ 汪	
eng ㄥ 亨的韵母	ing ㄧㄥ 英	ueng ㄨㄥ 翁	
ong (ㄨㄥ) 轰的韵母	iong ㄩㄥ 雍		

(1) "知, 蚩, 诗, 日, 资, 雌, 思" 7개 음절의 운모는 "i"를 사용하여, 즉 "知, 蚩, 诗, 日, 资, 雌, 思"는 zhi, chi, shi, ri, zi, ci, si로 표기한다.

(2) 운모 儿은 er로 쓰고, 운미로 쓸 때는 r로 쓴다. 예를 들면 "儿童"은 ertong으로 표기하고, "花儿"은 huar로 표기한다.

(3) 운모 ㄝ는 단독으로 사용할 때는 ê로 쓴다.

(4) i행의 운모는 앞에 성모가 없을 때, yi(衣), ya(呀), ye(耶), yao(腰), you(忧), yan(烟), yin(因), yang(央), ying(英), yong(雍)으로 쓴다.

u행의 운모 앞에 성모가 없을 때, wu(乌), wa(哇), wo(窝), wai(歪), wei(威), wan(弯), wen(温), wang(汪), weng(翁)이라고 쓴다.

ü행의 운모 앞에 성모가 없을 때, yu(迂), yue(约), yuan(冤), yun(晕)이라 쓰고, ü위의 두 점은 생략한다.

ü행의 운모가 성모 j, q, x와 합칠 때 ju(居), qu(区), xu(虚)라고 써서 ü 위에 두 점도 생략한다. 하지만 성모 n, l과 합칠 때, nü(女), lü(吕)로 쓴다.

(5) iou, uei, uen 앞에 성모가 올 때 iu, ui, un으로 쓰는데, 예를 들면 niu(牛), gui(归), lun(论)이다.

(6) 한자에 발음을 표시할 때, 병음식(拼式)을 간결하게 하기 위하여, ng를 ŋ으로 생략할 수 있다.

4. 성조 부호

阴平	阳平	上声	去声
ˉ	ˊ	ˇ	ˋ

성조 부호는 음절의 주요 모음에 표기하고, 경성에는 표기하지 않는다. 예를 들면 다음과 같다.

妈 mā	麻 má	马 mǎ	骂 mà	吗 ma
(阴平)	(阳平)	(上声)	(去声)	(轻声)

5. 격음 부호

a, o, e로 시작하는 음절을 다른 음절의 뒤에 연결할 때, 음절의 경계가 뒤섞이면, 격음 부호(')를 사용하여 분리시키는데, 예를 들면 pi' ao(皮袄)이다.

찾아보기

저자약력

周一民 저

북경사범대학 교수
한어언문자학연구소부소장, 박사대학원생 지도교수, 국가 표준어 측정 위원
한국외국어대학교 객원교수
주요 연구방향 : 현대한어, 북경어 표준어 1급
논문 : 〈中国语文〉, 〈方言〉, 〈汉语学习〉 등 학술지 40여 편 게재.
저서 : ≪北京口语语法≫, ≪词法卷≫, ≪北京现代流行语≫, ≪现代北京话研究≫, ≪北京俏皮话词典≫, ≪现代汉语≫, ≪时髦汉语≫ 等等.

张兴锡 역

중부대학교 중국학과 교수 역임
북경사범대학 박사 현대한어어법 전공
고려대학교 석사 현대한어어법 전공
인하대학교 학사 중국어중국학 전공
고려대, 인하대, 인천대, 인하공전 출강
박사논문 〈보편어법원칙과 현대한어 겸어문 연구〉
논문 〈중국어의 정형(finite)절 연구〉, 〈현대 중국어 ECM현상 연구〉, 〈'장소+是+NP' 문형 연구〉 이외 다수

현대한어(现代汉语)

▌초판 1쇄 인쇄▌ 2014년 3월 5일
▌초판 1쇄 발행▌ 2014년 3월 10일
▌지 은 이▌ 周一民
▌옮 긴 이▌ 장흥석
▌발 행 인▌ 강희일 · 박은자
▌발 행 처▌ 다산출판사

▌주 소▌ 서울시 마포구 대흥로 6길 8 다산빌딩 402호
▌전 화▌ (02)717-3661
▌팩 스▌ (02)716-9945
▌이 메 일▌ dasanpub@hanmail.net
▌홈페이지▌ www.dasanbooks.co.kr
▌등 록 일▌ 1979년 6월 5일
▌등록번호▌ 제3-86호(윤)

ISBN 978-89-7110-420-0 93720
정가 27,000원